DIE MAUER
THE WALL

Kai Diekmann

Ich war **BILD**

Kai Diekmann
Ich war **BILD**

Ein Leben
zwischen Schlagzeilen,
Staatsaffären und
Skandalen

Deutsche Verlags-Anstalt

MIX
Papier | Fördert gute Waldnutzung
FSC® C014496
FSC www.fsc.org

Klimaneutral
Druckprodukt
ClimatePartner.com/14044-1912-1001

Penguin Random House Verlagsgruppe FSC® N001967

1. Auflage

in der Penguin Random House Verlagsgruppe GmbH,
Neumarkter Str. 28, 81673 München
Redaktion und Recherche: Sabine Sasse
Bildredaktion: Bele Engels
Bildbearbeitung: Aigner, Berlin
Umschlaggestaltung: Büro Jorge Schmidt, München
Umschlagabbildungen: © Peter Rigaud, Berlin
Layout und Satz: Veronika Illmer, Berlin
Druck und Bindung: GGP Media GmbH, Pößneck
Printed in Germany
ISBN 978-3-421-07013-5

www.dva.de

Meinen Kindern Yella, Caspar, Kolja und Lilly

Folgt eurem Herzen, eurer Leidenschaft –
Hinfallen gehört dazu, Aufstehen muss man lernen.
Das ist der Weg zum Glück.

INHALT

PROLOG

Mal kurz vorweg: Eigentlich dürfte es dieses Buch nicht geben. Nicht etwa, weil Juristen mir einen Strich durch die Rechnung gemacht hätten. Was nicht gänzlich auszuschließen gewesen wäre: Auf den nächsten paar Hundert Seiten erzähle ich nämlich viele Geschichten, die einer ganzen Reihe von Leuten nicht gefallen werden. Deshalb habe ich das Manuskript zu diesem Buch schon im Vorfeld Anwälten vorgelegt, damit Seite für Seite geprüft wird. Wir – der Verlag, meine Lektorin, ich – sind uns gleichwohl des Risikos bewusst, das wir mit der Veröffentlichung eingehen. Aber: Wir sind auch der Meinung, dass die Geschichten erzählt werden müssen, wie sie wirklich waren. Und was ich hier mit Ihnen teile, kann ich belegen: Ich habe über Jahrzehnte Dokumente, Briefe, Tagebuchnotizen, Kalender aufbewahrt. Ich war schon immer ein manischer Sammler. *Manischer Messi*, wie es meine Familie weniger schmeichelhaft formuliert.

Aber wie gesagt: Nicht Juristen haben mich ausgebremst. Ich selbst hätte mich beinahe aus dem Spiel katapultiert. Und zwar schon 22 Jahre vor diesem Buch.

Denn als ich im Januar 2001 meinen Job als BILD-Chef antrete, sieht es nach kürzester Zeit so aus, als würde ich nicht der am längsten amtierende BILD-Chef aller Zeiten werden, sondern der am schnellsten gefeuerte.

Fast wäre ich nie BILD gewesen.

Sondern nur eine kurze Bildstörung.

Und das kam so:

Es ist Montagfrüh, der 29. Januar 2001. Ich bin 36 Jahre alt und seit 28 Tagen Chef von BILD.

Wir haben auf Seite zwei ein riesengroßes Foto von Jürgen Trittin, dem grünen Umweltminister. Es zeigt ihn, reichlich unscharf, auf einer gewalttätigen Antifa-Demonstration in Göttingen. **Was machte Minister Trittin auf dieser Gewalt-Demo?**, lautet anklagend unsere Schlagzeile. In der Bildunterschrift heißt es:

Vermummte Autonome demonstrierten mit Schlagstock und Bolzenschneider gegen die Ermittlungen der Justiz in der linken Szene. Auf einem Foto ist der lächelnde Jürgen Trittin zu sehen.

Die Wörter *Schlagstock* und *Bolzenschneider* drucken wir zur Sicherheit besonders groß. BILD liegt nur wenige Stunden am Kiosk, da platzt die Bombe. Ich bekomme die Nachricht, dass der vermeintliche Bolzenschneider ein Handschuh ist, der angebliche Schlagstock ein Seil. Kurz: Unsere Berichterstattung ist blanker Unsinn.

Für einen Moment schwankt unter mir der Boden. Es ist dieses Gefühl aus Albträumen; als säßest du in der Matheklausur, schaust auf den Prüfbogen und stellst fest: Du kannst keine einzige Aufgabe. In Schockstarre erlebe ich, wie die Hölle losbricht. Mir wird vorgeworfen, ich hätte das Foto absichtlich manipulieren und verfälschen lassen, um Trittin zu schaden. SPD-Fraktionschef Peter Struck und Grünen-Vorsitzender Fritz Kuhn fordern mich auf, mich öffentlich bei Trittin zu entschuldigen. Es hagelt Gegendarstellungen, Anzeigen, Klagen. Unsere Rechtsabteilung weiß gar nicht, wo sie zuerst anfangen soll. Ein irrsinniger Druck liegt auf mir. Noch nie in meinem Leben habe ich so in der Kritik gestanden. Dabei muss ich erst mal verstehen, was da so katastrophal schiefgelaufen ist. Mir Klarheit verschaffen, um reagieren zu können.

Recht bald stellt es sich so dar: Das Münchener BILD-Büro hatte besagtes Trittin-Foto im Magazin Focus entdeckt, die ohnehin schon unscharfe Aufnahme – ein Standbild aus einem TV-Beitrag – auf den Kopierer gelegt und nach Hamburg in die BILD-Bundesredaktion gefaxt. Darüber waren die Bildränder abgeschnitten worden – Folge der begrenzten Technik. Erster fataler Umstand.

Hast du kein Glück, kommt auch noch Pech hinzu.

In der Tagesproduktion der Zeitung passierte dann der zweite entscheidende Fehler: Beim Layouten des Artikels war nicht, wie im redaktionellen Prozedere eigentlich üblich, ein sogenannter Blindtext als Platzhalter eingesetzt worden: *lorem ipsum dolor sit amet, consectetur adipiscing …*, sondern ein Kollege hatte seinen eigenen Blindtext erfunden, weil er glaubte, auf dem Foto spannende Details zu erkennen.

So standen da plötzlich zwei schicksalhafte Wörter:

Bolzenschneider

Schlagstock

Vom Pech zum Desaster war es dann nur noch ein kleiner Schritt. Wir alle – vom Schlussredakteur bis hin zu mir, dem Chefredakteur, der die finale Seite vorgelegt bekommt, um sie abzunehmen – erkannten Bolzenschneider und Schlagstock nicht als blind getexteten Quatsch, sondern nahmen die zwei Wörter für bare Münze. Jeder verließ sich darauf, dass der andere genau hinguckte und die behaupteten Fakten verifiziert waren. Dabei bin ich eigentlich ein Kontrollfreak, der alles dreimal prüft und viermal hinterfragt. Ich übersah den blinden Fleck im System.

Niemand tritt an, um Fehler zu machen. Wo Menschen arbeiten, passieren Fehler. Jeder kennt diese wohlfeilen Sätze. Sie stimmen. Aber sie retten mich jetzt in dieser Situation nicht. Das Trittin-Debakel ist so dramatisch, dass ich befürchte, dass es mir das Genick brechen wird. Während mein Telefon Sturm klingelt, bleibt es aus dem Verlag verdächtig still. Logisch. Wer sollte mir Rückendeckung geben, wo nicht klar ist, wie die Schlacht ausgeht? Das sind die brutalen Regeln an der Spitze:

Wer untergeht, tut das hübsch allein.

Die Schlagzeilen der nächsten Tage sind bitter.

»Bei BILD brennen die Sicherungen durch« (Süddeutsche Zeitung).[1]

»BILD lügt wieder« (taz).[2]

»Trittin prüft rechtliche Schritte gegen BILD-Zeitung« (dpa).[3]

Manche Kommentatoren sehnen meine Vorgänger Claus Larass und Udo Röbel zurück. Es ist eine Katastrophe, und es wird jeden Tag schlimmer. Ich kann mir lebhaft vorstellen, was für ein wunderbares Fest das für all jene ist, die von Anfang an meinten, mit mir als Chefredakteur sei das Blatt wieder in alte, dunkle Zeiten zurückgefallen. In einem eilig anberaumten SPIEGEL-Interview stelle ich mich den Vorwürfen: »Ich nehme jede Seite der Bundesausgabe von BILD persönlich ab und trage damit die Verantwortung.«[4]

Ich rechne täglich damit, gefeuert zu werden. Jeder Arbeitstag fühlt sich an wie der letzte. Wenn ich spätabends erschöpft nach Hause schleiche, kann ich nur mit Mühe den Impuls unterdrücken, mich bei den Kollegen mit den Worten zu verabschieden: »War schön mit euch!«

Das »Bis morgen!« geht mir jeden Tag schwerer über die Lippen.

»Wie geht es dir?«, fragt Katja, meine Freundin, mit der ich erst ein paar Tage zusammen bin.

»Dead man walking«, murmele ich matt.

BILD bittet Trittin schon am nächsten Tag um Entschuldigung. Parallel rufe ich in Trittins Büro an, um mich auch persönlich zu entschuldigen. Der Minister ist nicht erreichbar. Ich hinterlasse bei seinen Mitarbeitern eine Nachricht.

Trittin ruft nicht zurück.

Ich versuche es erneut, bitte noch mal um Rückruf. Wieder vergeblich.

Fünf quälende Tage geht das so. Von Trittin keine Reaktion.

Am Freitag wähle ich zum x-ten Mal die Nummer seines Ministerbüros:

»Wir stellen durch«, heißt es überraschend. Ich hatte schon gar nicht mehr damit gerechnet.

»Trittin«, höre ich seine sonore Stimme. Meine Entschuldigung nimmt er ohne weiteren Kommentar zur Kenntnis.

»Sagen Sie mal, warum erreiche ich Sie erst jetzt?«, will ich am Ende dieses sehr kurzen Telefonats wissen.

»Sonst wäre es ja eine langweilige Woche geworden«, kommt es trocken zurück.

Und so lernte ich in einer meiner dunkelsten BILD-Stunden von Jürgen Trittin eine meiner wichtigsten Lektionen: Einen schönen Streit bloß nicht zu früh abräumen. Lass deinen Gegner schmoren. Mach ihn zum Frosch im Kochtopf, während das Wasser langsam seinen Siedepunkt erreicht.

Am Ende habe ich dann doch noch 16 lange Jahre einer BILD-Redaktion vorgestanden, die in ihrer besten Zeit über 800 Mitarbeiter hatte, 30 Regional- und Lokalausgaben produzierte, die größte Zeitung Europas war und online mehr Leser erreichte als jedes andere Medium in Deutschland. Kein anderer BILD-Chefredakteur hat es so lange an der Spitze dieser so mächtigen und so umstrittenen Marke ausgehalten wie ich.

Wenn man mich fragt, was es braucht, BILD-Chef zu sein, ist meine Antwort: Es braucht eine große Portion Resilienz, du musst einen Machtdrang verspüren, sehr viel Ehrgeiz, Leidenschaft bis zur Manie. BILD-Chef ist kein Job, BILD-Chef ist eine Haltung.

Dabei gibt es kein Handbuch, wie BILD-Chefredakteur geht. Das muss aus dir selbst kommen. Von meinem Vorgänger Günter Prinz stammt die Feststellung: »Die Zeitung ist immer ein Spiegel der Seele des Chefredakteurs.«

Aber wie sieht es denn nun in meiner Seele aus?

Im Kern bin ich ein Suchender, ein Ausprobierer, und in mir drin passt wenig zueinander. In meinem Bielefelder Elternhaus war BILD tabu – mit dem Ergebnis, dass ich weit über die Hälfte meines Lebens bei BILD verbracht habe. Ich habe von Fußball nicht den Hauch einer Ahnung, dabei ist BILD das Zentralorgan dieses Sports.

Als Schüler trieb ich mich liebend gern in Kunstmuseen herum, für BILD war Kultur, wenn auf der Theaterbühne der Hauptdarsteller vom herabfallenden Kronleuchter erschlagen wurde.

Aber ich bin auch ein Krawallheini.

Während meine Altersgenossen in den 1980er Jahren Parkas und Palästinensertücher trugen und Plakate mit *Bildung statt Bomben* hochhielten, um gegen USA, NATO und Atomkraft zu demonstrieren, trug ich demonstrativ einen schwarzen Samsonite-Aktenkoffer mit Franz-Josef-Strauß-Aufklebern mit mir herum, machte Straßenwahlkampf für die CDU, saß als Schülerzeitungsreporter bei Bundeswehrmanövern im Kampfpanzer Leo II und veröffentlichte über Udo Lindenberg ein Pamphlet mit dem Titel *Udo linker Zwerg*. Man sollte auch zu den schlechten Wortwitzen seiner Vergangenheit stehen.

Ich musste immer alles anders als die anderen machen, hatte fast einen Zwang, gegen den Strom zu schwimmen. Auch bei der Bundeswehr lief es holprig. Nachdem ich mich zunächst begeistert als Zeitsoldat verpflichtet hatte, durfte ich von zwölf Wochen Grundausbildung bei der Panzerartillerie Münster-Handorf die Kaserne an gefühlt zehn Wochenenden aus disziplinarischen Gründen nicht verlassen: Bett nicht auf Kante gemacht, Hemden nicht ordentlich gefaltet, freches Auftreten gegenüber den Vorgesetzten.

»Wo glauben Sie eigentlich, wo Sie sind, Kanonier Diekmann?«, hatte mich mein Zugführer angebrüllt.

»In Münster-Handorf, du Arschloch«, hatte ich korrekt zu Protokoll gegeben.

Als meine kurzen Haare knapp den Uniformkragen berührten, hieß es: »Was ist das hier für eine Hippieveranstaltung, Kanonier Diekmann?«

Also rasierte ich alles raspelkurz – und ließ mir stattdessen eine Art Pferdeschwanz aus der Stirn wachsen. Stirnhaarlänge war nämlich in der ZDV, der Zentralen Dienstvorschrift, nirgends geregelt. Meine Vorgesetzten ärgerten sich die Krätze.

Ich entwickelte immer mehr Fantasie, mithilfe der ZDV gegen das System zu revoltieren. Denn was nicht ausdrücklich verboten war, musste, so der Umkehrschluss, erlaubt sein. Als Soldat in Uniform durfte man eigentlich keine Sonnenbrille tragen. Also ließ ich mir eine Bindehautentzündung attestieren und bekam eine *Sonnenbrillentragegenehmigung.* Fortan lief ich mit großer rosa Brille auf der Nase über den Kasernenhof – denn welches Modell, das war natürlich nicht Teil der Sonnenbrillentragegenehmigung.

Und dann sollte ich eines Tages wieder mal eine Regel aus der ZDV abschreiben, Thema diesmal: »Warum ich meine Kameraden nicht zum Kameradendiebstahl verführen darf«. Ich hatte meinen Spind nicht abgeschlossen. Abschreiben fand ich doof. Stattdessen formulierte ich lieber ein umfang- und detailreiches Gesuch, das in dem Satz gipfelte:

Ich bitte um Versetzung in eine andere Einheit, wenn ich davon ausgehen muss, dass Sie mich hier mit lauter potenziellen Kriminellen auf einer Stube zusammengelegt haben.

»Wissen Sie eigentlich, Kanonier Diekmann, dass es bei der Bundeswehr eine Pressestelle gibt?«, erbarmte sich ein verständiger Oberstleutnant. So fand also nicht ich zum Journalismus – der Journalismus fand zu mir.

Meine neue Heimat: die Redaktion der Truppenzeitschriften Luftwaffe, Heer und Marine beim I. Korps in Münster. Hier entdeckte ich zunächst die Dunkelkammer für mich – primär, um fehlenden Schlaf nachzuholen, dann natürlich, um die Unzahl von Fotos zu entwickeln, die ich als Bundeswehrfotograf von nun an machte. Ich begann zu inszenieren. Denn – das begriff ich schnell – die visuelle Inszenierung eines Artikels war mindestens genauso wichtig wie die geschriebene Story.

So besorgte ich mir eine tiefgefrorene Fledermaus aus dem Naturkundemuseum und fotografierte sie mit ausgebreiteten Flügeln vor einem schemenhaft erkennbaren Soldaten. Dazu die Story: »Erst Truppenübungsplatz, jetzt Biotop«. Oder steckte einen Soldaten in Kaftan und Turban, die ich mir im Stadttheater Münster geliehen hatte, und stellte ihn für ein

Foto in die erste Reihe seiner Kompanie. Story: »Muslime in der Bundeswehr«. So was ging damals noch. Heute schäme ich mich dafür fremd.

Auf jeden Fall sorgten die Fotos für Wirbel, und plötzlich war da ein Anruf der BILD-Redaktion Essen-Kettwig: »Hätten Sie nicht Lust, ein Praktikum bei uns zu machen?«

Und wie ich Lust hatte – aber dummerweise keinen Urlaub mehr. Mein Vorgesetzter, der sogenannte LdP, Leiter der Presse, wiederum ein Oberstleutnant, machte auf sehr unkonventionelle Art den Weg frei für mich: Er kommandierte mich kurzerhand zur BILD-Zeitung ab. Begründung: »Verbesserung der gegenseitigen Pressekontakte«. Rückblickend der Moment, der wie nur wenige andere mein weiteres Leben bestimmen sollte.

Der Rest ist schnell erzählt. Aus einem Praktikum in Essen-Kettwig wurde ein Volontariat bei der BILD am SONNTAG in Hamburg. Die letzten drei Monate durfte ich zum Springer-Auslandsdienst SAD nach New York. Als ich hier an meinem ersten Arbeitstag um 6.00 Uhr früh auf der Matte stand, saßen alle an ihren Schreibtischen und schienen zu warten. Worauf, das begriff ich zehn Minuten später. Da flog nämlich die Tür auf, und ein Bote brachte New York Times, Washington Post, New York Post – all die aktuellen amerikanischen Tageszeitungen. Und die lieben Kollegen? Flöhten die Zeitungen nach Geschichten, die für Deutschland interessant sein könnten, übersetzten sie eins zu eins und schickten sie per Telex nach Hamburg. Draußen tobte das Leben, drinnen wurden Texte kopiert. Das war ich nicht.

Also ging ich raus, immer die Kamera über der Schulter, und suchte meine eigenen Geschichten: Voodoo-Zeremonie in Harlem, Fix-und-Foxi-Erfinder Rolf Kauka auf seiner Wahnsinnsfarm in Georgia, die verrückten Elvis-Presley-Fans in Memphis.

Für meinen Geschmack hätte das immer so weitergehen können, bis eines Tages Hans-Erich Bilges anrief, der damalige Leiter des Bonner BILD-Büros: »Du bist in 48 Stunden hier. Oder du bist draußen.«

Dazu muss man wissen: Vor meiner Abreise in die USA hatte ich einen Vertrag als Politikkorrespondent in der damaligen Bundeshauptstadt unterschrieben. In Bonn fuhr ich mit einem knallroten VW-Golf mit dem Kennzeichen BI-LD durch die Gegend, was manche Undercover-Recherche vorzeitig zum Platzen brachte. Mit der Unterschrift unter den Korrespondentenvertrag hatte ich auch einen Schlussstrich unter die Idee gesetzt,

Politik, Geschichte und Germanistik an der Uni Münster zu studieren, wo ich immerhin seit zwei Jahren immatrikuliert war, ohne bis dato den Hörsaal von innen gesehen zu haben.

»Muss ich, wenn ich groß bin, auch Chefredakteur von BILD werden?«, hat mich mal mein Sohn Caspar gefragt. Da war er gerade mal vier Jahre alt.

»Nein, Caspar«, beruhigte ich ihn, »musst du nicht.«

Aber damals habe ich mir vorgenommen, irgendwann schreibe ich alles auf – für ihn, seine Geschwister, überhaupt für alle, die es interessiert: wie das wirklich war bei BILD. Zu meiner Zeit, aus meiner Sicht. Ganz und gar subjektiv.

Meine Freundschaft mit Helmut Kohl, meine Auseinandersetzung mit Christian Wulff, meine Begegnungen mit Präsidenten und Päpsten, Kanzlern und Künstlern, Blendern und Bösewichten. Und ich hoffe, dass meine Leser aus meinen Schilderungen zumindest die eine Botschaft mitnehmen, die ich meinen Redakteuren immer wieder gepredigt habe: »*Geht nicht* oder *Haben wir noch nie so gemacht* gibt es nicht. Greift nach den Sternen! Fünf-, sechs- oder siebenmal greift ihr ins Leere, aber irgendwann habt ihr einen in der Hand.«

Das ist die Haltung, die am Ende den entscheidenden Unterschied macht.

Da war die Welt noch in Ordnung: Mit dem damaligen niedersächsischen Ministerpräsidenten Christian Wulff beim BILD-Sommerfest 2008

EINS

ZIEMLICH BESTE FEINDE

Der Fall (von) Christian Wulff

DER ANRUF

Guten Abend, Herr Diekmann. Ich rufe Sie an aus Kuwait. Bin grad auf dem Weg zum Emir und deswegen hier sehr eingespannt, weil ich von morgens acht bis abends elf Termine habe. Ich bin in vier Golfstaaten unterwegs und parallel plant einer Ihrer Journalisten seit Monaten eine unglaubliche Geschichte, die morgen veröffentlicht werden soll und die zum endgültigen Bruch mit dem Springer-Verlag führen würde ...

Ich starre auf meinen Blackberry und weiß nicht so recht, was ich denken soll. Dabei habe ich üblicherweise zu allem eine Meinung.

Habe ich richtig gehört?

Hat da gerade der Bundespräsident auf meine Mailbox gesprochen? Um eine Geschichte in BILD zu verhindern? Über sich und seine fragwürdige Hausfinanzierung?

Es ist Montag, der 12. Dezember 2011, 12.30 Uhr mittags. Ich sitze am Schreibtisch meines Hotelzimmers im New Yorker Waldorf Astoria, einem etwas altmodischen Art-Déco-Prachtbau aus den frühen 1930er Jahren. Blasse Wintersonne fällt durch die dicken Vorhänge.

Das kann doch nicht sein ... Der Bundespräsident droht mir? Ein Telefonstreich?

Nein. Die Nummer auf dem Display ist eindeutig die von Christian Wulff.

Und das ist auch seine Stimme.

Was ist passiert?

BILD-Vize Martin Heidemanns, der bei uns sehr erfolgreich das Ressort *Investigativ* leitet und von dem ich immer sage, ich möchte um Gottes willen niemals Ziel seiner Recherche werden, hat mit seinem Team in akribischer Kleinarbeit herausgefunden, dass Wulff – damals noch niedersächsischer Ministerpräsident – für seinen privaten Hauskauf ein Darlehen von einer halben Million Euro aufgenommen hat. Darlehensgeberin: Edith Geerkens, Ehefrau von Egon Geerkens, einem Unternehmer, der sein Vermögen mit Schrott und Schmuck gemacht hat und ein enger Freund von Wulff ist. Als Wulff im Jahr 2010 im Niedersächsischen Landtag öffentlich gefragt wurde, ob es zwischen ihm und jenem Egon Geerkens in den vergangenen zehn Jahren eine geschäftliche Beziehung gegeben habe, ließ er mit Nein antworten.

Die Geschäftsbeziehung zur Ehefrau blieb unerwähnt.

Damit hatte Wulff zwar nicht gelogen, aber eben auch nicht die Wahrheit gesagt. Nun ist unser Bundespräsident die höchste moralische Instanz im Staat. Er muss Vorbild sein. Zudem steht zu Hause in meinem Bücherregal ein Buch mit dem sehr schönen Titel *Besser die Wahrheit*. Autor: Christian Wulff. Wie geht das alles zusammen?

Ich springe auf und trete ans Fenster. Elf Stockwerke unter mir glitzert die Park Avenue in vorweihnachtlichem Glanz. *Friede auf Erden*. Nur offensichtlich nicht im fernen Schloss Bellevue.

Ich drücke auf Play, um mir die Voicemail ein zweites Mal anzuhören. Habe ich da was missverstanden?

Knapp vier Minuten dauert Wulffs Nachricht auf meinem Band. Genügend Zeit, um von Bottrop nach Oberhausen zu fahren oder sich ein Ei zu kochen.

Die Stimme des Präsidenten klingt angespannt.

... Ich bin in vier Golfstaaten unterwegs und parallel plant einer Ihrer Journalisten seit Monaten eine unglaubliche Geschichte, die morgen veröffentlicht werden soll und die zum endgültigen Bruch mit dem Springer-Verlag führen würde. Weil es einfach Methoden gab, mit Dingen im Nachbarschaftsumfeld, die über das Erlaubte hinausgehen, und die Methoden auch öffentlich gemacht werden von mir.

Ich habe alles offengelegt, Informationen gegeben, gegen die Zusicherung, dass die nicht verwandt werden. Die werden jetzt indirekt verwandt, das heißt, ich werde auch Strafantrag stellen gegenüber Journalisten morgen, und die Anwälte sind beauftragt.

Und die Frage ist einfach, ob nicht die BILD-Zeitung akzeptieren kann, wenn das Staatsoberhaupt im Ausland ist, zu warten, bis ich Dienstagabend wiederkomme, also morgen, und dann Mittwoch eine Besprechung zu machen, wo ich mit Herrn …, den Redakteuren und Ihnen, wenn Sie möchten, die Dinge erörtere, und dann können wir entscheiden, wie wir die Dinge sehen, und dann können wir entscheiden, wie wir den Krieg führen.

Aber so, wie das gelaufen ist in den letzten Monaten, ist das inakzeptabel, und meine Frau und ich werden Mittwochmorgen eine Pressekonferenz machen zwischen dem japanischen Ministerpräsidenten und den weiteren Terminen und werden dann entsprechend auch öffentlich werden, weil diese Methoden Ihrer Journalisten, des investigativen Journalismus nicht mehr akzeptabel sind.

Und Sie werden ja voll umfassend im Bilde sein. Ich vermute, nicht voll richtig objektiv informiert sein – aber im Bilde sein. Und ich wollte einfach, dass wir darüber sprechen, denn wenn das Kind im Brunnen liegt, ist das Ding nicht mehr hochzuholen – das ist eindeutig, nach den Erfahrungen, die wir die letzten Wochen gemacht haben. Es gab immer dieses jahrelange Gerücht, Maschmeyer hätte was damit zu tun. Wir haben dargelegt, dass das alles Unsinn ist.

Und jetzt werden andere Geschichten behauptet, die Unsinn sind. Und da ist jetzt bei meiner Frau und mir einfach der Rubikon in dem Verhalten überschritten.

Und ich erreiche Sie leider nicht. Ich höre, Sie sind in New York – insofern ist es da jetzt ja Mittag, und hier ist natürlich schon Abend. In Berlin ist es jetzt 18 Uhr. Es wäre nett, wenn Ihr Büro versuchen kann, Herrn Glaeseker oder Herrn Hagebölling, den Chef des Bundespräsidialamtes, oder mich zu erreichen.

Ich bin nur jetzt im Gespräch, und dann hab ich hier eine Rede zu halten, und ich bin also erst wieder etwa in eineinhalb Stunden in der Lage, dort in der deutschen Botschaft zu sprechen. Ich würde aber dann natürlich gern mit Ihnen sprechen.

Denn dass man nicht bis Mittwoch wartet, die Dinge bespricht und dann sagt: Okay, wir wollen den Krieg und führen ihn, das finde ich sehr unverantwortlich von Ihrer Mannschaft, und da muss ich den Chefredakteur schon jetzt fragen, ob er das so will, was ich eigentlich mir nicht vorstellen kann.

Vielen Dank … und … bis … dann … wo wir uns dann sprechen. Ich hoffe, dass Sie die Nachricht abhören können, und bitte um Vergebung, aber hier ist jetzt für mich ein Punkt erreicht, der mich zu einer Handlung zwingt, die ich bisher niemals in meinem Leben präsentiert habe. Die hatte ich auch nie nötig.

Die Dinge waren immer ordentlich sauber, bei allen Vorbehalten und Gerüchten, die es immer verbreitet gab, die alle falsch waren. Und jetzt würde ich diese Dinge dieser investigativen Journalisten dieses Netzwerkes offenlegen. Und … insofern – ja … denke ich mal, es gibt jetzt noch 'ne Chance, und die sollten wir nutzen.

Danke schön. Wiederhören Herr Diekmann.

Hat er wirklich *Krieg* gesagt?

Ja, hat er.

Und mit Strafantrag gedroht?

Auch das.

Kann ein erfahrener Politiker wie Wulff wirklich so unprofessionell sein und einem Chefredakteur einen solch gefährlichen Unsinn auf die Mailbox sprechen? Schließlich hat er – erst als Ministerpräsident, dann als Bundespräsident – einen Eid auf die deutsche Verfassung und damit auch auf Artikel 5 des Grundgesetzes geleistet:

Die Pressefreiheit und die Freiheit der Berichterstattung durch Rundfunk und Film werden gewährleistet. Eine Zensur findet nicht statt.

Wie stellt er sich das in seiner Welt vor?

Pressefreiheit ja, aber nicht, wenn sie den Bundespräsidenten betrifft?

Und hat Wulff nicht gerade gestern in Katar seinem geneigten arabischen Publikum erklärt, wie nötig es ist, Presse- und Meinungsfreiheit zu garantieren? Irgendwo in den Weiten der Wüste muss ihm die Bedeutung von unabhängiger Presse fürs eigene Land abhandengekommen sein.

Worte sind wie Kugeln. Einmal abgeschossen, kriegt man sie nicht zurück in den Lauf.

DER ANFANG VOM ENDE

Wie mich der Präsident gebeten hat, rufe ich seinen Staatssekretär an. Ich wähle die Nummer des Bundespräsidialamts.

»Hagebölling«, meldet er sich mit knarzender Stimme. Bis auf einen kleinen Schriftwechsel, auf den ich später noch kommen werde, haben wir bisher nicht persönlich miteinander zu tun gehabt. In Berlin gilt Lothar Hagebölling als Aktenfresser und hyperkorrekter Jurist, der in der Vergangenheit als Chef der Staatskanzlei Hannover dafür Sorge getragen hat, dass die rechte Hand weiß, was die linke tut.

Ich beschließe, mich kurz zu fassen: »Herr Hagebölling, ich habe da gerade einen ziemlich unsortierten Anruf Ihres Chefs auf meiner Mailbox vorgefunden.«

Vielsagendes Schweigen.

Ich fahre fort: »Wir werden die für morgen geplante Geschichte über die Finanzierung des Hauses von Christian Wulff in Großburgwedel auf keinen Fall ein weiteres Mal verschieben.«

Wieder vielsagendes Schweigen.

Ich hole tief Luft. »Das wollte ich Ihnen nur mitteilen, Herr Hagebölling.« Der ringt sich nun doch noch zur Antwort durch: »Besten Dank für Ihren Anruf, Herr Diekmann. Ich habe die Botschaft vernommen.«

Jetzt muss ich Ihnen, liebe Leserinnen und Leser, kurz mal erklären, warum ich eigentlich gerade in New York bin:

Heute Abend wird hier dem Künstler Anselm Kiefer die Leo-Baeck-Medaille verliehen – und zwar in Anerkennung seiner Verdienste um die deutsch-jüdische Aussöhnung. Es ist die höchste Auszeichnung des Leo Baeck Instituts. Außenminister Guido Westerwelle hält die Laudatio. Eigentlich war ursprünglich Christian Wulff als Laudator geplant. Warum weiß ich das so genau? Weil ich ihn selbst vorgeschlagen habe, als das Leo Baeck Institut im Frühjahr angekündigt hatte, Anselm Kiefer die Auszeichnung verleihen zu wollen, und mich bat, bei der Wahl des Laudators behilflich zu sein – in der nicht unberechtigten Annahme, dass ein BILD-Chefredakteur im politischen Berlin über die entsprechenden Kontakte und Zugänge verfügt.

Ich empfahl den gerade erst seit sieben Monaten amtierenden Bundespräsidenten: Es wäre sein erster Auftritt als Staatsoberhaupt in den USA – die öffentliche Aufmerksamkeit wäre ihm damit sicher. Wulffs und mein Verhältnis war zu diesem Zeitpunkt ein freundlich-professionelles.

Natürlich hatte ich den Vorschlag nicht einfach nur blind gemacht, sondern vorher dazu mit Wulffs Pressesprecher Olaf Glaeseker Kontakt gehabt. Der hatte signalisiert: Ja, der Bundespräsident kann sich sehr gut vorstellen, Anselm Kiefer in New York zu laudatieren.

Also schrieb ich, wie zwischen uns verabredet, Wulff einen Brief:

Sehr geehrter Herr Bundespräsident,

aus Anlass der Verleihung der Leo-Baeck-Medaille an den deutschen Künstler Anselm Kiefer möchte ich Sie sehr herzlich einladen, im Rahmen der Verleihungszeremonie im Leo Baeck Institut in New York eine Ansprache zu halten. Sie wären – nach dem Preisträger Johannes Rau und dem Laudator Horst Köhler – der dritte Bundespräsident, der mit einem Auftritt im New Yorker Leo Baeck Institut im Namen aller Deutschen dessen Arbeit würdigt. Deshalb würde ich mich aus den genannten Gründen sehr freuen, wenn Sie meine Anregung überdenken.

Sechs Wochen später kam die Absage, verfasst und unterschrieben von Lothar Hagebölling. Jenem Hagebölling, mit dem ich gerade telefoniert habe.

Der Herr Bundespräsident hat sich über die freundliche Einladung sehr gefreut und hätte die Rede sehr gern gehalten. Leider ist es jedoch dem Herrn Bundespräsidenten auf Grund seines dicht gedrängten Terminkalenders nicht möglich, Ihrer Bitte, eine Ansprache im Leo Baeck Institut in New York zu halten, zu entsprechen. Ich bitte dafür um Verständnis. Der Herr Bundespräsident wünscht der Veranstaltung gutes Gelingen, mit freundlichen Grüßen.

Lothar Hagebölling

Ironie des Schicksals: Hätte Wulff Zeit gehabt, wären wir jetzt gemeinsam in New York. Mit Sicherheit hätte es ein persönliches Gespräch gegeben unter vier Augen. Ein Gespräch, das vermutlich nichts an der Veröffentlichung geändert hätte. Aber ziemlich sicher gäbe es dann nicht diesen Unsinn auf meiner Mailbox, von dem man rückblickend weiß, dass dieser Anruf den Anfang seines Scheiterns als Bundespräsident markiert.

BERUFSKRANKHEIT DER MÄCHTIGEN

Dass Wulff gern zum Telefonhörer greift, ist nichts Neues. Beschwerdeanrufe bei Journalisten sind sein Ding. Dafür war er bereits als Ministerpräsident berühmt. Und auch berüchtigt.

»Sie sollten nicht persönlich in irgendwelchen Redaktionen anrufen, um Ihr Missfallen über Berichterstattungen zu äußern, Herr Bundespräsident«, hatte ich Wulff nahegelegt, als wir uns zu Beginn seiner Amtszeit zufällig am Rande einer Veranstaltung trafen. Nun mag man sich wundern, wie ich dazu komme, dem Bundespräsidenten Telefon-Tipps zu geben. Ganz einfach: Weil er mich fragte. Der höchste Mann im Staat und der Chefredakteur von Europas größter Zeitung stehen ja nicht zusammen und reden übers Fernsehprogramm. Rückblickend würde ich sagen, dass mir Wulff mit seiner Frage natürlich auch das Gefühl geben wollte, zwischen uns bestünde ein besonderes Vertrauensverhältnis.

»Und Sie brauchen dringend eine neue Telefonnummer!«, ergänzte ich. Das war nämlich gerade Wulffs großes Thema: Dass er als Bundespräsident fröhlich da weitermachte, wo er als Ministerpräsident aufgehört hatte – für alle möglichen Leute erreichbar zu sein. Er war eben ein verdammt junger Bundespräsident, der gedanklich immer noch im heimeligen Hannover unterwegs und noch nicht im Dschungel von Berlin angekommen war.

Wulff zeigte sich von meinem Hinweis angetan. Glaubte ich jedenfalls.

Die folgenden Monate förderten dann allerdings einen ganz anderen Wesenszug zutage: Er wusste alles besser.

Gerüchte, dass bei der Finanzierung des Hauskaufs ein Unternehmer aus Niedersachsen geholfen habe, gab es bereits seit 2009.

An dieser Stelle ist es Zeit, mit einer Legende aufzuräumen: Wir Journalisten sind manchmal gar nicht so investigativ, wie alle denken. Nicht selten erledigen andere den Job: Düpierte Geliebte, geschasste Mitarbeiter, sie alle sorgen dafür, dass Dinge ans Licht kommen, lange bevor wir Journalisten davon erfahren.

Jemand aus Wulffs engstem politischen Umfeld hatte gezielt Informationen über seine dubiose Hausfinanzierung verschiedenen Medien zugespielt, auch der BILD-Redaktion in Hannover. Sollten die Gerüchte stimmen, hätte Wulff klar gegen das niedersächsische Ministergesetz verstoßen. Demnach dürfen Mitglieder der Landesregierung weder Belohnungen noch Geschenke annehmen. Eine Verwaltungsvorschrift verbietet außerdem besondere Vergünstigungen bei Privatgeschäften wie zinsgünstigen oder zinslosen Darlehen. Da das Amtsgericht Großburgwedel jedoch den Einblick ins Grundbuch verwehrte, wurden die Recherchen seinerzeit erst mal auf Eis gelegt.

Hätte der Vorgang Wulff eine Warnung sein müssen, beizeiten reinen Tisch zu machen, was seine fragwürdige Hausfinanzierung anging? Darüber habe ich bis heute viel nachgedacht. Und mir ist immer wieder ein Satz Ludwigs XIV. in den Sinn gekommen:

»L'État, c'est moi.«

Der Staat, das bin ich.

Die Berufskrankheit der Mächtigen ist die Hybris.

Mir selbst übrigens waren die Details der Recherchen von Martin Heidemanns und seinem Recherche-Zwilling Nikolaus Harbusch lange nicht bekannt. Das hat einen Grund: Nicht selten werden in Redaktionen weiße Mäuse gejagt. Und nicht jede Recherche führt am Ende zum erwarteten Ergebnis. Lassen Sie mich ein Beispiel erzählen: Ich vermute, dass es kaum einen Politikkorrespondenten gibt, der nicht irgendwann mal von dem Foto gehört hat, auf dem angeblich ein bekannter deutscher Spitzenpolitiker nackt auf allen vieren mit einer Pfauenfeder im Allerwertesten zu sehen ist. Fakt ist: Ich kenne keinen, der dieses Foto wirklich jemals persönlich gesehen hätte. Und von diesem Quatsch ist viel im Umlauf.

Heidemanns' Recherchen über den Hauskauf hatten sich hingegen als hieb- und stichfest erwiesen, und die Geschichte hätte eigentlich schon heute erscheinen sollen. Erst gestern hatte er abschließend eine E-Mail an Wulffs Sprecher Olaf Glaeseker mit sechs konkreten Fragen geschickt, um dem Präsidenten Gelegenheit zu geben, sich zu äußern und die Vorwürfe gegebenenfalls zu entkräften. Glaeseker, Ex-Mehrkämpfer und markantester Glatzkopf im Berliner Regierungsviertel, ist Wulffs Intimus und ein gewiefter Medienprofi. Aber Martin Heidemanns ist eben auch nicht von schlechten Eltern. Auf einer Skala zwischen Hering und Hai ist er ziemlich dicht am Hai.

Sehr geehrter Herr Glaeseker,

im Zusammenhang mit unserer Recherche bitten wir Herrn Bundespräsident Wulff freundlich um Beantwortung folgender Fragen:

Am 18. Februar 2010 ließen Sie als Ministerpräsident auf die Anfrage, ob es »geschäftliche Beziehungen« zwischen Ihnen und Herrn Egon Geerkens gegeben habe, durch Ihre Staatskanzlei wörtlich erklären: »Zwischen Ministerpräsident Wulff und den in der Anfrage genannten Personen und Gesellschaften hat es in den letzten 10 Jahren keine geschäftlichen Beziehungen gegeben.«

1. Warum haben Sie dem Landtag verschwiegen, dass eine »geschäftliche Beziehung« zwischen Ihnen und der mit Egon Geerkens in Gütergemeinschaft lebenden Ehefrau Edith durch einen im Oktober 2008 geschlossenen Darlehensvertrag über 500.000 Euro besteht?

2. Teilen Sie die Auffassung, dass Sie den Landtag in diesem Zusammenhang bewusst getäuscht haben?

3. Wie haben Sie die 500.000 Euro erhalten? Per Überweisung aus Deutschland, der USA, der Schweiz – oder bar? Oder auf welche andere Weise?

4. Warum haben Sie den im Oktober geschlossenen Darlehensvertrag wenige Wochen nach der parlamentarischen Anfrage gekündigt und durch einen Darlehensvertrag mit der BW Bank abgelöst – obwohl der Darlehensvertrag noch bis November 2013 lief?

5. Wann und in welcher Form haben Sie das Darlehen zurückgezahlt?

6. Gab es vor dem Jahr 2000 geschäftliche Beziehungen zwischen Ihnen, dem CDU-Kreisverband Osnabrück, dem CDU-Landesverband Niedersachsen bzw. dem Land Niedersachsen und Herrn Egon Geerkens oder irgendeiner Firma, an der Herr Geerkens und/oder Frau Geerkens als Gesellschafter beteiligt waren?

Heidemanns hatte um Beantwortung der Fragen bis 16 Uhr gebeten. Zwei Stunden später reagierte Glaeseker per SMS:

Seien Sie sicher, dass ich mich um eine zeitnahe Beantwortung der Fragen bemühe. Ob es allerdings bis 16 Uhr gelingt, bezweifele ich. Wie ich Ihnen gesagt habe, befinden wir uns auf Golfreise und haben ein dichtgedrängtes Programm. Ihr gl.

Als Heidemanns die Fragen schickte, war ich zu Hause in Potsdam gerade dabei, meinen Smoking für die Preisverleihung in New York in einen Kleidersack zu packen, und nahm noch ein paar nervöse Schluck Kaffee im Stehen, bevor mich mein Fahrer zum Flughafen bringen würde. Mieses Timing.

Wenn die Antworten des Präsidenten eintreffen würden, wäre ich gerade 10 000 Meter über dem Atlantik. Das schmeckte mir gar nicht. Dies war die vielleicht größte Geschichte des Jahres – und ich als Chefredakteur nicht erreichbar.

Ich marterte mir das Hirn, ob ich irgendetwas übersehen hatte, die Story auch ohne mich in Druck gehen könnte, sollte Wulff die Fragen nicht schlüssig beantwortet haben. Bloß jetzt keinen Fehler machen. Wir legten uns mit dem Mann im höchsten Amt im Staat an. Alles musste sitzen. So schnell würde ich gar nicht meine Umzugskartons packen können, wie mich Zorn und Häme aus meinem BILD-Büro spülen würden. Das wär's dann gewesen als BILD-Chefredakteur.

An Bord des Flugzeugs atmete ich dann erleichtert auf. Ich hatte Glück. In der Lufthansa-Maschine gab es ein Satellitentelefon, und um die vereinbarte Zeit wählte ich mit feuchten Handtellern Martins Nummer.

»Wo stehen wir?«, flüsterte ich aufgeregt in den Hörer.

Telefonat mit der BILD-Redaktion: Am Satellitentelefon der Lufthansa-Maschine nach New York

EXIT

»Die mauern«, antwortete Martin mit gespielter Gelassenheit. Ich kannte ihn, innerlich kochte er.

»Glaeseker will Aufschub, bis er und der Bundespräsident Dienstagabend wieder in Deutschland sind.«

»Was schreibt er genau?«, hakte ich nach.

»Lassen Sie uns unmittelbar nach meiner Rückkehr nach D treffen. Wir werden Ihnen dann umfassend Rede und Antwort stehen. Ihr gl«, las mir Martin vor.

»Okay.«

Ich spürte eine paradoxe Erleichterung.

»Das nimmt etwas Druck aus dem Kessel. Gut so. Es ist eh besser, wenn ich erreichbar bin, wenn wir mit der Geschichte rausgehen.«

»Zu lange sollten wir aber nicht warten«, warf Heidemanns ein. »Höchstens einen Tag. SPIEGEL und Stern und ein paar andere sind auch schon dran.«

Wir verabredeten folgende Antwort:

Lieber Herr Glaeseker, nach Rücksprache mit dem Chefredakteur sind wir gerne bereit, die Berichterstattung um einen Tag zu verschieben. So haben Sie die Gelegenheit, die Fragen bis morgen 16 Uhr (MEZ) zu beantworten. Wir bitten um Verständnis, dass ein weiterer Aufschub der geplanten Berichterstattung nach Ablauf dieser Frist nicht mehr möglich ist.

VERÖFFENTLICHEN ODER NICHT VERÖFFENTLICHEN?

In der Redaktion gab es zu diesem Zeitpunkt nicht nur Zustimmung zur geplanten Veröffentlichung. Alfred Draxler, unser erfahrener BILD-Sportchef, hatte aus nachvollziehbaren Gründen Vorbehalte. Er war mit Martina Krogmann verheiratet, einer engen Vertrauten von Wulff und zu dessen Zeiten als Ministerpräsident Parlamentarische Geschäftsführerin und Mitglied im Vorstand der CDU/CSU-Bundestagsfraktion.

Okay, ich bin befangen, simste er mir, *deshalb zwei Punkte zum Nachdenken: Niemand ist geschädigt worden. Und wird es morgen einen Sturm der Entrüstung geben? Aber natürlich trage ich deine Entscheidung mit!*

Stimmt. Wen juckte es, wie ein biederer Ministerpräsident sein spießiges Rotklinker-Häuschen finanziert hatte? Man konnte doch auch zwei

Augen zudrücken. War ich gerade dabei, einen Fehler zu machen? Es liegt in der Natur der Sache, dass man mit dem Wissen von heute gestern keine Fehler machen würde. Aber weiß ich in diesem Moment, was richtig ist? Was morgen ist? Wie diese Geschichte mit Wulff ausgehen wird? Schieße ich mich gerade beruflich ins Aus? Versteige ich mich? Mein Gegner ist nicht nur Bundespräsident, er ist ein Mensch, der einen Traum träumt, den wir alle träumen: das eigene Haus, die schöne Reise, Rampenlicht. Nicht, dass ich das nicht verstehe. Aber als Journalist bist du auch Chirurg. Du musst ins Fleisch schneiden, selbst wenn's wehtut und Narben macht.

Oder wie es Gabor Steingart, Journalist und Bestsellerautor, immer formuliert: »To tell bad things even about the good guys. So lautet das erste Gebot für den kritischen Journalisten!«

Und von SPIEGEL-Gründer Rudolf Augstein stammt der Satz: »Wir sind zuständig für die andere Seite der Medaille.«

Heißt übersetzt: Als politischer Journalist ist es deine Aufgabe, Fällen von Korruption, Bestechlichkeit, Kumpanei und Intransparenz nachzugehen – ungeachtet der Person und des Amts und dessen Gegenwinds. Das ist, warum wir Medienleute als die Vierte Macht im Staat gelten. Ohne Journalismus funktioniert die Demokratie nicht.

Wenn also später immer wieder behauptet werden würde, dass mich eine persönliche Fehde in die Auseinandersetzung mit Wulff getrieben habe, muss ich sagen, es war viel schlichter: Wulff verfügte über das bemerkenswerte Talent, sich selbst die Pistole zwischen die Schulterblätter zu drücken und »Hände hoch« zu rufen.

EIN KOMMUNIKATIVER KARDINALFEHLER

Vor zwei Stunden hat Glaeseker die Antworten nun endlich in die Redaktion nach Berlin gefaxt und Martin Heidemanns hat sie mir sofort auf meinen Blackberry weitergeleitet. Um im nächsten Augenblick persönlich anzurufen:

»Also Kai, die gute Nachricht: Die Faktenlage ist in allen Punkten bestätigt. Wie wir es erwartet haben, wird auf Frau Geerkens als Kreditgeberin verwiesen ...«

»Und die schlechte?«, grätschte ich dazwischen.

»... hätte, möglicherweise, in Anbetracht dessen ...«, begann Martin laut vorzulesen. »Das ist alles unglaublich umständlich und langatmig formuliert.«

Ich las parallel auf dem Display mit und begriff augenblicklich das Problem: Nach Lektüre des Artikels mit diesen Wischiwaschi-Antworten des Bundespräsidenten würde kein Leser verstanden haben, worum es überhaupt geht. Welch ungeheurer Vorwurf da eigentlich im Raum steht.

»Weißt du, was das ist?«, fragte Martin Heidemanns und legte eine kurze Pause ein. »Das sind keine Antworten! Das sind Nebelgranaten! Da lacht doch die dpa! Das wandert vom Ticker direkt in den Müll.« Er klang aufrichtig empört.

An dieser Stelle muss ich ein wenig ausholen: dpa, Associated Press, Reuters – das sind die wichtigsten Nachrichtenagenturen. Sie sind die heimlichen Großmächte im Reich der Medien. Sie verdichten, sie multiplizieren. Ob es uns gelingen würde, mit dieser wässrigen Antwort-Suppe die Kollegen vom brisanten News-Wert unserer Geschichte zu überzeugen? Fraglich.

»Lass uns den Schmus kürzen«, schlug Martin angriffslustig vor. »Da braucht man ja einen Uni-Abschluss in Germanistik, um zu checken, was der meint. Ich lege Wert auf die Feststellung, dass ich nicht mal Abitur habe.«

Das mag ich so an Martin. Der ist eins zu eins.

Dennoch widersprach ich energisch. »Nein, Martin, das geht nicht. Wenn wir den Bundespräsidenten derart angreifen, muss er die Chance haben, voll umfänglich zu antworten. Wir müssen seine Antworten in ganzer Länge drucken. Egal, wie verquast die sind. Sonst laufen wir Gefahr, dass es wieder heißt: ›Na klar, typisch die BILD. Alles aus dem Zusammenhang gerissen.‹«

»Du bist der Chef«, merkte Martin trocken an.

Was tun?

Ich wusste, dass wir mit diesem Text keinen Blumentopf gewinnen würden. 20 Minuten später klingelte mein Blackberry erneut.

»Hey Kai, der Glaeseker hat sich gerade bei mir gemeldet.« Martins Stimme klang atemlos. »Wulff zieht seine Antworten zurück!«

»Wie bitte? Was?« Ich war völlig perplex. »Wieso?«

»Weiß nicht, gibt keine Begründung.«

Mein Hirn ratterte. Für einen Moment herrschte Stille in der Leitung. Dann begann ich laut zu denken: »Okay, was heißt das jetzt für uns ...?

Wulffs Antworten sind nicht autorisiert, und wir können sie nicht veröffentlichen. Korrekt?«

»Korrekt«, antwortete Martin, und der Missmut in seiner Stimme war unüberhörbar.

»Aber eigentlich ...«, grübelte ich laut, »spielt uns Wulff doch in die Karten. Schau, Martin, wir haben ihn mit den Vorwürfen konfrontiert, ihm Gelegenheit gegeben, sich zu äußern, sind unserer journalistischen Sorgfaltspflicht nachgekommen. Er lehnt eine Beantwortung unserer Fragen ab. Seine Entscheidung. Punkt. Dann steht da halt ganz fett unterm Artikel: ›Wollte sich auf BILD-Anfrage nicht zu den Vorwürfen äußern.‹«

»Genau. Der versucht doch, uns an der Nase herumzuführen wie kleine doofe Jungs«, war Martin wieder bester Laune.

Mir war, als hätte ich gerade einen komplizierten Mathedreisatz hergeleitet, und jetzt stand da ein Ergebnis. Ich war erleichtert, der Boden unter meinen Füßen fühlte sich wieder ein wenig dicker an. Ohne dass wir es aussprachen, war uns beiden klar, dass der Bundespräsident mit seiner Vogel-Strauß-Politik – ich stecke den Kopf in den Sand und tue so, als ob mich das alles nicht betrifft – einen kommunikativen Kardinalfehler begangen hatte. Er hatte den Grundstein dafür gelegt, dass die Geschichte groß würde. Sehr groß.

An dieser Stelle kam nämlich nun ein journalistischer Mechanismus ins Spiel, den ich Ihnen gerne erklären möchte: In den frühen Morgenstunden würden die Nachrichtenagenturen unsere Berichterstattung über den Hauskauf aufgreifen und an Zeitungsredaktionen, Radiostationen und TV-Sender schicken:

»Berlin. Der Bundespräsident steht nach BILD vorliegenden Dokumenten im Verdacht, am 18. Februar 2010 den Landtag in Hannover getäuscht zu haben – und das vier Monate vor seiner Wahl zum Bundespräsidenten.«

Anschließend würden die Kollegen von den Nachrichtenagenturen dem Bundespräsidialamt dieselben Fragen stellen, die er BILD nicht hatte beantworten wollen. Und das würde im Ergebnis dazu führen, dass aus vielen einzelnen Agenturmeldungen schließlich die sogenannten »Agenturzusammenfassungen« würden, denen allein schon wegen ihres Umfangs eine besondere Bedeutung zukommt und die deshalb mit an Sicherheit grenzender Wahrscheinlichkeit zu den Topmeldungen des Tages zählen. Tagesschau und heute journal ließen schon jetzt grüßen.

Journalismus ist eine Maschine, die über viele kleine Rädchen das ganz große Rad dreht.

Ob Wulff niemanden hatte, der ihm das erklärt und ihn gewarnt hatte? Ich fürchte, auch das gehört zur Logik seines späteren Scheiterns: Er gefiel sich in der Rolle des Lonesome Rider, der alles alleine lösen wollte.

Es folgte eine Vielzahl hektischer Telefonate mit meiner Redaktion. Wie machen wir die Geschichte auf? Wie lautet die Schlagzeile? Wie die Unterzeile? Wir entschieden uns gegen die Hauptschlagzeile und für einen kleinen Anreißer mit Foto von Wulff auf Seite eins. Die große Aufmachung sollte auf Seite zwei folgen. Bei mir hier in New York war es 12 Uhr mittags, in Berlin 18 Uhr. Nur noch zwei Stunden bis Redaktionsschluss. Uns saß die Zeit im Nacken.

Und wieder klingelte mein Telefon: Mathias Döpfner wollte mich sprechen. Wenn dein Vorstandsvorsitzender anruft, während du gerade an der größten Geschichte der letzten Jahre sitzt, dann sicherlich nicht, weil er mit dir übers Wetter plaudern will. Doch zu meiner Überraschung ging es nicht um Wulff. »Hallo Kai, ich habe dir gerade ein Interview geschickt, das ich zu Günter Wallraff gemacht habe. Die warten auf die Freigabe meiner wörtlichen Zitate. Können wir die mal durchgehen? Wäre wichtig.«

So ist das eben: 1000 Themen, die gleichzeitig wichtig sind. Und als ich 20 Minuten später auflegte, hatte mir der Bundespräsident auf die Mailbox gesprochen.

Und damit sind wir nun also zurück im Hier und Jetzt, im Waldorf Astoria in meinem Hotelzimmer hoch über der Park Avenue.

Und von einer Sekunde auf die andere geht es nicht mehr nur um seinen dubiosen Hauskauf, sondern um etwas viel Größeres.

UND NOCH EINE MAILBOXNACHRICHT

Der Geist ist aus der Flasche.

Doch wie umgehen damit?

Ich kann ja nicht so tun, als gäbe es diesen Anruf nicht. Das ist ein ziemlich einmaliger Vorgang, dass ein Staatsoberhaupt einem Chefredakteur droht. Ich muss damit rechnen, dass sich Wulff intern brüsten wird mit seinem Anruf bei mir, die Geschichte Kreise zieht und irgendwann gegen mich verwendet wird. Wenn ich den Vorgang ignoriere, verliere ich als

BILD-Chefredakteur meine Glaubwürdigkeit und bin für immer erpressbar. Zuallererst will ich die Mailboxansage sichern und schicke die Audiodatei per E-Mail-Anhang zur Abschrift an meine Büroleiterin nach Berlin. Danach versuche ich, Mathias Döpfner erneut zu sprechen. Vergeblich. Ich bitte um Rückruf.

Und wieder vibriert mein Blackberry. Vielleicht schüttelt es sich auch. Weiß man's? Eine frische Textnachricht vom Bundespräsidenten ploppt auf:

Sorry. Ich musste ihnen auf die mailbox sprechen. Es ist dringend. Gefahr im verzug und nicht wiedergutzumachender schaden steht bevor. Ich bitte sie um anruf. Oder sms, wie ich sie erreichen kann. HG ihr christian wulff.

Ja, in einer Sache stimme ich ihm auf der Stelle zu: Der Schaden ist schon jetzt nicht wiedergutzumachen.

Fast zeitgleich ruft Mathias Döpfner zurück. »Ich weiß Bescheid, Kai, auch mir hat der Präsident auf die Mailbox gesprochen.« Er klingt nicht wirklich aufgeregt. Zu diesem Zeitpunkt bringt ihn die Geschichte offensichtlich nicht sonderlich aus der Fassung. »Pass auf Kai, ich spiel's dir kurz vor.« Er drückt auf Replay:

Guten Abend, Herr Döpfner. Es wäre toll, wenn wir telefonieren könnten, weil sich die Redaktionskonferenz der BILD entschieden hat, eine Sache zu skandalisieren, die nicht zu skandalisieren ist, und das würde den endgültigen Bruch bedeuten zwischen diesen investigativen Journalisten und ihren Methoden der letzten Monate, und mir als Bundespräsident …, und ich finde, dass man darüber in solch einem Falle reden sollte und reden müsste, wenn die Redaktion der BILD mehrheitlich entscheidet, diese Konfrontationskampagne jetzt morgen zu fahren, dann ist das nicht wieder zurückzuholen und der Schaden dauerhaft und hat dann eben auch Konsequenzen, und deshalb wäre ich dankbar, wenn wir darüber sprechen könnten. Ja, das war's, ich gehe davon aus, dass Sie umfassend darüber informiert sind, Diekmann war wohl zugeschaltet, und dass es nicht hinterher heißt: Hätten wir doch angerufen, dem wollte ich jetzt vorbeugen. Ich bin gerade in Kuwait, hier in ständigen Terminen, die BILD war aber nicht bereit, meine Rückkehr abzuwarten aus der sechstägigen Reise in die Golfstaaten, und auch das kann man interpretieren, wie man will, ich wäre Ihnen sehr dankbar, wenn Sie das abhören und mich anrufen. Danke schön. Wiederhören.

Glaubte Wulff ernsthaft, mit der Petzerei bei meinem Chef Erfolg zu haben und die Geschichte aus dem Blatt kegeln zu können?

»Und? Hast du ihn schon zurückgerufen?«, will ich angepiekst wissen.

»Ja«, antwortet Döpfner nüchtern, »er war komplett aufgebracht. Hat wiederholt, dass die Veröffentlichung Krieg zwischen dem Bundespräsidialamt und dem Springer-Verlag bedeutet, und zwar bis zum Ende seiner Amtszeit.«

Einfach irre.

Kann es sein, dass dem Bundespräsidenten gleich zweimal hintereinander die Pferde durchgegangen sind? Das wäre ja, wie zweimal auf derselben Bananenschale ausrutschen. Nein, seine Aufsprache ist kein Affekt, das ist Vorsatz.

Mir kommt ein berühmter Sketch von Loriot in den Sinn: Der wartet in einem Zimmer und will ein Bild gerade rücken. Am Ende hat er die gesamte Einrichtung verwüstet. So kommt mir in diesem Moment das Verhalten von Christian Wulff vor. Es hat etwas Tragisches.

DER PRÄSIDENT HAT EIN PROBLEM

»Wirbel um Privatkredit über 500.000 Euro. Hat Wulff das Parlament getäuscht?«

So ist es ab 22.02 Uhr deutscher Zeit auf BILD.de zu lesen:

Christian Wulff (52) wird von einer Affäre aus seiner Zeit als niedersächsischer Ministerpräsident eingeholt. Der Bundespräsident steht nach BILD vorliegenden Dokumenten im Verdacht, am 18. Februar 2010 den Landtag in Hannover getäuscht zu haben – und das vier Monate vor seiner Wahl zum Bundespräsidenten.[1]

Im BILD-Kommentar heißt es:

Der Präsident hat ein Problem. Das Verschweigen des Kreditvertrags mit Edith Geerkens ist zwar keine Lüge im juristischen Sinne. Aber die Wahrheit eben auch nicht. Also hat Wulff den Landtag getäuscht. Für Politiker gelten beim Umgang mit der Wahrheit zu Recht besondere Maßstäbe. Und für einen Bundespräsidenten erst recht.[2]

Als die Wulff-Geschichte online geht, sitze ich in einem indischen Restaurant in Soho über Chicken-Curry extrascharf. Bei jeder Gabel treten mir Tränen in die Augen. Manchmal brauche ich das. Heute zum Beispiel.

Super Scoop!, ploppt die erste SMS auf meinem Blackberry auf. Eine Minute später ein weiterer Kollege: *Auch wenn uns alle dafür hassen werden, die Geschichte ist so stark und faktisch erzählt, da werden wir nicht alleine bleiben. Glückwunsch!*

Und nach nur wenigen Sekunden eine dritte: *Wulffs Fehler ist nicht das Darlehen, sondern der Umgang mit der Wahrheit im Moment der Wahrheit. Richtig gemacht!*
Chefredakteure sind einsam in ihren Entscheidungen, und das wird sich auch niemals ändern. Aber in diesem seltenen Moment fühle ich so etwas wie gesellige Einsamkeit.

Das erste Mal, seit ich vor 48 Stunden meinen Smoking in den Kleidersack gepackt habe, lässt die Anspannung ein kleines bisschen nach. Übrigens hat es mein Gepäck nicht nach New York geschafft, für die Leo-Baeck-Verleihung werde ich mir noch was zum Anziehen organisieren müssen. Aber das nur als Randnotiz.

Mittlerweile wissen von Wulffs Anruf bei mir Kollegen in der BILD-Politikredaktion, denen ich unmittelbar berichtet hatte: »Der Präsident hat mir auf die Mailbox gesprochen und gedroht. Seine Wortwahl war speziell.«

Nun macht sein Wutausbruch offenbar die Runde.

Sven Gösmann, Chefredakteur der Rheinischen Post in Düsseldorf, schreibt: *Chapeau für die Story. Wie unfreundlich war CW denn am Telefon? Man sagt, er habe die Contenance verloren …*

In der Nacht mailt Maike Kohl-Richter: *Dieser Mensch, der sich dauernd aushalten lässt und dann auch noch lügt, stand in der ersten Reihe der Empörten in der sogenannten Spendenaffäre, ganz übel, sprach der Dübel, und verschwand in der Wand …*

Christian Wulff ist an diesem Montag 529 Tage im Amt, 51 Jahre alt, Deutschlands jüngster Bundespräsident ever. An seiner Seite eine 14 Jahre jüngere, schöne blonde Frau namens Bettina. Die beiden sind vor zwei Jahren Eltern geworden. Aus früheren Beziehungen hat Wulff eine Tochter, Bettina einen Sohn. Eine moderne Patchwork-Familie. In Hannover nannte man sie die *Kennedys von der Leine*. Bislang waren diesem strahlenden Paar Tür und Tor offen gestanden.

Wenn es in der Vergangenheit um die Verfehlungen anderer ging, war der junge Christian Wulff immer sehr schnell mit Verurteilungen zur Stelle. Im Januar 2000 forderte er, damals CDU-Parteivize, den Rücktritt seines Vorvorgängers Johannes Rau, der unter dem Verdacht stand, sich in seiner Zeit als Ministerpräsident von Nordrhein-Westfalen von der WestLB Privatflüge bezahlt haben zu lassen. Wulff ließ sich mit dem schönen Satz zitieren, er leide »physisch darunter, dass wir keinen unbefangenen Bundespräsidenten haben«.[3]

Ein Jahr vor der Rau-Geschichte war bekannt geworden, dass auf der Hochzeit des damaligen Niedersächsischen Ministerpräsidenten Gerhard Glogowski, praktischerweise auch SPD, von einer niedersächsischen Brauerei kostenlos Getränke ausgeschenkt worden waren. Zudem hatte Glogowski die Rechnung für eine Reise nach Ägypten erst verspätet bezahlt, sodass der Verdacht im Raum stand, er habe sie gar nicht begleichen wollen.[4] Auch diesmal wand sich Wulff vor Schmerzen und erklärte:

Die persönliche Vorteilsnahme in Form einer offenbar durch ein niedersächsisches Unternehmen finanzierten privaten Urlaubsreise wäre mit dem Amt des Ministerpräsidenten nicht vereinbar. Herr Glogowski verliert seine Unabhängigkeit und damit seine politische Handlungsfähigkeit.[5]

Auch zur damaligen Bundesgesundheitsministerin Ulla Schmidt, die ihren Dienstwagen privat genutzt hatte, und zu Gerhard Schröder, für den Carsten Maschmeyer die Anzeigenkampagne *Der nächste Bundeskanzler muss ein Niedersachse sein* finanziert hatte, fand er deutliche, missbilligende Worte. Was im Übrigen nichts daran ändert, dass Maschmeyer, mittlerweile auch ein enger Freund Wulffs, Jahre später auch dessen Buch *Besser die Wahrheit* finanzierte. Wulff will von dieser Finanzierung erst im Nachhinein erfahren haben.

Man muss kein Psychologe sein, um den Eindruck zu bekommen, dass dieser Christian Wulff ein Mann ist, der mit zweierlei Maß misst. Und Regeln, die er bei anderen einfordert, für sich selbst eher großzügig auslegt.

Es ist weit nach Mitternacht deutscher Zeit, als ich wieder im Waldorf Astoria bin und sehe, dass Wulff-Sprecher Olaf Glaeseker für den Vormittag eine Erklärung angekündigt hat.

Okay, denke ich, jetzt wird es spannend.

Am frühen Dienstagmorgen ist die BILD-Story wie erwartet Aufmacher in den meisten elektronisch verbreiteten Medien. Auf den Online-Portalen von SPIEGEL, Focus und Stern ist Wulffs Hauskauf auf Platz eins, Süddeutsche und FAZ gehen ebenfalls mit. Im ZDF-Morgenmagazin hält der Moderator die BILD in die Kamera, auch RTL und n-tv berichten. Ich habe kaum geschlafen, die Nervosität ist zurück.

Mathias Döpfner ist nicht 100 Prozent zufrieden.

»Wäre aus meiner Sicht besser gewesen, wenn ihr Wulff auf Seite eins gebracht hättet, nicht nur als Anriss«, simst er mir. In den kommenden Wochen soll er mein allerwichtigster Kritiker und Sparringspartner werden.

»ARD ignorieren das Thema komplett. n-tv verteidigt Wulff, sagen, das Ganze sei korrekt, BILD-Geschichte nur aufgebauscht. Meine Sorge: der Neid der Kollegen ist so groß, dass sie BILD-Geschichte kleinreden und Wulff verteidigen«, tippt er im Stakkato-Stil besorgt hinterher.

Er hat natürlich recht. Journalismus ist ein Haifischbecken, wo selbst die beste Geschichte nicht zwingend den Beifall der lieben Kollegen findet. Im Gegenteil: Da wird sich munter gegenseitig in die Flossen gebissen.

Wie annonciert, setzt Glaeseker seine nächtliche Ankündigung in die Tat um und versendet am Vormittag eine Pressemitteilung. Die Fragen zum Hauskredit seien damals korrekt beantwortet worden. Frau Geerkens sei zwar die Kreditgeberin, aber in der parlamentarischen Anfrage sei ja nicht nach ihr, sondern nach geschäftlichen Beziehungen zu ihrem Mann gefragt worden. Von daher habe Wulff nicht die Unwahrheit gesagt.

Seine gewundene Erklärung verschlimmert alles noch.

Die Süddeutsche Zeitung kommentiert:

Ein Bundespräsident lässt sich nicht und hat sich nie zu seinem Privaturlaub von Geschäftsfreunden einladen lassen. Ein Bundespräsident wird sich nicht und hat sich nie einen Privatkredit von einem Unternehmer geben lassen. Wer dieses Amt antritt, sollte wissen, dass er höchsten moralischen Ansprüchen genügen muss. Christian Wulff war das offenkundig nicht so wichtig – und das macht ihn angreifbar. (…) Wulff benimmt sich wie ein kleines Kind, das seinen Sandkastenkameraden gehauen hat und danach sagt: »Nein, das war nicht ich, das war meine Hand.«[6]

DIE EHEFRAU? GANZ SICHER NICHT!

In die Beziehung zwischen Christian Wulff und mich ist im Nachhinein viel hineingeheimnist worden: Wie lange wir uns schon kannten, wie eng wir angeblich waren, als es zum Bruch kam.

Die Wahrheit ist: Bis 2010, als er für das Amt des Bundespräsidenten kandidierte, kannte ich ihn nicht wirklich näher. Persönlich war ich ihm nur bei ein paar Veranstaltungen begegnet – Handshake, Guten Tag und Auf Wiedersehen.

Privater kennengelernt haben wir uns vor allem am Telefon – und zwar Pfingsten 2006. Zuvor war Wulff in einem kleinen lauschigen Gartencafé irgendwo im Brandenburgischen mit neuer Frau gesichtet worden. Und zwar ausgerechnet von Mathias Döpfner. Der Teufel ist ein Eichhörnchen und unser CEO im Herzen ein ewiger Journalist.

»Ich bin hinübergegangen und habe artig Guten Tag gesagt«, hatte mir Mathias amüsiert über seine Zufallsbegegnung berichtet, »und irgendwie hab ich mich noch gewundert, weil Frau Wulff so anders aussah. Und hinterher habe ich meine Frau Ulrike gefragt: ›Sag mal, war das die Ehefrau?‹, und Ulrike hat gegrinst: ›Nein, ganz sicher nicht!‹«

Es wäre doch eine gute Idee, den Ministerpräsidenten mal anzurufen, meinte ich. Und das tat ich dann auch. Der Ministerpräsident schien nicht überrascht von meinem Anruf. Keine Sekunde bestritt er die neue Frau in seinem Leben. Im Gegenteil. Wir kamen überein, dass Wulffs Regierungssprecher, Olaf Glaeseker, Angie Baldauf anrufen würde, unsere politische Redakteurin bei BILD-Hannover, die Wulff schon seit Jahren journalistisch begleitete. Er würde mit ihr über das Scheitern von Wulffs Ehe und die neue Partnerin sprechen.

So läuft das gern auf dem Boulevard, liebe Leserinnen und Leser: Das vermeintlich ertappte Liebespaar führt nicht nur Regie, sondern produziert auch gleich den ganzen Film. Das geht manchmal so weit, dass Prominente der Zeitung erst jedes Detail ihrer heimlichen Liebe oder Trauung oder Trennung stecken, um dann pro forma gegen die Berichterstattung zu klagen und nach außen empört und entrüstet zu tun über die böse Indiskretion. Darüber könnte ich ein weiteres dickes Buch schreiben.

Nun ist es natürlich nicht von grundsätzlichem nationalem Interesse, mit welcher Frau ein biederer, Brille tragender niedersächsischer Ministerpräsident Kuchen isst. Da gebe ich jedem recht. Doch dieser bislang fade, blasse Christian Wulff hatte jahrelang ganz bewusst mit dem Image vom braven Familienpapi Politik und Karriere gemacht. »Ich bin ein langweiliger Politiker. Ich bin seit 18 Jahren verheiratet«, ließ er sich gern auf seine etwas zwangige, streberhafte Art zitieren. Das war natürlich auf seinen Amtsvorgänger Gerhard Schröder gemünzt und sollte ihn von anderen Politikern abgrenzen. Auch Wulff hatte mit seiner Frau Wahlkampf gemacht, und natürlich war es von öffentlichem Interesse, wenn er sich von dieser Frau trennte und auf einmal eine junge, neue Frau an seiner Seite war – dafür mussten wir uns einfach interessieren.[7]

Der politischen Korrektheit halber möchte ich hier auch noch kurz von Horst Seehofer berichten. Denn nicht nur die Herren von der CDU überfallen dann und wann Frühlingsgefühle. So ließ sich Seehofer, als er einst CSU-Chef und Ministerpräsident des tiefkatholischen Bayerns werden wollte, mit seiner Frau unterm Kruzifix fotografieren. Und äußerte sinngemäß den schönen Satz, er verachte Politiker, die mit dem Ehering am Finger ein Doppelleben führten – das alles, während seine Geliebte in Berlin ein Kind von ihm erwartete.

Sie sehen, *Gute Zeiten, schlechte Zeiten* gibt es nicht nur auf RTL.

Noch am Abend des Pfingstmontags erschien auf BILD.de:

Christian Wulff: Ehe kaputt. Seine Neue ist alleinerziehende Mutter.

Dazu ein verständnisinniger Text: dass er und Noch-Frau Christiane lange, lange um die Ehe gekämpft hätten. Doch leider, leider habe es nicht gereicht. Natürlich trenne man sich im Guten, das Wohl der zwölfjährigen Tochter sei jetzt oberste Prio. Und eine neue Frau war auch schon zur Stelle, um Wulff in seinem Trennungskummer das Händchen zu halten. Friede, Freude, Eierkuchen.

Sie merken, ich kürze ein wenig ab. Natürlich sind viele Formulierungen in diesem und ähnlichen Texten, wenn es um die Trennung von Paaren geht, eine Farce. Und wir Zeitungsmacher lassen uns bereitwillig vor den Karren spannen, denn es geht hier um eine Win-win-Situation: Wir wollen die Geschichte, die Betroffenen eine Berichterstattung, mit der sie gut leben können. Deswegen gilt, wann immer möglich: berichten, nicht hinrichten. Mit dem Ergebnis, dass man an manchen Tagen mit BILD sein Brot buttern kann. Ist übrigens bei Bunte und Gala nicht anders.

Auch im begleitenden BILD-Kommentar stimmten wir das große Violinkonzert an:

Politiker sind halt auch nur Menschen, was sonst. Mit Schwächen. Christian Wulff hat es gerade wieder bewiesen. Ihn zu verurteilen wäre leicht – und billig. Der bisher tadellose Wulff wird durch diese Trennung sogar ein wenig menschlicher. Und jeder Mensch hat eine zweite Chance verdient.

Unsere ultrasofte Berichterstattung half Wulff damals natürlich auch politisch, seine konservative Wählerschaft nicht zu verprellen. Sugar Coating nennt man das in der Pharmazie. Wenn die bittere Pille einen Zuckerüberzug bekommt, damit sie besser rutscht.

Halten wir fest, Wulff war auf den Geschmack gekommen. Mit sehr viel Fleiß und Akribie inszenierte er in der Folge sein Liebesleben immer regelmäßiger für die Presse. Sein spätes Midlife-Crisis-Glück wurde quasi Teil der politischen Botschaft. Wulff liebte die Presse – und die Presse liebte ihn. Denkwürdiger Höhepunkt: ein geheimer Liebesspaziergang mit der schwangeren Bettina durch den nieselig kalten Hannoveraner Forst. So geheim, dass am Wegesrand ein Dutzend einbestellte Reporter, Fotografen und Kamerateams warteten wie Fans in der Stadionkurve, auf die Wulff fröhlich zusteuerte:

»Wie haben Sie denn herausgefunden, wo wir immer sonntags spazieren gehen? Ich bin ganz verblüfft«, gab er sich naiv. Und dann: »Oh, jetzt kommen zwei Jogger, das macht das Ganze realistischer.«

Mit seinem Liebesleben für derart viele bunte Schlagzeilen zu sorgen, war bis dato nur Gerhard Schröder und Joschka Fischer vergönnt. Und Rudolf Scharping, als er mit seiner Gräfin einst in den Pool zum Planschen stieg.

»Er möchte Medien vor allem für sich einsetzen als Organ, die ihn bejubeln, die ihn loben, die ihn glänzend abbilden, die die schönen Seiten von ihm zeigen.[8] Und er hat dabei immer ein gutes Verhältnis zur BILD-Zeitung gesucht«, merkte seinerzeit Klaus Wallbaum von der Hannoverschen Allgemeinen Zeitung an, seines Zeichens langjähriger Beobachter des Wulff'schen Pressetreibens.

Wenn Sie mich fragen, wo Wulff angefangen hat zu glauben, er könne über Wasser gehen: wahrscheinlich hier. Ich glaube, er verliebte sich in das Bild, das schön gezeichnete Narrativ, das wir in den Medien in dieser Zeit für ihn erfunden hatten.

Und dann kam Berlin.

WIE ALLES ANFING

Wir schreiben das Jahr 2010. Quasi über Nacht war Horst Köhler vom Amt des Bundespräsidenten zurückgetreten und Deutschland hektisch auf der Suche nach Ersatz. Der Blick der CDU/CSU-Granden fiel auf Wulff. Neider behaupten, sein Glück in diesen Tagen war, dass er ganz vorne auf dem Rollfeld stand, als Eurovision-Song-Contest-Gewinnerin Lena Meyer-Landrut nach der Landung aus ihrer Lufthansa-Sondermaschine sprang. Das Bild von Landesvater Wulff, ausnahmsweise nicht mit Frau, dafür mit Blumenstrauß im Arm, schaffte es wieder mal in die Abendnachrichten. Wenn Christian Wulff eines konnte, dann schöne Bilder produzieren, das

Deutschland – Bosnien 3:1

Jogi, die WM kann kommen!

Heute in einer Woche beginnt die WM in Südafrika. Wir können uns jetzt richtig darauf freuen! Beim letzten Test gegen Bosnien zeigte die Löw-Mannschaft tollen Spaßfußball, siegte 3:1 – SPORT

Bundestrainer Jogi Löw freut sich über die Tore seiner Mannschaft

Freitag, 4. Juni 2010 127/22 0,60 €

BILD

UNABHÄNGIG · ÜBERPARTEILICH

Präsidenten-Duell!

Wulff gegen Gauck

Kandidat der Regierungs-Koalition: Christian Wulff (50)

Kandidat von SPD und Grünen: Joachim Gauck (70)

Dank für BILD-Berichterstattung: »Für Herrn Kai Diekmann mit guten Wünschen! Ihr Christian Wulff«

muss man ihm lassen. Und im Nachhinein betrachtet, würde ich sagen, waren es auch immer wieder diese Bilder, die Christian Wulff für höchste politische Ämter empfahlen, nicht so sehr Inhalte.

Tatsächlich zeigten sich nicht alle begeistert von Wulff als Präsidentschaftskandidat. Selbst einige bürgerlich-konservative Medien wie die FAZ sprachen sich gegen den Niedersachsen und für den rot-grünen Kandidaten Joachim Gauck aus. Auch im Hause Springer waren die Sympathien unterschiedlich verteilt. BILD am SONNTAG, WELT am SONNTAG und unser Vorstandsvorsitzender Mathias Döpfner hatten eine große Sympathie für Gauck. Wir von BILD standen eher auf der Seite von Wulff. Das hatte keine ideellen oder persönlichen Gründe, sondern mathematische. Die CDU/CSU verfügte in der Bundesversammlung über eine genügende Mehrheit, spätestens im dritten Wahlgang würde Wulff gewählt werden. Der Drops war gelutscht. Und weil diese Wahl eben eine Frage von Mathematik war, brauchte es keine Kampagne für niemanden.

Nun bin ich kein grundsätzlicher Gegner von Kampagnen. Ich halte es für einen Irrtum zu glauben, Medien dürften keine Kampagnen machen.

Der Kampagnen-Begriff ist für mich überhaupt nicht negativ besetzt, im Gegenteil: Etwas für richtig oder falsch zu halten und leidenschaftlich und nachhaltig dafür oder dagegen zu kämpfen, das haben bereits SPIEGEL-Gründer Rudolf Augstein und Stern-Gründer Henri Nannen vorgemacht. Sie sind Legenden im Journalismus und berühmt für ihre Kampagnen: gegen den Abtreibungsparagrafen 218 und für die Ostpolitik Willy Brandts zum Beispiel.

Doch nun zurück zu Christian Wulff und der Frage, wie nahe wir uns standen. Wie gesagt, bislang gab es nur flüchtige Begegnungen. Das änderte sich mit seiner Kandidatur zum Bundespräsidenten schlagartig. Mein Kollege Alfred Draxler kam auf mich zu: »Ihr müsst euch mal kennenlernen, Kai.«

Wie Sie bereits wissen, ist Draxler nicht nur mein geschätzter Stellvertreter und mit Wulffs Parteifreundin Martina Krogmann verheiratet, sondern auch der Mann, der meine Frau Katja und mich vor neun Jahren zusammengebracht hat. Er versteht sich auf Speed-Dating sozusagen. Und so kam es, dass an einem sonnigen Junitag Wulffs Dienstwagen vor unserem Haus in Potsdam vorfuhr. Mit im Auto: seine Frau Bettina. Bei Nudeln und Rotwein plauderten wir über dies und das, aber vor allem natürlich über Politik, über die anstehende Wahl und seine Pläne als möglicher Bundespräsident. Wulff erwies sich aus der Nähe betrachtet als geselliger, sympathischer Typ. Und da gerade Fußball-WM in Südafrika war und die Stimmung so entspannt, hockten wir uns nach dem Essen zusammen auf meine Wohnzimmercouch und schauten zu, wie Deutschland Australien vier Tore reinzwiebelte.

Wahrnehmung ist bekanntlich etwas Subjektives.

In ihrer Biografie wird Bettina Wulff später scheiben, wie unwohl sie sich an diesem Abend fühlte:

Zum einen kam ich mir wie das schmückende, aber völlig unwichtige Beiwerk an Christians Seite vor, zum anderen, und das war besonders ausschlaggebend für meine Gefühle, war da dieses wahrlich beeindruckende Haus und dieses Paarensemble Diekmann-Kessler. Er der Typ »Macher«, sie lässig durchgestylt. Mich beschlich das Gefühl, dass dies alles eine mächtige Inszenierung ist.[9]

Über Geschmack und Gefühle lässt sich bekanntlich nicht streiten. Aber die Wulffs verkehrten in Milliardärskreisen, hatten im mallorquinischen Luxusanwesen von Maschmeyer ihre Flitterwochen verbracht und ihre *Winter Holidays* in einer viele Millionen teuren Villa in Florida. Sie waren mit der halben Filmprominenz per Du. Im Leben der Wulffs wimmelte es also nur so von Macher-Typen, lässig durchgestylten Damen und dicken Häusern. Wir waren also einschüchternd? Ich sage mal so: Man ist ja gerne bereit, Komplimente anzunehmen, aber wenn Bettina Wulff geschrieben hätte, der Kai Diekmann singt so schön, würde ich es auch nicht glauben.

Auch mein Interesse an ihrem Mann fand Bettina Wulff komisch, weil »einige Journalisten des Springer-Verlags wohl einen anderen Bundespräsidenten als Christian wollten«, und vermutete hinter der Geschichte »einen großen Plan«.[10] Dabei war es ganz simpel: Christian Wulff würde der neue Bundespräsident werden. Da hätte ich meinen Job wohl falsch verstanden, wenn ich ihn nicht hätte kennenlernen wollen. So funktioniert der Beruf. Das nennt man Journalismus.

So oder so, jedenfalls erhielt ich bereits am nächsten Tag per Boten einen Brief vom Noch-Ministerpräsidenten Wulff:

Es war für meine Frau und mich ein wunderschöner Abend bei Ihnen zu Hause. Wir möchten uns dafür ganz, ganz herzlich auch auf diesem Wege nochmal bedanken. Wir hoffen auf weitere gute Kontakte.

Mit herzlichem Gruß, Ihr Christian Wulff

Wenige Woche später der nächste Brief, diesmal vom frisch gewählten Bundespräsidenten an den »sehr geehrten lieben Kai Diekmann«.

Darin bedankte er sich für die »Unterstützung, die ich in den vergangenen Jahren, gerade aber auch zuletzt im Umfeld der Wahl zum Bundespräsidenten, von Ihnen persönlich erfahren habe. Das ist für mich Ermutigung, Ansporn und Verpflichtung zugleich.«

Letzter Satz:

Meine Frau und ich würden uns freuen, Sie und Ihre Frau alsbald im Schloss Bellevue begrüßen zu dürfen.

Mit besten Grüßen,
Ihr Christian Wulff

In seinem Buch *Ganz oben Ganz unten* wird er später behaupten, sich bereits zu diesem Zeitpunkt von mir und BILD bedrängt gefühlt zu haben.

»Während ich davon ausging, nun als Bundespräsident den Medien gegenüber souverän zu sein«, schreibt er, »glaubte man nach meinem Eindruck bei BILD, den Bundespräsidenten und seine Frau nach Belieben medial einsetzen zu können. Mit diesem Missverständnis begann eine fatale Abfolge gegenseitiger Irritationen.«[11]

Der Bundespräsident

Berlin, den [illegible]. August 2010

Herrn
Kai Diekmann
Chefredakteur
Bild – Axel Springer AG
Axel-Springer-Straße 65
10888 Berlin

BILD
Büro Kai Diekmann
20. AUG. 2010

Sehr geehrter, lieber Kai Diekmann,

haben Sie und Ihr Fotograf Harald Biskup herzlichen Dank für die fantastischen Fotos, die Sie meiner Frau und mir überlassen haben. Sie sind eine großartige Erinnerung für uns an einen denkwürdigen Tag.

Dank möchte ich Ihnen auch sagen für die Unterstützung, die ich in den vergangenen Jahren, gerade aber auch zuletzt im Umfeld der Wahl zum Bundespräsidenten, von Ihnen persönlich erfahren habe. Das ist für mich Ermutigung, Ansporn und Verpflichtung zugleich.

Meine Frau und ich würden uns freuen, Sie und Ihre Frau alsbald im Schloss Bellevue begrüßen zu können.

Mit besten Grüßen

»Ermutigung, Ansporn und Verpflichtung«: Brief von Bundespräsident Wulff nach seiner Wahl zum Bundespräsidenten

Wow.

Was für eine Geschichtsklitterung!

Auch und gerade nach seiner Wahl zum Bundespräsidenten suchte Christian Wulff immer wieder meinen Rat, telefonisch und auch persönlich. Höhepunkt war ein Vieraugengespräch in seinem Arbeitszimmer im Schloss Bellevue, in dem es darum ging, wie er mit höchst üblen Gerüchten über das Privatleben seiner Familie umgehen solle. Aber dazu später mehr.

FRÜHSTÜCK IM SCHLOSS BELLEVUE

Nun ist man nicht jeden Tag zum Frühstück mit dem Bundespräsidenten eingeladen, daher standen meine Frau und ich am 30. September 2010 Punkt 9 Uhr auf der Matte von Schloss Bellevue.

Wenn man beim Papst im Vatikan, bei Putin im Kreml und bei George W. Bush im Oval Office gewesen und allein für den Sicherheitscheck am Eingang gefühlt einen halben Tag gebraucht hat, ist so ein Besuch beim Bundespräsidenten vom Prozedere her fast familiär. Mein Fahrer fuhr uns mit dem Auto vor, wir wurden nicht mal gescannt.

Die Wulffs begrüßten uns freundlich. Es gab Rührei mit Krabben, dazu Olaf Glaeseker. Der saß auch mit am Tisch.

Wulff erzählte beim Frühstück, er feile seit einiger Zeit an seiner ersten großen Rede, die er drei Tage später anlässlich des 20. Jahrestages der Deutschen Einheit in Bremen halten sollte. Er stand, das merkte man ihm auch an, enorm unter Druck. Die Erwartungen waren hoch und alle Augen auf ihn gerichtet. Anfang Juni war in der Frankfurter Rundschau ein Kommentar des renommierten Politikwissenschaftlers Herfried Münkler erschienen:

Wulff müsse ein neues Amtsverständnis entwickeln, wenn seine Präsidentschaft nach fünf Jahren positiv bewertet werden solle. Wulff sei zu jung, »um jene Altersweisheit repräsentieren zu können, die fast alle seiner Amtsvorgänger für sich beansprucht haben. Einem Mann mit kleinem Kind und junger Frau, zumal einer mit Tattoo, wird man den Gestus der Altersweisheit jedoch nicht abnehmen. Die wichtigste Ressource, mit der frühere Bundespräsidenten gearbeitet haben, steht Wulff also nicht oder nur sehr eingeschränkt zur Verfügung. Die Folgen dessen sind kaum zu überschätzen: Wulff muss das Amt des Bundespräsidenten neu erfinden, oder er wird scheitern.«[12]

Wulff war nun mal der jüngste Bundespräsident aller Zeiten, und er konnte sich nicht über Nacht älter zaubern.

Aber Wulff wollte nicht scheitern. Um keinen Preis. Er wollte das Amt neu erfinden. Sprach davon, das Bundespräsidialamt zu einer Denkfabrik zu machen, das Amt zu verjüngen und die Türen zu öffnen für Wissenschaft und Kunst. Und für Migranten. Wulff war kein Charismatiker. Aber hier wurde er jetzt leidenschaftlich am Frühstückstisch. Integration war sein großes Thema. Deshalb diskutierten wir natürlich über Ex-Bundesbankvorstand Thilo Sarrazin und dessen Buch *Deutschland schafft sich ab*, aus dem BILD Auszüge veröffentlicht hatte. Wulff war in seiner Position als Bundespräsident schon hier deutlich angeeckt – und zwar, weil er sich öffentlich in die Debatte eingemischt und kritisch über Sarrazin geäußert hatte. Und gleichzeitig formal über die geforderte Absetzung Sarrazins als Bundesbankvorstand entscheiden sollte. Ganz klar ein Interessenskonflikt, der nur gelöst wurde, weil Sarrazin sich schließlich freiwillig aus dem Amt zurückgezogen hatte.

Wulff wollte unbedingt eine Duftmarke setzen, deswegen hatte er in seinen Redeentwurf einen ganz besonders provokanten Satz eingebaut: »Der Islam gehört inzwischen auch zu Deutschland.«

»Was halten Sie davon, Herr Diekmann?«, wollte er nun von mir wissen.

Ich war über den Islam-Akzent im Kontext Wiedervereinigung ein wenig überrascht und formulierte meine Antwort nüchtern: »Der Satz wird Kontroversen auslösen, vor allem in Ihrer eigenen Partei. Darauf müssen Sie sich einstellen. Ich verstehe auch nicht ganz, warum dieser Satz in eine Rede zum 20. Jahrestag der Deutschen Einheit gehört.«

Aber Wulff ließ sich nicht beirren. Im Übrigen auch nicht von seiner Frau Bettina, die ihren Mann skeptisch anschaute und mich an diesem Freitag im Schloss Bellevue in meiner Kritik nachdrücklich und wortreich unterstützte.

Ich muss sagen, dass mich ihre Haltung und Kraft über die folgenden Wochen und Monate zutiefst beeindruckten.

Auch was diesen Satz »Der Islam gehört inzwischen auch zu Deutschland« angeht, klaffen unsere Erinnerungen auseinander. Er wird später behaupten, deshalb sei es zu einer »ersten direkten Konfrontation« zwischen ihm und mir gekommen. Und BILD habe ihn anschließend »zum Abschuss freigegeben«. Diese Behauptung – und das werde ich Ihnen an vielen Stellen darlegen – gehört allerdings ins Reich der zahlreichen persönlichen Legenden von Christian Wulff.

Mit meiner Einschätzung seiner Rede sollte ich übrigens recht behalten.

STARKE AKZENTE: BILD LOBT WULFF

Wulffs Rede knallte.

Die Duftmarke war gesetzt. Und alle gingen auf die Barrikaden – dafür oder dagegen. Vertreter von CDU und CSU wie Bayerns Innenminister Joachim Herrmann, Hessens Ministerpräsident Volker Bouffier oder Unionsfraktionschef Volker Kauder äußerten sich kritisch bis blank ablehnend: Die Scharia könne nicht Grundlage einer gelungenen Integration in Deutschland sein. Wenig überraschend schlugen sich SPD und Grüne auf Wulffs Seite und plädierten dafür, den Islam als Religionsgemeinschaft anzuerkennen und damit rechtlich den christlichen Kirchen gleichzustellen.

Ebenso gespalten wie die Politik waren die Reaktionen auf der Straße. BILD beobachtete die Debatte in der folgenden Zeit genau und berichtete ausführlich darüber. Wir ließen Leute mit und ohne Migrationshintergrund, Muslime und Juden, Katholiken und Protestanten, Promis und Politiker zu Wort kommen. Reporter sichteten das digitale Gästebuch auf der Website des Bundespräsidialamts und sammelten Stimmen – positive wie negative.

Aber auch jenseits der Berichterstattung über seine Rede in Bremen hatte Wulff keinen Grund, sich über eine Anti-Wulff-Kampagne in BILD zu beklagen. Vier Tage nach der Rede war der Präsident exakt 100 Tage im Amt. BILD-Kolumnist Hugo Müller-Vogg feierte ihn mit einem geradezu hymnischen Kommentar: Wulff habe viele starke Akzente gesetzt und, gemeinsam mit seiner Frau und den beiden Kindern, einen neuen Stil ins Schloss Bellevue eingeführt: locker, nahbar, zugewandt.

Zudem bekam genau zu diesem Zeitpunkt der türkische Topjournalist und Chefredakteur der größten Zeitung der Türkei, Hürriyet, Ertuğrul Özkök, eine Kolumne in BILD, in der er regelmäßig über die deutsch-türkischen Beziehungen und die Sicht der Türkei auf Deutschland schrieb und dabei immer wieder lobende Worte für den deutschen Bundespräsidenten fand:

... ein Bundespräsident, der es fertiggebracht hat, vor zwei Wochen vor seine Bürger zu treten und zu sagen: Ich bin auch der Bundespräsident der Moslems. Diese Worte haben uns Türken besser gefallen als manchem in Deutschland. Das gibt mir die Hoffnung, dass wir die unseligste Prophezeiung der letzten zwanzig Jahre – den »Kampf der Kulturen« zwischen Christen und Moslems – überwinden können.[13]

In diese Zeit fiel schließlich auch die Ehrung seines einstigen Gegenkandidaten Joachim Gauck mit der sogenannten *Goldenen Victoria*, der wichtigsten Auszeichnung des Verbandes Deutscher Zeitschriftenverleger VDZ.[14] Die Laudatio hielt kein anderer als ausgerechnet Christian Wulff, der nur wenige Monate zuvor noch gegen Gauck um das Amt des Bundespräsidenten gekämpft hatte. Verantwortlich für seinen Auftritt an diesem Abend war ich gewesen. Wie seinerzeit das Leo Baeck Institut hatte mich diesmal der VDZ gebeten, meine Kontakte ins Präsidialamt zu bemühen. Nach seiner Rede hatte ich Wulff um sein Redemanuskript gebeten – er hatte es mir lächelnd ausgehändigt.

Wenige Tage nach der Verleihung der *Goldenen Victoria* reiste Wulff mit Gattin Bettina in die Türkei – unter freundlichem und lautem Applaus der BILD. Fotoposter auf Seite zwei, ausführlichst zitierten wir aus Wulffs Rede, die er als erstes deutsches Staatsoberhaupt in der türkischen Nationalversammlung in Ankara hielt und in der er sich vor allem um mehr Rechte für Christen in der Türkei einsetzte: »Das Christentum gehört zweifelsfrei zur Türkei.«

BILD berichtete unablässig über jeden Tag und jeden Termin, zeigte den Bundespräsidenten im Gespräch mit seinem türkischen Kollegen Abdullah Gül und die beiden Präsidentengattinnen, wie sie gemeinsam den Basar besuchten.

Wulff kam in BILD derart gut weg, dass wir dafür in einer 2012 erschienenen Studie der Otto-Brenner-Stiftung böse beschimpft wurden:

»BILD und Wulff – Ziemlich beste Partner«[15]

Man kann es drehen und wenden, wie man will: Auch wenn mich Wulff in seinem Buch später mit Bischof Tebartz-van Elst und Kardinal Meisner in einen Topf werfen und behaupten würde, ich hätte mich »genauso provoziert« gefühlt wie diese beiden Erzkatholiken, ist das im Lichte unserer Berichterstattung schlichtweg Quatsch.[16]

Ganz im Gegenteil: Ich war seinerzeit bereits im Vorstand der *Deutschlandstiftung Integration*, die sich für die Chancengleichheit und Integration für Menschen mit Migrationshintergrund einsetzt. Kleines Schmankerl: Das ist ausgerechnet jene Stiftung, deren Vorsitzender Christian Wulff mittlerweile ist.

EIN ÜBLES GERÜCHT

Und damit kommen wir zu jenem Vieraugengespräch, das ich vorhin bereits kurz erwähnt habe.

Es ist das wahrscheinlich privateste Gespräch, das Christian Wulff und ich jemals geführt haben. Ich würde dieses Thema hier nicht anschneiden, wenn nicht Christian Wulff selbst anlässlich des zehnten Jahrestages der Mailbox-Affäre ausführlich darüber gesprochen hätte. Es ging um ein übles Gerücht, eine widerliche Falschbehauptung, um Rufmord – nämlich, dass seine Frau im Rotlichtmilieu gearbeitet haben sollte.

Bis heute ist unklar, woher dieses Gerücht stammt.

Es waberte hartnäckig durch die deutschen Redaktionen und belastete die Wulffs selbstverständlich schwer. Sie wussten nicht, wie sie damit umgehen sollten. Sollte etwa ein deutscher Bundespräsident offiziell Stellung nehmen und dementieren? Doch wie dementiert man ein Gerücht? Das Dementi befördert das Raunen aus den Redaktionen in die Schlagzeilen – erst ein offizielles Statement schafft den Anlass zu berichten. Das, was eben noch im privatesten Bereich durch das Persönlichkeitsrecht geschützt wurde, darf nun in aller Öffentlichkeit ausgebreitet werden. Denken Sie nur an Gerhard Schröder und sein Haarfärbe-Dementi. Ist eine solche Geschichte einmal in der Welt, bleibt immer was zurück.

Die Wulffs saßen unverschuldet in der Falle. Mitte Dezember 2010 rief mich Christian Wulff spontan dazu an, wir sprachen über die vertrackte Situation. Er bat mich, noch am gleichen Tag zu einem vertraulichen Vieraugengespräch ins Bellevue zu kommen.

Unser Treffen fand in Wulffs Arbeitszimmer statt. Wir saßen an einem kleinen runden Tisch, serviert wurde Gemüsebrühe, dazu Wasser. Passte zum Anlass. 20 Minuten später betrat Bettina Wulff den Raum. Sie war aufgebracht und wütend, was nur allzu verständlich war. Es war für uns alle kein angenehmes Gespräch, das Thema war zu hässlich.

»Nicht Journalisten haben sich das ausgedacht, so ein Gerücht wird gezielt aus politischen Kreisen gestreut«, sagte ich den Wulffs. »Und natürlich wird dann recherchiert. Beim Stern, beim SPIEGEL, bei der FAZ und auch bei BILD. Ein Problem ist natürlich, dass sich niemand traut, Ihnen als Staatsoberhaupt diese detaillierten, intimen Fragen zu stellen.«

Ich war von der Absurdität und Boshaftigkeit der Gerüchte zutiefst überzeugt und wollte den Wulffs wirklich helfen.

»Okay, ich schlage jetzt folgendes Prozedere vor: Wir machen eine Liste mit all den unangenehmen Fragen, die wir Ihnen schriftlich stellen – und die Sie uns vertraulich schriftlich beantworten.«

Wenn seine Antworten glaubwürdig seien, erläuterte ich Wulff meine Idee, könnte ich guten Gewissens das Thema als erledigt betrachten und die Recherchen bei BILD einstellen lassen. Und wenn BILD die Nachforschungen einstellte, würde der Flurfunk dafür sorgen, dass sie vermutlich auch in anderen Redaktionen nicht weiterverfolgt würden.

Wulff war einverstanden.

Ich frage Sie jetzt: Würde man mit jemandem ein derart vertrauensvolles Gespräch führen, von dem man sich verfolgt und belästigt fühlt und zu dem man Abstand wünscht?

Ich bat Martin Heidemanns, auf dessen Verschwiegenheit ich mich verlassen konnte, die relevanten Fragen zusammenzustellen. Diese übermittelten wir schon am nächsten Tag an Wulffs Sprecher:

1. Hat sich Bettina Wulff vor ihrer Beziehung zu Christian Wulff jemals im »Château am Schwanensee«, Ziegeleiweg 24 in Isernhagen aufgehalten?

2. Falls dies zutreffend ist: Was war der Grund für ihren Aufenthalt im »Château am Schwanensee«?

3. Ist Bettina Wulff im »Château am Schwanensee« einer Tätigkeit nachgegangen?

4. Falls dies zutrifft: Um welche Form der Tätigkeit handelte es sich?

Ich möchte anmerken: Das Château am Schwanensee ist natürlich kein Restaurant, sondern ein bekanntes Hannoveraner Bordell.

Keine 24 Stunden später – die Wulffs haben in Schloss Bellevue unsere unverschämten Fragen auf dem Schreibtisch – trafen wir uns übrigens schon wieder, und zwar im Journalistenclub im 19. Stock des Axel Springer Verlags. Der Anlass: ein ganz harmloser. Die alljährliche Spendengala *Ein Herz für Kinder* von ZDF und BILD. Ehrengäste: Bettina und Chris-

Als ob nichts wäre: Mit Christian und Bettina Wulff bei *Ein Herz für Kinder* im Dezember 2010

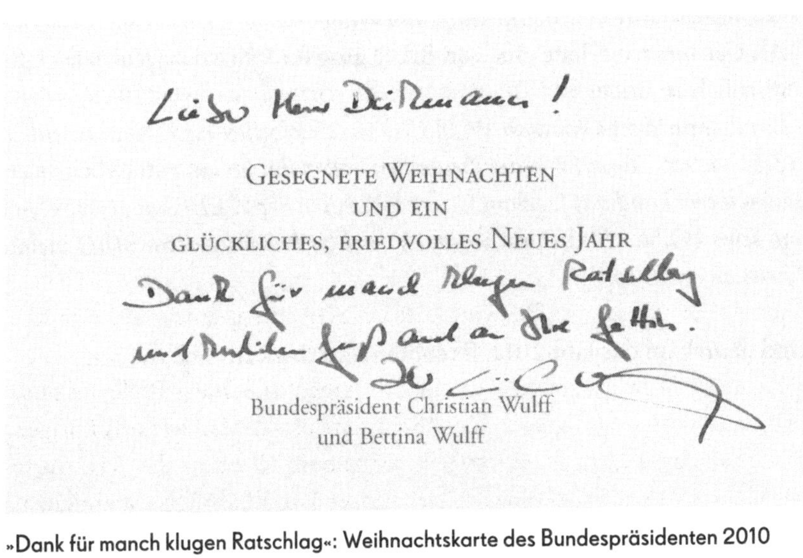

GESEGNETE WEIHNACHTEN
UND EIN
GLÜCKLICHES, FRIEDVOLLES NEUES JAHR

Dank für manch klugen Ratschlag

Bundespräsident Christian Wulff
und Bettina Wulff

»Dank für manch klugen Ratschlag«: Weihnachtskarte des Bundespräsidenten 2010 tian Wulff. Auch das gehört zur brutalen Wirklichkeit von Politik und Journalismus in Berlin: Hinter verschlossenen Türen geht es hart und erbarmungslos zur Sache – auf offener Bühne wird freundlich gelächelt und so getan, als sei nichts gewesen. Und so plauderten die Wulffs und ich miteinander, als ob – genau – nichts gewesen wäre.

Ein Kurier brachte mir nur wenige Tage danach einen Briefumschlag aus dem Bellevue mit den Antworten des Bundespräsidenten. Sie waren kurz und bündig.

1. Antwort: Nie

2. – 4.: Entfällt

Also: Alles Unsinn, die Gerüchte entbehrten jeder Grundlage.

Bis heute habe ich nicht die geringsten Zweifel, dass die Antworten der Wahrheit entsprechen.

Wie angekündigt, sicherte ich dem Bundespräsidenten zu, dass BILD keine weiteren Recherchen anstellen und dies auch andere Medien wissen lassen würde. An dieser Stelle lege ich übrigens Wert auf die Feststellung: Das war kein Gefallen gegenüber dem Bundespräsidenten, sondern sauberes journalistisches Vorgehen.

Zum Weihnachtsfest 2010 erhielt ich eine handschriftliche Weihnachtskarte mit einem sehr schönen Foto des Präsidenten und der First Lady:

Lieber Herr Diekmann! Dank für manch klugen Ratschlag und herzlichen Gruß auch an Ihre Gattin. Ihr Christian Wulff

Als *Gewinner* auf Seite eins von BILD ging für Christian Wulff das Jahr schließlich zu Ende:

Bundespräsident Christian Wulff (51) ist 25 Wochen nach Amtsantritt so beliebt wie nie zuvor: 57 % der Deutschen halten ihn für ein gutes Staatsoberhaupt, Gegenkandidat Joachim Gauck lobt ihn in der WELT am SONNTAG und seine Weihnachtsansprache im TV erzielte Rekordquoten. BILD meint: Christian im Glück!

Und dann kam das Jahr 2011. Es sollte sein Schicksalsjahr werden.

VERABREDUNGEN BRECHEN, AUSRASTEN, BESCHWEREN – WULFFS UMGANG MIT DEN MEDIEN

Wann merkt man, dass sich ein Verhältnis abkühlt?

Bis heute fällt es mir schwer zu erklären, was genau zwischen Christian Wulff, BILD und mir in den folgenden Monaten passiert ist.

Natürlich ist es die freie Entscheidung eines Politikers, erst recht eines Bundespräsidenten, auf Distanz zu gehen. Wir sind ja nicht verheiratet. Das ist das eine.

Das andere ist, bewusst Verabredungen zu brechen und sich an gemachte Zusagen nicht gebunden zu fühlen. Das kommt im Alltagsgeschäft durchaus vor, aber Christian Wulff schien es darauf anzulegen, in dieser Disziplin Meister zu werden.

Und somit, im Nachhinein betrachtet, gab es dann doch eine Reihe von Anzeichen, die das heraufziehende Gewitter erahnen ließen.

So hatte uns Wulff zum Jahrestag seiner Wahl zum Bundespräsidenten für die Zeitung ein exklusives Bilanz-Interview zugesagt – und dies dann allerdings der ZEIT gegeben. Kann man natürlich so machen. Nur hätte ich mir gewünscht, rechtzeitig von seinem Sinneswandel zu erfahren. Niemand mag gern unvermittelt im Regen stehen.

Dann war da der 16. Oktober 2011, ein Sonntag: Ich war gerade aufgewacht und hörte im Deutschlandfunk die Meldung, dass Wulff in Afghanistan sei, um Präsident Hamid Karzai und den deutschen Truppen einen Überraschungsbesuch abzustatten. Ich rief irritiert in meiner Redaktion an: »Sagt mal, wer von uns ist denn mit an Bord der Präsidentenmaschine?«

Um zu erfahren: Niemand. Ich wusste gar nicht, was ich sagen sollte. Denn auch hier gab es ganz klar eine andere Absprache.

Eigentlich hätte diese Reise nämlich schon früher stattfinden sollen. Aus Sicherheitsgründen laufen Vorbereitungen für Staatsbesuche in Kriegsgebiete wie Afghanistan unter höchster Geheimhaltung. Durch einen Zufall hatte BILD jedoch von der geplanten Reise erfahren und dem Bundespräsidialamt entsprechende Fragen gestellt. Inständig wurden wir gebeten, von einer Berichterstattung im Vorfeld abzusehen, um die Reise nicht zu gefährden. Daran hatten wir uns gehalten. Der SPIEGEL hingegen nicht. Er veröffentlichte die Reisepläne vorab. Das zwang das Bundespräsidialamt, die Reise zu verschieben – mit der Zusicherung an BILD, dass dann selbstverständlich einer unserer Redakteure an Bord der Präsidentenmaschine sein werde.

Und Wulff? Hatte das nun offenbar höchstpersönlich anders entschieden. Für mich war das eine komplett neue Erfahrung: Einen so rücksichtslosen Bruch einer Vereinbarung hatte ich im journalistischen Alltagsgeschäft bis zu diesem Moment noch nicht erlebt.

Mal weg von meiner persönlichen Enttäuschung, die nicht maßgeblich ist: Ein Bundespräsident spielt Champions League, nicht Bezirksliga. Da gelten klare Regeln: zuverlässige Kommunikation, transparentes Handeln, verbindliche Absprachen. Ganz objektiv betrachtet agierte Wulff unprofessionell und so gar nicht dem Amt entsprechend.

Seinen amateurhaften Umgang mit den Medien setzte Wulff nahtlos fort: Er tat, was er offensichtlich nicht lassen konnte – zum Telefonhörer greifen und sich beschweren.

So klingelte bei mir im Herbst 2011 das Telefon. BILD und BILD am SONNTAG hatten zwei Leserfotos von Bettina Wulff veröffentlicht, die sie mit ihrem Bruder in einer Hannoveraner Diskothek zeigten. Überschrift: **Hier tanzt unsere First Lady im Zaza.**

Dazu im Text: Bettina Wulff, die »ohne Extrawünsche, ohne Allüren, ein Gast wie alle anderen elegant mit ihrem Bruder zum Hit-Mix und den Chart-Krachern der Stadt« getanzt und fröhlich gefeiert habe. Am Ende wurde noch ein Nachtschwärmer mit den Worten zitiert: »Cool, wie normal sie geblieben ist.«

Eine einzige Eloge auf Bettina Wulff.

Und Wulff? Ihr Ehegatte? Schäumte. Wie BILD es wagen könne, derart in die Privatsphäre seiner Frau einzudringen, fuhr er mich am Telefon an. So eine Geschichte zu drucken, ohne ihn vorher zu fragen! Es sei ja gar kein Privatleben mehr möglich!

»Aber«, versuchte ich ihn runterzuholen, »selbstverständlich ist auch Ihre Frau eine Person der Zeitgeschichte. Und wenn eine First Lady, die Gattin des Bundespräsidenten, um Mitternacht in einer Disco tanzt, gibt es selbstverständlich ein öffentliches Interesse, gerade weil sie anders als die früheren First Ladys ist.«

Aber Wulff wollte sich nicht beruhigen. Ein Wort ergab das andere. Er wurde laut, ich wurde laut, am Ende brüllten wir uns an. War das derselbe Mann, der Journalisten in den Wald bestellte, um sein Glück mit seiner Bettina zu demonstrieren?

Wulff war es gelungen, dass ich gegen meine eigenen Regeln als Chefredakteur verstieß, die da lauteten: Nicht rennen, nicht schreien.

Ich erinnere mich höchst ungern an dieses Telefonat. Aber auch ein brüllender Bundespräsident am anderen Ende der Leitung war für mich ein Novum – und eine höchst bizarre Situation.

Was war eigentlich seit der Wahl zum Bundespräsidenten mit Christian Wulff passiert? Er war doch immer der sympathische, harmlose Schwiegersohn, der scheinbare Liebling der Presse. Und jetzt kam etwas Neues zum Vorschein. Das Amt hatte ihn verändert. Leider nicht zum Guten.

Ich erinnere mich an einen Abend nach einer Gala, als wir in kleinerer Runde zum Essen zusammensaßen: unter anderen Air-Berlin-Gründer Achim Hunold, der ein alter Freund von Christian Wulff war, Guido Westerwelle, dessen Partner Michael Mronz, Christian Wulff und ich. Es muss im Herbst 2010 gewesen sein, der konkrete Anlass ist mir entfallen. Irgendwann machte jemand einen Witz, alle lachten herzhaft. Nur Christian Wulff nicht. Der lachte mit Verzögerung. Da polterte Achim Hunold in seiner typischen sympathischen Rheinländer Art: »Jetzt hat's auch der Christian kapiert!« Worauf Wulff entgegnete: »Wie redest du denn mit dem Bundespräsidenten?«

Wieder großes Gelächter, haha, was für eine coole Antwort!

Wulff lachte nicht. Er lächelte nicht einmal. Da wurde uns klar: Er meinte das wirklich so. Das war für mich ein Schlüsselmoment, der zeigte, wie er sich verändert, wie er die Bodenhaftung verloren hatte. An seiner eigenen Bedeutung erstickte. Diese offen zur Schau gestellte Humorlosigkeit enttarnte ihn als jemanden, der das Amt nicht verkörperte, sondern der es sich nur angezogen hatte wie einen zu großen Anzug. Und der nun Angst hatte, man würde merken, dass der ihm nicht passt.

Von sich selbst in der dritten Person zu sprechen als *Bundespräsident* und *Staatsoberhaupt*, sollte bei Wulff erst Masche werden, dann Macke.

Nur wenige Tage nach seinem Telefonanruf samt Ausraster wegen der Discofotos seiner Frau wurde Wulff in BILD mal wieder auf Seite eins als *Gewinner* gefeiert – und zwar für die Auszeichnung durch den Zentralrat der Juden für sein herausragendes, von aufrichtiger Empathie und von tiefer Verbundenheit mit der jüdischen Gemeinde getragenes Engagement. »BILD meint: Glückwunsch!«

Während also Wulff in BILD glänzte, hatte Martin Heidemanns mit seinem Team die Recherchen zum Hauskauf wieder aufgenommen, nachdem die Einsicht ins Grundbuch vom Gericht zunächst verwehrt, aber nun von der nächsthöheren Instanz doch gewährt worden war. Auch die Kollegen von Stern und SPIEGEL waren wieder unterwegs.

Mitte November 2011 war BILD-Redakteur Nikolaus Harbusch in Niedersachsen vor Ort, was auch im Schloss Bellevue nicht unbemerkt geblieben war. Am nächsten Tag schickte Wulff seinen Sprecher Olaf Glaeseker vor, der sich bei BILD über die Recherche beschwerte und von mir eine Entschuldigung beim Präsidenten verlangte.

Das lehnte ich natürlich ab: »Wie komme ich dazu?«

Glaesekers Tonfall war anzumerken, dass ihm der Anruf unangenehm war und er allein im Auftrag seines Chefs handelte. Wir ließen uns durch Wulffs Intervention nicht einschüchtern, und Heidemanns schickte am 28. November per E-Mail schließlich unseren Fragenkatalog an Glaeseker.

Sechs Tage später, am zweiten Adventssonntag, begegneten Wulff und ich uns – vorerst – das letzte Mal. Meine Frau Katja, unsere Kinder und ich waren bei Freunden, der Journalistin Inga Griese und ihrem Ehemann Peter Schwenkow, zum alljährlichen Adventsbrunch eingeladen. Auch die Wulffs waren da. Mir war zu diesem Zeitpunkt nicht bewusst, wie weit und detailliert Martin Heidemanns mit seinen Recherchen inzwischen schon war. Deshalb waren Katja und ich den Wulffs gegenüber auch ganz unbefangen und setzten uns mit ihnen zusammen. Er hockte mit angespannter Miene auf einem Sofa und beschäftigte sich mit seinem kleinen Sohn. Als meine Frau mit dem Handy herumfilmte und rief: »Und jetzt winkt mein Lieblingspräsident noch mal in die Kamera!«, knödelte Wulff missmutig: »Das wird dann wohl morgen bei BILD online erscheinen!«

Dann starrte er weiter vor sich hin. Ich konnte sein verkrampftes Verhalten gar nicht so recht einsortieren und führte es auf unser heftiges Telefonat vor sechs Wochen zurück.

EINE ENTSCHULDIGUNG

Bye-bye, New York. Während in Deutschland die Wulff-Geschichte seit dem frühen Morgen Schlagzeilen macht, fliege ich über Frankfurt zurück nach Berlin. Ununterbrochen Telefonate, E-Mails, SMS. Wie geht es weiter? Was passiert jetzt? Hat Wulff sich erklärt?

Nein, Wulff, noch unterwegs in der Golfregion, erklärt sich nicht. Noch im Flieger erhalte ich aus dem Büro von Mathias Döpfner per E-Mail eine erste Übersicht der Kommentare aus den Lokalzeitungen von morgen.

Nürnberger Nachrichten: »*Das Staatsoberhaupt hat als moralische Instanz versagt.*«

Emder Zeitung: »*Wulff selber weist die Anschuldigungen zurück. Seiner Glaubwürdigkeit kommen die vielen aufkommenden Fragen in jedem Fall nicht zugute.*«

Abendzeitung München: »*Für das Staatsoberhaupt der Bundesrepublik Deutschland, das eine moralische Instanz sein soll (eine Rolle, die Wulff bisher auch so ohnehin recht dünn ausgefüllt hat), verbietet sich jeder Hauch eines Anscheins.*«

Schwarzwälder Bote: »*Das Ideal der Bürger vom sauberen und anständigen Politiker hat damit jedenfalls weitere tiefe Risse bekommen. Und das ist so ziemlich ein Totalschaden, den das stille Wasser Wulff dem Amt des Bundespräsidenten zugefügt hat.*«

Reutlinger Generalanzeiger: »*Wulff hat instinktlos und falsch gehandelt.*«

Döpfners kurzer trockener Kommentar dazu: »Verheerend.«

Als ich schließlich Mittwoch früh kurz vor 9 Uhr in Berlin-Tegel lande, liegt am Flughafen-Kiosk die BILD mit bereits der nächsten großen Wulff-Schlagzeile: **Kredit-Affäre um Bundespräsident: Diese Frau gab Wulff 500.000 Euro.**

In der Frankfurter Allgemeinen Zeitung schreibt Herausgeber Frank Schirrmacher: *Dieser Bundespräsident wird zukünftig schweigen müssen. Dass Christian Wulff nicht verstanden hat, dass es ausschließlich darauf ankommt, wie er mit der Affäre umgeht, also: wie er redet, ist bizarr. Die Frage, ob ihn der Freundesdienst abhängig machte, ist durch das Verschweigen im Landtag bereits beantwortet.*[17]

Auch heute keine wie von Wulff auf meiner Mailbox angekündigte Pressekonferenz, um »diese Methoden Ihrer Journalisten, des investigativen Journalismus«, die seiner Meinung nach nicht mehr akzeptabel seien, öffentlich zu machen, kein Strafantrag, keine Anwälte. Stattdessen empfängt er, mittlerweile zurück von seiner Golfreise, im Schloss Bellevue den tadschikischen Präsidenten. Und am Abend, als ob nichts sei, verleiht er den *Deutschen Zukunftspreis* an ein Forscherteam aus Dresden. Die riesige Traube anwesender Medienleute, die auf Antworten zu seiner Hausfinanzierung hoffen, geht leer aus. Wulff schweigt. Er scheint in einer Parallelwelt.

Donnerstag, 15. Dezember 2011.

Wie jeden Morgen treffe ich mich mit meinen Stellvertretern, den Ressortleitern und wichtigsten Redakteuren zur Redaktionskonferenz im 16. Stock des Axel-Springer-Hauses im sogenannten *Glaskasten*: Das ist der Konferenzraum vor meinem Büro, von allen Seiten einsehbar und mit fantastischem Blick über die Dächer von Berlin.

Um Punkt 10.30 Uhr haben sich hier rund 20 Kollegen versammelt, sie sitzen am langen Konferenztisch und auf den Fensterbänken. Ich nehme wie immer mittendrin Platz. Heute gibt es nur ein Thema: Wie gehen wir mit der Mailboxnachricht von Christian Wulff um? Sollen wir sie veröffentlichen oder nicht? Der Mailboxtext liegt in etlichen Exemplaren ausgedruckt auf den Tischen, jeder im Raum hat ihn gelesen. Die Mehrheit der Kolleginnen und Kollegen ist empört über die Nachricht: »Das ist doch gar keine Frage – das müssen wir veröffentlichen!«

Andere wiederum finden sie gar nicht so schlimm: »Wo ist denn da die Drohung? Da kennen wir doch ganz anderes.«

Ich bin unentschlossen.

Meine Sorge ist, dass unsere erstklassige Rechercheleistung zur Hausfinanzierung überdeckt werden wird – und zwar von der Auseinandersetzung zwischen BILD-Chefredakteur und Bundespräsident.

Ich entscheide mich für einen ungewöhnlichen Schritt: Ich ziehe zwei sehr unterschiedliche Kollegen ins Vertrauen, Giovanni di Lorenzo, Chefre-

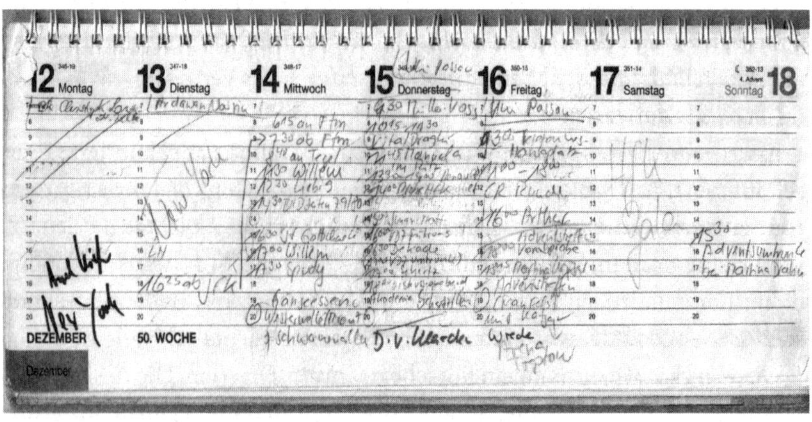

Enge Terminlage: mein persönlicher Kalender vom 12. bis 18. Dezember 2011

dakteur der ZEIT, und Frank Schirrmacher, Herausgeber der FAZ. Streng vertraulich schicke ich ihnen den Mailboxtext mit der Frage: Veröffentlichen oder nicht? Schirrmacher sagt drucken, di Lorenzo rät ab.

Na super.

In der BILD-Chefredaktion ist die überwiegende Mehrheit dafür, die Nachricht zu veröffentlichen. Gegen 14.00 Uhr fällt die Entscheidung: Wir drucken.

Zurück in meinem Büro, erhalte ich um 15.39 Uhr eine SMS von Olaf Glaeseker: »Der Bundespräsident würde gern mit Ihnen sprechen. Ist dies ab 16.30 Uhr möglich?«

Natürlich. Welche Frage. Aber schon komisch, warum Wulff just jetzt den Wunsch verspürt, mit mir zu telefonieren. Drei lange Tage sind vergangen, seit er mir auf die Mailbox gewulfft hat. Und ausgerechnet jetzt?! Wo wir gerade eben in der Redaktion die Entscheidung getroffen hatten, die Mailboxnachricht zu veröffentlichen, da meldet er sich. Lässt um ein Gespräch bitten. Schon ein sehr seltsamer Zufall. Ich gehe davon aus, dass er eine Insider-Information aus der Redaktion bekommen hat.

Und so telefonieren wir. Christian Wulff gibt sich sehr förmlich und kurz angebunden. Aber: Er entschuldigt sich ausdrücklich für die Ansage auf der Mailbox.

Und ich?

Ich nehme seine Entschuldigung an. Und treffe die Entscheidung, die Mailboxnachricht doch nicht zu veröffentlichen.

Die Kollegen sind überwiegend fassungslos: »Wie kannst du so eine Entscheidung allein treffen! Gegen das Votum der Redaktion?« Und: »Du für dich persönlich kannst ja die Entschuldigung annehmen, Kai, aber doch nicht für die Marke BILD!«

Ich bleibe dabei. Die Mailboxnachricht wird nicht veröffentlicht.

Doch versuch mal, Zahnpasta wieder in die Tube zurückzukriegen, wie SPIEGEL-Chefredakteur Stefan Aust später mal so schön diesen Moment auf den Punkt bringen wird. Auch wenn ich entschieden habe, Wulffs Entschuldigung anzunehmen und die Mailboxnachricht nicht zu veröffentlichen, kennen inzwischen mindestens 20 Kolleginnen und Kollegen den Text im Wortlaut. Ebenso Schirrmacher und di Lorenzo.

Die Geschichte ist noch lange nicht zu Ende ...

DIE ENTHÜLLUNG

In den verbleibenden Tagen des Jahres ist Wulff tägliches Gesprächsthema, in Berichten, Kommentaren, Talkshows. Es wird kolportiert, dass sich der Bundespräsident auf dem Rückflug von seiner Reise in die Golfstaaten ziemlich hässlich über mich geäußert haben soll. Entsprechende Presseanfragen lässt Wulff dementieren und bestätigt lediglich, sich in einem Hintergrundgespräch kritisch mit der Berichterstattung auseinandergesetzt zu haben.

Wenige Tage vor Weihnachten passiert es – in der FAZ platziert Nils Minkmar eine erste Andeutung: In Journalistenkreisen erzähle man sich von Wulffs »umständlichen, gewundenen Mailboxansagen bei Medienchefs«.[18]

Kurz darauf entlässt Wulff seinen Sprecher Glaeseker.[19] Den Vertrauten, von dem er immer sagte: »Wenn Sie diesen Mann nicht mehr in meiner Nähe sehen, müssen Sie sich Sorgen um mich machen.«

Überraschenderweise erhalte ich auch dieses Jahr eine wunderschöne Weihnachtskarte des Bundespräsidenten: Er mit Frau Bettina, deren Sohn aus erster Beziehung, seiner Tochter aus erster Ehe, dazu der kleine gemeinsame Sohn – allesamt lässig vor der geschmückten Tanne hockend. Es grüßt die moderne Patchwork-Familie aus Schloss Bellevue! Die Wulffs wünschen fröhliche Weihnachten und für das Jahr 2012 Gesundheit, Glück und Gottes Segen.

Ein persönlicher Gruß an mich und meine Familie – wie noch im letzten Jahr handschriftlich dazugefügt – bleibt aus.

Natürlich geht mir auch zwischen den Jahren der Fall Wulff nicht aus dem Kopf. Wie geht das hier weiter?

Mathias Döpfner und ich tauschen uns ununterbrochen aus.

Die Affäre ist eine demokratische Zäsur, wenn sie folgenlos bleibt, simst er mir. *Deshalb ist jetzt jeder Schritt wichtig. Im Moment sind Ruhe und Pause jedenfalls richtig. Auch nicht zu lang und zu konsequent, denn das könnte als Kurswechsel gedeutet werden. Erstmal schweigen und mit voller Kraft recherchieren. Wann ist Heidemanns wieder da? Eigentlich ist es ein Grund, ihn aus dem Urlaub zu holen. Es ist die Geschichte seines Lebens.*[20]

»Wir recherchieren INTENSIVST!«, antworte ich wenige Minuten später. »Aber es ist einfach so: wenn Regierung UND Opposition entscheiden, dass er bleiben MUSS, dann sind wir bei Stolpe«, tippe ich in meinen Blackberry. Dem damaligen brandenburgischen Ministerpräsidenten Manfred Stolpe waren vor etlichen Jahren umfassende Stasi-Kontakte nachgewiesen worden, die weder zu seinem Rücktritt noch zu seiner Abwahl geführt hatten – im Gegenteil: Je mehr wir Medien enthüllten, desto entschiedener hielten die Wähler im Osten zu ihm. Ich hatte Sorge, dass sich Geschichte wiederholt:

Und mehr als wir enthüllt haben, geht doch gar nicht, schreibe ich Mathias. *Natürlich könnten wir jetzt eine Kampagne machen – aber dann hätten wir verloren. One thing is for sure: wenn er bleibt, ist er bis zum Schluss eine peinliche Nummer! Wenn W nur einen Funken Verantwortungsgefühl hätte, dürfte er das dem Amt nicht eine Sekunde länger zumuten. Anders übrigens das Publikum: da gibt es viele, die bereits von einer Medienkampagne reden …*

Am letzten Tag des Jahres sitze ich mit Freunden im Café Heider in Potsdam, als mich eine Nachricht von Frank Schirrmacher erreicht:

»Hast Du FAS gesehen? Zitiert Mailbox. In dem Zusammenhang vernichtend.« Erstmals werde sehr konkret über Wulffs Anruf bei mir berichtet – und zwar mit einer ganzen Reihe von wörtlichen Zitaten.

»Gesehen? FAS zitiert lang und breit aus Handynachricht Wulff, hast Du das Kohler erlaubt?«, erkundigt sich am frühen Abend auch BILD-Politik-Chef Nikolaus Blome per SMS. »Oder hat der auf eigene Faust …? Ansonsten: guten Rutsch, Wulff-Geschichte ist noch nicht zu Ende …«[21]

Tatsächlich habe ich zu keinem Zeitpunkt mit FAZ-Herausgeber Berthold Kohler über die Wulff-Mailbox gesprochen, geschweige denn wörtliche Zitate geliefert. Die Veröffentlichung kommt – wie soll ich sagen? – wie Kai aus der Kiste. Ich bin *not amused.* Zu diesem Zeitpunkt habe ich allerdings noch keinen Schimmer, was für eine Lawine das werden wird.

Auch Mathias Döpfner ist wenig begeistert von der FAS-Enthüllung:

»Ich weiß nicht, ob das gut ist, denn es hätte, wenn, ein großer Paukenschlag werden müssen«, schreibt er mir Neujahr. »Nun aber müssen wir das Beste daraus machen.«

DER STURZ

Das neue Jahr beginnt mit einem schweren Sturz. Aber nicht mit dem von Wulff, sondern mit meinem. Ich bin mit Katja, unseren vier Kindern und Freunden für drei Tage zum Skifahren in Obertauern. Eigentlich bin ich immer einer der Ersten auf der Skipiste, an diesem Morgen aber bin ich sehr spät dran. Es ist schon 11 Uhr, und ich hänge immer noch am Telefon. Und das hat mit der FAS-Enthüllung zu tun. Die Lawine rollt. Die Süddeutsche macht mit der Schlagzeile auf:

»Wulff drohte BILD-Journalisten mit Strafanzeige«.

Schon vor 8 Uhr hat sich die Pressesprecherin von Axel Springer, Edda Fels, mit einer Alarm-E-Mail bei mir gemeldet: Die Agenturen würden gerade heißlaufen mit der Schlagzeile »Wulff versuchte Berichterstattung mit Anruf bei BILD-Chefredakteur zu verhindern«. Sie bittet um eine Sprachregelung bei Nachfragen und schlägt mir schriftlich zwei Varianten vor:

1) Kein Kommentar

2) Der BP sollte selbst über seine Anrufe Auskunft geben (was einer indirekten Bestätigung des Vorgangs gleichkommt)

Ich entscheide mich für Nummer 2.

Im ARD-Frühstücksfernsehen sagt Moderator Werner Sonne, man erwarte jetzt mit Spannung eine Erklärung von BILD, warum wir nicht früher über den Wulff-Anruf berichtet hätten und wie die Informationen ausgerechnet jetzt an die FAS gelangt seien. Das war ja meine Sorge von Anfang an, dass der Mailboxanruf wichtiger würde als unsere Geschichte zum Hauskauf. BILD-Politikchef Nikolaus Blome erhält von mir den Auftrag, einen Text in eigener Sache zu schreiben:

Richtig ist, dass BILD dem Bundespräsidenten vor der Veröffentlichung der Recherchen zu seinem umstrittenen privaten Hauskredit Gelegenheit zu einer ausführlichen Stellungnahme gegeben hat. Eine solche Stellungnahme hatte der Bundespräsident am Montag, dem 12. Dezember, zunächst abgeben lassen, dann aber kurz vor Redaktionsschluss wieder zurückgezogen. Im Anschluss daran versuchte der Bundespräsident, BILD-Chefredakteur Kai Diekmann, der sich zu der Zeit auf einer Dienstreise befand, direkt zu erreichen. Als das nicht gelang, hinterließ der Bundespräsident eine längere Nachricht auf dem Handy-Anrufbeantworter des Chefredakteurs.

Blome warnt mich anschließend: *Wenn wir sagen, dass wir über die Mailbox auch deshalb nicht berichtet haben, weil sie nicht im Zentrum der eigentlichen Affären-Geschichte lag, dann schneiden wir uns von künftiger Berichterstattung rund um die Mailbox und Wulffs Medien-Verständnis ab. Letzteres könnte aber durchaus das Thema der Woche werden.*[22]

Jan-Eric Peters, Chefredakteur der WELT, berichtet mir, mit Wulff eine ganz ähnliche Erfahrung gemacht zu haben:

Im Zusammenhang mit einer Recherche ist ein Autor von uns ins Schloss Bellevue gebeten worden, wo der Bundespräsident persönlich mit unangenehmen und öffentlichkeitswirksamen Konsequenzen im Falle einer Veröffentlichung gedroht hat. Den Artikel haben wir natürlich trotzdem veröffentlicht.[23]

Einer meiner Vorgänger, Peter Bartels, der mich Jahre später wegen meiner Haltung in der Flüchtlingsfrage abgrundtief zu hassen begann, schreibt: *Du wirst Dich wahrscheinlich fühlen wie Scipio, nachdem er auf Befehl des Senats 146 v.Ch. das herrliche Karthago in Schutt und Asche gelegt hatte – er weinte! Nur – um Wulff muss keiner eine Träne vergießen – er war/ist eine! Ich verneige mich vor Dir und Deinem Team – Du hast das Haus, unseren Beruf geadelt!*[24]

Während ich also Richtung Berg eile, rufen ununterbrochen Kollegen anderer Medien an, schicken E-Mails oder SMS. Alle wollen Details zu Wulffs Nachricht auf meiner Mailbox. Um alles elegant unter einen Hut zu bringen – so schnell wie möglich auf Skiern stehen und gleichzeitig für Kollegen und Redaktion erreichbar sein –, quetsche ich meinen Blackberry zwischen Ohr und Helm. Verzichte auf das übliche Einstellen und Nachjustieren der Skier und stürze gleich eine schwarze Piste hinunter. Im wahrsten Sinne des Wortes. Schon in der ersten Kurve reißt es mich um, mein linkes Knie schmerzt wie Hölle. Irgendwie schaffe ich es nach unten. Ich diagnostiziere mir selbst eine Verstauchung, die ich durch eine Runde Kampfsaunen zu kurieren hoffe.

Am nächsten Morgen ist mein Knie groß wie ein Kindskopf.

Der Arzt im Ort mit dem bezeichnenden Namen Dr. Aufmesser fackelt nicht lange. Sofort operieren. Ich rufe meine schwer begeisterte Frau an und bitte sie, mir meine Zahnbürste zu bringen. Bereits auf dem OP-Tisch mit Kanüle im Arm informiere ich mein Büro. »Ich bin jetzt zwei Stunden nicht erreichbar!« Dann wirkt schon das Narkosemittel.

Als ich wieder aufwache, quillt mein Blackberry von eingehenden E-Mail-Nachrichten und SMS über. Von allen Seiten werde ich gebeten, eine Kopie der Aufzeichnung der Mailboxnachricht zur Verfügung zu stellen.

CDU-Politiker Elmar Brok, eines der langjährigsten Mitglieder des Europäischen Parlaments und als Bielefelder mir besonders verbunden, schreibt besorgt: »Gibt es noch eine Brücke für Wulff? Ich würde ihn dazu bringen, sie zu beschreiten. Melde Dich bitte.«[25]

Was ich umgehend tue: »Die einzige Brücke, die ich für ihn noch sehe, ist die in den Ruhestand!«, antworte ich. »Alles andere macht das Amt des Bundespräsidenten für alle Zeiten lächerlich! Und das ist dann das kollektive Versagen der politischen Klasse!!! Auf Deutsch: Das geht dann auf Eure Kappe!«[26]

Natürlich wird auch Unsinn verbreitet. Das Magazin Cicero meldet, Wulff habe Verlegerin Friede Springer angerufen, eine reine Erfindung. »Solche Falschmeldungen sind total kontraproduktiv!«, simst mir Mathias Döpfner und ist zu Recht besorgt. »Außerdem werden Gerüchte gestreut, wir hätten in dem Fragenkatalog nicht nach dem Kredit, sondern nach Bettina gefragt. Und deshalb sei er explodiert!!!!«[27]

Stefan Aust, Chef von N24, hält es »im Interesse der Aufklärung der deutschen Öffentlichkeit für geboten, vollständige Transparenz über den Vorfall herzustellen. Deshalb bitte ich Dich, dem Nachrichtensender N24 eine Kopie der Mailbox-Tonaufzeichnung des Anrufs von Bundespräsident Christian Wulff zur Verfügung zu stellen und uns die Veröffentlichung des Mitschnitts zu erlauben. Der guten Form halber würden wir das Bundespräsidialamt anschließend darüber informieren und ebenfalls um Erlaubnis bitten, die Aufzeichnung zu veröffentlichen.«[28] Ich lehne ab.

Hinzu kommen Talkshow-Einladungen von Jauch, Plasberg, Illner – der Medienzirkus stellt sich auf.

»Mach Jauch«, empfiehlt Döpfner.

Nicht mein Ding. Bin ich nicht gut drin. Meine Branche ist voll von Menschen, die sich gerne im TV sehen – ich gehöre definitiv nicht dazu. Ich bin einfach nicht für Talkshows gemacht, und in meinen 16 Jahren als BILD-Chef auch in keiner einzigen gewesen. Erstens mag ich nicht die Rollenverteilung und Inszenierung der Gäste – *good guy, bad guy*. Außerdem sterbe ich 1000 Tode, mich selbst im Fernsehen sehen zu müssen. Zudem ist die Presseabteilung des Springer-Verlags der Meinung, dass ich in meinem lädierten Zustand nicht auf eine TV-Bühne gehöre. Also schicken wir Nikolaus Blome: »Der sieht auch viel besser aus als ich«, ist ab sofort mein Standardkommentar.

WIE MAN SICH UM KOPF UND KRAGEN REDET

Unterdessen ist im Schloss Bellevue offenbar die Entscheidung gefallen, in die Offensive zu gehen. Während ich am Mittwochabend auf Krücken humpelnd von Salzburg zurück nach Berlin fliege, stellt sich Wulff in einer gemeinsamen Sendung von ARD und ZDF 20 Minuten lang den Fragen von Bettina Schausten und Ulrich Deppendorf.[29]

Ggf. müssen wir auf das Interview mit Wulff heute ganz schnell reagieren, warnt Döpfner per SMS. *Sprich Du mit Fels, damit alles bereit ist. Es kann ja sein, dass er eine Lüge in die Welt setzt. Je nachdem, wie er auf die Mailbox eingeht, muss man O-Ton ins Netz stellen. Alles nur Vorsichtsmaßnahmen.*[30]

11,5 Millionen Menschen schauen zu, wie Wulff behauptet, auf meiner Mailbox keine Drohung hinterlassen zu haben. Er redet sich in dem vorher aufgezeichneten Interview um Kopf und Kragen.

»Er ist ein LUEGNER«, simst mir FAZ-Herausgeber Frank Schirrmacher.[31] Außerdem heizt Wulff von sich aus erneut die Gerüchte um ein mögliches Vorleben seiner Frau an.

Deshalb wird im Nachgang zur Sendung munter spekuliert: dass es bei Wulffs wütendem Anruf gar nicht um den Hauskredit gegangen sei, sondern darum, eine Berichterstattung über Bettina Wulff zu verhindern. Dass BILD deshalb auch kein Interesse habe, den Mitschnitt der Mailbox zu veröffentlichen. Denn wir würden über brisante Informationen verfügen, die bisher nur auf Weisung von ganz oben und aus Respekt vor dem Amt des Bundespräsidenten nicht gedruckt worden seien.[32] Dumme und irreführende Spekulationen, genau wie Mathias Döpfner sie befürchtet hat.

Manche Medien scheinen geradezu besessen von Bettina Wulff, die einen *gefährlichen Glamour* verströme und auch noch ein Tattoo am Oberarm trage.

Es ist unterirdisch.

Bettina Wulff tut mir in diesem Augenblick furchtbar leid.

Döpfner findet diese Entwicklung brandgefährlich. Durch diese Art von Berichterstattung könne Wulff das gesamte Thema gegen die Medien drehen: »Gut, dass BILD da so sauber war, was die Berichterstattung über Bettina Wulff angeht.«[33]

Einmal mehr bin ich heilfroh, dass sich BILD zu keinem Zeitpunkt mit auch nur einer Silbe an den haltlosen Spekulationen über das angebliche Vorleben der Präsidentengattin beteiligt hat.

Eigentlich gehöre ich nach meinem Skiurlaub zu Hause auf die Couch. Stattdessen verbringe ich die nächsten Tage von morgens bis abends in meinem Büro. Kreuzbandriss und die OP sind doch nicht so einfach wegzustecken, wie ich mir das vorgestellt habe. Das Bein hochgelegt, eingeschnallt in eine automatische Bewegungsschiene, verbringe ich meine Tage auf dem Bürosofa. Meine Büroleiterin Christina Afting, promovierte Biologin, versorgt mich zwischendurch mit Thrombosespritzen.

Mich beschäftigt nur das Thema Wulff.

Der TV-Auftritt des Präsidenten bleibt in allen Medien DAS große Thema.

EIN AUFSCHLUSSREICHER BRIEFWECHSEL

Leider ist genau das eingetreten, was mir Sorge gemacht hat: Kaum einer spricht noch über den Hauskredit, alles dreht sich nur noch um den Anruf auf meiner Mailbox. Was genau hat der Bundespräsident gesagt, wie hat er es gesagt, hat er gedroht oder hat er nicht gedroht?

Ich lese jedes Wort, das aus den Agenturen kommt und in den Zeitungen steht. Vor allem Wulffs Behauptung, er habe nicht gedroht, sondern nur um Aufschub gebeten, sorgt für Aufsehen.

Er hat natürlich ein Problem: Ich kenne seinen Anruf im Wortlaut. Die Nachricht liegt abgetippt vor. Er selbst hat nur seine Erinnerung.

Ich überlege, was zu tun ist. Und komme zu dem Schluss, meine zuletzt getroffene Entscheidung zu revidieren. Um alle Spekulationen zu stoppen, müssen wir die Mailboxnachricht veröffentlichen.

Noch am selben Tag schreibe ich deshalb einen Brief an den Präsidenten, von dem Staatssekretär Hagebölling eine Kopie erhält:

Sehr geehrter Herr Bundespräsident,

mit Verwunderung haben wir gestern Ihre Aussage im Fernsehen zur Kenntnis genommen, bei Ihrem Anruf auf meiner Mailbox sei es nicht darum gegangen, Berichterstattung zu Ihrem Hauskredit zu verhindern, sondern diese lediglich um einen Tag zu verschieben.

Um Missverständnisse darüber auszuräumen, würden wir es nun für notwendig halten, den Wortlaut seiner Nachricht zu veröffentlichen und bitten im Sinne der von ihm selbst angesprochenen Transparenz um sein Einverständnis. Ich erinnere ihn daran, dass wir seiner Bitte um Aufschub

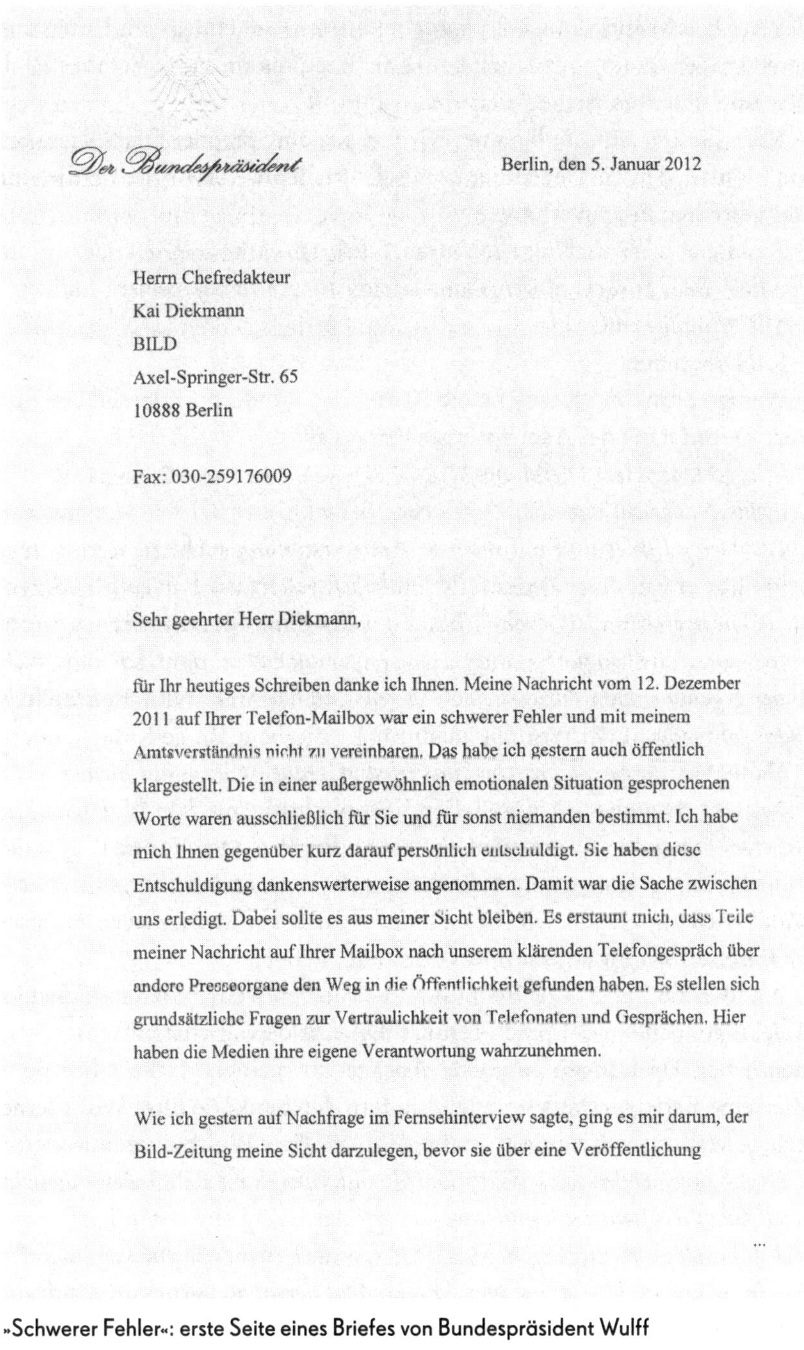

Der Bundespräsident

Berlin, den 5. Januar 2012

Herrn Chefredakteur
Kai Diekmann
BILD
Axel-Springer-Str. 65
10888 Berlin

Fax: 030-259176009

Sehr geehrter Herr Diekmann,

für Ihr heutiges Schreiben danke ich Ihnen. Meine Nachricht vom 12. Dezember 2011 auf Ihrer Telefon-Mailbox war ein schwerer Fehler und mit meinem Amtsverständnis nicht zu vereinbaren. Das habe ich gestern auch öffentlich klargestellt. Die in einer außergewöhnlich emotionalen Situation gesprochenen Worte waren ausschließlich für Sie und für sonst niemanden bestimmt. Ich habe mich Ihnen gegenüber kurz darauf persönlich entschuldigt. Sie haben diese Entschuldigung dankenswerterweise angenommen. Damit war die Sache zwischen uns erledigt. Dabei sollte es aus meiner Sicht bleiben. Es erstaunt mich, dass Teile meiner Nachricht auf Ihrer Mailbox nach unserem klärenden Telefongespräch über andere Presseorgane den Weg in die Öffentlichkeit gefunden haben. Es stellen sich grundsätzliche Fragen zur Vertraulichkeit von Telefonaten und Gesprächen. Hier haben die Medien ihre eigene Verantwortung wahrzunehmen.

Wie ich gestern auf Nachfrage im Fernsehinterview sagte, ging es mir darum, der Bild-Zeitung meine Sicht darzulegen, bevor sie über eine Veröffentlichung

...

»Schwerer Fehler«: erste Seite eines Briefes von Bundespräsident Wulff am 5. Januar 2012 des Artikels bereits einmal entsprochen hatten, »nachdem wir Ihnen unseren Fragenkatalog bezüglich des Haus-Kredites am 11. Dezember 2011 übermittelt hatten (siehe Anlage)«.

Nach diesem Aufschub hätten wir von seinem Sprecher Olaf Glaeseker am Montag, den 12. Dezember 2011 schriftlich die Antworten auf die von uns gestellten Fragen erhalten.

Zu unserer Überraschung wurden die Antworten kurz vor Redaktionsschluss von Ihrer Seite zurückgezogen. Dann erfolgte Ihr Anruf auf meiner Mailbox.

Mit freundlichen Grüßen

Kai Diekmann

Wenige Stunden später gibt ein Kurier des Bundespräsidenten ein Kuvert am Empfang des Axel Springer Verlags ab.

Sehr geehrter Herr Diekmann,

meine Nachricht vom 12. Dezember 2011 auf Ihrer Telefon-Mailbox war ein schwerer Fehler und mit meinem Amtsverständnis nicht zu vereinbaren, schreibt der Bundespräsident. *Das habe ich gestern auch öffentlich klargestellt. Die in einer außergewöhnlich emotionalen Situation gesprochenen Worte waren ausschließlich für Sie und für sonst niemanden bestimmt. Ich habe mich Ihnen gegenüber kurz darauf persönlich entschuldigt. Sie haben diese Entschuldigung dankenswerterweise angenommen.*

Damit war die Sache zwischen uns erledigt. Dabei sollte es aus meiner Sicht bleiben. Es erstaunt mich, dass Teile meiner Nachricht auf Ihrer Mailbox nach unserem klärenden Telefongespräch über andere Presseorgane den Weg in die Öffentlichkeit gefunden haben. Es stellen sich grundsätzliche Fragen zur Vertraulichkeit von Telefonaten und Gesprächen. Hier haben die Medien ihre eigene Verantwortung wahrzunehmen.

Ich lese die Zeilen mit Erstaunen. Wir haben weder ein vertrauliches Telefonat noch ein Gespräch geführt. Die Aktion war eine einseitige, mit deutlichen Drohungen gespickte Ansage auf meiner Mailbox mit dem Ziel, eine Berichterstattung zu verhindern. Ich denke, je öfter Wulff seine eigene Mär wiederholt, desto mehr glaubt er dran. Wulff schreibt weiter:

Es gab für mich keinen ersichtlichen Grund, warum die BILD-Zeitung nicht noch einen Tag warten konnte, wo die erfragten Vorgänge schon Jahre, zum Teil Jahrzehnte zurückliegen. Das habe ich nach meiner Erinnerung auf der Mailbox-Nachricht trotz meiner emotionalen Erregung auch zum Ausdruck gebracht.

Ich kann mir nicht helfen. Der Bundespräsident muss in einer Parallelwelt leben. Es geht doch gar nicht darum, wann es geschehen ist, sondern *dass* es geschehen ist. Dass der Verdacht besteht, dass er etwas vertuschen will. Und er weiß, dass dieser Brief hier an mich diesen Verdacht nicht ausräumen wird, im Gegenteil – sonst könnte er der Veröffentlichung der Mailboxnachricht ja problemlos zustimmen.

Mal wieder müssen wir uns in dieser Sache öffentlich erklären und schicken als BILD-Chefredaktion eine Stellungnahme zur Entscheidung des Präsidenten an die Nachrichtenagenturen:

Damit können die im Zusammenhang mit dem Fernseh-Interview des Bundespräsidenten entstandenen Unstimmigkeiten, was das Ziel seines Anrufes angeht, nicht im Sinne der von ihm versprochenen Transparenz aufgeklärt werden.

Gleichzeitig schicke ich eine Abschrift der Mailboxnachricht an Wulffs Staatssekretär Hagebölling.

Nach zahlreichen Forderungen, den Wortlaut der Mailboxnachricht des Bundespräsidenten zu veröffentlichen, hat die BILD-Chefredaktion heute noch einmal mitgeteilt, dies nicht ohne das Einverständnis des Bundespräsidenten zu tun, schreibe ich ihm. *Zugleich möchte ich Ihnen und dem Bundespräsidenten als Anlage eine Abschrift des Wortlauts der Nachricht auf meiner Handy-Mailbox zur Verfügung stellen. Dies, weil wir im TV-Interview des Bundespräsidenten zur Kenntnis genommen haben, dass er sich bei seinen Äußerungen allein auf seine Erinnerung stützt. Mit freundlichen Grüßen*

Kai Diekmann

WULFF GEGEN DIEKMANN

Es war niemals meine Absicht. Doch immer mehr entwickelt sich die Auseinandersetzung zu einem Machtkampf zwischen Schloss Bellevue und BILD-Zeitung, zwischen Präsident und BILD-Chefredakteur, zwischen Wulff und Diekmann. Und natürlich stürzen sich alle auf dieses Duell. Die Lektüre der Zeitungen macht mir in diesen Tagen nicht wirklich Freude.

Dass Diekmann sich zum Stauffenberg der Pressefreiheit hochjuxt, ist bereits sein Sieg und Wulff sein nützlicher Depp, schreibt Friedrich Küppersbusch, der wie alle Links-Intellektuellen BILD natürlich verachten muss, in der taz.[34]

Es ist nicht besonders seriös, wenn BILD-Chefredakteur Kai Diekmann über viele Jahre vertrauliche Gespräche mit einem Politiker pflegt und diesen dann plötzlich vorführt und öffentlich bloßstellt. Man hat den Eindruck, BILD will ihn vernichten,[35] doziert Günter Wallraff, Ikone aller BILD-Gegner.

Anderswo riskieren Journalisten Leib und Leben, wenn sie sich mit den Mächtigen anlegen, empört sich Jan Fleischhauer im SPIEGEL, *hierzulande gelten schon ein paar unfreundliche Worte auf der Mailbox als versuchte Nötigung, die sofort den Presserat auf den Plan ruft und zur Einsetzung des öffentlich-rechtlichen Fernsehgerichts führt.*[36]

Ex-BDI-Präsident Hans-Olaf Henkel, der dauerhaft beleidigt ist, nachdem ich sein letztes Buch nicht für einen Vorabdruck in BILD haben wollte, ätzt: *Das aktuelle Beispiel Diekmann vs. Wulff zeigt auch, was passiert, wenn jemand beginnt, größenwahnsinnig zu werden. Wer kontrolliert eigentlich einen Chefredakteur, der offensichtlich die Bodenhaftung verloren hat?*[37]

Ulrich Schulte von der taz kommentiert: *Was Diekmann mit der BILD-Zeitung gerade macht, ist eine Grenzverletzung. Die Zeitung gibt ihre Beobachterfunktion weitgehend auf und verfolgt nur mehr das Ziel: Wulff soll zur Strecke gebracht werden.*[38]

Stefan Niggemeier, der mit seinem Blog über BILD eine großartige Bühne vor allem für sich selbst gezimmert hat, befindet: *Wir haben in den vergangenen Wochen einiges Neues über den Charakter von Christian Wulff gelernt. Und nichts Neues über den Charakter der BILD-Zeitung.*[39]

Bisher haben wir sehr viel gewonnen, simst mir Mathias Döpfner besorgt. *Ab heute können wir nur noch verlieren, es sei denn, wir weisen ihm kriminelles Verhalten nach. Deshalb keine Aktivität mehr von uns. Ruhe und hinter den Kulissen wie immer Recherche. Die Mailbox im O-Ton zeigt, was der Bundespräsident für Schiss vor BILD hat. Das ist für ihn peinlich, aber nährt die ganze Übermacht-Debatte über BILD. Die brauchen wir jetzt nicht. Wir wollen wegen mutiger Recherche und innerer Pressefreiheit gefeiert werden.*[40]

Und so wenig es mir gefällt, ich muss Döpfner recht geben.

Die öffentliche Diskussion verbeißt sich heillos in das Thema BILD gegen Wulff. Die Frage, ob Deutschland einen Präsidenten hat, der nicht die Wahrheit sagt, spielt kaum noch eine Rolle. In meiner Ratlosigkeit schreibe ich Richard von Weizsäcker, neben Roman Herzog zweifellos das angesehenste Staatsoberhaupt in der Geschichte der Bundesrepublik Deutschland. In der Hoffnung erhört zu werden, streichle ich seine Seele.

Sehr geehrter Herr Bundespräsident,

es ist sicher kein Zufall, dass die Erinnerung an etliche, große, beachtete und beeindruckende BILD-Interviews mit Ihnen gerade in diesen Tagen in der Redaktion wieder lebendig werden.

Selten ist ein Verfassungsorgan so nachhaltig in die Kritik geraten, dass selbst ein international renommierter Verfassungsrechtler wie Dieter Grimm öffentlich die Frage referiert, ob das Amt überhaupt noch zeitgemäß ist. Sehr geehrter Herr Bundespräsident, Ihre Stimme hat Gewicht und genießt über alle politischen Lager hinweg ein hohes Maß an Autorität. Ich würde mich freuen, wenn Sie uns die Gelegenheit zu einem großen BILD-Interview geben würden. Wo Sie aus Gründen der eigenen Betroffenheit Rücksichten nehmen müssen, akzeptieren wir dies natürlich.

Mit besten Grüßen
Kai Diekmann

Der Bundespräsident a.D. reagiert umgehend telefonisch. Und spricht, da ich nicht erreichbar bin – Ironie der Geschichte – auf meine Mailbox. Leider könne er gegenwärtig ein großes Interview schlecht machen, weil er all die gegenwärtig noch offenen Fragen, zu deren Offenlegung ich ja sehr wirkungsvoll beigetragen hätte und wofür man dankbar sei, nicht umgehen könne. Und zu diesen Fragen habe er bisher seine Stimme nicht erhoben und wolle sie jetzt vorläufig auch nicht erheben. Gute Wünsche!

Eine Woche nach Wulffs Rücktritt wird mich der 91-jährige Staatsmann in meinem Büro besuchen. Silbernes Haar, feine Züge, Gehstock – so sitzt er vor mir auf meiner schwarzen Ledercouch, meinen Blackberry in der Hand, und hört gleich mehrfach die Mailbox ab. Sagt kein einziges Wort, nur Kopfschütteln. Der Moment hat sich bei mir eingebrannt.

Während Weizsäcker sich nicht äußern mag, tut das in diesen Tagen der legendäre Journalist und ehemalige WDR-Intendant Friedrich Nowottny umso deutlicher – und überrascht mich mit seiner Haltung:

Der gegenwärtige Bundespräsident hat gar nicht begriffen, dass er Bundespräsident ist. Er glaubt immer noch, in Hannover zu sitzen, und schaltet und waltet, wie der Ministerpräsident von Hannover zu schalten gewohnt ist, sagt er in einem Interview auf Phoenix.[41]

Die angebliche Medienkampagne, so Nowottny, der mit seinen 82 Jahren noch immer topfit ist, »entspricht dem Verhalten des Bundespräsi-

Kein einziges Wort, nur Kopfschütteln: Richard von Weizsäcker hört in meinem Büro die Mailbox-

ansage von Christian Wulff

denten«. Er habe sich einfach nie umfassend erklärt, sondern den Medien immer Grund gegeben nachzulegen. BILD habe mit seinen Recherchen den SPIEGEL als Themensetter Nummer 1 abgelöst, was vielleicht am Chefredakteur und an der Redaktion liege: »Die BILD-Zeitung ist ziemlich schonungslos mit jemandem umgegangen, von dem man glaubte, er genieße ihren Schutz – er genießt ihn nicht.«

Zwei Tage später legt er noch mal nach und erklärt im Deutschlandfunk, BILD habe »sich von all den Banden gelöst, die ein Teil ihrer Geschichte ausgemacht haben. Sie steht wirklich haushoch an der Spitze der Medien und versucht, die Medienfreiheit zu sichern, so wie das Grundgesetz es befiehlt. Das finde ich einen bemerkenswerten Vorgang. Der Bundespräsident muss damit leben lernen.«[42]

Wir bekommen Zuspruch zu unserer Berichterstattung aus Ecken, von denen ich es nie vermutet hätte.

Jakob Augstein, Verleger des eher linksverorteten Freitag, lobt: *Die BILD-Zeitung erweitert ihr Repertoire. Sie kann jetzt auch seriös, wenn sie will. Es steht ihr frei, jederzeit vom populistischen ins politische Fach zu wechseln, vom boulevardesken ins investigative. Das macht die Zeitung noch gefährlicher.*[43]

Ehrlich gesagt, wusste ich das schon vorher. Aber mich freut, dass Augstein, der sich seit fast einem Jahr mit meinem Stellvertreter Nikolaus Blome jeden Freitag 15 Minuten lang sehr unterhaltsame Schlagabtäusche im TV liefert, das nun auch erkannt hat.

Von taz-Chefredakteurin Ines Pohl, mit der mich eine spannende Penis-Geschichte verbindet – ja, auf die komme ich später noch zu sprechen – und die die BILD-Berichterstattung über Wulff als *quotenträchtige Hinrichtung* beschreibt, erhalte ich eine Nachricht mit der Bitte um eine *private Vorlesestunde* der Mailboxabschrift – während mich ihre Redaktion jeden Tag aufs Neue mit seitenlangen Fragenkatalogen zur Auseinandersetzung mit Schloss Bellevue traktiert. Keine Frage ist abstrus genug:

»Hat der Bundespräsident Kai Diekmann Genesungswünsche nach der Knie-OP geschickt?«[44]

Ich antworte den lieben Kollegen natürlich ausführlich – wenn auch nicht immer ganz ernst gemeint:

Ich bin gerade auf dem Weg nach Ludwigshafen zum Altkanzler und deshalb im Moment sehr eingespannt, weil ich jeden Tag von 10 bis 12 Uhr Ter-

mine habe. In den letzten Tagen war ich in Berlin-Mitte, Kreuzberg, Charlottenburg, Dahlem und Potsdam unterwegs und jetzt erreicht mich Ihre Anfrage. Ich bitte sehr um Vergebung, aber wenn der Artikel, den Sie planen, wirklich erscheinen sollte, werde ich meine tazPresso-Tassen zurückschicken und meine taz-Anteile dem AWD zur Weitervermarktung zur Verfügung stellen. Da das mir von Ihnen gestellte Zeitfenster denkbar knapp ist, bitte ich Sie ganz herzlich um einen Aufschub, bis ich Donnerstag wieder im Büro bin. Dann lade ich Sie auch gerne ein und wir können ausführlich über alles sprechen. Sie sollten sich aber bitte sehr genau überlegen, ob Sie das wirklich wollen. Das Verhältnis zwischen taz und BILD ist in der letzten Zeit von großer Harmonie geprägt. Sie riskieren gerade den Bruch zwischen unseren Häusern. Können Sie denn nicht akzeptieren, dass der wichtigste Journalist des Landes auch mal ein paar Tage unterwegs ist, um ein paar Freunde zu besuchen!? Da ich Sie nicht persönlich erreichen konnte und selbst auch keinen Empfang habe, bitte ich Sie höflichst, unseren Pressesprecher anzurufen. Wir sollten uns dann wirklich am Donnerstag zusammensetzen und darüber entscheiden, ob und wie wir in die Schlacht ziehen wollen. Ich entschuldige mich noch einmal sehr bei Ihnen für meinen Anruf. Das habe ich wirklich noch nie tun müssen, aber hier ist jetzt ein Punkt erreicht, wo für mich und meine Sekretärin wirklich die Aller überschritten ist.

Ihr
Kai Diekmann

Es bleibt in diesen Tagen natürlich nicht nur bei diesem einen Kriegsschauplatz Wulff versus Diekmann – es gesellen sich mitunter bizarre Nebenkriegsschauplätze dazu. Im Verlag ist die Aufregung groß, als Hape Kerkeling, einer der beliebtesten deutschen TV-Entertainer, der in weniger als vier Wochen die Verleihung der *Goldenen Kamera* des Springer-Verlags moderieren soll, auf seiner Facebook-Seite eine Attacke gegen BILD, Springer und mich persönlich reitet.

Ausgerechnet die Bild mutiert nun zum obersten Moralhüter und zum reinen Gewissen der Nation!?!? Armes, ganz armes Deutschland!, ereifert er sich. *Was hat dieser arme Präsident eigentlich verbrochen? Er hat sich Geld geliehen, nicht etwa geklaut, veruntreut oder unterschlagen. Nein, geliehen!? … Und dann brüllt er auch noch einen großartigen, verdienten und gradlinigen Journalisten wie den Kai von der BILD am Telefon an und will ihm verbieten kritisch und aufrichtig zu berichten! Hallo????? Geht es noch? Das kann unser*

Präsident gar nicht verbieten und das weiß er auch denn er ist nämlich schon volljährig auch wenn die Medien uns glauben machen wollen, er sei es nicht ... aber der Kai weiß das anscheinend nicht und heult sich bei seinen eigenen Redakteuren aus und berichtet tapfer gegen den Bundesdiktator Wulff an!!!

Wenn der Präsident unfehlbar sein müsse, »dann bleibt nur noch der Ratzinger und der kriegt sicher keinen Ärger mit dem Kai von der BILD seitdem die beiden ja nun Papst sind. Herr Präsident, bleiben Sie im Amt und vor allem bleiben Sie Mensch!«[45]

Mathias Döpfner ist alarmiert: »Das ist eine Stinkbombe mit großem Potential. Wir sollten uns nicht provozieren lassen, sonst schmeißt Kerkeling noch die Goldene Kamera hin.«

Frank Schirrmacher, den ich um Rat bitte, empfiehlt: »Nicht mal ignorieren.«

Auch wenn die Attacke nahezu unbemerkt bleibt und die *Goldene Kamera* harmonisch über die Bühne geht, muss ich gestehen: Die wütenden Worte, ausgerechnet vom angeblich so friedlichen und sanftmütigen Hape Kerkeling, haben mich überrascht. Ich wusste gar nicht, dass er eine solche Krawallschachtel ist.

ÜBERQUERUNG DES RUBIKON

Die folgenden vier Wochen sind für Wulff eine Selbstdemontage auf Raten und für alle anderen eine einzige Quälerei.

Es werden Strafanzeigen gestellt, einige gegen mich wegen Nötigung und Erpressung, hunderte gegen Wulff wegen des Verdachts der Vorteilsnahme, Bestechlichkeit, Nötigung.

Was der Präsident mir in seiner Mailboxnachricht angekündigt hat, setzt er am 13. Februar in die Tat um: Er überschreitet den Rubikon. Besser: Er überfliegt ihn. Wulff und seine Frau sind in Begleitung von Journalisten auf dem Weg zum Staatsbesuch nach Italien. Der Rubikon ist ein kleiner Fluss nahe San Marino, auf dem Weg von Berlin nach Rom fliegt man über ihn hinweg. Im Jahr 49 v. Chr. hat ihn Caesar mit seinem Heer ebenfalls Richtung Rom überquert, was damals einer Kriegserklärung an den römischen Senat gleichkam. Doch während Wulff von der italienischen Regierung freundlich willkommen geheißen wird, bereitet ihm die deutsche Justiz nach seiner Rückkehr einen bitteren Empfang: Am 16. Februar 2012 beantragt die Staatsanwaltschaft Hannover bei Bundestagspräsident Norbert Lammert die Aufhebung der Immunität des Bundespräsidenten. Am Vormittag des nächsten Tages tritt Christian Wulff nach 598 Tagen von seinem Amt zurück.

Nur wenige Tage danach erreicht mich ein wie üblich mit der Schreibmaschine zusammengehauener, aber stilsicherer Brief von Klaus Bölling. Der legendäre Regierungssprecher von Helmut Schmidt, der 2014 mit 86 Jahren gestorben ist, war einer der beeindruckendsten Menschen, die ich kenne. Seine Zeit als Regierungssprecher war geprägt von Anschlägen durch die RAF, durch Terror, Morde und Entführungen. Bölling war einfach ein feiner Mensch. Bei der Entführung der *Landshut* war er es, der den Kontakt zu den Entführern auf dem Flughafen von Mogadischu hielt und damit einen wesentlichen Beitrag leistete, dass damals alle Geiseln überlebten. Dieser Mann, für mich Inkarnation von Überlegtheit und Rationalität, ein Mann von größter Glaubwürdigkeit und mit Nerven wie Drahtseilen, schreibt mir:

Mir genügten die Worte dieses von Anfang an unzulänglichen Mannes auf Ihrem Band, und ich war mir sicher, dass er fallen müsse, nein, fallen werde. Die Republik kann nun leichter atmen. »Between you and me« – die vornehmen Wichtigtuer in Hamburg und der wendige Herr J. sollten nun mal in sich gehen.

Mit J. meint er Hans-Ulrich Jörges, der wenige Tage zuvor im Stern fantasiert hatte, ich hätte Christian Wulff *gejagt,* und alle seien mir und der BILD gefolgt. Nun leide die Republik unter einem Vertrauensverlust, was allein Schuld von BILD und ihrem Chefredakteur sei, nicht die Schuld von Wulff. Die Wulff-Affäre habe Deutschland in eine Medienrepublik verwandelt, die aber in Wahrheit eine BILD-Republik sei:

Niemals zuvor hat das Blatt die Medienlandschaft so virtuos nach seinen Vorstellungen gepflügt, geeggt und bepflanzt wie in diesem Fall.

Er schloss seinen Artikel mit dem Diktum, ich hätte verloren, weil Wulff im Amt bleiben werde und medial furios gesiegt habe. Und unkt: »Verfestigte sich die BILD-Republik, wäre sie, wäre die Politik generell entmachtet.«[46]

Vier Tage später tritt der Präsident zurück.

EINE LETZTE BEGEGNUNG

Der Prozess um Wulff zieht sich bis Februar 2014 hin. Ich halte das Verfahren von Anfang an für falsch und schreibe das auch in einem BILD-Kommentar[47]:

JA! Der Rücktritt von Christian Wulff als Bundespräsident war richtig. Sein Umgang mit den Enthüllungen zu Hauskredit, Gratis-Urlauben und Mailbox wurde den Ansprüchen des Amtes nicht gerecht.

Wulff ist politisch an politisch zu bewertenden Affären gescheitert. Das Ermittlungsverfahren war nur noch ein Tropfen in ein Fass, das längst überlief.

JA! Auch das Ermittlungsverfahren gegen Christian Wulff war richtig. Vor dem Gesetz sind schließlich alle gleich – ob Müllmann oder Politiker.

NEIN! Der Prozess gegen Christian Wulff ist falsch. Nach umfassendsten Ermittlungen bleibt vom Vorwurf der Käuflichkeit ein Betrag von 719,40 Euro. Alles andere ist vom Tisch! Die Justiz hat politisch gedacht und gehandelt – sie hätte rein juristisch denken und das Verfahren irgendwann abblasen müssen.

Grund zu triumphieren, wie er es nach dem Freispruch am 27. Februar 2014 tat, hat Wulff jedoch nicht. Nach meinem Eindruck hat er bis zum heutigen Tage nicht begriffen – oder will es vielleicht aus Selbstschutz nicht begreifen –, dass dieser Freispruch nichts, aber auch gar nichts mit den Vorwürfen zu tun hat, die zum Verlust seiner Glaubwürdigkeit und letztendlich seines Amtes geführt haben. Sondern dass es immer nur um sein für einen Bundespräsidenten untragbares Verhalten ging. Die Schuhe eines Präsidenten waren einfach zwei Nummern zu groß für ihn.

Bis heute leugnet er genau diese Zusammenhänge und macht die Medien, BILD, mich dafür verantwortlich. Es gibt in seinem Narrativ nur einen Helden, der keine Schuld trägt – das ist er selbst. Er pocht darauf, er habe sich ja entschuldigt. Aber hätte er politischen Gegnern oder gar Parteifreunden ein Fehlverhalten, wie er es selbst an den Tag gelegt hat, durchgehen lassen?

Selbstverständlich nicht.

Dass »die politische Klasse« am Ende von Wulffs Amtszeit »in ein allgemeines Schweigen« zu seinem Fall verfiel, lag nicht daran, dass ihre Mitglieder Angst hatten, »selbst Opfer von Medien zu werden« und auch nicht aus Populismus, wie Wulff in seinem Buch mutmaßt. Ebenso bizarr mutet seine Verwunderung an, dass sich auch nach seinem Freispruch

»unter den Politikern der ersten Reihe keiner fand, der seine Freude darüber zum Ausdruck brachte, dass der Rechtsstaat am Ende obsiegt hatte«.[48]

Das lag schlichtweg daran, dass ihn kaum ein Politiker noch für tragbar hielt.

Als Mensch hatte Christian Wulff immer mein Mitgefühl. Das ist eine Situation, die man niemandem wünscht: mit der Familie, den Kindern, der Frau derart im Blitzlichtgewitter zu stehen. Auf der anderen Seite muss das ein Politiker auch aushalten, dafür hat er sich mit der Annahme seiner Wahl implizit entschieden. Und wer das höchste Staatsamt will, muss als Person auch höchsten Ansprüchen gerecht werden. Wenn man dann an diesen Ansprüchen scheitert, gilt es, sich den Konsequenzen zu stellen.

Wenn ich Christian Wulff in einem Bild beschreiben sollte, dann sehe ich in ihm den Zauberlehrling, der sich an seiner Macht über die Besen berauschte, bis sich die Besen gegen ihn kehrten und ihm das Leben zur Hölle machten.

Ich habe Christian Wulff nach seinem Rücktritt mehrfach ein Treffen, eine Aussprache vorgeschlagen. Zuletzt 2021, als der SWR zum zehnten Jahrestag der Mailboxnachricht eine Serie produzierte. Ich wurde vom Sender gefragt, ob ich die Mailbox als Tondokument zur Verfügung stellen würde. Ich machte das von einem gemeinsamen Gespräch mit Christian Wulff abhängig, denn ohne seine Zustimmung wollte ich meine nicht geben. Er lehnte ein gemeinsames Gespräch jedoch ab.

Es gibt ein Foto von uns, aufgenommen beim BILD-Sommerfest 2018. Wir stehen Rücken an Rücken, bemerken das aber beide nicht. Angesichts dieser ganzen Geschichte ist es ein verrücktes Foto. Sein Besuch des Sommerfests zeigt mir aber, dass Wulff offenbar seinen Frieden mit BILD gemacht hat – und wenn auch nur zum Teil.

Postskriptum:

Sehr geehrter Herr Diekmann,

die Stiftung Haus der Geschichte *der Bundesrepublik Deutschland bereitet für Frühjahr/ Sommer 2014 eine neue Wechselausstellung mit dem Arbeitstitel »Die Vierte Gewalt – Medien und Politik« vor. Die geplante Ausstellung stellt die politische Bedeutung der Medien in Deutschland in den Fokus, da sie ein sehr wichtiger Bestandteil der demokratischen Gesellschaft sind.*

Eine große Bereicherung für unsere Ausstellung wäre die Mailboxnachricht von Herrn Christian Wulff an Sie. Diese Nachricht würde die versuchte Einflussnahme eines »Mächtigen« auf die Presse exzellent verdeutlichen. Deshalb heute meine herzliche Bitte an Sie, uns dieses Dokument der Zeitgeschichte und – falls noch vorhanden – das Mobiltelefon für Ausstellungszwecke im o.g. Kontext zur Verfügung zu stellen.

Mit besten Grüßen und guten Wünschen,

Ihr Walter Hütter

Aus einem Brief des Präsidenten des Hauses der Geschichte der Bundesrepublik Deutschland, Professor Dr. Hans Walter Hütter

Unbemerkt Rücken an Rücken: Mit Christian Wulff beim BILD-Sommerfest 2018

Günter Wallraffs Bestseller *Der Aufmacher* über das Innenleben der BILD-Zeitung in den 1970er Jahren verkaufte sich millionenfach.

ZWEI

DER MANN, DER BEI BILD HANS ESSER WAR

Die verschollene Akte Wallraff

Auf dem Tisch im Schatten des Sonnenschirms stehen die leer gegessenen Spaghetti-Teller und halb vollen Wassergläser, der Espresso ist getrunken.

»Mir ist klar, dass das Bezahlen der Rechnung ein Politikum ist«, sage ich. »Und ich verstehe, dass Sie nicht auf meiner Spesenabrechnung auftauchen möchten. Deshalb erlaube ich mir, die Rechnung in bar zu bezahlen und auf eine Quittung zu verzichten.«

Mein Gast widerspricht nicht.

Die Geschichte, die uns beide an diesem sonnigen Tag im Mai 2012 in den Garten eines italienischen Restaurants in Köln-Ehrenfeld geführt hat, hätte das Zeug zu einem Krimi. Es geht um einen Abhörskandal, den BND, schmierigen Reporterfilz und einen Toten in seiner Blutlache. Eine Geschichte, die so heikel und schwierig ist, dass ich in diesem Kapitel die Namen und Umstände vieler handelnder Personen ändern musste.

Aber der Reihe nach.

Der Mann, der hier vor mir sitzt und mich mit stechendem Blick durchbohrt, sodass ich mich des Gefühls nicht erwehren kann, ich würde von Röntgenstrahlen durchdrungen, ist Günter Wallraff, fast 70, BILDs Erzfeind schlechthin, die Ikone aller BILD-Hasser, ein lebendes Denkmal. Schmal und drahtig, markanter Schädel, grauer Haarkranz. Alles an diesem Mann ist Askese. So stellt man sich einen Iron-Man-Teilnehmer vor. Und ja, Wallraff läuft Marathon. Zudem fährt er auch noch Kajak und spielt Tischtennis.

Wallraff ist der Mann, der bei BILD »Hans Esser« war.

In dieser Tarnung berichtete er im Jahr 1977 knapp vier Monate lang undercover aus der BILD-Redaktion in Hannover und schrieb über diese Zeit ein brisantes Buch, *Der Aufmacher*, millionenfach verkauft, in zig Sprachen übersetzt, das mich als Schüler begeisterte und natürlich in meinem Bücherregal stand. Wallraff, der einen Hilfsfonds für BILD-Opfer gründete und mit *Zeugen der Anklage* und *BILD-Störung* zwei weitere Verkaufsschlager über BILD verfasste. Der es sich seit jeher zur Aufgabe machte, grundsätzliche Missstände in Unternehmen und Sozialstrukturen unseres Landes aufzudecken – mal verkleidet als türkischer Hilfsarbeiter, mal als Mitarbeiter in einem Callcenter, als Aushilfe in einer Großbäckerei und als Obdachloser. Kurzum: eine Ikone des deutschen Journalismus. Einer, der Minenfelder sucht und liebt. Und auch irgendwie ein Held: Er versteckte Wolf Biermann nach seiner Ausbürgerung aus der DDR und Salman Rushdie nach der Veröffentlichung der *Satanischen Verse* und der Ausrufung einer Fatwa in seinem Haus vor den Mullahs. Dass er dabei stets auch ein hohes persönliches Risiko einging, wird der mörderische Anschlag auf Rushdie im August 2022 in New York zeigen.

Doch von allen Themen, die mit dem Namen Wallraff verknüpft sind, ist BILD – neben seinem Bestseller *Ganz unten* – nun mal das größte, sichtbarste, beständigste. Gibt es etwas über BILD zu berichten, wird Wallraff um Stellungnahme gebeten. Oder anders formuliert: Wäre Wallraff ein börsennotiertes Unternehmen wie Apple, wäre die BILD-Zeitung sein iPhone – das Jahrhundertprodukt. Und was mich betrifft: Wallraffs Abneigung musste ich mir nicht erarbeiten, die gab's als Gratisgabe obendrauf, als ich BILD-Chefredakteur wurde. Das gehört zu diesem Job eben dazu. Manches verdient man sich nicht, das erbt man einfach – auch eine intensiv gepflegte Gegnerschaft. Das ist das Lineal, das man anlegen muss, wenn man verstehen will, was es bedeutet, dass wir beide hier heute an diesem Frühlingstag gemeinsam an einem Tisch sitzen. Dafür haben wir gefühlt 10 000 Kilometer zurückgelegt.

RÜCKBLENDE

Wir schreiben das Jahr 2011. Ich sitze an meinem Schreibtisch bei BILD und lese die Medienseiten von Süddeutsche und FAZ. Hier beschäftigen sich die werten Kollegen schon seit Wochen mit der Abhöraffäre um die englische Boulevardzeitung News of the World, wo Redakteure jahrelang illegal die Telefon-Mailboxen zahlloser Prominenter und Politiker abgehört haben. Das ist natürlich die perfekte Bühne für Wallraff, mal wieder die ganz große Keule rauszuholen und richtig auf BILD einzudreschen. Denn als oberster Tugendwächter in Sachen Qualitätsjournalismus steht für ihn fest: ob kriminelle Machenschaften der britischen News of the World oder Lieblingsfeind BILD – alles eine Soße.

BILD ist ein frei herumlaufender, therapieverweigernder Triebtäter, von dem man weiß: Der kann nicht anders, der ist gemeingefährlich. Das ist unverändert der Kern von BILD.[1]

Das ist seine immer wiederkehrende Botschaft, mit der er sich so oder in Varianten auf den Medienseiten zitieren lässt.

In der Vergangenheit hat er uns schon mit dem Ausdruck *Vernichtungsmaschinerie* bedacht, *Zentralorgan des Rufmords.* Oder als *publizistische Umweltverschmutzung* gebrandmarkt, die er *aus hygienischen Gründen* nicht lesen würde – um dann immer erstaunlich kenntnisreich über aktuelle BILD-Inhalte zu referieren.

»Lieber Kai, gerade las ich in der Frankfurter Rundschau ein Interview mit Günter Wallraff«, erreicht mich irgendwann nach einem der zahlreichen »Vernichtungsmaschinerie«-Interviews[2] eine handgeschriebene Karte. Absender: der hochbetagte Ernst Cramer, einst engster Vertrauter von Axel Springer und immer noch das moralische Gewissen des Verlags. »Irgendjemand sollte dem Mann mal sagen, dass er der Umweltverschmutzer ist. Dir aber gratuliere ich zu BILD.«[3]

Ich kann nicht genau erklären, warum. Aber als ich diesmal die vor Abscheu strotzenden Wallraff-Zitate lese, platzt mir die Hutschnur.

Es reicht.

Unter uns Journalisten ist Wallraffs Telefonnummer kein Geheimnis, ich kenne sie auch. Spontan greife ich zum Hörer:

»Guten Tag, Herr Wallraff, hier ist Kai Diekmann!«

»Guten Tag, Herr Diekmann.« Wallraff ist die Verblüffung anzuhören. Dass ich ihn eines Tages mal persönlich anrufen würde, damit hat er offenbar nicht gerechnet. Es muss sich für ihn anfühlen, als ob die Antilope beim Löwen klopft, um mal Hallo zu sagen. Und wenn ich ehrlich bin: Ich bin auch von mir überrascht.

Nicht, dass ich mich jemals davor gedrückt hätte, mit Kritikern und Gegnern in den Ring zu steigen. Aber Wallraff ist eine andere Nummer: Jeder BILD-Chef ist sein Erzfeind. Und ich ganz besonders.

Ich warte einen Moment, ob Wallraff den Hörer auflegt, dann gehe ich *in medias res*: »Das Bild, das Sie von uns haben und verbreiten, entspricht nicht mehr der BILD, wie sie heute ist, Herr Wallraff«, erkläre ich ungefragt in die Leitung. »Und wenn Sie ehrlich sind, wissen Sie das auch. BILD spielt heute eine andere Rolle als in den 70er und 80er Jahren, in denen Sie gedanklich immer noch unterwegs sind. Boulevard spielt eine andere Rolle! Und darf ich anmerken? Mittlerweile machen alle Boulevard, selbst die FAZ.«

Das musste mal raus. Aber ich bin noch nicht fertig. Zu viel hat sich angestaut:

»Und es gibt einen kleinen großen Unterschied, lieber Herr Wallraff! Wir bei BILD können Boulevard, wir haben ihn professionalisiert. Klar, Boulevard ist große Überschrift, große Bilder, Verknappung, Zuspitzung! Aber WIR wissen auch, wo die Grenzen sind. Da verstolpern sich einige andere ja gern mal – weil sie eben die Regeln NICHT beherrschen. Wenn ich heute FAZ oder Süddeutsche lese, denke ich ganz oft, hey, ich bin doch BILD, nicht ihr.«

Was ich ihm hier gerade um die Ohren haue, ist wirklich meine tiefste Überzeugung. Bis noch vor wenigen Jahren zum Beispiel war Fußballberichterstattung in der FAZ ausschließlich im Sportteil zu lesen. Nur ganz selten fand die Bundesliga ihren Weg auf Seite eins – und auch dann nur ganz unten als kleine Meldung. Für die vornehmen Frankfurter Zeitungsmacher waren Geschichten über 22 Männer, die auf einen unschuldigen Lederball eintreten, einfach kein seriöser journalistischer Inhalt. Aber plötzlich, siehe da, zur WM 2006 waren Trainer Klinsmann und die deutsche Mannschaft Hauptschlagzeile der FAZ. Die Kollegen aus Frankfurt hatten eben auch erkannt, was Auflage macht.

»Das Land hat sich verändert, lieber Herr Wallraff. BILD hat sich verändert. Es wird Zeit, dass auch Sie sich verändern. Deswegen: Lassen Sie das mit dem Triebtäter – das ist einfach Unsinn.«

Für einen Augenblick herrscht Schweigen in der Leitung. »Ja, BILD hat sich seit damals geändert, Herr Diekmann«, bestätigt Wallraff. »Sie ist mehr in die Mitte gerückt, in einigen Bereichen nicht mehr so gnadenlos …«

Ich bin kurz irritiert. Mit dieser Reaktion hätte ich nun wirklich nicht gerechnet.

»Sehen Sie, Herr Wallraff. Und was die Abhöraffäre angeht, so steht außer Frage, dass das Verhalten der Kollegen von News of the World hochkriminell ist und durch nichts zu rechtfertigen. Aber wir bei BILD wenden solche Methoden nicht an. Und ich lege Wert darauf, dass Sie das zur Kenntnis nehmen.«

»Ja, aber früher hat BILD solche Methoden durchaus angewendet!«, widerspricht Wallraff. »Ich sage Ihnen mal ein Beispiel, lieber Herr Diekmann: Im November 1976 hat die Kölner BILD-Redaktion über mehrere Tage Telefonate von mir abgehört. Ich bin überzeugt, dass das eine konzertierte und penibel geplante Aktion von Bundesnachrichtendienst, Verfassungsschutz und BILD gewesen ist, dafür gibt es Zeugen.«

1976!

Das ist fast vier Jahrzehnte her. 1976 war ich zarte zwölf, stromerte mit meinem Boxerhund Schniefke durch den Teutoburger Wald und spielte Winnetou. Aber natürlich kenne ich die Geschichte aus seinen Büchern. Dem berühmten DDR-Liedermacher Wolf Biermann war seinerzeit nach mehreren Gastspielen in der BRD die Rückreise nach Ostberlin verwehrt worden. Er wurde von heute auf morgen ausgebürgert und schlüpfte bei Wallraff unter. Fortan klingelte hier ununterbrochen das Telefon. Ob Rudi Dutschke, Heinrich Böll, Heidemarie Wieczorek-Zeul – Deutschlands linke Elite huldigte Biermann und bekundete ihre Solidarität.

Später kam heraus, dass mehrere dieser Telefonate abgehört und auf Tonbändern aufgezeichnet worden waren. Die Täter: Kölner BILD-Redakteure. Ausgerechnet einer dieser Redakteure – sein Name war Heinz Willmann – wechselte dann die Fronten und diente sich Wallraff als Whistleblower an. Der wiederum berichtete darüber in seinem Buch *Zeugen der Anklage,* in dem Willmann folgendermaßen zitiert wird:

Am 18. November 1976 war ich Zeuge, wie (...) in der Kölner BILD-Redaktion eine Abhörschaltung an den Privattelefonanschluss des Schriftstellers Günter Wallraff hergestellt wurde. Dabei wurden ein- und ausgehende Telefongespräche des Privatanschlusses von Herrn Wallraff über Tischlautsprecher mitgehört und auf Tonband aufgenommen. Dies geschah im Beisein von sechs Redakteuren und einem Fotografen.[4]

Später wurde Willmann tot in seiner Kölner Wohnung aufgefunden. Todesursache unklar. Wie gesagt, das alles liest sich wie ein Politthriller. Wallraff glaubt bis heute an Mord, betrieben vom BND und gedeckt vom Axel Springer Verlag, der an höchster Stelle von inoffiziellen BND-Mitarbeitern infiltriert gewesen sei.

Was hier Fakt ist und was krude Verschwörungstheorie, hat auch der fünf Jahre später stattfindende Gerichtsprozess nicht abschließend klären können. In diesem Prozess, der gegen zwei verantwortliche Kölner BILD-Redakteure »wegen des Verdachts der Verletzung der Vertraulichkeit des Wortes« angestrengt worden war, sagten die beiden aus, sie hätten seinerzeit Wallraffs Nummer gewählt, damit er ihnen ein Interview mit Wolf Biermann vermittelt. Dabei seien sie »rein zufällig« in dessen Telefongespräche mit Dritten geraten. Man muss kein Technikexperte sein, um zu denken: Was für ein Quatsch.

Dass Wallraff abgehört wurde, bestätigte im Prozess auch ein weiterer Zeuge. Dass allerdings führende Köpfe beim BND die Operation geplant hätten, hielt er für abwegig. Vielmehr hätten »untere BND-Chargen« eigenmächtig Wallraffs Telefon angezapft und seien dann an die Kölner BILD-Redaktion herangetreten: »Wenn ihr wollt, könnt ihr mithören …« Kurzum: Es gab damals viele Zeugenaussagen. Aber was da nun wirklich genau gelaufen war und wer vor allem die verantwortlichen Hintermänner der Abhöraktion waren, konnte nicht geklärt werden.

Schließlich stellte das Gericht das Verfahren ein und verdonnerte die beiden BILD-Redakteure zur Zahlung einer Geldstrafe von 7000 bzw. 9000 Mark, weil sie illegal Gespräche aufgezeichnet hatten.

Doch zurück zu meinem Telefonat mit Wallraff, der nun seit 40 Jahren stoisch an seinen Verschwörungstheorien festhält und BILD fortwährend diffamiert. Und zwar in einer Art und Weise, dass wir, würden wir ähnlich krude ehrabschneidende Behauptungen über Wallraff verbreiten, längst wegen Verleumdung belangt worden wären.

Mit einem Mal reitet es mich. »Okay, Herr Wallraff, was würden Sie davon halten, wenn ich mich noch mal auf Spurensuche begebe bei uns im Haus und versuche, die Geschichte von damals, so gut es geht, aufzuklären?«

Habe ich das wirklich gerade vorgeschlagen?

Ja.

Habe ich.

»Das ist eine gute Idee.« Wallraffs Antwort kommt ohne Zögern. Glaubt er mir, dass ich es ernst meine? Wahrscheinlich nein. Wahrscheinlich will er mir einen Knochen hinwerfen, in der Annahme, ich würde einen Rückzieher machen. Einmal Fuchs, immer Fuchs.

»Okay«, sage ich, »ich werde mich bemühen.«

Da habe ich mir ja ganz schön was eingebrockt.

In CSI Miami oder ähnlichen TV-Serien nennt man das, was ich mir jetzt zur Aufgabe gemacht habe, einen Cold Case. Und den löst natürlich nicht irgendein Chefredakteur, sondern der aus New York angereiste Profiler mit der telepathischen Sonderbegabung, der in der Netzhaut des Opfers das fein säuberlich eingebrannte Spiegelbild des Täters findet. Nur ist das hier nicht CSI Miami. Die Akten sind seit Jahrzehnten geschlossen, und nicht einmal ein Prozess hat klären können, wer der Täter war. Auf was habe ich mich da bloß eingelassen?

Die Recherche in eigener Sache, da gebe ich mich keinerlei Illusionen hin, wird eine Gratwanderung werden. Im Verlag werden die einen meinen Vorstoß als Aufklärung begrüßen und mich unterstützen, die anderen werden in mir einen Nestbeschmutzer sehen.

Ich stelle mich ans Fenster und lasse das Gespräch mit Wallraff und seine Sicht auf die Welt noch mal Revue passieren. Ohne Frage, nicht alles, was er in seinen Enthüllungsbüchern über BILD geschrieben hat, ist falsch. Ich kenne die tief sitzende reflexhafte Abneigung gegen BILD nur zu gut aus eigener Anschauung. In meinem Elternhaus herrschte früher striktes BILD-Verbot, lediglich im Dänemarkurlaub landete sie zähneknirschend auf dem Frühstückstisch, weil der Kiosk keine andere deutsche Zeitung hatte. Ein lautes, brutales, grelles Ding, das seinem Spitznamen *Revolverblatt* alle Ehre machte.

Gleichzeitig sehe ich aber mit dem Blick von heute, dass vieles auch der damaligen Zeit geschuldet war. In den 1970er Jahren rauchte Bundeskanzler Helmut Schmidt vor laufender Kamera noch Kette. Heute undenkbar.

Und natürlich ist es leicht und irgendwie auch schick, immer mit dem Finger auf BILD zu zeigen. Aber wer wissen will, wie testosteronig und verblendet es zur gleichen Zeit in anderen Medienhäusern zuging, dem empfehle ich sehr die Biografie von Peter Merseburger über SPIEGEL-Gründer Rudolf Augstein. Auch *Schtonk,* der Film über den Hitler-Tagebuch-Skandal beim Stern Anfang der 1980er, ist ein wunderbares Lehrstück über eine Krankheit, die Reporter gern verlagsübergreifend befällt: Überheblichkeit.

Wie gesagt, natürlich habe auch ich als Jugendlicher Wallraffs Bestseller *Der Aufmacher* gelesen, und einiges schien mir schon damals in seiner Logik verquer. Wer sich wie Wallraff unter Pseudonym bei der BILD einschleicht und dort dem Redaktionsleiter eine ausgedachte Geschichte über eine Politesse anbietet, die ihrem eigenen Mann ein Knöllchen ans Auto pappt, und diese Geschichte wird dann gedruckt, beweist damit ja nicht, dass BILD Geschichten erfindet, sondern dass er selber ein talentierter Täuscher ist.

Im Übrigen, dass Medien auf gefälschte Storys von Mitarbeitern hereinfallen, ist schon ganz anderen passiert, man denke bitte an Claas Relotius, Starreporter beim SPIEGEL, der für seine zusammenfantasierten Geschichten mit Journalistenpreisen überhäuft wurde, bis er dann irgendwann aufflog.

IM LABYRINTH DER ARCHIVE

Dienstag haben Mathias Döpfner und ich unseren Jour fixe. Ich fahre mit dem Paternoster in die Vorstandsetage im 18. Stock, unter dem Arm meine *Döpfner-Mappe*, ein rotes, dickes, abgestoßenes Ding mit allen Themen, die gerade relevant sind: Personaleinstellungen, Beförderungen, Gehaltserhöhungen. Diesmal geht es vor allem um den 60. Geburtstag von BILD, der kommendes Jahr ansteht. Ein Termin, bei dem zu erwarten ist, dass BILD-Gegner landauf, landab zum Generalabrechnungs-Halali blasen werden. Dem wollen wir eine BILD-Sonderausgabe entgegensetzen, Auflage 40 Millionen Exemplare, sowie ein spektakulär großes BILD-Buch mit den spannendsten Schlagzeilen der letzten 60 Jahre. Zudem gibt es Vorschläge von diversen TV-Sendern für mögliche Dokumentationen. Der runde Geburtstag ist also eine gute Gelegenheit, etwas für das Image von BILD zu tun. Ein Thema, das Mathias Döpfner und mich fortwährend beschäftigt.

»Mathias, ich brauche deine Unterstützung«, falle ich mit der Tür ins Haus, »ich habe mit Günter Wallraff telefoniert.«

Mathias schaut überrascht: »Hast du nicht wirklich! Das ist ein Scherz, oder?«

»Nein, mein voller Ernst. Und es kommt noch schlimmer, ich habe ihm angeboten, dass wir hier im Haus die Abhöraktion von damals aufarbeiten. Und bevor du jetzt irgendwas sagst: Ja, ich weiß, ich bin komplett wahnsinnig.«

»Mach das!«, sagt Döpfner trocken. Und beweist einmal mehr, dass er ein Freund schneller Entscheidungen ist.

Zurück in meinem Büro, setze ich mich an meinen Schreibtisch, auf dem sich Berge von Zeitungen, Zeitschriften, Stapel von Agenturmeldungen, Bücher, Unterschriftenmappen und mein täglicher Obstteller drängeln. Ich atme tief durch und schaue lange aus dem Fenster über die Dächer Berlins.

Das würde ordentlich Arbeit machen.

Ich greife zum Telefon und wähle die Nummer von Dirk Kellner: »Komm bitte mal in mein Büro und bring Hans-Georg mit. Ich brauche eure Hilfe.« Hans-Georg Wiese und Dirk Kellner sind Recherche-Experten, wenn es um weit zurückliegende Ereignisse geht. Zwei menschliche Bohrtürme, die auch in tiefste Schichten vordringen.

»Das wird euch jetzt keinen Spaß machen, was ich euch erzähle, aber wir gehen noch mal an die Geschichte mit Wallraff dran, und zwar an die Abhöraktion in der Kölner Redaktion.«

Ich sehe Wiese und Kellner an, dass sie wenig begeistert sind.

»Wer ist denn auf die bescheuerte Idee gekommen?«, will Kellner wissen.

»Ich.« Ich halte seinem skeptischen Blick stand. »Ich mein's wirklich ernst. Ich will wissen, wer damals die Abhöraktion bewerkstelligt und vor allem angeordnet hat. Und ob das wirklich mit dem BND abgesprochen war, wie Wallraff immer noch glaubt.«

»Du willst wirklich in diesen alten Schlamm steigen?«, murmelt's zurück. »Na denne.«

Wir einigen uns darauf, zunächst eine Liste aufzusetzen mit allen Mitarbeitern, die zu jener Zeit im Verlag gearbeitet haben und möglicherweise etwas wissen können.

»Da werden wir aber ins Seniorenheim zur untergehenden Sonne müssen«, bemerkt Kellner in seiner typisch trockenen Art. »Die sind doch schon alle längst pensioniert und spielen Doppelkopf.«

Ich nehme es mal vorweg: Unsere Recherchen verlaufen nicht mühsam, sondern noch viel mühsamer. Die Suche nach Hinweisen entpuppt sich als bizarre Schnitzeljagd.

Der Springer-Verlag hat mindestens ein Dutzend Archive, so geht es schon mal los. Diese Archive sind einzelnen Bereichen zugeordnet und auf mehrere Städte verteilt. In ihnen lagern Regalkilometer an Akten und Dokumente aus sieben Jahrzehnten Verlagsgeschichte. Hinzu kommt das digitalisierte Material.

Dass es nicht einfach werden würde, war klar. Aber für einen Moment denke ich, dass ich eine Schraube locker habe.

Ich vereinbare mit Kellner und Wiese, mit der Suche zunächst im Berliner Stammarchiv zu starten. So beginnt eigentlich noch immer jede journalistische Recherche – im Archiv. Es ist eine Mär, dass der Investigativreporter mit einem Tarnzweig an der Mütze und einem Teleobjektiv im Gesicht im Gebüsch hockt. Das klassische Einsatzgebiet des Investigativjournalisten ist 160 mal 80 Zentimeter groß und heißt Schreibtisch.

Während Kellner und Wiese auf Kisten voller staubiger Leitz-Ordner hoffen – oder sich vielleicht auch davor fürchten –, werden wir schnell von der Wirklichkeit eingeholt. Ein einziger verbeulter Pappkarton wird ihnen in Berlin in die Hand gedrückt. Als sie den Deckel anheben, blinzeln ihnen ein paar wenige verschreckte Wallraff-Akten entgegen, die wohl auch nicht damit gerechnet haben, in ihrem Leben noch mal die Sonne zu sehen. Es kommt noch schlechter: In den Ordnern geht es ausschließlich um den Jahrzehnte zurückliegenden Rechtsstreit mit Wallraff um dessen BILD-Bücher, es finden sich vor allem vergilbte Zeitungsartikel.

Das ist nicht nur mager, das ist merkwürdig. Denn eigentlich wird bei Springer akribisch jedes Blatt abgeheftet und archiviert. Wenn man lange als Journalist arbeitet, entwickelt sich der Bauch zur Nase. Und mein Bauch sagt mir: Hier stinkt was.

Auch meine diversen E-Mail-Anfragen an alle möglichen Verlagsabteilungen führen nicht weiter. Ich bekomme viele Tipps, wo ich suchen soll, aber sie führen zu keinem Ergebnis. Es ist wie nach einem Aufruf bei Aktenzeichen XY, wo Zeugen das gesuchte Fahrzeug zeitgleich an fünf Orten gesehen haben wollen.

Meine Büroleiterin Tina Afting leitet mir eine Mail der Verlagsgeschäftsführung weiter, in die Betreffzeile hat sie »No good news« getippt:

Die Akten aus den Jahren 1976/1981/1982 sind weder im Unternehmensarchiv noch in der Schriftgutverwaltung aufzutreiben. Bitte wenden Sie sich ans Archiv der Rechtsabteilung.

Wie kann es sein, dass es zu diesem brisanten Fall, in dem es um das Abhören von Springers Staatsfeind Nummer eins geht, keine einzige Akte, keinen Briefwechsel, nicht mal eine kleine Notiz gibt?

Das ist, als wäre man im Robert-Koch-Museum und nirgendwo fände sich ein Schaukasten mit dem Tuberkelbakterium. Ich kann mir das beim besten Willen nicht vorstellen. Da muss doch was zu finden sein.

Die Hoffnung stirbt in Stücken.

Auch die Annahme, in den Kölner Redaktionsräumen von BILD existierten möglicherweise Akten zum Thema Wallraff, erweist sich schnell als Sackgasse. Die Redaktion verfügt nämlich über kein eigenes Archiv. Zudem ist sie seit der Abhöraffäre gleich mehrfach umgezogen. »Da geht halt schon mal ein Karton verloren«, merkt Kellner lakonisch an.

Unsere Hoffnungen konzentrieren sich nun auf die ausgelagerten Akten: Irgendwann hat Springer nämlich begonnen, Akten bei externen Dienstleistern zu parken. So eine Art Leitz-Ordner-Gorleben. Mittlerweile drängeln sich da 21 Kilometer Akten. Immerhin ist hier eine digitale Suche möglich, da muss sich keiner durch staubige Ordner wühlen. Wiese und Kellner, denen man mittlerweile anmerkt, dass sie dieser Recherche keine großen Chancen mehr einräumen, machen sich trotzdem an die Arbeit.

Ich frage mich nicht zum ersten Mal: Macht das alles Sinn? Die Welt steht gerade im Zeichen der Reaktorkatastrophe von Fukushima. Auf den Salatgurken sitzt der Ehec-Erreger. Eisbär Knut ist tot. Es gibt so viele echte Themen. Eine 40 Jahre alte Story ist eine 40 Jahre alte Story.

»Hier das mir vorliegende Material zum Abhör-Fall«, steht auf einem kleinen Kärtchen, mit dem mir Springer-Archiv-Chef Rainer Laabs einen Stapel uralter Presseartikel ins Büro schickt. Ich kenne Laabs gut, er ist nicht nur ein perfekter Archivdirektor, er sieht auch wie einer aus: Seine winzige Nickelbrille und der gepflegte altmodische Zwirn würden ihn auch zur 1A-Besetzung für jeden Harry-Potter-Film machen.

Ich greife zum Telefon.

»Herr Laabs, es muss doch mehr geben als nur diese alten Presseartikel. Es kann doch nicht sein, dass niemand weiß, wo die Originalakten sind!«

Der große Springer-Verlag kommt mir in diesem Moment vor wie ein Eichhörnchen, das nicht mehr weiß, wo es seine Nüsse versteckt hat.

»Ich verstehe Ihren Unmut, Herr Diekmann. Aber angesichts der Menge von ausgelagerten Akten, die wir hier haben, wird die Recherche noch Monate in Anspruch nehmen«, erklärt mir Laabs ruhig. »Ich kann Ihnen da leider wenig Hoffnung machen.«

Es ist zum Mäusemelken.

»Es soll zu einem früheren Zeitpunkt einmal einen Einbruch in den fraglichen Kellerräumen mit den Akten gegeben haben«, schreibt mir der Leiter Verlagsrecht, ein sehr, sehr korrekter und üblicherweise auch sehr, sehr vorsichtiger Jurist. Ich bin sofort elektrisiert. Hat es jemand dezidiert auf Wallraffs Akten abgesehen, sie geklaut? Wurde seinerzeit die Polizei informiert, Anzeige erstattet, ermittelt?

Mein Kopf rattert.

Ein Fall für die Sicherheit scheint mir das nicht zu sein, höchstens von schlechter Verwaltung. Wir gehen davon aus, dass die Akten versehentlich entsorgt worden sind. Shit happens!

Mit dieser E-Mail lässt eine andere Mitarbeiterin die Luft aus meinem Ballon.

Wo, bitte, sind die Wallraff-Akten?

Wen wir auch fragen von den damals Verantwortlichen – den stellvertretenden BILD-Chefredakteur, den stellvertretenden Kölner Redaktionsleiter, den Leiter Gesellschaftsrecht, den Leiter Unternehmensarchiv, den BILD-Redaktionsleiter in Hannover –, kein Gespräch ergibt irgendwelche konkreten Hinweise.

Nun könnte der Eindruck entstehen, ein BILD-Chefredakteur hat nichts Besseres zu tun, als den ganzen Tag Seifenblasen zu jagen. Dabei nimmt mich eine ganz andere Geschichte in diesen Tagen in Beschlag: Anlässlich des zehnten Jahrestags der Anschläge auf das World Trade Center wollen wir eine BILD-Ausgabe zum Gedenken an die Opfer direkt vor Ort produzieren. *BILD made in New York.* Reporter, Fotografen, Techniker, Layouter, Kolumnisten, Assistentinnen – 40 Mann müssen nach Manhattan verfrachtet und dort ein funktionierendes Kurzzeit-Office aus dem Boden gestampft werden. Und das neben Schlagzeilen wie **Fritz Wepper – Papa mit 70, Olli Kahn – Heimliche Hochzeit** und **Hitler-Stellvertreter Rudolf Heß heimlich ausgegraben.** Ein Riesenspagat.

Mein denkwürdiges und bisher einziges Telefonat mit Wallraff liegt nun bereits Monate zurück. Ich bin noch keinen Schritt weiter. Das frustriert mich. Ich will nicht scheitern – wer mag das schon? Ich beginne Zweifel zu entwickeln an der Wallraff'schen BND-These. Viel wahrscheinlicher scheint mir die Annahme, dass tatsächlich alles auf dem kleinen Dienstweg zwischen BILD Köln und dem Verfassungsschutz eingefädelt wurde.

Wiese und Kellner wollen mittlerweile herausgefunden haben, dass die Ehefrau eines der beiden angeklagten BILD-Redakteure beim Verfassungsschutz gearbeitet haben soll. Was für ein Sumpf.

»Schau mal, Kai«, sagt Havva, meine Assistentin, und schiebt mir morgens einen Brief über den Schreibtisch, wir machen gerade Post. Er stammt von einem Mitarbeiter Wallraffs:

Günter Wallraff, der zu Recherchen unterwegs ist, bittet mich, Ihnen die Kopien der in Frage kommenden Buchpassagen zuzusenden.

Er dankt Ihnen für Ihre Bereitschaft, hier nach so langer Zeit im Rahmen Ihrer Möglichkeiten für Aufklärung sorgen zu wollen.

Hat Wallraff telepathische Fähigkeiten?

Spürt er, dass ich seine Thesen in Zweifel ziehe?

KÖLNER KLÜNGEL – BND, VERFASSUNGSSCHUTZ UND BILD

Weil wir im eigenen Haus nicht weiterkommen, jegliche Akten wie vom Erdboden verschluckt scheinen, bleiben nur der BND und das Bundesamt für Verfassungsschutz. Dass die nicht freiwillig irgendwelche Wallraff-Unterlagen herausrücken werden, liegt auf der Hand. Also müssen wir einen Anwalt beauftragen, der im schönsten Juristen-Chinesisch »Akteneinsicht in und Kopien der Akten zu dem Vorgang Überwachung von Herrn Wallraff, Günter« verlangt. »Soweit sich dabei personenbezogene Daten zu Herrn Wallraff befinden, mögen diese geschwärzt werden.«

Vier Wochen nach unserer Anfrage bekommen wir unerwartet Antwort vom Leiter der BND-Arbeitsgruppe Archiv:

Mit Bedauern teilen wir mit, dass eine Abfrage der Archivdatenbank des BND keinen Treffer ergeben hat.

Allerdings würden gerade alle Altunterlagen archivisch erschlossen, weshalb sich in Zukunft doch noch Treffer zur angefragten Person ergeben könnten. Man möge sich doch gern noch einmal in einem Jahr an den BND wenden.

Will der gute Mann uns verschaukeln?

Ein Jahr!

Was für eine Farce.

Die Hinhaltetaktik des BND ist mehr als durchsichtig: Die Formulie-

Günter Wallraff

Günter Wallraff [redacted] [redacted]

Kai Diekmann
-Persönlich-
Axel Springerstraße 65
10969 Berlin

BILD
Büro Kai Diekmann
04. AUG. 2011

Sehr geehrter Herr Diekmann, 01.08.2011

Günter Wallraff, der zu Recherchen unterwegs ist, bittet mich Ihnen die Kopien der in Frage kommenden Buchpassagen zuzusenden.
Er dankt Ihnen für Ihre Bereitschaft, hier nach so langer Zeit im Rahmen Ihrer Möglichkeiten für Aufklärung sorgen zu wollen. Seine Vermutung: von der Abhöraktion wusste nur ein sehr kleiner Kreis. Die Einlassung des späteren BND Präsidenten Kinkel: Zitat „Im Ergebnis kann sich jeder technisch interessierte Laie Zugang verschaffen zu Bauteilen, technischem Material und Gerät, das geeignet ist, Telefongespräche illegal mitzuhören und mitzuschneiden." – ist seiner Meinung nach in diesem doch sehr speziellen und gravierenden Fall sehr unglaubwürdig und wohl reines Vertuschungsmanöver.

Günter Wallraff ist spätestens ab dem 11.08.11 wieder in Köln zurück, über Handy [redacted]) aber jederzeit erreichbar.

Mit den besten Grüßen,

[redacted]

[redacted]

»…im Rahmen Ihrer Möglichkeiten für Aufklärung sorgen zu wollen«. Brief aus dem Büro Günter Wallraffs zum Auftakt unserer Suche nach den verschollenen Abhörakten.

rung »aktuell kein Treffer« lässt das Hintertürchen offen, dass möglicherweise doch irgendwo Akten existieren, aber gerade niemand Lust hat, sie zu finden.

Klage einreichen? Also richtig schweres Geschütz auffahren?

Nun zerrt man ja den deutschen Geheimdienst nicht alle Tage vor Gericht, auch nicht als BILD-Chefredakteur. Wie der Kanzler seine Minister hat, so habe ich meine Experten, mit denen ich mich berate. In juristischen Fragen folge ich beinahe blind Karina Hesse. Klein, blitzgescheit, knallrote Haare – eine gestandene Frau, der auf eine erfrischende Art jegliches Harmoniebedürfnis abgeht und die keine Scheu hat, sich zu raufen, selbstverständlich auch gern mit mir.

Karina zögert nicht einen Moment. Zehn Tage später reichen wir beim Bundesverwaltungsgericht in Leipzig Klage ein.

ES TUT SICH WAS

Nun weiß man ja, wie das im römischen Theater läuft, wenn das Stück keine Auflösung hat: *deus ex machina*. Gott kommt an Seilwinde auf Bühne. Bösewicht nimmt Reißaus, Held aufersteht von den Toten, guten Abend, Publikum klatscht.

Für einen Moment scheint es so, als ob das Schicksal auch uns einen *deus ex machina* sendet. Während die juristischen Mühlen mahlen, rückt ein Name in den Mittelpunkt: Gerd Graf, der damalige Kölner Redaktionsleiter von BILD. Zu seiner Rolle haben wir in den wenigen Papieren immerhin ein paar Spuren entdeckt – seltsame Spuren. In seiner Personalakte findet sich nämlich kein einziger Hinweis auf die Abhöraktion, das Ermittlungsverfahren oder den Gerichtsprozess – und das, obwohl er damals mit einer hohen Geldstrafe belegt worden ist.

»Das kommt auch der Personalabteilung etwas eigenartig vor«, schreibt mir der zuständige Mitarbeiter: »Wenn Sie reinschauen wollen, kann ich Ihnen die Akte vertraulich zur Verfügung stellen.«

»Bitte …«, schreibe ich zurück.

Und dann entdecken wir noch etwas: Kurz vor dem Prozess wurde Graf überraschend von BILD zur WELT versetzt. Und zwar nicht von irgendjemandem, sondern vom Vorstandsvorsitzenden des Unternehmens persönlich, Peter Tamm, von allen nur »Der Admiral« genannt.

Es findet sich dazu eine interne Hausmitteilung vom 25. März 1980:

Herr Tamm hat heute in einem Telefongespräch entschieden, dass Herr Graf (z.Z. BILD Köln) mit einer zusätzlichen personengebundenen Planstelle in die Redaktion WELT aufgenommen werden muss.

MUSS!

Es wurde damals sogar eine neue Planstelle geschaffen.

Ich kann mir das nur so erklären, dass großer Druck herrschte und Tamm Graf aus der Schusslinie nehmen wollte. Sicherer Job gegen Grafs Zugeständnis, im Prozess nicht gegen BILD und Verlag auszusagen. Das wird der Deal gewesen sein.

Graf hat in den letzten Jahren aus seiner Leidenschaft für Oldtimer und exquisite Luxuskarossen ein lukratives Geschäftsmodell gestrickt und ist erfolgreich als Autotester für alle möglichen Medien unterwegs. Ich kenne ihn aus meiner Zeit als Chefredakteur der WELT am SONNTAG, habe mich dort immer über seine Besuche und unsere kurzweiligen Gespräche gefreut. Ein eigentlich vornehmer älterer Herr und Gentleman. Und jetzt das.

Zum ersten Mal in dieser fruchtlosen Recherche habe ich das Gefühl, den Zipfel der Wurst zu fassen zu kriegen.

Was den zweiten Angeklagten von damals angeht, Grafs Stellvertreter V., so können wir dessen Personalakte nirgendwo auftreiben. Irgendwo in diesem Verlag muss es eine Art Bermuda-Dreieck geben, in dem Tausende von Akten auf Nimmerwiedersehen verschwinden.

»Alte Personalakten werden bei uns in der Regel zehn Jahre nach dem Austritt vernichtet«, schreibt mir der Leiter der Personalabteilung. Auch scheint V. kein Pensionär zu sein, sonst würde eine *Rumpfakte* existieren. »Schon etwas eigenartig«, merkt der Personalchef noch trocken an.

Kellner gelingt es wider Erwarten, V.s Telefonnummer ausfindig zu machen. Die Ernüchterung folgt prompt.

»Der will definitiv nichts sagen und auch nicht mehr mit dem Thema in Verbindung gebracht werden«, berichtet Kellner über sein ergebnisloses Telefonat mit V.

Als ich selbst versuche, mit V. zu sprechen, geht er schon nicht mehr ans Telefon. Auch eine E-Mail, die ich ihm schicke, bleibt unbeantwortet. Dieses Bächlein ist trocken.

Bleibt also nur Graf, zu dem ich über all die Jahre bei BILD so etwas wie ein Vertrauensverhältnis aufgebaut habe. Ich tippe eine E-Mail in meinen Blackberry:

Tatsächlich sind Sie für mich in dieser Sache der wichtigste Ansprechpartner, nachdem Herr V. auf keinerlei Kontaktaufnahme reagiert. Ich würde mich freuen, wenn wir uns noch einmal zusammensetzen könnten und Sie mir insbesondere Einblick in die Unterlagen Ihres damaligen Rechtsanwalts gewähren könnten.[5]

Graf, der noch nie unter übermäßiger Bescheidenheit gelitten hat, antwortet mir keine zwei Stunden später:

Lieber, verehrter Kai Diekmann,

herzliche Grüße aus Villa d'Este am Comer See, wo ich für die erste Folge meiner großen TV-Serie »Die 50 teuersten Oldtimer der Welt« vor der Kamera stehe. Dann geht's nahtlos an die Côte d'Azur. Bin mit 4 Formaten in Produktion der sicher meistbeschäftigte Fernseh-Sklave im Lande. Für mich wäre das mal ein Thema für meine Lieblingszeitung, über das ich reden möchte, wenn ich im Lande bin. Weniger über die nahezu ein halbes Jahrhundert alte Wallraff-Kamelle. (Nur noch in meinen Memoiren.) Wir können uns gerne privat unterhalten, zumal ein ehemaliger Wallraff-Mitarbeiter mir im Januar Enthüllungen zum Tod des damaligen Kronzeugen angekündigt hat. Sehr herzlich. Gerd Graf.

Ich schöpfe neue Hoffnung.

Es soll allerdings noch Wochen dauern, bis der Weltenbummler Graf endlich seinen Weg in mein Büro findet. Da habe ich gerade Bein und Wulff. Bein, weil ich nach einem Skiunfall mit Bänderriss auf Krücken durch die Gegend humpele. Wulff, weil mir der Bundespräsident jede Menge Unsinn auf die Mailbox geplaudert hat und deswegen seit Wochen die Wogen hochschlagen.

Wie immer ist Graf wie aus dem Ei gepellt: Dunkelblauer Goldknopf-Blazer, akkurat gebundene Krawatte und Einstecktüchlein, so nimmt er auf meiner schwarzen Ledercouch Platz. Diesen geleckten Hamburger Alster-Look kenne ich nur allzu gut – ich habe ihn auch lange Jahre gepflegt, allerdings ohne Einstecktüchlein, dafür mit viel Schaum im Haupthaar. Heute sind die Fotos von damals nicht nur meinen Kindern peinlich.

»Ganz schön was los bei Ihnen, Herr Diekmann.« Graf nippt an seinem Wasser.

»Ja, aber Ihnen muss ich das ja nicht erklären, Herr Graf.« Ich will jetzt nicht über Wulff sprechen. Ich hoffe, endlich den passenden Schlüssel zu der Tür zu bekommen, die zur Beantwortung der zentralen Frage führen würde: Wie war es damals bei BILD wirklich zur Abhöraktion gekommen?

»Ehrlich gesagt, weiß ich das auch nicht, Herr Diekmann«, erklärt Graf. »Ich habe mich da zu keiner Zeit persönlich an irgendwelchen technischen Vorbereitungen beteiligt. Mein damaliger Stellvertreter V. hat mich informiert, dass wir in der Lage sind, bei Wallraff mitzuhören. Das war's. Und daraufhin habe ich dann Günter Prinz angerufen und gefragt: Herr Prinz, was sollen wir tun?«

»Und wie hat Prinz reagiert?«, will ich wissen.

»Der war natürlich begeistert!« Graf hebt theatralisch die Hände. »Der hat die Abhöraktion die nächsten 14 Tage persönlich gesteuert und sogar personelle Unterstützung aus Hamburg geschickt! So wichtig war ihm das.«

Ich höre atemlos zu, kann gar nicht fassen, was Graf mir da berichtet. Jagdfieber packt mich. Und mein Gegenüber ist noch lange nicht fertig:

»Soll ich Ihnen etwas verraten?« Graf rutscht ganz wichtig nach vorne auf die Couchkante: »Ich habe bis heute eine Visitenkarte von Günter Prinz aufbewahrt, auf der er sich bei mir persönlich bedankt! Zur gelungenen Telefonabhöraktion hat er mir gratuliert und mir handschriftlich eine Tantieme versprochen«, erklärt er und klingt fast ein bisschen stolz. »Nach Auffliegen der Telefonaktion hat Prinz allerdings von seiner eigenen Rolle nichts mehr wissen wollen.« Grafs Tonlage hat sich verändert, er klingt jetzt ärgerlich. »Nach dem Prozess in Köln hab ich Prinz dann noch mal zufällig im Ausland getroffen. Und da hat er sich dann doch noch mal ausdrücklich für meine Haltung im Prozess bedankt.«

Die Visitenkarte, von der Graf spricht, ist genau der rauchende Colt, nach dem ich die ganze Zeit gesucht habe. Es fällt mir schwer, ruhig sitzen zu bleiben.

»Unmittelbar vor Beginn des Strafprozesses, das war im Jahr 81, glaube ich, habe ich sogar mal mit Verleger Axel Springer persönlich über den Fall gesprochen«, prahlt Graf. »Er wollte von mir wissen, wie ich das denn technisch hinbekommen hätte mit der Abhöraktion bei Wallraff. Ich antwortete ihm, ich hätte keine Ahnung. Und Springer meinte, das sei eine kluge Haltung.« Graf grinst. Er mag diese Anekdote sehr, das merke ich.

Und da ist sie auf einmal ganz lebendig vor mir, die dunkle BILD-Welt der 1970er Jahre.

Plötzlich fühle ich mich wie ein Nestbeschmutzer. Das erste Mal, seit wir vor fast einem Jahr mit der Recherche begonnen haben. Auf einmal habe ich das Gefühl, eine Grenze zu überschreiten. Türen zu Räumen aufzumachen, in die ich eigentlich nicht schauen wollte. Lockerlassen? Kann ich nicht. Nicht jetzt.

»Darf ich mir Ihre Prozessunterlagen von damals noch mal anschauen?«, wage ich einen Vorstoß.

Graf guckt indigniert: »Ich bitte um Verständnis, Herr Diekmann, das kommt für mich nicht in Betracht.« Er klingt kategorisch, greift nach dem Wasser.

Ich spüre Enttäuschung. Dass der Graf mit seiner ganzen flamboyanten Eitelkeit auf diese alte hässliche Geschichte keine Lust mehr hat, kann ich verstehen, aber mit dieser rigorosen Abfuhr hätte ich dennoch nicht gerechnet. Warum ist er dann überhaupt zu mir gekommen?

Umso überraschter bin ich, als ich eine Woche später eine weitere Nachricht von Graf erhalte:

Lieber Herr Diekmann,

in Eile (wir drehen gerade einen Werbefilm für Lederfett): Ich habe alle Prinz-Lobhudeleien (handgeschrieben) und auch die in seinem Namen verfassten Anerkennungen gefunden, ebenso eine Seite vom V.-Protokoll mit dem Hinweis auf meine Gespräche bei Prinz, der dann später an glücksbringendem Gedächtnisschwund litt. Wir telefonieren. Gruß …

Grafs Nachricht erreicht mich nur wenige Stunden vor dem spektakulären Rücktritt von Christian Wulff als Bundespräsident. So dauert es ein paar Tage, bis ich ihm zurückschreibe:

Ich wäre Ihnen mehr als dankbar, wenn wir, Sie und ich, uns die Unterlagen anschauen könnten.

Grafs Antwort kommt noch am selben Tag:

Sonnige Grüße aus Palma, lieber Herr Diekmann, nach der dringend benötigten Fitnessphase und den folgenden Dreharbeiten bin ich am 6. Mai wieder in Berlin. … Ich mache Ihnen gern Kopien, mit dieser kleinen Balearen-Verzögerung.

MEIN NAME IST PRINZ, ICH WEISS VON NICHTS

Ich denke, es ist an der Zeit, Günter Prinz anzurufen. Der Mann mit der silbernen Löwenmähne, dem es gelungen ist, genauso lange wie BILD-Legende Peter »Pepe« Boenisch an der Spitze von BILD zu stehen. Beziehungsweise exakt einen Tag länger. Was sicher kein Zufall ist, wenn man Prinz kennt und sein ausgeprägtes Ego. Er heißt nicht nur Prinz, er lebte auch wie einer:

Er fährt Jaguar mit Chauffeur, trägt Vintage-Hermes-Krawatten, das weiße Hemd unter dem blauen Blazer immer mit geöffnetem Kragenknopf und offenen Manschetten, schrieb BILDs bester Dichter Norbert Körzdörfer einmal über ihn.

Ganze zehn Jahre, von 1971 bis 1981, stand Prinz an der Redaktionsspitze von BILD und trieb die Auflage auf schwindelerregende fünf Millionen. Das hatte seinen Preis. »Wenn du die BILD quer hältst, fließt Blut raus«, war damals ein geflügelter Satz.

Prinz, der begnadete und gnadenlose Boulevardjournalist, stieg später zum Redaktionsdirektor der BILD-Gruppe und Vorstandsvorsitzenden des Axel Springer Verlags auf. Ich lernte ihn 1986 als junger Volontär bei BILD am SONNTAG kennen. Da beorderte er mich für PR-Fotos anlässlich der Gründung der Axel-Springer-Journalistenschule an seine Seite. Für mich ist Prinz vor allem eins: ein BILDmacher und BILDhauer, der für die dunkelste Vergangenheit des Blattes verantwortlich ist. Menschenfänger und Menschenverächter in einer Person, ein genialer und gefürchteter Blattmacher. Kurz: eine Legende. Als Journalist ist er für mich ein Idol. Seinen Blick auf Menschen kann ich nicht teilen.

Ich beschließe, Prinz einen Brief zu schreiben, bevor ich ihn anrufe.

Sie haben ja sicher mitbekommen, dass Mathias Döpfner öffentlich angekündigt hat, im Rahmen unserer eigenen Vergangenheits-Aufarbeitung auch noch einmal die Causa Wallraff zu beleuchten. Konkret geht es um eine Abhöraktion gegen Wallraff im Jahr 1976, an der die BILD-Redaktion Köln seinerzeit beteiligt gewesen ist. Bis heute sind die Umstände dieser Abhöraktion nicht geklärt, im gesamten Unternehmen habe ich dazu nicht eine einzige Unterlage finden können. Macht es Sinn, dass wir zu dieser Causa einmal telefonieren?[6]

Prinz lässt mir ausrichten, für ein Telefonat zur Verfügung zu stehen.

Noch am Freitag derselben Woche rufe ich ihn an. Ich bin gerade in Ber-

Begnadeter BILDmacher und BILDhauer: mit Günter Prinz anlässlich der Gründung der Axel-Springer-Journalistenschule 1986

lin-Tegel gelandet und sitze seit zwei Minuten bei meinem Fahrer im Auto, als ich seine Nummer wähle. Ich will dieses Gespräch so schnell wie möglich hinter mich bringen. Ich fühle mich nicht wohl in meiner Haut – er der Grandseigneur mit seiner unglaublichen persönlichen Geschichte, ich, der in seinen Augen wohl ewige Volontär. Anders ausgedrückt: Der junge Gorilla versucht dem mächtigen Silberrücken vors Schienbein zu treten.

»Prinz hier«, meldet sich die mir vertraute Stimme. Natürlich duzt er mich, natürlich sieze ich ihn. Wir sparen uns höfliche Floskeln.

»Herr Prinz, wie war das damals mit der Abhöraktion bei Günter Wallraff? Wer hat diese Aktion beauftragt? Wie lange hat sie gedauert?«, frage ich geradeheraus.

»Ich habe davon nur zufällig erfahren«, behauptet Prinz. »Und dann habe ich das sofort unterbunden. Ich glaube, dass sich da Mitarbeiter vom Verfassungsschutz oder BND einen Scherz erlaubt und Wallraff angezapft haben. Das Abhören von Telefonen ist damals so aufwendig und kompliziert gewesen, dass dies kein Mitarbeiter von BILD allein hätte bewerkstelligen können. Und dann war die Redaktion von BILD Köln auch noch so bekloppt, die Abhöraktion aus dem Großraumbüro heraus zu betrei-

Kai Diekmann
Chefredakteur

BILD

Ø Döpfner, Fels, Fröhlich

Herrn
Günter Prinz
[redacted]

Berlin, 22. November 2011

Lieber Herr Prinz,

ich hoffe, es geht Ihnen gut!

Wie Sie vielleicht mitbekommen haben, hat Mathias Döpfner öffentlich angekündigt, im Rahmen unserer eigenen Vergangenheits-Aufarbeitung auch noch einmal die Causa Wallraff zu beleuchten. Konkret geht es um eine Abhöraktion gegen Wallraff im Jahr 1976, an der die BILD-Redaktion Köln seinerzeit beteiligt gewesen ist. Bis heute sind die Umstände dieser Abhöraktion nicht geklärt, im gesamten Unternehmen habe ich dazu nicht eine einzige Unterlage finden können.

Macht es Sinn, dass wir zu dieser Causa einmal telefonieren?

Herzlichste Grüße

Kai Diekmann

Axel Springer AG Axel-Springer-Straße 65, 10888 Berlin
Telefon: +49 (0) 30 25 91-0, Fax: +49 (0) 30 25 91-7 60 09

»Bis heute sind die Umstände dieser Abhöraktion nicht geklärt«: Brief an Günter Prinz ben, wo es gleich jede Menge Mitwisser gegeben hat. Das ist alles, was ich darüber weiß.«

In diesem Zusammenhang habe ihn seinerzeit schon der damalige Regierungssprecher Klaus Bölling angerufen, der sich im Auftrag von Bundeskanzler Helmut Schmidt erkundigen wollte, was an der Geschichte dran sei. »Ich habe ihm gesagt, dass die Kölner Redaktion viel zu dusselig ist, um überhaupt einen Briefträger zu bestechen. Die Chefredaktion von BILD ist damals ausnahmsweise unschuldig gewesen.«

Nach nur fünf Minuten ist unser Telefonat zu Ende.

Ich schaue aus dem Autofenster und muss erst einmal tief Luft holen. Obgleich 82 Jahre alt, ist das der gleiche knallharte Mann wie zu seinen besten – oder, wenn man so will, schlimmsten – Zeiten bei BILD.

Ich glaube ihm kein Wort. Aber das Gegenteil beweisen kann ich auch nicht. Ich hoffe auf die von Graf versprochenen Informationen.

Günter Wallraff wäre nicht Günter Wallraff, würde er nicht nimmermüde seine eigenen Ermittlungen anstellen. Er ist wie Scrat, das Säbelzahn-Eichhörnchen aus *Ice Age*, das unverdrossen über alle Kontinente hinweg seiner Eichel hinterherjagt.

Kellner berichtet mir, dass Wallraff Ex-BND-Präsident August Hanning in Berlin-Schlachtensee besucht hat.

»Und was hat er da gemacht?«, will ich wissen.

»Na ja, Hanning meinte, Wallraff habe ein Exemplar seines Buchs *Zeugen der Anklage* unterm Arm gehabt und sei ganz offensichtlich bemüht gewesen, auf der Murdoch-Welle mitzusurfen, um seine These zu erhärten, BILD und BND hätten damals was zusammen gefingert. Hanning meint auch, Wallraff habe ihn gebeten zu prüfen, ob der BND damals in seinem Haus an der Abhöraktion beteiligt war und ob BND-Mitarbeiter Wanzen in seinem Haus installiert hatten.«

»Und was hat Hanning gesagt?«, hake ich nach.

»Na, Hanning hat daraufhin geantwortet, er höre überhaupt zum ersten Mal davon, dass der BND im Zusammenwirken mit BILD Wallraffs Telefonleitung angezapft haben soll. Aufgrund der internen Behördenstrukturen könne er sich das auch gar nicht vorstellen – schon gar nicht auf offizieller Ebene. Außerdem wäre das so ohne Weiteres auch gar nicht möglich gewesen, weil man dafür die Post gebraucht hätte – und da sei der BND sehr vorsichtig gewesen. Und Wanzen könnten nur von einer Privatdetektei stammen.« An dieser Stelle macht Kellner eine Pause. »Hannings persönliche Meinung ist, dass Wallraff krampfhaft bemüht ist, die BND-These wahr zu kriegen.«

Wenn ich an dieser Stelle eine ehrliche Zwischenbilanz ziehe, stelle ich fest: Unsere Bemühungen um Aufklärung gleichen dem Versuch, einen Pudding an die Wand zu nageln.

Wir haben viel Nichts recherchiert, haben keine Belege für Wallraffs BND-BILD-Verschwörung gefunden. Ja, wie hinlänglich bekannt, er ist abgehört worden – nein, eine BND-Spur haben wir nicht gefunden. Der eigentliche Hammer ist: dass alles, was wir überhaupt zu Wallraff gefunden haben, in ein paar Schuhkartons Platz hätte. Das will, wenn man die Dimension Wallraffs für BILD bedenkt, nicht in meinen Kopf.

Auftritt Graf. Mein letzter Trumpf im Ärmel. Der Zeuge, auf den ich all meine Hoffnung setze.

Es ist der Tag, nachdem die taz meinen Kontakt zu Günter Wallraff enthüllt. Ganz offensichtlich beunruhigt Graf die Richtung meiner Recherche. Er verzichtet auf sein übliches Geplänkel, dafür leitet er mir kommentarlos eine Warnung weiter, die ihn an diesem Morgen per E-Mail erreicht hat:

Sie wie ich – und vielleicht ja noch weitere Zeitzeugen – sollten nicht zulassen, dass Herr Döpfner und Herr Diekmann ausgerechnet in eigener Sache einer vermutlichen Fälschung mit dieser Tragweite aus den Siebziger Jahren (…) aufsitzen oder Wallraff gar die Absolution dafür erteilen. Der heutige taz-Artikel stimmt jedenfalls skeptisch, ob es dem Axel Springer Verlag gelingt, Wallraffs Spiel zu durchschauen.

Das Gestern meldet sich zu Wort – aus Sorge, die alten Geschichten könnten wieder neu und vor allem anders erzählt werden. Es gibt sie also nach wie vor bei Springer, die alte Garde, die sich mit Wallraff noch immer im Kalten Krieg glaubt.

Es soll das letzte Mal sein, dass ich von Graf höre.

MIT WULFF UND WALLRAFF IN NEW YORK

Für die Woche vor Weihnachten ist im WDR die Ausstrahlung einer Dokumentation geplant, in der es um den Umgang von BILD und Springer mit Wallraff geht. Dazu will Mathias Döpfner der dpa ein Interview geben und erstmals öffentlich machen, die Verstrickung des Springer-Verlags in die Abhöraffäre aufarbeiten zu wollen.

Als Döpfner mich anruft, um mit mir den Stand der Recherche im eigenen Haus zu besprechen, sitze ich gerade im Waldorf Astoria in New York. Es ist der 12. Dezember 2011, aber nicht irgendein 12. Dezember, am nächsten Tag soll in BILD die Geschichte über den undurchsichtigen Hauskauf des Bundespräsidenten erscheinen. Und ich telefoniere deshalb schon den ganzen Morgen ununterbrochen mit meiner Redaktion.

Kurz vor Döpfners Anruf hat mir Springer-Sprecherin Edda Fels eine E-Mail mit ein paar Hinweisen und Gedanken zum Thema Wallraff geschickt:

Erstens muss deutlich werden, es geht hier nur um Aufklärung im Zusammenhang mit der Abhöraffäre. Zweitens muss deutlich werden, dass abgehört wurde, ist ja seit Jahrzehnten unstrittig und auch für uns keine neue Erkenntnis. Wir wollten herausfinden, ob es eine aktive Zusammenarbeit hierzu zwischen BILD und dem BND gab und auf wessen Initiative. Dazu haben wir nichts gefunden und müssen daher fürchten/können nicht ausschließen, dass Wallraff recht hat.

So sieht das auch Döpfner und will es im Interview mit der dpa folgendermaßen formulieren:

Wir distanzieren uns aus Sicht des heutigen Managements und der Chefredaktion nachdrücklich von den damaligen Vorgängen. Dass wir nichts finden, ist enttäuschend und legt den Verdacht nahe, dass es von Verlagsseite etwas zu verheimlichen gibt. Die Tatsache – das kann ich nur selbstkritisch sagen – wirft kein gutes Licht auf die damalige Zeit. Denn wenn es nichts zu verstecken gibt, müssten Unterlagen zu finden sein. Ich kann nicht ausschließen, dass sie eventuell absichtlich vernichtet wurden.

Dem ist bedauerlicherweise kaum etwas hinzuzufügen.

Mein Telefonat mit Döpfner dauert etwa 20 Minuten. Als ich auflege, sehe ich, dass mir jemand auf die Mailbox gesprochen hat. Ich höre sie ab:

»Guten Abend, Herr Diekmann«, es ist die Stimme unseres Bundespräsidenten, »ich rufe Sie an aus Kuwait. Bin grad auf dem Weg zum Emir und deswegen hier sehr eingespannt.«

Man muss sagen: Würde es Wallraff nicht geben, hätte ich den Anruf des Bundespräsidenten sehr wahrscheinlich entgegengenommen, und die ganze Geschichte hätte einen anderen Verlauf genommen.

Insofern hat sich Wallraff, ohne es zu wollen, an dieser Stelle wirklich um BILD verdient gemacht.

AUF DER DACHTERRASSE IN KÖLN-EHRENFELD

Fünf Monate später lädt mich Wallraff überraschend zu sich nach Köln ein ...

Und damit sind wir jetzt wieder an jenem sonnigen Freitag im Mai.

Es ist 13 Uhr, als ich in Köln-Ehrenfeld vor der Tür stehe. Wallraff lebt in einem wunderschönen, denkmalgeschützten Haus mit Garten, der ganz hervorragend zu seinem Besitzer passt: ein bisschen verwildert und verwinkelt. Das Gebäude aus dem vorletzten Jahrhundert hat schon Wallraffs Großvater gehört, der hier eine Klaviermanufaktur betrieb. Im Hof sieht man noch die Gleise, auf denen die Instrumente transportiert wurden. Wallraff wohnt hier seit den 1960ern, mit immer wieder neuen Gästen, die verfolgt werden und denen er kurzfristig ein Dach über dem Kopf gewährt.

Als ich ankomme, verabschiedet er gerade zwei Herren. »Kölner Kriminalpolizei«, erläutert er mir. »Ich verstecke zurzeit einen Künstler, dessen Leben vom Iran bedroht wird.«

Wir nehmen auf der Dachterrasse im ersten Stock Platz, trinken Kaffee und Mineralwasser.

»Ich muss am Nachmittag nach Berlin, um einen deutsch-türkischen Preis entgegenzunehmen«, erzählt Wallraff weiter. »Aber ich muss mal sagen, was mir überhaupt nicht gefällt, ist, dass da auch die DITIB ausgezeichnet wird.« Die DITIB gilt als verlängerter Arm der türkischen Regierung und fällt immer wieder durch antisemitische und radikal-islamische Äußerungen auf.

»Da hätten wir ja beinahe auf der gleichen Bühne gestanden«, scherze ich. »Ich bin nämlich Mitglied im Vorstand der Deutschlandstiftung Integration, die ebenfalls ausgezeichnet wird.«

Wallraff schaut mich einen Moment prüfend an. »Das Schlimme ist, Herr Diekmann, dass Sie BILD nicht nur in die Mitte der Gesellschaft geführt, sondern auch ihre Kritiker umarmt und eingemeindet haben.«

»Aber keine Sorge, Herr Wallraff«, winke ich ab, »die Auszeichnung von BILD mit dem Henri-Nannen-Preis für die Aufdeckung der Wulff-Affäre vor zwei Wochen hat ja deutlich gezeigt, dass wir uns noch auf ein paar Gegner verlassen können.«

Drei Journalisten der Süddeutschen Zeitung, die ebenfalls in der Kategorie *Investigativ* ausgezeichnet werden sollten, hatten den Preis aus Protest gegen BILD auf offener Bühne abgelehnt.

»Unser Treffen hier ist ein historisches«, führe ich das Gespräch fort. »Wenn das Axel Springer noch erlebt hätte.«

»Dennoch frage ich mich, was da eigentlich bei Springer los ist«, sinniert Wallraff. »Auf der einen Seite gibt es Döpfner und Diekmann, die es offenbar ernst meinen und an einer ehrlichen Auseinandersetzung interessiert sind. Auf der anderen Seite erscheint dann in der WELT am SONNTAG ein Fünf-Seiten-Pamphlet, in dem ich wider besseres Wissen als Stasi-Agent denunziert werde. Gibt es da Seilschaften und Fraktionen im Verlag, die die von Ihnen und Döpfner betriebene Öffnung bewusst hintertreiben wollen?«

Sollte ich es nicht schon vorher gewusst haben, würde es mir jetzt spätestens klar: Wallraff braucht seine Feindbilder wie der Fisch das Wasser.

»Nein, das ist Unsinn«, halte ich dagegen. »Fakt ist, dass einer Ihrer Mitarbeiter bei der Stasi gearbeitet hat, und das wirft nun mal eine Reihe von Fragen auf. Mein Eindruck ist, dass Sie sich bei der Beantwortung dieser Fragen reaktiv verhalten, Herr Wallraff, Sie betreiben keine aktive Aufklärung. Sie sollten das Thema Stasi genauso engagiert und transparent in Angriff nehmen, wie Sie dies bei den übrigen Themen auch tun.«

»Das ist eine durchsichtige Kampagne«, entgegnet Wallraff scharf, »dabei ist in einem Gerichtsurteil offiziell festgestellt worden, dass ich kein inoffizieller Mitarbeiter der Staatssicherheit war. Es ist doch bemerkenswert, dass die Vorwürfe vor allem in der Springer-Presse so polemisch aufgebauscht worden sind.«

»Das mag aus Ihrer Sicht so sein«, entgegne ich ruhig. »Aber das ist nicht meine Baustelle.«

Um die Stimmung nicht weiter zu strapazieren, wechsle ich zum Thema Recherchestand. Bislang hatte ich noch keine Gelegenheit gehabt, ihm persönlich zu berichten: »Nach allem, was wir herausgefunden haben, Herr Wallraff, glaube ich, dass diese Aktion nicht von oben gezielt gesteuert worden ist, sondern ihren Anfang in der Kölner Redaktion genommen hat. Ich glaube auch nicht, dass für die technische Abwicklung der BND zuständig gewesen ist, sondern eher der Verfassungsschutz, der Sie wahrscheinlich ohnehin abgehört hat. Sozusagen auf der Ebene komplizenhafter Kölner Klüngelei hat man dann die Kölner BILD-Redaktion mithören lassen, die sich vor allem für Wolf Biermann interessiert hat. Ich glaube allerdings, dass die BILD-Zentrale in Hamburg, namentlich Günter Prinz, über das Abhören umfassend informiert war und dies auch gutgeheißen hat. Prinz hat das natürlich anschließend geleugnet, zuletzt im Telefonat mit mir. Gerd Graf, der damalige Kölner Redaktionsleiter, ist darüber so erbost, dass er mir eigentlich Beweise liefern wollte. Doch leider hat er sich seither nicht mehr gemeldet.«

»Vielleicht können Sie Graf wieder zum Reden bringen, wenn man ihm zusichert, in diesem Zusammenhang nicht erwähnt zu werden«, überlegt Wallraff laut. »Im Übrigen bleibe ich bei meiner These, dass die Abhöraktion technisch vom BND eingefädelt worden ist.« Er guckt mich scharf an. »Dies hat mir mein Informant mit besten Kontakten zum BND ausdrücklich bestätigt.«

»Dann lassen Sie uns die Auskunftsklage gegen den Verfassungsschutz abwarten«, sage ich.

»Genau«, erwidert Wallraff.

Gemeinsam geht es zum Mittagessen. Im Schatten des Restaurant-Sonnenschirms setzen wir unser Gespräch fort.

»Im Grunde sind Sie einer von BILDs besten und wichtigsten freien Mitarbeitern«, provoziere ich Wallraff. »Natürlich haben Ihre Bücher BILD schwer geschadet, aber langfristig haben Sie BILD damit genutzt, denn Sie haben dafür gesorgt, dass BILD besser wurde, dass wir unsere Arbeit anders reflektieren, Fehler erkennen, auf Kritik eingehen. Danke dafür!«

Wallraff lacht schallend. In einem Monat wird er 70.

»Feiern Sie?«, will ich wissen.

»Ach, ich hab eh nie damit gerechnet, so alt zu werden«, winkt Wallraff ab. »Wissen Sie, alt zu werden, ist kein Verdienst, und ich lasse mich nicht gerne feiern …« Wallraff streicht sich über den Kopf. »Auf jeden Fall habe ich meinen 60. Geburtstag, das weiß ich noch ganz genau, in Afghanistan verbracht und eine Mädchenschule gestiftet und eingeweiht, das ist erfüllender als jede offizielle Feier.«

Wir erwischen uns, dass wir miteinander lachen. Es ist ein bisschen so, als würden sich Tag und Nacht an die Hand nehmen und sich ihre gegensätzlichen Welten zeigen: er der Linke, ich der Konservative, er der Pazifist, ich der Zeitsoldat, er der BILD-Hasser, ich der BILD-Macher. Und trotz aller Unterschiede sind wir uns auch irgendwie ähnlich, stelle ich fest. Das Manische und Beharrliche, aber auch das Talent, sich selbst nicht immer ganz so ernst zu nehmen.

Vom Höcksken aufs Stöcksken. Fragen Sie mich bitte nicht, wie, aber irgendwie landen wir beim Thema Schlafwandeln.

»Einmal, da war ich noch Junggeselle und lebte in einem Hamburger Mehrfamilienhaus, habe ich mich morgens um drei in Boxershorts auf der Straße wiedergefunden«, erzähle ich. »Ich muss offenbar im Tiefschlaf aus dem Haus spaziert sein und die Tür hinter mir zugezogen haben. Das war ziemlich peinlich, weil die Nachbarn, die ich rausgeklingelt habe, natürlich glaubten, ich sei betrunken. Jahre später, diesmal war ich in einem Hotel in den USA, fand ich mich mitten in der Nacht halb nackt in der Lobby wieder. Das Einzige, was ich erinnere, ist das entgeisterte Gesicht des Nachtportiers.«

»Das ist ja verrückt«, sagt Wallraff. »Von meiner Mutter weiß ich, dass ich als Kind schlafwandelte. Und noch als Jugendlicher kam's vor, dass ich bei Vollmond völlig schwindelfrei und fast nackt über den Dachfirst der Nachbarhäuser balancierte und ein Nachbar die Polizei rief, weil er mich für einen Einbrecher hielt.« Er stockt. »Und zu Ihrer USA-Geschichte fällt mir jetzt auch noch was ein: Es war eine sehr heiße Nacht, ich hatte gut Rotwein getrunken und mich entschieden, auf dem Dach unter freiem Himmel zu schlafen. Mitten in der Nacht wurde ich dann durch besorgte Rufe meiner Frau geweckt, ich möge sofort vom Dach steigen: Ich lag nämlich in zehn Meter Höhe in der Traufe. Sie hatte zu Recht Angst um mich. »Nein, mir geht es hier oben doch himmlisch gut!«, rief ich beschwingt zurück. Als Nächstes hörte ich, wie die Haustür ins Schloss fiel – meine Frau war gegangen. Und ich? Ich lief – so wie ich war – hinter meiner Frau her. Erst unten auf der Straße begriff ich, dass ich ziemlich unbekleidet in der Nacht stand. Dem nicht genug. Jetzt drohte auch noch die Haustür zuzufallen. Ich hielt mit der Hand dagegen, das Türglas splitterte, und plötzlich war überall Blut. Aber so bekam die Geschichte dann doch noch ein Happy End – denn als meine Frau das Klirren hörte, ist sie zurückgekommen, hat den Notarzt gerufen, und in der Klinik wurde ich dann zusammengenäht.« Wallraff schaut mich nachdenklich an. »Irgendwie hatte ich diese Geschichte verdrängt, aber jetzt ist sie mir wieder in allen Details präsent.«

Es wird immer schwieriger, den Mann, der bei BILD Hans Esser war, nicht sympathisch zu finden.

Ich ringe mich zu einem Bekenntnis durch: »Herr Wallraff, ich muss Ihnen etwas gestehen. Ihre Bücher waren es, die mich letztlich für den Journalismus begeistert haben – weil Sie eine so aufregende Welt beschrieben haben.«

»Das hat Sandra Maischberger mir neulich auch gesagt«, lacht Wallraff und signiert mir zum Abschied mein schon reichlich angeknicktes und zerlesenes Exemplar *Der Aufmacher*:

Für Kai Diekmann. Auf eine produktive Gegnerschaft und konstruktive Auseinandersetzung. Günter Wallraff.

Nur wenige Wochen später wird BILD 60 Jahre alt. Dieser Geburtstag rückt auch unseren staatlich geprüften BILD-Experten Wallraff wieder ins Rampenlicht. Überall ist seine Meinung gefragt, zuverlässig liefert er das Erwartete:

Früher war es das allerhärteste Heroin-Programm. Da gab es Leser, die sich gegenüber dem Blatt wie Süchtige verhielten. Jetzt ist vielleicht das Methadon-Programm angesagt. Die Zeiten haben sich geändert, BILD hat an Auflage verloren, ist im freien Fall, von daher ist sie bemüht, sich etwas zu mildern. Allerdings müsse man nach wie vor wachsam sein, *denn das ist wie bei gemeingefährlichen Triebtätern, die muss man unter ständiger Kontrolle halten, irgendwann schlagen sie wieder zu und da muss man vorbeugen.*[7]

Da ist er wieder, der Triebtätervergleich.

Er kann's einfach nicht lassen, der alte Fuchs.

Aber immerhin mischen sich nun auch ein paar neue Sätze in die alte Propaganda: *Für viele Medien ist BILD inzwischen ein Leitmedium. Sie ist eine Art Suchtmittel und gibt Themen vor.*[8]

Er enthüllt auch unsere Treffen und dass er mich um Aufklärung der Abhöraktion gebeten hat: *Diekmann begann, ernsthaft und akribisch zu recherchieren. Immerhin, guter Wille und Aufklärungsabsicht waren erkennbar.*[9]

Sehr gnädig.

Im Sommer 2013 wird die Akte *Abhöraktion Wallraff* endgültig geschlossen. Das Gericht hat unsere Klage auf Akteneinsicht beim Bundesamt für Verfassungsschutz abgeschmettert und auch gleich die Berufungsmöglichkeit ausgeschlossen.

Als wolle uns das Gericht ärgern, weist es ausdrücklich darauf hin, dass nicht die Frage im Vordergrund stand, ob Archivmaterial zum Fall vorhanden sei, sondern der ausdrückliche Wunsch Wallraffs, dass »personenbezogene Daten«, also mögliche Details zu seinem Privat- und Intimleben, nicht an BILD herausgegeben werden dürfen. Eigentlich hatten wir uns gemeinsam mit Wallraff auf diese Klage verständigt – nun nimmt das Gericht seine Einschränkung zum Anlass, süffisant darauf hinzuweisen, dass das »zu einer Schwärzung der gesamten Akte« führen könne, sodass »der Mehrwert einer Nutzung nicht ersichtlich sei«.

So nachvollziehbar und verständlich der Wunsch Wallraffs an dieser Stelle ist, die Klausel hat uns – und natürlich auch Wallraff selbst – eine herbe Niederlage beschert. Nun müssen wir 30 Jahre warten, bis wir Zugang zu den Akten bekommen. Dann bin ich 79 und Wallraff 101.

Offenbar traut Wallraff dem Frieden mit BILD und mir zu diesem Zeitpunkt noch nicht über den Weg. Dabei hätte er wissen müssen, dass er sich auf getroffene Verabredungen zwischen uns verlassen kann ...

Einer seiner ehemaligen Mitarbeiter und enger Vertrauter, mit dem er sich überworfen hat, hatte vor einem Jahr bei BILD auf der Matte gestanden und eine Mappe voller privater Wallraff-Dokumente und -Briefe zum Kauf angeboten. Wir hatten diese erworben und Wallraff die Unterlagen zurückgegeben.

NACHSPIEL

Es ist Frühjahr 2016. Per Zufall lese ich, dass ein Tischtennis-Spiel gegen Günter Wallraff versteigert wird – zugunsten eines Magazins für Realsatire. Kostenpunkt 1111 Euro. Bingo. Ich zögere keine Sekunde. Nicht nur seine Freunde muss man pflegen, auch seine Feinde, sage ich immer.

Drei, zwei, eins – meins.

»Raten Sie mal, wer das Tischtennisspiel gegen Sie ersteigert hat«, frohlocke ich am Telefon.

Wallraff klingt erschrocken. »Aber nicht, dass Sie das als Werbung für BILD nutzen, Herr Diekmann.«

»Ganz sicher nicht!« Ich grinse in den Hörer, und der alte Schlawiner muss auch lachen.

An einem Freitag im Mai steigt das Projekt *Kronos*. Bekanntlich ist Letzterer der stärkste der Titanen. Austragungsort: Günter Wallraffs Garten.

Wir lassen Mannschafts-T-Shirts bedrucken und drehen einen hübschen Trailer:

Mann gegen Mann – Diekmann versus Wallraff: Es ist eine jahrzehntealte Geschichte. Zehntausende von Sozialkundelehrern haben ihren Schülern von dieser ganz besonderen Beziehung erzählt. Hunderte Quadratkilometer Wälder wurden gerodet für Magister-, Diplom- und Hausarbeiten. Über Günter

Tischtennismatch Wallraff versus Diekmann im Mai 2016, Schiedsrichter: Tischtennisstar Timo B

Wallraff und BILD. Jetzt geht es nicht um einen politischen Schlagabtausch. Sondern um einen sportlichen. Im gnadenlosen Kampf Diekmann versus Wallraff. Mann gegen Mann.

»Der Mann, der bei BILD Hans Esser war – das wird mich emotional so aufladen, da werde ich mir auch die eine oder andere Gerichtsakte noch mal angucken«, warne ich.

»Der Gegner sollte sich warm anziehen«, droht Wallraff. »Da, wo die wirklich gelungene Satire anfängt, hört oft der Spaß auf.«

Eins kann als gesichert gelten: Für Deutschlands Linke bricht gerade eine Welt zusammen. Ihr Lieblingskrawallbruder spielt jetzt mit dem Feind.

»Ich hoffe, dass Diekmann trainiert hat und ein ernsthafter Gegner ist«, stichelt Wallraff.

»Ich freue mich auf das Duell, aber ich fürchte, dass der Kerl mich nass machen wird«, erzähle ich der dpa.

Der Titanentag beginnt mit einer Verspätung – ich twittere vom Flughafen Tegel: »+++Eil+++Eil+++Eil+++Geplantes Duell Wallraff vs Diekmann in Gefahr!«

Mit 30 Minuten Verzögerung geht das Match mit dem Tischtennisrekordmeister Timo Boll als Schiedsrichter endlich los – und ist nach 23 Minuten schon wieder vorbei. Wallraff schlägt mich mit 4:1. Knapp sieht anders aus.

Zehntausende verfolgen das Spiel live auf Facebook, viele Zeitungen und Newsportale berichten über den *Kampf der Titanen*. Tenor: Zwei Erzfeinde nähern sich an, fighten gegeneinander, aber mit Humor und Augenzwinkern. Es geht nicht ums Gewinnen, sondern um die Geste. Schaut her, man kann fair miteinander umgehen, selbst wenn man völlig gegensätzliche Standpunkte vertritt.

Ein herrlicher und für mich außerordentlich beglückender Tag.

Einige Zeit später schicke ich Günter Wallraff ein Fotobuch unseres Matches:

Lieber Günter Wallraff,

ich habe auch zwei Wochen nach unserem historischen (?), aber auf jeden Fall sehr witzigen Schlagabtausch in Ihrem Garten sehr gerne in dem Buch geblättert. Ich dachte, Sie würden sich vielleicht auch darüber freuen. Es gibt nur eine Handvoll davon.

Sie und ich – wir wissen beide um die Symbolkraft unseres Matches. Umso mehr weiß ich zu schätzen, dass Sie dabei mitgemacht haben und ein so wunderbarer Gastgeber gewesen sind.

Auf jeden Fall möchte ich Ihnen sehr, sehr herzlich für Ihr Fairplay mir gegenüber danken – und nicht nur an der Tischtennisplatte.

Beste Grüße

Kai Diekmann

»Für Kai Diekmann, den partiellen Aufklärer mit Dank für offene Auseinandersetzung, Günter Wallraff«: Selfie in Berlin

20 FREITAG, 4. FEBRUAR 2011 DIE TAGESZEITUNG

www.taz.de
wahrheit@taz.de
DIE WAHRHEIT

SCHON JETZT GEWÄHLT: DAS PHANTOMBILD DES JAHRES

Jedes Jahr werden in Deutschland tausende Phantombilder von Verbrechern angefertigt, aber nur wenigen Werken ist es gegeben, ästhetisch hervorzustechen und dafür eine Auszeichnung zu bekommen. Mit der genialen Zeichnung „Mitglied der Zwiebelkopfbande" ist es jetzt der *Mitteldeutschen Zeitung* aus Halle gelungen, den gerade erst von der Wahrheit ins Leben gerufenen Wettbewerb „Phantombild des Jahres" vorzeitig für sich zu entscheiden. In beeindruckender Manier hat die *MZ* bewiesen, dass ein Phantombild mehr sein kann als nur ein Fahndungsinstrument. Ganz in der Tradition der britischen Kupferstichschule hat der leider unbekannte Zeichner mit den Mitteln der Verdichtung einzelne Wesensmerkmale des Porträtierten so pointiert hervorgehoben, dass ein Wiedererkennen gar nicht ausbleiben kann. So provoziert der Zeichner mit seinem brillanten Werk eine ridikulöse Wirkung bei den Rezipienten, die sich angesichts der Zwiebelkopfform fragen, welche gesellschaftlichen Bedingungen diesen Tätertypus hervorbringen. Unverkennbar das kostbare Werk eines großen Meisters.

Meisterwerkfoto: MZ

DAS WETTER: DER KÜHLE KOPF

Der kühle Kopf hatte es gehörig satt. Immer erwarteten alle von ihm, dass er ruhig bleibe, wohlbesonnen und überlegt. Und dann diese ständigen Besitzansprüche, jeder wollte ihn behalten und am liebsten nie mehr hergeben. Er war doch kein Ding, das man einfach so benutzen konnte, auch er hatte Gefühle. All dies schürte schon lange ein Feuer in ihm, das nun mehr und mehr auszubrechen drohte. Er hielt diesen Druck einfach nicht mehr aus. Er wollte auch einmal spontan und chaotisch sein, unreflektiert, panisch und extrem. Der kühle Kopf würde allen zeigen, aus welchem Holz er geschnitzt ist. Und da kam ihm die zündende Idee: Umschulen wollte er und sich fortan als Hitzkopf verdingen. Er sollte damit sehr, sehr erfolgreich werden.

Willkommen im Klub der Kotzbrocken

GALERIE DES WÜRGENS Führende Verdauungsexperten warnen vor heimtückischen Würgwirkstoffen, die fatale Folgen haben können: Durch das bloße Betrachten von Gesichtern kann empfindsamen Gemütern schlecht werden. Zur Abhärtung der Leser zeigt die Wahrheit heute die größten Unsympathen und Ekelpakete Deutschlands. Schauen Sie lieber nicht zu lange hin! Halten Sie einen Eimer bereit! Vorsicht, Brechgefahr!

Name: Florian Silbereisen
Alter: 29 Jahre
Beruf: Altenpfleger
Würgwirkstoff: Volksmusik
Kotzfaktor: 6,9

Name: Guido Westerwelle
Alter: 49 Jahre
Beruf: Handelsvertreter
Würgwirkstoff: Neoliberalismus
Kotzfaktor: 13
Foto: Stefan Boness/ipon

Name: Kai Diekmann
Alter: 46 Jahre
Beruf: Gel-Tester
Würgwirkstoff: *Bild*-Dreck
Kotzfaktor: 10

Name: Dieter Bohlen
Alter: 56 Jahre
Beruf: Gülletaucher
Würgwirkstoff: Krawall
Kotzfaktor: 9,9
Foto: ap

Name: Adolf Hitler
Alter: 121 Jahre
Beruf: Maler
Würgwirkstoff: Massenmord
Kotzfaktor: 88
Foto: ap

GURKE DES TAGES

Hollywood-Star Jeff Bridges hat in einem Interview im aktuellen Zeit-Magazin einige wirklich wichtige und nützliche Insider-Tipps der hohen Schauspielkunst verraten. „Zu wenig, … wenig. Und wenn dich einer … spricht, antworte", enthüllte … Oscar-Preisträger. Obwohl … mit dem Antworten ja eigentl…

VERTONTES PREKARIAT

Die taz stellt mich als »Kotzbrocken« in eine Reihe mit Adolf Hitler.

DREI

GENOSSE DIEKMANN

Wie ich lernte, die taz zu lieben (und die taz mich)

Lassen Sie uns über meinen Alabaster-Körper sprechen!

Als BILD-Chef bin ich es gewohnt, dass an mir Maß genommen wird. Es gehört leider auch zum Umgang in der Politik, dass man dem anderen gerne mal die Beinkleider runterzieht und ihn nackt dastehen lässt. Ich nehme das mit Humor. Was aber, wenn aus den metaphorischen Worten Wirklichkeit wird? Und sich plötzlich ganz real Leute für dein bestes Stück interessieren?

Davon erzählt diese Geschichte.

Es ist der 8. Mai 2002, der Himmel über Hamburg ist bewölkt und vergießt hin und wieder einzelne Tränen. Als ich mit Verve die Tür zu meinem Büro im zehnten Stock des BILD-Headquarters in der Caffamacherreihe öffne, wartet auf meinem Schreibtisch schon die von meiner Assistentin Katharina Großheim allmorgendlich sorgfältig aufgetürmte Pflichtlektüre: Zeitungen, Zeitschriften, Agenturmeldungen. Heute hat es die kleine Zeitung taz ganz oben auf den Stapel geschafft. Die Schlagzeile springt mir sofort ins Auge:

Sex-Schock! Penis kaputt?

Neue Sorgen um den BILD-Chef Kai Diekmann:

Untenrum-Operation misslungen[1]

Perplex beginne ich noch im Stehen zu lesen.

In mitfühlendem Ton heißt es da auf der letzten Seite, schon länger würde gemunkelt, dass ich mich in Miami einer missglückten Penisverlängerung unterzogen hätte. Dabei hätten mir Adern, Schwellkörper und Fleischteile aus den Genitalien einer männlichen Leiche eingesetzt werden sollen, aber die Operation sei unglücklich verlaufen, was der Kastration des Patienten, also mir, gleichkäme. Der behandelnde Arzt sei von mir auf 200 Dollar Schadensersatz verklagt worden. Ein Psycho-Experte kommt zu Wort:

Wenn die Geschichte stimmt, steht Herr Diekmann jetzt unter Sex-Schock. So bezeichnen jedenfalls wir Wissenschaftler dieses Phänomen.

Besorgt fragt der taz-Autor:

Hat Kai Diekmann, der sich nach außen so viril und jovial wie immer gibt, das verdient? Weint er um seinen verlorenen Penis? Wird er nie wieder glücklich? Die Öffentlichkeit fordert Rechenschaft …

Sprachlos lasse ich die taz sinken. Mein Blutdruck steigt.

Haben die sie noch alle?

Nun sind die taz und deren Chefredakteurin Bascha Mika nie sonderlich zimperlich mit mir umgegangen. Kürzlich erst haben sie mich neben Adolf Hitler zu einem der fünf größten »Kotzbrocken, Unsympathen und Ekelpakete Deutschlands« gekürt. Den taz-Lesern wurde anhand einer Fotoanalyse detailliert erklärt, warum der BILD-Chef doch Nazi ist, und eine Reihe von Punkten herausgearbeitet:

Totales Vakuum im Hirn – supertypisch für Nazis

Hitler-Bart zur Tarnung abrasiert

Perücke – in Wahrheit ist Diekmann Skinhead.[2]

Ich sage immer, wer als BILD-Chef austeilt, muss auch einstecken können, aber in diesem Moment habe ich die Nase einfach voll.

Die wollen Keile?

Dann kriegen sie Keile.

»Muss ich mir das gefallen lassen?«, will ich gekränkt von Karina Hesse wissen. Sie ist meine Lieblingsanwältin in der Springer-Rechtsabteilung, denn sie quält einen nicht mit unverständlichem Juristen-Chinesisch, sondern gibt ziemlich hamburgisch »Butter bei die Fische«.

»Das ist keine Frage des ›ob‹, sondern nur eine Frage des ›wie viel‹ – und zwar, wie viel Schmerzensgeld du bekommst, Kai. Satire muss für den anständigen deutschen Leser erkennbar sein. Wird der taz natürlich nicht schmecken. Aber wirst sehen, Bascha Mika wird versuchen, sich mit uns in irgendeiner Form zu einigen.«

Klingt doch vielversprechend. Jetzt ist Schluss mit lustig.

WER HAT DEN LÄNGEREN?

Die taz und ich – das ist die Geschichte einer Hassliebe. Wir sind Intimfeinde. Die taz ist das Kampforgan aller Linken. Zum soliden Linkssein gehört, BILD und Diekmann zu verachten. Ich bin das rote Tuch und gleichzeitig ein wunderbarer Klebstoff, denn nichts verbindet mehr, als einen gemeinsamen Feind zu haben. Und so beschäftigt sich die taz vom ersten Tag an, als ich Chefredakteur geworden bin, hingebungsvoll mit mir. Nun bekommt die taz noch am gleichen Tag juristisch Bescheid gestoßen:

Sehr geehrte Frau Mika, sehr geehrte Damen und Herren,

wie Sie sich unschwer denken können, ist Herr Diekmann nicht bereit, diese seine Persönlichkeitsrechte in unverträglicher Weise verletzende Berichterstattung hinzunehmen. Der Artikel, der sich in obszöner Weise mit der Intimsphäre von Kai Diekmann befasst, hat längst den Rahmen des presserechtlich Zulässigen verlassen. In Anbetracht der zitierten Rechtsprechung hat Herr Diekmann einen Anspruch auf Zahlung eines angemessenen Schmerzensgeldes, welches Herr Diekmann selbstverständlich einer gemeinnützigen Organisation zur Verfügung stellen wird.

Bämm!

Karina und ich haben zuvor die Höhe des Schmerzensgelds diskutiert. Sie hat für stramme 50 000 Euro plädiert und sich erst mal durchgesetzt. Aber ich habe Mitleid: Die taz schrammelt chronisch an der Pleite vorbei – wäre doch nicht schön, die ganze Redaktion führe wegen meines Penis vor die Wand. Also belassen wir es bei 30 000.

Ich möchte ausdrücklich darauf hinweisen, dass Herrn Diekmann nicht daran gelegen ist, das Tischtuch zwischen den Redaktionen der BILD-Zeitung und der taz zu zerschneiden, lässt Karina die Kollegen noch wissen.

Gespannt warte ich auf die Reaktion der taz.

Es passiert genau gar nichts.

Irgendwann meldet sich dann doch Chefredakteurin Bascha Mika öffentlich zu Wort und ätzt: »Diekmann wird es sicher nicht schaffen, die taz zu ruinieren. Er will der respektable mächtige Chefredakteur sein? Als Kollegin hätte ich ihm geraten, die Finger von dem Prozess zu lassen.«

Nun habe ich endgültig die Nase voll. Hier muss jetzt mal schweres Geschütz ran. Das finden wir in Peter Raue, Professor der Rechtswissenschaften. Der passionierte Fliegenträger ist DER Berliner Topanwalt in Medienfragen und erhält von uns den Auftrag, die taz nach Strich und Faden zu verklagen.

»Bascha Mika wird sich umgucken«, freue ich mich laut.

»Wer nicht hören will, muss fühlen«, bekundet auch Karina ihr Mitleid.

Tatsächlich beschließt das Landgericht Berlin, den Streit um meinen Penis in einer öffentlichen Hauptverhandlung klären zu lassen. *Panem et circenses.* Nur, dass wir nicht im antiken Rom sind. Die taz und ich werden für den 19. November vor die Zivilkammer 27 geladen.

Sieben Tage vorher rufen Bascha Mika und ihr Team süffisant die »Woche der Verlängerung« aus. Voller Vorfreude zählt die taz die Tage bis zur Gerichtsverhandlung runter:

Stundenlang die Nudel dehnen – das Internet verspricht sagenhaftes Peniswachstum.

So werden die Leser täglich auf das kommende Spektakel eingestimmt. Zudem druckt die taz ein »Penisometer«, einen nicht sehr ansehnlichen Phallus, der jeden Tag etwas kürzer wird und in sich zusammenschrumpft.

Ich ärgere mich still in mich hinein – und zähle meinerseits die Tage runter, bis es für Bascha Mika und Genossen vor Gericht endlich eins zwischen die Hörner gibt.

Lieber Kai! Am 19.11. geht es nicht um die Wurst, sondern um den Schwanz. Das Beweismittel musst Du noch nicht vorlegen …, schreibt mir Karina unmittelbar vor dem Gerichtstermin.

An besagtem Tag, einem Dienstag, zeigt sich der Himmel leicht bewölkt. Im dicht gedrängten Gerichtssaal herrscht eine Stimmung wie auf einer Klassenfahrt. Vermutlich gibt es keinen deutschen Medienjournalisten, der nicht anwesend ist. Damit auch wirklich alle Platz finden, tragen die Gerichtsdiener extra Bänke in den Saal.

Als der Richter aus der Klage zitiert, muss selbst er immer wieder grinsen. Peter Raue, mein Anwalt, läuft zu Hochform auf: »Auch wenn Sie es lustig finden – Herr Diekmann ist tief getroffen und verletzt!«, ruft er in den Gerichtssaal. »Lasst den Mann mit seinem Geschlechtsleben in

19-SEP-2002 19:14 +49 40 34722100 99% S.0

Landgericht Berlin

Fernruf (Vermittlung): ...
Apparatnummer: siehe ☎
Telefax: (030) 90 188 - 518
Konto der Gerichtszahlstelle des Landgerichts:
Postbank Berlin Konto Nr. 1046 81 - 102 (BLZ 100 100 10)

Fahrverbindung:
U-Bhf. Mierendorffplatz, U-Bhf. und S-Bhf. Jungfernheide
Bus 109, 121, 126, 127, 227, 340, X9

Landgericht Berlin, Postanschrift: 10617 Berlin

An die Rechtsanwaltskanzlei
Hogan & Hartson Raue L.L.P.
Potsdamer Platz 1

10785 Berlin

Geschäftszeichen	Ihr Zeichen	Bearbeiter	☎	Datum
27 O 615/02	794/02JH14-84008,91	ri	292	20.08.2002

Bitte dieses Schreiben zum Termin mitbringen

Ladung zum Termin am

Datum	Uhrzeit	Stock/Raum (0=Erdgeschoss)	Verhandlungsort
19.11.2002	10.00	143	**Tegeler Weg 17-21, 10589 Berlin**

not. 18/9 ek

Sehr geehrte Damen und Herren,

in dem Rechtsstreit

Diekmann ./. taz Verlags- und Vertriebs GmbH

werden Sie zu dem oben genannten Termin zur mündlichen Verhandlung vor die Zivilkammer 27 geladen.

Eine beglaubigte Abschrift fristgebundener richterlicher Auflagen wird Ihnen anliegend zugestellt.

Mit freundlichen Grüßen

Auf Anordnung

[redacted]

Justizangestellte

ZP513

Offizielle Ladung des Gerichts zum Penis-Streit

Ruhe!« Wie ein biblischer Prophet, das gewellte schlohweiße Haar sorgfältig vom linken Ohr zum rechten gekämmt, hält er den Penis-Artikel hoch und fragt mit dramatischer Stimme: »Was hat die arme Mutter von Kai Diekmann gedacht, als sie diesen Text gelesen hat: Kind, was machst du denn?«

Ja, was meine Mutter gedacht hat, wüsste ich auch gern. Aber mit Sicherheit kann ich sagen: Wäre ich in diesem Moment persönlich im Gericht anwesend, würde ich unter meinen Stuhl krabbeln, so peinlich ist das Ganze. Natürlich brechen alle Zuschauer im Saal in schallendes Gelächter aus. Würde mir nicht anders gehen, wenn ich da als Zuschauer säße und meinem Anwalt zuhören müsste, der mit seinen Ausführungen über mein bestes Stück zwangsläufig – wenn auch unfreiwillig – lustiger ist als jeder taz-Artikel.

Ich bin zu diesem Zeitpunkt mit meiner Frau Katja auf dem Weg nach München zum Abendessen mit Edmund Stoiber und dessen Frau Karin und lasse mir per Handy die aktuellen Wasserstandsmeldungen aus dem Gerichtssaal durchgeben. Dass ich darauf verzichtet habe, persönlich zu erscheinen, ist, so wird mir in dem Moment klar, die wahrscheinlich einzig kluge Entscheidung in diesem ganzen bescheuerten Prozess.

Bin ich sauer auf meinen Anwalt? Nein, er tut mir leid, wie er da für mich in der Höhle der linken Löwen steht. Normalerweise ist er auf dem Parkett der schönen Künste unterwegs, Vorsitzender des Vereins der Freunde der Nationalgalerie, und hier muss er jetzt fünfmal hintereinander das Wort »Penis« in den Mund nehmen. Der gute Mann braucht mit Sicherheit heute Abend therapeutische Betreuung.

Am Ende wird der taz bei Androhung eines Ordnungsgeldes von bis zu 250 000 Euro verboten, den Artikel weiter zu verbreiten. Geschenkt. Der Artikel ist sechs Monate alt, mit dem Papier, auf das er gedruckt ist, kannst du nicht mal mehr Fisch einwickeln. So alt ist es. Und was das angeblich so sichere Schmerzensgeld angeht? Auch Pustekuchen. Das Gericht ist der Meinung, dass ein BILD-Chefredakteur mehr aushalten müsse als andere:

Wer sich bewusst seinen wirtschaftlichen Vorteil aus der Persönlichkeitsrechtsverletzung anderer sucht, wird weniger schwer durch die Verletzung seines eigenen Persönlichkeitsrechtes belastet. Denn er hat sich mit Wissen und Wollen in das Geschäft der Persönlichkeitsrechtsverletzungen begeben und wird daher – nach allgemeinen Regeln menschlichen Zusammenlebens – davon ausgehen, dass diejenigen Maßstäbe, die er anderen gegenüber anlegt, auch für ihn selbst von Belang sind.

Sieg für die taz.

Diekmann k.o.

Ich bin ein solcher Idiot!

Wie heißt es so schön? Jeder blamiert sich, so gut er kann.

Es gibt einfach Prozesse, auf die man sich nicht einlassen sollte. Selbst wenn du gewinnst, verlierst du sie. Wie Gerhard Schröder seinen Haarfärbe-Prozess sechs Monate zuvor. Der hatte gegen die Nachrichtenagentur ddp eine Unterlassungserklärung erwirkt, mit dem Ergebnis, dass danach erst recht alle über seine Haarfarbe sprachen. Mein juristischer Sieg ist auch deswegen für den Allerwertesten, weil es dem Gericht in der Urteilsbegründung ganz offensichtlich darum ging, BILD zu zeigen, wer den Längeren hat. Womit wir indirekt wieder beim Thema Penis wären.

Acht Monate später bekomme ich unerwartet Post von Bascha Mika:

Lieber Herr Diekmann,

in den vergangenen 25 Jahren hat sich die taz immer wieder Lieblingsfeinde auserkoren, mit denen sie sich intensiv auseinandersetzte. Sie sind einer dieser Lieblingsfeinde. Und Sie können sich jetzt revanchieren. Übernehmen Sie die taz!

Ich muss zweimal lesen. ICH soll die taz übernehmen? Ist das wieder einer von Mikas Witzen? Eine weitere Falle, in die ich tappen soll?

Am 26. September 2003 wird die feindliche Übernahme der taz vollzogen, so die Chefredakteurin weiter. *Die Redaktion überlässt ihren Lieblingsfeinden für einen Tag die taz. Gemeinsam mit weiteren Persönlichkeiten aus Politik, Wirtschaft und Kultur können Sie die Jubiläumsnummer nach Ihren Vorstellungen gestalten. Bilden Sie zusammen mit den anderen Lieblingsfeinden eine Redaktion und wählen Sie eine neue Chefredaktion. Zeigen Sie den taz-Redakteuren, wie eine Zeitung Ihrer Meinung nach aussehen sollte.*[3]

Nun könnte man denken, dass Bascha Mika nicht ganz bei Sinnen ist. Aber diese Frau weiß genau, was sie will. Nicht nur ist sie bis dato die einzige Frau an der Spitze einer überregionalen Tageszeitung, sie hat es auch geschafft, die taz mit Mut, Grips und Pfiff aus der Kreuzberger Hausbesetzer-Nische herauszuheben und zu überregionaler Bedeutung zu führen. Ich bin elektrisiert. Die meint das wirklich ernst.

»Freue mich! Bin natürlich dabei!«, kritzele ich begeistert auf den Briefrand.

DER LIEBLINGSFEIND ALS TAZ-CHEFREDAKTEUR

Bascha Mika ahnt nicht, was sie sich da eingehandelt hat.

Blitzschnell habe ich meine Schäfchen um mich versammelt: TV-Pfarrer Jürgen Fliege, den eitlen Hans-Olaf Henkel, der in seinem späteren Leben schon alles war und sein wird, von BDI bis AfD, aber bei nichts dauerhaft erfolgreich, RTL-Mann Hans Mahr, Berlins Ex-Bürgermeister Eberhard Diepgen, Ex-Verteidigungsminister Rudolf Scharping, FDP-Chef Guido Westerwelle und BILD-Legende Pepe Boenisch – allesamt taz-Lieblingsfeinde, die am 26. September die Redaktionsräume in der Kochstraße aufmischen werden. Für die taz-Jungs und -Mädchen wird es sich anfühlen, als ob die Besetzung ihres ganz persönlichen Gruselfilms zu Besuch gekommen ist.

Ich rufe Helmut Kohl an. Er hat der taz noch nie ein Interview gegeben, aus gutem Grund. Für die ist er nur die »Birne«. Wahlweise auch die »Pfälzer Kartoffel«. Ich erzähle von meinem Projekt.

»Herr Bundeskanzler, können Sie sich vorstellen, mit Ihrem Vorsatz zu brechen und der taz das erste Kohl-Interview in deren Geschichte zu geben?«, frage ich förmlich. »Wir werden in dem Gespräch die Linken mal so richtig rundmachen. Linke Idioten! Linke Irrtümer! Linke Verräter! Linke Fehler! Linkes Versagen! Linkes-und-so-weiter ...!« Ich rede mich richtig in Fahrt.

Kohl lacht: »Ja, dann machen wir das mal.«

Für die Jubiläumsausgabe stecke ich mir ein ganz schlichtes Ziel: Das soll die beste taz aller Zeiten werden. Nichts überlasse ich dem Zufall.

Joachim Fest, Hitler-Biograf und ehemaliger FAZ-Herausgeber, macht sich auf meine Bitte hin Gedanken über: »Was ist rinks und was ist lechts? War Adolf Hitler ein Linker?«

Dazu lasse ich seinen Nachfolger, den amtierenden FAZ-Herausgeber Frank Schirrmacher, über die Frage philosophieren: »Hinter der Frankfurter Allgemeinen Zeitung steckt immer ein kluger Kopf. Aber wer liest eigentlich die tageszeitung?« Das Foto neben dem Artikel, inszeniert von meinem Leib- und Magen-Fotograf Daniel Biskup, zeigt einen Mann auf einer Bank, der FAZ liest, links und rechts neben ihm zwei nackte taz-Leserinnen.

Guido Westerwelle, FDP-Bundesvorsitzender und zu diesem Zeitpunkt noch nicht geoutet, fragt unter der Überschrift »Verliebte Jungs«, welche

Feindliche Übernahme: Redaktionskonferenz in der taz, u.a. mit Peter Boenisch, Eberhard Diepgen, Jörg Schönbohm, Peter Strieder, Kai Diekmann, Hans Mahr, Rudolf Scharping (v.l.n.r.)

Probleme Rot und Grün mit avantgardistischer Ästhetik haben. RTL-Chef Mahr interviewt Umweltminister Jürgen Trittin zur Formel 1, Oskar Lafontaine räsoniert, was an der Politik Gerhard Schröders noch sozialdemokratisch ist. Schlagerkomponist Ralph Siegel fordert eine Quotenregelung für deutsches Liedgut. Und der ehemalige Verteidigungsminister Rudolf Scharping macht sich Gedanken über die Wesensverwandtschaft von Radfahrern und Politikern: »Nach oben buckeln, nach unten treten«.

Nicht jeder mag mit mir lustig sein: Ex-BILD-am-SONNTAG-Chef und Kanzlerkandidatenberater Michael Spreng, den ich zum Thema »Warum Linke Stoiber wählen sollten« angefragt habe, will sich nicht äußern. Auch Ex-taz-Frau Georgia Tornow, die über Kollegin Bascha Mika schreiben soll, gibt mir einen Korb.

Werde ich von anderen Medien zur anstehenden Machtübernahme bei der taz gefragt, erkläre ich unschuldig:

»BILD ist nahe an den Menschen. Davon kann die taz nur lernen. Auch die taz sollte erkennen: Man muss vor den einfachen Leuten keine Angst haben!«

Für den Tag der feindlichen Übernahme ist uns von der taz ein strenger Stundenplan vorgegeben worden:

9 Uhr:	Eintreffen der Gäste
9.15 Uhr:	Frühkonferenz Chef vom Dienst
10 Uhr:	Gesamtkonferenz / Neue Chefredaktion / Themenbesprechung
11 Uhr:	Gäste in den Ressorts / Seitengestaltung
13 Uhr:	Mittagessen (Sale e Tabacchi)
14 Uhr:	Titelkonferenz
17 Uhr:	Redaktionsschluss
18 Uhr:	Umtrunk

Punkt 9 Uhr entern wir die Redaktionsräume im Rudi-Dutschke-Haus, ein epochaler Altbau, der nur mit seinem modernen Anbau etwas Pech gehabt hat. Während die Sandsteinfassade des Altbaus von vier schmucken griechischen Säulenträgern und einer Art Riesen-Urnen verschönert wird, hat es beim Anbau nur für eine einmalig hässliche Betonsteinwand gereicht, die zu einem späteren Zeitpunkt in dieser Geschichte noch eine Rolle spielen wird.

Unterm Arm trage ich eine Kiste mit fertig produzierten Geschichten. Ich bin in meinem Element. Der Fisch im Wasser. Der Tag der Rache ist gekommen. Heute werde ich den Schnarchnasen hier zeigen, wo der Hammer hängt – der journalistische wohlgemerkt.

Natürlich wird das kein gemütlicher Spaziergang werden: Ich kenne das Haus nicht, überall wuseln Kollegen anderer Medien herum, die über die spektakuläre Übernahme der taz durch den Systemfeind BILD berichten wollen und gnadenlos jeden Patzer outen werden. Und bereits mittags müssen aus produktionstechnischen Gründen die ersten Seiten fertig sein.

Aber das ist es auch, wofür ich meinen Job liebe – für die Momente, in denen er etwas Jungfräuliches hat. Wenn es darum geht, Geschichten zu erzählen, zu berühren und zu bewegen.

Das ist nicht nur Handwerk, sondern Kunst.

Kurz nach 18 Uhr sitzen die tazler und wir, die Lieblingsfeinde, einträchtig und gut gelaunt auf der Dachterrasse bei einem Bier zusammen. »Normalerweise schauen wir da rüber und sagen, guck, da sitzt der Feind«, sinniert eine taz-Kollegin mit Blick auf das gegenüberliegende Springer-Hochhaus. »Und nun steht der Feind mitten unter uns und trinkt Bier.«

Ich halte den Andruck in Händen, auf Seite eins prangt die Schlagzeile, die mich mit großem Stolz erfüllt:

25 Jahre! Die taz feiert.
Heute gibt's Kohl

Die »Feindes-taz« ist ein Riesenerfolg: Schon am Mittag des nächsten Tages ist die komplette Auflage ausverkauft, wir müssen nachdrucken. Ich bin mir 1000 Prozent sicher, dass Bascha Mika spätestens jetzt in ihren Schreibtisch beißen wird. Kein schönes Gefühl, wenn dir der Feind zeigt, was kommerziell drin ist, wenn die taz von den richtigen Leuten gemacht und mit den richtigen Zutaten gewürzt wird. Ich glaube, für Mika war gesetzt, dass wir die Jubiläumsausgabe zu einer schlechten BILD machen – mit einer besseren taz hat sie sicher nicht gerechnet.

Aber ihr Leiden hat gerade erst begonnen.

Die Feindes-taz wird nicht nur mit dem European Newspaper Award ausgezeichnet werden, sondern die bestverkaufte Ausgabe aller Zeiten. Natürlich wissen wir das zu diesem Zeitpunkt noch nicht.

Ich möchte Ihnen noch einmal ganz herzlich danken – für Ihre Begeisterung, mit der Sie die taz-Hausbesetzung vorangetrieben haben, für die Arbeit, die Sie sich machten und für die Bestimmtheit, mit der Sie als Chefredakteur im fremden

die tageszeitung

€ 1,40 Deutschland € 1,60 Ausland SONNABEND/SONNTAG, 27./28. SEPTEMBER 2003 NR. 7168 39. WOCHE 25. JAHRGANG AUSGABE NORD

25 Jahre

25 Jahre! Die taz feiert

Heute gibt's Kohl

verboten

Gefunden an der Pinnwand der Redaktion:
Tabuwörter für alle taz-Redakteure

Blutbad
Endkampf
mission impossible
schrödern
sexy
Deal
Deutschland sucht ...
... sterben wie die Fliegen
Gutmenschen
hochkochen
Herr, schmeiß Hirn vom Himmel
Hossa
Jubel kennt keine Grenzen
Kadi
Objekt der Begierde
Erdrutschsieg
schwere Schlappe
strahlender Sieger
Schwanz (in allen Aggregatzuständen)

Bestverkaufte taz-Ausgabe aller Zeiten: »Heute gibt's Kohl«

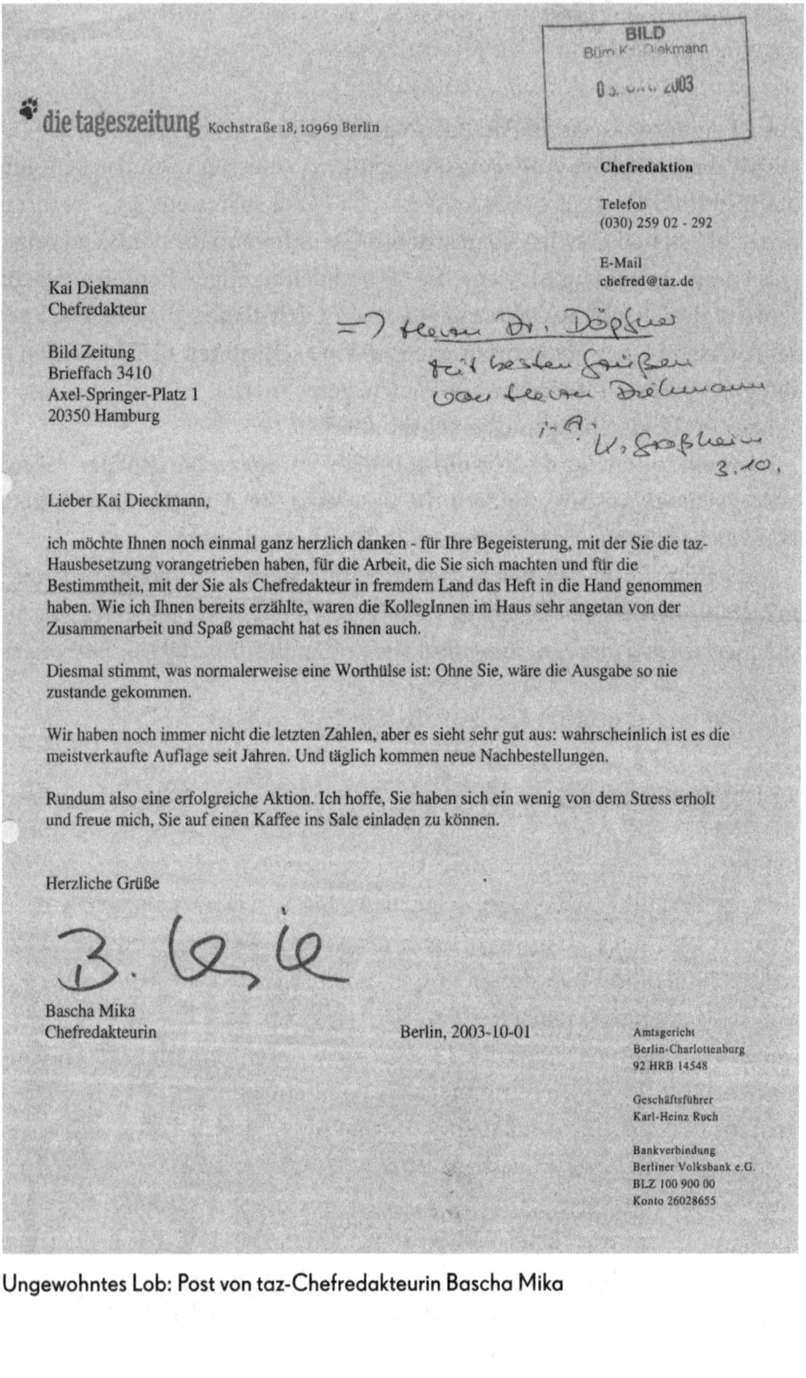

BILD
Büro Kai Diekmann
[illegible] 2003

die tageszeitung Kochstraße 18, 10969 Berlin

Chefredaktion

Telefon
(030) 259 02 - 292

E-Mail
chefred@taz.de

Kai Diekmann
Chefredakteur

Bild Zeitung
Brieffach 3410
Axel-Springer-Platz 1
20350 Hamburg

=> Herrn Dr. Döpfner
mit besten Grüßen
von Herrn Diekmann
i.A. K. Großheim
3.10.

Lieber Kai Dieckmann,

ich möchte Ihnen noch einmal ganz herzlich danken - für Ihre Begeisterung, mit der Sie die taz-Hausbesetzung vorangetrieben haben, für die Arbeit, die Sie sich machten und für die Bestimmtheit, mit der Sie als Chefredakteur in fremdem Land das Heft in die Hand genommen haben. Wie ich Ihnen bereits erzählte, waren die KollegInnen im Haus sehr angetan von der Zusammenarbeit und Spaß gemacht hat es ihnen auch.

Diesmal stimmt, was normalerweise eine Worthülse ist: Ohne Sie, wäre die Ausgabe so nie zustande gekommen.

Wir haben noch immer nicht die letzten Zahlen, aber es sieht sehr gut aus: wahrscheinlich ist es die meistverkaufte Auflage seit Jahren. Und täglich kommen neue Nachbestellungen.

Rundum also eine erfolgreiche Aktion. Ich hoffe, Sie haben sich ein wenig von dem Stress erholt und freue mich, Sie auf einen Kaffee ins Sale einladen zu können.

Herzliche Grüße

B. Mika

Bascha Mika
Chefredakteurin

Berlin, 2003-10-01

Amtsgericht
Berlin-Charlottenburg
92 HRB 14548

Geschäftsführer
Karl-Heinz Ruch

Bankverbindung
Berliner Volksbank e.G.
BLZ 100 900 00
Konto 26028655

Ungewohntes Lob: Post von taz-Chefredakteurin Bascha Mika

Land das Heft in die Hand genommen haben, schreibt mir die taz-Chefin ein paar Tage später. *Wie ich Ihnen bereits erzählte, waren die KollegInnen im Haus sehr angetan von der Zusammenarbeit und Spaß gemacht hat es ihnen auch.*

Diesmal stimmt, was normalerweise eine Worthülse ist: Ohne Sie wäre diese Ausgabe so nie zustande gekommen.

Bascha Mika

»Vielen Dank, dass ich dabei sein durfte«, gebe ich bescheiden zurück.

Das Leben schreibt immer noch die besten Geschichten: Auch dem Altkanzler gefällt »Heute gibt's Kohl« so gut, dass er das taz-Titelfoto zu seiner neuen Autogrammkarte macht.

Und damit Sie, liebe Bascha, mir das auch wirklich glauben, teile ich der taz-Chefin mit, *habe ich Helmut bei meinem letzten Besuch gebeten, für Sie seine neue Autogrammkarte zu unterschreiben. Der taz-Chefin vom Altbundeskanzler persönlich gewidmet ... Voila!*

Und es ist dieser Moment, in dem ich in Gedanken an meine Penisschlappe erstmals nicht mehr ganz so, wie soll ich sagen, geladen bin.

WILLKOMMEN IN DER RUDI-DUTSCHKE-STRASSE!

Den Wunsch von Bascha Mika, Lieblingsfeind der taz zu bleiben, erfülle ich ihr gern.

Fünf Jahre später, 2008, zieht BILD von Hamburg nach Berlin, und zwar in das Springer Verlagsgebäude vis-à-vis der taz. Die Bauarbeiten begannen 1959 neben der Ruine der im Zweiten Weltkrieg zerstörten Jerusalemkirche, direkt an der Sektorengrenze zwischen West und Ost. Als das 78 Meter hohe Gebäude 1966 eingeweiht wurde, hatte sich zwischenzeitlich die Berliner Mauer, die 1961 gebaut wurde, direkt davorgeschoben und machte das golden schimmernde Hochhaus zum leuchtenden Mahnmal für Frieden und Freiheit und für den unerschütterlichen Glauben des Verlegers Axel Springer an die Wiedervereinigung: ein *Lighthouse of Freedom* – wie es Springer nannte.

Dieser Name war nicht nur Symbolik, er entsprach den Fakten. Denn kurz nach dem Mauerbau diente die Baustelle mit Wissen Springers als Ausgangspunkt eines Tunnels, durch den Helfer vielen Menschen die Flucht von Ost- nach Westberlin ermöglichten.

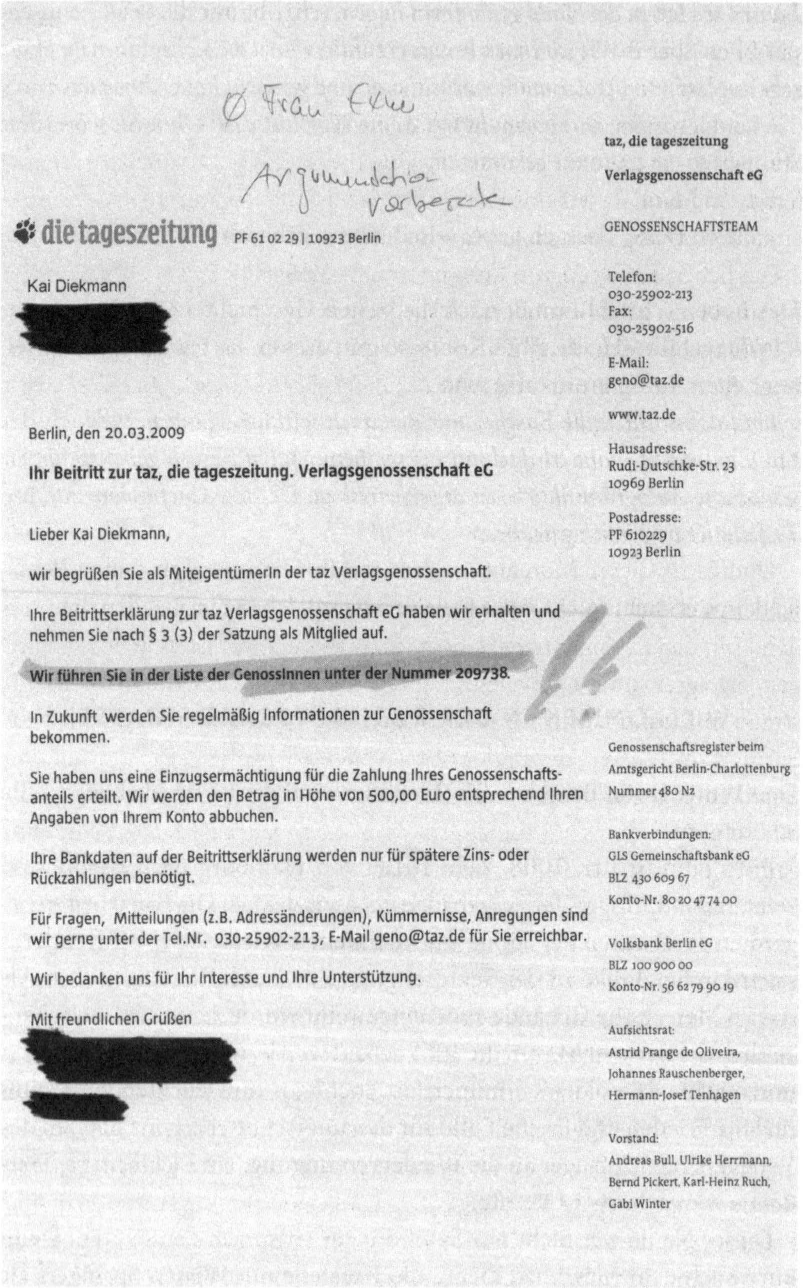

Argumentation vorbereiten

die tageszeitung PF 61 02 29 | 10923 Berlin

Kai Diekmann
[redacted]

Berlin, den 20.03.2009

Ihr Beitritt zur taz, die tageszeitung. Verlagsgenossenschaft eG

Lieber Kai Diekmann,

wir begrüßen Sie als MiteigentümerIn der taz Verlagsgenossenschaft.

Ihre Beitrittserklärung zur taz Verlagsgenossenschaft eG haben wir erhalten und nehmen Sie nach § 3 (3) der Satzung als Mitglied auf.

Wir führen Sie in der Liste der GenossInnen unter der Nummer 209738.

In Zukunft werden Sie regelmäßig Informationen zur Genossenschaft bekommen.

Sie haben uns eine Einzugsermächtigung für die Zahlung Ihres Genossenschaftsanteils erteilt. Wir werden den Betrag in Höhe von 500,00 Euro entsprechend Ihren Angaben von Ihrem Konto abbuchen.

Ihre Bankdaten auf der Beitrittserklärung werden nur für spätere Zins- oder Rückzahlungen benötigt.

Für Fragen, Mitteilungen (z.B. Adressänderungen), Kümmernisse, Anregungen sind wir gerne unter der Tel.Nr. 030-25902-213, E-Mail geno@taz.de für Sie erreichbar.

Wir bedanken uns für Ihr Interesse und Ihre Unterstützung.

Mit freundlichen Grüßen

[redacted]

taz, die tageszeitung
Verlagsgenossenschaft eG

GENOSSENSCHAFTSTEAM

Telefon:
030-25902-213
Fax:
030-25902-516

E-Mail:
geno@taz.de

www.taz.de

Hausadresse:
Rudi-Dutschke-Str. 23
10969 Berlin

Postadresse:
PF 610229
10923 Berlin

Genossenschaftsregister beim Amtsgericht Berlin-Charlottenburg Nummer 480 Nz

Bankverbindungen:
GLS Gemeinschaftsbank eG
BLZ 430 609 67
Konto-Nr. 80 20 47 74 00

Volksbank Berlin eG
BLZ 100 900 00
Konto-Nr. 56 62 79 90 19

Aufsichtsrat:
Astrid Prange de Oliveira, Johannes Rauschenberger, Hermann-Josef Tenhagen

Vorstand:
Andreas Bull, Ulrike Herrmann, Bernd Pickert, Karl-Heinz Ruch, Gabi Winter

Endlich Genosse: Beitrittsbestätigung zur taz-Verlagsgenossenschaft

Vom 16. Stock des Verlags, in den wir einziehen, habe ich einen grandiosen Blick über die Hauptstadt; man sieht den Fernsehturm auf dem Alexanderplatz, den Reichstag, das Bundeskanzleramt – und natürlich auch das taz-Gebäude schräg gegenüber in der Kochstraße. Wir sind nur einen Steinwurf – in diesem Fall passt das Bild besonders gut – voneinander entfernt. Und nun, da wir uns jeden Tag im Blick haben, nimmt unsere Auseinandersetzung noch mal richtig an Fahrt auf.

Die lieben Kollegen von der anderen Straßenseite haben sich nämlich für uns etwas ganz Besonderes ausgedacht:

Willkommen in der Rudi-Dutschke-Straße!, erhalte ich einen Begrüßungsbrief. *Sie haben eine neue Anschrift bekommen, ohne umgezogen zu sein. Wir schicken Ihnen deshalb einige Umzugskarten, mit denen Sie Freunden, Verwandten und Bekannten Ihre neue Postadresse mitteilen können. Wir hoffen sehr, dass Sie sich über die Karten freuen, so wie wir als Ihre Nachbarn uns über die Rudi-Dutschke-Straße freuen.*

Ich kann es nicht fassen. Was für eine Chuzpe. Und gleichzeitig ziehe ich den Hut, den ich nicht habe. Gegen allen Widerstand ist es der taz gelungen, erfolgreich die Umbenennung der traditionsreichen Berliner Kochstraße in Rudi-Dutschke-Straße zu betreiben – zu Ehren des Enteignet-Springer-Aktivisten, der in der 68er-Studentenrevolte ganz vorn auf den Barrikaden gegen BILD stand. So frech und kreativ muss man erst einmal sein. Allerdings hat auch Springer nicht gepennt: Der alte Haupteingang in der Kochstraße war schon lange vor der Umbenennung in Rudi-Dutschke-Straße auf die andere Gebäudeseite verlegt worden – und zwar passenderweise in die Axel-Springer-Straße.

Ich denke, an dieser Stelle ist es Zeit für ein Bekenntnis: Tief in meinem Herzen bin ich Fan der taz, egal, wie blöd die immer zu mir sind. Ich sage immer, in Deutschland gibt es nur zwei echte Boulevardzeitungen – eine ganz große und ziemlich erfolgreiche, die BILD, und eine ganz kleine, die chronisch vor der Pleite steht, die taz. Was die Schlagzeilen angeht, stehen uns die lieben Kollegen in nichts nach. Als der deutsche Kardinal Joseph Ratzinger ins höchste Kirchenamt gewählt wird, titelt BILD: »Wir sind Papst!« Und die taz: »Oh, mein Gott!« Zur Wahl von Angela Merkel zur Bundeskanzlerin jubelt BILD: »Miss Germany!« Bei der taz heißt es: »Es ist ein Mädchen!« Manchmal sind die Genossen von gegenüber sogar besser als wir in ihren Schlagzeilen. Auf »Berlin kriegt keinen hoch«, als die

Eröffnung des BER-Flughafens wieder einmal verschoben werden muss, bin ich bis heute neidisch.

Es ist das Herz des taz-Fans, das hüpft, als wenige Monate später ein Formular auf meinem Schreibtisch landet. Zufall? Absicht? Ich weiß es bis heute nicht. Die taz wirbt um Mitglieder. Für 500 Euro, gern auch zahlbar in Raten à 25 Euro, kann ich Miteigentümer der taz-Verlagsgenossenschaft werden. Als weiterer betriebswirtschaftlicher Anreiz winken tolle Prämien: ein taz-Badetuch, ein taz-Weinpaket, ein taz-Rucksack oder ein tazPresso-Set.

Na, da lasse ich mich doch nicht zweimal bitten.

Mein neues Leben als taz-Genosse mit der Mitgliedsnummer 209738 macht mich stolz. Leidenschaftlich und vor allem ungefragt beteilige ich mich an jeder Debatte der Mitgliedergenossenschaft. Eine taz-Veranstaltung zu deutsch-deutschen Begegnungen im sandinistischen Nicaragua? Wie bitte?

Die Unterstützung der verrückten Sandinistas durch nicht minder verrückte Ost- und West-Deutsche hat mich schon damals maßlos geärgert, schreibe ich empört. *Gerade weil diese Unterstützung Staatsdoktrin der DDR war. Ich bin auf mein Einreiseverbot in die DDR nach wie vor stolz!*

Mit genossenschaftlichen Grüßen (oder sagt man »Glück auf«?)

Kai Diekmann

Selbst in Anzeigenkampagnen reite ich den Stiefel, jetzt stolzes taz-Mitglied zu sein – natürlich in ganzseitigen Anzeigen für die und in der taz:

»BILD ist wirklich offen. Selbst ein Genosse kann hier Chefredakteur sein!«, lautet der Slogan. Darunter ein Foto von mir im Streberanzug mit Gel-Frisur, die Faust zum revolutionären Gruß gereckt.

Ich fürchte, spätestens jetzt erschießen die sich bei der taz.

Und dann ist der Tag gekommen: meine allererste Genossenschaftsversammlung live und in Farbe. Schon am Morgen fühle ich mich wie das Kind unterm Weihnachtsbaum. Zur Feier des Tages habe ich mich in einen knallroten Hoodie gezwängt, auf der Brust mein eigenes Konterfei im Che-Guevara-Style.

Im Saal: an die 200 taz-Genossen, viele Studienräte und Berliner Taxifahrer mit Uni-Abschluss in Soziologie.

Thema für die Versammlung ist auch der Führungswechsel bei der taz: Für Bascha Mika kommt Ines Pohl. Kaum bietet sich die Gelegenheit zum

Genosse Diekmann im Che-Guevara-Kai-Hoody: bei meiner ersten taz-Genossenschaftsversammlung

Mitreden, stehe ich auf und trete ans Mikro: »Guten Tag, mein Name ist Kai Diekmann«, gebe ich mich leutselig. »Jetzt wurde hier die ganze Zeit die Ära von Bascha Mika gelobt, da hätte es mich gefreut, wenn in dem Zusammenhang auch die Feindes-taz unter meiner Führung Erwähnung gefunden hätte; als bis dato erfolgreichste taz aller Zeiten.«

»Buh!«, ruft es aus der Reihe hinter mir.

Ich fahre voller Enthusiasmus fort: »Deswegen möchte ich das an dieser Stelle nachholen und mich selber ausdrücklich loben für meine großartige Arbeit.«

»Aufhören!«, fordert ein anderer.

Es lässt sich nicht leugnen: Am allermeisten Freude an meiner taz-Genossenschaft habe ich selbst. Die tazler selbst tun sich mit mir als ihrem neuen Genossen da deutlich schwerer.

Natürlich bekomme ich nach der Genossenschaftsversammlung die ganze Packung: Wie wenig er von mir hält, lässt mich Johannes »Jony« Eisenberg, der verbissene und spaßbefreite Anwalt der taz, mit dem ich es auch schon im Penis-Prozess zu tun hatte, wissen. Ich bekomme einen ziemlich heftigen Brief von ihm, aus dem ich an dieser Stelle aus persönlichkeitsrechtlichen Gründen nicht zitieren kann. Lassen Sie mich so viel sagen, ich bin definitiv nicht sein Typ.

Dabei hatte ich doch extra einen Button an meiner Brust getragen mit seinem Foto und dem sachdienlichen Hinweis: »I am not an Alien.«

Nun sind seit dem Penis-Prozess ein paar Jahre vergangenen, ich habe meine Lektion gelernt und explodiere nicht gleich bei jeder Provokation.

Und wenn man's genau nimmt, ist Eisenberg, jetzt wo ich taz-Genosse bin, auch mein Anwalt. Ich antworte ihm:

Lieber Jony,

als taz-Mitgenosse, gleichsam Hand in Hand für Zeitung und Zukunft marschierend, sollten wir zum genossenschaftlichen Du übergehen. Das macht den Umgang so viel unverkrampfter und ehrlicher, wie es bei den Linken eben so üblich ist!

Mit Gruß von Genosse zu Genosse!

Dein Kai

FRIEDE SEI MIT DIR

Und damit kommen wir wieder zu der grauen unansehnlichen Mauer am taz-Gebäude, von der ich Ihnen, liebe Leserinnen und Leser, schon erzählt habe.

An einem ungemütlichen Sonntagmorgen im November 2009 bekomme ich zu Hause am Küchentisch in Potsdam einen Anruf von Tobias Fröhlich, BILD-Pressesprecher meines Vertrauens: In der Nacht sei an die Ostfassade des taz-Gebäudes, die man vom Springer-Verlag aus gut sehen kann, eine riesige Skulptur genagelt worden. Sie zeigt einen splitternackten, nur mit weißen Socken und braunen Slippern bekleideten Mann, dessen XXL-Penis – erste Schätzungen gehen von 16 Metern aus – sich kobraartig fünf Stockwerke hochschlängelt.

»Du musst tapfer sein, Kai«, informiert mich Tobias, sein fröhliches Glucksen kann er kaum unterdrücken, »dieser Kerl an der Wand sieht dir sehr, sehr ähnlich.«

Das exquisite Kunstwerk trägt, wie sich herausstellt, den beziehungsreichen Namen »Friede sei mit Dir« und stammt von Peter Lenk, einem Bildhauer vom Bodensee, der mit seinen Nacktskulpturen auch schon Angela Merkel, Gerhard Schröder und Edmund Stoiber verewigt hat.

Wie gesagt: Nach dem Penis-Prozess bin ich inzwischen nicht mehr so doof, der taz auf den Leim zu gehen, vor Wut zu platzen und gegen das Penis-Denkmal zu klagen. Ich denke gar nicht daran. Im Gegenteil: Offenbar scheint der Penis-Streit von 2002 für die taz allmählich zum Gründungsmythos zu werden. Ich kann mein Glück kaum fassen.

Ich mache lustige Selfies mit meinem Denkmal und poste diese fortan im Netz. Mal schreibe ich stolz drunter: »Gelungen, oder? Sieht mir doch ähnlich!« Ein anderes Mal ganz traurig: »Abschied von mir selbst.« Denn ich werde ja im Juli 2012 für ein Jahr ins Silicon Valley gehen.

Mit ihrem Werk hat die taz bewiesen, dass auch meine Lieblings-Linken zum Lachen nicht ausschließlich in den Keller gehen, verkünde ich: *Das ist der Höhepunkt einer ganz neuen Sinnlichkeit und Fleischeslust, die ich so bei der taz nicht vermutet hätte.*

Bei den taz-Lesern kommt der Riesenschniepel an ihrer Vereinswand allerdings nicht ganz so gut an. Ich weiß das, weil ich natürlich fleißig alle Leserbriefe in der taz studiere:

»Unmöglich, pervers, primitiv«, wird hier geschimpft.

Einer anderer erklärt empört: »Ich wollte eigentlich noch taz-Anteile nachkaufen, aber an so einem pubertären Kasperletheater mag ich mich nicht beteiligen.«

Mir hingegen wird dieser Tage sehr viel Liebe und Anerkennung zuteil: »Glücklicher Kai! Die taz ist endgültig und absolut Deine taz«, lobt ein Leser. »Kai ist unser Kai, dessen über uns allen thronenden Penis wir nun göttergleich anbeten.«

So oder so, es hagelt Abo-Kündigungen. Bei der taz.

Die taz hat die Rechnung zudem ohne die Wirtin gemacht. Ines Pohl, frischgebackene Chefredakteurin, ist ins Penis-Projekt nicht eingeweiht gewesen und wird nun, erst kurze Zeit im neuen Amt, vor harte Fakten gestellt. Sie tut mir fast leid: Deutschland hat eine neue Regierung, es wird über Klimagipfel und Betreuungsgeld gestritten – und die Chefredakteurin, eine engagierte Feministin, muss ihren Leitartikel ausgerechnet meinem besten Stück widmen.

Wie viel Schwanz muss sein?, fragt sie empört. *Geht es nach dem Künstler Peter Lenk, dann soll ich mein Fahrrad jetzt für zwei Jahre jeden Morgen unter einem sechs Meter langen Pimmel abschließen, unter zwei recht prallen Hodensäcken also mein Tagwerk beginnen. Was für eine klägliche Provokation. Wie öde. Ich habe schlicht keine Lust auf diese aufgeblasene Spießigkeit, die sich um den ewig traurigen Männermachtkampf dreht: Wer hat den Längeren? Und bitte: Kai Diekmanns Erektionsprobleme sind publizistisch von sehr nachgeordneter Relevanz.*[4]

Für mich ist die ganze Geschichte wie ein Elfmeterschießen, bei dem jemand das Tor fünf Meter breiter gemacht und den Torwart weggeschickt hat. So schreibe ich sogleich an die taz:

Liebe Genossen,

ich muss mich heute in einer Angelegenheit an Sie wenden, die das Wohl der Genossenschaft auf das Höchste gefährdet und deshalb keinen Aufschub duldet: Ich bin in großer Sorge. Ganz offensichtlich sind sehr viele Leser und teilweise auch erklärte taz-Genossen mit unserem Kurs unzufrieden und glauben, dass wir mit dem Anbringen des Kunstwerks von Peter Lenk am Berliner Verlagshaus einen großen Fehler begangen haben. Von Abo-Kündigungen und sogar Genossenschafts-Austritten ist die Rede. Wenn auch nur einem Teil dieser Worte Taten folgen, dann rückt unser Ziel der Gewinnung des 9.000. Genossen bis zum Jahresende in weite Ferne. Da die Redaktion selbst in dieser Frage ebenfalls offensichtlich gespalten ist, halte ich es für unabdingbar, dass die Umstände, Kosten, Folgen und die Zukunft des Kunstwerks im Rahmen der Genossenschaft diskutiert werden.

Ich vergieße jede Menge Krokodilstränen und stelle den Antrag auf eine außerordentliche Sitzung, »um weiteren Schaden von der taz abzuwenden«.

Als gewissenhafter Genosse frage ich mich nämlich, ob für die Skulptur etwa Genossenschaftsgelder verschleudert wurden. taz-Geschäftsführer Karl-Heinz »Kalle« Ruch belehrt mich umgehend:

Sehr geehrter Genosse Diekmann,

der Vorstand kann Ihrem Antrag auf Einberufung einer Generalversammlung nicht entsprechen. Dafür sind zehn Prozent der Genossen notwendig, die Ihren Antrag unterstützen.

Ich müsste also noch 892 Mitstreiter einsammeln. Wird eng.

Zu Besuch bei meiner Penis-Skulptur: Wer hat das schon, ein Denkmal zu Lebzeiten, mitten im Herzen von Berlin?

Keine 24 Stunden später bringt der taz-Vorstand mit einem Blitzvotum den »Phall zu Fall«[5] und beschließt mit drei zu zwei Stimmen, den taz-Ständer an der Genossenfassade abbauen zu lassen:

Wir wissen es zu schätzen, dass der taz eine Fassadengestaltung geschenkt wurde. Allerdings sehen wir ein Problem: Es scheint uns nicht die primäre Aufgabe der taz zu sein, sich mit der Person Kai Diekmann auseinanderzusetzen.

Inmitten des ganzen Getöses wird vor dem Rudi-Dutschke-Haus dann auch noch eine kostenlose taz-Sonderausgabe verteilt. Sie trägt den Titel:

Wir sind Schwanz! Die Redaktion verlangt: Der Pimmel über Berlin muss bleiben! Keine Kastration des öffentlichen Raumes! Keine Amputation der Kunst!

Zwei Tage später statte ich taz-Chefin Ines Pohl einen Besuch ab. »Du musst die Hände über den Kopf nehmen und ein weißes Tuch schwenken, Kai!«, hat mir mein Büroleiter beim Verlassen unseres Verlagshauses empfohlen. Noch immer wird drüben gerätselt, ob und welche subversiven taz-Redakteure für die taz-Sonderausgabe verantwortlich sind. Als Geschenk überreiche ich der lieben Frau Pohl einen hübschen Bilderrahmen. Darin nicht, wie man vielleicht vermuten könnte, ein großes Foto vom kleinen Kai – sondern die Druckplatte der taz-Sonderausgabe »Wir sind Schwanz«. Die ist natürlich Fake, stammt mitnichten aus der Redaktion der taz, sondern aus der BILD-Giftküche.

Pohl macht ein etwas komisches Gesicht. Ich würde sagen, freudige Überraschung sieht anders aus. Eher wirkt es so, als hätte sie mit Essig gegurgelt.

Und dann meldet sich mitten in die Gemengelage hinein auch noch der Schöpfer des Schwanzes höchstselbst zu Wort, um mal eben klarzumachen, wer Hand an sein Ding lege, den komme das teuer zu stehen:

Sollte das Zentralkomitee der taz die Genehmigung im Nachhinein für ungültig erklären, werde ich um Pimmelswillen das Relief überhaupt nicht mehr abbauen[6], schnaubt Peter Lenk vom Bodensee nach Berlin.

Und ergänzt, dass er die Diekmann'sche Pseudo-taz eigentlich ganz lustig findet.

Nun gibt es auf den Medienseiten der Republik kein Halten mehr: Einschaltquoten, Intendantenwechsel, BILD-Schelte – egal. Alle beackern nur noch ein Thema: den Pimmel über Berlin. Die lieben taz-Genossen kommen dabei leider nicht gut weg. Mit gutem Grund, muss man sagen. Denn wo es jetzt um sie selbst geht, reagieren sie so empfindsam und humorlos, als seien sie soeben einem Pensionat für höhere Töchter entsprungen. Tief in vielen tazlern steckt eben doch ein Spießer. Ich bin – ich gebe es zu – an dieser Stelle nur noch brutalstmöglicher Voyeur: Ich kann einfach nicht wegschauen, wie sich die Redaktion rund um Ines Pohl vor meinen Augen selbst zerfleischt. Herrlich.

Weil etliche Genossen den Befehl von oben autoritär, gar nicht basisdemokratisch und auch sonst doof finden, kommt es zur außerordentlichen Betriebsversammlung. Und ich denke: Schluss mit den Nickeligkeiten. Meine Lieblingsfeinde von der taz brauchen mich jetzt!

»Wenn es zu einer Gewaltorgie kommt und Ines Pohl dies als Chefredakteurin nicht überleben sollte, stehe ich selbstverständlich als Interimslösung jederzeit zur Verfügung«, biete ich in einem Interview meine Hilfe an.

Man darf sich Kai Diekmann dieser Tage als glücklichen Menschen vorstellen, schreibt Michael Hanfeld in der FAZ: *Er treibt sein Lieblingshassmedium vor sich her, das ihn seit Jahren als Lieblingshassfigur verfolgt. Er karikiert sie bis zur Kenntlichkeit und setzt auf eine Satire, die vom Boulevard nicht mehr zu unterscheiden ist. Und den intelligenten, ironisch gebrochenen Boulevardjournalismus macht ihm keiner nach. So hart und unerbittlich BILD sein kann, so spielerisch leicht nimmt Diekmann seine Gegner auseinander, indem er sie an den journalistischen Maßstäben misst, die taz und andere für sich in Anspruch nehmen, gleich, was sie tun. Ihr alle seid BILD, zeigt er ihnen, zuletzt mit einer nachgemachten Satire-taz, die den unterleibsgrotesken Titel trägt »Wir sind Schwanz!«*[7]

Der SPIEGEL, mir sonst in herzlicher Abneigung zugetan, kommentiert:

Verkehrte Welt in der Rudi-Dutschke-Straße. Die Mannschaft, die gern von sich behauptet, dass es ihre Aufgabe sei, die Verhältnisse zum Tanzen zu bringen, steht mit dem Rücken zu einer Wand, die sie selbst hat dekorieren lassen. Während sie von den vermeintlichen Betonköpfen des Großkonzerns mit den Mitteln moderner Spaß-Guerilla aufgerieben wird. Wer in diesen Tagen auf das seltsame Treiben in Berlins bekanntester Zeitungsstraße blickt, muss aufpassen, nicht völlig die Orientierung zu verlieren: Wer sind hier eigentlich die Spontis? Und wer die Spießer?[8]

Kann man nach so einer Geschichte irgendwann wieder nett miteinander sein? Sich grüßen, wenn man sich auf der Rudi-Dutschke-Straße zufällig trifft?

Man kann.

Zum Weltfrauentag ein paar Jahre später taucht Ines Pohl mit taz-Kolleginnen in der BILD-Redaktion auf und serviert den männlichen Kollegen Kaffee.

P.S.:

Eigentlich sollte der Penis die taz-Fassade nur zwei Jahre schmücken. Daraus sind bis zum heutigen Datum 13 Jahre geworden. Lenks Kunstwerk gehört zu den Sightseeing-Touren in Berlin, japanische Touristen und Schulkinder stehen kichernd davor. Es wird in Stadtführern beschrieben, ist ein beliebtes Insta-Motiv. Und auch ich besuche mich regelmäßig und schaue, wie es mir geht. Wer hat das schon, ein Denkmal zu Lebzeiten, mitten im Herzen von Berlin? Leider kann die taz-Redaktion den späten Erfolg ihres eigenwilligen Kunst-Invests nicht mehr genießen, die ist längst weggezogen.

P.P.S.:

»Bitte nicht! Nobelpreis für Helmut Kohl«, lautet eine taz-Schlagzeile Jahre später.

Wenn der Altkanzler tatsächlich den Friedensnobelpreis bekommt, wird seinem Busenfreund und BILD-Chefredakteur Kai Diekmann dermaßen einer abgehen, dass die gesamte Berliner Rudi-Dutschke-Straße von einem milchigen Schleim überflutet würde. Und wer macht die Sauerei dann weg? Das Nobelpreiskomitee? Helmut Kohl? Kai Diekmann ganz sicher nicht.

So richtig raus aus ihrer Eis-am-Stil-Phase scheinen mir die lieben Kollegen damals immer noch nicht gekommen zu sein.

Weltfrauentag 2012: taz-Chefin Ines Pohl serviert den BILD-Kollegen Kaffee, ich revanchiere mich mit einem Foto des allerletzten Seite-eins-Girls.

Plaudern mit Altkanzler Helmut Kohl beim Neujahrsempfang des Axel Springer Verlags in Berlin im Januar 2005

VIER

KIND IM HAUSE KOHL

Meine Jahre mit dem Kanzler der Einheit

Ich habe immer gewusst, dass dieser Moment eines Tages kommen würde. Eigentlich hätte es in den vergangenen Jahren jederzeit passieren können.

Als ich an diesem Freitagmorgen auf mein Handy schaue, zeigt es vier verpasste Anrufe an – alle innerhalb der letzten Stunde, alle von Maike Kohl-Richter, der Frau von Helmut Kohl.

Beklommen drücke ich auf Rückruf.

»Er ist tot, er ist tot, er ist tot«, schluchzt sie. Ihre Stimme klingt verzweifelt.

»O Gott, Maike!« Ich fühle mich hilflos, unfähig, sie zu trösten. Mir wollen die richtigen Worte nicht einfallen. Das, was ich ihr so gerne sagen würde, bleibt in dieser Sekunde ungesagt. Dass ich mir nicht vorstellen kann, dass Helmut nicht mehr sein soll. Dass ich unendlich traurig bin. Dass ein riesiger Kloß in meinem Hals steckt. Doch egal, wie oft mich der Gedanke an diesen gefürchteten Augenblick in der Vergangenheit bereits beschäftigt hat – den Umgang mit dem Tod kann man nicht proben. Alle meine Gedanken bleiben in diesem Moment unausgesprochen.

Maike scheint unter Schock zu stehen: »Ich brauche deine Hilfe«, sagt sie.

»Ich mache mich sofort auf den Weg«, verspreche ich und denke: Meine Güte, wie nüchtern klinge ich.

Es ist Freitag, der 16. Juni 2017, kurz nach zehn.

Als Journalist habe ich mein ganzes Leben lang immer wieder Situationen erlebt, in denen ich meinen Gefühlen gerne freien Lauf gelassen hätte. Gerne geheult hätte. Vielleicht laut gelacht. Oder mal schlicht meine Angst gezeigt. Aber da geht es mir wie dem Unfallchirurgen, der auch nicht eine Runde weinen kann, wenn ein Kind auf seinem OP-Tisch landet. Das mag sehr kalt wirken, aber: Wenn du nicht im richtigen Augenblick den Schalter von Herz auf Hirn, von Emotion auf Ratio umlegst, bist du unfähig, dir Hunderte Bilder vom Terroranschlag auf das World Trade Center anzuschauen. Oder vom Tsunami in Thailand. Oder den ertrunkenen Flüchtlingsopfern aus Syrien. Die Aufgabe eines Journalisten ist es nicht zuvorderst, Mitleid zu empfinden, sondern zu berichten, was ist und was passiert. Über die Jahre habe ich mir allerdings angewöhnt, das Mitleid, das ich als Journalist nur bedingt zeigen und zulassen darf, als Mensch aber natürlich empfinde, in mich reinzufressen. Vielleicht hätte ich anders so viele Jahre in diesem Job gar nicht überstanden. Manchmal hat es mich dabei fast zerrissen.

So an diesem Morgen.

Der Schalter steht auf Kopf.

Wenn ein Staatsmann wie Helmut Kohl stirbt, dann ist das natürlich nicht nur eine private Angelegenheit. Da gibt es vieles zu bedenken: Wann wird die Todesnachricht bekannt gegeben? Wer muss vorab informiert werden? Bislang weiß niemand vom Tod des Altkanzlers. Bevor da irgendetwas geschieht, muss ich ganz schnell in Ludwigshafen sein.

Mit ganz schnell ist das an diesem Tag so eine Sache. Der Abflug aus Berlin gestaltet sich nervenaufreibend. Mein Büro, seit Jahren geübt im Krisenmanagement, hat in Lichtgeschwindigkeit eine Privatmaschine aufgetrieben, die mich nach Mannheim bringen soll.

Aber: Als das Flugzeug in Berlin-Schönefeld auf dem Rollfeld landet, um mich abzuholen, platzt beim Aufsetzen ein Reifen. Damit ist es nicht mehr einsatzfähig. Es dauert, bis eine zweite Maschine organisiert ist – deren Crew verfährt sich mit dem Taxi auf dem Weg zum Geschäftsterminal GAT. Nervös laufe ich im Wartebereich auf und ab. In meinem Kopf setze ich die Bilder und Erinnerungen der letzten Monate wie ein Puzzle zusammen.

Helmut Kohls 87. Geburtstag im April. Er ist gerade zurück von einem kurzen Klinikaufenthalt in der Heidelberger Uni-Klinik, sitzt im Roll-

Geburtstagsbesuch 2016: Mit Helmut Kohl in seinem Garten in Ludwigshafen, in dem ein Originalstück der Berliner Mauer steht.

stuhl im Garten seines Hauses. Die Frühlingssonne scheint ihm warm ins Gesicht, in den Blumenbeeten summen Insekten. Er lächelt seine Frau an, sie legt ihre Stirn an seine. Sein Gesicht, von Alter und Krankheit gezeichnet, leuchtet. Ich sehe einen zutiefst glücklichen Menschen. Und auch einen unendlich müden.[1] Hätte ich ahnen können, dass es das letzte Mal ist, dass ich ihn lebend sehen würde? Hier in der Abflughalle zieht sich mir das Herz zusammen.

Als Kohl Kanzler wurde, war ich ein 18-jähriger Schüler. Und Chefredakteur, als er aus dem Kanzlerbungalow wieder auszog. Dieser Mann hat mich mein ganzes erwachsenes Leben lang begleitet. Und nicht nur aus der Ferne: Über die Jahre fingen wir an, uns mehr und mehr zu vertrauen. Er wurde mir Ratgeber, dann väterlicher Freund. Und plötzlich war es auch andersherum: Er suchte dann und wann meinen Rat, meine Hilfe. Vor allem in sehr persönlichen Angelegenheiten, mit denen umzugehen er nie gelernt hatte. Er war eben zeitlebens der Staatsmann, der Kanzler der Einheit: im Großen großartig – im Kleinen, im Privaten, überfordert.

Mittlerweile sitze ich in der zweiten Maschine, deren Crew nun doch den Flughafen gefunden hat. Gratulation. Es ist bereits 14.40 Uhr. Als wir endlich unsere Flughöhe in 10 000 Metern erreicht haben, teilt mir der

Kapitän mit, dass unser Flugzeug zu groß ist, um auf dem Mannheimer Rollfeld zu landen. Wir werden umgeleitet nach Frankfurt. Hatte ich gehofft, mit einer Privatmaschine so schnell wie möglich nach Ludwigshafen zu kommen, muss ich jetzt feststellen: Mit einer Linienmaschine wäre ich schneller gewesen. Meine Nerven sind zum Zerreißen gespannt, ich schaue aus dem Fenster auf die Wolkendecke unter mir. Mit dem Schalterumlegen ist das so eine Sache ...

DREI FRAGEN UND EIN FUSSMARSCH

Ich weiß, über meine Beziehung zu Helmut Kohl ist viel spekuliert, getratscht, geschrieben, gemunkelt und gespottet worden. Für die einen war ich sein Pressesprecher, für die anderen sein rasender Untertan.

Wahr ist: Ich war 17, als ich ihn das erste Mal interviewte – und zwar als Chefredakteur einer Bielefelder Schülerzeitung namens Passepartout. Es ist die Zeit des NATO-Doppelbeschlusses, die Zeit heftigster politischer Auseinandersetzungen um die geplante Stationierung von amerikanischen Mittelstreckenraketen in Europa. Und es ist die Zeit, in der ich beginne, mich brennend für Politik zu interessieren.

Kohl ist damals noch Oppositionsführer – und Passepartout inmitten von *Frieden schaffen ohne Waffen* und linken Schülermilieus ein gegen den Strich gebürstetes konservatives Schülerzeitungs-Einhorn. Durch Anzeigen finanziert und komplett kostenlos, sind wir mit einer Auflage von 30 000 Exemplaren die größte Schülerzeitung in Nordrhein-Westfalen.

Das allein wäre wahrscheinlich noch kein Grund für Kohl, sich mit mir abzugeben. Aber! Ich habe noch ein Ass im Ärmel. Ich bin nämlich auch stellvertretender Vorsitzender der Jungen Union Bielefeld mit mehr als 1000 Mitgliedern. Das ist mein Ticket, dem örtlichen Bundestagsabgeordneten der CDU, Reinhard Meyer zu Bentrup, Landwirt mit Uni-Abschluss und Doktortitel, so lange auf die Nerven zu gehen, bis der mir einen Kontakt zu Helmut Kohl herstellt.

So reise ich also mit dem Zug in die Bundeshauptstadt Bonn, wo Kohl als CDU/CSU-Fraktionsvorsitzender im Bundestag sein Chefbüro hat. Er wummst regelrecht ins Vorzimmer – ein Riese von über eins neunzig, den ich bislang nur aus dem Fernsehen kenne. Für mich, den Schüler aus Bielefeld, ist er in echt noch viel beeindruckender.

Schüchterner Fanboy in Tweedjackett und Gymnasiastenpulli: Als 17-Jähriger mit Helmut Kohl beim Interview für meine Schülerzeitung Passepartout

Ziemlich lange haben Reinhard Meyer zu Bentrup und ich auf der Besuchercouch gewartet. Kohl schaut etwas irritiert, offensichtlich hat er einen ganzen Trupp an Redakteuren erwartet, nicht nur diesen schüchternen jungen Fanboy in Tweedjackett und Gymnasiastenpulli, der kaum ein Wort rauskriegt.

Aber dann geht es ratzfatz. Ich will jede Sekunde nutzen und stottere meine Fragen raus: »Herr Dr. Kohl, ist die Jugend wirklich so schlecht wie ihr Ruf?«

Ich gebe zu: Was für eine schleimige Frage. Aber Helmut Kohl lässt sich nichts anmerken.

»Zunächst einmal kann ich gar nicht bestätigen, dass die Jugend generell in einem schlechten Ruf steht. Es spricht sogar einiges eher für das Gegenteil«, antwortet er staatstragend.

Ich habe das Gefühl, es ist Zeit für die nächste untertänige Frage: »Lernen die deutschen Schüler zu lange?«

Helmut Kohl nimmt die Frage würdevoll entgegen: »Ein schwerer Fehler – im Vergleich zu anderen Ländern treten deutsche Jugendliche viel zu spät in das Berufsleben ein.«

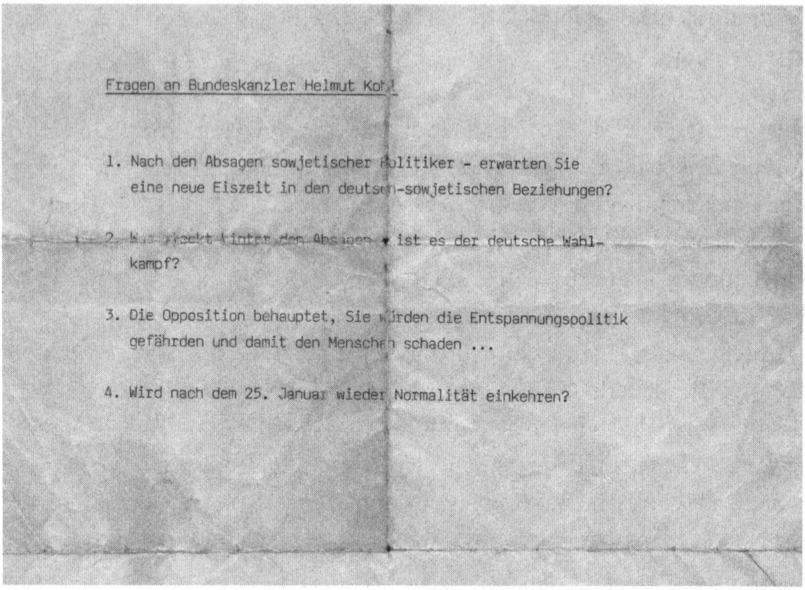

Fragen an Bundeskanzler Helmut Kohl

1. Nach den Absagen sowjetischer Politiker - erwarten Sie eine neue Eiszeit in den deutsch-sowjetischen Beziehungen?

2. Was steckt hinter den Absagen - ist es der deutsche Wahlkampf?

3. Die Opposition behauptet, Sie würden die Entspannungspolitik gefährden und damit den Menschen schaden ...

4. Wird nach dem 25. Januar wieder Normalität einkehren?

Mein Fragenzettel für mein kurzes Interview mit Helmut Kohl im Auto 1986

Jetzt laufe ich erst recht zur investigativen Hochform auf und gebe alles: »Herr Dr. Kohl, sehen Sie eine bedenkliche Entwicklung für unsere Sicherheit, wenn immer mehr Jugendliche den Zivildienst dem Dienst in der Bundeswehr vorziehen?« Zum Fremdschämen, ich geb's zu. Sind natürlich alles keine Interviewfragen, die ich hier stelle, das sind Stichworte.

Aber Kohl denkt gar nicht daran, sich auf mein plattes Niveau einzulassen: »Wer seine Pflicht in der Bundeswehr tut, verdient unseren Respekt und unsere Anerkennung, nicht zuletzt, weil er damit auch die Freiheit und das Recht jener schützt, die aus wirklichen Gewissensgründen den Dienst mit der Waffe verweigern.«

Zum Abschluss unserer glorreichen Interviewpremiere gibt es für mich noch ein Souvenir aus Kohls Asservatenkammer: ein braunes Leder-Portemonnaie mit geprägter Unterschrift und CDU-Logo. Ich nehme es andächtig entgegen.

Erst fünf Jahre später, 1986, werden wir uns ein zweites Mal begegnen. Helmut Kohl ist mittlerweile Bundeskanzler. Ich habe es zum Volontär bei BILD gebracht. Nach einer Veranstaltung in Köln lauere ich ihm auf.

»Nur ein paar kurze Fragen, Herr Bundeskanzler …!«, rufe ich laut, während sich Kohl, abgeschirmt von Leibwächtern, zu seinem Auto vorarbeitet, einer gepanzerten Mercedes-S-Klasse-Limousine. Er steht gerade massiv in der Kritik, weil er in einem Journalistengespräch den Generalsekretär der KPdSU Michail Gorbatschow mit Hitlers Propagandachef Joseph Goebbels verglichen hat. Die Empörung schlägt enorme Wellen, das Kanzlerauto wird von einer Pressemeute umlagert.

Und dann dieser Moment: Kohl mustert mich. Schon klar, was er sieht: einen jungen Typen mit wilder Haarmatte, der sich nach vorne gedrängelt hat wie der Hund zum Futternapf.

»Steig ein.« Der Kanzler deutet auf den Beifahrersitz. Hat er mich erkannt? Mit Sicherheit nicht. Aber irgendwer wird ihm geflüstert haben, dass ich von BILD bin. Ich denke nicht eine Sekunde nach, ziehe die schwere Panzertür auf und springe in den Wagen. Und dann fahren wir los.

Kohl sitzt im Fond zusammen mit seiner Ehefrau Hannelore, die mich fortan wegen meiner Haare nur noch Beethoven nennen wird. Am Steuer sein Fahrer und Vertrauter Ecki Seeber.

Es geht schnurstracks im Konvoi auf die Autobahn Richtung Bonn. Vor uns Polizei. Hinter uns ein weiterer Wagen des BKA.

Ich fummele den Zettel hervor, auf dem ich mit der Schreibmaschine meine Fragen zusammengehackt habe.

Ich denke nicht nach, ich mache einfach. Da ist eine Stimme, die ruft: »Los! Er hat dich nicht rausgeschmissen, jetzt oder nie, Kai!«

»Herr Bundeskanzler Kohl, nach der Besuchsabsage sowjetischer Politiker – erwarten Sie eine neue Eiszeit in den deutsch-sowjetischen Beziehungen?«

»Ich gehe davon aus, dass wir im nächsten Jahr allem Schlachtengetöse zum Trotz – und das hat sicher auch mit der bevorstehenden Bundestagswahl zu tun – die eigentliche Konferenz zwischen Gorbatschow und Reagan haben werden. Dann wird sich das, was sich da jetzt an Verschärfung zeigt, legen.«

Ich bin wie im Fieber, halte ihm mein Tonband hin, kann nicht fassen, dass er ausgerechnet mir Antworten gibt auf Fragen, die aktuell das gesamte Land beschäftigen.

Und noch eine Frage.

Und noch eine.

Kohls Antworten kommen klar, prägnant. Immer wieder schaue ich nervös auf das Diktiergerät. Das rote Licht leuchtet.

»Halt da mal, Ecki!«, sagt Kohl plötzlich unvermittelt und deutet auf den Standstreifen.

Dann geht alles ganz schnell. Tür auf – und ich finde mich irgendwo auf der Autobahn hinter einer Leitplanke wieder. Das ganze Abenteuer hat nicht länger als fünf Minuten gedauert. Wir sind noch nicht mal richtig aus Köln raus. Natürlich hat der Kanzler nicht vorgehabt, mich mit seinem Konvoi zurück in die Bonner BILD-Redaktion zu chauffieren. Für mich total okay.

Worte können nicht beschreiben, wie glücklich und stolz ich bin.

Ich würde jetzt auch barfuß zurücklaufen.

Die Jahre gehen ins Land, ohne dass wir uns ein weiteres Mal treffen. 1992 werde ich Politikchef von BILD und nehme wichtige Kanzlertermine natürlich persönlich wahr. Ich will nämlich nicht nur an meinem Schreibtisch sitzen und Texte von Kollegen redigieren, ich will Politik unmittelbar erleben, darüber schreiben.

Zu den wichtigen Kanzlerterminen zählen Auslandsreisen: nach Südafrika zu Nelson Mandela, nach Chicago zum WM-Spiel der Deutschen Nationalmannschaft, nach Russland zum Treffen mit Boris Jelzin, nach China, nach Indien, nach Singapur, nach Südkorea. Überall sitze ich hinten mit in der Maschine, wenn der deutsche Bundeskanzler samt Tross um den Globus reist. Links von mir der Kollege vom Stern, rechts der von der FAZ. Meistens sind wir eine Journalistenschar von etwa 30, die wenigsten kenne ich persönlich.

Für mich sind diese Reisen eine Offenbarung: Ich erlebe den Kanzler, wie ihn das Fernsehen nicht zeigt: Witzig, spöttisch, manchmal auch mürrisch und ungeduldig. Aber immer spannend. Einer, der in Tokio so lange Buchhandlungen abklappert, bis er eine Kohl-Biografie auf Japanisch findet. Der frivol kichert, wenn ihm der Präsident eines Inselstaats voller Stolz eine streng geheime Galerie mit Ölporträts von 100 splitternackten Inselschönheiten zeigt. Der abgeklärt konstatiert: »Ich habe jetzt eine veritable Leckt-mich-alle-mal-Einstellung«, wenn wieder jemand das Ende der Ära Kohl verkündet.

Kurzum: Es imponiert mir, wie unglaublich normal dieser Helmut Kohl ist, der mittlerweile der Kanzler der Einheit und damit schon längst eine Legende ist.

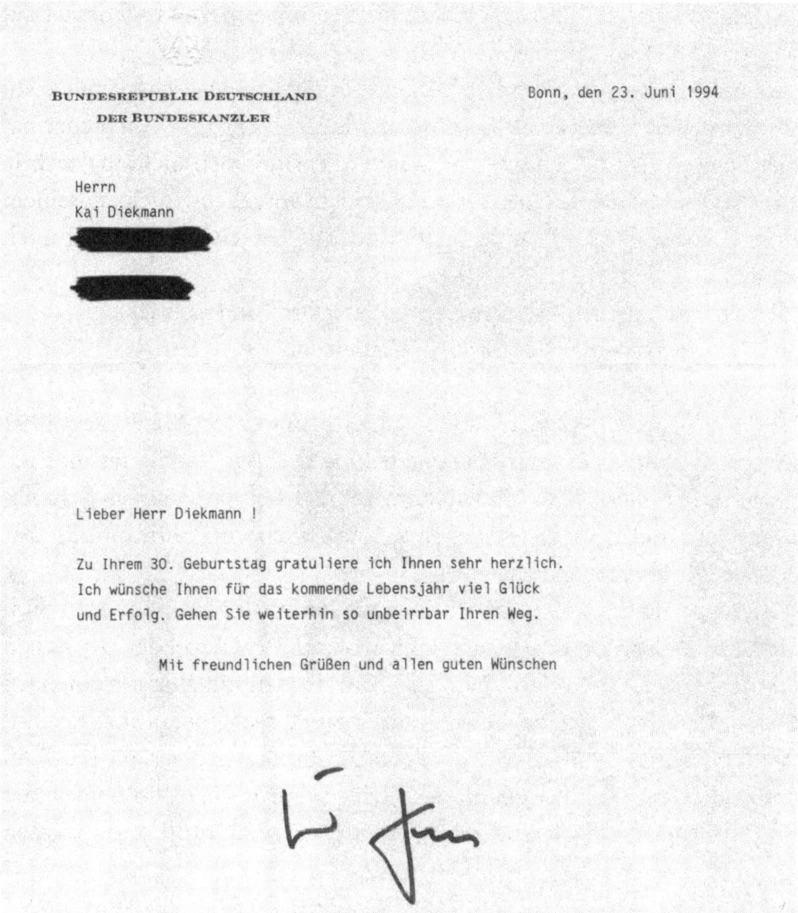

BUNDESREPUBLIK DEUTSCHLAND
DER BUNDESKANZLER

Bonn, den 23. Juni 1994

Herrn
Kai Diekmann
[redacted]

Lieber Herr Diekmann !

Zu Ihrem 30. Geburtstag gratuliere ich Ihnen sehr herzlich. Ich wünsche Ihnen für das kommende Lebensjahr viel Glück und Erfolg. Gehen Sie weiterhin so unbeirrbar Ihren Weg.

Mit freundlichen Grüßen und allen guten Wünschen

Glückwunschbrief des Bundeskanzlers zu meinem 30. Geburtstag

GANZ NAH DRAN

Für die Berichterstattung über die Kanzlerreisen habe ich mir ein besonderes Format ausgedacht: eine Art Tagebuch. Ich will nicht wie alle anderen von langweiligen Pressekonferenzen und der Unterzeichnung von Absichtserklärungen erzählen. Ich will Fragen beantworten, die mir meine Freunde stellen, wenn ich von Reisen mit dem Kanzler zurückkehre: »Wie ist er denn? Was macht er denn? Schaut er auf einem Neun-Stunden-Flug denn auch mal einen Film?« Ein solches Tagebuchformat erfordert Nähe.

Gewidmet »Für Kai«: Erinnerung an einen Besuch bei Helmut Kohl in seinem Privathaus in

udwigshafen

Meine große Chance kommt in Indien. Jenseits offizieller Termine und ohne Pressetross will Helmut Kohl die weltberühmten Höhlentempel von Ellora besuchen. Lange bevor meine lieben Kollegen den Pressebus besteigen, der sie stattdessen zum Taj Mahal bringt, belämmere ich Andreas »Fritzi« Fritzenkötter. Übrigens, von wegen Fritzi – klingt zwar nach kleiner Schuljunge, ist aber in Wahrheit Kohls kommunikatives Pendant, genauso ein Riese wie sein Chef – sowohl was Länge als auch Ego angeht.

Es trifft sich, dass wir uns von früher gut kennen. Da waren wir nämlich Mitglieder im selben unbedeutenden Bonner Journalistenzirkel. Lauter junge Korrespondenten, die noch grün hinter den Ohren waren und von Kanzlerinterviews träumten. Wir nannten uns die Kolibris.

»Sag, Fritzi, kann ich nicht mit nach Ellora?«, bitte und bettele ich.

Fritzi macht mir wenig Hoffnung: »Kai, ich kann dir keine Extrawurst braten. Wie stellst du dir das vor?« Doch steter Tropfen höhlt den Fritzi.

Lange blieb der Kanzler vor dem Relief stehen, das die Hochzeit Shivas mit der Göttin Parvati zeigt. Die Göttin schaut ihrem Bräutigam nicht ins Gesicht – das Hochzeitszeremoniell der Hindus schreibt es so vor. Kanzler Kohl nachdenklich: »Ich glaube eher, die hat die Nase voll von ihm …«

So liest sich das anschließend in BILD. Schon ein kleiner Scoop.

Ja, ich bin eine Nervensäge. Aber die wahre Wahrheit ist auch: Auf wundersame Weise haben sich Fritzis und meine Interessen getroffen. Ich will so viel Kohl wie möglich – und er als Pressesprecher seinen Kanzler bestmöglich verkaufen.

Es ist immer wieder dasselbe Lied: Am Ende kommt das Kanzleramt an BILD nicht vorbei. Die lieben Kollegen, die stattdessen dem Taj Mahal Guten Tag gesagt haben, lassen es an Beifall mangeln. »Kohls Hofberichterstatter« ist noch eine der freundlicheren Bezeichnungen. Oder »Kind im Hause Kohl«, wie Spiegel-Gründer Rudolf Augstein mich später in einem SPIEGEL-Artikel nennt. Mir egal. Neid musst du dir erarbeiten.

Es gibt noch eine ganz andere Geschichte, warum diese Reise nach Indien für mein Verhältnis zu Helmut Kohl so entscheidend wird. Überraschend ist seine Frau Hannelore nicht mit an Bord gewesen, als wir zehn Tage zuvor mit der Kanzlermaschine Richtung Delhi aufgebrochen sind. Offizielle Begründung für die Reiseabsage: eine leichte Grippe. Das wird von niemandem hinterfragt, und der Kanzler lässt sich auch nichts anmerken.

Mit Helmut Kohl und Friede Springer auf dem Flug nach Israel 2002

Bis zu dem Abend, an dem ich zufällig mitbekomme, dass die Situation der Kanzlergattin viel, viel dramatischer ist als offiziell dargestellt. Hannelore Kohl liegt mit einer schweren Penicillinallergie im Krankenhaus: Sie bekommt Infusionen und starke Medikamente, kann nichts essen, nur Wasser trinken, am ganzen Körper ist die Haut entzündet. Sie hat starke Schmerzen, ihr Zustand ist mehr als nur besorgniserregend. Der Kanzler telefoniert jeden Tag mit seiner schwerstkranken Frau. Das bekomme ich nur deshalb mit, weil er mich inzwischen viel näher an sich heranlässt, als es für einen Politiker im Umgang mit Journalisten möglicherweise gesund ist. Und jetzt ist es passiert: Ich bin unbeabsichtigt im Besitz vertraulicher Informationen.

Was für ein seelischer und mentaler Kraftakt für den Kanzler, mit einem Lächeln im Gesicht durch Indien zu reisen und gleichzeitig seine Ehefrau in Lebensgefahr zu wissen.

Fritzi, der inzwischen weiß, dass ich die Wahrheit kenne, bittet mich: »Kai, kann die Geschichte warten, bis wir wieder in Deutschland sind?«

Ich verstehe, dass Helmut Kohl das Drama um seine Frau zum jetzigen Zeitpunkt nicht öffentlich macht. Die Nachricht aus Deutschland würde diese wichtige, über Monate vorbereitete Asienreise komplett überschat-

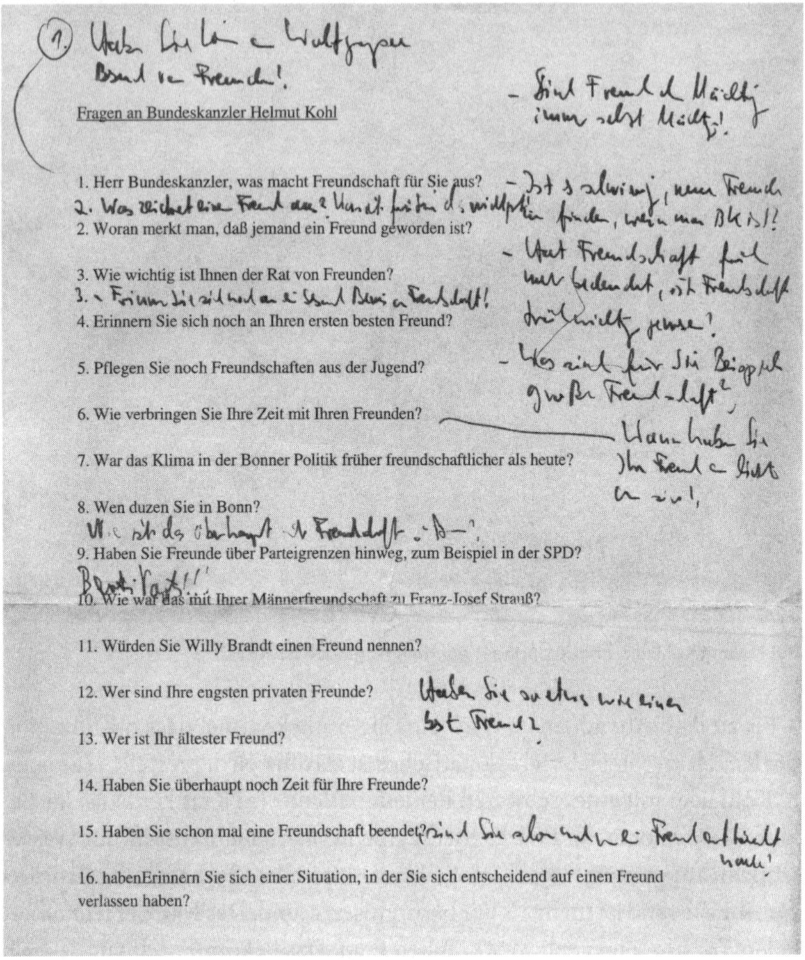

Fragen an Bundeskanzler Helmut Kohl

1. Herr Bundeskanzler, was macht Freundschaft für Sie aus?
2. Woran merkt man, daß jemand ein Freund geworden ist?
3. Wie wichtig ist Ihnen der Rat von Freunden?
4. Erinnern Sie sich noch an Ihren ersten besten Freund?
5. Pflegen Sie noch Freundschaften aus der Jugend?
6. Wie verbringen Sie Ihre Zeit mit Ihren Freunden?
7. War das Klima in der Bonner Politik früher freundschaftlicher als heute?
8. Wen duzen Sie in Bonn?
9. Haben Sie Freunde über Parteigrenzen hinweg, zum Beispiel in der SPD?
10. Wie war das mit Ihrer Männerfreundschaft zu Franz-Josef Strauß?
11. Würden Sie Willy Brandt einen Freund nennen?
12. Wer sind Ihre engsten privaten Freunde?
13. Wer ist Ihr ältester Freund?
14. Haben Sie überhaupt noch Zeit für Ihre Freunde?
15. Haben Sie schon mal eine Freundschaft beendet?
16. habenErinnern Sie sich einer Situation, in der Sie sich entscheidend auf einen Freund verlassen haben?

Fragen für ein BILD-Sommerinterview mit Helmut Kohl am Wolfgangsee im August 1995

ten. Der Kanzler ist nun mal der Kanzler und muss weiter durchs Land reisen und lächeln, als sei nichts geschehen – so brutal das auch wirken mag. Der private Schmerz muss hintanstehen, wenn der Staatsmann gefordert ist.

Der *Politiker Kohl* steht auf dieser Reise nahezu 24 Stunden am Tag unter Beobachtung der Journalisten und Kameras, hat keinerlei Rückzugsmöglichkeit – das ist hier einfach nicht der richtige Ort und Zeitpunkt, zu dem sich der *Mensch Kohl* mit diesem Schicksalsschlag der Öffentlichkeit ausliefern kann.

Und sein Schweigen in dieser Angelegenheit sagt nichts darüber aus, wie es in diesen Tagen wirklich in Helmut Kohl aussieht.

Die zu große Nähe zu Journalisten kann für Politiker zum Problem werden, aber umgekehrt ist es nicht anders, das spüre ich in diesem Moment ganz deutlich. Ich bin in einem Dilemma: Verständnis für den Menschen Kohl – oder Härte gegen den Staatsmann Kohl? Ich schlage Fritzi einen Kompromiss vor: »Du hältst mich für die Dauer der Reise auf dem Laufenden, zurück in Deutschland bekommt BILD die Geschichte.«

Und so machen wir es dann auch.

Hannelore Kohl – sie spricht in Bild: Meine tückische Erkrankung, lautet die Schlagzeile zehn Tage später, in der Hannelore Kohl, die mittlerweile aus dem Krankenhaus entlassen ist, von ihrer lebensgefährlichen Penicillinallergie berichtet. Für Helmut Kohl, der in seinem Leben als Ministerpräsident und Kanzlerkandidat so oft von Journalisten hintergangen und reingelegt worden ist, dass er unserem ganzen Berufsstand misstraut, ist dies eine völlig neue Erfahrung: dass er einem Journalisten vertrauen kann.

Das verändert etwas zwischen uns. Von da an besuche ich den Kanzler und seine Frau Hannelore jedes Jahr während ihres Sommerurlaubs am Wolfgangsee.

Während die Kanzlergattin im kalten Wasser diszipliniert ihre Runden zieht, setzen wir uns zum BILD-Sommerinterview an den Tisch vor seiner Ferienhütte. Bei einer dieser Gelegenheiten sprechen wir auch über den Tod: »›Man ist nur Gast auf Erden‹, heißt es in einem Kirchenlied«, erklärt mir Helmut Kohl. »In meiner Kirche betet man um ein gesegnetes Sterben, das heißt um einen guten Tod. Wer alt genug ist, weiß, wie viel Weisheit in diesem Gebet liegt. Niemand kennt die Stunde. Wir wissen nicht, wann uns dieses Ereignis trifft. Das ist eines der ganz wesentlichen Merkmale unserer Existenz.«

AM TOTENBETT

Um 16.30 Uhr steige ich in der menschenleeren Marbacher Straße in Ludwigshafen aus dem Taxi und klingele an der Tür des schmucklosen Bungalows, der seit Jahrzehnten Helmut Kohls Zuhause und Schauplatz historischer Begegnungen gewesen ist: Ob Bill Clinton, Jacques Chirac oder Michail Gorbatschow – sie alle sind von Helmut Kohl hier begrüßt worden.

Sogleich verlassen zwei junge Polizisten das kleine gemauerte Wachhäuschen, das in den 1980er Jahren zum Schutz vor RAF-Terroristen 30 Meter entfernt an den Bürgersteig gesetzt worden ist. Die Hände am Holster, nähern sie sich mir mit Bedacht. Als sie mich erkennen, grüßen sie nickend und drehen um. Ich bin ja nicht zum ersten Mal hier. Dann öffnet sich die Tür.

Da steht Maike. Ihre Augen sind verweint, ich umarme sie. »Schön, dass du da bist«, sagt sie mit erstickter Stimme und bedeutet mir, in die kühle dunkle Eingangshalle zu treten.

Vor neun Jahren haben sie und Helmut Kohl im kleinsten Kreis in Heidelberg im Krankenhaus geheiratet. Ich war Trauzeuge.

Wir verharren einen Moment vor den vertrauten Vitrinen voller exotischer Souvenirs von Kanzlerreisen: Öllampen aus Jerusalem, Schnitzereien aus Fernost, ein Stück Berliner Mauer.

»Bist du bereit?«, fragt Maike.

Das beklemmende Gefühl in meiner Brust wird immer stärker. Mir bleibt die Luft weg. Schon im Flugzeug habe ich gespürt, wie Angst in mir hochkriecht. Obwohl als Reporter in Katastrophen- und Kriegsgebieten unterwegs, habe ich es immer vermeiden können, einen toten Menschen anschauen zu müssen. Auch privat musste ich niemals am offenen Sarg Abschied nehmen. Natürlich habe ich in Redaktionskonferenzen unendlich viele Tote auf Fotos gesehen. Doch das ist nur Papier – und etwas völlig anderes als das, was jetzt ansteht. Maike öffnet die Tür zum Wohnzimmer. Mein Herz pocht.

Da liegt er, der tote Kanzler, in seinem frisch bezogenen Bett. Er trägt einen schwarzen Anzug, die oberen Knöpfe seines weißen Hemdes sind geöffnet, die Hände auf der Bettdecke gefaltet. Friedlich sieht er aus. Fast als ob er schliefe. Ein überraschendes Gefühl der Erleichterung überkommt mich. Damit hatte ich nicht gerechnet – dass dieser Augenblick etwas Schönes haben könnte. Etwas Feierliches.

Am Bettende steht die Pflegeschwester, den Blick unverwandt auf den Toten gerichtet. Seit Stunden, soll ich später erfahren, hält sie bereits die Totenwache. Die Vorhänge sind zugezogen, eine kleine Lampe auf dem Tisch spendet Licht. Im Esszimmer sitzt der Arzt und füllt den Totenschein aus.

Maike legt dem verstorbenen Altkanzler einen Rosenkranz in die Hände. Ich weiß, den hat ihm Papst Johannes Paul II. geschenkt. Mein Blick fällt auf die goldene Armbanduhr an seinem Handgelenk. 9.15 Uhr. Da ist sie stehen geblieben. Genau der Zeitpunkt, an dem sein Herz aufgehört hat zu schlagen.

Glaube ich an göttliche Zeichen? In diesem Moment ja. Wenngleich ich ein pragmatischer Mensch bin, aber das hier lässt sich nicht mit simpler Physik erklären. Helmut Kohl wurde schon immer gern unterschätzt. Bei dem Gedanken muss ich lächeln.

So stehen wir schweigend am Bett des Toten, der neben dem Rosenkranz nun auch das Gotteslob in den gefalteten Händen hält. Maike zündet die Osterkerze an, wir beten das Vaterunser.

Tränen beginnen mir die Wangen hinunterlaufen. Auch Maike hat wieder angefangen zu weinen. Eines Tages werden wir alle mal so daliegen, geht es mir durch den Kopf. Maike streichelt zart Helmuts Hand und hält stumm Zwiesprache mit dem Toten.

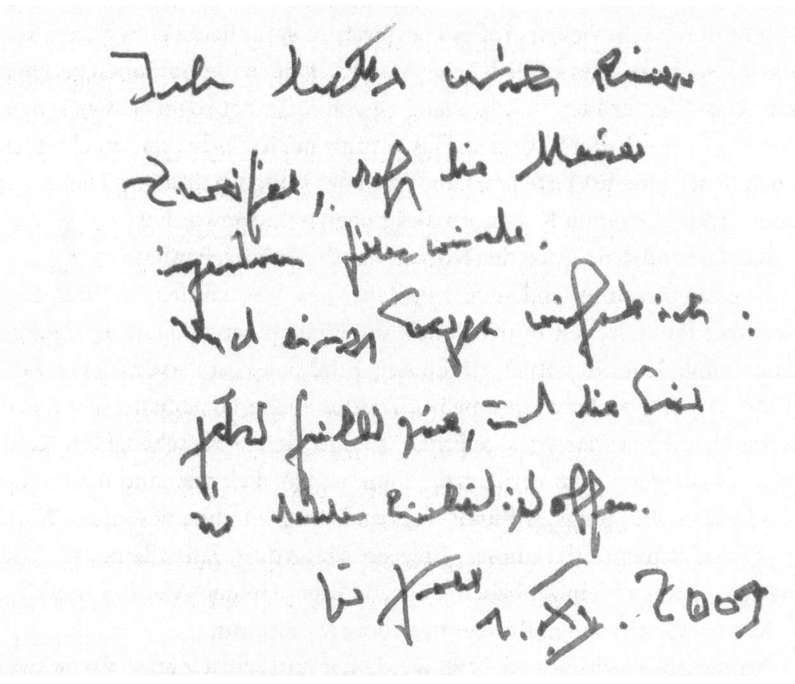

»Ich hatte nie einen Zweifel, dass die Mauer irgendwann fallen wird. Und eines Tages wusste ich: Jetzt fällt sie, und die Tür zur deutschen Einheit ist offen.« Helmut Kohl zum 20. Jahrestag des Mauerfalls

KANZLERDÄMMERUNG

Meine Gedanken wandern zurück in den Oktober 1998. Gerhard Schröder ist vor zwei Wochen zum Kanzler gewählt worden, und Helmut Kohl verabschiedet irgendwo in einem Bonner Restaurant einen langgedienten Parlamentskorrespondenten.

»Kommst du später noch auf einen Wein?«, fragt er mich im Hinausgehen.

Er sagt Du, ich immer noch Sie.

»Sehr gerne«, antworte ich. Der Bungalow auf dem Gelände des Bonner Kanzleramts, den ich bislang nur hell beleuchtet kenne, erweist sich als verlassen. Die neuen Hausherren von Rot-Grün haben das Personal bereits abgezogen. *The winner takes it all.*

In der Küche finde ich einen Rotwein und zwei Gläser, Kohl macht sich auf die Suche nach einem Korkenzieher. Ich sehe, wie dieser Mann, der mit traumwandlerischer Sicherheit deutsche Geschichte geschrieben hat, hilflos durch sein viel zu großes Haus irrt, als sei er heute zum ersten Mal da. Ich vermute, dass er die Küche tatsächlich noch nie von innen gesehen hat. Dabei hat er hier 16 Jahre lang gewohnt. Er hat sogar Schwierigkeiten, die Lichtschalter zu finden. Das berührt mich. Und es erschreckt mich auch. Nach einem Vierteljahrhundert in der Bundespolitik, im Dienst für sein Land, ist Helmut Kohl normales Leben fremd geworden.

Kurzerhand drücke ich den Korken durch den Flaschenhals.

Es ist an diesem Abend keine zwei Jahre her, dass wir uns am Wolfgangsee über Freundschaft in der Politik unterhalten haben. Damals erzählte mir Helmut Kohl vom Rücktritt Ludwig Erhards als Bundeskanzler im Jahr 1966. Wie eilig es der versammelte CDU-Bundesvorstand hatte, den Kanzlerbungalow zu verlassen. Wie Erhard zu ihm sagte: »Sie sehen, Herr Kohl, wie das ist, wenn man zurücktritt. Dann ist plötzlich niemand mehr da.« Und wie er sich, jüngstes Bundesvorstandsmitglied ohne besondere Nähe zu Erhard, schämte, dass dieser große alte Mann da so ganz alleine saß. Also war er auf einen Wein geblieben, während Erhard seinen Whiskey trank.

Kohl nippt an seinem Rotwein, ich höre ihm stumm zu.

An diesem Herbstabend 1998 werde ich nun selbst Zeuge davon, wie brutal Politik sein kann. Ein Jahrhundertpolitiker, dem die Deutschen nicht nur die Einheit, sondern auch die europäische Einigung verdanken. Ein großer Staatsmann, den man jetzt mit Füßen tritt.

Abschied von Helmut Kohl nach dem gemeinsamen Besuch der Frankfurter Buchmesse im Herbst 2014

Es wird nicht der letzte dunkle Abend im Leben des Helmut Kohl sein. Nur ein Jahr später wird die CDU-Spendenaffäre sein politisches Erbe in den Dreck ziehen. Der Selbstmord seiner Frau Hannelore im Juli 2001, die Entfremdung von seinen Söhnen, ein Leben im Rollstuhl – wie viel kann ein Mensch verkraften? Was muss passieren, bevor er zerbricht?

Ich weiß nicht, wie viele Minuten wir inzwischen still am Totenbett stehen. Jeder noch immer in seinen Gedanken. Das Leben ist so ungerecht mit Helmut umgegangen. Mit Hohn und Kritik ist er zu jeder Zeit in überreichem Maße bedacht worden. Was Mitleid angeht, wurde stets geknausert. Doch habe ich Helmut Kohl jemals verbittert erlebt? Nein. Selbst in schwierigsten Zeiten nicht.

Ich sehe ihn noch vor mir sitzen im Januar 2000, an seinem wuchtigen Schreibtisch im Berliner Büro Unter den Linden. Dieser Schreibtisch mit den vielen bronzenen Medaillen und Wappen, an dem er 16 Jahre im Bonner Kanzleramt die Republik regiert hat. Im Zuge der Spendenaffäre diktiert er gerade seiner Sekretärin, die vor dem Schreibtisch Platz ge-

Zu Besuch bei Helmut Kohl in seinem Kanzler-a.D.-Büro Unter den Linden in Berlin

ADENAUER
CDU
CDU
CDU

nommen hat, mit ruhiger und beherrschter Stimme seinen Verzicht auf den CDU-Ehrenvorsitz. Im Vorzimmer wacht Juliane Weber. Nichts im Gesicht des Altkanzlers deutet darauf hin, wie zutiefst verletzt er ist über den Verrat, die Feigheit der eigenen Partei. Woher nimmt er diese Stärke, woher kommt diese Beherrschung, warum flucht er nicht laut und verwünscht seine Nachfolger? Politischen Gegnern begegnet Helmut Kohl stets mit Respekt, für politische Kleingeister hat er, wenn überhaupt, nur Spott übrig. Kein Heiliger, aber auch kein Scheinheiliger. Letzteres hat er seinen vielen Kritikern voraus.

»Was stört es die Eiche, wenn sich die Sau dran reibt?«, pflegte er stets zu sagen. Ja, er ist wirklich diese Eiche.

An jenem Abend im Kanzlerbungalow sitzen wir schweigend da und trinken eine halbe Flasche Rotwein. Später wird er mir einmal zum Geburtstag schreiben:

Der Mensch ist fehlbar und auch du, lieber Kai, bist zwar überzeugter Katholik, aber kein Heiliger.

Ich blicke auf die Uhr. Im Bungalow in der Marbacher Straße ist es mittlerweile kurz nach 17 Uhr. Ich verlasse den Raum, wo der tote Kanzler aufgebahrt liegt, schiebe die Terrassentür auf und gehe in den Garten. Hier atme ich ein paarmal tief durch. Vor mir zieht der Rasenroboter unermüdlich seine Bahnen. Hinter meterhohen Zaunanlagen aus den 1970er Jahren, als Terroranschläge für Spitzenpolitiker alltägliche Bedrohung waren, quaken im angrenzenden Weiher laut die Frösche.

Ich habe mit Maike vereinbart, jetzt am späten Nachmittag die Öffentlichkeit über den Tod Helmut Kohls zu informieren. Mein erster Anruf geht ins Bundeskanzleramt. Anschließend telefoniere ich mit Jean-Claude Juncker in Brüssel, Präsident der Europäischen Kommission und einer der engsten Freunde des Altkanzlers. Es folgen noch Eva Lohse, Oberbürgermeisterin von Ludwigshafen, die Deutsche Presse-Agentur und natürlich BILD: »Helmut Kohl ist heute Morgen um 9.15 Uhr friedlich in seinem Haus in Ludwigshafen gestorben.«

Um 17.17 Uhr geht die dpa-Eilmeldung über den Ticker: »Helmut Kohl ist tot.«

Kurz darauf erscheinen die ersten Journalisten vor dem Haus, und Polizisten beginnen, die gesamte Marbacher Straße abzusperren. Nach und nach treffen Freunde und Wegbegleiter ein.

DANKBARKEIT IST DIE ERINNERUNG DES HERZENS

»Wer keine Freunde hat, ist ein ganz armer Hund. Und hier hat es der liebe Gott, Gott sei Dank, gut mit mir gemeint«, sagte Helmut Kohl oft. Er selbst war ein Mann, der seine Freundschaften fast zärtlich pflegte.

Zu meinem 40. Geburtstag schickte er mir einen Videogruß:

Ich wünsche Ihnen sehr, dass Sie das weitaus größere Stück Ihres Lebens noch vor sich haben. Mit viel Sonnenschein, mit Gottes Segen, das halte ich für wichtiger als vieles andere, und Zufriedenheit auch in Ihrem Alltag des Berufs. Sie machen ja nicht irgendeinen Job, Sie sind Chefredakteur der BILD-Zeitung, und wenn man das Blatt aufschlägt, merkt man ja, wie viel Freude Sie jeden Tag bei manchen erwecken und wie viel Unfreude Sie bei manchen anderen erwecken. Das gehört halt dazu, Sie haben sich dazu entschieden, und Sie machen das mit Bravour. Und das will ich ausdrücklich sagen, was ich nicht so schnell sage: Sie machen das mit Charakter. Eine nicht eben selbstverständliche Eigenschaft eines bedeutenden Journalisten. Ich wünsche Ihnen von Herzen, dass Sie so bleiben. Nicht, weil das vielleicht dem Verlag gefällt oder denen, die um Sie herum sind, denn in der Funktion kommen ja auch schon viele, die nur deswegen das sagen, was sie sagen, weil sie glauben, Sie hören es gerne. Ich wünsche Ihnen gute Freunde, die sagen, was ist, und nicht das, was Sie gerne hören, einen schönen Festtag mit Ihrer Frau und noch viel Glück in Ihrer Familie.

Nun gibt es eh wenig Geburtstagsbotschaften, die mit »Sie Blödmann« anfangen und mit »Sie machen alles falsch, legen Sie sich gehackt« aufhören. Zudem hatte Helmut Kohl diesen Geburtstagsgruß nicht ganz freiwillig aufgenommen – meine Frau hatte etwas nachgeholfen:

Liebe Frau Kessler, beiliegend übersende ich Ihnen die Videokassette mit dem Gruß zum 40. Geburtstag Ihres Mannes. Ich hoffe, dass diese Kassette Gnade findet und den allerhöchsten Ansprüchen genügt.

Mit herzlichen Grüßen

Ihr Helmut Kohl, wollte der Altkanzler gelobt werden.

Ich freute mich natürlich trotzdem. Und besonders über seinen Anruf am nächsten Tag: »Ich möchte dir etwas schenken, was man sich nicht kaufen kann!« Mit diesen Worten lud er mich zu sich nach Ludwigshafen ein. Ein paar Wochen später stiegen wir ins Auto, und sein Fahrer brachte uns zum Dom nach Speyer. Dort nahmen wir auf einer Kirchenbank im Mittelschiff Platz, die Sonne ließ die wunderschönen romanischen Fenster leuchten.

Gemeinsam mit meiner Frau Katja bei Helmut Kohls 80. Geburtstag im April 2010

»Warte«, erklärte Helmut Kohl aufgekratzt. »Jetzt gleich!«

Und auf einmal Orgelmusik: fulminant, vibrierend, jubilierend. Bachs *Toccata und Fuge*. Helmut Kohl hatte den Domorganisten gebeten, für uns zu spielen.

Die zahlreichen Dombesucher um uns herum hielten inne, während diese wunderbare Musik das Kirchenschiff füllte, lauschten andächtig.

Ich war überwältigt. Helmut Kohl schaute mich strahlend von der Seite an. Diese Überraschung war ihm gelungen. »Dankbarkeit ist die Erinnerung des Herzens«, steht auf einem Messingkreuz, das er meiner Frau und mir einmal zu Weihnachten schenkte – ein Zitat von Romano Guardini, einem der klügsten Religionsphilosophen des 20. Jahrhunderts, den Helmut Kohl zeit seines Lebens zutiefst verehrte.

Es ist diese tief empfundene Dankbarkeit, die ich hier, an diesem 16. Juni 2017, am Totenbett von Helmut Kohl empfinde.

Bei aller Trauer – wir haben ein technisches Problem. Am frühen Abend liegen die Temperaturen nämlich immer noch bei über 20 Grad. Das Zimmer, in dem der tote Kanzler aufgebahrt liegt, muss unbedingt gekühlt werden. Kommandoführer Furch, seit Jahren zuständig für den Schutz von Helmut Kohl, fährt deshalb los und kauft Kühlaggregate. Währenddessen läuft Maike ruhelos durchs Haus und platziert auf Sesseln und der Couch Fotos ihres verstorbenen Mannes.

NEUES GLÜCK

Es ist 2005, als der BILD-Fotoredaktion eine Reihe von unscharfen Schnappschüssen von Helmut Kohl angeboten werden. Diese zeigen ihn nicht beim Betreten des Deidesheimer Hofs in der Pfalz oder beim Vespern im Elsass, sondern – am Strand von Mallorca. An seiner Seite, so viel ist zu erkennen, eine deutlich jüngere, attraktive Frau. Ich nehme die Fotos, klebe sie in ein schwarzes Fotoalbum, male auf den Titel ein großes rotes Herz und schicke Kohl das Album kommentarlos nach Ludwigshafen.

Hinter dem Altkanzler liegen schlimme Zeiten. Seine Frau Hannelore hat nach langer schwerer Krankheit vor vier Jahren Selbstmord begangen – eine Lichtallergie hatte sie zu einem Leben im Dunkeln verdammt. Dazu auch noch die sogenannte Parteispendenaffäre, die seine Reputation erheblich in Mitleidenschaft gezogen hat. Seine eigene Partei hatte sich von ihm abgewandt, weil sich Kohl beharrlich weigerte, die Namen von Spendern, die die CDU finanziell unterstützt hatten und anonym bleiben wollten, preiszugeben. Die vom Bundestag gegen die CDU verhängte Geldbuße in Millionenhöhe hatte der Altkanzler mit einer Sammelaktion ausgeglichen.

Und jetzt die Bilder vom Strand auf Mallorca: die Sonne, das Meer, der entspannte Altkanzler – ich freue mich für ihn. Das Lebensglück scheint ein Stück weit zurück. Keine 48 Stunden später erhalte ich einen Anruf: »Ich glaube, wir müssen mal reden«, höre ich die Stimme des Altkanzlers.

Ich besuche ihn in Ludwigshafen. Helmut Kohl macht keinen Hehl daraus, dass es eine neue Frau in seinem Leben gibt. Maike ihr Name, 40 Jahre alt, promovierte Volkswirtin, lange Zeit Referatsleiterin im Bundeswirtschaftsministerium. Weihnachten 2004 habe er bereits mit ihr und Freunden auf Sri Lanka verbracht. Dann war sie also dabei, denke ich, als der Altkanzler im Hotel Paragon in Talpe wie durch ein Wunder knapp dem furchtbaren Tsunami entkommen ist. Die Flutwelle hatte sein Hotel bereits erfasst, durch Trümmer waren er und seine Freunde ins Freie geflohen und hatten sich in letzter Sekunde in Sicherheit gebracht. Auch bei großen Veranstaltungen, auf denen Helmut Kohl auftritt, so erfahre ich, ist Maike bereits seit geraumer Zeit stets an seiner Seite – natürlich inkognito. Ich merke, dass der Altkanzler Angst hat, die Beziehung zu der über 30 Jahre jüngeren Frau öffentlich zu machen.

»Gib mir noch ein bisschen Zeit, Herr Chefredakteur«, bittet er.

»Einverstanden Herr Bundeskanzler«, sage ich. Im Journalismus ist Geduld ein wichtiges Talent. Ich weiß, ich werde die Geschichte bekommen.

Am 12. April 2005 wird im Deutschen Historischen Museum Unter den Linden in Berlin der 75. Geburtstags des Altkanzlers mit einer großen Festveranstaltung gewürdigt, an der über 1500 Gäste teilnehmen, darunter Henry Kissinger, ein enger Freund Kohls, Bundespräsident Horst Köhler, Ex-EU-Kommissionspräsident Jacques Delors. Die Hauptrede hält jene Frau, die fünf Jahre zuvor ihren ehemaligen Mentor und Förderer – Helmut Kohl – mit einem Artikel in der Frankfurter Allgemeinen Zeitung als CDU-Chef weggeputscht und selbst die Parteiführung übernommen hat. Und die fünf Monate nach dieser Geburtstagsfeier für viele überraschend gegen Gerhard Schröder die Bundestagswahl gewinnen und 16 Jahre lang Bundeskanzlerin der Bundesrepublik Deutschland sein wird: Angela Merkel.

Ich habe angeboten, Maike aus Helmuts Berliner Wohnung abzuholen. Als wir durch den Innenhof des Museums spazieren, in dem die gesamte politische und gesellschaftliche Hautevolee des Landes versammelt ist, laufen wir den FAZ-Herausgebern Berthold Kohler und Günther Nonnenmacher in die Arme.

»Guten Abend, die Herren«, begrüße ich die Kollegen artig. Und mache sie mit meiner Begleitung bekannt: »Darf ich vorstellen: Dr. Maike Richter.«

Kohler und Nonnenmacher beachten Maike nicht weiter. Stattdessen interessiert sie nur eines: »Sagen Sie mal, Diekmann, Sie kennen doch den Kohl ganz gut, der soll eine Neue haben, ist da was dran?«

Ich bin überrascht, wie sehr das Gerücht inzwischen die Runde macht: »Nein, davon weiß ich nichts, kann ich mir auch nicht vorstellen«, erkläre ich todernst. Aus den Augenwinkeln sehe ich, wie sich Maike grinsend wegdreht.

Nach diesem Abend ist klar, dass wir die Geschichte nicht viel länger unter dem Deckel halten können.

»Herr Bundeskanzler, wir müssen mit der Geschichte proaktiv raus, bevor irgendwer anderes schreibt: Helmut Kohl – heimliche Liebe«.

Elf Tage nach der Begegnung mit den FAZ-Kollegen titelt BILD: **Helmut Kohl – neues Glück!**

Doch das Schicksal hat noch viel vor mit Helmut Kohl. Im Frühjahr 2008 stürzt er in seinem Haus in Ludwigshafen so schwer, dass er sich ein Schädel-Hirn-Trauma zuzieht. Obwohl ihn die Ärzte der Uni-Klinik Heidelberg noch in derselben Nacht operieren, hat der Sturz dramatische Folgen: Als ich ihn in der Klinik besuche und an seinem Bett stehe, bewegt er wieder und wieder die Lippen, versucht Worte zu formen, mit mir zu sprechen – aber es gelingt ihm nicht. Der Sturz hat sein Sprachzentrum schwer in Mitleidenschaft gezogen. Es tut in der Seele weh zu beobachten, wie er wütend und frustriert mit der Hand aufs Klinikbett schlägt, als es ihm nicht gelingt, etwas verständlich zu formulieren.

Aber er wäre nicht Helmut Kohl, wenn er sich einfach nur in sein Schicksal ergeben würde. Maike organisiert ein straffes Reha-Programm aus Physio- und Sprachtherapie. Und Helmut Kohl kämpft sich ins Leben

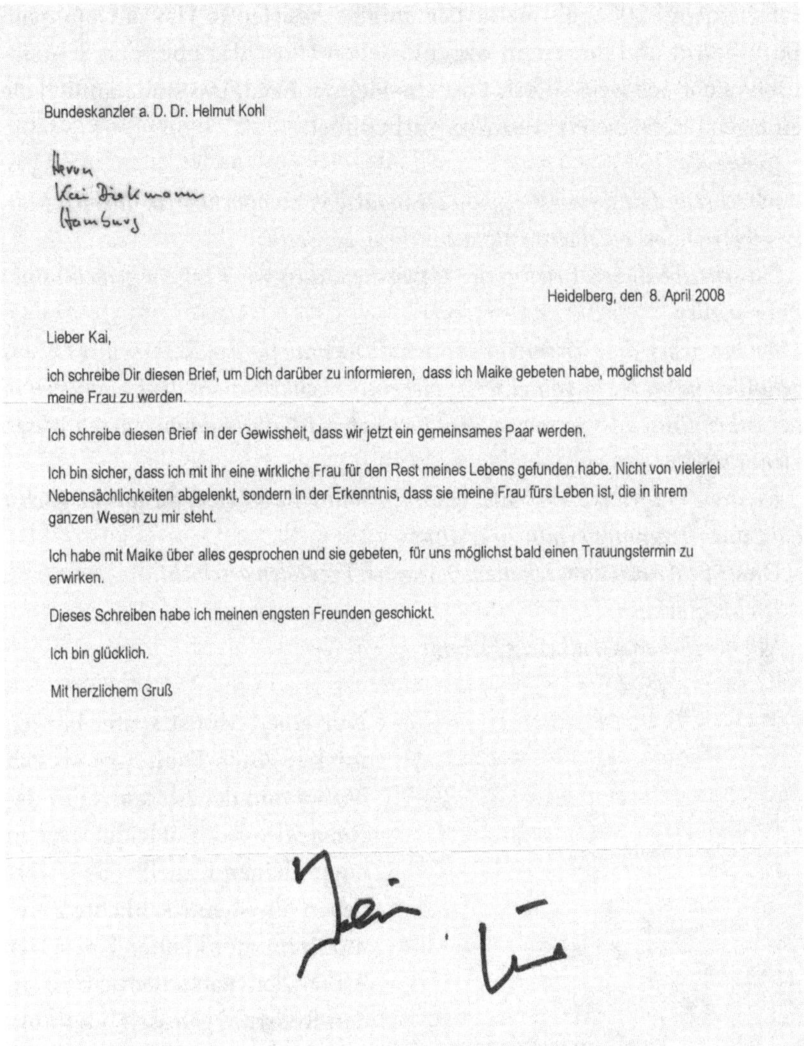

Bundeskanzler a. D. Dr. Helmut Kohl

Herrn
Kai Diekmann
Hamburg

Heidelberg, den 8. April 2008

Lieber Kai,

ich schreibe Dir diesen Brief, um Dich darüber zu informieren, dass ich Maike gebeten habe, möglichst bald meine Frau zu werden.

Ich schreibe diesen Brief in der Gewissheit, dass wir jetzt ein gemeinsames Paar werden.

Ich bin sicher, dass ich mit ihr eine wirkliche Frau für den Rest meines Lebens gefunden habe. Nicht von vielerlei Nebensächlichkeiten abgelenkt, sondern in der Erkenntnis, dass sie meine Frau fürs Leben ist, die in ihrem ganzen Wesen zu mir steht.

Ich habe mit Maike über alles gesprochen und sie gebeten, für uns möglichst bald einen Trauungstermin zu erwirken.

Dieses Schreiben habe ich meinen engsten Freunden geschickt.

Ich bin glücklich.

Mit herzlichem Gruß

»Ich bin glücklich.« Helmut Kohl kündigt mir seine Hochzeit mit Maike Richter an.

zurück. »Ohne Maike wäre ich nicht davongekommen«, betont er immer wieder. Er ist sich des Glücks bewusst, das er gehabt hat. »Der gute Verlauf meiner Genesung bis heute ist keineswegs eine Selbstverständlichkeit«, schreibt er mir zum Jahreswechsel 2009:

So danken wir Gott, dass wir noch einmal davongekommen sind. Dass das Leben für mich auch würdig und lebenswert geblieben ist.

Es ist April 2008, als meine persönliche Assistentin Havva Cam mein Büro betritt und mir einen verschlossenen Umschlag über den Schreibtisch reicht. Ich weiß sofort: Post von Helmut Kohl. Das sind nämlich die einzigen Briefe, die Havva vorher nicht öffnet.

Lieber Kai,

ich schreibe Dir diesen Brief, um Dich darüber zu informieren, dass ich Maike gebeten habe, möglichst bald meine Frau zu werden.

Ich schreibe diesen Brief in der Gewissheit, dass wir jetzt ein gemeinsames Paar werden.

Ich bin sicher, dass ich mit ihr eine wirkliche Frau für den Rest meines Lebens gefunden habe. Nicht von vielerlei Nebensächlichkeiten abgelenkt, sondern in der Erkenntnis, dass sie meine Frau fürs Leben ist, die in ihrem ganzen Wesen zu mir steht.

Ich habe mit Maike über alles gesprochen und sie gebeten, für uns möglichst bald einen Trauungstermin zu erwirken.

Dieses Schreiben habe ich meinen engsten Freunden geschickt.

Ich bin glücklich.

Mit herzlichem Gruß Dein Helmut

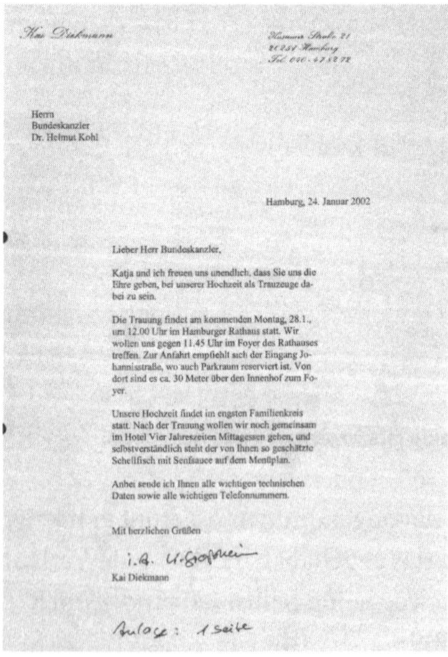

Herrn
Bundeskanzler
Dr. Helmut Kohl

Hamburg, 24. Januar 2002

Lieber Herr Bundeskanzler,

Katja und ich freuen uns unendlich, dass Sie uns die Ehre geben, bei unserer Hochzeit als Trauzeuge dabei zu sein.

Die Trauung findet am kommenden Montag, 28.1., um 12.00 Uhr im Hamburger Rathaus statt. Wir wollen uns gegen 11.45 Uhr im Foyer des Rathauses treffen. Zur Anfahrt empfiehlt sich der Eingang Johannisstraße, wo auch Parkraum reserviert ist. Von dort sind es ca. 30 Meter über den Innenhof zum Foyer.

Unsere Hochzeit findet im engsten Familienkreis statt. Nach der Trauung wollen wir noch gemeinsam im Hotel Vier Jahreszeiten Mittagessen gehen, und selbstverständlich steht der von Ihnen so geschätzte Schellfisch mit Senfsauce auf dem Menüplan.

Anbei sende ich Ihnen alle wichtigen technischen Daten sowie alle wichtigen Telefonnummern.

Mit herzlichen Grüßen

i.A.

Kai Diekmann

Anlage: 1 Seite

Hochzeitseinladung an unseren Trauzeugen Bundeskanzler Helmut Kohl

Nur einen Monat später bin ich mit Leo Kirch Trauzeuge, als sich Maike und der Altkanzler in der Reha-Klinik in Heidelberg in einer kleinen Kapelle das Jawort geben. Es ist eine schlichte Zeremonie im ganz kleinen Kreis: Der Altkanzler, nach dem Sturz an den Rollstuhl gefesselt, im dunklen Anzug mit hellblauer Krawatte, Maike mit schwarzer Hose und weißem Blazer.

Während die beiden vor dem aus einem uralten, massiven Eichenstamm gehauenen Altar die Ringe tauschen, leuchtet das Gesicht des Altkanzlers. Und ja, ich muss es sagen, er hat sich in der

Katja Keßler mit ihrem Trauzeugen Helmut Kohl im Ristorante Capriccio in Berlin 2009

Beziehung mit der so viele Jahre jüngeren Maike verändert. In ihrer Gegenwart, das ist mir schon ganz oft aufgefallen, wird er sanft, nimmt sich zurück, hört zu – und monologisiert nicht ohne Rücksicht auf Verluste, wie er das sonst sehr gerne tut.

Sie sind jetzt vier Jahre zusammen, und seitdem kommt mir Helmut Kohl manchmal vor wie ein neuer Mensch. Dieses tiefe, intuitive Einvernehmen – da haben sich zwei Wesensverwandte gesucht und gefunden. Maike ist kein Fangirl, das den Kanzler der Einheit anhimmelt, sondern die Partnerin, die Paroli bietet. Die sich nicht von ihm unterbuttern lässt, weil sie ein tiefes politisches Verständnis und Wissen hat, streitlustig ist, blitzschnell im Kopf, mit beiden Beinen im Leben steht – so ganz anders als der Altkanzler, der im Zweifelsfall noch niemals den Müll rausgebracht und die letzten 40 Jahre sein Auto nie selbst getankt hat. Für die profanen Dinge des Alltags ist dieser Jahrhundertpolitiker nicht gemacht. Da muss er eigentlich in ein Förderprogramm.

Helmut Kohl schaut strahlend in die kleine Runde der Hochzeitsgäste: »Ich bin dankbar, das ist eine der glücklichsten Stunden meines Lebens.«

Übrigens: Sechs Jahre zuvor soll er ja schon einmal geheiratet haben. Damals war er von Reportern im Hamburger Rathaus erspäht worden.

Dinner zu Ehren des Altkanzlers: mit Helmut Kohl und Mathias Döpfner im Journalistenclub des Axel Springer Verlags

Die erkundigten sich neugierig bei anwesenden Saaldienern: »Was macht denn der Altkanzler hier?«

»Hochzeit …«, war die norddeutsch sparsame Antwort. Wenig später dann die Radiomeldung: Kohl hat heimlich geheiratet! Knapp daneben ist auch vorbei. Geheiratet hatten meine Frau Katja und ich. Helmut Kohl war unser Trauzeuge.

Und es gibt noch etwas an Maike, das Helmut Kohl besonders schätzt: ihren Humor. Bei einem Dinner zu Ehren des Altkanzlers im Springer-Verlag gibt der zierliche Louis-XV-Stuhl, auf dem Helmut Platz genommen hat, nach. Um ehrlich zu sein: Das alte Möbelstück bricht regelrecht zusammen. Mathias Döpfner und mir gelingt es gerade noch, den zwischen uns sitzenden Helmut Kohl an den Armen zu packen und zu verhindern, dass er auf dem Fußboden landet. Und so hängen wir da zu dritt auf halb acht. Im Raum herrscht komplette Stille. Bis Maike herbeieilt und ihrem Mann einen neuen Stuhl unterschiebt: »Keine Sorge – am Denkmal Helmut Kohl ist noch alles dran«, erklärt sie lakonisch in die erschrockene Runde.

DEM DENKMAL EIN DENKMAL

Im Herbst 2014 steht der 25. Jahrestag des Mauerfalls an. Natürlich ist Helmut Kohl längst ein Denkmal, aber manchmal muss an Denkmälern gebaut und gebastelt werden. Und so entsteht in der BILD-Redaktion die Idee zu einem ganz besonderen Fotomotiv: der Kanzler der Einheit im Morgengrauen vor dem Brandenburger Tor. Das Brandenburger Tor – ein Ort, der wie kein zweiter für Mauerfall und Deutsche Einheit steht. Fotografiert von Andreas Mühe, der bereits den Dalai Lama, Richard von Weizsäcker und Prinz Harry für BILD inszeniert hat.

»Machen wir«, hat mich Helmut Kohl kurz und knapp wissen lassen. Als seine Frau und er Mitte Oktober in aller Herrgottsfrühe in seinem Mercedes am Brandenburger Tor vorgefahren werden, ist es stockdunkel und bitterkalt. Schon um Mitternacht ist der Pariser Platz von der Polizei weiträumig abgesperrt, ein Kran aufgebaut worden – die Vorbereitungen fürs Fotoshooting sind so aufwendig wie für einen Hollywoodfilm. Und dann geht alles ganz schnell: Maike schiebt den Altkanzler im Rollstuhl auf den leeren Platz vor das Brandenburger Tor, und dann sind Denkmal und Denkmal zwölf Minuten allein.

Der Kanzler schaut von Osten nach Westen, ein Blick, der 25 Jahre zuvor so nicht möglich gewesen ist. Getaucht in das Gegenlicht eines riesigen 100-Kilowatt-Scheinwerfers. Es ist ein mystischer Moment. Ein Moment für die Ewigkeit.

Am tatsächlichen Jahrestag des Mauerfalls, dem 9. November, macht sich Helmut Kohl erneut auf den Weg von Ludwigshafen in die Hauptstadt. Diesmal sein Ziel: Potsdam. Gemeinsam mit Georg Friedrich Prinz von Preußen, dem Chef des Hauses Hohenzollern, will er das Grab des Preußenkönigs Friedrich II. in Sanssouci besuchen. Die Familie Hohenzollern und Kohl verbindet eine langjährige Freundschaft über alle Generationen hinweg. Als einziges Nicht-Familienmitglied ist der damalige Bundeskanzler 1991 bei der mitternächtlichen Umbettung des Alten Fritz in der Gruft dabei gewesen. Georg Friedrich wiederum saß schon als zehnjähriger Knabe in der mächtigen Panzerlimousine des Kanzlers und erinnert sich: »Als ich damals das noch nicht alltägliche Autotelefon in die Hand genommen habe, sagte Helmut Kohl zu mir: ›So, jetzt kannste regieren.‹«

25 Jahre Mauerfall: Fotoshooting für BILD-Sonderausgabe am Brandenburger Tor 2014

So stehen wir also in kleiner Runde vor der Gruft – der Altkanzler und Maike, Georg Friedrich und seine Frau Sophie, Professor Hartmut Dorgerloh von der Stiftung Preußische Schlösser und Gärten, meine Frau Katja und ich – und bewundern andächtig die Kartoffeln, die Besucher auf dem steinernen Gruftdeckel ablegen. Da tritt ein älteres Ehepaar näher. »Darf ich Sie ansprechen, Herr Kohl?«, fragt die Frau mit ergriffener Stimme. »Ich muss Ihnen nämlich sagen, wie dankbar wir Ihnen sind.« Sie hat die Hand ihres Mannes genommen. »Ich komme aus dem Westen und mein Mann kommt aus dem Osten. Und ohne Sie gäbe es uns jetzt nicht.«

AUFTRITT DES VERLORENEN SOHNS

Ein Anruf auf dem Haustelefon holt mich zurück ins Hier und Jetzt.

Es ist die Polizei draußen vor dem Haus: »Walter Kohl ist da.«

Schon klingelt es an der Tür. Auf Bitten von Maike öffne ich. Bereits in der nächsten Sekunde drängt sich ein Mann wie ein Berg an mir vorbei in den Flur. Unverkennbar Walter Kohl.

»Da ist ja genau der Richtige«, faucht er mich an, stürmt weiter ins Totenzimmer, wo Maike, gebeugt über ihren Mann, gerade die Manschetten an seinen Ärmeln richtet. Er verlangt, mit seinem toten Vater allein im Raum gelassen zu werden. Die Witwe am Totenbett behandelt er wie Luft. »Ich lasse meinen Mann nicht eine Sekunde lang allein«, erklärt Maike stoisch. »Ich bitte um Respekt vor dem Toten und seiner Witwe«, versuche ich die Situation zu deeskalieren. Walter fordert uns erneut auf, den Raum zu verlassen. »Das geht nicht. Wir alle halten gemeinsam die Totenwache«, erkläre ich ruhig. Walter fixiert mich mit bösem Blick. Da ist so unglaublich viel Aggression in ihm, dass ich es körperlich spüren kann.

Und wieder klingelt es an der Haustür. Diesmal ist es der Dekan. In kurzen Sätzen erläutere ich ihm die verfahrene Situation. Er schlägt ein gemeinsames Gebet vor in der Hoffnung, die Situation zu entspannen. Vergeblich. Walter lehnt ein gemeinsames Gebet ab. »Verlasse bitte sofort mein Haus«, fordert Maike von Walter, in ihrer Stimme Empörung und Fassungslosigkeit. Der weigert sich – und spricht nun seinerseits laut das Vaterunser. Dann wendet er sich direkt an den Toten, erzählt von den beiden Enkelkindern und davon, wie sie ihren Großvater in den letzten Jahren vermisst hätten.

Nach zehn Minuten ist dieser absurde Auftritt endlich vorbei. Walter Kohl wendet sich zum Gehen, ich begleite ihn zur Tür. Im Flur vor dem Totenzimmer beschimpft er mich und blafft, er wisse ja, dass Maike alle Dokumente fälsche. Was für eine Unterstellung. Was meint er? Dann ruft er noch ein paarmal: »Lesen Sie mein Buch, lesen Sie mein Buch!«

Ganz ehrlich: Welches? Er hat in den letzten Jahren so viele geschrieben. In allen geht es gleichermaßen um Versöhnung – die es aber nie über das Papier hinausgeschafft hat, da Walter vorher wieder irgendwelche Verleumdungen über seinen Vater auskübelt. Mit irgendwas muss er seine Bücher ja füllen. Und siehe da: Draußen steuert Walter Kohl sofort zielstrebig auf die gespannt wartenden Journalisten zu, um ihnen eine weitere Episode aus der großen Saga *Der verstoßene Sohn von Helmut Kohl* in die Kameras und Mikrofone zu klagen, mit der er – der nicht eben erfolgreiche Unternehmer – seit geraumer Zeit schon durchs Land tingelt. Der lichte Haarkranz, die gemütliche Figur – er sieht seinem Vater zum Verwechseln ähnlich. Es ist tragisch.

Sie merken, in dieser Auseinandersetzung bin ich ganz klar Partei. Und das hat schlicht damit zu tun, dass ich zu viel weiß. Dieses Wissen habe ich lange Zeit für mich behalten, weil es viele Jahre die Hoffnung auf einen Friedensschluss in der Familie Kohl gab. Diese Hoffnung hat sich zerschlagen. Auf den kommenden Seiten gebe ich Details preis, die es Ihnen ermöglichen sollen, sich selbst ein Urteil zu bilden.

Dass das Verhältnis zwischen Helmut und Maike Kohl auf der einen und seinen Söhnen Walter und Peter auf der anderen Seite seit Langem zerrüttet ist – das ist keine Neuigkeit. Allerdings ist Maike nicht der Grund für diesen Familienkrieg, sie hat ihn geerbt. Ein Krieg, der in der Folge immer weiter eskaliert ist.

Natürlich hat es den beiden Brüdern nicht gefallen, dass ihr Vater mit 78 Jahren nochmal eine 34 Jahre jüngere Frau geheiratet hat. Maike war für sie der Erben-Super-GAU. »Es geht denen immer nur ums Geld«, hat Helmut Kohl mehr als einmal traurig zu mir gesagt. Und wenn man die Zahlen und Dokumente kennt, macht sich in der Tat der Eindruck breit, Peter und Walter Kohl betrachteten ihren Vater, über den sie sich ständig öffentlichkeitswirksam beklagten, als reine Gelddruckmaschine.

Ihren Anfang nehmen diese Streitereien im Juli 1999, als Hannelore und Helmut Kohl einen notariell beglaubigten Erbvertrag schließen, mit dem ihr gemeinsames Testament aus dem Jahr 1994 aufgehoben wird. In dem neuen Testament setzen sie sich gegenseitig als Alleinerben ein, die Söhne sollen erst nach dem Tod des Längerlebenden erben. Dieser Längerlebende ist allerdings auch berechtigt, »die vorstehenden Erbeinsetzungen (…) aufzuheben oder beliebig zu ändern«.

Dafür wird den Söhnen ihr Pflichtteil bereits vorab in einer Reihe finanzieller Schenkungen ausgezahlt. Helmut Kohl hält davon zunächst wenig: »Nur die kalte Hand übergibt«, sagt er gerne. Aber Hannelore Kohl setzt sich damals durch und bestimmt im Mai 2000, dass Peter Kohl von ihr eine Schenkung von Wertpapieren über 400 000 Mark erhalten soll, Walter Kohl über 200 000 Mark und dessen Sohn Johannes über 50 000 Mark. Zeitgleich überträgt auch Helmut Kohl Wertpapiere an Söhne und den Enkel im Gesamtwert von 400 000 Mark. Am 7. März 2001, ihrem 68. Geburtstag, vier Monate vor ihrem Tod, überweist Hannelore Kohl noch einmal 100 000 Mark an Walter. In Summe fließen so 1,15 Millionen Mark an die Kohl-Sprösslinge – rund ein Drittel des gesamten Bank- und Wertvermögens der Eheleute Kohl.

Mit Helmut und Walter Kohl am fünften Todestag von Hannelore Kohl nach dem Requiem

Zwischen März 2002 und März 2004 schenkt Kohl seinem Sohn Walter weitere 200 000 Euro. Außerdem bezahlt er seinen schon längst erwachsenen Söhnen samt Familien noch bis 2008 zahlreiche Versicherungen, von der Krankenversicherung bis zum ADAC.

Erst nach dem schweren Unfall Helmut Kohls im Februar 2008 bittet Maike die Söhne in einem Brief – auch im Namen des Vaters –, ihre Versicherungszahlungen in Zukunft selbst zu begleichen. Für Walter und Peter ist das ein Affront. »Du kannst es wirklich nicht mehr erwarten, uns los zu werden«, schreibt Walter zurück.[2]

Helmut Kohls Unfall ist so dramatisch, dass zeitweise völlig unklar ist, ob der Altkanzler überlebt. Noch während sein Vater auf der neurochirurgischen Intensivstation der Universitätsklinik Heidelberg um sein Leben ringt, ruft Walter Kohl bei Maike an und erklärt ihr in sehr harschem Ton, er werde am kommenden Tag, einem Dienstag, zu ihr nach Heidelberg in die Klinik kommen, um mit ihr zu sprechen. Seine Mutter habe auch einen Anteil am Vermögen gehabt. Er werde in diesem Jahr 45, fahre jetzt in den Urlaub, könne ja nichts mehr tun – damit meinte er seinen Vater –, und es sei an der Zeit, dass die Angelegenheiten endlich geregelt würden. Maike ist verständlicherweise zutiefst schockiert.

Ganz offensichtlich geht es den Brüdern so gar nicht um den Vater, um die Frage, ob er überlebt und, wenn ja, wie, sondern ausschließlich um ihr eigenes materielles Wohlergehen. Auch wenn sich die Söhne nicht zum ersten Mal so rücksichtslos verhalten – in dieser existenziellen Stunde, in der es für ihren Mann um Leben und Tod geht, hätte Maike ein solches Verhalten nicht für möglich gehalten. Entsprechend lehnt sie das verlangte Treffen ab und weist darauf hin, dass ein solches Gespräch nicht hinter dem Rücken des Vaters zu führen sei, sondern nur gemeinsam mit ihm, dass es vor allem abzuwarten gelte, ob und wie gesund er je wieder werden würde und ob er dies dann überhaupt noch könne.

In den Büchern der Kohl-Brüder liest sich das ganz anders. Da sitzen sie tagelang treusorgend am Krankenbett ihres Vaters und haben nichts im Sinn als seine Genesung.[3]

Das ist übrigens nicht das erste Mal, dass Peter und Walter Kohl die aus ihrer Sicht bedrohliche neue Partnerin ihres Vaters bedrängen. Bereits im Jahr 2006 hat Peter Kohl Maike nach London beordert, um dort über wichtige und grundsätzliche Themen sprechen zu können.

Maike hatte es schon früher abgelehnt, ohne das Beisein von Helmut Kohl mit dessen Söhnen über finanzielle Familienangelegenheiten zu sprechen. Für sie wäre das ein Verrat an ihrem Mann gewesen – schon deshalb hat sie sich auf ein solches Treffen seinerzeit nicht eingelassen. Sie hat den Verdacht, dass sie hinter Helmut Kohls Rücken auf irgendetwas festgelegt werden soll. Und dabei ist sie geblieben: keine Treffen mit den Söhnen ohne Helmut Kohl.

Überhaupt sind Begegnungen mit den Söhnen grundsätzlich eher unerfreulicher Natur. Da geht es mir nicht anders als Maike. Meistens monologisieren sie vor sich hin, sprechen vor allem von sich selbst und ergehen sich in Selbstmitleid, weil sie den Namen Kohl tragen. Nicht nur mir gegenüber versteigt sich Walter Kohl zu der ungeheuren Aussage: »Der Name ist wie ein Judenstern.«

DIE FRONTEN VERHÄRTEN SICH

Nach der Hochzeit werden die Angriffe der Söhne massiver. Anfang Januar 2009 macht Walter seinem Vater in einem langen Brief heftige Vorwürfe: Er habe den Erbvertrag 1999 bereits wegen Maike geschlossen. In harschen

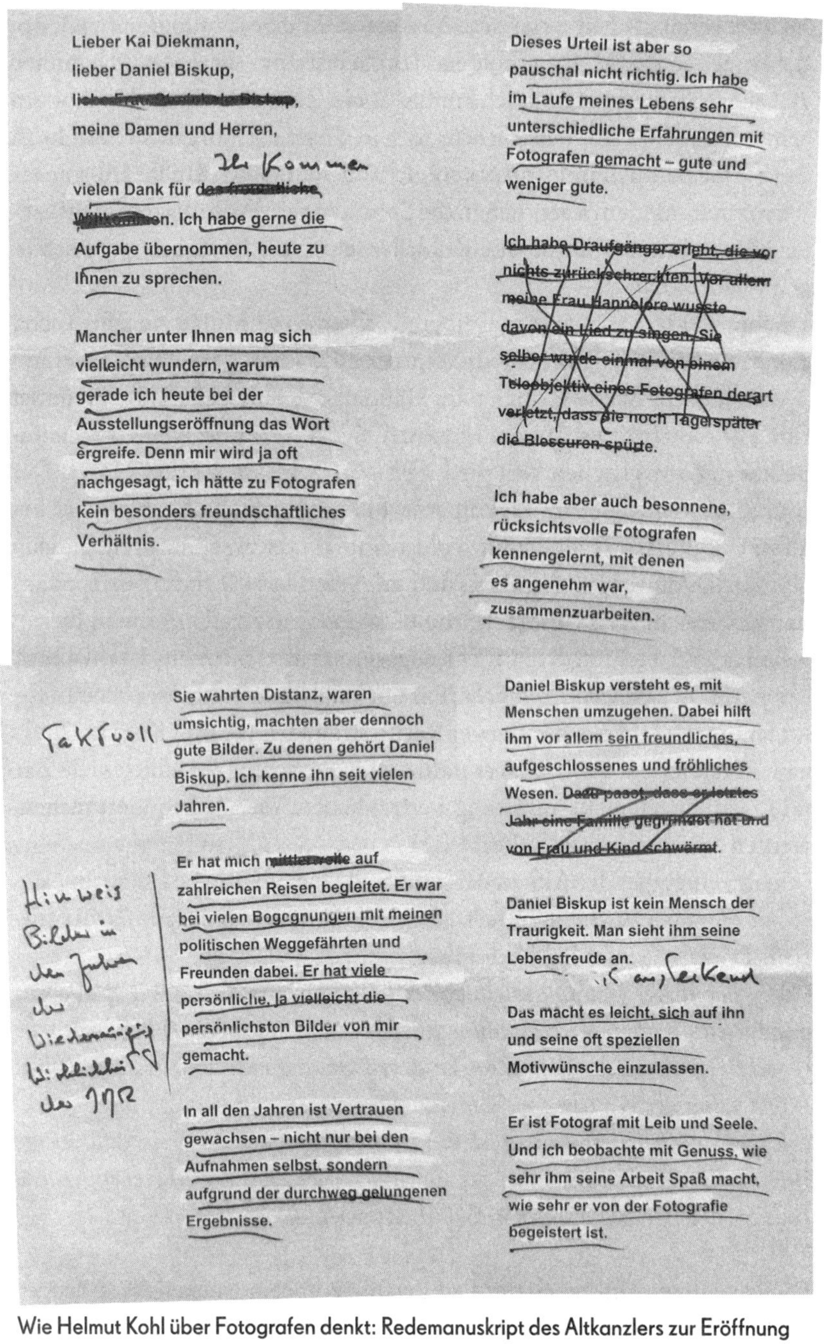

Lieber Kai Diekmann,
lieber Daniel Biskup,
li[redacted],
meine Damen und Herren,

Ihr Kommen
vielen Dank für d[redacted]
[redacted]n. Ich habe gerne die
Aufgabe übernommen, heute zu
Ihnen zu sprechen.

Mancher unter Ihnen mag sich
vielleicht wundern, warum
gerade ich heute bei der
Ausstellungseröffnung das Wort
ergreife. Denn mir wird ja oft
nachgesagt, ich hätte zu Fotografen
kein besonders freundschaftliches
Verhältnis.

Dieses Urteil ist aber so
pauschal nicht richtig. Ich habe
im Laufe meines Lebens sehr
unterschiedliche Erfahrungen mit
Fotografen gemacht – gute und
weniger gute.

~~Ich habe Draufgänger erlebt, die vor
nichts zurückschreckten. Vor allem
meine Frau Hannelore wusste
davon ein Lied zu singen. Sie
selber wurde einmal von einem
Teleobjektiv eines Fotografen derart
verletzt, dass sie noch Tage später
die Blessuren spürte.~~

Ich habe aber auch besonnene,
rücksichtsvolle Fotografen
kennengelernt, mit denen
es angenehm war,
zusammenzuarbeiten.

Taktvoll
Sie wahrten Distanz, waren
umsichtig, machten aber dennoch
gute Bilder. Zu denen gehört Daniel
Biskup. Ich kenne ihn seit vielen
Jahren.

Er hat mich ~~mittlerweile~~ auf
zahlreichen Reisen begleitet. Er war
bei vielen Begegnungen mit meinen
politischen Weggefährten und
Freunden dabei. Er hat viele
persönliche, ja vielleicht die
persönlichsten Bilder von mir
gemacht.

Hinweis Bilder in den Jahren der Wiedervereinigung Wirklichkeit der DDR

In all den Jahren ist Vertrauen
gewachsen – nicht nur bei den
Aufnahmen selbst, sondern
aufgrund der durchweg gelungenen
Ergebnisse.

Daniel Biskup versteht es, mit
Menschen umzugehen. Dabei hilft
ihm vor allem sein freundliches,
aufgeschlossenes und fröhliches
Wesen. ~~Dass passt, dass er letztes
Jahr eine Familie gegründet hat und
von Frau und Kind schwärmt.~~

Daniel Biskup ist kein Mensch der
Traurigkeit. Man sieht ihm seine
Lebensfreude an.
ist ansteckend

Das macht es leicht, sich auf ihn
und seine oft speziellen
Motivwünsche einzulassen.

Er ist Fotograf mit Leib und Seele.
Und ich beobachte mit Genuss, wie
sehr ihm seine Arbeit Spaß macht,
wie sehr er von der Fotografie
begeistert ist.

Wie Helmut Kohl über Fotografen denkt: Redemanuskript des Altkanzlers zur Eröffnung einer Ausstellung des Fotografen Daniel Biskup im Dezember 2006

Worten verlangt er eine klärende Aussprache und beschuldigt seinen Vater, die Beziehung zu Maike schon vor dem Selbstmord der Mutter begonnen zu haben. Zu diesem Gespräch kommt es nie. Zu enttäuscht ist Helmut von seinen Söhnen. Zu offensichtlich, so sein Eindruck, sorgen sie sich nicht um die Gesundheit ihres Vaters, sondern ausschließlich um ihr Erbe.

Im Streit mit dem Vater gehen die Söhne zunehmend an die Öffentlichkeit. Ein Albtraum für Helmut Kohl, der sein Privatleben immer zu schützen versucht hat.

Schon 2002 hat Peter eine Biografie über seine Mutter veröffentlicht. Zu ihrem zehnten Todestag im Sommer 2011 kündigt er gemeinsam mit TV-Produzent Nico Hofmann an, Hannelore Kohls Leben als Zweiteiler fürs Fernsehen zu verfilmen. Mit einer eigenen Hannelore-Kohl-Biografie kommt zur gleichen Zeit auch Heribert Schwan auf den Markt. Der Journalist, Schriftsteller, Dokumentarfilmer und Biograf zahlreicher bekannter Politiker hat Helmut Kohl beim Abfassen seiner dreibändigen Kanzlermemoiren unterstützt – und im Anschluss die dafür auf Tonbänder aufgezeichneten Gespräche mit teilweise vertraulichem Inhalt für ein weiteres, mit Helmut Kohl nicht abgesprochenes Buch ausgeschlachtet. *Vermächtnis. Die Kohl-Protokolle*. Ein unglaublicher Vertrauensbruch.

Daraus entsteht ein jahrelanger Rechtsstreit, den Helmut Kohl am Ende gewinnt, aber der Preis, den er dafür zahlt, ist hoch. Unendlich viele Details, lediglich geteilt in streng vertraulichen Vier-Augen-Gesprächen, werden öffentlich ausgebreitet.

Verzweifelt gibt der Altkanzler seinerzeit eine öffentliche Erklärung ab:

Seit Monaten beschäftigen sich Veröffentlichungen ausführlich mit Angelegenheiten aus meinem Privatleben.

Die öffentliche Zurschaustellung und Vermarktung meines Privatlebens durch Dritte empfinde ich als unangemessen, zumal die Veröffentlichungen die Grenzen von Geschmack und Anstand weit überschreiten und in wesentlichen Punkten mit der Wahrheit nicht im Einklang stehen.

Ich werde mich hierzu öffentlich nicht äußern. Ich bitte um Respekt für meine Privatsphäre und überlasse es der Öffentlichkeit, selbst zu beurteilen, welche Interessen den Publikationen in Wahrheit zugrunde liegen.[4]

Die Not seines Vaters scheint Peter wenig zu beeindrucken. Wie Bruder Walter ein Ebenbild von Helmut Kohl, ist ihm – wie auch Walter – keine nennenswerte eigene Karriere vergönnt gewesen. Dafür sorgt er durch öffentliches Waschen schmutziger Familienwäsche regelmäßig für Schlagzeilen. Nur wenige Wochen nach dessen öffentlicher Erklärung attackiert er seinen Vater erneut in einer E-Mail und macht ihm wortreich Vorwürfe. Es geht um den Todestag der Mutter am 5. Juli, zu dem Peter nach Ludwigshafen gereist ist und unangemeldet versucht hat, seinen Vater zu besuchen – vergeblich. In seiner E-Mail unterstellt Peter dem Vater, im Haus gewesen zu sein und die Tür bewusst nicht geöffnet zu haben. Peter kündet außerdem einen erneuten Besuch für den darauffolgenden Tag an.[5]

Man kann nur mutmaßen, was in Helmut Kohl vorgeht, als er diese Zeilen liest. Er lässt sich mit der Antwort an seinen Sohn Peter keine Zeit:

Ich möchte Dich morgen nicht sehen, antwortete er noch am selben Tag per Fax: *Ich möchte Dich auch bitten, eine derart unwürdige Szene wie am Todestag Deiner Mutter weder morgen noch an anderen Tagen jemals wieder an meiner Haustür aufzuführen. Ich habe mich für meine Söhne geschämt.*

Denn auch das ist die Wahrheit: Die beiden Brüder sind an jenem 5. Juli, dem Todestag ihrer Mutter, nicht nur unangemeldet vor Helmut Kohls Haus aufgetaucht, sondern haben, nachdem niemand öffnete, begonnen, laut zu rufen und gegen die Tür zu treten, bis ein Sicherheitsbeamter einschreiten musste, um die Söhne zu bitten, das Grundstück zu verlassen.[6]

Vor allem frage ich Dich, heißt es in seinem Fax an Peter weiter, *wie Du dazu kommst, mir ein derartiges Schreiben zu schicken, das voller versteckter und offener Vorwürfe an mich ist und an meine Frau? Wie stellst Du Dir das eigentlich vor, dass ich hier mit meiner Frau sitze und pausenlos Eure Attacken anhören muss und gleichzeitig Euch treffen soll – wozu das Ganze? Ich habe Euch ein Studium in Wien und Amerika finanziert. Ich habe mich immer wieder dafür verwendet, dass Ihr Stellen oder Aufträge bekommt. Wie weit ich gegangen bin, wisst Ihr mit einigem Nachdenken selbst. Wenn Ihr jetzt meint, Ihr müsst mich anklagen, vor allem alles öffentlich machen und mein Privatleben verkaufen – und dann auch noch Maike, die ich liebe, mit hineinzieht, dann kann ich nur den Kopf schütteln. Ich lebe mit meinen 81 Jahren, körperlich mit dem Rollstuhl etwas eingeschränkt, ein gutes und selbstbestimmtes Leben. Ich bin mit Maike sehr glücklich, wir haben in den letzten 3 Jahren mein Haus zu unserem umgebaut. Ich werde mir das von Euch nicht kaputt machen lassen. Ich weiß, was ich in meinem Leben geleistet habe. Ich war bei allem auch ein guter und treuer Ehemann, war ein guter Vater. Ich kann nachts gut schlafen. (…) Solange Ihr über mich so redet und meine Frau, die ich liebe, gibt es keinen Kontakt. Darüber sollten Du und Dein Bruder einmal nachdenken.*[7]

Was wie ein schlechtes Drehbuch für eine Vorabendsoap klingt, ist in der Familie Kohl leider bittere Realität.

In seinen letzten Lebensjahren wird die Kluft zwischen Helmut Kohl und seinen Söhnen tiefer und tiefer. Wann immer er und ich uns treffen, ist es auch zwischen uns Thema. Er leidet sichtbar unter der Situation, hätte so gern Frieden. Wirklich helfen kann ich ihm nicht.

Im Januar 2013 lässt er Walter und Peter über seinen Rechtsanwalt untersagen, sein Büro mit Familienangelegenheiten zu belästigen. Man könnte es auch so formulieren: Als Kanzler der Einheit war es Helmut Kohl vergönnt, die Mauer zwischen zwei verfeindeten Systemen fallen zu sehen, im Privaten gelingt es ihm nicht.

Als Helmut Kohl im Jahr 2015 erneut im Krankenhaus liegt und wieder einmal um sein Leben kämpft, verklagen ihn Walter und Peter auf weitere Pflichtteilsansprüche bezüglich des Nachlasses der Mutter. Sie fordern ein detailliertes Nachlassverzeichnis, einschließlich Schenkungen, ehebezogener Zuwendungen und vieles mehr. Die Brüder scheitern mit ihrer Klage. Zum einen sind sie sehr wohl über den Erbschaftsvertrag unterrichtet gewesen, zum anderen haben sie bereits erhebliche Beträge erhalten.

Damit ist aber noch nicht Schluss. Nur wenige Monate vor seinem Tod erreicht Helmut Kohl eine letzte Forderung seiner Söhne: Der Altkanzler hatte seinen Ghostwriter Heribert Schwan wegen des unglaublichen Vertrauensbruchs verklagt. Es geht um fünf Millionen Euro Geldentschädigung. Jetzt melden die Söhne schon einmal vorsorglich Ansprüche an. Und das, obgleich der Ausgang des Verfahrens noch völlig offen ist zu diesem Zeitpunkt.

TROST UND TRAUER

In der Marbacher Straße ist inzwischen etwas Ruhe eingekehrt.

Nachdem der furchtbare Auftritt Walter Kohls vorüber ist, sind wir alle etwas entspannter. Oberbürgermeisterin Eva Lohse, Reitergeneral Peter Hoffmann, die Haushälterin Frau Hirsch – so stehen wir mit Maike in kleiner Runde um das Bett des toten Kanzlers, haben eine Flasche seines Lieblingsweins geöffnet – einen Riesling mit dem schönen Namen *Auf der Mauer*. Wir stoßen auf ihn an. Es ist ein ganz besonderer Moment, sogar

Wollte alles über Helmut Kohl wissen: mit Helmut Schmidt 2008 in Leipzig

ein schöner. Dass wir hier gemeinsam stehen und weinen und lachen würden, das hätte ich mir niemals vorstellen können. Bei aller Trauer hat das etwas Tröstliches.

Mir kommt in diesem Moment eine Begegnung mit Helmuts Amtsvorgänger Helmut Schmidt in den Sinn, den ich vor zehn Jahren zufällig im Zug von Berlin nach Hamburg getroffen habe.[8] Obgleich bekennender Kettenraucher, hielt er sich diszipliniert eineinhalb Stunden lang an das

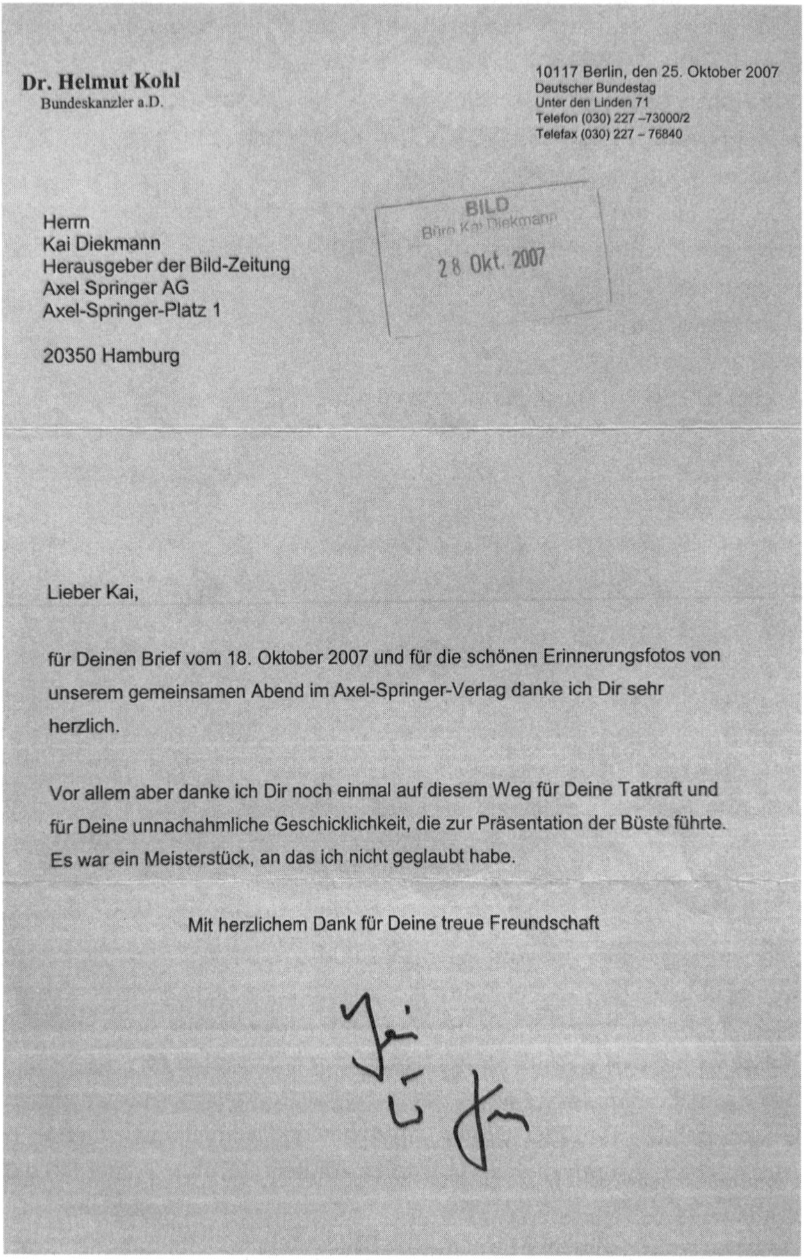

Dr. Helmut Kohl
Bundeskanzler a.D.

10117 Berlin, den 25. Oktober 2007
Deutscher Bundestag
Unter den Linden 71
Telefon (030) 227 -73000/2
Telefax (030) 227 - 76840

Herrn
Kai Diekmann
Herausgeber der Bild-Zeitung
Axel Springer AG
Axel-Springer-Platz 1

20350 Hamburg

BILD
Büro Kai Diekmann
28 Okt. 2007

Lieber Kai,

für Deinen Brief vom 18. Oktober 2007 und für die schönen Erinnerungsfotos von unserem gemeinsamen Abend im Axel-Springer-Verlag danke ich Dir sehr herzlich.

Vor allem aber danke ich Dir noch einmal auf diesem Weg für Deine Tatkraft und für Deine unnachahmliche Geschicklichkeit, die zur Präsentation der Büste führte. Es war ein Meisterstück, an das ich nicht geglaubt habe.

Mit herzlichem Dank für Deine treue Freundschaft

Im Oktober 2007 ehrte der Axel Springer Verlag den Kanzler der Einheit mit einer überlebensgroßen Bronzebüste des französischen Bildhauers Serge Mangin – Helmut Kohl hat es gefreut.

Rauchverbot, ignorierte den Kakao, den ihm ein ungeschickter Kellner über die Hose schüttete – dafür bombardierte er mich mit Fragen zu Helmut Kohl. Warum er dort so entschieden habe, warum da anders. Die ganze Zugreise über fragte er mich aus über den Mann, zu dem ihm immer ein Nichtverhältnis nachgesagt wurde.

Als ich Helmut Kohl danach von der Begegnung berichtete, kommentierte er sie nicht weiter. Doch ein paar Wochen später, an einem Montagmorgen, rief er mich an:

»Rate, wo ich bin.«

»Keine Ahnung.«

»Ich fahre gerade nach Hamburg hinein.«

»Was machst du in Hamburg?«

»Ich treffe mich mit Helmut Schmidt in seinem Büro. Hast du später noch Zeit?«

Abends, als ich das Café Paris nahe dem Hamburger Rathaus betrat, saß Helmut Kohl bereits dort. Gelöst, fast überschwänglich erzählte er von Helmut Schmidt. Warum er das Treffen vereinbart habe, fragte ich ihn. Seine Antwort: »Ich möchte nicht eines Tages aufwachen, morgens im Bad stehen und in den Nachrichten hören, dass Helmut Schmidt nicht mehr ist, ohne dass wir uns ausgesprochen hätten.«

Für ihn als den Jüngeren von beiden war es selbstverständlich, den Amtsvorgänger zu besuchen. Aus Respekt vor der Person. Vor dem Amt. Vor der Lebensleistung. Und aus einer zutiefst menschlichen Regung heraus. Das war Helmut Kohl. Einfach ein Großer.

Die Frage, was mit der sterblichen Hülle des toten Kanzlers geschehen soll, steht im Raum. »Mein Mann verlässt das Haus nicht. Er bleibt bis zuletzt hier«, erklärt Maike dezidiert. Das ist nicht verhandelbar.

Nun ist es Hochsommer, bis zur Beerdigung – so viel steht schon mal fest – sind es noch mindestens zwei Wochen. Aber auch ein Bundeskanzler hebelt die Gesetze der Biologie nicht aus. Wir müssen uns also etwas einfallen lassen. Außerdem braucht es eine Sondergenehmigung, um den Toten im Haus zu behalten.

Noch am selben Abend räumen wir das Esszimmer aus und stellen die Kühlaggregate auf, die der Kommandoführer gekauft hat. Sämtliche Jalousien sind geschlossen, Licht spendet nur die Osterkerze.

Es ist nach 2 Uhr nachts, als sich die kleine Gästegruppe verabschiedet.

Maike will allein sein mit ihrem Mann. Ich gehe nach oben ins Gästezimmer und lege mich erschöpft schlafen.

Um 7.30 Uhr bin ich wieder wach. Wieder ein strahlender Sommertag. Ich schaue aus dem Fenster. Hinter den Absperrungen in der Marbacher Straße warten Trauernde mit Blumen und Kerzen in den Händen. Auf unsere Bitte öffnet die Polizei die Gitter. Zögerlich gehen die ersten Wartenden zum Haus, legen die mitgebrachten Blumen ab, manche auch Briefe. Die Anteilnahme ist berührend.

Gegen 10 Uhr trifft ein Experte für Totenmasken ein. Maike hat die Entscheidung getroffen, Gesicht und Hände ihres toten Mannes für die Ewigkeit festzuhalten. Eine richtige Entscheidung. Der Tote ist ja nicht irgendwer, sondern ein Jahrhundert-Staatsmann, der Geschichte geschrieben hat. Adenauer, Lessing, Goethe, Nietzsche – viele Große der Geschichte sind so verewigt worden. Der Experte erweist sich als wahrer und vor allem diskreter Künstler. Er rührt Alginat und Gips an, geht mit der Präzision eines Uhrmachers vor. Am Ende einer komplizierten Prozedur zeigt die Maske den toten Altkanzler mit beklemmender Authentizität.

Der Kommandoführer informiert mich über einen Anruf aus dem Innenministerium: »Die Protokollchefin möchte Sie sprechen.«

Ich greife zum Handy und rufe zurück.

»Ich wollte mich einfach schon einmal gemeldet haben, selbst wenn die formelle Anordnung eines Staatsakts noch aussteht«, sagt mir die Beamtin.

»Das kommt anders«, erkläre ich bestimmt: »Es wird keinen nationalen Staatsakt geben. Jean-Claude Juncker wird noch am Wochenende einen europäischen Staatsakt ankündigen.«

So hat es Maike heute früh am Telefon mit dem EU-Kommissionspräsidenten verabredet.

»Davon weiß ich nichts«, ist die Protokollchefin überrascht.

»Das können Sie auch nicht, das ist noch nicht bekannt.«

»Würden Sie mich auf dem Laufenden halten?«, bittet sie.

»Das mache ich selbstverständlich«, antworte ich und hoffe, dabei freundlich zu klingen. »Danke für Ihren Anruf.«

DAS TESTAMENT

Wenn jemand über 80 Jahre alt und sehr krank ist, kann natürlich jeden Tag etwas passieren. Darum ist es für mich selbstverständlich, mich persönlich von Helmut Kohl zu verabschieden, als ich 2012 mit Familie für ein knappes Jahr nach Kalifornien ziehe.

Wir wissen damals beide nicht, ob es ein Abschied für immer sein wird. Wir setzen uns zu einem späten Frühstück an den Tisch. Helmut isst mit der linken Hand, seine rechte, seit dem Unfall stark beeinträchtigt, ruht in seinem Schoß.

»Ich möchte jetzt etwas Wichtiges sagen, Kai«, artikuliert er so deutlich und klar, wie ich ihn lange nicht habe sprechen hören. »Ich wünsche mir etwas von dir. Was ich jetzt sage, habe ich noch mit niemandem besprochen. Maike ist mein Glück, Maike ist mein Engel. Sie ist meine einzige Frau. Ohne sie wäre ich nicht mehr. Ich weiß nicht, wie viel Zeit mir der liebe Gott noch gibt. Aber wenn ich heimgehe, dann möchte ich, dass Maike alles bekommt. Da gibt es die Söhne, die werden Ärger machen, aber das ist eine andere Geschichte. Maike ist das Wichtigste, das ich habe. Sie allein soll bestimmen, was dann ist, auch mit meinem Geschichtsbild. Sie soll auch bestimmen, wie das mit der Beerdigung ist, wo ich beerdigt werde. Ich will nicht ins Familiengrab. Ich will mit Maike sein. Maike soll entscheiden, und was sie sagt, gilt. Ich wünsche mir von dir, dass du darüber wachst.«

»Natürlich verspreche ich dir das, Helmut.« Mir ist bewusst, dass er mir gerade so etwas wie sein Vermächtnis anvertraut hat.

»Wann immer und vor wem immer, Helmut, werde ich bezeugen, was du mir heute gesagt hast«, erkläre ich fast ein bisschen feierlich. »Im Übrigen«, lüge ich, »wirst du noch mindestens zehn Jahre leben, mindestens so lange wie Adenauer!«

Zurück im Trauerhaus. Mein Handy klingelt ununterbrochen. Die Nachricht vom europäischen Staatsakt in Straßburg statt eines nationalen in Berlin macht offenbar die Runde.

»Sag mal, Kai, hier wird gerade das Gerücht gestreut, die Idee mit dem Staatsakt in Straßburg sei allein auf Maike Kohl-Richters Mist gewachsen«, ruft mich ein Kollege aus der Hauptstadt an, »um dem Bundespräsidenten und der Kanzlerin eins auszuwischen. Das hätte Kohl so bestimmt nicht gewollt!«

»Was für ein Unsinn! Wer erzählt denn so einen Quatsch?«, antworte ich empört.

Noch mal: Was für ein Blödsinn!

Wenn Sie meine Meinung wissen wollen: Zu Lebzeiten war es der in jeder Beziehung alle Dimensionen sprengende Helmut Kohl, an dem sich so viele so leidenschaftlich und so erfolglos abgearbeitet haben. Jetzt, wo er nicht mehr ist, muss offensichtlich seine Frau dafür herhalten, der nun infamerweise unterstellt wird, den letzten Willen ihres Mannes zu missachten. Die Wahrheit sieht anders aus. Helmut Kohl hat sich niemals irgendwelchen Illusionen hingegeben, was nach seinem Tod passieren würde, nämlich heftiges Gerangel über die Abschiedszeremonie, erbitterten Streit um seinen Nachlass – und wütende Attacken auf seine Frau. Im Spätherbst seines Lebens hat er deshalb sein Testament umfassend nachgeschärft[9], und dieses Dokument beantwortet eigentlich alle Fragen:

Ich möchte daher hiermit in Ergänzung zu Maikes und meinem Testament vom 25. Juni 2009 ein paar Dinge ausdrücklich festlegen, die mir wichtig sind und bei denen ich einen erheblichen öffentlichen Druck auf meine Frau erwarte.

Mit unserem gemeinsamen Freund Kai Diekmann habe ich darüber bei uns in Ludwigshafen im August 2012 ausdrücklich gesprochen. Ich habe ihn außerdem gebeten, Maike, wenn ich heimgehe, in allen Belangen zu unterstützen. Diese Bitte will ich hier nochmals wiederholen und unterstreichen.

Konkret möchte ich hiermit (...) ausdrücklich noch einmal bekräftigen, dass meine Frau Maike alles, was mich betrifft und meine politischen und persönlichen Angelegenheiten angeht, einmal allein bestimmen soll. Sie allein soll nach meinem Ableben entscheiden, was wird, und sie soll sich dann Hilfe holen, wenn sie meint, Hilfe und Rat zu brauchen. Ihr vertraue ich, sie liebe ich, sie kennt meine Vorstellungen. Was sie sagt, das gilt. Das ist mein ausdrücklicher Wille und Wunsch.

(...) Meine Frau Dr. Maike Kohl-Richter soll über die Verwendung und Nutzung meines Privatarchivs und aller persönlichen und politischen Dokumente alleinentscheidungsbefugt sein. Sie soll nach meinem Ableben die alleinige Verfügungsberechtigte im Hinblick auf meinen politischen Nachlass im weitesten Sinne sein einschließlich des umfangreichen Privat-Archivs im Wohnhaus in Ludwigshafen, aller sonstigen persönlichen und politischen Dokumente und Dinge sowie allem, was mein Büro betrifft und dort vorhanden ist, das zurzeit noch in Berlin ist.

Ich sage dies deshalb so deutlich, weil ich erwarte, dass es (...) nach meinem Ableben einen erheblichen öffentlichen Druck geben wird, meinen politischen

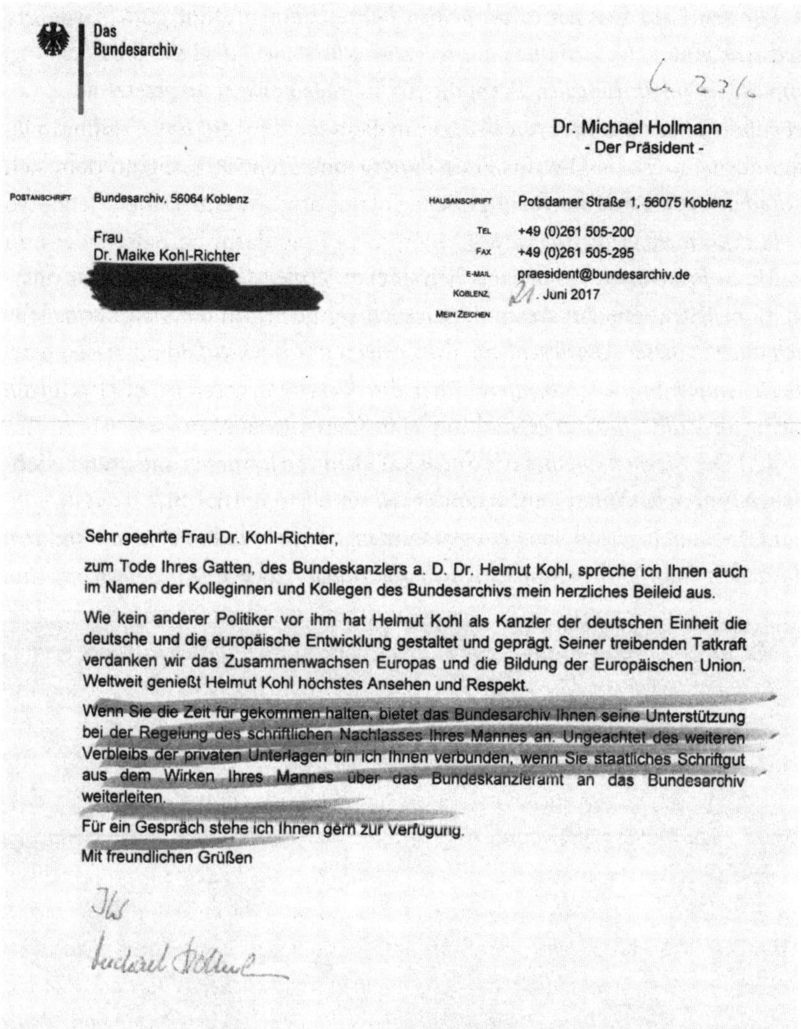

Das
Bundesarchiv

Dr. Michael Hollmann
- Der Präsident -

POSTANSCHRIFT Bundesarchiv, 56064 Koblenz

HAUSANSCHRIFT Potsdamer Straße 1, 56075 Koblenz
TEL +49 (0)261 505-200
FAX +49 (0)261 505-295
E-MAIL praesident@bundesarchiv.de
KOBLENZ, 21. Juni 2017
MEIN ZEICHEN

Frau
Dr. Maike Kohl-Richter
[redacted]

Sehr geehrte Frau Dr. Kohl-Richter,

zum Tode Ihres Gatten, des Bundeskanzlers a. D. Dr. Helmut Kohl, spreche ich Ihnen auch im Namen der Kolleginnen und Kollegen des Bundesarchivs mein herzliches Beileid aus.

Wie kein anderer Politiker vor ihm hat Helmut Kohl als Kanzler der deutschen Einheit die deutsche und die europäische Entwicklung gestaltet und geprägt. Seiner treibenden Tatkraft verdanken wir das Zusammenwachsen Europas und die Bildung der Europäischen Union. Weltweit genießt Helmut Kohl höchstes Ansehen und Respekt.

Wenn Sie die Zeit für gekommen halten, bietet das Bundesarchiv Ihnen seine Unterstützung bei der Regelung des schriftlichen Nachlasses Ihres Mannes an. Ungeachtet des weiteren Verbleibs der privaten Unterlagen bin ich Ihnen verbunden, wenn Sie staatliches Schriftgut aus dem Wirken Ihres Mannes über das Bundeskanzleramt an das Bundesarchiv weiterleiten.

Für ein Gespräch stehe ich Ihnen gern zur Verfügung.

Mit freundlichen Grüßen

Brief des Präsidenten des Bundesarchivs an Maike Kohl-Richter

Nachlass anderen Einrichtungen zu überlassen. Daher ordne ich gerade im Interesse der Geschichtsschreibung hiermit ausdrücklich an, dass einer etwaigen solchen Forderung nicht nachgegeben werden darf. Eine ordnungsgemäße Aufarbeitung und Verwendung sehe ich bei meiner Frau Dr. Maike Kohl-Richter in den bestmöglichen Händen, weil sie meine Vorstellungen dazu kennt, alle dokumentierten Vorgänge am besten einordnen kann und weil sie ihre historisch-politische Verantwortung kennt.

Für den Fall, dass wir es zu meinen Lebzeiten nicht mehr gemeinsam umsetzen konnten, will ich auch ausdrücklich klarstellen, dass die Entscheidung, in welcher institutionellen Form die Archivfrage konkret umgesetzt wird, (...) ebenfalls allein meiner Frau obliegt. Sie ist dabei in ihrer Entscheidung vollkommen frei. Sie kennt meine Vorstellungen. Sie wird unter den gegebenen Umständen wissen, was das Richtige ist.

(...) Für mein Grab lege ich fest:

Meine Frau und ich haben uns 2015 für eine gemeinsame Grabstätte in Speyer (...) entschieden. An diesem Ort wollen wir gemeinsam beerdigt sein. Weil ich auch in dieser Angelegenheit, nicht zuletzt mit Blick auf das in Friesenheim bestehende Familiengrab, öffentlichen Druck erwarte, ordne ich hiermit an, an dem von Maike und mir gewählten Ort in Speyer beerdigt zu werden.

(...) Der Moment meines Abschieds soll nicht von formalen und protokollarischen Fragen bestimmt werden, und er soll vor allem von Menschen aus dem In- und Ausland begleitet und getragen werden, die mein Leben von nah und fern bis zuletzt aufrichtig freundschaftlich und respektvoll begleitet haben.

Mit dem Kanzler der Einheit 2005 in Leipzig

(...) Zu der Frage, in welcher konkreten Form die Trauerfeierlichkeiten stattfinden sollen und ob es zum Beispiel einen Staatsakt geben soll oder nicht und, wenn ja, in welcher Form wo und mit wem, will ich aus guten Gründen (...) jetzt und hier nicht fixieren.

Helmut Kohl soll mit seinen Ahnungen bis ins Detail recht behalten. Der Altkanzler ist noch nicht mal unter der Erde, als der Präsident des Bundesarchivs von Maike unverhohlen die Herausgabe von Akten verlangt:

Wenn Sie die Zeit für gekommen halten, bietet das Bundesarchiv Ihnen seine Unterstützung bei der Regulierung des schriftlichen Nachlasses Ihres Mannes an. Ungeachtet des weiteren Verbleibs der privaten Unterlagen bin ich Ihnen verbunden, wenn Sie staatliches Schriftgut aus dem Wirken Ihres Mannes über das Bundeskanzleramt an das Bundesarchiv weiterleiten. [10]

DIE TAGE VOR DER TRAUERFEIER

Es ist das erste Mal in der Geschichte, dass ein deutscher Bundeskanzler nicht mit einem nationalen Trauerakt beerdigt werden soll, sondern mit einem europäischen. Das heißt aber auch: Es gibt kein Vorbild für die Zeremonie, an dem wir uns orientieren könnten. Die Zeremonie muss erst erfunden werden.

Nun bin ich Journalist, kein Zeremonienmeister. Und auch kein Protokollchef. Aber ich mache, was ich immer mache, wenn ich das Gefühl habe, hier fegt gleich ein Tornado durch: Ich lege meinen berühmten Schalter um – und funktioniere.

Mein Telefon klingelt im Minutentakt: Es geht um erste Abstimmungen zum Trauerakt im Europaparlament. Wir brauchen eine Genehmigung für die Überführung des Toten nach Frankreich und zurück. Einen Leichenpass. Eine internationale Sterbeurkunde. Die Abläufe müssen erstellt und mit dem Innenministerium abgesprochen werden. Wer wird eingeladen? Wer darf reden? Wer lieber nicht? Wie sieht die Beerdigung in Speyer aus? Requiem, Totenmesse, Pontifikalamt? Was passiert im Dom? Soll es eine TV-Übertragung geben? Sind genügend Kleinbusse da, genügend Limousinen? Weiß jeder, wo er sein muss?

»Es wird in den nächsten Tagen sehr heiß«, warnt der Bestatter. »Wir müssen von Tag zu Tag entscheiden, wie lange der Bundeskanzler im Haus bleiben kann.« Und wieder wird das Kommando beauftragt, weitere Kühlaggregate zu besorgen.

»Es ist natürlich nicht schön, dass Helmut Kohl nicht in Ludwigshafen beerdigt wird«, interveniert die Oberbürgermeisterin von Ludwigshafen telefonisch. Sie hat einen Vorschlag: »Was wäre, wenn der Sarg von Straßburg nach Ludwigshafen geflogen wird, dann mit dem Wagen über den Platz der Deutschen Einheit zum Rhein und von dort mit dem Schiff nach Speyer?«

Das erste Mal an diesem Tag sehe ich Maike lächeln: »Den Rhein hat mein Mann immer geliebt! Er hatte so lange den Traum, ihn noch einmal zu durchschwimmen.«

Auch der Leiter des BKA-Kommandos hat eine Bitte: »Es wäre uns eine Ehre, wenn die Männer des Kommandos den Sarg von Helmut Kohl tragen dürften.«

Kurz vor Mitternacht hat sich die Marbacher Straße weitgehend geleert, nur Journalisten, Fotografen und Kameraleute harren auf der gegenüberliegenden Seite aus. Dutzende Kerzen werfen ein warmes Licht auf das Blumenmeer vor der Haustür. Zum ersten Mal seit dem Tod ihres Mannes tritt Maike aus dem Haus, betrachtet still die Szene.

Ich gehe noch einmal in das Zimmer mit dem aufgebahrten Helmut Kohl. Das erste Mal sind wir allein. Dort so vor ihm zu stehen, ihn anzuschauen, die Stille, seine gefalteten Hände, der Frieden in seinem Gesicht. Meine Augen füllen sich mit Tränen. Mein Schalter steht in diesem Moment nicht auf Analyse und auch nicht auf Aktion.

Freitag, der 30. Juni, ein schwüler und warmer Tag. Morgen ist der Tag des endgültigen Abschieds von Helmut Kohl. Seit dem Tod des Altkanzlers sind zwei Wochen vergangen. Zwei Wochen, in denen ich zurück in Berlin war und die es in sich hatten. Es war ein Crash-Kurs in Diplomatie.

Alles beginnt mit einer SMS von Außenminister Sigmar Gabriel: Die Russen möchten am Trauerakt in Straßburg teilnehmen – und eine Rede halten. Premierminister Medwedew oder Präsident Putin – wer ist der Richtige dafür? Wir diskutieren. Wegen des seit drei Jahren andauernden Krimkrieges eine politisch äußerst heikle Frage. Hilfesuchend kontaktiere ich das Kanzleramt. Hier werde ich an den Satz von Putin erinnert: »Der schlimmste Tag in meinem Leben war der Zusammenbruch der Sowjetunion.« »Medwedew ist gut«, antworte ich Sigmar Gabriel.

Maike meldet sich alarmiert. Angeblich will auch der ukrainische Präsident Petro Poroschenko zum Trauerakt kommen. Könnte die Begegnung mit den Russen zu einem Eklat führen? Wieder konsultiere ich das Kanzleramt. Das gibt Entwarnung: Im Rahmen eines Staatsaktes sei so etwas kein Thema, da würden selbst die größten Feinde die Waffen beiseitelegen und den anderen respektieren.

»Stimmt es, dass Helmut Kohl sich in der Kaisergruft neben den mittelalterlichen Kaisern Heinrich III., IV. und V. beisetzen lassen wollte?«, möchte der Berliner Tagesspiegel wissen. Auf diese Frage gibt es jetzt mal keine Antwort.

Kohls Anwalt und engster Vertrauter Stephan Holthoff-Pförtner beschwört mich, beim Trauerakt unbedingt den ungarischen Ministerpräsidenten Viktor Orbán als Redner zu verhindern: »Der ist kein Europäer. Der ist gegen Pressefreiheit, das hätte Helmut Kohl nicht gewollt!« Rückendeckung erhält Holthoff-Pförtner von Elmar Brok, dem längstgedienten Mitglied des Europäischen Parlaments. Ich halte dagegen: »Das ist doch eine gute Gelegenheit, alle Skeptiker der EU zu zwingen, am Sarg Helmut Kohls ein Bekenntnis für Europa abzulegen. Orbán und Kohl hatten ein ausgesprochen gutes Verhältnis miteinander.« Der Kompromiss: Beim offiziellen Trauerakt soll Orbán nicht sprechen, dafür aber bei der privaten Abschiedsfeier im Deidesheimer Hof.

Dann wieder ist Jean-Claude Juncker am Telefon. Sein Thema: Der Élysée-Palast mache Probleme, wenn Präsident Emmanuel Macron nicht reden dürfe. Schließlich finde der Trauerakt auf französischem Staatsgebiet statt. Da hat Juncker einen klaren Punkt – lösen wir am besten über die Rednerreihenfolge: erst der Parlamentspräsident, dann Merkel, dann Macron.

Juncker hat allerdings noch ein ganz anderes Thema: die Söhne, Walter und Peter. »Du musst dich darum kümmern«, so Juncker zu mir, »dass die beiden zum Staatsakt eingeladen und ordentlich gesetzt werden. Alles andere wird Maike in der öffentlichen Wahrnehmung beschädigen.« Dazu muss man wissen, dass Juncker seit Jahren eng mit Helmut und Maike befreundet ist. Ich selbst bin nun der denkbar Falsche, mit den Söhnen zu sprechen. Zudem ist die Situation verzwickt, der Altkanzler hat nämlich erst vor wenigen Wochen endgültig mit seinen Söhnen gebrochen, und zwar über den Tod hinaus:

Ich weiß, dass es Helmut Kohls ausdrücklicher Wille war, dass seine Söhne und ihre Familien zu den Trauerfeierlichkeiten nicht eingeladen werden sollten. Also bitte ich Stephan Holthoff-Pförtner, der als Helmuts Anwalt schon früher mit Peter und Walter zu tun hatte, eine Lösung zu finden. Eine Mitarbeiterin Holthoff-Pförtners erreicht Walter Kohl auf dessen Mobiltelefon und fragt, ob er für ein Telefonat zur Verfügung stünde. Als Holthoff-Pförtner zur vereinbarten Zeit anruft, um mit Walter die Teilnahme der Söhne an der Beerdigung zu besprechen, geht dieser nicht an sein Handy, obgleich er zuvor den Telefontermin bestätigt hat. Das tut Walter auch nicht, als es Holthoff-Pförtner noch ein zweites und drittes Mal versucht und eine Nachricht auf Band hinterlässt. So wichtig kann ihm die Beerdigung seines Vaters dann ja auch wieder nicht sein.

Einen Tag später erhalte ich einen Anruf von Kommandoleiter Furch: Sohn Walter stehe mit den beiden Kohl-Enkeln Johannes und Leyla vor der Tür in der Marbacher Straße und klingele seit zehn Minuten Sturm. Das alles natürlich vor den Kameras der versammelten Presse – aus meiner Sicht erneut das Schauspiel vom armen, verstoßenen Sohn, ich finde das überflüssig und unwürdig.

DAS LETZTE GELEIT

Ich bin zurück in Ludwigshafen. Zwei Gärtner sammeln die niedergelegten Blumengebinde aus den letzten 14 Tagen ein.

Im Flur steht der leere Sarg bereit, offen, weiß ausgeschlagen. An der Wand lehnt ein großes Porträt des Altkanzlers. Im Wohnzimmer stehen noch immer Medikamente, Mullbinden, Novalgin-Tropfen; das kleine Glas mit den vier Pillen, die Helmut am Morgen seines Todes hätte einnehmen sollen. Das Esszimmer ist verschlossen. Dort liegt der Leichnam von Helmut Kohl seit zwei Wochen aufgebahrt.

Maike wirkt erschöpft und angespannt, ihre Augen sind rot geweint. Trotzdem können wir ihr die Diskussion der technischen Abläufe nicht ersparen.

Für 20 Uhr hat sich der Stellvertretende Chef des Protokolls angekündigt. Wir – seit Tagen ist inzwischen auch Maikes engste Freundin Melanie vor Ort – müssen die Abläufe und Sitzordnung besprechen. Maike druckt Liste um Liste aus: Geladene Freunde, Verwandte, Wegbegleiter, Regierungschefs, Staatsoberhäupter – wer ist in Straßburg dabei, wer in Speyer, wer auf dem Friedhof und im Deidesheimer Hof? Mit Stapeln von

Trauerkarte für Helmut Kohl

Papieren setzen wir uns an den Wohnzimmertisch. Gehen Seite um Seite der Unterlagen durch, besprechen jede Minute, vor allem jeden Schritt des morgigen, 14-stündigen Trauerakts. Wo Maike stehen wird, wann wer an ihrer Seite ist, im Plenarsaal in Straßburg hinter ihr sitzen wird – und wer in der Kirche in Speyer.

Und immer wieder die Frage: Was ist, wenn die Söhne unangemeldet erscheinen?

Inzwischen ist es kurz vor Mitternacht. »Du musst ins Bett, sonst hältst du den Tag morgen nicht durch«, sage ich zu Maike.

»Wollen wir zu Helmut gehen?«, fragt sie unvermittelt. Sie schiebt die Tür zum Esszimmer zur Seite, und wir begeben uns in den dunklen Raum, den ich zuletzt vor zwei Wochen betreten habe. Wenig hat sich verändert: Die summenden Kühlaggregate, das einsame Licht der Osterkerze – ein paar Blumen sind hinzugekommen. Der Altkanzler liegt da in seinem Bett, noch immer seinen Rosenkranz und ein kleines Kreuz aus Bronze in der rechten Hand, auf der Brust ein Strauß frischer Rosen. Maike rollen Tränen über die Wangen.

Um 5 Uhr klingelt mein Wecker. Der Tag des Abschieds ist grau, verregnet und kühl. Schwer und dunkel hängen die Wolken am Himmel. Anders noch als gestern Nachmittag ist die Marbacher Straße voller Fotografen

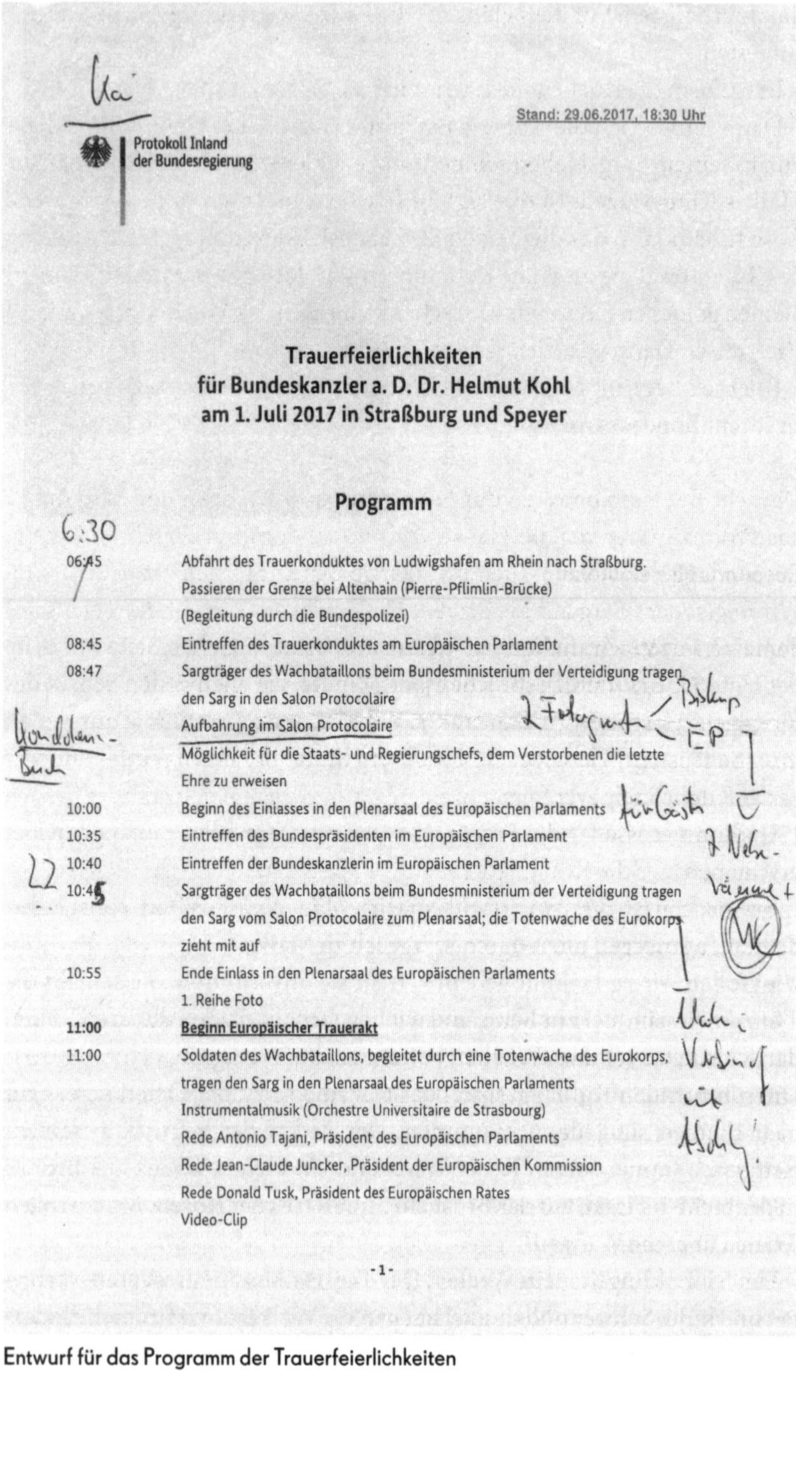

Stand: 29.06.2017, 18:30 Uhr

Protokoll Inland
der Bundesregierung

Trauerfeierlichkeiten
für Bundeskanzler a. D. Dr. Helmut Kohl
am 1. Juli 2017 in Straßburg und Speyer

Programm

06:45	Abfahrt des Trauerkonduktes von Ludwigshafen am Rhein nach Straßburg.
	Passieren der Grenze bei Altenhain (Pierre-Pflimlin-Brücke)
	(Begleitung durch die Bundespolizei)
08:45	Eintreffen des Trauerkonduktes am Europäischen Parlament
08:47	Sargträger des Wachbataillons beim Bundesministerium der Verteidigung tragen den Sarg in den Salon Protocolaire
	Aufbahrung im Salon Protocolaire
	Möglichkeit für die Staats- und Regierungschefs, dem Verstorbenen die letzte Ehre zu erweisen
10:00	Beginn des Einlasses in den Plenarsaal des Europäischen Parlaments
10:35	Eintreffen des Bundespräsidenten im Europäischen Parlament
10:40	Eintreffen der Bundeskanzlerin im Europäischen Parlament
10:45	Sargträger des Wachbataillons beim Bundesministerium der Verteidigung tragen den Sarg vom Salon Protocolaire zum Plenarsaal; die Totenwache des Eurokorps zieht mit auf
10:55	Ende Einlass in den Plenarsaal des Europäischen Parlaments
	1. Reihe Foto
11:00	**Beginn Europäischer Trauerakt**
11:00	Soldaten des Wachbataillons, begleitet durch eine Totenwache des Eurokorps, tragen den Sarg in den Plenarsaal des Europäischen Parlaments
	Instrumentalmusik (Orchestre Universitaire de Strasbourg)
	Rede Antonio Tajani, Präsident des Europäischen Parlaments
	Rede Jean-Claude Juncker, Präsident der Europäischen Kommission
	Rede Donald Tusk, Präsident des Europäischen Rates
	Video-Clip

- 1 -

Entwurf für das Programm der Trauerfeierlichkeiten

und Journalisten. Vor dem Haus hat die Polizei weiträumig Absperrungen aufgestellt.

Ich gehe in die Küche und mache ein paar Tassen Kaffee.

Dann schiebe ich die Tür des Esszimmers zur Seite. Helmut Kohl liegt nun in seinem Sarg. Neben seinem Kopf ein kleiner brauner Teddybär aus Maikes Kindertagen. Maike legt 34 frische rote Rosen in den Sarg: Jede Rose für ein Jahr, das die beiden an Lebensjahren trennte. Den Trauring des Toten trägt sie an einer Kette um ihren Hals, gemeinsam mit einem kleinen goldenen Kreuz – ein Geschenk von Helmut. Wir beten ein letztes Vaterunser. Dann wird der Sarg geschlossen.

Feierlich begrüßt Maike die Männer des Kommandos: »Kommen Sie zu Ihrem Bundeskanzler.«

Die acht Beamten betreten das Esszimmer und schieben den Sarg durch das Wohnzimmer vor die Haustür. Kommandoführer Furch breitet die Europaflagge, das blaue Tuch mit den goldenen Sternen, über den Sarg. Wir folgen dem Sarg auf die Straße. Die Polizisten, die vor dem Haus auf dem Gehweg Wache halten, salutieren.

Um 7.37 Uhr setzt sich die Kolonne in Bewegung, verlässt der verstorbene Kanzler der Einheit die Straße, die über so viele Jahrzehnte seine Heimat gewesen ist. Vorweg ein Polizeiwagen mit Blaulicht, dahinter der Wagen mit dem Sarg. Wir folgen in Begleitfahrzeugen. Bis Straßburg sind es 130 Kilometer.

Wann immer die Kolonne Kreuzungen passiert, salutieren in den abgesperrten Straßen die Polizisten. Es geht auf die Autobahn; immer wieder überholen andere Fahrzeuge den Trauerzug, neugierige Blicke, manche winken.

Um kurz nach 9 Uhr überqueren wir die Grenze nach Frankreich. Gendarmerie erwartet den Geleitzug, übernimmt die Führung. Noch 20 Minuten bis Straßburg. Hier sind die Straßen mit Gittern abgesperrt und menschenleer, an jeder Straßenecke sehe ich Polizisten mit Maschinenpistolen.

Punkt 9.27 Uhr hält der Konvoi vor einem Seiteneingang des Europäischen Parlaments. Die Flaggen aller 28 europäischen Mitgliedsstaaten wehen auf halbmast. Fotografen, Fernsehkameras und der ehemalige Präsident des Europäischen Parlaments Martin Schulz erwarten uns vor der Tür. Acht Soldaten des Wachbataillons der Bundeswehr treten heran, heben den Sarg aus dem Wagen und tragen ihn langsam ins Parlamentsgebäude. Wieder folgen wir dem Sarg durch die Flure des Parlaments, eine steile Treppe hinauf in den ersten Stock.

Überall stehen Menschen in den Gängen, schweigend. Nur das Klacken der Soldatenstiefel auf dem Marmor durchbricht die ungewöhnliche Stille. Wir erreichen einen kleinen Saal, den Salon Protocolaire. Hier sollen die eingeladenen Staats- und Regierungschefs Gelegenheit haben, dem verstorbenen Kanzler die letzte Ehre zu erweisen und der Witwe zu kondolieren. Die Soldaten platzieren den Sarg auf einem Sockel in der Mitte des Raumes. Links und rechts des Sargs zwei Flaggen, die deutsche und die europäische. Die Totenwache des Eurokorps zieht auf, sechs Soldaten.

In einem kleinen Raum nebenan stehen für uns Kaffee, Tee, Orangensaft und Wasser bereit, dazu ein paar Croissants.

Als Erster kommt Baden-Württembergs Ministerpräsident Winfried Kretschmann, dann der ehemalige italienische Ministerpräsident Romano Prodi, als Dritter Jean-Claude Juncker.

Und mit einem Mal stauen sich die Trauergäste draußen vor dem Salon – und ich stelle mich in die Tür, um sie Maike rechtzeitig anzukündigen: den ehemaligen Kommissionspräsidenten Barroso, den polnischen Präsidenten Duda, die litauische Präsidentin Grybauskaitė, Spaniens Exkönig Juan Carlos mit Gattin Sophia, den israelischen Ministerpräsidenten Netanjahu mit Frau Sarah; Viktor Orbán, um dessen geplante Rede es im Vorfeld so viele Auseinandersetzungen gegeben hat; den Bundestagspräsidenten Lammert; den österreichischen Bundespräsidenten Van der Bellen mit Bundeskanzler Kern, den französischen Präsidenten Macron und seinen Vorgänger Sarkozy; die neue britische Premierministerin Theresa May gemeinsam mit John Major, einem ihrer Vorgänger.

In der Reihe der Trauergäste auch viele Gesichter, die mir nichts sagen. »Bitten geben Sie uns rechtzeitig Bescheid, wer vor der Tür steht«, bitte ich einen Mitarbeiter des Protokolls. »Wir wissen das zum Teil auch nicht«, kommt die wenig beruhigende Antwort, »wir tun unser Bestes.« Letzteres mit mäßigem Erfolg: Es wird angekündigt der Emir von Katar – der so gar nicht aussieht wie der Emir von Katar. Stattdessen stellt sich der Gast als Ministerpräsident von Kroatien vor. Der wirkliche Emir von Katar kommt dann ein paar Minuten später – und ist auch nur der Bruder des Emirs.

Im gleichen Augenblick betritt Bill Clinton den Raum, umarmt die

Witwe. Gemeinsam treten sie vor den Sarg, Clinton legt zum Abschied die linke Hand auf die Fahne.

»Der deutsche Bundespräsident ist unterwegs hierher«, kommt der Hinweis des Protokolls.

»Kein Problem«, sagt Maike, »ich werde das sehr ordentlich machen.« Ich sehe, wie sie die Zähne zusammenbeißt. Der Altkanzler und der amtierende Bundespräsident hatten ein kompliziertes Verhältnis, seit Steinmeier kurz vor der Amtsübergabe an Gerhard Schröder im Herbst 1998 Kohl vorgeworfen hatte, unrechtmäßig Unterlagen vernichtet haben zu lassen. Noch während Steinmeier kondoliert, schaut Italiens Ex-Ministerpräsident Berlusconi in den Raum, wirft einen irrlichternden Blick auf die Witwe und geht ohne ein weiteres Wort. Schließlich erscheint Bundeskanzlerin Angela Merkel, umarmt voller Herzlichkeit die Witwe. Als Letzter kondoliert der ukrainische Präsident Poroschenko. Die Ankunft des russischen Präsidenten Medwedew, erfahren wir, verzögert sich.

Es ist Zeit für den offiziellen Staatsakt.

Die Soldaten des Wachbataillons heben den Sarg vom Sockel auf einen Katafalk. In kurz bemessenen Schritten bewegen sie sich zum Plenarsaal. Hinter dem Sarg die Witwe, Jean-Claude Juncker und der Präsident des Europäischen Rates Donald Tusk.

Um 11.11 Uhr eröffnet der Parlamentspräsident die Reihe der Reden.[11] Und dann spricht Jean-Claude Juncker: »Ich bin wahrscheinlich der Einzige im Saal, der Helmut Kohl während einer Sitzung hat weinen sehen. Das war am 13. Dezember 1997. An dem Tag beschloss der Europäische Rat die Erweiterung der Europäischen Gemeinschaft. Nach dem Mittagessen erbat er sich das Wort und sagte mit tränenerstickter Stimme, dass dieser Tag zu den schönsten Momenten seines Lebens gehört. Danach wurde er still und hat lange Minuten geweint.« Am Ende seiner Rede bricht ihm die Stimme: »Lieber Helmut, du bist jetzt im Himmel. Versprich mir, dass du dort nicht sofort einen CDU-Ortsverband gründest.«

Von meinem Platz hinter der Kanzler-Witwe habe ich einen perfekten Blick auf Silvio Berlusconi, der während des Trauerakts gelegentlich einschläft, wobei ihm das Programmheft aus den Händen fällt. Ex-US-Präsident Bill Clinton, ein wirklicher Freund des Kanzlers, wird mit einem Lächeln privat: »I love this guy. Hillary sagte, ich liebe ihn, weil er der Ein-

Mit Maike Kohl-Richter und Bill Clinton beim Staatsakt für Helmut Kohl im Europäischen Parlament in Straßburg im Juli 2017

zige war mit einem größeren Appetit auf Essen als ich. Er wollte eine Welt schaffen, in der niemand dominiert. Eine Welt, in der Zusammenarbeit besser als Konflikt ist. Du hast das gut gemacht in deinem Leben. Und wir, die wir dabei sein durften, lieben dich dafür. Danke.« Dann geht er zum Sarg und hebt die Hand zum Gruß.

Die letzte Rednerin ist Bundeskanzlerin Angela Merkel: »Er hat Pflöcke eingeschlagen, die bis heute Halt bieten. Nicht wenige haben sich an ihm abgearbeitet und gerieben. Viele von uns, auch ich, können davon erzählen. Doch das tritt zurück hinter seinem überragenden Lebenswerk.« Sie dreht sich zum Sarg: »Jetzt ist es an uns, Ihr Vermächtnis zu bewahren! Ich verneige mich vor Ihnen und Ihrem Angedenken in Dankbarkeit und Demut.«

Die Nationalhymne erklingt. Dann *Freude schöner Götterfunken.*[12] Um kurz vor zwei wird der Sarg aus dem Parlamentsgebäude getragen. Plötzlich tritt eine alte weißhaarige Frau von der Seite an Maike heran. »Nein, das gibt es doch nicht«, ruft Maike aus und umarmt die gar nicht Fremde. Es ist Naina Jelzina, die Witwe des früheren russischen Präsidenten Boris Jelzin.

In einem nahe gelegenen Sportstadion wartet schon der Hubschrauber, ein Puma der Bundespolizei, daneben, mit etwas Abstand, zwei weitere Maschinen. Drei Mann Besatzung haben vor dem Hubschrauber Stellung bezogen und salutieren. Die Beamten des Sicherheitskommandos heben den Sarg aus dem Wagen, hieven ihn in den Hubschrauber. Regen nieselt gegen die Scheiben und verwischt die Sicht, als sich die Maschine mit Maike, Georg Friedrich Prinz von Preußen, mir – und natürlich dem Sarg des Kanzlers – an Bord vibrierend in die Luft schraubt. Über den Sarg hinweg, der zwischen uns steht, werfe ich dem Preußen-Prinz einen Blick zu. Die Rotoren dröhnen, wir tragen keine Kopfhörer, man versteht kaum sein eigenes Wort. Ohne es auszusprechen, ist uns beiden bewusst, was für einen historischen Moment wir hier gerade erleben.

Unter uns werden die Gebäude des Straßburger Europaparlaments kleiner und kleiner, als der Helikopter Kurs auf Ludwigshafen nimmt. Über dem Rhein verziehen sich die Regenwolken, der Himmel reißt auf. »Das hätte Helmut gefallen!«, ruft Maike gegen den Lärm der Rotorblätter, zeigt auf den Fluss und lächelt. Ja, denke ich in diesem Moment, das hätte es.

REQUIEM IN SPEYER

Nach 45 Minuten landen wir neben der A 650 – und zwar exakt auf Höhe der Polizeistation, an der Helmut Kohl zu seiner Zeit als Kanzler immer landete auf dem Weg nach Hause. Zügig geht es über die Rheinbrücke in die Innenstadt von Ludwigshafen. Hier sind die Straßen von Menschen gesäumt, sie applaudieren, sobald der Wagen mit dem Sarg passiert. Am Rheinufer wartet die MS Mainz, das Schiff, auf dem Kohl als Kanzler 1990 mit Frankreichs Präsident François Mitterrand über den Rhein fuhr.

Kein Wort durchbricht die Stille, als Soldaten des Wachbataillons den Sarg aus dem Wagen heben und langsam auf das Schiff tragen. Hier, auf dem offenen Deck, wird der Sarg auf einen Katafalk gesetzt – unter der Bundesflagge, die im Wind flattert. Rechts und links nimmt eine Ehrenformation der Bundeswehr zur Totenwache Stellung, sechs Generäle aus Luftwaffe, Marine und Heer.

Es geht den Rhein hinab in Richtung Speyer, links und rechts flankieren uns Polizeiboote. Über unsere Köpfe donnern – ein letzter Gruß – die drei

Puma-Hubschrauber der Bundespolizei mit voll aufgeblendeten Scheinwerfern.

Als wir in Speyer anlegen, wiederholt sich das Prozedere: Soldaten, Sargwagen, Klicken der Kameras, Autokolonne. In langsamer Fahrt geht es das Ufer hinauf zum Dom, Bundespolizisten begleiten unseren Konvoi im Laufschritt. Über den Seiteneingang tragen die Wachsoldaten den Sarg in die noch menschenleere Kirche und setzen ihn vor dem Hauptaltar ab.

Ab 17 Uhr strömen die Trauergäste in den riesigen Dom. Gemeinsam mit den Mitarbeitern des Protokolls überprüfen wir noch einmal die Sitzordnung in den ersten Reihen. Wo sitzt Bill Clinton? Wo sein Leibwächter vom Secret Service? Natürlich gibt es Probleme: Ex-Arbeitgeberpräsident Hundt und seine Frau finden keinen Platz und setzen sich entschlossen auf die Ministrantenstühle vor die erste Reihe. Wer löst das diskret? Eben noch Diplomaten-Azubi, lerne ich jetzt Chef-Platzanweiser.

Übrigens: Plätze für die Kohl-Söhne werden nicht gebraucht. Sie haben sich nicht mehr gemeldet.

Während der Totenmesse sitzt Bill Clinton vor mir und macht sich auf seinem Programmheft fleißig Notizen. Ich denke, ich höre nicht recht, als ich bemerke: Er singt die Kirchenlieder auf Deutsch mit: »Wir sind nur Gast auf Erden und wandern ohne Ruh', mit mancherlei Beschwerden der ewigen Heimat zu …« Als sich beim Friedensgruß alle die Hände reichen, nutzt er die Gelegenheit, um seine Kirchenbank zu verlassen und Ungarns umstrittenem Ministerpräsidenten Orbán auf der anderen Gangseite die Hand zu schütteln. Was für eine Geste.

Nach fast zwei Stunden Requiem wird schließlich das Hauptportal des Doms geöffnet, der Sarg ins Freie getragen. Die Kaiserglocke schlägt. Als wir hinter dem Sarg auf den Domplatz treten, fegt uns zornig der Regen ins Gesicht. Die Nationalhymne erklingt.

Und dann passiert alles ein letztes Mal: Ein letztes Mal nimmt das Wachbataillon den Sarg auf, trägt ihn ein letztes Mal zum Sargwagen. Ein letztes Mal nimmt die Kanzlerwitwe auf dem Beifahrersitz Platz. Ein letztes Mal wird die Trauerkolonne von einer Polizeieskorte auf ihrem Weg angeführt.

Es ist 20.30 Uhr, der Regen hat ein wenig nachgelassen, und es ist beinahe dunkel, als unsere Wagenkolonne am Adenauer-Park eintrifft, wo Helmut Kohl in einem Ehrengrab seine Ruhe finden soll. Nur engste Freunde und Weggefährten begleiten ihn auf diesem allerletzten Weg. Der Bischof spricht ein Gebet, die Träger lassen den Sarg hinab auf einen roten Teppich von Rosenblüten. Gemeinsam sprechen wir das Vaterunser. »Asche zu Asche, Staub zu Staub.« Das war es. Ein ganz kurzer Akt.

Mein Blick fällt auf das schlichte Holzkreuz: »Helmut Kohl, 1930 – 2017«.

Der Park leert sich, doch Maike bleibt noch für einen kurzen Moment allein am Grab zurück. Das ist *ihr* Moment des Abschieds. Als ich den Park verlasse, sehe ich, wie sie rote Rosen in das Grab wirft. Eine für jedes Jahr, das sie ein Paar waren.

WAS BLEIBT

Helmut Kohl verdanke ich mein erstes richtiges Interview – 35 Jahre später habe ich ihn auf seinem letzten Weg begleiten dürfen. Dazwischen hat er mir das Geschenk seiner Freundschaft gemacht.

Seine Biografie voller Brüche, Schmerzen und Verwerfungen hat mich von Anfang an zutiefst berührt: Er hat als Kind seinen älteren Bruder im Krieg verloren. Er hat seine Vaterstadt zerstört gesehen. Er hat in voller Grausamkeit und Brutalität erfahren, was es bedeutet, wenn der Mensch dem Menschen ein Wolf ist. Aber er ist Mensch geblieben. Und hat als Mensch und Politiker die richtigen Schlüsse aus der – und seiner – Geschichte gezogen.

Ich finde, und ich wiederhole mich, dass keinem anderen Staatsmann so viel Ungerechtigkeit widerfahren ist wie dem Kanzler der Einheit und dem Ehrenbürger Europas. Sein Jahrhundertwerk ist die friedliche Wiedervereinigung Deutschlands und die Einigung Europas, des Kontinents, der sich über zig Generationen in blutigen Kriegen zerfleischte.

Indem ich ihm zugehört habe, habe ich verstanden, dass Geschichte nicht zwangsläufig passiert, keinen Naturgesetzen unterliegt – sondern dass Geschichte gemacht wird, von handelnden Personen abhängig ist. Und dass das Fenster zur deutschen Einheit, absolut betrachtet, nur den Bruchteil einer Sekunde offen stand – und Helmut Kohl diese Gelegenheit begriffen und ergriffen hat. Und dass es viele Gründe gibt, warum ihm das gelungen ist und anderen nicht gelungen wäre.

Warum fällt es uns so schwer, dies anzuerkennen und dankbar zu sein?

Warum müssen wir uns, wenn es um Helmut Kohl geht, immer an Nebensächlichkeiten abarbeiten? Gerade heute, wo die Welt wieder auseinanderzufallen droht, wo die Zeichen auf Sturm stehen, wo Frieden in Europa keine Selbstverständlichkeit mehr ist, wird uns die Größe des Lebenswerks von Helmut Kohl auf eine Art bewusst, die wir uns alle nicht gewünscht hätten.

Natürlich hatte er ein Charisma, das mich angezogen hat. Natürlich habe ich jede Minute als kostbar empfunden, die ich mit ihm verbringen durfte. Und natürlich habe ich es als großes Wunder empfunden, wenn ich von Zeit zu Zeit in seine Seele schauen durfte.

Was bleibt?

Ein innerer Kompass. Fürs Leben.

Ein Kompass, was den Umgang mit Menschen angeht. »Wenn es den Leuten gut geht, musst du nicht hingehen, denn dann kommen sie alle. Aber wenn es den Leuten schlecht geht, dann musst du's tun«, hat Helmut Kohl immer gesagt. Und es auch so gehalten. Im Privaten wie in der Politik.

Darin ist er mein Vorbild.

Unabhängig davon sehe mich in der Pflicht, sein Vermächtnis, sein Lebenswerk zu schützen, zu bewahren, weiterzutragen – aus tiefster Überzeugung und Freundschaft.

Hier passt eben beides: Kopf und Herz.

Porträt des Altkanzlers: eine Kohlezeichnung von Markus Lüpertz als Skizze für ein großes Porträt Helmut Kohls in Öl

Souvenir von Recep Tayyip Erdoğan, passend zu meinen Manschettenknöpfen mit Derwisch-Motiv: eine Krawatte, verziert mit klassischen türkischen Ornamenten – und den Initialen des Ministerpräsidenten, RTE

FÜNF

TÜRKISCH FÜR ANFÄNGER

Von Ertuğrul zu Erdoğan

VORLÄUFIGES ENDE EINER PARTY

HÜRRIYET!

Das ist das türkische Wort für *Freiheit*.

Ich bin auf einer Gala am Bosporus, nippe an meinem türkischen Rotwein, einem wunderbaren Kayra Imperial Öküzgözü. Um mich herum Männer im Smoking, Frauen in langen Designerkleidern, an die 400 Gäste. Es wird ausgelassen geplaudert, gelacht, Cocktails getrunken, die Musik spielt laut. Eine coole moderne Party wie New York oder London es nicht lässiger hinbekämen. Ist aber eben Istanbul.

»The President is coming!«, raunt es plötzlich durch den Saal. Der Präsident kommt!

Und schon gerät alles um mich herum in Bewegung: Weinflaschen werden in Windeseile von den Tischen geräumt. Zeitgleich verstummt die Musik. Auch mein halb volles Glas Kayra Imperial, das eben noch vor mir auf der Festtafel stand, hat sich wie von Zauberhand in Luft aufgelöst.

Und dann zieht er ein mit großer Entourage: Recep Tayyip Erdoğan, Präsident der Türkei. Breite Männer in dunklen Anzügen mit Knopf im Ohr bahnen ihm den Weg, wuselige Sekretäre folgen auf dem Fuß, eilfertig bemüht, bloß keinen Wunsch des *Sultans*, wie er in Istanbul genannt wird, zu überhören oder zu übersehen.

Als Kind verkaufte Erdoğan einst Sesamkringel auf Istanbuls Straßen, jobbte nach der Schule als Straßenbahnfahrer und wurde gefeuert, weil er als gläubiger Muslim seinen Schnauzbart nicht abrasieren wollte. Jetzt herrscht er über 85 Millionen Türken, lässt seine politischen Gegner einsperren und hat die freie Presse mundtot gemacht.

Es ist auf einmal sehr still im Saal. Obgleich ich kein Türkisch spreche, merke ich, dass die Gespräche um mich herum plötzlich andere sind. Alles dreht sich ganz offensichtlich um den unerwarteten Besuch, der so nicht im Gala-Programmheft stand.

Erdoğan nimmt am Ehrentisch Platz, neben ihm seine Frau, sie trägt Kopftuch. Ein Kopftuch, über das schon viel geschrieben wurde. Bereits als Schülerin trug Erdoğans Ehefrau den *Hidschab*, wurde deshalb nicht zum Studium zugelassen. Bis vor zehn Jahren wäre ein öffentlicher Kopftuch-Auftritt der First Lady an der Seite des Präsidenten nicht denkbar gewesen.

Die nächste halbe Stunde über werden Tee und Wasser gereicht, während Erdoğan am Ehrentisch Hof hält. Und dann ist er auch schon wieder im Aufbruch. Kaum hat er den Saal verlassen, habe ich mein Glas Kayra Imperial Öküzgözü zurück vor der Nase. Musik setzt ein, es wird gelacht, geplaudert. Kurzum: Es ist wieder Party.

Eine Szene aus dem Jahr 2019.

Kaum ein Kapitel ist mir beim Schreiben so schwergefallen wie dieses: Es geht um die Türkei, Pressefreiheit, das Schalten und Walten eines machtbesessenen Mannes, meine Liebe zu diesem wunderbaren Land. Und um eine riesengroße Freundschaft, die aus wirklich misslichen Umständen erwachsen ist. So sehr fühle ich mich der Türkei, ihren Menschen, unseren Freunden verbunden, dass unsere Tochter Yella im Alter von 15 Jahren ihr Auslandsjahr in Istanbul verbrachte. In einer Zeit, als der blutige Putschversuch und der furchtbare Terroranschlag auf dem Flughafen Atatürk noch nicht allzu lange zurücklagen.

Warum mir manches so schwergefallen ist beim Schreiben?

Weil dies auch die Geschichte von Enttäuschungen ist, von nicht erfüllten Hoffnungen, vom Scheitern.

Ich nehme Sie jetzt mal mit zurück ins Jahr 1998. Da bin ich noch alles andere als ein Türkei-Experte. Als WELT-am-SONNTAG-Autor soll ich Mesut Yılmaz interviewen, den damaligen türkischen Ministerpräsidenten. Das Land ist gerade durch eine mega Wirtschaftskrise gegangen. Das

Freunde fürs Leben: mit Ertuğrul Özkök 2004 vor der Redaktion von Hürriyet in Ankara

Schreckgespenst einer bevorstehenden Islamisierung geht um. Gerade erst ist Yılmaz' Vorgänger Necmettin Erbakan vom Militär aus dem Amt gedrängt worden – der erste bekennende Islamist an der Spitze dieses Landes. Es ist meine erste Reise überhaupt in die Türkei. Es sollen noch viele Dutzend folgen.

Vom Interview mit Yılmaz ist mir nichts in Erinnerung geblieben, sehr wohl aber die sechs Tage, die ich anschließend noch in Ankara und Istanbul verbringe. Von Islamisierung scheinbar keine Spur: Junge Mädchen auf Plateauschuhen mit Handys am Ohr. Technopop aus den Lautsprecherboxen der Cafés, während im Hintergrund der Muezzin zum Gebet ruft. »Früher wurde die Musik abgestellt, solange der Muezzin rief. Auf diese Idee käme heute niemand mehr«, erklärt mir ein junger Türke, den ich auf der Straße anspreche.

Ich verabrede mich mit Ministern, Professoren, Publizisten – Kontakte, die mir allesamt Cem Özdemir vermittelt, damaliger Bundestagsabgeordneter von Bündnis 90/Die Grünen und Schwabe mit türkischen Wurzeln. Wir kennen und schätzen uns aus Bonner Zeiten. Auch meine Gesprächspartner beschwören den Eindruck einer modernen Türkei: »Wir sind Europäer. Wir gehören zum Westen. Wir haben der orientalischen Tradition entsagt!«

Trotz allem fällt meine Bilanz eine Woche später in der WELT am SONNTAG skeptisch aus:

Wohin geht die Türkei?

75 Jahre nach Gründung der Republik steht die Türkei am entscheidenden Wendepunkt ihrer Geschichte.

DIE TÜRKEN VOR WIEN UND POST AUS ISTANBUL

Es kommt nicht häufig vor, dass meine Assistentin eine türkische Zeitung nach ganz oben auf meinen Schreibtisch legt. Eigentlich kommt es nie vor. Und was auch nie vorkommt: dass die größte Tageszeitung der Türkei, Hürriyet, einen Artikel auf Deutsch veröffentlicht. So wie heute, an diesem 31. Mai 2004. Ich bin mittlerweile seit über drei Jahren Chefredakteur von BILD.

Ausgerechnet der bekannteste und einflussreichste Journalist der Türkei, Ertuğrul Özkök, Chefredakteur von Hürriyet, schreibt mir einen offenen Brief:

Dieses Schreiben richte ich an einen berühmten Kollegen als offenen Brief. Der Empfänger dieses Briefes ist der Chefredakteur der meistverkauften deutschen Zeitung, der BILD, Kai Diekmann. BILD veröffentlicht seit einer Woche Berichte über den türkischstämmigen Geschäftsmann Vural Öger.

Ich ahne, worum es geht. Öger, ein ziemlich bekannter Hamburger Unternehmer, hat bei einer ziemlich großen Veranstaltung einen ziemlich schrägen Witz gemacht: »Was die Türken vor Wien nicht geschafft haben, schafft jetzt das kleine Becken der türkischen Frau.« So seine sinngemäße Formulierung. Soll heißen: Ihr Deutschen seid gebärfaul – wir schlagen euch jetzt mit unserem Kinderreichtum.

Doof nur: Öger ist nicht nur sehr erfolgreicher Unternehmer, sondern kandidiert auch prominent für die SPD zum Europaparlament.

Ich ahne richtig.

Genau das ist das Thema des Hürriyet-Chefredakteurs, der mit seinem offenen Brief besagtem Öger zur Seite springen will. Tenor: Alles nur ein harmloser Scherz – warum macht BILD daraus gleich eine Kampagne gegen den armen Mann?

Ich lasse kurz die Zeitung sinken, das Wort *Kampagne* alarmiert mich. Wenn mir vom größten Blatt der Türkei eine Kampagne gegen einen deutsch-türkischen Vorzeige-Unternehmer vorgeworfen wird, ist das erst mal eines: brisant. In Deutschland leben rund drei Millionen Türken und Türkischstämmige, Berlin gilt als die größte türkische Stadt außerhalb der Türkei – da bekommt ein Kampagnenvorwurf schnell große Wucht.

Deshalb möchte ich von ganzem Herzen an meinen Freund Kai Diekmann appellieren, schreibt Özkök weiter in seinem offenen Brief: *Vural Öger ist ein Türke. Doch seien Sie sicher, er ist ein genauso guter deutscher Staatsbürger. Wir Journalisten, denke ich, sollten einem Witz, der bei einem gemütlichen Abendessen gemacht wurde, nicht eine Bedeutung aufsatteln, die er nicht verdient hat. Die in Deutschland lebenden Türken wissen genau, bis wohin sie gehen können, wenn sie über andere Witze machen. Weil die Türken am eigenen Leibe erfahren haben, was diese Witze, die über sie in den Gesellschaften, in denen sie leben, erzählt werden, zu bedeuten haben.*

Sorry, lieber Ertuğrul Özkök! Da bin ich anderer Meinung, denke ich. Öger ist offizieller Kandidat für das Europaparlament. Und geht es um Wahlkampf, ist für mich wurscht, ob der Kandidat aus Bayern oder von der Nordseeküste kommt oder türkische Wurzeln hat. Da hört meine Zeitung einfach sehr genau hin, was jemand so von sich gibt. Vor allem, wenn er sich eindeutig zweideutig äußert. Aber wo ich Özkök recht geben muss – und der Punkt trifft: Ein Türkenwitz ist etwas anderes als ein Ostfriesenwitz, und er wird auch mit einer anderen Absicht erzählt.

Nun bekomme ich jede Woche Hunderte von Beschwerden – von Verbänden, Politikern, Schauspielern, Lesern. Wir berichten wahlweise zu viel, zu wenig, zu oft, zu selten, grundsätzlich natürlich immer über die falschen Dinge. Ich übertreibe nicht, wenn ich sage: Als BILD-Chefredakteur gehörst du zu den Menschen mit den meisten Strafanzeigen in Deutschland. In dieser Disziplin toppt dich eigentlich nur noch der jeweils amtierende Bundeskanzler. Nun kann eine Strafanzeige jeder stellen, mag sie noch so irrsinnig sein oder an den Haaren herbeigezogen. Daher hat sie erst mal null Bedeutung. Es gibt auch keine andere Zeitung, gegen die es mehr Beschwerden beim Deutschen Presserat hagelt als gegen BILD. Diese Beschwerden sind meistens genauso irrsinnig. Wegen der Schlagzeile **Wir sind Papst** hat sich zum Beispiel mal ein Lehrer an den Presserat gewandt. Begründung: Die Zeile sei grammatikalisch und inhaltlich falsch, weil ja nicht alle Deutschen Papst geworden seien. Oder unsere Schlagzeile **Klinski, putzdi Polski!** zum Fußball-Länderspiel Deutschland gegen Polen – da gab's auch Eingaben, weil angeblich fremdenfeindlich.

Ist also nicht so, dass mir gleich vor Angst die Knie schlottern, nur weil mir jemand einen Kampagnen-Vorwurf macht.

Aber irgendetwas rührt dieser offene Brief in mir an. Die Feinfühligkeit der Gedanken? Die warme und höfliche Ansprache? Oder dass man sich in Istanbul die Mühe gemacht hat, den Text auf Deutsch zu publizieren, um sicherzustellen, dass ich die Botschaft auch verstehe?

Es wird eine Mischung aus diesem allen sein.

Deswegen widerstehe ich der Versuchung, einfach zur Tagesordnung überzugehen und zu sagen: Was schert mich eine Zeitung vom Bosporus?

Sehr geehrter Herr Özkök,

Sie haben in einem an mich gerichteten offenen Brief der BILD-Zeitung eine Kampagne gegen den Hamburger Unternehmer und Kandidaten der SPD für die Europa-Wahl, Vural Öger, vorgeworfen. Ich danke Ihnen für diese ehrlichen und besorgten Worte, doch muss Ihre Einschätzung auf einem Missverständnis beruhen.

Wir alle bei BILD schätzen Herrn Öger sehr. Er ist ein äußerst erfolgreicher Unternehmer, ein wunderbarer Mensch, ein treuer Hamburger und ein exzellenter Vermittler zwischen der Türkei und Deutschland.

Vural Öger ist aber nicht nur Unternehmer oder Privatmann. Er ist seit einiger Zeit auch Politiker. Als Politiker hat sein Wort doppeltes öffentliches Gewicht. Dies gilt umso mehr im Wahlkampf. Es ist Aufgabe der Medien, die Öffentlichkeit über solche Worte zu informieren – denn nur so können sich die Wähler ein Bild von denen machen, denen sie ihre Stimme geben wollen.

Dabei kommt es nicht darauf an, ob die Äußerungen von Herrn Öger ironisch waren oder nicht. Unter uns gesagt bin ich ganz sicher: Sie waren es. Aber wir haben nicht die Aufgabe der Textinterpretation, sondern der Berichterstattung.

Demokratie ist eine seltsame Pflanze: Sie lebt von der Auseinandersetzung um den besseren Weg. Die öffentliche Debatte ist der beste Boden, auf dem sie gedeiht, und für den Humus der Öffentlichkeit sorgen die Medien. Nicht die Öffentlichkeit des Pro und Contra zu verhindern, sondern sie herzustellen, ist unsere Aufgabe – und genau das haben wir im Fall Öger getan.

Dass unsere objektive Berichterstattung über die Diskussion, die Herrn

Ögers Bemerkungen auslösten, als »Kampagne« bezeichnet wird, trifft mich noch aus einem weiteren Grund: BILD hat sich immer vehement für die deutsch-türkische Freundschaft eingesetzt.

Daran wird BILD auch weiterhin festhalten. Die schönste Oper von Mozart entstand aus dem Kontakt des Abendlandes zur Türkei, die tiefsten Gedichte Goethes finden sich im West-Östlichen Diwan. Ich betrachte es als unsere Aufgabe, daran mitzuwirken, dass aus dieser fruchtbaren Freundschaft noch viel mehr entsteht.

Mit freundlichen Grüßen
Kai Diekmann

Da liegt sie vor mir auf dem Schreibtisch: Meine Antwort an den Chefredakteur, ebenfalls als offener Brief. Den wollen wir morgen in BILD veröffentlichen. Lange schaue ich aus dem Fenster in den wolkenverhangenen Frühsommerhimmel, so lange, dass da eigentlich schon Löcher sein müssten in der Scheibe.

Irgendwie fühlt sich das noch nicht perfekt an.

Ist das wirklich der richtige Weg?

Einen offenen Brief einfach nur mit einem offenen Brief beantworten?

Mir kommt eine Idee. Ich falte das Schreiben sorgfältig zusammen und stecke es in einen Umschlag.

Es ist Sonntag, der 6. Juni 2004, gegen 19 Uhr. Ich stehe im Park des Çırağan Palace Hotel Istanbul direkt am Ufer des mächtigen Bosporus. Vor mir glitzert das Wasser. Riesige Tankschiffe ziehen Richtung Marmarameer, kleine und große Fähren kreuzen munter zwischen europäischer und asiatischer Uferseite.

Um 19.01 Uhr macht eine Holzyacht am Steg fest: Auf dem Deck ein sportlicher Typ mit raspelkurzen weißen Haaren, in offenem Hemd und legerer Windjacke. Sollte er das komisch finden, dass ich hier am Wochenende im dunklen Anzug mit Krawatte stehe, so lässt er sich das nicht anmerken. »Hello Kai! I am Ertuğrul«, begrüßt er mich wie einen alten Freund. Sein Lachen und seine Lässigkeit sind ansteckend.

»Rufe doch mal bei Hürriyet in Istanbul an und frage, ob mich der Chefredakteur am kommenden Sonntag empfangen würde«, habe ich Havva, meine Assistentin, gebeten, nachdem ich vor zwei Tagen meine Antwort auf Ertuğrul Özköks offenen Brief formuliert und dann entschieden habe: Kein offener Brief in der Zeitung! Ich bringe meine Antwort persönlich nach Istanbul. »Er freut sich, dich zu sehen«, hatte Havva mir kurz darauf mitgeteilt. Sie ist übrigens in der Türkei geboren und aufgewachsen, spricht die Sprache perfekt.

»Haben die sich denn nicht über den Anruf gewundert?«, will ich neugierig wissen.

»Nein«, erklärt Havva trocken, »die haben nicht mal nachgefragt, warum du kommst.«

An Deck steht ein kleiner Tisch mit Tellern voller Oliven, Brot und türkischem Käse, dazu eine Karaffe Rotwein.

»Machen Sie Ferien, oder sind Sie geschäftlich hier?«, fragt Özkök höflich, während das Boot ablegt. Er mustert mich mit neugierigen Augen. Das ist mein Stichwort. Ich greife in meine Jacketttasche und ziehe feierlich den Umschlag mit meinem Brief heraus:

»Darum bin ich hier.«

Özkök nimmt den Umschlag entgegen, schaut mich fragend an.

»Meine Antwort auf Ihren offenen Brief«, erkläre ich. »Nur deshalb bin ich nach Istanbul gekommen. Um Ihnen persönlich diesen Brief zu übergeben. Morgen früh um 6 Uhr fliege ich zurück.«

Der Hürriyet-Chefredakteur schaut mich an, als hätte ich nicht alle Latten am Zaun. Ein paar Momente lang passiert nichts, dann lacht er schallend und hebt sein Glas: »Jetzt überraschen Sie mich wirklich. Willkommen in Istanbul!«

Nach einer halben Stunde Überfahrt legt das Boot wieder an. Am Ufer direkt am Wasser ist ein großer Tisch gedeckt: Es gibt gegrillten Fisch und Lammkoteletts, noch mehr fantastischen türkischen Rotwein, während am Horizont malerisch die Sonne versinkt. Mit uns am Tisch: Vuslat Doğan Sabancı und Hanzade Doğan, Töchter des mächtigen Hürriyet-Verlegers Aydın Doğan. Die eine, das weiß ich, führt als Vorstandsvorsitzende den Zeitungskonzern des Vaters, die andere hat Hepsiburada gegründet, die größte E-Commerce-Plattform der Region, die schnell zum »Amazon des Ostens« avanciert ist.

Wenig überraschend dreht sich unser Gespräch in Nullkommanichts um Politik. Wann wird die Türkei endlich in die EU aufgenommen? Das ist die Frage, die alle am meisten beschäftigt.

»Wenn Sie mich fragen, bin ich überzeugt, dass eine privilegierte Partnerschaft viel besser zur Türkei passt als eine Vollmitgliedschaft in der

Erste gemeinsame Fahrt auf dem Bosporus: zum Kurzbesuch bei Ertuğrul Özkök im Sommer 2004

EU«, antworte ich gönnerhaft in die Runde. Und ich fürchte rückblickend: Ich glaube sogar den Mist, den ich in diesem Moment erzähle. Nun muss man wissen: *Privilegierte Partnerschaft* ist die Formulierung der Beitrittsgegner aus der EU, mit der der Türkei ein scheinbarer Orden umgehängt und die Nichtmitgliedschaft schöngeredet werden soll. Heute ist mir klar: Was für ein arroganter dämlicher Auftritt von mir. Wäre ich mein eigener Gast gewesen, ich hätte mich an die frische Luft gesetzt. Ich bin aber an diesem Abend noch längst nicht am Ende mit meiner Chefredakteurs-Überheblichkeit: »Erstens ist die Türkei ja nicht nur Istanbul und Ankara, sondern noch ganz viel Anatolien«, erkläre ich meinen höflich schweigenden Gastgebern. »Das dauert noch, bis die Türkei so weit ist, um europäische Standards erfüllen zu können. Und zweitens: Die EU selbst ist noch lange nicht reif für die Aufnahme eines so großen Landes wie der Türkei! Überhaupt: Wollen wir als EU wirklich Länder wie den Iran oder Irak als direkte Nachbarn an unseren Außengrenzen?«

Hürriyet

Hürriyet Gazetecilik ve
Matbaacilik A.Ş.
Hürriyet Medya Towers
Güneşli 34212 İstanbul
Telefon : (0212) 677 00 00

June 28, 2004

BILD
Büro Kai Diekmann
30. Juni 2004

Mr. Kai Diekmann
Editor
Bild Zeitung
Hamburg
Federal Republic of Germany

Dear Kai,

I want to welcome you to the Hurriyet family. I am very pleased that you accepted our offer to join the Board of our company.

I believe that your presence in the Board will add a lot to our efforts of plottting a course for Hurriyet in the next 10 years. Your experience and knowledge are invaluable.

With this short letter you will be receiving a deck of information regarding Hurriyet. This deck contains official corporate information. But we can answer any questions that you might think of.

Ertuğrul Özkök told me that you were planning to start a campaign supporting Turkey's membership to the European Community. This is one of the best news that I had in recent months. I think that Turkey did much to conform to the Copenhagen Criteria and as the economy is staying on course there is a strong likelihood of conforming to the Maastricht Criteria as well. So, Turkey and EU should start negotiations as soon as possible.

Establishing Bild Zeitung as an ally of Turkey in this venture will strengthen Turkey. As a citizen of this country I want to thank you for your belief, commitment and support.

See you in İstanbul.

Yours sincerely,

Vuslat Doğan Sabancı
Chief Executive Officer
Hürriyet

Doğan

Brief von Vuslat Doğan Sabanci zu meinem Eintritt in den Beirat von Hürriyet. Meine Freundschaft zur Türkei sollte auf harte Proben gestellt werden.

Ich bemerke, wie mich Hanzade mit scharfem Blick fixiert: »Seit Jahren hält die Türkei für die NATO in einer der schwierigsten Ecken der Welt ihren Kopf hin!« Ihre Stimme ist empört, sie spricht schnell und laut: »Seit Jahren macht die EU der Türkei ohne Ende Versprechen, seit Jahren ist die sogenannte privilegierte Partnerschaft doch längst Wirklichkeit. Das ist nicht nur eine ungeheuerliche Diskriminierung – das ist dumm! Man kann uns aus Europa nicht ausschließen – wir gehören dazu!«

Hanzade ist jetzt richtig wütend. Es fehlt nicht viel, und sie springt auf von ihrem Stuhl. Vuslat und Ertuğrul machen keine Anstalten, sie zu bremsen. Ich bin perplex. Ich hatte ja keine Vorstellung davon, wie emotional aufgeladen dieses Thema ist.

Verunsichert mache ich mich am nächsten Morgen in aller Früh auf zum Atatürk-Airport. Den gestrigen Abend habe ich, der Höflichkeit meiner Gastgeber sei Dank, irgendwie zu Ende gekriegt. Doch langsam dämmert mir, wie arrogant und ignorant ich gewirkt haben muss. Definitiv war mir nicht klar, wie sehr das Thema EU-Beitritt in der Türkei mit Respekt und Ehre verknüpft ist.

Der handfeste Streit mit Hanzade erschüttert meine zementierten Überzeugungen: Haben wir aus Sicht der Türkei tatsächlich seit Jahrzehnten Versprechungen gemacht, die wir jetzt nicht einhalten? Bereiten wir mit unserer ablehnenden Haltung in Wahrheit den Acker für Tayyip Erdoğan? Weil er dank uns behaupten kann: »Guckt mal, wie ich es euch immer gesagt habe! Das ist ein Christenclub, die wollen uns nicht haben!«?

Wäre es besser, die Türkei in die EU-Strukturen einzubinden und sie daran zu messen, wie sie sich entwickelt? Statt sie Jahr um Jahr warten zu lassen? Und Erdoğan damit die Möglichkeit zu nehmen, mit seinem Narrativ von Zurückweisung und Ablehnung an den Stolz seiner Landsleute zu appellieren?

Tenor: Wenn die uns nicht wollen, wollen wir die auch nicht!

Kurzum: Plötzlich weiß ich keine Antwort mehr auf die Frage, die ich vor 24 Stunden noch locker hätte beantworten können:

Machen wir Europäer gerade einen Riesenfehler?

Noch im Taxi auf dem Weg zum Flughafen klingelt mein Handy. Es ist Ertuğrul. »Uns hat die Diskussion mit Ihnen sehr viel Spaß gemacht, Kai«, sagt er. »Könnten Sie sich vorstellen, im Beirat von Hürriyet mitzuarbeiten?«

WOLF IM WOLFSPELZ

An den Wänden prächtige Ölgemälde in schweren goldenen Rahmen, dazu Kristallkaraffen in goldenen Vitrinen, vor uns Gläser mit Goldrand auf goldenen Tischchen. Ein Setting wie in Tausendundeiner Nacht. Inmitten all dieser orientalischen Pracht haben BILD-Vize Jörg Quoos und ich auf mächtigen Brokatsesseln Platz genommen. Nur wenig Tageslicht dringt durch die dichten, bodentiefen Seidenvorhänge. Das lebensgroße Porträt von Republik-Gründer Kemal Atatürk, der sein Leben lang alles dafür getan hat, mit der orientalischen Tradition zu brechen, mutet in dieser Umgebung surreal an.

Vor uns sitzt Recep Tayyip Erdoğan: Schnauzer, Seitenscheitel, Streifenkrawatte. Seit einem Jahr Ministerpräsident der Türkei. Und mit jeder Geste der mächtige Regierungschef eines mächtigen Landes.

Ertuğrul Özkök, mein neuer Freund, hat uns dieses Interview in Erdoğans Amtssitz vermittelt – die Çankaya-Villa, ein weißer Märchenpalast im Herzen von Ankara. Seit meinem denkwürdigen Dinner-Streit am Bosporus sind vier Wochen vergangen. Mich hat das Thema Türkei nicht mehr losgelassen. Ich will wissen, wie Erdoğan tickt. Ist er wirklich der Wolf im Schafspelz? Der religiöse Fanatiker, der Islamist, der die Beitrittsverhandlungen zur EU missbraucht, um die eigene Macht im Land auszubauen? So jedenfalls zeichnen die Gegner des türkischen EU-Beitritts sehr erfolgreich das Bild des Ministerpräsidenten.

»Herr Ministerpräsident, ganz Europa diskutiert, ob die Türkei als erster islamischer Staat Mitglied der Europäischen Union werden kann«, eröffne ich das Gespräch[1]. »Sind Sie ein Europäer?« Erdoğan verzieht keine Miene, lässt sich Zeit mit seiner Antwort. Und das nicht nur, weil der Dolmetscher erst übersetzen muss. Voller Bedacht sortiert er seine Antworten: »Zunächst ist die Türkei kein islamischer Staat, sondern ein demokratisches Land mit überwiegend muslimischen Bewohnern. *Islamischer Staat* könnte zu großen Missverständnissen führen. Ob ich ein Europäer bin – haben Sie da irgendwelche Zweifel?« Er lässt sich nicht provozieren.

Ich bleibe ihm die Antwort schuldig. »Warum ist der Beitritt zur EU so wichtig für die Türkei?«, will ich stattdessen wissen.

»Weil wir Europäer sind! Also gehören wir auch in die Gemeinschaft der europäischen Staaten«, erklärt Erdoğan mit größter Selbstverständlichkeit.

»Und warum ist es für Europa wichtig, dass die Türkei EU-Mitglied wird?«, fragt Jörg Quoos nach.

»Für uns ist die Europäische Union schon längst viel mehr als eine Wirtschaftsgemeinschaft, in der es wie früher um den Handel mit Stahl und Kohle geht«, erklärt Erdoğan staatsmännisch: »Wir sehen die Union als echte Gemeinschaft der Kulturen, verschiedenster Organisationen und als politisches Bündnis. Die Türkei sollte ihren Platz darin haben.«

»Was aber ist immer wieder mit der Einmischung der Türkei in die deutsche Politik?«, spiele ich darauf an, dass Erdoğans Vorgänger die türkischstämmigen Deutschen einst aufforderte, Helmut Kohl nicht zu wählen, weil der als Kanzler gegen den EU-Beitritt der Türkei war. »Würden Sie diesen Aufruf wiederholen?«

»Nein«, beteuert Erdoğan. »Ich würde den Türken in Deutschland nie vorschreiben, was sie zu denken haben. Meine Landsleute in Europa werden selbst entscheiden, wen sie wählen.« So wie er das sagt, besonnen, ernst, gibt es keinen Grund, ihm nicht zu glauben.

»Was würde eine Ablehnung des EU-Beitritts für Ihr Volk bedeuten?«

»Daran will ich nicht einmal denken!« Erdoğans Antwort kommt prompt. Hier sitzt ein Mann, für den es völlig außer Frage steht, wo der Platz seines Landes ist – nämlich in Europa, in der EU.

»Aber es könnte passieren ...«, interveniert Jörg Quoos.

»Diese Wahrscheinlichkeit tendiert gegen null«, gibt sich Erdoğan zutiefst überzeugt: »Wenn eine solche Entscheidung tatsächlich gefällt würde, wäre es eine historische Fehleinschätzung und zutiefst ungerecht. Sowohl die türkische Regierung als auch das türkische Volk wären über einen solchen Beschluss bestürzt.«

»Aber wie soll das gehen, dass ein islamisch geprägtes Land Mitglied einer Union von Staaten wird, die ausschließlich christlich geprägt sind?«

»Wie Sie wissen, wird in der Türkei strikt zwischen Religion und Staat getrennt«, antwortet Erdoğan ungerührt. »Obwohl unsere Bevölkerung überwiegend muslimisch ist, gibt es keinen Zweifel daran, dass die Türkei ein demokratischer Staat westlicher Prägung ist. Ich kann mir nicht vorstellen, dass es nach dem Beitritt irgendwelche Anpassungsprobleme geben könnte.«[2]

Viele Fragen und Antworten später stehen Jörg und ich wieder in Ankara auf der Straße. Mein Vize schaut mich ratlos an: »Sag, Kai, ist das der-

Wolf im Schafspelz oder Wolf im Wolfspelz? Mit Recep Tayyip Erdoğan im Sommer 2004 in

iner Residenz in Ankara

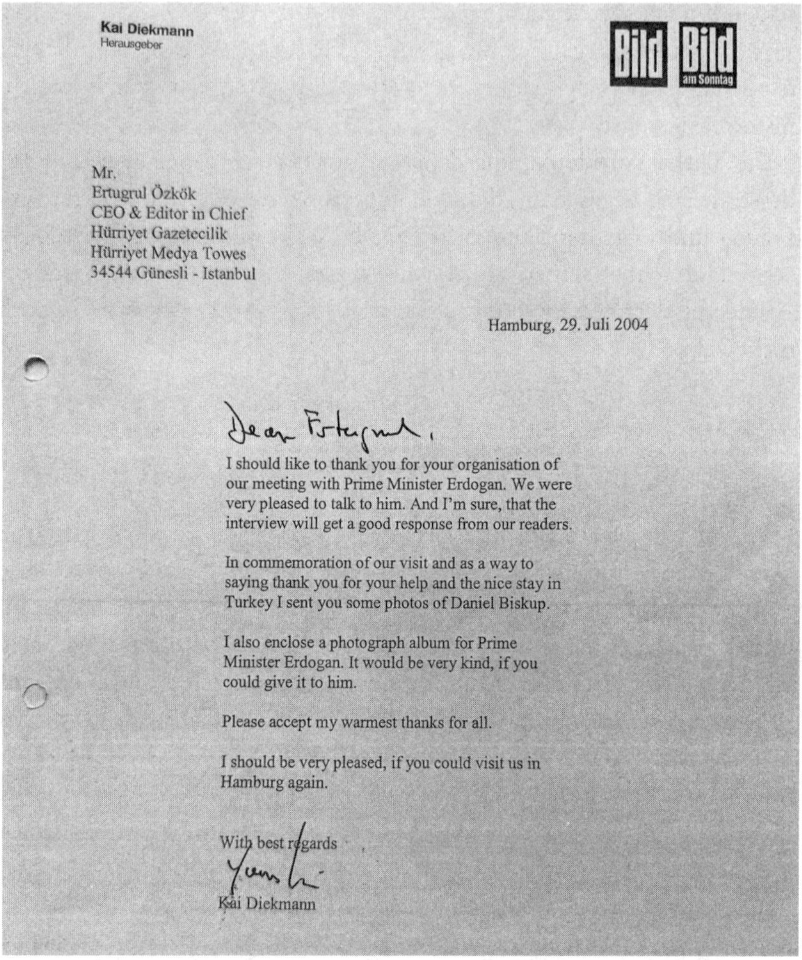

Kai Diekmann
Herausgeber

Bild Bild am Sonntag

Mr.
Ertugrul Özkök
CEO & Editor in Chief
Hürriyet Gazetecilik
Hürriyet Medya Towes
34544 Günesli - Istanbul

Hamburg, 29. Juli 2004

Dear Ertugrul,

I should like to thank you for your organisation of our meeting with Prime Minister Erdogan. We were very pleased to talk to him. And I'm sure, that the interview will get a good response from our readers.

In commemoration of our visit and as a way to saying thank you for your help and the nice stay in Turkey I sent you some photos of Daniel Biskup.

I also enclose a photograph album for Prime Minister Erdogan. It would be very kind, if you could give it to him.

Please accept my warmest thanks for all.

I should be very pleased, if you could visit us in Hamburg again.

With best regards

Kai Diekmann

Dank für die Organisation meines ersten Interviews mit Recep Tayyip Erdoğan: Brief an Ertugrul Özkök

selbe Mann, den sie auf dem Iman-Gymnasium die *Koran-Nachtigall* genannt haben?« Er verzieht den Mund zu einem Grinsen: »Und den sie wegen seiner religiösen Hetze ins Gefängnis gesperrt haben? Haben wir da was verpasst?«

Wenn es etwas gibt, das ich an Jörg noch mehr schätze als seinen unbestechlichen Blick auf Politik und seine Loyalität, dann ist das sein sauguter und trockener Humor.

»Muss ich auch erst mal drüber nachdenken«, erkläre ich. »So richtig schlau bin ich gerade nicht aus dem geworden.« Es stimmt ja, was Jörg sagt: In der Vergangenheit bezeichnete sich Erdoğan noch als Anhänger der Scharia. Aber offenbar hat eine Verwandlung stattgefunden, seit er Ministerpräsident ist.

Die Türkei ist offenkundig demokratischer geworden, Folter und Todesstrafe sind abgeschafft, die Meinungsfreiheit erweitert, die Rechte der Frauen und Lage der Kurden haben sich verbessert. Kurzum: Erdoğan scheint tatsächlich seinen radikalen Ansichten abgeschworen zu haben.

Oder gilt der alte Satz »Was zu schön ist, um wahr zu sein, ist meist auch nicht wahr«?

SÜPER FREUNDE

Seit dem Dinner am Bosporus habe ich einen neuen Freund: Ertuğrul. Und einen neuen Nebenjob: Ich bin Mitglied im Beirat von Hürriyet. Alle zwölf Wochen fliege ich fortan nach Istanbul, um an Sitzungen teilzunehmen. So auch heute. Ertuğrul und ich sitzen in großer Runde zusammen. Ich habe schon drei Gläschen schwarzen türkischen Tee intus, und mir ist ganz schwummerig im Kopf, weil ich noch nicht geschnallt habe, dass man den nur verdünnt trinkt. Ich fürchte zudem, dass ich meine Gastgeber mit meiner deutschen Pünktlichkeit ordentlich unter Stress gesetzt habe. Da es geheißen hatte, Sitzungsbeginn sei um 10.00 Uhr, war ich natürlich pünktlich um 9.45 Uhr vor Ort. Und hatte mich ziemlich allein auf weiter Flur wiedergefunden. Die überraschte Assistentin hatte mich zu Vuslat, mit der mich später ebenfalls eine enge und sehr besondere Freundschaft verbinden soll, ins Büro geschoben. Die Vorstandsvorsitzende von Hürriyet konnte zu diesem frühen Zeitpunkt natürlich auch noch nichts mit mir anfangen. Und obgleich ich keinen Zweifel hatte, dass ich ihre komplette Morgenroutine über den Haufen warf, begrüßte sie mich mit unglaublicher Herzlichkeit und ließ sich nichts anmerken. Es brauchte ein paar Jahre, das kann ich hier schon mal vorwegnehmen, bis ich begriff, dass eine verabredete Uhrzeit in der Türkei eher eine Art Anregung ist, ein Vorschlag, wann man sich ungefähr trifft. Sitzungsbeginn 10.00 Uhr hieß demnach, dass wir auf jeden Fall noch vor dem Mittagessen zusammenkommen.

Die Sitzung ist eine Herausforderung für mich: Wir sprechen Englisch mit Simultanübersetzung ins Türkische und zurück. Vor uns auf dem

Tisch Tabellen über Tabellen mit Zahlen, Zahlen, Zahlen. Es geht um Redaktionsetats, die Auflagenentwicklung, Gewinne, Verluste, Kosten, Personal, Strategie. Ich würde lügen, wenn ich behaupten würde, dass ich mich wie ein Fisch im Wasser fühle. Ich bin ja vor allem Journalist, kein BWLer, kein Manager. Ich frage mich – und heute wird nicht das letzte Mal sein: Wer lernt hier eigentlich von wem?

»Guns?«, *Waffen?*, frage ich Ertuğrul ungläubig, nachdem ich mit dem Finger ein paar Etatposten durchgegangen bin. Auch in diesem Thema bin ich nicht wirklich zu Hause.

»Of course.« *Natürlich Waffen*, erklärt er mir geduldig, als handele es sich um einen Vorrat Kekse im Schrank. »Wir müssen uns ja verteidigen!«

»Ah!«, mache ich. Und denke: Wieder was gelernt.

»In der Türkei ist Journalist zu sein ein gefährlicher Job.« Er sagt das nicht effektheischend – es kommt ganz selbstverständlich aus seinem Mund. Später erst erfahre ich, dass Ertuğruls Vorgänger bei einem Attentat erschossen worden ist. Und natürlich ahnt keiner von uns zu diesem Zeitpunkt, dass beim Putsch im Sommer 2016 auch die Redaktion von Hürriyet angegriffen und es in der Eingangshalle des Verlagsgebäudes zu einem Schusswechsel kommen wird.

Auch wenn die Sitzungen bei Hürriyet nie pünktlich beginnen, sind sie Bundesliga. Ich weiß, wovon ich spreche, ein paar Jahre später werde ich nämlich auch noch in den Aufsichtsrat der London Times berufen. Dem Goldstandard von der Themse stehen die Sitzungen am Bosporus in nichts nach.

Wir diskutieren über Stunden, jede Zahl wird hinterfragt, jedes Chart umfassend analysiert. Und wie gesagt, es geht ja auch um was: Hürriyet ist die größte Zeitung der Türkei, vor allem aber auch die wichtigste und mächtigste Stimme der Opposition gegen Erdoğan und seine Re-Islamisierung der Republik.

Am Abend nach der Sitzung gehen Ertuğrul und ich essen. So halten wir das die nächsten 14 Jahre.

»Weißt du, Kai«, Ertuğrul schaut mich durch die Gläser seiner Intellektuellenbrille nachdenklich an, »ich bin Muslim, aber ich bete nicht, faste nicht und gehe nicht in Moscheen. Dafür kenne ich mich ganz wunderbar mit Wein aus.« Er grinst und hebt sein Glas. Mein Eindruck bestätigt sich: Wir beide passen ganz wunderbar zusammen, wenngleich uns fast 20 Jahre trennen.

»Ich war in Katmandu, in den Gassen von Marrakesch, in den Tempeln der tibetischen Mönche, auf der Route 66, in Mekka. Und in der Verschisskiste«, gibt mir Ertuğrul eine kleine Übersicht seiner diversen Aufenthaltsorte der letzten Jahre. Ich muss lachen.

»Wieso Verschisskiste?«, hake ich nach.

»Die Regierung ist nicht mein Freund.«

Nun muss man ja sagen: Mit Verschisskisten kenne ich mich zur Genüge aus.

»Auf die Freundschaft!«, rufe ich und hebe diesmal als Erster mein Glas. Der Moment hat etwas Feierliches. Ich habe das Gefühl, hier am fernen Bosporus, in einer ganz anderen Welt, auf jemanden zu treffen, der so ist wie ich, der mit den gleichen Themen kämpft, für den die Zeitung das Leben ist. Und das Leben die Zeitung. Zwei Irre, die viel Spaß an ihrem Irresein haben. Wäre dieser Mann Deutscher, dann hieße er wahrscheinlich Johannes Gross. Der streitlustige Grandseigneur und Feingeist der deutschen Publizistik reichte nach einem exquisiten Restaurantabend die satte Rechnung beim Verlag ein und notierte als Bewirtungsanlass provokant und spitzfindig »Selbstgespräch«. Wäre Ertuğrul Amerikaner, dann wäre sein Name George Clooney: formvollendet, souverän, kosmopolitisch, Gentleman durch und durch. Und zu guter Letzt: Wäre Ertuğrul ein Engländer, hieße er wahrscheinlich Winston Churchill: ein Genussmensch durch und durch – nicht nur was Whiskey und Zigarren angeht.

DEUTSCH-TÜRKISCHE VERANTWORTUNG

Im Herbst 2005 kracht es: Die dänische Zeitung Jyllands Posten veröffentlicht zwölf Karikaturen, die den Propheten Mohammed zeigen. Es ist eine politische Demonstration – die Zeitung will testen, was sich Künstler noch trauen. Zuvor ist es nämlich einem dänischen Kinderbuchautor nicht gelungen, einen Zeichner für sein Buch *Der Koran und das Leben des Mohammed* zu finden. Durch viele Teile der islamischen Welt geht ein Aufschrei. Die Karikaturen verstoßen gegen ein angebliches Bilderverbot im Islam. Es kommt zu gewalttätigen Protesten, eine irakische Terrorgruppe droht, alle Dänen zu töten – in Libyen, Nigeria, Afghanistan gibt es bei Auseinandersetzungen zwischen Demonstranten und Sicherheitskräften Tote.

Hürriyet SPOR'da
Millileri hangi toplantı yaktı?

Cimbom'da para isyanı büyüyor

KURTLAR VADİSİ posteri pazartesi Hürriyet'le bedava

Polat: ABD'de de gala yapabiliriz

HÜRRİYET VE BILD GAZETELERİNİN ORTAK ÇAĞRISI

BİZ DOSTUZ

CHIRAC VE PUTIN'DEN KARİKATÜR YORUMU

PROVOKASYON

BUGÜN dünya, dini duyarlılıklardan kaynaklanan bir öfke ve uzlaşmazlık dalgasını çaresizlik içinde seyrediyor.

O korkunç Medeniyetler Savaşı fotoğrafı neredeyse gerçeğe dönüştü.

Peki bizler tam olarak nerede duruyoruz?

İslam ve Hıristiyan dünyası, her iki din açısından da anlam taşıyan ortak değerlere sahiptir.

Her iki inanç da bireysel ve sosyal dengeye saygı esasına dayanıyor.

Müslüman ve Hıristiyanların en büyük ahlaki değeri şefkat ve merhamettir. Her iki din de, her türlü aşağılama, hor görme, şiddet ve özellikle insanlara kötü muameleye karşı çıkar.

Bizler günlük hayatta barış ve huzur içinde bir arada yaşanabileceğini kanıtladık: Almanya'da 3 milyon Türk, toplumun saygın birer üyesi olarak yaşıyor. Milyonlarca Alman, Türkiye'de tatil yapıp büyük bir konukseverlikle ağırlanıyor.

Komşuluk ilişkilerimiz içinde saygıyı geliştirdik. Ancak hepsinden önemlisi: dost olduk!

Şimdi amacımız bu dostluğu daha da derinleştirmek.

Herkesi bu amaç uğrunda bize katılmaya çağırıyoruz. Herkesi; birbirlerinin duyarlılıklarına saygı göstermeye, her türlü hakaret, iftira ve aşağılamadan kaçınmaya, karşılıklı saygı temeline dayalı gerçek bir medeniyetler ittifakı kurmaya davet ediyoruz.

Bizler bu yolda harekete geçmek istiyoruz.

Bu amaca ulaşmak için herkesin iyi niyet sahibi olması gerekiyor. Sağduyu ve itidali sağlamak konusunda bu iyi niyete güveniyoruz.

Türkiye'nin en büyük gazetesi Hürriyet ile Almanya'nın en büyük gazetesi Bild, işte bu amaca ulaşmak için yukarıdaki ortak çağrıyı yapıyor.

DIE Welt ist in diesen Tagen ratloser Zeuge von religiös motivierter Wut und Unversöhnlichkeit.

Es scheint fast, als würde das Schreckbild des "Kampfs der Kulturen" Wirklichkeit.

Aber wo stehen wir mit unseren beiden Kulturen wirklich?

Die islamische und die christliche Welt tragen gemeinsame Werte, für die beide Religionen stehen.

Unsere beiden Zivilisationen basieren auf der Achtung des Individuums und auf sozialem Ausgleich.

Als höchste Tugenden gelten dem Muslim wie dem Christen Nächstenliebe und Barmherzigkeit. Wir lehnen gemeinsam jegliche Form der Gewalt gegen Sachen oder gar gegen Menschen ab.

Das friedliche Zusammenleben ist im Alltag längst Selbstverständlichkeit: In Deutschland leben drei Millionen Türken als geachtete Mitbürger. Millionen Deutsche reisen in die Türkei und geniessen dankbar die dort gepflegte Gastfreundschaft.

Aus blossem Nebeneinander ist längst gegenseitige Achtung geworden. Vor allem: Es sind auch Freundschaften entstanden!

Das Gebot der Stunde lautet, diese Freundschaften zu vertiefen. Wir appellieren an alle Muslime und Christen, sich anzuschliessen. Wir rufen alle auf, Respekt vor den Gefühlen des jeweils anderen zu zeigen, Beleidigungen, Demütigungen oder Niedertracht zu vermeiden und ein wahrhaftiges Bündnis der Kulturen aufzubauen, das auf gegenseitigem Respekt basiert.

Dazu bedarf es nur des guten Willens beider Seiten.

Wir zählen auf genau diesen guten Willen, um gesunden Menschenverstand und massvolles Verhalten zurückzugewinnen.

Dieser Kommentar erscheint gleichzeitig in "Hürriyet", der grössten Zeitung in der Türkei, und in BILD, der grössten Zeitung Deutschlands.

Hürriyet
Ertuğrul ÖZKÖK
Genel Yayın Yönetmeni

Bild
Kai DIEKMANN
Genel Yayın Yönetmeni

Hürriyet

Türkiye Türklerindir

9 Şubat 2006 Perşembe

Kurucusu: Sedat Simavi 1896-1953

ZANLININ BABASI HÜRRİYET'E KONUŞTU

ASIL KATİL SİLAHI VEREN

Trabzon'da rahip Santoro'nun katil zanlısı olarak yakalanan O.A.'nın babası Hikmet A. Hürriyet'e konuştu: "Silahı oğluma kim verdiyse cinayeti de o yaptırdı."

Yoksa seni vuracaklardı

Emir, internetten gelmiş

Kardeşi de olay yerinde

Cinayetten tam 5 gün önce Papa'ya mektup yazmış

Son Halife'nin son kızı öldü

Son Halife Abdülmecid Efendi'nin güzelliğiyle meşhur kızı ve Osmanlı padişahlarıyla halifelerinin soyundan gelen ilk nesilden hayatta bulunan son kişi olan Dürrüşehvar Sultan, önceki gece Londra'da vefat etti. Sultan, bugün Londra'da toprağa verilecek.

Murat BARDAKÇI yazısı 5. sayfada

Çıkmaz yolda inat

GÜNÜN YAZISI

Oktay EKŞİ

Onlar çuval geçirdi biz çorap ördük

İmam hatipliye çift diploma yok

İşe gelirken de türbana veto

İnce'ye Max Jacob şiir ödülü

»Biz dostuz – Wir sind Freunde«. Der gemeinsame Kommentar in Hürriyet im Februar 2006

Über die nächsten Wochen und Monate eskaliert der Konflikt zwischen islamischer und westlicher Welt. Die EU muss ihr Büro in Gaza schließen, nachdem al-Aqsa-Brigaden mit Entführungen, unter anderem von Deutschen und Dänen, im Westjordanland gedroht haben. Das deutsche Kulturzentrum wird angegriffen, die deutsche Flagge von einem Mob verbrannt. Auch in der Türkei treten Demonstranten die EU-Flagge mit Füßen. Im wahrsten Sinne des Wortes: Es brennt.

Nicht nur bei BILD, in allen deutschen Redaktionen hat der Umgang mit dem Konflikt für heftigste Diskussionen gesorgt. Es gibt, grob gesprochen, zwei Lager: die, die aus Solidarität mit den bedrohten dänischen Kollegen die strittigen Mohammed-Karikaturen nachdrucken – dazu gehört die WELT. Und die, die nicht noch Öl ins Feuer gießen wollen – dazu gehört neben SPIEGEL online auch BILD.

Zudem ist es ein Unterschied, ob die Karikaturen von einer Zeitung mit überschaubarer Auflage gezeigt werden oder von BILD, der lautesten Trompete auf der Bühne. Ich, der ich diese Trompete spiele, bin mir meiner Verantwortung mehr als bewusst. Und, das möchte ich an dieser Stelle auch ganz klar artikulieren: Ich halte den Abdruck der Karikaturen als politische Demonstration ohnehin für falsch. Insbesondere, wenn wir den Dialog zwischen den Kulturen wollen – und nicht den befürchteten *Clash of Civilizations*. Anders formuliert: Will ich mit dem Pfarrer in der Kirche in ein konstruktives Gespräch eintreten, pinkele ich ihm ja vorher nicht demonstrativ an den Altar.

Ich greife zum Telefon:

»Ertuğrul, findest du nicht, dass wir hier jetzt gemeinsam gefordert sind?«

Biz dostuz! Wir sind Freunde!

So beginnt am nächsten Tag ein wortgleicher Kommentar in BILD und Hürriyet. Ertuğrul und ich haben uns darauf verständigt, in unseren Zeitungen einen gemeinsamen Text zu veröffentlichen. Sowohl in Hürriyet als auch in BILD in beiden Sprachen, also Deutsch und Türkisch.

Die islamische und die christliche Welt tragen gemeinsame Werte, für die beide Religionen stehen. Unsere beiden Zivilisationen basieren auf der Achtung des Individuums und auf sozialem Ausgleich.

Als höchste Tugenden gelten dem Muslim wie dem Christen Nächstenliebe und Barmherzigkeit. Wir lehnen gemeinsam jegliche Form von Gewalt gegen Sachen oder gar gegen Menschen ab.

Das friedliche Zusammenleben ist im Alltag längst Selbstverständlichkeit. In Deutschland leben drei Millionen Türken als geachtete Mitbürger. Millionen Deutsche reisen in die Türkei und genießen dankbar die dort gepflegte Gastfreundschaft.

Wir appellieren an alle Muslime und Christen, sich anzuschließen. Wir rufen alle auf, Respekt vor den Gefühlen des jeweils anderen zu zeigen. Beleidigungen, Demütigungen oder Niedertracht zu vermeiden und ein wahrhaftiges Bündnis der Kulturen aufzubauen, das auf gegenseitigem Respekt basiert.[3]

FDP-Chef Wolfgang Gerhardt lobt die gemeinsame Aktion von Hürriyet und BILD als Erster: »Ein gutes Beispiel für das friedliche Zusammenleben haben gestern zwei Chefredakteure von Zeitungen gegeben: Es waren Kai Diekmann von der BILD und sein Kollege von der Hürriyet, Ertuğrul Özkök!«, sagt er in einer Aktuellen Stunde zum Karikaturenstreit im Bundestag: »Beide haben gesehen, dass es längst nicht mehr allein um die Karikaturen in einer dänischen Zeitung geht. Es geht im Kern um die Frage, ob Menschen die Geltendmachung der Verletzung ihrer Würde als Mittel eines Protestes anwenden dürfen, der jedes Maß überschritten hat.«[4]

Sogar die linke taz kann sich ein vergiftetes Lob nicht verkneifen: »Hier kommt endlich zusammen, was zusammengehört: BILD und ihr türkisches Pendant Hürriyet sind seit gestern Freunde.«[5]

Mal musst du deine Stimme erheben, Farbe bekennen, die Brust breit machen – und mal musst du den Ball flach halten. Mal ist laut richtig, mal leise.

Das ist die große Lehre dieser Tage.

Zwei Jahre später sind wir bei BILD in einer ganz ähnlichen Situation. Im Herbst 2008, auf dem Höhepunkt der Finanzkrise, werden uns interne Bankprotokolle zugespielt, die belegen, dass es an vielen Geldautomaten massive Engpässe gibt. Offensichtlich heben die Deutschen in Panik massenhaft Bargeld ab – aus Angst vor dem großen Crash.

»Bargeld wird knapp!

Holen Sie es von der Bank, solange es noch geht!«, wäre die logische Schlagzeile am nächsten Tag.

Wir machen sie nicht.

Denn wir wissen: Wenn wir diese Schlagzeile drucken, brechen alle Dämme, dann würden alle versuchen, ihr Geld zu retten, der große Run

Lobt die Kooperation von Hürriyet und BILD: Bundeskanzlerin Angela Merkel mit Ertuğrul Özkök und mir beim BILD-Sommerfest 2008.

auf die Geldautomaten einsetzen. Das deutsche Bankensystem würde zusammenbrechen, wir alle pleitegehen.

»Sie haben der Versuchung reißerischer Schlagzeilen widerstanden und so dazu beigetragen, dass der Ansturm auf die Bankschalter ausblieb«, lobt Bankenpräsident Klaus-Peter Müller ein paar Wochen später auf der Bühne im Berliner Gropius-Bau. Und bittet dann BILD-Politikchef Tom Drechsler und Wirtschaftschef Oliver Santen nach vorne, um ihnen den *Goldenen Prometheus* zu übergeben, einen renommierten Journalistenpreis[6].

So kann's gehen: Das ist das erste Mal in meinen 25 Jahren als Journalist, dass ich erlebe, dass BILD mit Lob überschüttet wird für eine Geschichte, die sie *nicht* gemacht hat.

Es wird nicht langweilig.

EKLAT IN DAVOS

Vom Bosporus her ziehen dunkle Wolken auf. Kurz vor den wichtigen Kommunalwahlen im September 2008 hat Hürriyet einen Spendenskandal öffentlich gemacht, bei dem Gelder für wohltätige Zwecke an die Partei Erdoğans, die AKP, weitergeleitet worden sind.

Der Ministerpräsident schäumt vor Wut und erklärt Hürriyet-Verleger Aydın Doğan den Krieg. »Kauft nicht die Zeitungen, die voller Schmutz und Lügen sind!«, brüllt er auf einem Parteitag in Istanbul ins Mikrofon. Und prompt hat die Doğan-Gruppe das Finanzamt am Hals. Dem Konzern wird eine Steuerstrafe von 380 Millionen Euro aufgebrummt, die in den nächsten Monaten auf unglaubliche knapp eine Milliarde Euro ansteigen soll. Grund ist eine angeblich falsch datierte Finanzbeteiligung eines ausländischen Medienunternehmens, das sich ins TV-Business der Doğan-Gruppe eingekauft hat. Ein Zufall, dass es sich bei diesem ausländischen Medienunternehmen um den deutschen Axel Springer Verlag handelt?

Entweder gehörst du mir oder der schwarzen Erde, ist eine bekannte türkische Redewendung. Es scheint auch Erdoğans Regierungshandeln zu leiten. Es ist auch längst nicht mehr zu übersehen: Der Sultan kontrolliert inzwischen fast die Hälfte aller türkischen Medien. Entweder sind sie im Besitz von Freunden oder von Familienangehörigen des Ministerpräsidenten.

Mein erstes Interview mit Erdoğan liegt inzwischen vier Jahre zurück. Wie sagte er doch damals mit treuherzigem Blick?

»Die Türkei ist ein demokratischer Staat westlicher Prägung.«

Und wieder stellt sich mir die Frage, auf die ich keine Antwort weiß: Was war hier jetzt zuerst? Henne oder Ei?

Tut die EU richtig daran, die Finger von der Türkei zu lassen, weil sie in Erdoğan einen islamischen Autokraten sieht?

Oder ist Erdoğan nur deshalb zunehmend radikal und reaktionär, weil ihn die EU brüskiert?

Auf jeden Fall unternimmt er im Moment alles, um einen EU-Beitritt in weite, weite Ferne zu schieben.

Und nein, er ist kein Wolf im Schafspelz.

Er ist der Wolf im Wolfspelz.

Das wird er in nur wenigen Monaten der ganzen Welt eindrucksvoll vor Augen führen.

Januar 2009. Wie jedes Jahr bin ich beim Weltwirtschaftsforum in Davos in den Schweizer Bergen, dem Stelldichein der Mächtigen und Wichtigen der Welt. Bill Gates, Mark Zuckerberg, die deutsche Bundeskanzlerin, die wichtigsten Autobosse und Banker des Globus – keiner möchte das Treffen im Schnee verpassen. Das Programm ist dicht gepackt: Auf unendlich vielen Bühnen – in Dutzenden von Hotels, Kongresszentren, Restaurants, sogar auf Berghütten – gibt es Meetings, Gesprächsrunden, Vorträge, vertrauliche Dialoge, *off the record, on the record,* von ganz früh morgens bis oft weit nach Mitternacht.

Natürlich fahre ich nicht einfach so nach Davos. Das Dorf in den Bergen ist hermetisch von Polizei und Militär abgeriegelt, Zutritt *by invitation only,* schon Kilometer vorher wird an Straßensperren die Identität überprüft, Helikopter kreisen, das ganze Areal ist ein einziger Hochsicherheitstrakt. Als einer von 100 sogenannten *Media Leaders* habe ich meine Einladung bereits vor Monaten per E-Mail erhalten. Ums Hotel braucht sich Havva ausnahmsweise nicht zu kümmern, das wird einem einfach zugewiesen.

Im großen unübersichtlichen Konferenzzentrum im Herzen von Davos mit seinen vielen Etagen, Treppen und Sälen ist es wie üblich pickepackevoll. Alles drängt zur Hauptbühne, wo der türkische Ministerpräsident Erdoğan, Israels Ex-Premier Shimon Peres, UN-Generalsekretär Ban Ki-Moon und Amr Musa, Generalsekretär der Arabischen Liga, über die Lage in Gaza und die Rolle Israels diskutieren wollen.

Ich habe Glück, finde einen Platz in der zweiten Reihe direkt hinter Erdoğans Delegation und seiner Ehefrau.

Zuerst spricht Ban Ki-Moon, dann Erdoğan, dann Amr Musa – die wenig überraschende Botschaft: Die Israelis sind die Bösen, die Palästinenser die armen Opfer.

Der weit über 80-jährige Peres, der die ganze Zeit schweigend zugehört hat, darf als letzter Redner sein Land verteidigen. Es ist, wie ich es häufig erlebe bei solchen Konferenzen, wenn es um Israel geht: Alle gegen einen. Leider.

Peres findet bewegende Worte: »Israel will Frieden! Keinen Krieg. Wir haben nie als Erste geschossen. Was hätten Sie denn getan, wenn jeden Abend Raketen auf Istanbul niedergegangen wären?«, wendet er sich mit einer rhetorischen Frage an den neben ihm sitzenden Erdoğan. Kaum ist

Botschaft der Türkei
Der Botschafter

Herrn
Chefredakteur Kai Diekmann
Bild-Zeitung
Axel-Springer-Str. 65

10888 Berlin

30. Januar 2009

Sehr geehrter Herr Diekmann,

ich schreibe Ihnen in Bezug auf den Artikel „Hassrede gegen Israel – Eklat um Türkei-Premier", der am 30. Januar 2009 in der Bild-Zeitung veröffentlicht wurde.

Bei der Davos-Podiumsdiskussion am 29. Januar 2009 brachte Ministerpräsident Recep Tayyip Erdoğan mit Nachdruck seine Reaktion auf die israelischen Angriffe auf Gaza und die exzessive Gewaltanwendung gegenüber Zivilisten zum Ausdruck, die zum Verlust einer erheblichen Anzahl von unschuldigen Menschenleben führte. Seine Äußerungen richteten sich in keiner Weise gegen das israelische Volk, noch hatten sie den Charakter einer Hassrede. Im Gegenteil, Ministerpräsident Erdoğan hat erst kürzlich öffentlich gesagt, dass Antisemitismus ein Verbrechen gegen die Menschheit darstellt. Darüber hinaus war das plötzliche Verlassen des Ministerpräsidenten der Podiumsdiskussion keine Reaktion gegen Präsident Peres, sondern gegen den Moderator, dem es misslang, ihm die gleiche Gesprächszeit zu gewähren, die auch anderen Rednern zuteil wurde.

Auch möchte ich Ihnen die Tatsache zur Kenntnis bringen, dass Präsident Peres Ministerpräsident Erdoğan kurz nach der Podiumsdiskussion anrief, um die Situation zu klären.

Ich möchte betonen, dass die Türkei und Israel sich weiterhin guter Beziehungen und Zusammenarbeit erfreuen.

Ich würde es begrüßen, wenn dieser Brief in Ihrer Zeitung veröffentlicht werden könnte, damit Ihre Leser eine treffende Darstellung von dem Vorfall in Davos erhalten.

Mit freundlichen Grüßen

Ahmet Acet

30-JAN-2009 17:46 96% S.002

In einem Brief verteidigt der türkische Botschafter Ahmet Acet den Auftritt von Erdoğan in Davos 2009.

Peres mit seinem Redebeitrag durch, erklärt der Moderator die Debatte für beendet: »Unsere Diskussionszeit ist abgelaufen.« Auch das ist das Prozedere in Davos. Egal, welcher Regierungschef oder Staatspräsident gerade spricht, die Auftritte sind minutiös getaktet, die Diskussionsrunden manchmal nicht viel mehr als ein Austausch von Statements.

Aber er hat seine Rechnung ohne Erdoğan gemacht.

»Herr Peres!« Der türkische Ministerpräsident reißt sich seine Kopfhörer für die Simultanübersetzung herunter, richtet sich direkt an den neben ihm sitzenden Peres: »Sie sind älter als ich! Sie haben sehr laut gesprochen. Wenn es ums Töten geht: Mit dem Töten kennt ihr euch ja aus. Wir wissen, wie ihr Kinder am Strand getötet und erschossen habt.« Erdoğans Stimme wird immer aggressiver und lauter, ihn hat die Wut gepackt: »Es gibt in Israel zwei frühere Ministerpräsidenten, die mir etwas sehr Wichtiges gesagt haben ...« Der Moderator legt beschwichtigend seine Hand auf Erdoğans Schulter, will ihn unterbrechen. Doch der türkische Ministerpräsident ist nicht zu bremsen, schiebt die Hand brüsk zurück. »... Sie sagten, wenn wir auf Panzern und mit Waffen nach Palästina eindringen, sind wir frohen Mutes. Ich kann Ihnen auch die Namen der Ministerpräsidenten sagen! Ich verurteile auch die hier im Publikum, die diese Grausamkeiten beklatschen. Wenn Sie für die, die diese Kinder und Menschen getötet haben, klatschen, ist das auch ein Verbrechen gegen die Menschlichkeit, wie ich meine.«

Ich halte den Atem an. Auch um mich herum ist alles still. An einen solchen Auftritt in Davos kann ich mich nicht erinnern. Ich frage mich: Warum macht er das? Hat er die Contenance verloren? Ist das Absicht?

Aber es kommt noch wilder.

»Ich habe mir viel notiert, habe aber keine Gelegenheit, auf alles einzugehen«, poltert Erdoğan weiter. »... unterbrechen Sie mich nicht«, fährt er den Moderator an, der erneut versucht, Erdoğan zu stoppen. Der erhebt sich nun aus seinem Sessel: »Vielen Dank. Für mich ist Davos damit vorbei. Ich werde nicht mehr kommen. Sie lassen mich nicht reden.« Erdoğan zeigt mit dem Finger auf Peres: »Er hat 25 Minuten gesprochen, und ich habe nur halb so viel Zeit gehabt. Unmöglich!« An dieser Stelle stürmt der türkische Ministerpräsident erbost vom Podium. Auch die Delegation vor mir springt von ihren Konferenzstühlen auf und verlässt unter Führung von Erdoğans Frau demonstrativ den Saal.

Ich bleibe erst mal verdattert sitzen, versuche, den Auftritt Erdoğans zu sortieren. Klaus Schwab, Professor vom Bodensee und Gründer des World Economic Forum, eilt aufs Podium, um die Stimmung mit einem Spontanauftritt zu retten. Vergeblich. Im Saal reden alle durcheinander, einziges Thema: der Zornesausbruch. Auch ich habe zum Telefon gegriffen und telefoniere bereits mit meiner Redaktion.

Hassrede gegen Israel in Davos – Eklat um Türkei-Premier, lautet unsere Schlagzeile am nächsten Tag.[7]

Am selben Tag noch wird mir ein Fax vom türkischen Botschafter in Deutschland, Ahmet Acet, in mein Hotel, das Schatzalp, weitergeleitet, einem ehemaligen Tuberkulose-Sanatorium, bekannt aus Thomas Manns *Zauberberg*.

Sehr geehrter Herr Diekmann,

bei der Davos-Podiumsdiskussion am 29. Januar 2009 brachte Ministerpräsident Recep Tayyip Erdoğan mit Nachdruck seine Reaktion auf die israelischen Angriffe auf Gaza und die exzessive Gewaltanwendung gegenüber Zivilisten zum Ausdruck, die zum Verlust einer erheblichen Anzahl von unschuldigen Menschenleben führte. Seine Äußerungen richteten sich in keiner Weise gegen das israelische Volk, noch hatten sie den Charakter einer Hassrede.

Im Gegenteil, Ministerpräsident Erdoğan hat erst kürzlich öffentlich gesagt, dass Antisemitismus ein Verbrechen gegen die Menschheit darstellt. Darüber hinaus war das plötzliche Verlassen des Ministerpräsidenten der Podiumsdiskussion keine Reaktion gegen Präsident Peres, sondern gegen den Moderator, dem es misslang, ihm die gleiche Gesprächszeit zu gewähren, die auch anderen Rednern zuteilwurde.

Auch möchte ich Ihnen die Tatsache zur Kenntnis bringen, dass Präsident Peres Ministerpräsident Erdoğan kurz nach der Podiumsdiskussion anrief, um die Situation zu klären.

Ich möchte betonen, dass die Türkei und Israel sich weiterhin guter Beziehungen und Zusammenarbeit erfreuen.

Ich würde es begrüßen, wenn dieser Brief in Ihrer Zeitung veröffentlicht werden könnte, damit Ihre Leser eine treffende Darstellung von dem Vorfall in Davos erhalten.

Mit freundlichen Grüßen
Ahmet Acet[8]

Ich habe mich auf mein Hotelzimmer im zweiten Stock des Schatzalp zurückgezogen, ein ziemlich spartanischer Raum für das eher anspruchslose Gemüt: ohne TV, dafür Linoleumboden und nackter Gusseisen-Heizkörper. Am Telefon diktiere ich Havva meine Antwort:

Exzellenz,

sehr geehrter Herr Acet,

gestatten Sie mir, Ihren Brief, für den ich mich sehr bedanke, etwas ausführlicher zu beantworten.

Ich habe den in meinen Augen unsäglichen Auftritt von Ministerpräsident Recep Tayyip Erdoğan in Davos unmittelbar miterlebt. Ich hatte die Ehre, in der zweiten Reihe – direkt hinter seiner Gattin – zu sitzen. Die Ereignisse haben sich durchaus etwas anders abgespielt als von Ihnen geschildert.

Den wütenden Ausbruch von Ministerpräsident Erdoğan zu beschreiben, als er schließlich – und endlich – unterbrochen wurde, erspare ich uns.

Sehr geehrter Herr Botschafter, das ist kein normaler Umgangston – erst recht nicht auf der Weltbühne. Ich bleibe dabei: Sowohl Ton als auch Inhalt dieser Aussagen sind empörend und das Gegenteil einer Verurteilung des Antisemitismus. Andere mögen von einem solchen Auftreten des türkischen Ministerpräsidenten nicht überrascht sein.

Mich persönlich erschüttert es jedoch – gerade weil ich der Türkei und Ihnen herzlich verbunden bin. Und bleibe.

Ihr

Kai Diekmann[9]

Ich mag mich erschüttert geben – in Istanbul ist es genau umgekehrt:

Willkommen zurück, Eroberer von Davos!

So feiern Tausende Demonstranten Erdoğan für seinen Auftritt in Davos, skandieren anti-israelische Slogans, schwenken türkische und palästinensische Fahnen und Spruchbänder.

Welt, schau auf unseren Ministerpräsidenten.[10]

Mit seinem Wutausbruch scheint es Erdoğan gelungen zu sein, die Herzen seiner Anhänger zu erreichen. Seine markigen Auftritte im Ausland, so dämmert es mir, gelten möglicherweise gar nicht dem dortigen Publikum. Sie sind fürs heimische Publikum gedacht.

BEI ASSAD IM SCHNEE

Wenige Tage vor dem Weihnachtsfest 2010 stehen Ertuğrul und ich in verschneiter Tannenkulisse. Wir haben uns piekfein gemacht. Dunkler Anzug, Hemd, Krawatte – wie wir da stocksteif stehen mit klappernden Zähnen, sehen wir aus wie zwei verfrorene Versicherungsvertreter auf einem Kongress in den österreichischen Bergen, die ihre Mäntel vergessen haben.

Wir sind aber nicht in Österreich.

Wir sind in Damaskus. Besser gesagt, im Garten des Präsidenten-Palastes. Die dicke Schneedecke hat uns im wahrsten Sinne auf dem kalten Fuß erwischt. Selbst wenn die Winter in Syrien sehr kalt werden können, gehört Schnee zu den eher seltenen Überraschungen.

Zwischen uns steht, hoch aufgeschossen und irgendwie schlaksig, der syrische Machthaber Baschar al-Assad, ebenfalls in dunklem Zwirn. Wenn Ertuğrul und ich aussehen wie Versicherungsvertreter, hat Assad, der in Damaskus und London Medizin studiert hat und eigentlich Augenarzt werden wollte, etwas von einem netten Konfirmanden.

Ertuğrul, der über sehr gute Kontakte nach Damaskus verfügt, hat mit dem syrischen Präsidenten dieses Interview für uns arrangiert.

Assad gibt sich besonders charmant und aufmerksam, zur Begrüßung werden Datteln gereicht. Den Garten, so erzählt er uns, hat sein Vater Hafez in den 1980er Jahren auf dem Berg Mezzeh errichten lassen. Von hier hat man bestimmt einen grandiosen Blick auf Damaskus, denke ich. Wenn nicht gerade dichtes Schneetreiben ist.

Die ersten 20 Minuten sind ein Ritt durch den politischen Vorgarten Syriens: Warum hier, im Kernland der Bibel, seit Jahrhunderten kein Frieden einkehrt. Ob er, Assad, das Existenzrecht Israels anerkennt. Was er dazu sagt, dass Iran Israel von der Landkarte tilgen will.

Es ist eine eher entspannte Atmosphäre hier im Präsidentenpalast. Kein Assistent, Dolmetscher oder Mitarbeiter ist zugegen. Das mag verblüffen. Dabei dürfen Sie, liebe Leserinnen und Leser, nicht vergessen: Der Assad im Dezember 2010 ist noch nicht der menschenverachtende Schlächter Assad, zu dem er ein Jahr später werden soll.

Mich interessiert vor allem Assads Blick auf den unmittelbaren Nachbarn, die Türkei:

Wie ein netter Konfirmand zwischen zwei verfrorenen Versicherungsvertretern: zu Besuch bei Baschar al-Assad mit Ertuğrul Özkök im verschneiten Damaskus 2010

»Ich danke Ihnen für die Bücher, die Sie mir mit Ihrem Brief geschickt haben.« Schreiben von Erdoğan im Dezember 2011

»Aus unserer europäischen Perspektive haben wir den Eindruck, dass die Türkei sich vom Westen, von der NATO und den USA weg und auf die islamische Welt zubewegt. Würden Sie dem zustimmen?«, will ich wissen.

»Ich würde eher sagen, der Westen bewegt sich von der Türkei weg«, entgegnet Assad. »Ich glaube aber, dass die Rolle, die die Türkei in dieser Region seit drei Jahren spielt, wichtig ist. Das hat ein gewisses Gleichgewicht in dieser turbulenten Region geschaffen. Besonders nach den Ereignissen vom 11. September, nach den Invasionen im Irak und in Afghanistan würden Sie sich schlechte Beziehungen zwischen der Türkei und Syrien, der Türkei und dem Iran sicher nicht wünschen. Die Auswirkungen würde man sich nicht ausmalen wollen.«

»Sollte die Türkei der EU beitreten dürfen?«, komme ich zum zentralen Punkt.

Assad lächelt überlegen: »Sie müssen die Türkei geradezu bitten, der EU beizutreten, weil sie die EU als islamisches Land braucht, damit die EU kein Christen-Club wird. Sie reden doch immer über Offenheit, über den Dialog zwischen verschiedenen Kulturen. Sie können aber keinen Dialog führen, wenn Sie sich isolieren und auf eine Kultur, eine Gesellschaftsordnung beschränken.«[11]

Ich sitze da und denke: Es ist nicht alles falsch, nur weil es von Assad kommt. Mit dem Christenclub-Argument macht Erdoğan bei seinen Anhängern inzwischen erfolgreich Stimmung gegen die EU.

Wenige Wochen später beginnt der Arabische Frühling. Und Assad, der lange Jahre als Reformer und *Löwe von Damaskus* galt, geht mit großer militärischer Gewalt gegen Demonstranten vor. Er wird foltern und morden lassen, sein Volk in einen Bürgerkrieg treiben, dem fast eine halbe Million Menschen zum Opfer fallen und die halbe syrische Bevölkerung zur Flucht treibt.

Und er wird über den Krieg zum erbitterten Feind von Erdoğan werden.

»Kommen Sie doch mal am Wochenende mit Ihren Ehefrauen zum Essen vorbei«, lädt uns der Diktator zum Abschied noch zum geselligen Beisammensein ein.

HARTE WORTE IN PLÜSCHIGER KULISSE

Dass ich Erdoğan in Ankara zum Exklusivinterview getroffen habe, ist mittlerweile sieben Jahre her. Seine Antworten von damals, als der Regierungschef die Türkei noch auf dem Weg nach Europa sah, lesen sich inzwischen wie aus einer völlig anderen Zeit.

Als der türkische Staatschef Anfang November 2011 einen Staatsbesuch in Deutschland plant, treffen wir uns vorab in Istanbul. Von Minute eins an geht unserem Treffen jede echte Freundlichkeit ab. Der Saal, in dem der türkische Ministerpräsident uns empfängt, hat Schwimmbad-Größe. Alles ist extra: extrahohe Decken, extragroße Ölschinken an den Wänden, extrawuchtige Sessel, die so weich und tief sind, dass Nikolaus Blome, der mich diesmal begleitet, und ich die ganze Zeit nur auf der Kante sitzen, um nicht darin zu versinken.

»Die Türkei wird ungerecht behandelt. Seit ich Premierminister bin, hat die EU zwölf Länder, sogar den griechischen Teil Zyperns, aufgenom-

Die Harmonie trügt: Erdoğan ist kein Mann, der nach Verständigung sucht. Mit Nikolaus Blome

inisterpräsidenteninterview in Istanbul 2011

men«, klagt Erdoğan. »Und seitdem Kanzlerin Merkel und der französische Staatspräsident Sarkozy regieren, werden wir nicht einmal mehr zu den EU-Gipfeln eingeladen, wo wir früher eingeladen wurden.« Er macht auf mich den Eindruck eines verletzten Mannes, der desillusioniert ist. Er scheint mir deutlich grauer geworden zu sein, aber irgendwie ist sein Gesicht auch markanter. Er spricht leise und lang, der Dolmetscher hat sichtlich Mühe hinterherzukommen.

»Was macht Deutschland denn falsch?«, will ich wissen.

»Die deutsche Politik würdigt die Verflechtung der drei Millionen Türken in Deutschland nicht genug«, kommt die Antwort sofort, direkt und ohne die üblichen diplomatischen Höflichkeitsfloskeln. Man merkt, Erdoğan ist auf die Frage vorbereitet. »Die deutsche Politik müsste viel mehr für den EU-Beitritt der Türkei tun, weil das die Integration massiv vorantreiben würde. Weil wir Türken so viel Positives für Deutschland empfinden, fühlen wir uns gerade hier im Stich gelassen.«

Hier sitzt kein Mann, der nach Verständigung sucht. Hier sitzt einer, der sich verabschiedet hat, wird mir gerade klar.

»Wie ich schon sagte, müsste die deutsche Politik die zugezogenen Türken nicht als Gefahr, sondern als Bereicherung sehen. Wenn ein junger türkischer Mann ein Mädchen aus der Türkei liebt und heiraten möchte, wird dies als ein Fehler angesehen, denn die Bundesregierung verlangt, dass diese Frauen vorher Deutsch lernen müssen.« Mit diesen Sätzen zeigt er sich bestens informiert über das Thema, das in Deutschland gerade rauf und runter diskutiert wird: das Thema Zwangsehe. Er guckt mich an: »Ich bitte Sie, welche Sprache spricht die Liebe? Es kann doch nicht sein, dass die Liebe junger Menschen per Verordnung nur auf Deutsch funktionieren darf! Nein, wer Deutschkenntnisse zur wichtigsten Voraussetzung erklärt, verletzt die Menschenrechte.« [12]

Es sollte das letzte Mal sein, dass Erdoğan BILD zum Gespräch empfängt.

EINE KLARE BOTSCHAFT AN ERDOĞAN

Erdoğan macht den Putin, urteilt Ertuğrul im März 2013 in seiner Kolumne für BILD, die er seit nunmehr drei Jahren für uns schreibt.[13]

Denn Proteste gegen seine Politik lässt der türkische Staatschef mittlerweile brutal niederschlagen, es gibt Tote und Verletzte. Auch Medienunternehmer Aydın Doğan hat den Stecker gezogen, nachdem ihn der türkische Ministerpräsident mit immer neuen Steuerklagen überzogen hat. Bereits Ende 2009 hat der 73-jährige Verleger seine Verantwortung für das Tagesgeschäft abgegeben. Und auch Ertuğrul musste gehen. Er verlor seinen Job als Chefredakteur von Hürriyet, bleibt aber Star-Kolumnist der Zeitung.

Bei jeder Gelegenheit wütet Erdoğan gegen Deutschland und Europa – er tut dies aber nicht nur bei Reden im eigenen Land.

Bei einem Auftritt in der vollbesetzten Kölner Lanexx-Arena lässt er sich von zigtausend türkischen Anhänger feiern. Sie jubeln »Märtyrer!«, schwenken Fahnen.

Und wieder mal nutzt Erdoğan erfolgreich den politischen Konflikt, um unter den in Deutschland lebenden Türken auf Stimmenfang zu gehen.

Pünktlich zum Auftritt in Köln hat BILD eine deutliche Botschaft an den türkischen Ministerpräsidenten, einen offenen Brief in klarer Sprache:

Herr Ministerpräsident Erdoğan,

in Köln machen Sie heute vor 18.000 Deutsch-Türken Wahlkampf. Wahrscheinlich werden Sie ihnen wie im Februar in Berlin zurufen: »Seid stolz auf eure Sprache, eure Fahne, eure Kultur« – und damit nicht die deutsche meinen.

Oder Sie werden wie im Jahr 2008 in Köln behaupten: »Assimilation ist ein Verbrechen gegen die Menschlichkeit.«

Deutschland ist ein freies Land, in dem jeder seine Meinung offen sagen darf. Deshalb können und wollen wir Ihnen den Auftritt nicht verbieten. Aber eines ist trotzdem klar:

SIE SIND HIER NICHT WILLKOMMEN!

Sie reagierten auf Korruptionsvorwürfe gegen Ihre Familie, indem Sie Hunderte Polizisten und Anwälte ihrer Ämter enthoben. Sie sperren kritische Journalisten ins Gefängnis.

Sie wollen Frauen vorschreiben, wie viele Kinder sie haben sollen. Sie wollen Studentinnen und Studenten verbieten, in gemischten WGs zusammen zu wohnen. Sie wollen verhindern, dass verliebte Paare im Park Händchen halten.

Sie ließen die friedlichen Jugendlichen, die auf dem Istanbuler Taksim-Platz für die Freiheit demonstrierten, mit Knüppeln zusammenschlagen. Sie nannten die Demonstranten »Lumpenpack«. Sie hetzten gegen unseren Bundespräsidenten Joachim Gauck, weil er bei seinem Türkeibesuch Sorgen über den Zustand der türkischen Demokratie geäußert hatte.

Politiker wie Sie wollen wir in Deutschland nicht haben.
SIE SIND HIER NICHT WILLKOMMEN!
Wir sind ein demokratisches, freiheitsliebendes, vielfältiges Land. Hier gelten die Gesetze auch für Politiker. Bei uns laufen Frauen oben ohne über die Straße. Wir lassen jeden seine Meinung sagen, auch wenn er Blödsinn redet.
Sagen Sie heute Abend, was Sie wollen, Herr Erdoğan, aber willkommen sind Sie nicht.[14]

Erdoğans Parteifreunde schäumen.
In seinem Newsletter schreibt der Journalist Bülend Ürük:
Diekmann kennen sie in Ankara, selbst seine Twitterkommentare werden verfolgt. [15]
Ürük berichtet, was bei einem Treffen türkischer Chefredakteure im Haus eines führenden AKP-Funktionärs, der Partei Erdoğans, in Istanbul ganz offen gemunkelt und gemutmaßt wurde:
Sitzt nicht Kai Diekmann im Hürriyet-Beirat?
Und überhaupt dieser Ertuğrul Özkök!
Früherer Hürriyet-Chefredakteur und publizierender Lieblingsfeind der AKP-Clique, schreibt der nicht regelmäßig eine Kolumne für BILD?
Hat der nicht zusammen mit Diekmann sogar ein Buch geschrieben?
Ürük zitiert anonym einen AKP-Politiker:
»Ihre Freunde sind unsere Feinde. Es gibt Bestrebungen, die Doğan-Holding für den BILD-Brief haftbar zu machen. Sie sollen für die vergifteten Worte aus Berlin bluten!«
Auch der türkische EU-Minister Mevlüt Çavuşoğlu kommt zu Wort, bezeichnet die Respektlosigkeit deutscher Medien als inakzeptabel.
Selbst Ertuğrul, der in seinen Kolumnen alles andere als zimperlich mit Erdoğan umgeht, ist in diesem Fall ganz und gar nicht einverstanden mit mir und schreibt in seiner Hürriyet-Kolumne:
Mein lieber Freund Kai,
ich war völlig zurückgezogen im Ausland. Deswegen habe ich erst jetzt vom offenen Brief an Erdoğan in der BILD erfahren, in dem du den Wunsch äußerst, er solle nicht nach Deutschland kommen. Über die Politik des Ministerpräsidenten Erdoğan in der Türkei, die immer autoritärer wird, bin ich auch sehr besorgt.
Ich teile die Meinung, dass diese Politik im Hinblick auf die Werte, die die Europäische Union vertritt, nicht annehmbar ist.

Trotzdem möchte ich betonen, dass es nicht im Einklang mit dem Ideal eines demokratischeren und glücklicheren Europas und einer ebensolchen Türkei steht, einem Ideal, das wir beide aus ganzem Herzen teilen, Erdoğan zu sagen: Komm nicht her.

Du solltest nicht vergessen, dass Erdoğan der Ministerpräsident aller Menschen in der Türkei ist, somit auch meiner, und dass solche Aufrufe an seine Adresse uns alle trifft und kränkt.

Statt dem Ministerpräsidenten Erdoğan »Komm nicht her« zu sagen, wäre es meiner Ansicht nach richtiger, die Beziehungen noch enger zu knüpfen und ihn einzuladen und zu unterstützen, sich weiterhin der Europäischen Union zuzuwenden.

Ich bin überzeugt, dass du diesen Brief nicht als Einmischung in eure Zeitungspolitik, sondern als Worte voller Freundschaft auffassen wirst.

Mit lieben Grüßen,

Ertuğrul[16]

Eine gute Freundschaft macht aus, dass man sich gegenseitig die Wahrheit sagt. Ich nehme mir die Worte meines Freundes Ertuğrul wirklich zu Herzen – bereue ich meinen offenen Brief deshalb? Nein.

Seyran Ateş, deutsch-türkische Anwältin, formuliert es im Buch *Süper Freunde* so:

Deutsche und Türken könnten Freunde sein, sogar »Süper Freunde«, wenn sie sich die Wahrheit sagen würden: »Ich bin so frei, dir zu sagen, dass du Mundgeruch hast, mein Freund!« Eine Freundschaft braucht Wahrheit, Ehrlichkeit, sie braucht die Freiheit, frei zu denken und zu sprechen. Ich nenne niemanden meinen Freund, der von mir nur positive Dinge über sich hören will, und ich nenne niemanden meinen Freund, der mir nur erzählt, wie toll ich bin. Die Wahrheit ist nämlich nicht immer toll. Auch die Wahrheit über die Freundschaft der Türken und Deutschen ist nicht immer nur toll. Sie könnte es werden. Zähneputzen könnte helfen.[17]

Dem habe ich nichts hinzuzufügen.

»Erkläre uns doch mal, warum Millionen Türken diesen Mann immer und immer wieder wählen«, bitte ich Ertuğrul. Denn immer weniger verstehe ich, warum Erdoğan, der immer mehr zum Despoten wird, nach wie vor so viel Unterstützung durch seine Landsleute erfährt.

Um das zu verstehen, muss man wohl Türke sein, antwortet Ertuğrul in seiner BILD-Kolumne:

Die Hälfte aller Türken lieben ihren Erdoğan. Frauen in Anatolien verehren ihn als konservativen »Familienvater«. Andere bewundern ihn, weil er das Wirtschaftswachstum im Land vervielfacht hat, während anderswo Wirtschaftskrisen wüten. Weil er Obdachlosen Essen gab, Arbeitslosen Arbeit und Hausfrauen Kindergeld für die Erziehung ihrer Söhne und Töchter.

Recep Tayyip Erdoğan, der Istanbuler Junge aus ärmsten Verhältnissen, hat nicht nur sich selbst hochgekämpft an die Spitze der Macht. Er hat auch den Türken und der Türkei wieder zu Ansehen und Selbstbewusstsein verholfen. Und sei es, indem er dafür Widersacher in Medien, Militär und Politik wegsperren, Proteste niederknüppeln ließ oder andere Staatschefs gnadenlos beschimpfte.

Geschickt hat er schon früh Verbündete gesucht unter Bankern und Industriellen. Die beschenkt er jetzt mit Milliarden-Staatsaufträgen für Flughäfen und gigantische Kanal- und Tunnelprojekte.

Er hat sich vom selbsternannten Kronprinzen des islamkritischen Staatsgründers Atatürk zum tiefreligiösen Verteidiger aller Moslems gewandelt, um die Gläubigen im Lande einzufangen. Er hat den Menschen eine Scheinwelt verkauft, in der böse Mächte die Türkei bedrohen. Und nur eine starke Regionalmacht nach dem Vorbild des Osmanischen Reiches den Ausgleich schaffen kann zwischen Europa und der arabischen Welt.

Wir sind wieder wer, sagt Erdoğan seinem Volk. Und wer noch mehr will, muss ihm und seinen Plänen folgen: eine neue Türkei, in der niemand mächtiger sein soll als Erdoğan, der neue Staatspräsident. Bis 2023 will er das schaffen – bis zum 100. Geburtstag der 1923 gegründeten Republik Türkei.[18]

Irgendwie ist es komisch: Während die Freundschaft zwischen Ertuğrul und mir immer enger wird, entfernen sich die Türkei und Deutschland immer weiter voneinander.

SABAH IST SAUER AUF MICH

»Du bist doch krank!«

So brüllt es mir im Juni 2016 auf Deutsch von der Titelseite der türkischen Zeitung Sabah entgegen, Erdoğans Hauspostille. Garniert ist das Ganze mit einem schon etwas älteren Porträtfoto von mir mit Rauschebart.

Aydın Doğan, der die Türkei bei jeder Gelegenheit anschwärzt und sich hemmungslos mit den Feinden der Türkei verbündet, bekommt weitere Un-

AVRUPA SABAH
Avrupalı Türk'ün gazetesi
17 HAZİRAN 2016 CUMA
www.sabah.de

MEYDANLARDA ALKOL YASAĞI

İnsanları şiddete yönelttiği için dev ekranlarda maç izlenen yerlerde alkol yasağı getirilmesi talep edildi

ALMANYA Federal İçişleri Bakanı Thomas de Maiziere futbol maçları başta olmak üzere büyük spor turnuvalarında alkol yasağı istedi. Rheinische Post gazetesine konuşan Bakan, "Futbol maçları gibi büyük kamusal etkinliklerde alkol bir veba gibi. İnsanları şiddet için cesaretlendiriyor. Bu nedenle Fransız mevkidaşımın stadlarda alkol yasağı koymasını doğru buluyorum" dedi.

FRANSA'DA 2 BİN 500 HOLİGAN CİRİT ATIYOR

2 bin 500 Alman holiganla ilgili verileri Fransız güvenlik birimlerine bildirdiklerini belirten Bakan de Maiziere, Avrupa Futbol Şampiyonası öncesinde şiddet eğilimli 600 holiganla görüşme yapıldığını ve bunlara gözetim altında olduklarının söylendiğini açıkladı.

Maiziere

Asma yaprağı hırsızlığı arttı

ALMANYA'DA üzüm üreticileri bağlarından asma yaprağı çalınmasının önüne geçemiyor. Çiftçiler hırsızlığın en çok Rheinland Pfalz Eyaleti'nde gerçekleştiğinin altını çiziyor. MAINZ

DIE TÜRKEN SIND SAUER AUF DICH KAI!*

*TÜRK HALKI SANA ÇOK KIZGIN KAI

Bild gazetesinin Türk düşmanı CEO'su Kai Diekmann, SABAH'ın manşetlerini çarpıttı. Türk halkının kızgınlığını görmezden geldi

BİLD'in Türkiye aleyhtarı yayınlarını deşifre eden manşetlerimiz, Almanya'da ses getirdi. Türkiye ve Tayyip Erdoğan hakkında ahlaksız iftiralar atan yayın grubunun gazetesi Bild'in CEO'su Kai Deikmann, üç gündür twitter'dan, SABAH'ın haberlerini çarpıtmaya çalışıyor. Haberlerimizi, "Erdoğan bize çok kızmış olmalı" diye yorumlayan Diekman, asıl kendisine çok kızgın olanın Türk halkı olduğunu gizlemeye çalışıyor.

TÜRKLERİ, göçmenleri, Müslümanları aşağılayan, açıkça ırkçılık yapan herkesi manşetlerine taşıdın. Türkler aleyhine algı oluşturdun.

BİR Türk suç işlediğinde yüzünü bile bantlamaya gerek görmedin. Adını da açıkça yazarak ayrımcılık yaptın.

BİR halkın iradesini hiçe saydın, Cumhurbaşkanı Erdoğan için, "Ülkemizde seni istemiyoruz" diye manşet attın.

TÜRKİYE'DE İngiliz kıza tecavüz eden Almanı, sırf 'sizden' diye korudun. Yargıya müdahale etmeye kalkıştın.

BU MANŞETİ KİM ATTIRIYOR

Maçlar sonrası konvoy uyarısı

ALMAN polisi, maçlar sonrası oluşturulan araç konvoyları için uyardı. Şampiyona boyunca araçlarla konvoy oluşturmanın ve korna çalmanın serbest olduğu dile getirilirken, "Trafiği aksatmayan ufak tefek hatalara göz yumulacak. Ancak, sürüş sırasında araçların üzerine çıkmaya, arka bagaja oturmaya, camdan sarkmaya, büyük bayrak sallayıp şoförün görüşünü engellemeye, alkollü araç kullanmaya kesinlikle müsaade edilmeyecek" açıklaması yaptı. KADİR İNCE / WIESBADEN

TEMSİLİ RESİM

Berlin'de rekor uyuşturucu

BERLİN polisi piyasa değeri üç milyon euro değeri olan 80 kg eroin ele geçirdi. Ele geçirilen uyuşturucunun şimdiye kadar Berlin'de en yüksek miktar oldu-

»Kai Diekmann, der türkenfeindliche Chef der BILD-Zeitung, ignoriert die Wut des türkischen Volkes.« Im Sommer 2016 bin ich fast täglich in den Schlagzeilen der Erdoğan-Postille Sabah.

terstützung aus Deutschland. Die Deutsche Welle, bekannt für ihre antitürkischen Meldungen, hat vorgestern Sedat Ergin, Chefredakteur der Hürriyet und Zeitung ihres Kollaborateurs Aydın Doğan, mit dem Redefreiheitspreis ausgezeichnet. Und der Chefredakteur der BILD-Zeitung meint, der Türkei eine Lektion in Sachen Pressefreiheit erteilen zu müssen.[19]

Was bitte?

Zum einen ist das eine Hetzsprache, wie man sie so nur von nordkoreanischer Propaganda erwarten würde. Zum anderen bin ich überrascht, dass Erdoğans Propaganda-Schergen jetzt sogar die direkte Konfrontation suchen. Das Ganze ist ganz klar eine Retourkutsche. Zwei Tage zuvor habe ich in Bonn bei der Verleihung des *Freedom of Speech Award* die Laudatio auf Sedat Ergin gehalten, Nachfolger von Ertuğrul Özkök als Chefredakteur der Hürriyet. Sein Leben und seine Freiheit sind täglich bedroht, in der Türkei kann er sich nur mit Personenschutz und in gepanzerten Fahrzeugen bewegen.

»Nur drei Stunden von Berlin oder Bonn entfernt riskieren Journalisten in der Türkei jeden Tag alles«, sage ich in meiner Laudatio. »Ihre Jobs, ihre körperliche Unversehrtheit, ihre Freiheit. Sie riskieren ihr Leben. Das zeigt überdeutlich, welch wertvolles Gut die Pressefreiheit ist. Deutschland und die EU haben die Verpflichtung, nicht nachzulassen in der Kritik am Zustand der Presse- und Meinungsfreiheit in der Türkei. Dies müssen wir auf unmissverständliche Weise tun. Lasst uns alles dafür tun, dass die lauten Stimmen unserer mutigen Kollegen niemals verstummen.«

Sabah, die inzwischen im Besitz der Familie Erdoğans ist, widmet mir nun eine ganze Woche lang täglich eine neue liebevolle Schlagzeile. Und um ganz sicher zu gehen, dass ich es auch verstehe, alles in Großbuchstaben und auf Deutsch. Zum Beispiel:

Die Türken sind sauer auf dich, Kai!

13 Gründe, warum die Bildzeitung nervt!

Kai, du hast zu viele Sünden!

Was mich am meisten stört an dieser Kampagne aus Istanbul: Das Asbach-uralt-Foto, mit dem Sabah jeden Tag aufs Neue ihre Schmäh-Schlagzeilen garniert. Ich beauftrage meinen Büroleiter Christian Stenzel, den Kollegen am Bosporus auf die Sprünge zu helfen. Also schreibt der nach Istanbul:

Sehr geehrte Kollegen, bei der heutigen Sabah-Lektüre ist uns aufgefallen, dass Sie offenbar über kein aktuelles Foto von Kai Diekmann verfügen. Dieses möchten wir Ihnen gerne kostenlos zur Verfügung stellen. Bitte finden Sie anbei ein Motiv, aufgenommen von Daniel Biskup. Beste Grüße

Auch das offizielle Verhältnis Türkei – Deutschland wird immer schwieriger.

Nach der Verhaftung deutscher Menschenrechtsaktivisten in Istanbul spricht das Auswärtige Amt eine Reisewarnung für die Türkei aus, vor allem als politische Machtdemonstration, da deutsche Touristen immens wichtig sind für die türkische Wirtschaft. Doch der Schuss geht meiner Meinung nach nach hinten los. Mit der Reisewarnung werden nämlich

»In Solidarität und Anteilnahme mit der Türkei« – Eintrag ins Kondolenzbuch der türkischen Botschaft nach dem furchtbaren Terroranschlag auf dem Flughafen Atatürk in Istanbul 2016.

nicht Erdoğan und seine Wähler bestraft; die Reisewarnung trifft massiv Regionen der Türkei, die sich traditionell gegen den Kurs Erdoğans stemmen und auf Europa hoffen, also die Städte und Badeorte an der Mittelmeerküste, die vom Tourismus leben. Wir machen einfach immer wieder denselben Fehler: Wir setzen die Türkei und Erdoğan miteinander gleich.

Und leider tappt auch BILD in diese Falle.

Türkei-Krise – verhaftet Erdoğan jetzt auch Urlauber?, lautet die Schlagzeile im Sommer 2017.

Meine Frau und ich lassen uns davon nicht beeindrucken. Wie seit zehn Jahren verbringen wir trotzdem unseren Familienurlaub im wunderschönen Bodrum an der türkischen Riviera, das wir lieben wegen seines azurblauen Wassers, der Vielzahl fantastischer Restaurants und der grenzenlosen Gastfreundschaft der Menschen dort.

Schon in den ersten Ferientagen finde ich mich auf den Titelseiten diverser türkischer Zeitungen wieder:

Unverschämtheit. Seine Zeitung behauptet, in der Türkei gibt es keine Sicherheit, aber er macht Urlaub in der Türkei!

Und mir wird die ganz besondere Ehre zuteil, dass Erdoğan höchstselbst meinen Ferienaufenthalt an der türkischen Küste kommentiert:

Unter den Medienunternehmen in Europa gibt es welche, die negative Kampagnen gegen die Türkei führen. Doch sie selbst verbringen ihren Urlaub in unserem Land. Das beweist, dass sie ihre Lügen selbst nicht glauben.

Natürlich fühle ich mich gebauchpinselt durch so viel Aufmerksamkeit, aber die Frage muss erlaubt sein: Hat eigentlich keiner in Istanbul oder Ankara mitbekommen, dass ich schon seit einem halben Jahr nicht mehr Chefredakteur von BILD bin?

ZWISCHEN BOSPORUS UND BAYREUTH

Und wenn sie nicht gestorben sind, leben sie noch heute, heißt es im Märchen. Aber es ist eben nur ein Märchen. In der wirklichen Welt liest sich die Zwischenbilanz so: 2018 zieht sich der von mir verehrte Medienmogul Aydın Doğan überraschend aus dem Mediengeschäft zurück, verkauft von einem auf den anderen Tag sein ganzes Imperium – alle Zeitungen, Zeitschriften, TV-Sender, auch Hürriyet.

Doğan, zu diesem Zeitpunkt bereits 82 Jahre alt, ist eine Legende in der Türkei, wird für sein Lebenswerk verehrt: Kind aus bescheidenen anatolischen Verhältnissen, hat er es nach ganz oben geschafft und eine der größten und erfolgreichsten Medienholdings Europas in der Türkei geformt. Dabei ist er stets seinen anatolischen Wurzeln und Traditionen treu geblieben. Wie er gleichzeitig als modern denkender Muslim die säkularen Werte von Republik-Gründer Kemal Atatürk gelebt und sich leidenschaftlich für eine vollwertige Mitgliedschaft der Türkei in der EU eingesetzt hat, macht ihn auch für mich zu einer Ikone.

Mit sofortiger Wirkung lege ich mein Aufsichtsratsmandat nieder. Die Doğans – Aydın Bey und Sema, seine Frau, seine Töchter und Schwieger-

Barfuß, bleich und in nichts als einen durchsichtigen Tüllfetzen gehüllt, gibt sich Lady Gaga im Oktober 2013 in meinem Büro die Ehre – und meditiert danach auf einem Originalstück der Berliner Mauer vor dem Verlagshaus.

Es ist meine letzte Privataudienz bei Papst Johannes Paul II., dem ich im November 2004, knapp fünf Monate vor seinem Tod, ein Exemplar der ersten »Volksbibel« von BILD überreiche. Der Heilige Vater bedankt sich in deutscher Sprache.

to Kai

»Schauen Sie mal, Helmut Kohl schickt Ihnen gerade Grüße.« Zu Besuch bei Ex-US-Präsident George Bush Senior in Houston, Texas im Frühjahr 2009.

»Wir sind Facebook!« hätte ihm sicher auch ganz gut gefallen: Mark Zuckerberg und seine Frau Priscilla Chan zu Besuch in meinem BILD-Büro im Februar 2016. Ganz analog blättern wir durch historische BILD-Schlagzeilen.

Linke Seite
»Für Kai, mit besten Wünschen.« Vor unserem Interview im Mai 2006 gibt mir US-Präsident George W. Bush eine kurze Führung durch das Oval Office des Weißen Hauses.

Eigentlich ein ganz schönes Paar: mit Hillary Clinton im Rosengarten des Weißen Hauses im Sommer 2011

Kaum einen ausländischen Regierungschef habe ich so häufig getroffen wie Israels Premierminister Benjamin Netanjahu. Und fast immer fanden unsere Treffen in seiner Residenz in Jerusalem statt, wie hier im Sommer 2012.

In Sachen Bartwuchs ist mir der Ausnahmekünstler Jonathan Meese im Oktober 2010 noch ein ganzes Stück voraus: in der Villa Schöningen in Potsdam bei der Eröffnung der Ausstellung »Europa« mit Arbeiten von Anselm Kiefer.

Wieder mal zu Besuch im Weißen Haus, diesmal im Smoking mit Fliege: Beim Staatsbesuch von Bundeskanzlerin Angela Merkel in 2011 bin ich als Gast dabei und treffe US-Präsident Barack Obama beim offiziellen Empfang vor dem noch offizielleren Dinner.

2010 fliegen ihm noch alle Herzen zu: Smalltalk mit Prinz Harry, damals zarte 26.

Charmanter Gastgeber, knallhart in der Sache: Zum Interview bei Ungarns Premier Viktor Orbán im Februar 2016 in Budapest. »Der Ton aus Deutschland ist schroff, grob, aggressiv«, beklagt er sich über die Regierung Merkel.

Warmherzig, klug, elegant und noch kein halbes Jahr Fürstin von Monaco: Im Dezember 2011 wird Charlène Grimaldi bei der »Ein Herz für Kinder«-Gala für ihr Engagement mit dem „Goldenen Herzen" geehrt. Vorher machen wir noch eine Tour durch die legendäre Bibliothek des Verlags.

»Wir sind Papst!«, auf Birkenholz gedruckt. Ein Werk des Berliner Künstlers Albrecht Klink, das ich Papst Emeritus Benedikt XVI. im Sommer 2015 überreiche.

Ein Spaziergang mit dem Dalai Lama im indischen Dharamshala im März 2007: Drei Tage verbringen wir in seiner Exilresidenz im Himalaya-Gebirge.

Ich kenne niemanden, der den Nagel öfter auf den Kopf getroffen hat als Günther Uecker: Im Frühjahr 2012 besuche ich den Mitbegründer der Künstlergruppe ZERO in seinem Atelier in Düsseldorf. Zum 60. Geburtstag von BILD schafft er aus einem Stapel genagelter BILD-Zeitungen Kunst – die Bronzeskulptur «Zeitungsblock».

Blick aus dem 19. Stock des Springer-Hochhauses auf den ehemaligen Mauerstreifen: Hollywoodstar Tom Cruise zu Besuch bei BILD im Januar 2009. »Ich sah den Fall der Mauer in New York. Ich war tief ergriffen. Ich frage jeden, wo er an diesem Tag war. An diesem Tag ging der Zweite Weltkrieg zu Ende.«

Im Mai 2011 treffe ich Bill Clinton in seinem Büro im Herzen des New Yorker Stadtteils Harlem. Der Ex-US-Präsident freut sich über ein besonderes Gastgeschenk: einen großen Bildband über Helmut Kohl, mit dem Clinton seit Jahren eng befreundet ist.

söhne, vor allem Vuslat und ihr Ehemann Ali – werden für mich, für uns, meine Familie immer zweite Heimat sein. Wir fühlen uns hier stets mit ganzem Herzen aufgenommen und umarmt.

Ertuğrul, mein Freund und Soulmate? Wir sind jetzt zwei ältere Herren, die gemeinsam nach Bayreuth pilgern und *Tannhäuser* und *Lohengrin* lauschen. Zu Anfang noch mit meinem Vater, der inzwischen verstorben ist. Jetzt mit meinem Sohn Caspar.

»Wir riefen Gastarbeiter – und es kamen Menschen«, hat es der Schriftsteller Max Frisch vor vielen Jahren auf den Punkt gebracht. In den 16 Jahren meiner Zeit als BILD-Chefredakteur habe ich nicht wirklich den Eindruck gewonnen, dass wir bei der Integration der drei Millionen Türken und Türkischstämmigen, die in Deutschland leben, entscheidend weitergekommen sind. Wir haben eine falsche Vorstellung von Integration, wir denken, das passiert einfach so von allein. Aber das ist ein Irrtum.

Und Erdoğan?

»Die Demokratie ist nur der Zug, auf den wir aufsteigen, bis wir am Ziel sind«, zitierte er im Jahr 1998, damals noch Oberbürgermeister von Istanbul, aus einem Gedicht des Vordenkers des türkischen Nationalismus Ziya Gökalp: »Die Moscheen sind unsere Kasernen, die Minarette unsere Bajonette, die Kuppeln unsere Helme und die Gläubigen unsere Soldaten«, heißt es in dem Gedicht weiter. Damals wurde er für das Rezitieren des Gedichts noch wegen religiöser Hetze zu zehn Monaten Haft verurteilt und bekam Politikverbot. 2001 gründete er seine Partei für Gerechtigkeit und Entwicklung, die AKP, und kehrte in die Politik zurück.

No words needed.

Kein weiterer Kommentar.

Und ich?

Ich schäme mich, gestehen zu müssen, in all den Jahren in der Türkei so gut wie kaum ein türkisches Wort gelernt zu haben. Bis auf diese, die mir sehr wichtig sind:

Tesekkür ederim!

Das heißt Danke.

Und dann natürlich das türkische Wort für Freiheit:

HÜRRIYET!

Tagelang ausgespäht, dann mitten in der Nacht in Brand gesetzt: Im Mai 2007 fällt unser Familienkombi einem gezielten Brandanschlag zum Opfer.

SECHS

»WIR HABEN DEN MERCEDES VON KAI DIEKMANN ANGEZÜNDET«

Im Visier der Extremisten

DER ANSCHLAG

»Pfui Deibel, Deutschland. Feige Bestien haben das Auto von BILD-Chefredakteur Kai Diekmann angezündet«, ätzt Harald Schmidt an einem Maiabend im Jahr 2007 in seiner Late-Night-Show: »Eine Gräueltat, die nicht nur zynisch ist und menschenverachtend, sondern vor allem zutiefst sinnlos: Kai Diekmann saß nicht im Wagen.«

Keine 24 Stunden vorher haben militante G8-Gegner vor unserem Haus in Hamburg unser Familienauto mit einem gezielten Brandanschlag abgefackelt. Den Flammen fiel nicht nur der Wagen zum Opfer, sondern auch Kindersitze, ein Kinderwagen – und die heiß geliebte CD *Dumbo der Elefant*.

Ich sitze auf der Wohnzimmercouch, vor mir auf dem Tisch schon die zweite Flasche Rotwein, und es fühlt sich wie ein Faustschlag mitten ins Gesicht an, als jetzt im TV Schmidts Zuschauer johlen, lachen, pfeifen und klatschen. Am Ende der Sendung schwenkt die Kamera, zeigt das bombig gelaunte Publikum.

Ich weiß, Satire darf alles. Und richtig ist auch: Der BILD-Chefredakteur muss mehr aushalten als andere.

Aber: So zur Zielscheibe zu werden und dann auch noch unter Beifall der Umstehenden, ist ein Schock. Es ist ein Riesenunterschied, ob du mit Worten angegriffen wirst – oder dein Auto lichterloh brennt, wenige Meter vor dem Haus, in dem deine drei kleinen Kinder schlafen.

Bislang habe ich mich darauf verlassen, dass es einen Konsens gibt: Gewalt ist ein Tabu. Bislang war es auch immer so, dass es am Ende glimpflich ausgegangen ist, wenn ich ins Visier geraten bin: Militante BILD-Hasser, Islamisten, Rechtsradikale, linke Chaoten, Israel-Feinde, Verrückte – sie alle haben mir in der Vergangenheit schon gedroht, im Internet meine Hinrichtung angekündigt. An manchen Tagen trudeln im Springer-Verlag mehr Hassbriefe ein als Rechnungen. Ein Großteil dieser Fanpost ist kruder Schleim: Genauso unsortiert, wie es im Hirn der Verfasser zugeht, genauso kraus landen die Gedanken auf dem Papier. Ich habe schon lange aufgegeben, in den ganzen sinnlosen Ergüssen nach Sinn zu suchen.

Man sollte Ihren Penis abhacken und Ihre Finger vereisen damit Sie nicht weiter Rotz u. Hetze in Deutschland verbreiten. Pfui Teufel Diekmann.

Kai Diekmann, du fahren bald mit Bombe in deine Auto zu Allah! Wir dir kriegen.

Diekmann, hiermit gebe ich bekannt, dass Deine unmittelbare Ermordung bevorsteht. Ich werde Dich öffentlich nachdem ich Dir dreimal in den Kopf geschossen habe verbrennen. Das Video Deiner Ermordung wird im Netz von mir verbreitet werden. Dieses Video ist der Anfang vom Ende der Pressefreiheit!

Diekmann, du großer judenversteher

wir werden deine kinder und deine frau mal so richtig mit dem baseballschläger bearbeiten.

wetten, dass du große schwierigkeiten bekommst sie wiederzuerkennen

Aber es sind nicht nur die Idioten, es sind auch die vermeintlich Intellektuellen, die jedes Maß verlieren und eine gefährliche Stimmung schüren – wie zum Beispiel der Schriftsteller Gerhard Henschel, der in seinem Buch *Gossenreport* auf 191 Seiten ätzt:

Kai Diekmann, die Kreatur.

Kai Diekmann, das Genie der Niedertracht und Gewissenlosigkeit.

Kai Diekmann, der Sittenverderber, der geächtet gehört.

Kai Diekmann, der Anzeigenzuhälter und Puffjournalist.

Kai Diekmann, ein publizistischer Leichenschänder.[1]

»Der Chefredakteur von BILD ist wahrscheinlich der unbeliebteste

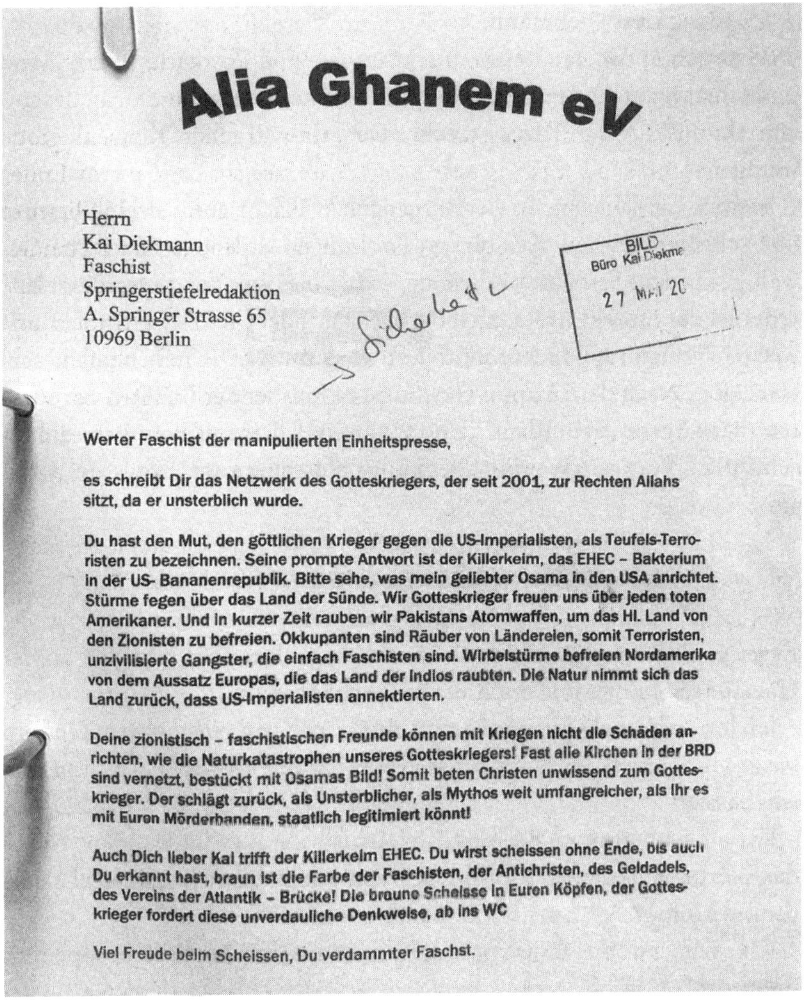

Alia Ghanem eV

Herrn
Kai Diekmann
Faschist
Springerstiefelredaktion
A. Springer Strasse 65
10969 Berlin

BILD
Büro Kai Diekma
27 MAI 20

Werter Faschist der manipulierten Einheitspresse,

es schreibt Dir das Netzwerk des Gotteskriegers, der seit 2001, zur Rechten Allahs sitzt, da er unsterblich wurde.

Du hast den Mut, den göttlichen Krieger gegen die US-Imperialisten, als Teufels-Terroristen zu bezeichnen. Seine prompte Antwort ist der Killerkeim, das EHEC – Bakterium in der US- Bananenrepublik. Bitte sehe, was mein geliebter Osama in den USA anrichtet. Stürme fegen über das Land der Sünde. Wir Gotteskrieger freuen uns über jeden toten Amerikaner. Und in kurzer Zeit rauben wir Pakistans Atomwaffen, um das Hl. Land von den Zionisten zu befreien. Okkupanten sind Räuber von Ländereien, somit Terroristen, unzivilisierte Gangster, die einfach Faschisten sind. Wirbelstürme befreien Nordamerika von dem Aussatz Europas, die das Land der Indios raubten. Die Natur nimmt sich das Land zurück, dass US-Imperialisten annektierten.

Deine zionistisch – faschistischen Freunde können mit Kriegen nicht die Schäden anrichten, wie die Naturkatastrophen unseres Gotteskriegers! Fast alle Kirchen in der BRD sind vernetzt, bestückt mit Osamas Bild! Somit beten Christen unwissend zum Gotteskrieger. Der schlägt zurück, als Unsterblicher, als Mythos weit umfangreicher, als Ihr es mit Euren Mörderbanden, staatlich legitimiert könnt!

Auch Dich lieber Kai trifft der Killerkeim EHEC. Du wirst scheissen ohne Ende, bis auch Du erkannt hast, braun ist die Farbe der Faschisten, der Antichristen, des Geldadels, des Vereins der Atlantik – Brücke! Die braune Scheisse in Euren Köpfen, der Gotteskrieger fordert diese unverdauliche Denkweise, ab ins WC

Viel Freude beim Scheissen, Du verdammter Faschst.

»Du verdammter Faschist.« Einer von vielen Hassbriefen, wie ich sie fast täglich bekommen habe.

und meistgehasste Journalist des Landes«, pflegt Mathias Döpfner lakonisch zu kommentieren.

Zwischenzeitlich werden die Drohungen so massiv, dass der Verlag Röntgengeräte bestellt, um die Post zu durchleuchten.

Es gibt Steinwürfe auf unser Privathaus, ein anderes Mal einen Farbanschlag. Einmal stehe ich mit meinem Baby auf dem Arm auf der Straße, als mich ein junger Typ auf dem Fahrrad abfängt:

»Sind Sie Herr Diekmann?«

Bevor ich antworten kann, drückt er mir eine Postkarte in die Hand und fährt weiter. Die Postkarte zeigt eine Pistole, dazu der Slogan des linken Aktionskünstlers Klaus Staeck: »Der Himmel gehört allen – die Erde wenigen.«

So weit, so schlecht. In der vergangenen Nacht aber ist eine Grenze überschritten worden. Aus bloßen Drohungen ist lebensgefährliche Gewalt geworden. Erschütternd genug – aber bleibt es bei dieser Einzeltat? Oder ist das nur ein Auftakt, ist der Geist aus der Flasche? Geht das jetzt weiter? Fühlen sich andere motiviert, es dem BILD-Chef ebenfalls mal zu zeigen? Nach dem Motto: Gewalt ist tabu, aber der BILD-Chefredakteur hat's irgendwie verdient? Und was weiß ich, wann aus einem durchschnittlich Verrückten ein zu allem Entschlossener wird?

RÜCKBLENDE

Es ist gegen drei Uhr in der Nacht zuvor. Stürmisches Klingeln an der Haustür reißt Katja und mich aus dem Schlaf.

Ich bin sofort hellwach, der beißende Geruch von verbranntem Gummi steigt mir in die Nase. »Das Auto!«, sage ich laut und habe eine Ahnung, was passiert ist.

Katja bleibt stumm. Wie das ihre Art ist, wenn es im wahrsten Sinne des Wortes brenzlig wird. Blaulicht zuckt durch die Fenster, taucht Wände und Möbel in gespenstisches Licht.

Ich springe in meine Jeans, Katja direkt aus dem Bett die Treppe hinunter zur Haustür.

Drei Polizeibeamte stehen auf dem Treppenabsatz. Hinter ihnen ein surreales Bild: Eine lodernde, qualmende Feuersäule, Dutzende Polizeiwagen, die die Straße verstopfen, ein großer Feuerwehrlöschzug, weißer Schaum, der auf unseren Familien-Kombi prasselt, der nur noch ein verschmurgelter glühender Klumpen ist.

Ich schiebe mich an Katja vorbei. »Was ist passiert?«, frage ich die Beamten bestürzt, obwohl mir die Antwort längst klar ist. In der Sekunde sehe ich, wie Polizisten die gegenüberliegende Straßenseite mit rot-weißem Flatterband absperren, dahinter haben bereits Kamerateams und Fotografen Aufstellung genommen. Katja legt den Rückwärtsgang ein.

Kann ich verstehen, dass sie sich morgen nicht im Schlafshirt neben ihrem brennenden Auto auf der ersten Seite der Hamburger Morgenpost sehen möchte.

»Herr Diekmann?«, fragt der Beamte. Ich nicke.

Er fährt fort: »Es hat einen Brandanschlag auf Ihren Wagen gegeben. Wir gehen von einem politischen Hintergrund aus. Ein Autofahrer hat um 2.43 Uhr das Feuer bemerkt und sofort Polizei und Feuerwehr informiert.«

»Jetzt ist es also doch passiert«, sage ich und fühle mich leer, ratlos, spüre so etwas wie Resignation: »Sie haben es geschafft …«

In zwei Wochen soll in Heiligendamm an der Ostsee der G8-Gipfel der führenden Industrienationen der Welt stattfinden – die militante Szene macht seit Monaten schon mobil. Bereits im Vorfeld habe ich eine Warnung des Landesamts für Verfassungsschutz erhalten:

Wir haben Ihren Namen auf einer möglichen Anschlagsliste von Linksextremisten gefunden. Um einen Brandanschlag zu vermeiden, sollten Sie folgende Sicherheitshinweise unbedingt beachten:

Wagen verdeckt in verschlossener Garage oder nicht unmittelbar vor dem eigenen Wohnhaus parken.

Im Wohnhaus auf Sichtschutz achten.

Keine Namensschilder an Haustür beziehungsweise Grundstückseingängen

Keine Information an Dritte über Reisevorhaben

Nachbarn bitten, auf ungewöhnliche Geräusche/fremde Personen zu achten.

Auf Anordnung des LKA sind die Kontrollfahrten der Polizei vor unserem Haus drastisch erhöht worden.

»Wir würden gern das Videomaterial Ihrer Überwachungskameras auswerten«, bittet jetzt einer der Beamten.

»Da wird nicht viel drauf sein«, entgegne ich trocken und merke, wie Bitterkeit in mir aufsteigt: »Die Kameras durften ja ausdrücklich nicht den öffentlichen Gehweg vor unserem Haus filmen. Aber genau dort sollten wir unser Auto parken auf Empfehlung des Verfassungsschutzes – damit die Flammen nicht aufs Haus überspringen, wenn jemand das Auto in Brand setzt. Schon absurd, oder?«

»Tja«, sagt der Beamte ebenso trocken, »wo nichts ist, können wir uns nichts angucken.«

Ein Gedanke schießt mir durch den Kopf: Da war doch vor ein paar Tagen ein fingergroßes Loch im Dach meines Autos, also der Axel-Springer-Dienstlimousine.

»Gucken Sie mal, Herr Diekmann«, machte mich Herr Terne, mein Fahrer, an jenem Morgen mit besorgtem Blick auf den Schaden aufmerksam.

»Was soll das denn?«, fragte ich perplex zurück.

Normalerweise steht der Wagen nachts immer bei meinem Fahrer in der sicheren Garage und nicht bei mir vor der Tür. Das war in dieser Nacht ausnahmsweise anders. Das Auto war unbewacht. Auf einmal habe ich eine Vermutung, was das mit dem Loch war. Das haben im Zweifelsfall dieselben Täter in das Dach gebohrt, die jetzt auch das Auto meiner Frau in Brand gesteckt haben. Zu diesem Zeitpunkt weiß ich noch nicht, was sich ein paar Tage später bestätigen soll: Linksradikale haben versucht, Brandbeschleuniger ins Fahrzeug zu leiten und wurden dabei offenbar gestört. Das Ganze ist keine spontane Aktion, sondern offenbar von langer Hand vorbereitet. Die Vorstellung, dass wir – meine Frau, ich, die Kinder auf dem Weg zur Kita – im Vorfeld ausgespäht worden sind, macht mir Gänsehaut. In dieser Nacht haben sie ihr präzise geplantes Vorhaben vollendet. In Flammen steht allerdings nicht meine Dienstlimousine, sondern unser Familienauto.

Die Flammen zeigen sich erstaunlich unbeeindruckt vom Löschschaum. Erst nach einer Stunde hat die Feuerwehr die Flammen erstickt. Vom Wagen ist nicht viel übrig. Aus den verkohlten Überresten ragen drei Kindersitze, im Kofferraum ist das verrußte Skelett unseres Kinderwagens zu erkennen.

Zum Glück bekommen unsere Kinder – fünf, drei und zwei Jahre alt – davon nichts mit. Sie liegen in ihren Betten und schlafen.

In den Morgenstunden rückt ein Kranwagen an. Wie bei einem falsch geparkten Fahrzeug wird der verbrannte Kombi an vier Stahlseilen aufgehängt, um ihn auf die Ladefläche des Kranwagens zu hieven. Die Winde surrt, die Seile spannen sich – in der Sekunde gibt die Karosserie des verkohlten Wagens nach. Er ist vom Feuer so stark beschädigt, dass das Wrack auseinanderzubrechen droht. Mit viel Mühe gelingt es schließlich, das Auto auf die Ladefläche zu schleifen.

Zurück bleibt ein riesiger Fleck aus Öl, Lack, Benzin und Metall, der sich in die Gehwegplatten eingebrannt hat.

Beamte der Polizei stemmen die schweren Platten hoch, drehen die Unterseite nach oben. Offensichtlich schaue ich überrascht.

»Wir wollen keine Katastrophentouristen oder Gaffer anlocken«, klärt mich einer der Polizisten auf: »Wir wollen ja nicht, dass zu erkennen ist, wo es gebrannt hat, und damit Ihr Wohnort identifizierbar wird.«

»Ja, klar, das macht Sinn«, pflichte ich ihm bei und merke, dass ich etwas lahm klinge.

Keine zwei Stunden nach diesem Gespräch klingelt mein Handy: »Ich wollte dir nur sagen, dass hier gerade jede Menge Bilder vom Brandanschlag bei euch einlaufen«, informiert mich der Frühredakteur aus der Fotoredaktion von BILD. Die Presseagenturen verbreiten fleißig Aufnahmen des ausgebrannten Wagens, unseres Hauses, der Nachbarhäuser. Der Stadtteil Harvestehude wird genannt. Auch der Brandfleck – oder das, was nach der Reinigungsaktion der Polizei noch übrig ist – wird ausgiebig dokumentiert.

Brandanschlag auf das Auto von BILD-Chefredakteur Kai Diekmann – Ein Brandfleck auf dem Bürgersteig vor seinem Stadthaus in Hamburg, klären die Bildunterschriften auf.

Im Prinzip hätte man gleich einen Stadtplan mit meiner rot eingekreisten Adresse verteilen können. Vermutlich weiß jetzt auch der letzte Chaot in der militanten Hamburger Szene, wo sich unser Haus befindet. Und wer es dann immer noch nicht mitbekommen hat, dem hilft der NDR auf die Sprünge: In den TV-Nachrichten wird das Haus samt Hausnummer gezeigt.

Hätte ich dem Polizeibeamten auch gleich sagen können, dass es eine Illusion ist zu glauben, man könne die Geschichte kleinhalten. Umgedrehte Gehwegplatten hin oder her.

»Anschlag auf Auto des »BILD«-Chefs – Privatwagen mit Kindersitzen in Brand gesetzt«, macht das Hamburger Abendblatt am nächsten Morgen auf. Selbst die britische The Times schlagzeilt: »Militants target editor in G8 rehearsal.«

Und ja: Auch BILD Hamburg berichtet mindestens so ausführlich wie die Kollegen. Das ist leider selbstverständlich, auch wenn es meiner Familie und mir in dem Moment natürlich nicht gefällt. Ein solcher Anschlag ist eine große Nachricht – selbst wenn der eigene Chef das Opfer ist.

Bei der Nachrichtenagentur dpa geht noch am selben Tag ein Bekennerschreiben ein:

Als Antwort auf die G8–Razzia der Bundesanwaltschaft am 9.5.07 haben wir heute den Mercedes von Bild-Chefredakteur und Herausgeber Diekmann, HH-XY 1191, vor seinem Haus in der Hamburger Brahmsallee 89 angezündet.

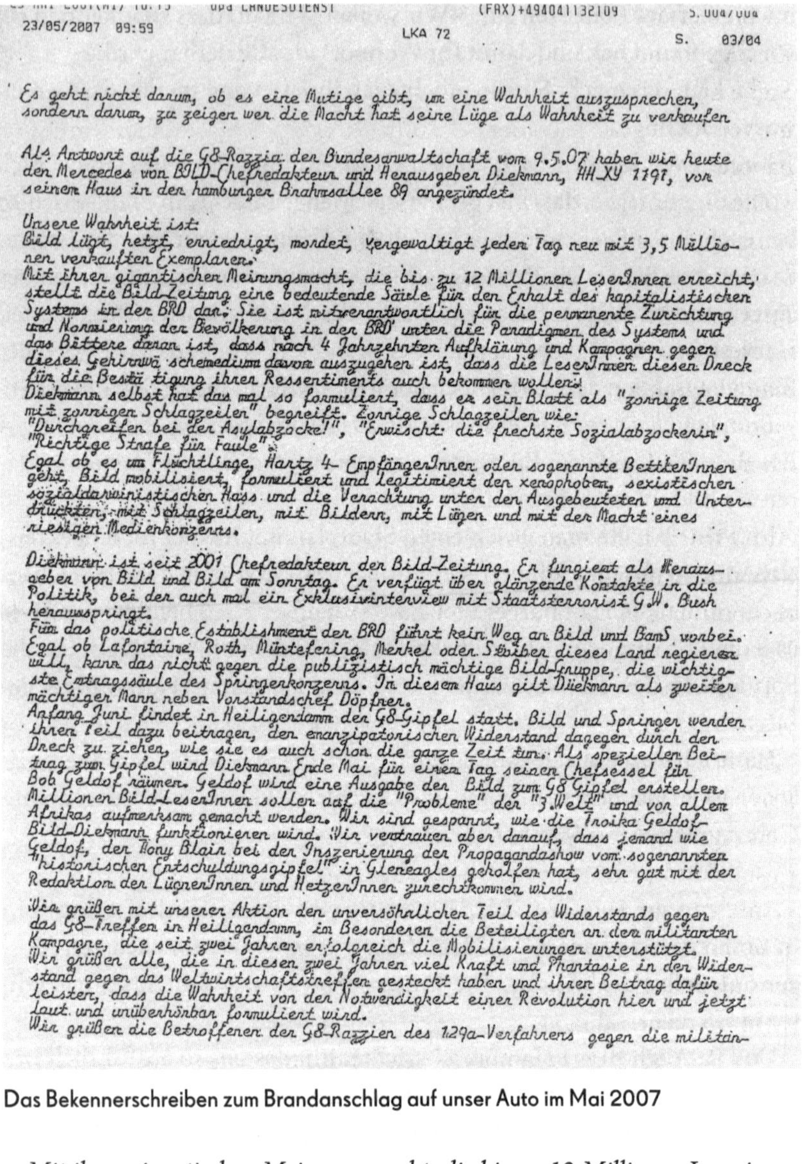

23 MAI 2007(MI) 10:15 dpa LANDESDIENST (FAX)+494041132109 S. 004/004
23/05/2007 09:59 LKA 72 S. 03/04

Es geht nicht darum, ob es eine Mutige gibt, um eine Wahrheit auszusprechen, sondern darum, zu zeigen wer die Macht hat seine Lüge als Wahrheit zu verkaufen

Als Antwort auf die G8-Razzia der Bundesanwaltschaft vom 9.5.07 haben wir heute den Mercedes von BILD-Chefredakteur und Herausgeber Diekmann, HH-XY 1191, vor seinem Haus in der hamburger Brahmsallee 89 angezündet.

Unsere Wahrheit ist:
Bild lügt, hetzt, erniedrigt, mordet, vergewaltigt jeden Tag neu mit 3,5 Millionen verkauften Exemplaren.
Mit ihrer gigantischen Meinungsmacht, die bis zu 12 Millionen LeserInnen erreicht, stellt die Bild-Zeitung eine bedeutende Säule für den Erhalt des kapitalistischen Systems in der BRD dar. Sie ist mitverantwortlich für die permanente Zurichtung und Normierung der Bevölkerung in der BRD unter die Paradigmen des Systems und das Bittere daran ist, dass nach 4 Jahrzehnten Aufklärung und Kampagnen gegen dieses Gehirnwä schemedium davon auszugehen ist, dass die LeserInnen diesen Dreck für die Bestä tigung ihrer Ressentiments auch bekommen wollen.
Diekmann selbst hat das mal so formuliert, dass er sein Blatt als "zornige Zeitung mit zornigen Schlagzeilen" begreift. Zornige Schlagzeilen wie:
"Durchgreifen bei der Asylabzocke!", "Erwischt: die frechste Sozialabzockerin", "Richtige Strafe für Faule".
Egal ob es um Flüchtlinge, Hartz 4 EmpfängerInnen oder sogenannte BettlerInnen geht, Bild mobilisiert, formuliert und legitimiert den xenophoben, sexistischen sozialdarwinistischen Hass und die Verachtung unter den Ausgebeuteten und Unterdrückten, mit Schlagzeilen, mit Bildern, mit Lügen und mit der Macht eines riesigen Medienkonzerns.

Diekmann ist seit 2001 Chefredakteur der Bild-Zeitung. Er fungiert als Herausgeber von Bild und Bild am Sonntag. Er verfügt über glänzende Kontakte in die Politik, bei der auch mal ein Exklusivinterview mit Staatsterrorist G.W. Bush herausspringt.
Für das politische Establishment der BRD führt kein Weg an Bild und BamS vorbei. Egal ob Lafontaine, Roth, Müntefering, Merkel oder Stoiber dieses Land regieren will, kann das nicht gegen die publizistisch mächtige Bild-Gruppe, die wichtigste Ertragssäule des Springerkonzerns. In diesem Haus gilt Diekmann als zweiter mächtiger Mann neben Vorstandschef Döpfner.
Anfang Juni findet in Heiligendamm der G8-Gipfel statt. Bild und Springer werden ihren Teil dazu beitragen, den emanzipatorischen Widerstand dagegen durch den Dreck zu ziehen, wie sie es auch schon die ganze Zeit tun. Als speziellen Beitrag zum Gipfel wird Diekmann Ende Mai für einen Tag seinen Chefsessel für Bob Geldof räumen. Geldof wird eine Ausgabe der Bild zum G8 Gipfel erstellen. Millionen Bild-LeserInnen sollen auf die "Probleme" der "3.Welt" und vor allem Afrikas aufmerksam gemacht werden. Wir sind gespannt, wie die Troika Geldof-Bild-Diekmann funktionieren wird. Wir vertrauen aber darauf, dass jemand wie Geldof, der Tony Blair bei der Inszenierung der Propagandashow vom sogenannten "historischen Entschuldungsgipfel" in Gleneagles geholfen hat, sehr gut mit der Redaktion der LügnerInnen und HetzerInnen zurechtkommen wird.

Wir grüßen mit unserer Aktion den unversöhnlichen Teil des Widerstands gegen das G8-Treffen in Heiligendamm, im Besonderen die Beteiligten an der militanten Kampagne, die seit zwei Jahren erfolgreich die Mobilisierungen unterstützt.
Wir grüßen alle, die in diesen zwei Jahren viel Kraft und Phantasie in den Widerstand gegen das Weltwirtschaftstreffen gesteckt haben und ihren Beitrag dafür leisten, dass die Wahrheit von der Notwendigkeit einer Revolution hier und jetzt laut und unüberhörbar formuliert wird.
Wir grüßen die Betroffenen der G8-Razzien des 129a-Verfahrens gegen die militan-

Das Bekennerschreiben zum Brandanschlag auf unser Auto im Mai 2007

Mit ihrer gigantischen Meinungsmacht, die bis zu 12 Millionen Leserinnen erreicht, stellt die BILD-Zeitung eine bedeutende Säule für den Erhalt des kapitalistischen Systems in der BRD dar. Das Bitterste daran ist, dass nach vier Jahrzehnten Aufklärung und Kampagnen gegen dieses Gehirnwäschemedium davon auszugehen ist, dass die LeserInnen diesen Dreck für die Bestätigung ihrer Ressentiments auch bekommen wollen.

Sollte ich die leise Hoffnung gehabt haben, möglicherweise nur zufällig Ziel des Brandanschlags geworden zu sein, so zerschlägt sie sich an dieser Stelle endgültig. Die Attentäter sind inhaltlich völlig klar, auch wenn es im Verlauf des Schreibens an Grammatik und Rechtschreibung mitunter hapert.

Diekmann ist seit 2001 Chefredakteur der Bild-Zeitung. Er fungiert als Herausgeber von Bild und Bild am Sonntag. Er verfügt über glänzende Kontakte in die Politik, bei der auch mal ein Exklusiv-Interview mit Staatsterrorist G.W. Bush herausspringt. Für das politische Establishment der BRD führt kein Weg an Bild und BamS vorbei. Egal ob Lafontaine, Roth, Müntefering, Merkel oder Stoiber dieses Land regieren will, kann das nicht gegen die publizistische mächtige Bild Gruppe. In diesem Haus gilt Diekmann als zweiter mächtiger Mann neben Vorstandschef Döpfner.

Auf insgesamt eineinhalb eng bedruckten Computer-Seiten in seltsamer Schreibschrift-Typo mäandert das Bekennerschreiben durch einen Themenbrei aus BILD-Hass, der üblichen Antikapitalismus-Hetze und Rudi-Dutschke-Nostalgie.

Wir grüßen alle, die viel Kraft und Fantasie in den Widerstand, gegen das Weltwirtschaftstreffen gesteckt haben und ihren Beitrag dafür leisten, dass die Wahrheit von der Notwendigkeit einer Revolution hier und jetzt laut und unüberhörbar formuliert wird.

Es ist die schrecklich gedrechselte, verschwurbelte Sprache von Extremisten, die keinen Sinn für Diskurs haben und ihn auch gar nicht wollen.

Herrn Diekmann selbst schicken wir keine Grüße, sondern genau die Schlagzeile, mit der seine Zeitung die Gerichtsentscheidung für die Hafterleichterung für Christan Klar kommentierte: »Warum darf so einer frei rumspazieren?«

Unterschrift: *Militante Kampagne kämpft für Sie!*

Das Schreiben wird von den Kollegen der dpa sofort ans LKA weitergeleitet.

Nicht nur Harald Schmidt, auch bei der taz und in den sozialen Netzwerken tut man sich schwer, das Attentat als das einzuordnen, was es ist: ein feiger Anschlag.

Soweit ich weiß, gibt es doch bislang keinerlei Hinweise auf die Täterschaft. Könnte also genauso gut ein Ästhet sein, der aus gut verständlichen geschmacklichen Gründen die ungestörte Existenz von Herrn Diekmann nicht tolerieren möchte, heißt es in Internet-Blogs.

Der Versuchung, jemandem ein paar reale Brandsätze hinterher zu schmeißen, der jeden Tag in Millionenauflage geistige Brandsätze durch die Gegend wirft, kann man schon mal erliegen.

Und ein taz-Kolumnist schreibt:

Ja, ich habe auch gelacht bei der Vorstellung, dass dieser ölige Stenz sich mit seinem Katja-Miezi angesichts des bisschen Blechschadens fragte, womit er sich das nun wieder verdient hätte.

Wer austeilt, muss auch einstecken können, sage ich gerne. Das gilt besonders für den Chefredakteur von BILD, der in seinen Schlagzeilen nicht gerade zimperlich mit anderen umgeht. Aber wahr ist, dass immer wieder versucht wird, Extremismus und Gewalt von links zu legitimieren. Denn wenn es um die angeblich gute und gerechte Sache geht, heißt es schnell: Der Zweck heiligt die Mittel. Das galt schon in den 1960er Jahren bei Steinwürfen gegen LKWs, die BILD auslieferten. Das gilt beim Brandanschlag auf unser Familienauto. Und bei den Klimaklebern in den Innenstädten und auf den Autobahnen heißt es ja heute auch wieder beschönigend: »Na, sie haben ja ein ernstes und wichtiges Anliegen.«

Als ich am Abend nach dem Brandanschlag aus der Redaktion nach Hause komme, ist meine Frau in Tränen aufgelöst. Das erste Mal überhaupt, nachdem uns die Polizei aus dem Schlaf geklingelt hat. Yella, die Fünfjährige, hat im Kindergarten aus Klopapierrollen ein neues Auto gebastelt: »Für dich, Mama, damit du nicht mehr traurig bist.« Das ist der Moment, als bei Katja die Dämme brechen.

Sehr geehrter Herr Diekmann,

die Nachricht von dem fiesen und brutalen Brandanschlag auf Ihren Wagen beschäftigt mich sehr. Ich habe ja, wie Sie wissen, meine Probleme mit der Bild, aber so eine Heimsuchung der privaten Verhältnisse und ein Angriff auf ein Auto mit Kindersitzen hat einen gruseligen Anschein von Weimar. Ich hoffe, dass die Täter schnell gefasst werden. In Deutschland darf man seine Meinung ohne Furcht verkünden, das wird so bleiben, daran werden solche Terroristen nichts ändern, schreibt mir Nils Minkmar von der FAZ.

Viel Schatten, noch mehr Licht. Es gibt eben nicht nur die Häme eines Harald Schmidt, sondern auch Solidarität und ehrlich gemeinte Anteilnahme. Dieser und viele andere Briefe tun gut.

Lieber Herr Diekmann,

Ich bin sehr erschrocken, als ich von dem Brandanschlag auf Ihr Auto erfah-

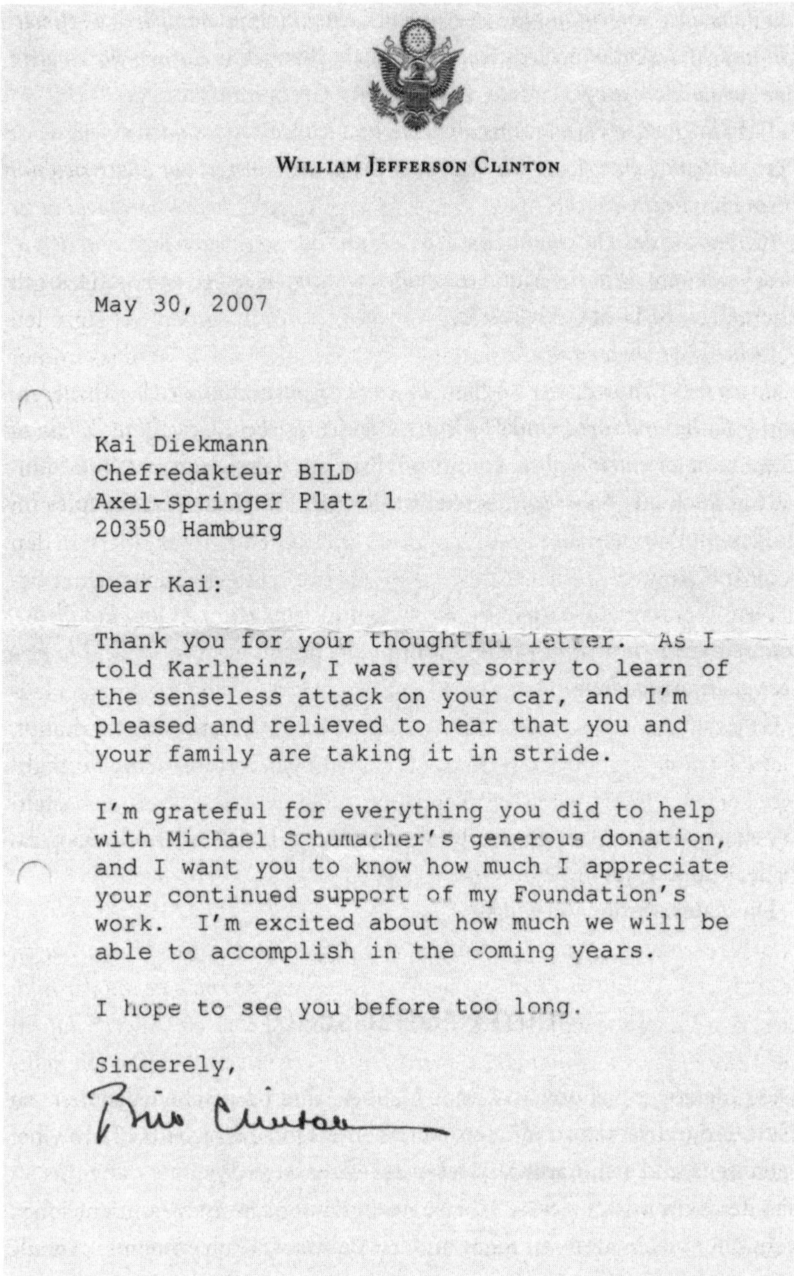

WILLIAM JEFFERSON CLINTON

May 30, 2007

Kai Diekmann
Chefredakteur BILD
Axel-springer Platz 1
20350 Hamburg

Dear Kai:

Thank you for your thoughtful letter. As I told Karlheinz, I was very sorry to learn of the senseless attack on your car, and I'm pleased and relieved to hear that you and your family are taking it in stride.

I'm grateful for everything you did to help with Michael Schumacher's generous donation, and I want you to know how much I appreciate your continued support of my Foundation's work. I'm excited about how much we will be able to accomplish in the coming years.

I hope to see you before too long.

Sincerely,

»Ich habe mit großem Bedauern von dem sinnlosen Anschlag auf Ihr Auto erfahren«: Brief von Ex-US-Präsident Bill Clinton *ren habe. Der Angriff auf Sie ist Ausdruck einer klammheimlich akzeptierten Ohnmacht des Staates gegenüber der Gewalt. Brennende Autos gehören offenbar zur Folklore großer Städte, zu politischen Großveranstaltungen.*

Wer Ihnen zusetzt, setzt uns allen zu, und ich weiß, dass nach einem derartigen Anschlag eine sicherlich ungern eingestandene Angst ständiger Begleiter Ihrer Familie ist.

Bleiben Sie der Diekmann, an dem wir uns alle so gerne reiben und den ich so sehr schätze. Wie viel Mut dazugehört, wissen wir seit gestern, schreibt ein ehemaliger SPD-Staatssekretär.

Lieber Herr Diekmann,

da ich selbst Vater zweier Töchter bin, kann ich nachempfinden, was dieser Anschlag für Sie und Ihre Familie bedeutet. Diese entsetzliche Gewalttat darf für die Täter nicht folgenfrei bleiben, kommt ein Brief aus dem Deutschen Bundestag.

Und auch aus New York erreicht mich ein Brief, auf Büttenpapier mit goldenem Wappenadler:

Dear Kai:

I was very sorry to learn of the senseless attack on your car, and I'm pleased and relieved to hear that you and your family are taking it in stride. I hope to see you before too long.

Sincerely,

Bill Clinton

Noch wochenlang hängen im Umkreis unseres Hauses Fahndungsplakate der Hamburger Polizei.

Die Täter werden nie gefasst.

UNTER POLIZEISCHUTZ

Dass Ideologen bei uns im Lande glauben, ihre politischen Visionen mit Gewalt durchsetzen zu müssen, ist das eine. Und dass ich als BILD-Chefredakteur und sichtbarer Vertreter des verhassten Systems dabei ins Visier der Extremisten gerate, ist fast zwangsläufig. Das ist zwar nicht schön, geht aber vielen anderen nicht anders: Politiker, Konzernchefs – sie alle kennen das.

Eine neue Erfahrung ist, dass Extremismus im Zeitalter von Globalisierung und *Clash of Civilizations* keine Grenzen mehr kennt: Westliche Medien als Zielscheibe islamistischen Hasses – davon bin auch ich betroffen. Nicht, weil ich als BILD-Chef rechts, links oder Mitte bin, sondern ein verhasstes Sprachrohr des Westens. Ein Feind, der mit seiner Zeitung angeblich Krieg gegen die islamische Welt führt.

»Es ist erlaubt, Kai Diekmann und Georg Gafron zu vernichten.

Es ist erlaubt ... jedes Mittel einzusetzen, das ihrem schändlichen Treiben ein Ende bereitet ...«

Die Frau, die in dieser regnerischen Aprilnacht im Jahr 2003 im neongrellen Amtszimmer des LKA Hamburg vor mir sitzt, macht eine kurze Pause, bevor sie weiter laut vorliest. Mit dem Finger fährt sie von links nach rechts über das Papier, studiert Zeile für Zeile des Schreibens:

»Dies ist keine Bestrafung Deutschlands«, fährt sie nach ein paar Sekunden fort. »Die Deutschen sind keine Feinde der Muslime. Dies ist eine exemplarische Bestrafung von ausgesuchten Handlangern des Satans, ohne Ansehen ihrer Nationalität.«

Auf dem Bürostuhl neben mir atmet meine Frau Katja hörbar aus.

»Am Tag der Abrechnung werden diese Narren ihrem sehr persönlichen Krieg begegnen. Sie werden nicht einmal Macht haben über ihren Darm und sich selbst beschmutzen, wenn sie die bittere Lehre empfangen, was das wirklich bedeutet: Krieg«, liest sie laut vor.

Ich hänge wie hypnotisiert an ihren Lippen. Mein Hals ist trocken. Die Frau ist Professorin für Islamwissenschaften, es ist kurz nach Mitternacht. Neben ihr sitzen zwei LKA-Beamte, vor ihr auf dem Tisch ein DIN-A4-Blatt, ich erkenne arabische Schriftzeichen, darunter einen auf Deutsch verfassten Text.

»Ist das etwa eine Fatwa?«, frage ich und merke, dass meine Stimme etwas unsicher klingt.

Vor einer halben Stunde saßen Katja und ich noch im Schmitz, einem gediegenen Restaurant in der Maria-Louisen-Straße. Das Schnitzel dort, so sagt man, ist das beste der Stadt. Auch ein Grund, warum es das Stammlokal von Hamburger Verlegerlegenden wie Rudolf Augstein und John Jahr ist. Katja hat mich vom Verlag abgeholt, es war eine lange, anstrengende Woche. Wir sind gerade mit dem Essen fertig, als mein Handy klingelt. Natürlich ist es nicht abgeschaltet, ein BILD-Chefredakteur muss rund um die Uhr erreichbar sein. Das Display zeigt eine unbekannte Nummer:

S Von ID: +49 30 259173131 an: 11334 04.04.2003 16:19 [00:00:52] OK S.001/00059173131 S.01

بسم الله الرحمن الرحيم

Die islâmische Welt
wird von einigen Journalisten, die eine leichtsinnige Politik betreiben,
zu einem Feind der westlichen Kultur erklärt, den man ungestraft der Vernichtung preisgeben darf.

Kai Diekmann, Chefredakteur der „Bild" in Hamburg und Georg Gafron, Chefredakteur der „BZ" in Berlin, erweisen sich als treue Kreuzritter im Gefolge des amerikanischen Satans. Sie haben ihre rückwärts kriechenden, entmannten Redakteure beauftragt, den Islâm als eine Bedrohung darzustellen. Damit haben sie sich jenen Vertretern amerikanischer und britischer Medien angeschlossen, die das Blei ihrer Druckplatten, als todbringende Geschosse auf den Weg in die Welt der Muslime bringen. Ihre Werke sind: die Verleumdung des Islâm, die Verletzung der Würde aller Muslime und die Bedrohung des Friedens in der islâmischen Welt. Mit heimtückischen Botschaften schleichen sie, wie Schlangen, in die Herzen der einfachen Menschen und vergiften sie: mit Angst, mit Hass und mit der Bereitschaft zum Krieg gegen Muslime. Sie lehren die Menschen, dass es Muslime gibt, die eine Tod und Verderben bringende Lektion verdienen.
Damit haben sie – gleiches bedeutend – allen Muslimen den Krieg erklärt.

Es ist nicht zu befürchten, dass diese beiden Handlanger des grossen Satans die Muslime mit den eigenen Händen erwürgen. Aber eine Fortsetzung ihres feigen und feindseligen Wirkens würde die friedliebenden Menschen auf Dauer verderben, so dass sie ihren muslimischen Nachbarn mit Misstrauen, Hass und schliesslich mit Gewalt begegnen. Nicht die einfachen Menschen sind gefährlich. Ihre Gedanken machen sie gefährlich. Bevor die ersten Bomber starten, starten immer erst die Druckmaschinen und besetzen die Gedanken. Der Satan im Weissen Haus würde keinen einzigen Schuss abgeben können, ohne die Unterstützung zionistisch gesteuerter Medien seines Landes. Deren langer dürrer Arm reicht auch bis Deutschland und bedient sich dort leichtgläubiger, käuflicher Narren, die nur Fackeln sind, in der Hand von Brandstiftern. Aber sie sind Fackeln, die in das Haus der Rechtgläubigen geschleudert werden. Es ist Zeit, sie zu löschen und diesen Arm abzuschlagen. Der amerikanische Satan hat seinen Kreuzzug begonnen und seine Missionare des Verderbens sollen wissen, dass sie selbst Opfer ihres Krieges sein werden.

Kai Diekmann und Georg Gafron glauben, sie seien mächtig genug, ungestraft Krieg auf den Weg in die Welt der Muslime bringen zu können. Und sie glauben sich in sicherer Entfernung von der Gefahr. Am Tag der Abrechnung werden diese Narren ihrem sehr persönlichen Krieg begegnen. Sie werden nicht einmal Macht haben über ihren Darm und sich selbst beschmutzen, wenn sie die bittere Lehre empfangen, was das wirklich bedeutet: Krieg.
Sie werden in der Hölle brennen.

Ihre Bestrafung wird eine Botschaft sein, die jeder versteht. Sie wird den Brandstiftern zeigen, dass die Feinde des Islâm keine Zuflucht finden können; dass sie keine Polizei und kein Militär vor ihrer gerechten Strafe retten können, auch wenn sie sich mit einem Heer von Beschützern umgeben. Ihr Überleben würde die Verleumder des Islâm ermutigen, ihren Feldzug mit noch grösserer Frechheit fortzuführen.
Es gibt keinen Frieden ohne Respekt.

Es ist erlaubt, Kai Diekmann und Georg Gafron zu vernichten.
Es ist erlaubt, jedes Mittel einzusetzen, das ihrem schändlichen Treiben ein Ende bereitet.
Dies ist keine Bestrafung Deutschlands. Die Deutschen sind keine Feinde der Muslime.
Dies ist die exemplarische Bestrafung von ausgesuchten Handlangern des Satans, ohne Ansehen ihrer Nationalität.

" Stehe auf und warne ! "

74.1

GESAMT SEITEN 01

»Es ist erlaubt, Kai Diekmann zu vernichten«. Ist der Drohbrief von April 2003 von Islamisten?

»Guten Abend, Herr Diekmann«, höre ich eine Männerstimme: »Ich bin vom LKA Hamburg.«

LKA? Ich bin alarmiert.

»Wir haben ein Problem«, erklärt der Mann ohne Umschweife. »Es existiert eine Drohung gegen Sie, die wir sehr ernst nehmen. Bitte geben Sie mir die Adresse Ihres aktuellen Aufenthaltsortes.«

Habe ich etwas verpasst? Was für eine Drohung von den vielen soll das sein, die so wichtig ist, dass mich das LKA um kurz vor Mitternacht persönlich alarmiert?

»Ich weiß nicht, meine Frau und ich sitzen hier in einem Restaurant ...«, antworte ich etwas ratlos. In meinem Kopf wirbeln die Gedanken durcheinander.

»Bewegen Sie sich bitte nicht von der Stelle! Wir kommen jetzt zu Ihnen und holen Sie ab«, ordnet der Anrufer mit entschiedener Stimme an.

»Das halte ich für keine gute Idee ...«, versuche ich, Zeit zu gewinnen. Irgendetwas in mir sträubt sich. Die Vorstellung, von Polizisten unter den Blicken der anderen Gäste aus dem Restaurant geholt zu werden, kommt mir unglaublich wichtigtuerisch vor. »Ich möchte das nicht so hoch hängen. Ich mag hier kein Aufsehen erregen.«

»Das verstehe ich«, sagt der Mann, »aber wir meinen es wirklich ernst: Es ist besser, Sie bleiben, wo Sie sind, bis meine Kollegen bei Ihnen eintreffen.«

»Auf keinen Fall«, sperre ich mich, »wir kommen zu Ihnen!«

Ich habe einen ganz bösen Film im Kopf: Vermummte bewaffnete SEK-Beamte betreten das Schmitz, nehmen Katja und mich in die Mitte, Walkie-Talkie-Gekrächze, zuckendes Blaulicht, Rückzug in Formation, draußen der wartende Panzerwagen. Cut.

In der Rückschau bin ich der Patient, der nach dem Unfall den herbeigerufenen Krankenwagen mit Empörung zurückweist und höchstselbst mit gebrochenem Bein in die Notaufnahme humpelt, weil er den Beinbruch nicht wahrhaben will. Es kann nicht sein, was nicht sein darf.

»Kai Diekmann vernichten ... jedes Mittel einsetzen ... Tag der Abrechnung.« Im Amtszimmer des LKA beugt sich die Islam-Professorin erneut über das Blatt Papier. »Ist das eine Fatwa?«, wiederhole ich tonlos meine Frage. Katja wird später sagen, ich sei in diesem Moment leichenblass geworden.

Durch meinen Kopf schießen Bilder: Salman Rushdie, der Autor. Sein Buch *Die Satanischen Verse*. Der fanatische iranische Ajatollah Khomeini, der mit einer Fatwa zu Rushdies Ermordung aufgerufen hat. Das Ganze ist 14 Jahre her. Seither lebt Rushdie vogelfrei, untergetaucht, muss jeden Tag um sein Leben bangen.

Mir rutscht der Boden unter den Füßen weg. Das ist hier wie ein schlechter Krimi.

»Nein«, antwortet die Islamwissenschaftlerin mit Bedacht: »Es ist keine Fatwa, aber das Schreiben kommt einer Fatwa sehr nahe.«

Ich werfe einen Blick zu Katja, die stocksteif neben mir sitzt, greife ihre Hand. Ich mag mir nicht vorstellen, was in ihr vorgeht.

»Und was bedeutet das«, höre ich sie fragen, »wenn Sie sagen, das Schreiben kommt einer Fatwa sehr nahe?«

»Es fehlen einige wesentliche Kriterien für eine echte Fatwa«, erläutert uns die Islam-Wissenschaftlerin: »Bei echten Fatwas wird immer der Name des Verfassers und das Verfassungsdatum genannt, Punkt eins. Punkt zwei: Fatwas werden üblicherweise im Internet veröffentlicht – das ist hier nicht der Fall. Drittens: Soweit ich das hier auf die Schnelle beurteilen kann, gibt es einen Fehler im Koransuren-Zitat. Außerdem, viertens, beruft sich das Schreiben nicht auf die Religion, den Propheten oder eine andere wichtige islamische Instanz. Das ist bei einer echten Fatwa anders.«

»Aber was genau steht drin?« Ich weise angespannt auf das Blatt Papier.

Die Expertin guckt mich an. Ich kann keine Regung in ihrem Gesicht erkennen. Dafür leuchten im grellen Neonlicht des kargen Amtszimmers ihre rot geschminkten Lippen besonders intensiv.

»Die islamische Welt wird von einigen Journalisten, die eine leichtsinnige Politik betreiben, zu einem Feind der westlichen Kultur erklärt, den man ungestraft der Vernichtung preisgeben darf«, referiert sie nüchtern aus dem Schreiben. »Kai Diekmann, Chefredakteur der BILD in Hamburg, und Georg Gafron, Chefredakteur der B.Z. in Berlin, erweisen sich als treue Kreuzritter im Gefolge des amerikanischen Satans. Sie haben ihre rückwärtskriechenden, entmannten Redakteure beauftragt, den Islam als eine Bedrohung darzustellen. Damit haben sie sich jenen Vertretern amerikanischer und britischer Medien angeschlossen, die das Blei ihrer Druckplatten als todbringende Geschosse auf den Weg in die Welt der Muslime bringen.«

Für einen Augenblick herrscht Stille.

»Woher stammt das Schreiben?«, frage ich.

Einer der LKA-Beamten räuspert sich: »Es wurde an den Axel Springer Verlag in Berlin und an den Chefredakteur der B.Z., Herrn Gafron, persönlich adressiert. Hintergrund ist vermutlich, dass sowohl Ihre Zeitung BILD als auch die B.Z. eine deutlich proamerikanische und kriegsstützende Position im Irak-Krieg einnehmen.«

Dazu muss man wissen: Seit zwei Wochen bombardieren die USA Bagdad mit Marschflugkörpern, nachdem sie dem Irak wegen der angeblichen Produktion von Massenvernichtungswaffen den Krieg erklärt haben. Amerikanische und britische Truppen sind einmarschiert, es wird heftig gekämpft.

Und ja, es stimmt, was der LKA-Beamte so gestelzt formuliert hat: BILD hält diesen Krieg für richtig. Wir unterstützen den Feldzug des amerikanischen Präsidenten Georg W. Bush gegen den brutalen Diktator Saddam Hussein.

Auch die B.Z. positioniert sich mit ihren »Hurra USA!«-Schlagzeilen mehr als eindeutig. Chefredakteur Georg Gafron ist ein beeindruckender Hardliner, der Redakteure, die mit seinem politischen Kurs hadern, gern mal mit Mitgliedern von Saddams Baath-Partei vergleicht. Seine kompromisslose Haltung gegenüber jeder Form von Diktatur ist verständlich: Er ist einst im Kofferraum eines Trabbis aus der DDR in den Westen geflohen.

»Lassen Sie mich kurz zu Ende vorlesen«, holt mich die Islam Wissenschaftlerin aus meinen Gedanken:

»Kai Diekmann und Georg Gafron glauben, sie seien mächtig genug, ungestraft Krieg auf den Weg in die Welt der Muslime bringen zu können. Sie glauben sich in sicherer Entfernung von der Gefahr. Sie werden in der Hölle brennen. Ihre Bestrafung wird eine Botschaft sein, die jeder versteht. Sie wird den Brandstiftern zeigen, dass die Feinde des Islam keine Zuflucht finden können; dass sie keine Polizei und kein Militär vor ihrer gerechten Strafe retten können, auch wenn sie sich mit einem Heer von Beschützern umgeben.«

Ende.

Frau Professor schiebt das Blatt zur Seite und schaut Katja und mich an. Im Raum ist es wieder einmal bedrückend still.

»Wir nehmen das Schreiben sehr ernst«, wiederholt der LKA-Beamte. »Der Drohbrief ist von einer bislang unbekannten Qualität. Der Verfasser hat entweder einen arabisch-muslimischen Hintergrund oder will den Eindruck erwecken, er habe einen. Er spricht perfekt Deutsch, hat zumindest Grundkenntnisse des Islam und des Koran. Aufgrund des Charakters des Drohschreibens ist nicht auszuschließen, dass der oder die Verfasser Sie nicht nur verunsichern wollen, sondern konkret Anschläge gegen Sie planen. Außerdem ist es ganz klar eine Legitimation und interne Aufforderung zur Begehung von Straftaten gegen Sie.«

Ich merke, wie mich alle im Raum erwartungsvoll anschauen, eine Reaktion erwarten. Ich sortiere meine Gedanken: »Die gute Nachricht ist also: Es ist keine Fatwa, immerhin ... Aber weiß das auch jeder, der das liest?« Ich schaue fragend in die Runde. »Was, wenn sich irgendwelche Radikalen durch das Schreiben aufgefordert fühlen, die Drohungen in die Tat umzusetzen?«

»Deshalb ist es am allerwichtigsten, dass dieses Schreiben unter keinen Umständen öffentlich bekannt und damit zu einer Einladung wird«, betont der LKA-Beamte und wird auf einmal sehr förmlich. »Sie werden in die Gefährdungsstufe zwei eingestuft, Herr Diekmann. Das heißt, Sie sind gefährdet, ein Anschlag ist nicht auszuschließen.«

Ich nicke stumm und höre nur zu – mehr bleibt mir in diesem Moment nicht übrig.

»Bei den zu treffenden Schutzmaßnahmen, Herr Diekmann, orientieren wir uns allerdings an Gefährdungsstufe eins. Also: ständige Begleitung der gefährdeten Person. Und: ständiger Objektschutz vor Ihrem Privathaus durch Posten oder Streife.«

»Was ist mit meiner Familie, meiner Frau, unserer kleinen Tochter?«, frage ich mit Kloß im Hals.

»Eine Gefährdung Ihrer Ehefrau und Ihres Kindes ist im Prinzip auszuschließen. Aus den vorliegenden Erfahrungen ergeben sich – selbst bei der Bestätigung einer deutlichen Gefährdung für Sie, Herr Diekmann, keine Hinweise auf eine Gefährdung der Familienangehörigen.«

Soll ich das jetzt glauben?

»Was, wenn es jemand auf mich abgesehen hat, einen Anschlag verübt ... und meine Frau steht mit unserem Kind auf dem Arm daneben?«, frage ich skeptisch. »Dann ist sie doch auch in Gefahr!« Irgendwie finde ich das alles gerade nicht überzeugend.

»Wir werden alles tun, damit das nicht passiert, Herr Diekmann«, versucht mich der LKA-Beamte zu beruhigen. »Ihr Haus wird von heute an rund um die Uhr bewacht, es wird niemand hineinkommen, den Sie nicht kennen. Sobald Sie aus dem Haus heraustreten, sind Personenschützer an Ihrer Seite. Eine Sache noch: Sie werden nicht mehr mit Ihrer Familie in einem Auto fahren.«

»Wie jetzt?«, entfährt es Katja.

»Das geht leider nicht anders, Frau Kessler. Ihr Mann wird ab sofort getrennt von der Familie in einem geschützten Fahrzeug mit Begleitfahrzeug unterwegs sein.«

»Aber wir dürfen noch gemeinsam nach Hause fahren?«, frage ich matt.

»Ja, aber ein Wagen von uns wird Sie begleiten.«

»Und wie lange wird das so gehen?«

»Das können wir zum jetzigen Zeitpunkt nicht sagen.«

Und dann stehen wir draußen in der kalten Aprilnacht. Es nieselt. Der riesige, sternförmige LKA-Bau leuchtet in der Dunkelheit und erinnert mich an eine Raumschiffbasis aus *Kampfstern Galactica.*

»Schön ist anders, oder?«, versuche ich einen Witz. Doch Katja ist nicht nach Lachen zumute.

Man weiß immer erst, was man hat, wenn man es nicht mehr hat. Ich kann keinen Schritt mehr alleine tun; mit einem Mal begreife ich, was Freiheit bedeutet. Unser Haus wird rund um die Uhr von Polizeibeamten bewacht. Kaum trete ich vor die Tür, warten dort bereits Personenschützer. Ob ins Büro oder zu einem Termin – immer bin ich in einer Panzerlimousine unterwegs. Wer sich das nicht vorstellen kann: Das ist Fahren wie in einem Aquarium mit dicken Scheiben. Kein Geräusch dringt nach innen, das Zuziehen der schweren Wagentür ist, als ob du einen Safe schließt.

Wenn ich mein Büro betrete, werden die Jalousien heruntergefahren: Es soll kein freies Schussfeld geben. Selbst in den Redaktionsräumen ist stets das LKA an meiner Seite.

Sie mögen mich für einen kalten Knochen halten, liebe Leserinnen und Leser, aber irgendwie schaffe ich es in diesen Tagen, das Ganze nicht an mein Inneres herankommen zu lassen. Nein, Angst um mich habe ich nicht. Und ja, ich sorge mich um meine Familie. Vor allem fühle ich mich gefangen, das Leben ist wie Hausarrest; selbst einen Spaziergang oder das samstägliche Einkaufen muss ich beim LKA anmelden.

»Der BILD-Chefredakteur ist wahrscheinlich der meistgehasste Journalist des Landes.« Polizei

st immer wieder Alltag bei BILD.

»Es ist alles gut. Ihr müsst euch keine Sorgen machen, es gibt keinen Grund zur Aufregung«, erkläre ich den Nachbarn, meinen Mitarbeitern, den Freunden. Aber: Sie sehen ja auch die Streifenwagen vor der Tür, dass ich das Haus immer in Begleitung verlasse, die Personenschützer um mich herum. Da klingen meine Beteuerungen hohl und unglaubwürdig.

»Wie lang geht das denn hier noch?«, fragt ein Nachbar interessiert nach.

Nun wäre es naiv zu glauben, die schiere Anteilnahme oder gar Mitleid trieben ihn zu seiner Frage. Es ist viel schlichter: Seitdem in der Straße Tag und Nacht Polizei steht, ist der eine oder andere Anwohner zu seiner Überraschung ohne Putzfrau. Von denen trauen sich nämlich etliche nicht mehr an ihren Arbeitsplatz. Soll ja vorkommen, dass nicht jede ihre Tätigkeit auch vorbildlich angemeldet hat. Dass der Polizei vor unserer Haustür herzlich egal ist, wer in der Straße legal oder illegal putzt, können weder die Damen noch die Nachbarn wissen.

Und dann passiert, was nicht passieren darf.

Morddrohungen gegen BILD-Chef.

Irak-Berichterstattung brachte Islamisten auf.

Entgeistert lese ich die Schlagzeile der Hamburger Morgenpost. Die denkwürdige Nacht in der LKA-Zentrale ist gerade mal eine Woche her. Ohne Vorwarnung, ohne überhaupt mit mir zu sprechen, hat die Mopo-Chefredaktion entschieden, die Morddrohung gegen mich publik zu machen.

Die betont unauffälligen Herren mit den Ausbuchtungen unter ihren Sakkos folgen ihm überallhin, selbst in den großen Konferenzraum am Axel-Springer-Platz. Kai Diekmann, als Bild-Chefredakteur Deutschlands mächtigster Journalist, steht unter Polizeischutz. Nach einem Drohbrief von Islamisten fürchtet der Hamburger um sein Leben. Der Brief war bei der ebenfalls im Springer-Verlag erscheinenden B.Z. in Berlin eingegangen. Deren Chefredakteur Georg Gafron und Diekmann werden darin als »Satan des amerikanischen Imperialismus« bezeichnet, den man töten solle. Die Staatsschutzabteilungen der Polizei in Berlin und Hamburg nehmen die Drohung ernst. Bewaffnete Personenschützer der Kripo begleiten die beiden Chefredakteure auf Schritt und Tritt.[2]

Wie hatten mich die Männer vom LKA noch gewarnt?

»Das Schlimmste wäre, das Drohschreiben würde öffentlich.« Zum ersten Mal habe ich Angst.

Bis eben noch war ich der Meinung, alles im Griff zu haben. Düstere Gedanken? Lasse ich sonst nicht an mich ran und lasse ich nicht zu. Doch jetzt ist plötzlich alles anders: Ich habe das Gefühl, in ein großes schwarzes Loch zu schauen, das mich zu verschlucken droht. Was mute ich bloß meiner Familie zu? In diesem Moment fühle ich mich hilflos, ausgeliefert, zornig.

Und dann?

Passiert genau gar nichts.

Keine besonderen Vorkommnisse. Kein Alarm. Niemand, der sich verdächtig macht. Dafür *business as usual* – also wie vom LKA angeordnet: Personenschützer, Panzerlimousine, Polizei vor der Tür. Jeden Tag die gleiche Routine.

Bis zum 1. Mai.

Da verkünden die USA den Sieg über Saddam Hussein. In der Folge kommt das LKA zu der Einschätzung, dass die Morddrohungen keine ernsthafte Gefahr mehr darstellen. So werden die Sicherheitsmaßnahmen Stück für Stück heruntergefahren.

Und dann, eines Morgens, meine Familie und ich haben längst unsere Freiheit wieder, liegt auf meinem Schreibtisch im Büro ein großer Briefumschlag. Darin: ein Plastikröhrchen und ein Schreiben vom Leiter des Referats Sicherheit im Springer-Verlag.

Für den Kreis potenzieller Opfer von Entführungen der AS AG habe ich ein DNA-Probe-Röhrchen beigefügt. Laut Auskunft unserer Fachleute soll die Speichelprobe mittels des Wattestäbchens an den Innenseiten der Wangen entnommen werden. Die Probe ist sodann für 24 Stunden in der geöffneten Röhre zu verwahren und zu trocknen. Erst danach sollte das Röhrchen verschlossen werden. Die Haltbarkeit der Probe ist unbegrenzt.

Ich nehme das Stäbchen aus der Verpackung, streiche es wie beschrieben durch meinen Mund, stecke es zurück ins Röhrchen und wünsche mir, dass es nie Grund geben wird, meine DNA abgleichen zu müssen mit einem abgetrennten Finger oder dem, was von mir übrig ist und nur noch im Labor identifiziert werden kann.

Ich bin im Januar 2015 in meinem 15. Jahr als BILD-Chefredakteur, als mich meine Frau mitten in der Nacht mit einem Alarmanruf aus Deutschland weckt. Gerade bin ich in Las Vegas auf einer Digital-Messe. In Deutschland ist es 12 Uhr mittags. »Kai! Ich habe gerade eine Nachricht

SO

Amtsgericht Tiergarten

Anschrift für Paketpost: Turmstraße 91, 10559 Berlin
Fernruf für direkte Durchwahl nebenstehend
Fernruf (Vermittlung): 90 14-0, intern: 914-111

Telefon [redacted]

Datum 11.4.2015

Amtsgericht Tiergarten, 10548 Berlin (Briefanschrift)

[redacted] (Geschäftsnummer bitte stets angeben)

[redacted]

Amtsgericht Tiergarten, 10548 Berlin (Briefanschrift)

Verteidiger/in

Weitere Angaben zur Person d. Angeklagten
(zus. Vornamen/Beruf/Familienstand/Geburtstag und Geburtsort/
Staatsangehörigkeit):

geb. am 12.07.1980 in Berlin, türkisch

Rechtskräftig und vollstreckbar seit dem Berlin, den

~~Ausfertigung~~

Strafbefehl

Sie werden angeklagt,

in Berlin
am 11. September 2014

einen Anderen beleidigt zu haben.

Ihnen wird Folgendes zur Last gelegt:

Am Tattag bezeichneten Sie gegen 22:13 Uhr den den Twitter-Account „axel_springer" betreuenden Zeugen Diekmann als „Drecksjuden".

Vergehen, strafbar nach § 185 StGB

Bl. 1 Strafantrag ist gestellt

Strafbefehl mit Festsetzung
einer Geldstrafe (Ausfertigung)

-2-

»Drecksjude«. Strafbefehl wegen Beleidigung für einen der vielen Irren im Netz von der Sicherheit bei Springer erhalten. In Paris haben Attentäter eine Redaktion gestürmt. Es soll viele Tote geben.«

Vom schrecklichen Anschlag auf die französische Satire-Zeitschrift Charlie Hebdo, bei dem islamistische Terroristen elf Menschen erschießen, höre ich von ihr in dieser Sekunde das erste Mal.

Wie gelähmt sitze ich auf der Bettkante, draußen vor dem Fenster die funkelnden Lichter von Las Vegas, ich bin Tausende Kilometer weg und kann nichts tun.

»Ich habe gehört, dass bei BILD und B.Z. diskutiert wird, aus Solidarität mit den Opfern der Islamisten demonstrativ die Mohammed-Karikaturen nachzudrucken.«

Katjas Stimme kippt. In all den Jahren habe ich meine Frau immer kontrolliert und beherrscht erlebt. Jetzt ist sie dabei, die Fassung zu verlieren. Ich kann sie kaum beruhigen.

Noch am selben Tag ziehen vor unserem Haus in Potsdam Polizeifahrzeuge auf. Das soll für geraume Zeit so bleiben.

»Mama, müssen wir uns Sorgen machen?«, fragt Kolja. Er ist mittlerweile neun Jahre alt und kriegt natürlich viel mehr mit als seinerzeit beim Brandanschlag in Hamburg, als anschließend andere Eltern ihre Kinder aus Angst nicht mehr zum Spielen zu uns ließen.

Und Lilly, sechs Jahre alt. Schockiert? Traumatisiert?

Nicht wirklich.

Sie lässt sich interessiert den Mannschaftswagen der Polizei von innen zeigen und serviert in den kommenden Tagen den Beamten draußen in der Kälte Kekse.

Ende gut, alles gut?

HASS IM NETZ

Es mag Leser geben, die sich jetzt entspannt zurücklehnen, weil sie denken: Ich bin ja nicht Chefredakteur, deswegen betrifft mich das alles hier nicht.

Aber wir leben in einer Welt, wo jeder jeden Tag Opfer und Zielscheibe von Hetze werden kann, und zwar in den sozialen Netzwerken – der neuen Lebenswirklichkeit.

Was ist der Unterschied zwischen Diekmann und einem Eimer Scheisse?

Der Eimer.

Wissen Sie eigentlich, dass Menschen wie Sie in der Hölle landen? Ist das nicht eine wundervolle Gewissheit?

Ich bete, dass du und deine drecks Zeitung abfackelt.

Dieser Kai D. wird bluten …

Wer würde bei so einer Fresse nicht gerne ausholen?

Ich vergewaltige Kai Diekmanns Tochter die fiqqnutte

Ich sag es noch einmal, die Zeit wird kommen, an dem Sie zappelnd am Galgen hängen und das Volk klatscht.

Übrigens, liebe Hetzer-Bild … Ich habe die Privatadressen von Julian Reichelt, Kai Diekmann, Manfred Hart … und viele mehr … über 100 Gruppen und rechten Blogs geteilt … war ganz leicht, und gleich mal einen Aufruf gestartet, bei Euch zu klingeln, und Euch mal die Meinung zu geigen, mal sehen, wie es sich in Zukunft so schläft … und immer schön aufpassen, wer hinter Euch hergeht, sind nicht immer alle nett… haha

Kai fickdichmann

Wenn Sie wüssten, wie im Darknet über BILD und Diekmann »verhandelt« wird.

Wie kann man so ein dreckiger Hund wie Sie sein?

Einfach ekelhaft, was Bild und Diekmann hier treiben. Ich kann nicht so viel fressen, wie ich kotzen möchte.

Kai Diekmann renn um dein Leben!

Schon lange stellt sich die Frage – und nicht nur mir: Wie groß oder wie klein ist der Schritt vom großmäuligen Tweet in der virtuellen Welt zur brutalen Tat in der realen Welt?

Wie groß oder klein der Schritt von Gewalt in der Sprache zur Gewalt gegen Menschen? Was kann man tun, um diese Verrohung aufzuhalten, wenn Sprache keine Grenzen mehr kennt?

Ich kann Ihnen sagen, was ich tue:

Ich gehe dagegen vor, und zwar juristisch.

Und immer wieder bin ich überrascht, wie begrenzt manche Schmierfinken im Netz sind, wenn sie ihren Hass unter Klarnamen auskübeln. Dann denke ich: Danke schön – und reiche den Vorgang an meinen Anwalt weiter. Strafanzeige.

Natürlich, ich weiß, das ist ein Tropfen auf den heißen Stein. Aber aus vielen Tropfen wird vielleicht irgendwann ein Fluss. Hass im Netz darf sich eine offene Gesellschaft nicht gefallen lassen – Intoleranz müssen wir bekämpfen, und zwar mit Intoleranz.

Ich kann nur jeden ermuntern: Trauen Sie sich! Wehren Sie sich! Sie werden eine erstaunliche Erfahrung machen: Die meisten dieser Social-Media-Schmierfinken kriegen ganz schnell die Flatter und werden winzig mit Hut, sobald sie aus der scheinbaren Anonymität des Netzes ins helle Licht der realen Welt gezogen werden, plötzlich ein Gesicht bekommen, einen Namen, eine Person aus Fleisch und Blut werden, die mit Nachbarn, Kollegen, Freunden lebt.

Regelmäßig erhalte ich dann seitenlange kleinlaute Entschuldigungsbriefe: Die Drohungen werden bedauert. Es wird Besserung gelobt, versichert, wie peinlich dem Absender das alles sei, um Verzeihung gebeten.

Um ein Gefühl dafür zu bekommen, wie wahrscheinlich der Schritt vom Tweet zur Tat wäre, habe ich auch schon persönlich an einer Hauptverhandlung teilgenommen, nachdem es wegen meiner Strafanzeige zum Prozess gekommen ist:

Im Gerichtssaal sitzt mir ein junger Mann als Angeklagter gegenüber, unauffällig, keinesfalls unsympathisch. Er weicht meinem Blick aus, sucht nach Worten. Als ihn der Richter nach seinen Motiven fragt: »Wie kommen Sie dazu, so was zu schreiben: ›Dafür sollte man Kai Diekmann hängen‹?«, wendet er sich überfordert und hilfesuchend an seinen Anwalt.

In diesem Moment habe ich ein beruhigendes Gefühl.

Wie groß der Schritt vom Tweet zur Tat ist?

In diesem Fall liegen Welten dazwischen.

Bis zum nächsten Mal …

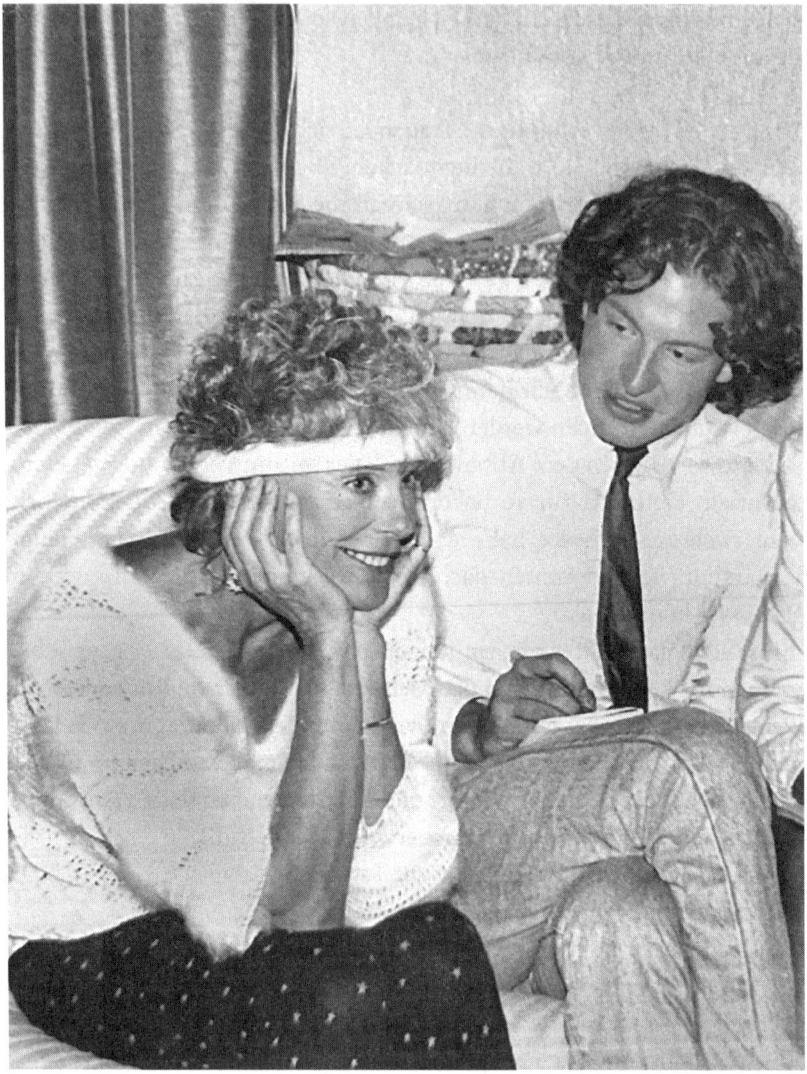

Eine »Ikone des deutschen Fräuleinwunders«: mit Schauspielerin Elke Sommer im Claridge Casino Hotel in Atlantic City im Sommer 1987

SIEBEN

ICH BIN EIN STAR, LASST MICH HIER REIN!

Die ganze Wahrheit über meine Lieblings-Promis

Es ist noch gar nicht lange her, da war ich eingeladen auf einer beeindruckenden Jet-Set-Hochzeit in Südfrankreich. Vor dem Hotel ankerte die Privatyacht des Bräutigams. Ein Helikopter shuttelte die Braut und ihn mehrmals am Tag zum Festland und zurück. Eine sehr schöne Feier, vor allem der Typ, der kurz vor Mitternacht gelenkig auf die Bühne sprang und für die etwa 200 Gäste ein paar Songs rockte, entsprach meinem Geschmack. Klasse Stimme, klasse Sound, tanzen konnte er auch. Ich zog mein Handy aus der Tasche, um ein paar Takte mitzufilmen.

»Der ist gut«, kommentierte ich aufgeräumt.

»Sicher. Das ist Lenny Kravitz«, bemerkte meine Frau trocken.

Ich erzähle Ihnen diese Geschichte, weil sie erstens leider wahr ist. Und zweitens, um mich zu outen: Ich bin Promi-blind: Es ist die Wahrheit. Wecken Sie mich aus dem Tiefschlaf, und ich zähle Ihnen die letzten zehn Bundestagspräsidenten auf. In der Politik fühle ich mich zu Hause. Aber mit den Show-Promis habe ich es nicht so. Okay, Lady Gaga, Harrison Ford, Matt Damon, Justin Bieber – die erkenne sogar ich. Sie alle, die größten Film- und Musikstars, haben bei mir im Büro auf meiner Couch gesessen. Hunderte. Doch mitunter musste ich meine Assistentin Havva fragen: »Und wer ist das?«

Das Programm war immer dasselbe: Ich zeigte mit großer Geste aus dem Fenster im 16. Stock: »There was the Berlin wall! And there were the bad communists! And here was the good Axel Springer!« Der Promi machte Ah und Oh und zeigte sich schwer beeindruckt, smalltalkte dann wahlweise über die anstehende Konzerttour, den neuen Film, die nächste große Show. Klickklick machten die Kameras. Schnell noch eine Runde im historischen Nachkriegsaufzug, dem sogenannten Paternoster. Gerne auch volle 19 Stockwerke hoch und wieder runter. Schließlich als kleines Take-away für die waschechte Hollywood-Prominenz: ein elf Kilo schweres Original-Betonteil der Berliner Mauer, das zumeist jemandem aus der vielköpfigen Entourage in die Arme gedrückt wurde. Und dann: Tschüss, Goodbye und guten Weg.

Einmal war ich Gast bei der Formel 1 in São Paulo. Am Abend vor dem Rennen saßen wir im Mercedes-Lager in kleiner Runde beim Essen zusammen. Irgendwann setzte sich ein junger Mann dazu: »Das ist unser Fahrer«, erklärte jemand aus der Mercedes-Truppe. Ich fand es unglaublich sympathisch, die Chauffeure nicht einfach zur nächsten Pommes-Bude zu schicken, sondern ihnen einen Stuhl am Tisch anzubieten. Als ich gegen 22 Uhr zurück ins Hotel wollte und dem Fahrer ein Zeichen gab, schaute der mich verständnislos an und blieb stur sitzen. Es war Mikka Häkkinen.

Nun mögen Sie sich fragen: Wie geht das zusammen? Chefredakteur der auflagenstärksten Boulevardzeitung Europas und keine Ahnung von Prominenten? Das ist ja, wie einen Gehörlosen die Berliner Philharmoniker dirigieren zu lassen.

Ganz schlicht: Ich hatte eine Redaktion, vollgestopft mit ausgewiesenen Experten. *Prinzip Peter Struck*: Du bist erfolgreicher Verteidigungsminister, ohne je in der Bundeswehr gedient zu haben.

Apropos: Wie wird man eigentlich Promi-Experte? Die korrekte Antwort wäre: Studium und zwei Jahre Journalistenschule. Die wirklich Guten erreichen die Show- und Hollywood-Redaktion allerdings meist über verschlungene Pfade.

Bei mir arbeitete zum Beispiel mal eine Chefreporterin, die kam von der renommierten Kieler Gelehrtenschule, einem humanistischen Gymnasium, hatte Abitur in den Leistungsfächern Altgriechisch und Latein. Anschließend Zahnmedizin-Studium und Promotion zum Dr. med. dent. mit dem Thema »Eisenaufladung und Antioxidantienstatus bei Patienten mit homozygoter β-Thalassämie unter Gabe des Chelators Deferiprone«.

Nach nur zwei Tagen Arbeit in der Praxis landete das Zahnarztbesteck allerdings im Müllbeutel und der weiße Kittel am Nagel, und sie bewarb sich um ein Zeitschriften-Praktikum bei Schöner Wohnen in Hamburg, damals Gruner + Jahr. Von dort waren es nur zehn Meter und einen Flur bis zum Stern, das nächste Praktikum. Es folgten weitere Praktika bei Journal für die Frau und BILD, wo schon am Tag zwei das nackte Girl von Seite eins auf dem Schreibtisch von Frau Doktor landete. Vermutlich als Gag gedacht von den etwas reiferen Redakteuren in der Chefetage drüber. Aber Frau Doktor machte was draus: Martha steht am Marthapfahl, textete sie munter drauflos. Und wurde – Mi, Ma, Mausesack oder Flicken, Flicken, nichts als Flicken – irgendwann Kult. Next Step: Hausbesuch bei Dieter Bohlen im Auftrag der BILD-Redaktion. Und Frau Doktor nutzte erneut ihre Chance, stellte den Pop-Titan fürs Foto halb nackt unter die Dusche: das große Dusch-Interview. Der Rest ist schnell erzählt: eigene Promi-Kolumne auf der berühmten letzten Seite von BILD, nach Hollywood zu den Oscars, auf dem roten Teppich bei den Filmfestspielen in Cannes, Gast von Elton John bei seinen »White Tie & Tiara Ball«-Gartenpartys in Windsor. Ach so. Sie war dann noch ganz viel im TV und Radio, schrieb ein paar Bestseller – und heiratete mich.

MEIN ERSTES MAL

Dass ich Prominente nicht auf Anhieb erkenne, bedeutet nicht, dass ich nicht mitunter haltlos für sie schwärme.

Es ist das Jahr 1986, ich bin blutjunge 22 Jahre alt und Volontär bei der BILD am SONNTAG. Ich bin aufgeregt, denn heute steht ein großer Termin an: Die Pressevorführung des ARD-Vierteilers *Väter und Söhne*. Ein Geschichtsmelodram zur Zeit der beiden Weltkriege. Mit echten Weltstars in den Hauptrollen: Burt Lancaster, Julie Christie, Bruno Ganz. Mein erster kühner Vorstoß in die Welt der Prominenz. Bislang habe ich vor allem über Heißluftballon-Wettfahrten und die Spielwarenmesse in Nürnberg berichtet. Ich trage ein Paar neue Karottenjeans, die Kragenecken meines weißen Poloshirts habe ich manierlich in den Pulli gesteckt, meine Mutter zu Hause in Bielefeld wäre stolz auf mich.

90 Minuten Pressevorführung später: Im großen Kinosaal gehen die Lichter an, und zwei, drei Dutzend Journalisten-Kollegen schieben sich

Mein erster Ausflug in die Welt der Prominenz: Interview mit Schauspielstar Bruno Ganz in sein

ner Wohnung 1986

fachsimpelnd Richtung Ausgang und Sektempfang. Ich bleibe noch einen Augenblick sitzen, total geflasht. Was für ein Epos! Ich weiß gar nicht, welcher von all den megacoolen Eindrücken in meinem Kopf der megacoolste ist. Diese Filmmusik! Diese Stimme von Bruno Ganz! Der Wahnsinns-Plot! Das wird TV-Geschichte schreiben, da bin ich mir in meinem fundierten Expertenurteil so was von sicher.

Im Foyer angekommen, wo sich schon alles in Grüppchen aufgeteilt hat und fleißig am Sekt nippt, muss ich feststellen: Die Hollywoodprominenz hat entschieden, die Pressevorführung zu schwänzen. Auch Bruno Ganz glänzt durch Abwesenheit.

Aber da!

Da steht er!

Herbert Grönemeyer! 30 Jahre alt. Ich kenne ihn aus *Das Boot.* Wahnsinn. Außerdem ist er gerade mit *Bochum* in den Charts. »Männer«, »Flugzeuge im Bauch« – das alles spielt im Radio rauf und runter.

Großartig!

Mein Herz schlägt ein paar Takte schneller. Im Film ist Grönemeyer der Enkel des Familienpatriarchen – eine weitere Glanzrolle. Wer will Lancaster, wenn er Grönemeyer haben kann?

Ich nehme all meinen Mut zusammen. »Herr Grönemeyer! Ich bin von BILD am SONNTAG und würde Ihnen gern eine Frage stellen.«

Ganz langsam dreht sich Herbert Grönemeyer zu mir um. Mustert mich. Er hat ein bisschen was vom jungen Klaus Kinski, findet der Cineast in mir.

»Für *wen* schreiben Sie?«, fragt er nach, ohne zu lächeln.

»BILD am SONNTAG«, sage ich etwas aufgeregt, aber auch stolz. Schließlich ist die BamS ja nicht irgendein Blatt. Sie ist Deutschlands größte Sonntagszeitung.

»Mit Ihnen rede ich nicht!«, blafft Grönemeyer und wirft mir einen vernichtenden Blick zu. Dann wendet er sich abrupt ab. Ich stehe da wie vom Donner gerührt. Am liebsten würde ich im Boden versinken, merke, wie ich einen knallroten Kopf bekomme. Ich schaue mich verstohlen um. Wer von den Kollegen hat das gerade mitgekriegt?

Um mich herum gabeln alle ungerührt ihre Häppchen.

Sie sind von BILD? Mit Ihnen rede ich nicht!, echot es in meinem Kopf.

Natürlich, ja, es gibt Stars, die sprechen nicht mit BILD. Aber mir persönlich ist das noch nie passiert. Und ich bin ja auch nicht unangemeldet vor Grönemeyers Haus aufgekreuzt und habe an der Tür geklingelt. Das hier ist eine Presseeinladung.

Wir Journalisten sind eingeladen, um die Stars zu interviewen. Das macht doch keinen Sinn.

Wie ein geprügelter Hund fahre ich zurück in die Redaktion.

Aber: Es gibt ja zum Glück nichts Schlechtes, das nicht auch sein Gutes mit sich bringt. Hätte ich von Grönemeyer keine Abfuhr erhalten, wäre ich niemals auf die Idee gekommen, mich im Berliner Telefonbuch auf die Suche nach Bruno Ganz zu machen. Denn ohne eine Geschichte wäre der Besuch der Pressevorführung für mich wirklich ein Desaster gewesen. Was später Google sein wird, ist in dieser Zeit das Telefonbuch. Auf Seite 683 werde ich fündig.

»Ganz«, meldet sich der 45-jährige Weltstar mit leiser Stimme. Ich bin überrascht. Es ist wirklich seine Privatnummer. Und: kein Anrufbeantworter.

»Herr Ganz, mein Name ist Kai Diekmann, ich bin Reporter bei der BILD am SONNTAG und habe *Väter und Söhne* gesehen. Ich würde gerne ein Interview mit Ihnen machen.«

Stille.

»Kommen Sie doch nach Berlin, und wir treffen uns bei mir in meiner Wohnung.« So schnell war ich noch nie in Berlin.

Zwei Stunden, vier Kaffee und eine Zigarette später habe ich ein neues Idol.

»Darf ich Sie um ein Autogramm bitten?«, frage ich Bruno Ganz zum Abschied. Er schaut mich fast ein wenig schüchtern an. »Ich kann ja meinen Namen irgendwo draufschreiben?«, schlägt er sympathisch hilflos vor. Die Moral von der Geschicht'?

Ob brüsk wie Grönemeyer oder einladend wie Ganz: Jeder kann das machen, wie er möchte. Es gibt noch eine ganze Reihe weiterer Prominente, die sich entschieden haben, ihren Weg ohne BILD zu gehen: Manfred Krug, Jan Böhmermann, auch Stefan Raab ab einem gewissen Zeitpunkt seiner Karriere. Sie sind die Ausnahme. Und ihre klare Haltung nötigt mir Respekt ab. Viel mehr Prominente aber steuern BILD an wie der Kolibri die Blüte. Jeder, wie er will. Hauptsache: offenes Visier.

Und das ist der Knackpunkt.

Wenn man mit BILD das eigene Portemonnaie vollmacht, mit uns jeden Tag Wange an Wange tanzt, um sich an anderer Stelle über BILD

Hatte es trotz dünner Stimme mit ihrem Song »Touch my heart« auf Platz eins der spanischen und polnischen Charts geschafft: mit Schlagersternchen Danuta Lato bei den Filmfestspielen in Cannes 1987.

Mit dem US-Schauspieler Stacy Keach in Paris bei den Dreharbeiten zum Vierteiler *Hemingway*

zu entrüsten und abzulästern, dann ist das bigott. Und das ist noch eine wohlwollende Formulierung.

Davon möchte ich Ihnen nun erzählen. Zwei kleine Schlaglichter, die für etliche andere Prominentengeschichten stehen, die ich bei BILD erlebt habe.

DIE MUTTI IST BERÜHMT!

Eines Tages liegt Post vom Presserat auf meinem Schreibtisch.

Es handelt sich um ein mehrseitiges Schriftstück, dreimal gestempelt und mit großem Verteiler an die Springer-Rechtsabteilung, die BILD-eigenen Juristen und meinen Büroleiter.

15.6.2009

BK2-351/09

Beschwerde von Frau Nina van Bellhuis

Sehr geehrter Herr Diekmann,

dem deutschen Presserat liegt oben genannte Beschwerde gegen Ihre Zeitung vor. Einzelheiten entnehmen Sie bitte dem Beschwerdeschreiben, das ich Ihnen heute übersende (Anlage).

Ich blättere das mehrseitige Schreiben durch. Die Beschwerde richtet sich gegen unsere Berichterstattung über den furchtbaren Terroranschlag auf die niederländische Königsfamilie vor sechs Wochen, bei dem die Königsfamilie unverletzt blieb, aber sieben Menschen ums Leben kamen.

In der Anlage finde ich das ausgefüllte Beschwerdeformular von Nina van Bellhuis, das sie an den Presserat geschickt hat:

Im oben genannten Artikel befinden sich fünf Fotos, die die Opfer in pietätloser Weise abgelichtet zeigen. Bitte prüfen Sie, ob es den Gesetzen zum Schutz der Hinterbliebenen und Opfer entspricht und inwiefern die vorgegebenen Bestimmungen des Jugendschutzes eingehalten wurden.

Selbstverständlich ist es das Recht jedes Lesers, sich beim Presserat über einen Artikel zu beschweren. Dafür ist der Presserat da. Aber ausgerechnet Nina van Bellhuis? Die bekannte dauerfröhliche TV-Moderatorin? Die, die im 48-Stunden-Rhythmus bei BILD anruft? Um den Redakteuren brühwarm Geschichten aus ihrem Privatleben zu servieren?

Über die neue Liebe. Den schwierigen Ex. Die Gesundheitsprobleme der Tochter. Die Schulprobleme des Sohns. Den mal liebevollen, dann toten Vater. Den begabten Hund. Gerade erst hat sie sich – pünktlich zum Start der neuen Staffel ihrer TV-Show – zum Liebesleben ihres Hauskaters ausgelassen.

Ich habe damit kein Problem, so ist das Spiel – ein Geben und Nehmen. Wir haben die exklusive Geschichte, sie die große Bühne und Aufmerksamkeit, die sie für ihre PR, Einschaltquote, die Verkaufszahlen braucht. Und das gilt natürlich nicht nur für Nina van Bellhuis, das gilt für die große Mehrheit der Stars und Sternchen. Ein Auftritt in BILD macht sich bezahlt – im wahrsten Sinne.

Aber um noch mal auf den Presserat zurückzukommen: Natürlich darf sich auch ein BILD-Stammgast wie Nina van Bellhuis jederzeit beim Presserat beschweren. Aber wenn sie eh schon Woche für Woche in der Redaktion anruft, warum wählt sie dann diesen Hintenrum-Weg? Warum nicht frei von der Leber weg und uns die Meinung geigen?

Na denn, dann ist das halt so. Wenn man bei BILD eines lernt, dann Menschen kennen.

Das Schreiben schließt mit einer höflichen Aufforderung und einem Hinweis:

Wir bitten Sie nunmehr, zu den mit der Beschwerde erhobenen Vorwürfen Stellung zu nehmen. Sie haben bis zur Sitzung des Beschwerdeausschusses selbstverständlich jederzeit die Möglichkeit, mit der Beschwerdeführerin Kontakt aufzunehmen und die Angelegenheit in beiderseitigem Einvernehmen zu lösen.[1]

Mit der Beschwerdeführerin Kontakt aufnehmen? Nö. Das soll die Rechtsabteilung regeln.

Nur wenige Wochen später erhalte ich erneut Post vom Presserat:

Sehr geehrter Herr Diekmann,

es gab insgesamt keine Mehrheit für die Auffassung, dass das schreckliche Ereignis unangemessen dargestellt worden ist. Dass es eine solche Vielzahl von Fotos zu dem Geschehen gab, war allein dem Umstand geschuldet, dass eine enorme Zahl an Pressevertretern vor Ort war.

Einig waren sich die Beschwerdeausschussmitglieder, dass ein Ereignis, das sich in der Öffentlichkeit abspielt und bei dem dermaßen viele Medienvertreter vor Ort sind, auch eine spezielle Berichterstattung nach sich ziehen kann. Die Informationen, die hier durch die Bilder wiedergegeben werden, sind nach Ansicht der Mitglieder auch nicht durch einen Text zu ersetzen. Komplett auf die fotografische Darstellung des Ereignisses zu verzichten, wäre kaum möglich

Bitte Akte anlegen. [redacted] 13/8

Verlagsrecht HH
11. Aug. 2009

presserat
Beschwerdeausschuss

Büro Kai Diekmann

Original: Recht

[redacted]

Deutscher Presserat | Postfach 100549 | 10565 Berlin

BILD
Herrn Chefredakteur
Kai Diekmann
Axel-Springer-Platz 1
20355 Hamburg

Deutscher Presserat
Fritschestr. 27/28
10585 Berlin

Tel.: 030 - 367 007 - 0
Fax: 030 - 367 007 - 20
E-Mail: info@presserat.de
www.presserat.de

BILD
Büro Kai Diekmann
09. Aug. 2009

Verlagsrecht
13. AUG. 2009

Ihr Zeichen | Unser Zeichen [redacted] | Datum 31.07.2009

Beschwerde von Frau [redacted] vom 03.05.2009
./. BILD (Berlin/Brandenburg)

} wird von [redacted] bearbeitet. [redacted]

Sehr geehrter Herr Diekmann,

dem Deutschen Presserat liegt o. g. Beschwerde gegen Ihre Zeitung vor. Einzelheiten entnehmen Sie bitte dem Beschwerdeschreiben, das ich Ihnen heute übersende (**Anlage**). Über die Beschwerde wird der Beschwerdeausschuss 1 am 08.09.2009 in mündlicher Beratung oder die Vorsitzende des Ausschusses gemäß § 7 Abs. 2 der Beschwerdeordnung entscheiden, sobald alle erforderlichen Unterlagen vorliegen und die Sachaufklärung abgeschlossen ist.

Wir bitten Sie nunmehr, zu den mit der Beschwerde erhobenen Vorwürfen Stellung zu nehmen, und verweisen hierzu auf § 6 Abs. 1 der Beschwerdeordnung. Für den Fall, dass Sie sich nicht zu den Vorwürfen äußern, möchten wir Sie darauf hinweisen, dass auch ohne Ihre Stellungnahme über die Beschwerde entschieden werden kann. Gleichzeitig möchten wir betonen, dass es in bestimmten Fällen durchaus sinnvoll sein kann, wenn der Autor der kritisierten Veröffentlichung sich persönlich zu der Beschwerde äußert. Insbesondere wenn es sich dabei um einen freien Journalisten handelt, würden wir es begrüßen, wenn der Autor selbst Stellung nehmen bzw. seine Argumentation in die Stellungnahme einfließen würde.

Sie haben bis zur Sitzung des Beschwerdeausschusses selbstverständlich jederzeit die Möglichkeit, mit der Beschwerdeführerin Kontakt aufzunehmen und die Angelegenheit in beiderseitigem Einvernehmen zu lösen (vgl. § 6 Beschwerdeordnung). In diesem Fall bitte ich Sie um Mitteilung darüber, welche Schritte Sie unternommen haben. Der Beschwerdeausschuss wird diese dann bei seiner Entscheidung berücksichtigen.

Alle Unterlagen, die Sie im Laufe des Beschwerdeverfahrens erhalten, sind vertraulich zu behandeln.

Brief des Deutschen Presserats zur Beschwerde von Nina van Bellhuis

gewesen. Insgesamt liegt damit kein Verstoß gegen die publizistischen Grundsätze des Deutschen Presserates vor, so dass der Beschwerdeausschuss die Beschwerde für unbegründet erklärt.[2]

Ich bin nicht überrascht von der Entscheidung des Presserats.

Und hake das Thema ab. Aber dann schreibt mir Frau van Bellhuis[3]:

Sehr geehrter Herr Diekmann,

heute möchte ich mich an Sie wenden, um einige Dinge richtigzustellen. Es geht um meine Beschwerde beim Deutschen Presserat. Meine Kinder und ich lesen regelmäßig die BILD, und da ist uns und mir im Sommer die Berichterstattung zum Attentatsversuch aufgefallen. Wir waren über die Bilder nicht erfreut, und meine Kinder haben mich gefragt, was man da machen kann und ob das erlaubt ist, Opfer so abzubilden. Ich habe ihnen das ganze Prozedere versucht zu erklären.

Ich wollte ihnen natürlich nicht vermitteln: »Eure Mutti ist berühmt und die kann dem Kai ja mal sagen, dass die Bilder doof waren.« Das wäre, glaube ich, der falsche pädagogische Weg gewesen.

Also habe ich den offiziellen Weg über das Internetportal beim Presserat gewählt. Natürlich in der Annahme, dass das vertraulich behandelt werden würde ...

Ich reibe mir verwundert die Augen: *... in der Annahme, dass das vertraulich behandelt werden würde*? Schreibt sie das wirklich?

Glaubt sie wirklich, der Presserat behält Beschwerden für sich? Wie in der DDR: Verpetzen – aber bitte schön anonym bleiben dürfen?

So naiv kann sie doch gar nicht sein!

Oder doch ...?

Ungläubig tauche ich wieder ein in die Ausführungen von Nina van Bellhuis:

Wochen später bekam ich einen Brief, in dem mir mitgeteilt wurde, dass meine Beschwerde an die BILD weitergeleitet wurde. Ich war erbost. Nicht, dass ich nicht dazu stehen würde – aber meine Prominenz für die Interessen des Presserates so zu benutzen, ohne mich zu informieren, ob mir das recht wäre, machten mich wütend.

Wie bitte? Sie glaubt, dass der Presserat ihre Prominenz für seine Interessen nutzt? An dieser Stelle wird es crazy.

Ich rief sofort an und teilte mit, wenn ich gewollt hätte, dass die BILD-Zeitung, die ein Partner von mir ist und mit der ich zusammenarbeite, meine Meinung erfährt, hätte ich einen offenen Leserbrief geschrieben. Die Dame am Telefon entschuldigte sich und meinte, der Brief würde sich in der Rechtsab-

teilung »verlaufen«. Das sah ich damals schon anders. Mittlerweile weiß ich, dass man mich in dieser Behörde augenscheinlich für eigene Zwecke benutzt hat, und ich bin darüber mehr als sauer.

Auch ich werde langsam sauer.

Die Dame ist nicht doof. Sie will mich nur für doof verkaufen.

Also, dass der Presserat keine Behörde ist, sondern ein gemeinnütziger Verein, muss sie nicht wissen. Aber wie und wo hat der Presserat sie für *eigene Zwecke* benutzt?

Zumal ich ja nun auch mitbekommen habe, dass sich gar nichts »verlaufen« hat, sondern Sie, Herr Diekmann, natürlich zu Recht über mein Verhalten sauer sind. Bitte nehmen Sie mir ab, dass ich Sie nicht über drei Ecken denunzieren wollte, weil das überhaupt nicht meine Art ist, sondern ich als Mutter meinen Kindern einen Weg aufzeigen wollte, wie man in diesem Land die Möglichkeit hat, sich frei zu äußern und zu beschweren.

So, so.

Dieser Brief hat einen Preis verdient. Es ist doch immer wieder erstaunlich, wer alles im TV Karriere machen kann.

Ich hoffe, das Kind ist noch nicht in den Brunnen gefallen, zumal ich ja kurz davor war, einen Termin zu finden, an dem ich mich mal mit dem Management und dem Unterhaltungschef bei Ihnen in der Redaktion umsehen wollte.

Wirklich bedauerlich und sicherlich naiv von mir, dieser Behörde als Kanonenfutter gedient zu haben.

Mit freundlichen Grüßen

Nina van Bellhuis

Davon muss ich mich erst einmal erholen.

Ich glaube der Dame kein einziges Wort. Ich finde sie einfach nur dreist. Noch mal: Sie hätte leicht an uns, an mich herantreten können und sagen: Ich arbeite gern mit euch, aber das finde ich nicht gut.

Nach manchem Gespräch mit einem Menschen hat man das Verlangen, einen Hund zu streicheln, einem Affen zuzunicken und vor einem Elefanten den Hut zu ziehen. Dieses Zitat stammt von Maxim Gorki.

Drei Anmerkungen zum Schluss. Erstens: Ich habe Frau van Bellhuis auf ihren Brief niemals geantwortet. Zweitens: Ihre Beschwerde über BILD hat an unserer positiven Berichterstattung über sie und ihre TV-Aktivitäten nichts geändert. Drittens: Der Name der Moderatorin, Nina van Bellhuis, ist natürlich eine Erfindung. Ansonsten hat sich die Geschichte eins zu eins so abgespielt.

DAS GEHEIMNIS DER PAPARAZZI-ABSCHÜSSE

Verliebt in Rom. Das erste Foto mit ihrem Neuen.

So lautet die BILD-Schlagzeile an einem Donnerstag irgendwann vor etlichen Jahren.

Das Paparazzi-Foto zeigt die allseits beliebte und bekannte Schauspielerin Gerlinde Gröbenhagen – auch ihr gebe ich an dieser Stelle einen anderen Namen, da sie diese Geschichte mit Sicherheit nicht gerne lesen wird – beim entspannten Museumsbummel in Rom mit einem unbekannten Mann:

Sie sind glücklich, sie lachen, sie halten Händchen.

Es ist das erste Foto ihrer jungen Liebe!

schwärmt der BILD-Reporter in seinem Text.

Auf Seite 4 erfährt der geneigte Leser, wie glücklich die Gröbenhagen nach mehreren bitteren Trennungen wieder ist.

Garniert ist die Story mit zwei weiteren *Abschüssen*. So heißen im Journalistenjargon mehr oder weniger heimliche Fotoaufnahmen von Prominenten.

Noch am Tag der Veröffentlichung gibt es Post vom Anwalt:

Sehr geehrte Damen und Herren,

Sie veröffentlichen heute trotz entsprechend gerichtlichem Titel Bildnisse unserer Klientin aus ihrem privaten Alltag und verstoßen damit gegen den gerichtlichen Titel. Wir haben dieses Verhalten selbstverständlich auch unverzüglich dem Kammergericht zur Kenntnis gebracht, welches über Ihre Berufung entscheiden möchte. Wir bitten um Bestätigung, dass unverzüglich die weitere Veröffentlichung entsprechenden Bildmaterials unterbleibt, bis morgen.

Mit freundlichen Grüßen

Rechtsanwalt[4]

Das volle Juristenprogramm, ich kenne das schon: Verletzung der Privatsphäre, Unterlassungserklärung, Vertragsstrafe. Nun muss man sagen: Unter normalen Voraussetzungen hätte der Anwalt ja durchaus recht. Die Veröffentlichung der Fotos ist in der Tat ein unzulässiger Eingriff in die private Intimsphäre der Schauspielerin. Denn mit wem sie das Kissen teilt, geht niemanden etwas an. Egal, wie prominent sie ist, ihre Privatsphäre ist geschützt.

So weit, so normal.

Wenn es denn Paparazzi-Abschüsse wären. Sind es aber nicht.

Denn: Es war die Gröbenhagen selbst, die BILD informiert hat. Die Nachricht über ihr neues Liebesglück kam aus ihrem Büro. Dorthin wurde der Text auch vor Veröffentlichung zur Freigabe geschickt. Im Zuge dieser Autorisierung bat die Schauspielerin sogar noch um einige Änderungen. Die Veröffentlichung ist also bis ins kleinste Detail mit ihr abgestimmt.

Und jetzt haben wir Post von ihrem Anwalt auf dem Tisch.

Leidet die Gröbenhagen an einer vorübergehenden Bewusstseinstrübung? Gar Persönlichkeitsspaltung?

Ich weiß es nicht. Ich bin ja kein Arzt, aber: Nachdem alles so sauber abgesprochen ist, sehe ich keinen Grund, die Fotos nicht weiterhin zu drucken.

Vier Tage später das nächste Anwaltsschreiben:

Sehr geehrte Damen und Herren,

Sie haben es nicht nur bei der einen Veröffentlichung am Donnerstag belassen, sondern in den nächsten Tagen immer wieder die Persönlichkeitsrechte der Mandantin aufs Schwerste verletzt.

Wir bitten Sie nunmehr nachhaltig, mit Ihrem Tun aufzuhören, da Sie damit vorsätzlich gegen einen zugestellten gerichtlichen Titel verstoßen. Zudem werden wir pro Veröffentlichung eigenständige Ordnungsgelder beantragen. Sollten Sie entgegen diesem jetzt noch mal und letztmalig erklärten Hinweis das Ansinnen der Mandantin, aber auch das geltende Recht und einen gerichtlichen Titel eines deutschen Gerichts vorsätzlich missachten, werden wir weitere rechtliche Schritte gegen Sie einzuleiten haben.

Mit freundlichen Grüßen

Rechtsanwalt[5]

Und nur einen Tag später:

Sehr geehrte Damen und Herren,

der guten Ordnung halber weisen wir darauf hin, dass wir namens und in Vollmacht der Antragstellerin nunmehr wegen der vier Verstöße an vier verschiedenen Tagen eigenständige Ordnungsgeldbeschlüsse beantragt haben. Wir gehen davon aus, dass dieses mindestens im hohen fünf-, wenn nicht sechsstelligen Bereich liegen wird. Der Verstoß ist eklatant.

Mit freundlichen Grüßen

Rechtsanwalt[6]

Ich bin sprachlos.

31-MAI-2006 12:12 AS AG RECHT HAMBURG +49 40 34722100 S.03

Öffentliche Sitzung
des Landgerichts Berlin

Berlin, den 23.05.2006

Zivilkammer 27

Rechtsabteilung
29. Mai 2006

Geschäftszeichen: 27 O [redacted]

Gegenwärtig:

Vorsitzender Richter am Landgericht Mauck
als Vorsitzender,

EINGEGANGEN
26. Mai 2006
ROSENBERGER & KOCH
Rechtsanwälte

Richter am Landgericht von Bresinsky

Richterin am Landgericht Dr. Winkemann
als beisitzende Richter,

Gebhardt, Justizangestellte
als Urkundsbeamtin der Geschäftsstelle

PA ab an Anw. am 23.05.2006

In dem Rechtsstreit

[redacted] ./. Axel Springer AG

erschien bei Aufruf:

n i e m a n d

Es lag Schriftsatz der Antragstellervertreter vom 22.05.2006 (FAX) vor, wonach der Antrag auf Erlass einer einstweiligen Verfügung zurückgenommen wird.

Mauck Gebhardt

»… erschien bei Aufruf: niemand«. Rücknahme des Antrags auf Erlass einer einstweiligen Verfügung durch die Anwälte der Schauspielerin Gerlinde Gröbenhagen

Aber sollte ich vor ein paar Tagen noch vermutet haben, dass die Gröbenhagen ihr Gedächtnis verloren hat, so komme ich jetzt zu dem Schluss: Die Dame agiert mit Kalkül.

Zunächst ist da sicher ihr Drang, der ganzen Welt das neue Liebesglück zu präsentieren: Seht her, ich bin eine tolle Frau und habe einen klasse Typen an meiner Seite.

Zweitens: Da ist ein Ex. Dem sollen natürlich auch die Augäpfel aus dem Kopf fallen.

Drittens: So eine Schlagzeile ist Ego-Massage. Achtung, ich bin so berühmt, dass ich es auf Seite eins von Europas größter Tageszeitung schaffe.

Und viertens: Mit ihrer einstweiligen Verfügung gegen BILD hofft sie wahrscheinlich, Spuren zu verwischen. Denn: Wer den Anwalt losschickt, kann ja unmöglich derjenige sein, der die Story lanciert hat. Zumal es heißt, dass Gröbenhagens Neuer gar kein Interesse hat an Publicity. Es gilt, alles zu vermeiden, was nach einer Kooperation mit BILD aussieht. Also wird so getan, als hätten Paparazzi auf der Lauer gelegen, und die Gröbenhagen wusste gar nicht, dass sie fotografiert wird.

Dumm nur, dass wir im Besitz einer E-Mail sind, die uns am späten Abend vor der Veröffentlichung noch aus dem Büro der Schauspielerin erreicht hat:

Vielen Dank auch noch für die Fotos, da freut sich das liebende Paar. Ja, hat wieder gut geklappt heute, denke, eine solche Zusammenarbeit ist für alle fruchtbar, können wir gerne wiederholen.

Viele Grüße.[7]

Trotzdem. Der Anwalt von Gerlinde Gröbenhagen belässt es nicht bei Drohungen. Nur wenige Tage später beantragt er beim Landgericht Berlin, gegen BILD ein Ordnungsgeld festzusetzen.

Die Stimmung in der Rechtsabteilung des Springer-Verlags ist deshalb jetzt auf dem Siedepunkt. Karina Hesse, unsere Verlagsjuristin, möchte dem Anwalt der Schauspielerin drohen, vor Gericht das Zustandekommen der Rom-Fotos zu enthüllen. Sie schreibt eine E-Mail an den großen Verteiler:

Diese Drohung hat rechtlich erhebliches Potential! Abgesehen davon, dass Frau Gröbenhagen das Verfahren verlieren würde, würde sie auch zukünftig bei Gericht kaum noch Chancen haben, einstweilige Verfügungen, die es uns verbieten, Fotos aus ihrem Privatleben zu veröffentlichen, zu erwirken. Denn immerhin hat sie sich beweisbar im Fall Rom an der Anfertigung und Veröffentlichung von Fotos aus ihrem privaten Alltag beteiligt.

Sagt mir doch Bescheid, ob ich in dieser Sache den Rechtsanwalt noch mal unter Druck setzen kann. Es wäre schön, wenn Ihr mich so schnell wie möglich anruft.

Nun mag man sich fragen, warum wir uns von der Gröbenhagen und ihrem Anwalt überhaupt so lange auf der Nase rumtanzen lassen. Warum wir nicht einfach die Fakten auf den Tisch legen, die Scharade auffliegen lassen?

Nun, es gibt dieses große Wort: Quellenschutz. Wir haben dem Mitarbeiter der Schauspielerin zugesagt, über das Zustandekommen der Fotos Stillschweigen zu bewahren.

Der würde in dieser ganzen schmierigen Geschichte zum Bauernopfer.

Keine vier Wochen später hat das Landgericht Berlin zur mündlichen Verhandlung geladen. Kurz darauf bekomme ich Post vom Gericht:

In dem Rechtsstreit Gerlinde Gröbenhagen ./. Axel Springer AG
erschien bei Aufruf:
niemand.[8]

Niemand?

Niemand.

In der Anlage findet sich ein Schreiben des Anwalts von Frau Gröbenhagen, das mir Karina Hesse weiterleitet:

In dem Rechtsstreit nehmen wir, wie bereits dem Vorsitzenden Richter telefonisch letzte Woche angekündigt, den Antrag auf Erlass einer einstweiligen Verfügung zurück. Der Termin kann insofern aufgehoben werden. Der Unterzeichnete und der Kollege werden zu dem Termin nicht erscheinen. Bescheinigte und beglaubigte Abschrift anbei, Rechtsanwalt

»Na bitte, die haben ganz kalte Füße bekommen«, hat Karina süffisant auf den Rand gekritzelt.

DER TEUFEL IST EIN EICHHÖRNCHEN

So ist das also. Viele exklusive Promi-Geschichten müssen wir gar nicht mühsam recherchieren, die werden uns frei Haus geliefert. Aber natürlich sind es nicht nur die Stars und Sternchen selbst, die hinter den Kulissen mit BILD muscheln.

Manchmal muschelt es an ganz anderer Stelle – und zwar so verrückt, dass man es gar nicht glauben mag.

Meine Lieblingsgeschichte geht so:

Vor etlichen Jahren gab es einen prominenten TV-Moderator, der in eine ziemlich hässliche Sex-und-Drogen-Affäre verwickelt war. Im Zuge von Ermittlungen im Rotlichtmilieu war er eher zufällig ins Visier der Polizei geraten. Seine Anwälte waren bereits informiert. Dann passierte Folgendes: Einer der Anwälte wollte den streng vertraulichen Ermittlungsbericht der Staatsanwaltschaft per Fax an einen Kollegen schicken. Doch beim Eintippen der Faxnummer kam es zu einem bedauerlichen Zahlendreher. Das streng geheime Dokument kam nicht dort an, wo es ankommen sollte, sondern ratterte aus dem Küchen-Fax einer Pizzabäckerei mit dem passenden Namen La Commedia.

Wen informierte der brave Pizzabäcker als Erstes?

Natürlich seine BILD-Zeitung.

»Ich will ja nicht, dass so brisante Informationen in die falschen Hände geraten«, gab er bei seinem Anruf in der Redaktion zu Protokoll. Von dem Moment an hatten wir für gefühlt zwei Wochen Schlagzeilen auf Vorrat.

Der Teufel ist ein Eichhörnchen ist ein Pizzabäcker.

Jetsetter, Titelhändler, Lebemann: Treffen mit dem »schönen Konsul« Hans-Hermann Weyer vor dem legendären Hotel Sacher 1987 in Wien

Die Flüchtlingskrise war für Angela Merkel die größte Herausforderung ihrer Amtszeit. Hier mit Frank-Walter Steinmeier, damals Bundesaußenminister, beim BILD-Sommerfest 2008

ACHT

SCHAFFEN WIR DAS?

Angela Merkel und der Flüchtling aus Syrien

DER GROSSE FLÜCHTLINGSHERBST

DIEKMANN HALT'S MAUL!

Es ist ein Samstag im Herbst 2015, als ich auf Twitter Fotos aus dem Bochumer Ruhrstadion sehe. In den Fankurven haben Ultras beim Spiel VfL Bochum gegen Fortuna Düsseldorf meterlange Banner entrollt:

DIEKMANN HALT'S MAUL!

BILD NOT WELCOME![1]

Riesige blaue Buchstaben auf weißem Grund. Und es ist nicht das einzige Stadion, in dem ich ordentlich was auf die Mütze bekomme:

GESTERN HETZEN HEUTE HEUCHELN!,

heißt es beim Spiel SV Darmstadt gegen die Bayern.

KEINE PR FÜR HETZER!

im Stadion von Borussia Dortmund.

Um ehrlich zu sein: Es trifft mich nicht ganz unvorbereitet. Trotzdem könnte ich mich ohrfeigen. Warum bin ich bloß so doof gewesen? Warum habe ich nicht einfach mal meinen Mund halten können?

Ich bin gerade dabei, mit dem Hintern einzureißen, was ich über Wochen mühsam mit den Händen aufgebaut habe. Dieser Tag ist ein Fest für alle BILD- und Diekmann-Hasser – und das ist ganz allein meine Schuld.

Aber der Reihe nach.

Retourkutsche im Stadion nach meiner dämlichen Attacke gegen den FC St. Pauli:

In diesen Tagen beschäftigt kein anderes Thema Deutschland so sehr wie die dramatische Flüchtlingswelle: Zigtausende Menschen vor allem aus Syrien kommen jeden Tag ins Land. Viele Deutsche wollen helfen, begrüßen die Ankömmlinge an den Bahnhöfen mit Getränken, Decken und Willkommensplakaten. Aber viele Bürger haben auch Angst, fühlen sich überfordert angesichts der überfüllten Turnhallen und Flüchtlingsheime.

Diekmann-halt's-Maul-Banner im Herbst 2015

»Wir schaffen das!«, hat die Bundeskanzlerin am letzten Augusttag, das ist nun drei Wochen her, vor der versammelten Berliner Hauptstadtpresse verkündet. Trotzig? Optimistisch?

Die Emotionen kochen gerade gewaltig hoch. Deutschland ist im Ausnahmezustand.

Und BILD ist natürlich wieder mittendrin. Mit *Refugees Welcome*, der wichtigsten und vielleicht umstrittensten Kampagne, die wir bei BILD je gemacht haben. Eine Kampagne, die uns nicht nur erwartbaren Beifall einbringt, sondern auch enormen Hass.

Eine Kampagne, bei der ich mich mehr als sonst auch von persönlicher Betroffenheit und eigenem Erleben leiten lasse. Und das ist auch richtig so. Es gibt schließlich kein Handbuch: *Wie bin ich der perfekte BILD-Chefredakteur?* Natürlich ist in meinem Tagesgeschäft zuerst der Kopf gefragt, die Analyse, das nüchterne Abwägen der Argumente, das Betrachten der Fakten. Aber manchmal braucht es eben starke Emotionen, um die richtigen Dinge durchzufechten. Und die habe ich. Ich bin jeden Tag angefasst von dem, was ich im Zusammenhang mit der Flüchtlingskrise sehe, lese, höre.

»Einen guten Journalisten erkennt man daran, dass er sich nicht gemein macht mit einer Sache – auch nicht mit einer guten Sache«, hat Hajo Friedrichs, der legendäre Tagesthemen-Moderator, einst gesagt.

Alles ist falsch an diesem Satz, so sehe ich das.

Aber: Gut gemeint ist am Ende nicht immer gut.

Im Flüchtlingsherbst ist bei uns zu Hause ein Vater aus Syrien mit seinen zwei kleinen Jungs untergekommen. Eine Geschichte ohne Happy End. Vielleicht hätte mir in dieser privaten Episode etwas weniger Emotion gutgetan.

KÖNNEN WIR NICHT WAS TUN, PAPA?

August 2015. Noch vor dem großen Flüchtlingsansturm und Merkels »Wir schaffen das!« mache ich mit meiner Frau und unseren vier Kindern wie jedes Jahr Urlaub in der Türkei. An einem der letzten Tage setzen wir nach Leros über, eine kleine griechische Insel 80 Kilometer vor der türkischen Küste. In Agia Marina, dem größten Ort der Insel, wollen wir zu Mittag essen. Und dann, auf dem Weg zur Taverne, sehen wir plötzlich all diese Menschen: Männer, Frauen, Kinder, Alte, Verletzte. Zerlumpt, mitgenommen, in furchtbarer Verfassung. So stehen sie vor dem Eingang einer Polizeistation Schlange.

»Alles Flüchtlinge aus Syrien, Libyen, Afrika, was weiß ich. Es ist schrecklich. So viele Menschen!«, erklärt uns Milos, der Tavernenwirt, ungefragt. Er hebt die Brauen, schüttelt hilflos den Kopf, wirft die Hände in die Luft: »Sie kommen mit Schlauchbooten. Jeden Tag werden es mehr.

Wir wissen nicht weiter! Wir versuchen, sie mit Wasser und dem Allernötigsten zu versorgen. Aber es sind viel zu viele. Es ist eine Katastrophe.«

Natürlich weiß ich es. Ich weiß, dass seit Monaten täglich Menschen aus Afrika und dem Nahen Osten übers Mittelmeer fliehen und an den Küsten Italiens und Griechenlands anlanden. Ich habe die Meldungen gelesen, die Bilder in den Redaktionskonferenzen gesehen.

Aber es ist etwas anderes, eine dpa-Meldung am Schreibtisch zu lesen oder hier vor Ort diese Tragödie mit eigenen Augen zu sehen. Ich bin bestürzt. Auch über meine eigene Ignoranz. Warum habe ich mich bisher so wenig dafür interessiert?

Immer wieder wandert mein Blick zu den verzweifelten Menschen, den Müttern mit ihren Babys.

»Warum hilft denen keiner?« – »Was passiert jetzt mit denen?« – »Können wir nicht was tun, Papa?«, bestürmen mich unsere Kinder mit ihren Fragen. Es ist beschämend. Ich habe keine Antwort. Ich schaue Katja an.

»Was wäre, wenn wir jemanden bei uns aufnehmen?«, fragt sie am nächsten Morgen, als wir zurück in Bodrum in der Türkei sind.

Schon eine Woche später zieht Tarek[2] bei uns ein: 35 Jahre alt, ein Architekt aus Damaskus. Ein großer, stattlicher Mann mit lockigem braunen Haar und einem freundlichen Gesicht.

Auf den Schultern trägt er seinen Sohn Adil, drei Jahre alt, der uns verschüchtert anschaut. Und dann ist da noch Djamal an seiner Hand, acht Jahre alt, auf den ersten Blick eher keck und selbstbewusst. Wir haben unsere Gästewohnung für die drei hergerichtet, unsere Kinder haben aus ihren Zimmern Legos, Filzstifte, Malblöcke und Holzbausteine rübergeräumt. Als die drei erschöpft an unserem Küchentisch Platz nehmen, denke ich, dass ich noch niemals solch dunkle Ringe unter den Augen von Menschen gesehen habe.

Jasmin, die Ehefrau und Mutter, 32 Jahre alt, ist tot, ertrunken auf der Flucht.

Am 5. August war es im Mittelmeer zu einer der größten Flüchtlingstragödien der letzten Monate gekommen: Ein mit 700 Flüchtlingen aus Libyen völlig überladenes Fischerboot ist gesunken, man vermutet Hunderte Ertrunkene. Nun bekommt diese Meldung ein Gesicht: Tarek.

»We have arrived«, sagt er.

»Now you are safe«, antworten wir.

FLUCHT AUS DAMASKUS

Wir wissen nicht sonderlich viel über unsere neuen Mitbewohner. Sie sind uns über BILD-Reporter vermittelt worden, die in diesen Tagen in Syrien und Flüchtlingslagern unterwegs sind. Wir wollen Tarek nicht mit Fragen bedrängen, aber ihm ist es offenbar ein Bedürfnis, uns seine Geschichte zu erzählen. Und so setzt sich aus seiner Geschichte rasch ein Bild für uns zusammen, was dieser Familie widerfahren ist.

»Wir sind aus einem Vorort von Damaskus«, berichtet Tarek mit immer wieder stockender Stimme. Sein Englisch ist perfekt, wahrscheinlich besser als meines. »Ich bin Architekt. Ich baue Häuser. Ich hatte eine kleine Firma mit 15 Mitarbeitern. Uns ging es gut. Aber im März 2011 begann die Revolution. Und dann wurde es von Tag zu Tag schlimmer. Unser Haus wurde von einer Bombe getroffen. Aber wir haben irgendwie versucht durchzuhalten.« Während er das erzählt, drücken sich Adil und Djamal eng an ihren Papa. »Schließlich, es war mein Geburtstag, kam die schlimmste Nacht Syriens. Wir haben gedacht, dass wir sterben werden. Jeder verabschiedete sich vom anderen. Die Aufständischen und die Regierungskräfte lieferten sich brutale Kämpfe. Das war der Moment, als ich zu meiner Frau Jasmin sagte: Wenn wir das hier überleben, gehen wir! Damals war die Grenze zu Ägypten noch offen. Wir sind also nach Kairo und später weiter nach Libyen. Die Golfstaaten, die früher gern von unserem Wissen profitiert haben, haben uns alle die Tür vor der Nase zugeschlagen.«

An dieser Stelle stockt Tarek wieder.

Ich weiß nicht so recht, wie ich reagieren soll. Schweigen? Abbrechen? Ihn ermutigen weiterzureden?

»Auf einmal war auch in Libyen Krieg«, fährt Tarek fort. »Wir mussten uns erneut auf den Weg machen – aber wohin? Süden, Osten, Westen … wir konnten nur noch übers Meer in den Norden, nach Europa. Aber das wollte ich nicht. Ich wollte in einem arabischen Land leben.«

»Das verstehe ich nicht. Warum wolltest du nicht wie alle anderen nach Europa?«, hake ich überrascht nach.

»Ich konnte mich nicht mit dem Gedanken abfinden, nur ein Flüchtling zu sein. Ich war doch immer eine Respektsperson.« Tarek schaut mir direkt in die Augen. »Jetzt ist es passiert. Ich bin nur ein Flüchtling.«

»Nein, du bist hier Gast«, widerspreche ich ihm etwas lahm.

Wieder guckt mich Tarek direkt an: »Ja, auch wenn ihr uns das Gefühl gebt, Gäste zu sein – in Wahrheit sind wir Flüchtlinge. Doch wir hatten keine Wahl. Wir mussten fort. Wir waren mitten in der Wüste, 44 Grad, in den Kämpfen wurden eine Million Liter Erdöl angezündet. Es war wie in der Hölle. Da habe ich meinen Widerstand aufgegeben.« Es sprudelt jetzt geradezu aus ihm raus. »Ich nahm Kontakt mit einem Schlepper auf. Er wollte 1600 Dinar pro Person. Nicht umsonst sind die Schlepper sehr reich. Um Mitternacht wurden wir mit einem modernen BMW abgeholt und zum Meer gefahren, es war stockfinster, kein einziges Licht weit und breit. Am Strand warteten schon unendlich viele Menschen. Sie teilten uns in Hundertergruppen ein.«

Was Tarek da beschreibt, ist für mich nicht neu. Noch nie sind seit dem Zweiten Weltkrieg so viele Menschen auf der Flucht gewesen wie jetzt gerade: Zuallererst Hunderttausende Syrer, die Bürgerkrieg und IS-Terror in ihrer Heimat zu entkommen versuchen, nichts als ihr nacktes Leben retten wollen. Aber auch Zigtausende Afghanen und Iraker flüchten vor dem Elend in ihrer Heimat. Dazu kommen Immigranten aus den ärmsten Regionen Afrikas, aus Somalia, Eritrea, dem Sudan. Die Liste ist unendlich lang. Wir haben es faktisch mit einer Völkerwanderung zu tun.

»Es kam ein großes schwarzes Schlauchboot und stoppte 100 Meter vor dem Strand«, berichtet Tarek weiter. »Wir mussten durchs Wasser zum Boot laufen. 100 Menschen in einem Schlauchboot!«

»Wie geht das denn?«, fragt Katja ungläubig. »Wie sollen in einem Schlauchboot 100 Menschen Platz finden?«

»Sie haben uns aufeinandergestapelt«, erklärt Tarek bitter. »Ich lag zuunterst, zusammen mit meinen Kindern, bekam kaum Luft. Dann erreichten wir das Schiff. Ich hob meine Kinder und meine Frau nach oben über die Reling. Wie ich das geschafft habe, weiß nur Gott. An Bord traktierte mich ein algerischer Schleuser mit Fußtritten. Meine Frau bekam eine Tasche ins Gesicht geschlagen. Die Schleuser waren zu fünft, es gab auch libysche und tunesische Schleuser. Die sind wie Geisteskranke. Aber was erwartest du von Menschen, die ihr Geld mit dem Blut anderer Menschen verdienen?«

Tarek nimmt einen Schluck Tee. Katja und ich wechseln betroffene Blicke. Adil und Djamal spielen mit unseren Kindern Lego.

»Eine Stunde später setzte der Motor des Schiffes aus«, fährt Tarek fort. »Die Menschen an Bord fingen an zu weinen und zu beten. Der Motor konnte repariert werden. Die Sonne ging auf, aber gegen zwölf Uhr mittags drang dann plötzlich Wasser ins Schiff. Es sah so aus, als ob wir sinken würden. Man kann sich das nicht vorstellen: Hunderte Menschen in Todesangst. Alte, Frauen, Babys, ein Kind mit Down-Syndrom …«, er wischt sich über die Augen, für einen Moment versagt seine Stimme, »… Syrer, Bangladeshi, Afrikaner, wir alle versuchten wie von Sinnen, das Wasser aus dem Boot zu schöpfen. Später erst erfuhren wir, dass die Schleuser, nachdem wir außerhalb der libyschen Hoheitsgewässer waren, das Wasser absichtlich ins Schiff gelassen hatten, damit Panik entsteht und die internationalen Rettungsboote zu Hilfe kommen.«

Katja und ich hören schweigend zu, etwas anderes ist auch gar nicht möglich in diesem Moment.

»Tatsächlich, es kamen auch drei Boote, ein irisches, ein italienisches und eins vom Roten Kreuz. Aber die Schlepper hatten völlig unterschätzt, wie panisch die Flüchtlinge waren. Auf einmal stürmten sie alle auf die rechte Schiffseite, wir bekamen sofort Schlagseite, und im nächsten Moment schon kenterte das Boot. Es war ein Fischerboot mit einem langen Mast aus Stahl. Vor der Fahrt hatten sie noch behauptet, dass es besonders sicher und robust sei durch diesen langen Mast. Von wegen. Genau dieser Stahlmast zog das Boot wie ein Pfeil in die Tiefe. Und mit ihm 200 afrikanische Frauen und Kinder, die unter Deck eingeschlossen waren und keine Chance hatten, ihr Leben zu retten.«

Entsetzlich. Erst heute früh haben mich in der BILD-Redaktion furchtbare Fotos aus Österreich erreicht: Auf einem Parkplatz bei Wien haben Polizisten einen Kühllaster entdeckt. Beim Öffnen der Ladefläche: das absolute Grauen. 71 tote Flüchtlinge aus dem Irak, aus Afghanistan, Syrien, dem Iran.[3] 59 Männer, acht Frauen, vier kleine Kinder. Zusammengepfercht wie die Tiere. Grausam erstickt. Das jüngste Opfer, ein kleines Mädchen, gerade mal elf Monate alt. Es ist kaum auszuhalten.

Tarek zeigt auf seine Stirn: »Ich bekam von irgendwas einen Schlag auf den Kopf … Hier, die Verletzung ist noch zu sehen. … Und auf einmal trieb ich im Wasser. Ich hatte nur einen Gedanken: Meine Frau, meine Kinder! Ich ruderte panisch, sah erst Jasmin, dann Djamal im Wasser neben mir, nahm beide links und rechts an die Hand. Gott sei Dank trugen wir alle Schwimmwesten. Adil trieb zehn Meter von uns entfernt im Wasser, ich hatte keine Chance, ihn zu erreichen. Er hatte eine spezielle Kinderschwimmweste aus Styropor an, tanzte wie eine Boje auf dem Wasser, lachte dabei sogar. Ich selbst kam nicht von der Stelle: Ein Afrikaner klammerte sich in Panik an meine Beine. Er hatte keine Schwimmweste und konnte nicht schwimmen. Er schrie die ganze Zeit in Todesangst, wollte nicht loslassen. Eine ausweglose Situation. Ich ließ Djamal und Jasmin los, zog den Afrikaner zu einem Balken, der im Wasser trieb und an dem schon sechs andere Überlebende hingen.

Ich schwamm zurück zu meiner Familie, und wir trieben weitere eineinhalb Stunden im Wasser, als ich plötzlich meine Frau rufen hörte: *Ana amoot! Ana amoot!* Das ist arabisch und heißt: *Ich sterbe! Ich sterbe!* Ich drehte mich entsetzt zu ihr und hörte, wie die Luft aus ihrer Lunge entwich … uuuuuuh …« Tarek macht den Atemzug nach. »Sie ist gegangen …« Er fängt an zu weinen, seine Stimme bricht. »… sie hat kein Wasser geschluckt. Sie ist nicht in die Tiefe gesunken, sie wurde nicht verletzt. Sie ist einfach gestorben.« Tränen laufen ihm über die Wangen.

Ich weiß nicht genau, was ich sagen, was ich machen soll. Katja und ich fühlen uns komplett hilflos. Am liebsten würde ich diesen verzweifelten Mann aus Syrien, der da weinend an unserem Küchentisch sitzt, in den Arm nehmen – aber ich traue mich nicht. Tarek wischt sich über das Gesicht, erzählt flüsternd weiter:

»Ich habe in der Sekunde gar nicht begriffen, dass sie tot ist. Ich habe ihr Gesicht nach oben gedreht. So trieben wir eine halbe Stunde im Wasser. Ich dachte, es wird Hilfe kommen, man wird sie reanimieren, sie ist in einer Art Koma, im Schock. Es konnte nicht sein, dass sie stirbt. Sie war ja nicht nur meine Frau, sie war mein bester Freund seit zwölf Jahren, sie war meine große Liebe, mein Universum. Alles, woran ich geglaubt habe. Es ist so bitter: Andere mussten zwölf Stunden im Wasser bleiben und haben überlebt. Sie sind jetzt in Schweden oder sonst wo. Selbst das Kind mit dem Down-Syndrom hat es geschafft. Aber meine Frau ist nicht unter den Überlebenden. Sie hatte einen Herzinfarkt. Sie ist vor Angst gestorben. Von Anfang an hatte sie Angst vor dieser Flucht. Als hätte sie es geahnt.«

Plötzlich ist es bedrückend still bei uns in der Küche.

Lilly, unsere Jüngste, kommt gelaufen. Sie ist sieben. »Wir haben gerade mit den beiden Jungen im Garten Fußball gespielt«, verkündet sie stolz. Und schon ist sie wieder weg.

»Wie ging es dann mit dir weiter, Tarek?«, fragt Katja vorsichtig.

»Das irische Rettungsboot zog zuerst meinen Sohn aus dem Wasser, dann meine Frau. Ich blieb zurück. Später an Bord kam ich zur Gruppe mit den Unverletzten. Ich war jetzt ganz alleine. Ich dachte, meine Frau sei auf dem Weg ins Krankenhaus. Ich hatte einen Helikopter gesehen, der Schwerverletzte vom Boot geholt hatte, und ich nahm an, sie sei dabei. Ich wusste zwar, Djamal ist gerettet, aber nicht, wo er ist. Auch von Adil gab es keine Spur. Er war doch noch so klein. Ich rechnete mit dem Allerschlimmsten. Ich war schon drei oder vier Stunden auf dem Schiff und betete, Adil zu finden. Als ich zur Toilette musste, ging die Tür auf, und da stand Djamal. Und hinter ihm Adil. Ich bin auf die Knie gefallen und habe geweint.«

Jetzt lege ich ihm das erste Mal die Hand auf die Schulter. Tarek starrt auf die Tischplatte, redet mit monotoner Stimme weiter. »Man brachte uns nach Palermo in ein Flüchtlingslager. Ich fragte nach meiner Frau. Am ersten Tag, am zweiten – sechs lange Tage. Dann erst hieß es: ›Sie ist tot. Wir haben sie in Palermo zusammen mit 35 anderen Flüchtlingen begraben.‹

Ich fuhr nach Palermo, hier bekam ich einen Katalog gereicht. Einen Katalog der Leichen. Wie ein Möbelkatalog. Ich habe angefangen zu blättern. Die Nummer 12 zeigte sie. Ich habe sie nicht erkannt. Wenn ein Mensch 24 Stunden in der Sonne gelegen hat, verändert sich alles. Das war der entsetzlichste Moment meines Lebens. Ihr Gesicht sah sehr schlimm aus. Ich habe sie nur an ihren Sachen erkannt.«

»Tarek …«, beginne ich. Und weiß dann nicht weiter. Auch Katja bleibt stumm, kämpft mit den Tränen.

»Mein Leben hat an diesem 5. August aufgehört. Ich konnte nicht weinen, ich konnte nicht sprechen, konnte kein Wort sagen.« Tarek klingt wie in Trance. »Mir ging nur diese eine Koransure immer und immer wieder durch den Kopf: Doch verkünde den Geduldigen eine frohe Botschaft, die, wenn sie ein Unglück trifft, sagen: Wir gehören Allah und zu ihm kehren wir zurück.«

REFUGEES WELCOME

Kaum ein Tag vergeht jetzt, ohne dass nicht eine neue Flüchtlingstragödie Deutschland erschüttert. Und obgleich die Problematik nicht neu ist, hat mit der aktuellen Dimension niemand gerechnet: Die Flüchtlingszahlen sind auf das Vierfache angeschwollen, haben sich im Vergleich zu 1994 sogar verachtfacht. Täglich kommen 10 000 neue Flüchtlinge allein in Bayern an. Bis Jahresende rechnen Experten allein aus Syrien mit über einer Million Asylsuchenden, die alle nur eines wollen: nach Deutschland. Auf Bahnhöfen und an Grenzzäunen in Ungarn oder Mazedonien spielen sich dramatische Szenen ab.

In der BILD-Redaktion ist die Hölle los.

BILD.de-Chef Julian Reichelt, der als Ex-Kriegsreporter Syrien in- und auswendig kennt, ist außer sich: »Wir müssen was machen, Kai! Wir müssen was tun! Wir müssen helfen! Wir können nicht nur an der Seite stehen und zugucken!«

Paul Ronzheimer, ebenfalls Kriegsreporter und gerade auf der Balkanroute unterwegs, setzt jeden Tag aufs Neue Alarmmeldungen ab: »Leute, ihr wisst nicht, was hier los ist! Diese Schlepper! Die machen den Flüchtlingen weis, dass der Weg nach Europa einfach ist und sie dort das Paradies erwartet. Diese Schleuser! Die springen nach zehn Minuten auf See von Bord und überlassen die Menschen ihrem Schicksal!«

Erleichtert stelle ich fest: *Ich* bin offenbar *viele*. Ich bin mit meiner persönlichen Betroffenheit ganz und gar nicht allein, die Flüchtlingstragödie nimmt rasend schnell die gesamte Redaktion gefangen.

Wenn ich eines in all meinen Jahren als Chefredakteur gelernt habe: Journalisten mögen hart gesottene Gemüter sein – und sind es bestimmt auch –, aber wenn es drauf ankommt, weiß ich, warum sie genau das sind, was sie sind: nämlich Journalisten. Weil sie sich eben nicht nur für die harten Fakten interessieren, für abstrakte Zahlen – sondern für Menschen, einzelne Schicksale, die Geschichten, die sich hinter diesen Fakten und Zahlen verbergen.

Es ist ein Tsunami der Empathie, der die Redaktion flutet. Wir sind das reichste Land in Europa. Wenn wir das nicht schultern, wer dann bitte? Die Erinnerungen an das Wendejahr 1989, als die DDR zusammenbrach und Hunderttausende Menschen, unter anderem über Ungarn und die Tschechoslowakei, in den Westen flohen, sind auf einmal quicklebendig.

Wobei – wenn es um Empathie geht – BILD auch hier seine ganz eigene DNA hat: Wir sind nicht Lichterkette – wir sind Kampagne.

Wir helfen

Refugees Welcome

Warum wir jetzt ALLE gefordert sind – die große BILD-Aktion[4], heißt die Schlagzeile, für die wir am 29. August die gesamte Seite eins freiräumen und mit der die Redaktion ein riesiges Zeichen setzen will: Solidarität mit den Flüchtenden aus Syrien. Wo andere Länder die Grenzen dichtmachen, sich wegducken, wollen wir Gesicht zeigen. Und auch das ist wichtig: BILD ist ein Blatt für die Massen. Wir schauen dem Volk aufs Maul – aber wir reden ihm nicht nach dem Mund.

Ab sofort nimmt das Flüchtlingsthema jeden Tag den größten Raum in BILD ein: Mit spektakulären Reportagen wie denen von Paul Ronzheimer, der zwei Syrer über die gesamte Fluchtroute 1200 Kilometer weit von Kos in Griechenland nach Deutschland begleitet.[5] Vor allem aber berichten wir über die vielen Hilfsaktionen, die sich die Menschen in Deutschland einfallen lassen, um die Flüchtlinge hier willkommen zu heißen und zu unterstützen. Wir organisieren Spendenaktionen. Längst sind wir nicht mehr nur journalistische Beobachter, sondern Akteure. Ich fürchte, spätestens ab hier rotiert Hajo Friedrichs in seinem Grab wie eine Turbine.

Aus einem kleinen Wassertropfen wird ein Fluss wird ein See wird ein Meer. E.on-Chef Johannes Teyssen beteiligt sich als einer der ersten deutschen Konzernchefs an unserer Aktion:

In Not geratene Flüchtlinge haben Anspruch auf mitmenschliche Solidarität. Deshalb haben wir dem Landkreis Passau ein leer stehendes Verwaltungsgebäude für 5 Jahre mietfrei als Flüchtlingsunterkunft angeboten.[6]

Und ich denke: Wow! Aus »Ich bin viele« wird jetzt »Ich bin vieleviele«.

Siemens-Vorstand Janina Kugel verkündet:

In München haben wir ein leer stehendes Bürogebäude vorübergehend der Stadt zur Unterbringung zur Verfügung gestellt. In Erlangen öffnen wir unser Sportgelände und bieten Praktikumsplätze für Flüchtlinge an. Das wollen wir auch in anderen Städten machen.[7]

Und Werner Michael Bahlsen, Chef der gleichnamigen Keksfirma, spendet 20 000 Packungen Butterkekse für Auffanglager auf dem Balkan:

Wir begegnen Menschen in Not, direkt vor unserer Haustür. Und wir können etwas tun, jeder nach seinen Möglichkeiten.[8]

Und das sind nur drei Beispiele aus den ersten 24 Stunden.

Aber entscheidend für mich ist: Auch die Resonanz in der Bevölkerung ist überwältigend. Die Menschen stehen Spalier an den Bahnhöfen, versorgen die ankommenden Flüchtlinge mit Kleidung, Wasser, Obst, halten Schilder hoch: WELCOME!

Die linksalternative taz ist völlig perplex.Ich sage mal so: Was ist das

SONDERDRUCK نشرة خاصة

Bild

نشرة خاصة لبيلد للاجئين في ألمانيا

Welcome to Germany

التعليق Bild

أسباب مساعدة بيلد

كتبه كاي ديكمان

أعزائي اللاجئين

اليوم تستلمون نسخة من إصدار خاص صادر عن صحيفة „بيلد" باللغة العربية. صحيفة „بيلد" هي أكبر صحيفة في ألمانيا إذ يبلغ عدد قرائها ما يزيد عن 10 ملايين قارئ في اليوم. لقد قمنا بطبع هذه النسخة الإستثنائية خصيصاً لجميع اللاجئين، من الذين يريدون أن يبدؤوا حياةً جديدةً وآمنةً. صحيفة „بيلد" تريد المساعدة في ذلك.

مرحباً بكم في ألمانيا!

أول يوم في ألمانيا

بالاجتهاد يمكنك بناء حياة جديدة آمنة لنفسك هنا.

كتبه ياسر الخاجي

هكذا يكون العمل للمساعدة من خلال صحيفة „بيلد"

EIN HERZ FÜR KINDER

#refugeeswelcome WIR HELFEN

In einer BILD-Sonderausgabe in arabischer Sprache erklärten wir Geflüchteten, wie Deutschland funktioniert.

Schlimmste, was du deinen Feinden antun kannst? Dass du ihnen ihr Feindbild klaust. Und genau das ist mit unserer Kampagne *Refugees Welcome* offenbar passiert.

Heilig oder scheinheilig? Nicht nur die Cartoonistin Kittihawk zweifelt daran, dass ich es mit *Refugees Welcome* ernst meine.

Dass die Mehrheit der Deutschen gegenüber Flüchtlingen in den letzten Wochen so positiv eingestellt war, die Hilfsbereitschaft so groß und die Stimmung so euphorisch, dass manche Flüchtlinge auf deutschen Bahnhöfen sogar mit Applaus begrüßt wurden, daran hat die BILD-Zeitung einen maßgeblichen Anteil gehabt. An manchen Tagen war die BILD-Zeitung kaum wiederzuerkennen, so dass man sich beim Lesen die Augen reiben musste. Konsequent zogen die Blattmacher alle Register des Kampagnenjournalismus, den sie nun einmal konsequent beherrschen, nur diesmal, um für Mitgefühl mit dem Schicksal der Flüchtlinge zu werben.

Nicht nur dass sie den Antifa-Slogan »Refugees Welcome« kaperte und für sich übernahm – mit ihrer »Wir helfen«-Aktion im »Ein Herz für Kinder«-Stil setzte sie noch eins drauf und brachte gleich mehrere Minister wie SPD-Chef Sigmar Gabriel dazu, sich den Slogan als Button ans Revers zu heften.

Der Höhepunkt dieses Love-Storms war aber zweifellos der Stadtplan in arabischer Sprache, damit sich die Flüchtlinge besser in der Hauptstadt zurechtfinden. Er lag in der vergangenen Woche der Berlin-Ausgabe von BILD bei.[9]

So lese ich überrascht – aber mit einiger Freude – in der taz über die Haltung von BILD in der Flüchtlingskrise.

Aber nicht nur für etliche BILD-Gegner, auch für den einen oder anderen BILD-Leser bricht offenbar eine Welt zusammen. Und auf Twitter gibt es statt Love-Storm einen ziemlichen Shit-Storm:

WIR HELFEN ist natürlich leicht, wenn man in einem Stadtteil wohnt, wo »das Elend« schön weit weg ist.

WIR? Fängt BILD-Chef Kai Diekmann selbst an und räumt sein großes Seegrundstück in Potsdam für Flüchtlingslager?

@KaiDiekmann @BILD: Das ist wieder typisch Finger erheben und selbst nix damit zu tun haben wollen! Wie viele Asylbewerber wohnen bei Ihnen?[10]

Wenn die wüssten …

LAGERURLAUB FÜR TAREK

Bei mir zu Hause hat sich inzwischen die Tonalität etwas verschoben: Nach den tränenreichen Abenden zu Beginn sind wir nun in den Mühlen der Bürokratie gelandet. Der Asylstatus von Tarek ist noch immer ungeklärt.

Sehr geehrter Herr Werner,

wir haben die syrische Familie Omar bei uns aufgenommen. Gerne möchten wir der Familie helfen und sie kostenfrei bei uns beherbergen. Es ist mir sehr wichtig, dass Familie Omar nicht in ein Heim muss.

Mit besten Grüßen

Kai Diekmann

So schreibe ich an den Leiter der Zentralen Ausländerbehörde in Eisenhüttenstadt – an dem führt nämlich kein Weg vorbei. Wir bekommen einen Termin morgens um 7 Uhr. Kurz nach fünf macht sich Katja mit Tarek und den Kindern auf den 140 Kilometer langen Weg ins Aufnahmelager. Trotz der frühen Morgenstunde ist das dortige Antragsbüro völlig überfüllt. Bis Tarek sein Asylantragsformular in den Händen hält, vergehen Stunden. Und mit dem Asylantrag gibt es auch gleich das nächste Formular: *Wäsche-Empfangsbestätigung.* Darauf ist aufgelistet, was Asylsuchenden im Wohnheim automatisch ausgehändigt wird: Kopfkissen, Bezug, Laken, Decke, Handtücher, Besteck, Tasse. Kaution: 5 Euro pro Person. Denn nun, da sie da sind, pocht die Lagerverwaltung darauf, Tarek und die Kinder für eine Woche in Eisenhüttenstadt zu behalten. Gefahr von übertragbaren Krankheiten. Die Wohnheim-Ausweise mit den

Nummern 248359, 248360 und 248361 sind bereits ausgestellt und Tarek in die Hand gedrückt worden.

Aber wenn es etwas gibt, was Tarek unter keinen Umständen will, dann mit seinen Kindern wieder zurück in ein Lager zu müssen.

»Das macht doch keinen Sinn«, beginnt Katja deshalb eine Diskussion mit der Dame hinterm Schalter. »Warum sollten wir hier Unterkünfte blockieren, die dringend für andere Flüchtlinge benötigt werden? Herr Omar wohnt doch schon seit geraumer Zeit mit seinen Kindern bei uns. Die TBC-Untersuchung können wir uns, denke ich, sparen.«

Die Behördendame lenkt ein, unter der Bedingung, dass wir am nächsten Morgen erneut um sieben mit Tarek in Eisenhüttenstadt auf der Matte stehen und eine Bestätigung der Stadt Potsdam vorlegen, dass die Familie bei uns wohnen darf.

Nach etlichen E-Mails, Telefonaten und Eingaben haben wir zwischenzeitlich gelernt: Erstens, es gibt eine komplizierte, aber notwendige Bürokratie für Flüchtlinge. Zweitens, diese Bürokratie ist ausgelegt für normale Zeiten – und nicht für einen Flüchtlingsansturm, wie ihn Deutschland noch nie erlebt hat. Die Verfahren von gestern taugen nicht für die Notsituation von heute. Und deswegen, drittens, müssen sich da jetzt alle irgendwie durchfummeln: die Behörden, die Helfer, die Flüchtlinge selbst. Es wird improvisiert, diskutiert und gegebenenfalls auch einfach mal durchgewunken.

Und so stellt Katja einen Urlaubsantrag für Tarek und seine Kinder – *Lagerurlaub* im Bürokratendeutsch genannt. Dieser wird gewährt. Und so darf sie die drei ganz legal wieder mit nach Potsdam nehmen.

Drei Tage später bekommt Tarek Post:

Zuwendungsentscheidung Land Brandenburg:

Auf der Grundlage des §46 Abs. 1 und 2 Asylverfahrensgesetz (AsylVfG) wurden Sie und Ihre Kinder Adil und Djamal einer Aufnahmeeinrichtung des Landes Brandenburg zugewiesen. Nach Prüfung der Sachlage werden Sie nunmehr gemäß § 50 Abs. 1 und 2 (AsylVfG) in Verbindung mit der Zuständigkeitsverordnung des Landes Brandenburg der Stadt Potsdam zugewiesen. Sie sind verpflichtet, sich unverzüglich zu folgender Adresse zu begeben:

Wohnung für Asylbewerber

Kai Diekmann, Potsdam.[11]

Geschafft, denke ich. Ich bin jetzt offiziell ein Asylbewerberwohnheim und darf Tarek und seine Söhne bei mir wohnen lassen.

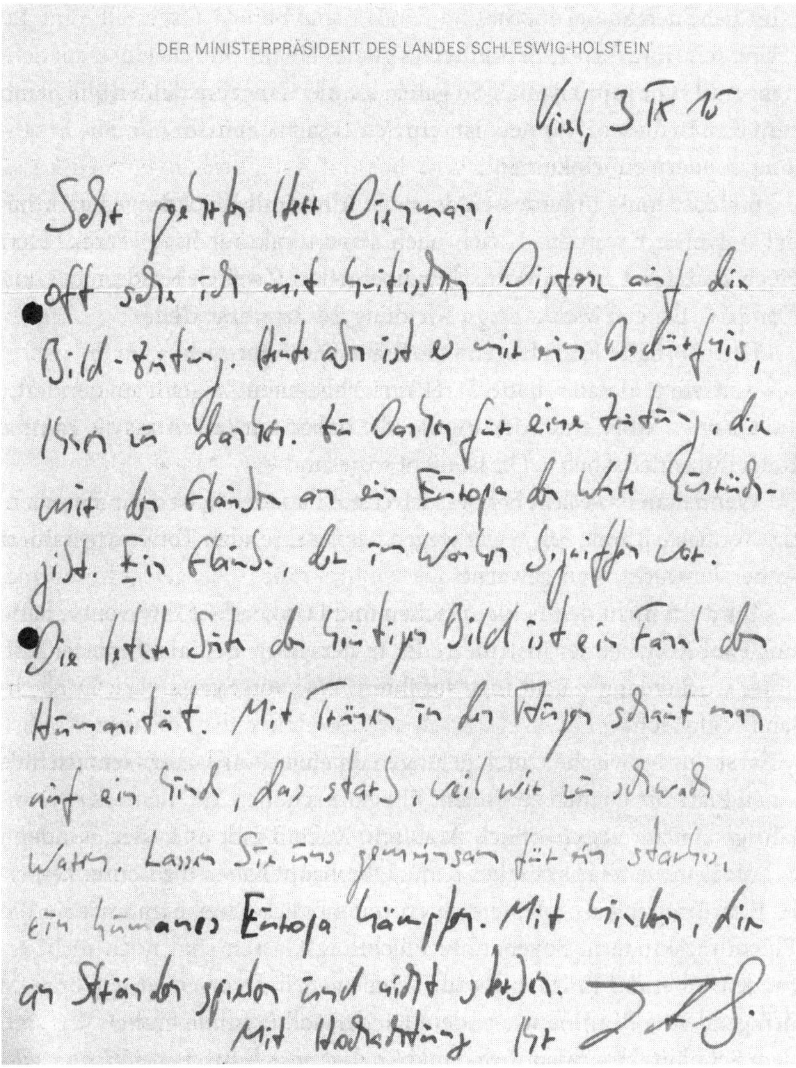

DER MINISTERPRÄSIDENT DES LANDES SCHLESWIG-HOLSTEIN

Kiel, 3 IX 15

Sehr geehrter Herr Diekmann,

oft sehe ich mit kritischen Augen auf die Bild-Zeitung. Heute aber ist es mir ein Bedürfnis, Ihnen zu danken. Zu danken für eine Zeitung, die mir den Glauben an ein Europa der Werte zurückgibt. Ein Glaube, der im Wanken begriffen war.

Die letzte Seite der heutigen Bild ist ein Fanal der Humanität. Mit Tränen in den Augen schaut man auf ein Kind, das starb, weil wir zu schwach waren. Lassen Sie uns gemeinsam für ein starkes, ein humanes Europa kämpfen. Mit Kindern, die am Strand spielen und nicht sterben.

Mit Hochachtung Ihr [signature]

»Danke für eine Zeitung, die mir den Glauben an ein Europa der Werte zurückgibt.« Handschriftlicher Brief des damaligen Ministerpräsidenten von Schleswig-Holstein Torsten Albig.

»Kai, schau mal!« Mit diesen Worten legt mir ein Kollege aus der BILD-Fotoredaktion Aufnahmen einer italienischen Presseagentur auf den Schreibtisch. »Ich glaube, das sind die Bilder von dem irischen Rettungsschiff, das vor ein paar Wochen eure Flüchtlinge aufgenommen hat.«

Ich gehe den Stapel durch.

Und sehe ihn: Tarek. Zerknittertes graues Hemd, dunkle Hose, auf dem Arm Adil. Vor ihm Djamal. So gehen sie die Gangway des Schiffs herab zum Kai. In diesem Moment ist sein Schicksal nicht mehr nur eine Erzählung, sondern ein Dokument.

Zu Hause muss unterdessen der neue Alltag mit Flüchtlingen ganz banal organisiert werden. Gleich nach seiner Ankunft hatte Tarek Katja einen Zettel mit seinen Wünschen übergeben: Zwei Gebetsteppiche, ein Kompass, der gen Mekka zeigt, Kleidung, Mikrowelle, Ghee.

»Ghee?«, hatte Katja fragend die Brauen hochgezogen.

»Butterfett! Halal!«, hatte Tarek mit erhobenem Zeigefinger erwidert.

»Okay … Aber eine Mikrowelle, die haben wir leider nicht«, musste Katja ihn enttäuschen. »Die ist nicht so gesund.«

»Wenn man das erlebt hat, was ich erlebt habe, dann ist das nicht wichtig«, erklärte Tarek. Katja war wegen des belehrenden Tons kurz irritiert – aber wir waren ja vorgewarnt:

»Ihr dürft nicht den Fehler machen und Dankbarkeit erwarten«, hatte uns Paul Ronzheimer instruiert, der in derselben Zeit als Reporter mitunter wochenlang Flüchtlinge auf ihrem Weg von Syrien nach Deutschland begleitet hat.

Es ist uns inzwischen auch gelungen, in einer Potsdamer Grundschule einen Platz für Djamal zu finden. Ein ganz schöner Akt, denn der Neunjährige spricht ausschließlich Arabisch. Zudem gibt es in der gesamten Schule kein weiteres syrisches Kind. Überhaupt haben die Lehrer keinerlei Erfahrung mit dem Unterrichten von möglicherweise traumatisierten Flüchtlingskindern. Sogenannte Flüchtlingsklassen sind noch nicht erfunden. Aber der Junge muss zur Schule gehen, Deutsch lernen, braucht dringend eine Routine wie andere Kinder, soll Freunde finden. Wir sind dem Schuldirektor unendlich dankbar, dass er sich auf dieses Wagnis einlässt.

»Muss mein Sohn denn am Religionsunterricht teilnehmen?«, fragt Tarek skeptisch.

»Ich sehe da überhaupt kein Problem«, antworte ich. »Erstens will ihn da niemand umerziehen, und zweitens versteht Djamal im Moment doch eh kein Wort.«

»Aber muss er denn während des Religionsunterrichts wirklich im Klassenraum bleiben?«, ist Tarek alles andere als überzeugt.

»Nun, die Schule hat eine Aufsichtspflicht, die Lehrer können Djamal in der Stunde nicht einfach vor die Tür stellen«, erkläre ich bestimmt, »das geht in Deutschland nicht.«

Vielleicht erinnern Sie sich, was ich zu Anfang geschrieben habe: *Gut gemeint und gut sind zwei verschiedene Dinge.* Wir wollten um jeden Preis helfen – und vielleicht hat das unseren Blick getrübt. Dass dem Helfen Grenzen gesetzt sind. Dass man den anderen nicht zu seinem Glück zwingen kann. Und dass sein Glück womöglich ein ganz anderes ist als das, was wir ihm verpassen wollen.

AYLAN UND DIE MACHT EINES EINZIGEN BILDES

Es ist früher Nachmittag in der BILD-Redaktion. Die Zeitung ist gelegt. So nennen wir das, wenn die Ausgabe von morgen von der ersten bis zur letzten Seite komplett durchgeplant ist und auch das Layout steht. Also sitze ich nicht im Newsroom, sondern auf dem schwarzen Sofa in meinem Büro und gebe der polnischen Zeitschrift Newsweek ein Interview. Es geht um die Haltung von BILD in der Flüchtlingskrise, unsere Aktion *Refugees Welcome*.

Und dann geht die Tür auf, Ulrike Zeitlinger, meine Stellvertreterin, betritt den Raum und reicht mir stumm ein Foto. Und dieser Moment, als sie es mir ohne Vorwarnung reicht, ist in meine Erinnerung gebrannt:

Ein kleiner Junge im roten T-Shirt liegt bäuchlings im Sand. Wellen umspülen seinen kleinen leblosen Körper. Es braucht nur Bruchteile von Sekunden, bis ich begreife, dass er tot ist. Mir schnürt es derart heftig die Kehle zu, dass ich laut schlucken muss. Es gibt Fotos und es gibt Fotos. Dieses hier sprengt alles.

»Wie groß sollen wir das machen, Kai?«

Aylan heißt der Kleine, nur drei Jahre ist er alt geworden, in Damaskus geboren. Ertrunken bei dem Versuch, mit seinen Eltern in einem Schlauchboot über das Mittelmeer nach Griechenland zu fliehen, angespült an einem türkischen Strand nicht weit von Bodrum. Schlepper haben ihn auf dem Gewissen. Die ganze Brutalität und Tragödie der Flüchtlingskrise – kondensiert in diesem einen Foto eines toten Kindes.

»Die ganze letzte Seite, Ulrike«, entscheide ich.

In der Redaktion fließen Tränen. Das habe ich so noch nicht erlebt. In der Zeitung steht das Foto am nächsten Tag für sich allein auf einer ganzen Seite. Keine Schlagzeile, nur ein kurzer Text auf schwarzem Grund:

Ein syrisches Kind liegt tot am Strand von Bodrum (Türkei), ertrunken auf der Flucht vor dem Krieg in seiner Heimat, gestorben auf dem Weg nach Europa. Bilder wie dieses sind schändlich alltäglich geworden.

Wir ertragen sie nicht mehr, aber wir wollen, wir müssen sie zeigen, denn sie dokumentieren das historische Versagen unserer Zivilisation in dieser Flüchtlingskrise. Europa, dieser unermesslich reiche Kontinent, macht sich schuldig, wenn wir weiter zulassen, dass Kinder an unseren Küsten ertrinken. Wir haben zu viele Schiffe, zu viele Hubschrauber, zu viele Aufklärungsflugzeuge, um dieser Katastrophe weiter zuzusehen. Dieses Foto hat eine Botschaft an die ganze Welt, endlich vereint dafür zu sorgen, dass kein einziges Kind mehr auf der Flucht stirbt. Denn wer sind wir, was sind unsere Werte wirklich wert, wenn wir so etwas weiter geschehen lassen?

Auch Aylans fünfjähriger Bruder und seine Mutter haben die Überfahrt nicht überlebt.

Einen Tag später erreicht mich ein Schreiben des Ministerpräsidenten von Schleswig-Holstein, eines SPD-Politikers, mit dem ich bislang noch nie zu tun hatte. Der Brief ist mit der Hand geschrieben, für einen Spitzenpolitiker ist das höchst selten.

Sehr geehrter Herr Diekmann,

oft sehe ich mit kritischer Distanz auf die BILD-Zeitung. Heute aber ist es mir ein Bedürfnis, Ihnen zu danken. Zu danken für eine Zeitung, die mir den Glauben an ein Europa der Werte zurückgibt. Ein Glaube, der im Wanken begriffen war. Die letzte Seite der heutigen BILD ist ein Fanal der Humanität. Mit Tränen in den Augen schaut man auf ein Kind, das starb, weil wir zu schwach waren. Lassen Sie uns gemeinsam für ein starkes, ein humanes Europa kämpfen. Mit Kindern, die an Stränden spielen und nicht sterben.

Mit Hochachtung
Ihr Torsten Albig

Gleichzeitig – ist auch nicht anders zu erwarten – gibt es an unserer Veröffentlichung harsche Kritik.

»Die Verwendung dieses Fotos ist ein dreister Verstoß gegen die berufsethischen Grundsätze des Journalismus!«, empört sich Journalistik-Professor Tobias Eberwein aus Österreich.[12] Außerdem gibt es sofort mehrere Beschwerden über BILD beim Presserat.

Es nützt nichts – ich muss an dieser Stelle ein bisschen ausführlicher werden und mit Ihnen über die Wirkung von Fotos sprechen. Und wie wir bei BILD dieses Thema sehen. Schließlich heißt die Zeitung BILD, nicht TEXT.

In den 16 Jahren als Chef von BILD bin ich wieder und wieder wegen der Veröffentlichung von Fotos angegriffen worden. Zu grausam, zu sensationslüstern, zu unethisch, hieß es. Und stets dachte und denke ich noch immer: Wie blind. Im wahrsten Sinne des Wortes. Ohne Bilder kein Sehen. Ohne Sehen kein Begreifen.

»Nicht das Foto, das menschliches Leid dokumentiert, verletzt die Würde von Menschen – sondern der Krieg, der Terror oder unsere Feigheit, einzuschreiten. Das Foto dokumentiert bloß die Welt«, so hat es der langjährige BILD-Kriegsreporter Julian Reichelt einmal sehr treffend formuliert.

Erschütternde Bilder erschüttern uns. Und genau das sollen sie auch. Fotos wecken Emotionen, sie lassen uns mitfühlen. Fotos beweisen und bewegen.

Mich beschäftigt eine Frage, und ich finde keine Antwort: Kann es sein, dass Teile unserer Wohlfühlgesellschaft genau das nicht wollen? Erschüttert werden? Kann es sein, dass der eine oder andere in seinem Wohlbefinden nicht gestört werden möchte? Bei der Zeitungslektüre zum Frühstück das Elend anderer nicht sehen will?

Noch eine Frage: Gibt es möglicherweise mittlerweile so etwas wie eine mediale Schizophrenie? Auf der einen Seite gibt es überall auf der Welt Krieg, Terror, die brutalsten Grausamkeiten – aber zeigen soll die Presse das bitte möglichst nicht. Und wenn überhaupt, dann nur appetitlich. Haben die Menschen in Deutschland nach 70 Jahren Frieden das Verständnis dafür verloren, was Krieg und Terror in der Realität bedeuten? Nämlich Hunger, Elend, Blut und Tod?

Auf der anderen Seite ist in Filmen, Serien und Computerspielen die Gewaltdarstellung inzwischen perfektioniert – realistischer, plastischer, blutiger als jede Wirklichkeit. Und das Ganze frei für Zuschauer ab zwölf Jahren.

Bei Ersterem schauen wir weg, beim Zweiten hagelt es Preise, Likes und Zuschauerrekorde. Man erträgt offenbar nahezu alles, wenn Fiktion drübersteht, und nahezu nichts, wenn es die Wirklichkeit ist. Mir kommt das ein bisschen schizophren vor.

Und noch ein Gedanke zum Thema Foto: Wir sind Augenmenschen, das Sehen ist unser stärkster Sinn. Wir sind neuronal so verschaltet, dass visuelle Reize alles andere dominieren. Ein Bild sagt mehr als tausend Worte, weiß der Volksmund.

Bilder graben sich in unser Gedächtnis. Manche sind so stark, dass wir sie nicht physisch sehen müssen, um sie sofort vor Augen zu haben: Marylin Monroe mit wehendem Kleid über dem Lüftungsschacht in New York. Die brennenden Tower von 9/11. Das nackte schreiende vietnamesische Mädchen, das vor einem Napalm-Angriff flieht. Letzteres ist ein ikonisches Bild, das mehr zum Ende des Vietnamkriegs beigetragen hat als jede Politikerrede. So groß war die Macht dieses einen Fotos.

Und was das Bild des toten kleinen Jungen am Strand angeht: Nicht nur, dass alle Beschwerden gegen die Veröffentlichung vom Presserat abgeschmettert werden, auch dieses Foto verändert den Lauf der Geschichte.

Als Ungarn wenige Tage später die Weiterfahrt von Zügen nach Österreich und Deutschland stoppt, die Bahnhöfe überquellen, sich Tausende Flüchtlinge zu Fuß von Budapest über die Autobahn Richtung österreichische Grenze aufmachen, geht so etwas wie der berühmte Ruck durch die Politik. Über Nacht werden alle geltenden Regeln ausgesetzt. Gemeinsam mit dem österreichischen Bundeskanzler entscheidet Angela Merkel: Wir machen die Grenzen nach Deutschland auf.

Für zigtausende Flüchtlinge ist es das vorläufige Ende einer furchtbaren Odyssee. Dein Tod war nicht sinnlos, kleiner Aylan, möchte ich sagen, so bitter das klingen mag.

EIGENTOR

Wie bereits erwähnt: Von meiner Stunde null auf der Insel Leros bis zu diesem Moment habe ich mich in der Flüchtlingskrise ganz wesentlich auch von meinen Gefühlen leiten lassen. Und bislang ist das auch immer gut gegangen.

Doch jetzt soll ich über das Ziel hinausschießen.

Schon im August hatte ich mich an den Chef der Fußballbundesliga, Reinhard Rauball, gewandt:

Sehr geehrter Herr Dr. Rauball,

kein Thema beschäftigt die deutsche Öffentlichkeit mehr als die dramatische Flüchtlingsbewegung.

Die Menschen, die zu uns kommen, brauchen Wohnungen, Schulen, Perspektiven – sie brauchen uns. Diese riesige Aufgabe ist nicht von staatlichen Behörden allein zu bewältigen. Hier ist jeder Einzelne gefordert – mit Ideen, mit Engagement, mit Einsatz.

Deshalb wollen wir mit der Aktion WIR HELFEN – REFUGEES WELCOME ein Zeichen setzen, Solidarität zeigen, die Bürger motivieren, selbst etwas zu tun, vor Ort, in der eigenen Nachbarschaft, zu Hause.

Ich fände es großartig, wenn die Liga einmal darüber nachdenken könnte, dass die Mannschaften an einem der nächsten Spieltage nicht mit dem Hauptsponsor auf dem Trikot auflaufen, sondern mit dem Slogan der Aktion.

Mit besten Grüßen

Ihr Kai Diekmann

Die Bundesliga-Vereine müssen nicht lange überzeugt werden. Deren Werbepartner Hermes erklärt sich sofort bereit, auf sein Recht zur Nutzung des linken Trikotärmels zu verzichten. Stattdessen sollen die Spieler an einem Spieltag Mitte September mit unserem Aktions-Logo *WIR HELFEN – REFUGEES WELCOME* auflaufen.

Jetzt beteiligt sich auch die Bundesliga an der großen BILD-Flüchtlingsaktion – verkünden wir stolz in BILD.[13] Und haben leider die Rechnung ohne den FC St. Pauli gemacht.

Wir begrüßen Ihr Engagement für die geflüchteten Menschen und finden es absolut großartig, was in unserem Land durch verschiedenste Aktionen von Privatpersonen und Institutionen bislang bewegt worden ist, bekomme ich Post aus Hamburg.

Es ist aber auch typisch für St. Pauli, klar und offen zu kommunizieren. Daher möchten wir Sie persönlich in diesem vertraulichen Schreiben darüber informieren, dass wir uns nicht an der Aktion am kommenden Spieltag beteiligen und das normale Hermes-Badge auf unseren Trikots tragen werden.

Dies nicht zuletzt auch deshalb, weil uns der Schriftzug Ihres Hauses auf unseren Trikots Kopfzerbrechen bereiten würde.[14]

Mir schwillt der Kamm. Nun ist Wut zu keiner Zeit ein guter Berater. Oder anders formuliert: Meine Emotionen, auf die ich mich bislang verlassen habe, fahren mich jetzt so richtig vor die Wand.

Darüber wird sich die AFD freuen:

beim FC St. Pauli sind Refugees Not Welcome

lasse ich meinen Ärger bei Twitter raus. Und sende, wenn schon denn schon, noch gleich einen Tweet hinterher:

FC ST. PAULI VON 1910 E.V. HARALD-STENDER-PLATZ 1 20359 HAMBURG

BILD-Zeitung
Chefredaktion
Kai Diekmann
Axel-Springer-Straße 65

10888 Berlin

BILD
Büro Kai Diekmann
23. SEP. 2015

Hamburg, den 21. September 2015

- vorab per Mail -

Sehr geehrter Herr Diekmann,

nachdem der 5. Spieltag der Bundesliga und der 7. Spieltag der 2. Liga absolviert sind und die Aktion „Wir helfen" durchgeführt worden ist, haben wir nach den Vorkommnissen der letzten Woche unser Vorgehen, aber auch die gesamte Situation, analysiert und kommen zu folgendem Ergebnis:

Als sich die Deutsche Fußball Liga mit der Information zur geplanten Aktion „Wir helfen" an die Vereine der 1. und 2. Liga wandte, war es nicht erkennbar, ob eine Teilnahme verpflichtend oder freiwillig sein soll. Nach Klärung des Sachverhalts haben wir uns entschieden, uns nicht an der Aktion zu beteiligen. Das haben wir der DFL und dem Ligaverband sowie den beteiligten Partnern Hermes und BILD in vertraulichen Schreiben mitgeteilt.

Leider haben Sie hierauf in einer für uns nicht akzeptablen Art und Weise reagiert. Den FC St. Pauli mit der AfD in einen Zusammenhang zu bringen, ist gegenüber dem Club und seinen Anhängern in höchstem Maße respektlos. Es wäre schön, wenn Sie sich hiervon distanzieren könnten. Wir gehen aber davon aus, dass Sie diesen Zusammenhang zukünftig nicht mehr herstellen werden.

Außerdem ist es für uns nicht hinnehmbar, dass Sie uns als Medienpartner der DFL, zu deren Gesellschafterkreis wir gehören, öffentlich diskreditieren. Sie haben dem Ligaverband, der Deutschen Fußball Liga und vor allen Dinge der Solidargemeinschaft der Clubs mit Ihrem Vorgehen einen Bärendienst erwiesen.

Freundliche Grüße vom Millerntor

Oke Göttlich
(Präsident)

Andreas Rettig
(Geschäftsleitung)

cc: Dr. Reinhard Rauball / Christian Seifert - DFL

FC ST. PAULI VON 1910 E.V.
HARALD-STENDER-PLATZ 1
20359 HAMBURG
TEL.: 040 - 31 78 74 - 21
FAX: 040 - 31 78 74 - 29
INFO@FCSTPAULI.COM
WWW.FCSTPAULI.COM
WWW.KIEZHELDEN.COM

VORSTAND
OKE GÖTTLICH (PRÄSIDENT)
THOMAS HAPPE
REINHER KARL
JOACHIM PAWLIK
JOCHEN WINAND
(VIZEPRÄSIDENTEN)

BANKVERBINDUNG
WARBURG BANK
BLZ: 201 201 00
KONTO-NR.: 1000 427 469
IBAN: DE02 2012 0100 1000 4274 69
BIC: WBWCDEHH

AG HAMBURG VR 1884
STEUER-NR.: 17/414/00886
UST.-ID-NR.: DE 118717030

BUNDESLIGA

Kai Diekmann not welcome: Brief des Vorstands des FC St. Pauli.

Kein Herz für Flüchtlinge: Schade eigentlich, FC St. Pauli! #refugeesnotwelcome. St. Pauli boykottiert WIR HELFEN.[15]

Der Shitstorm lässt nicht lange auf sich warten:

#Danke FC St. Pauli, dass ihr bei der Kommerzialisierung des Flüchtlings-Elends durch BILD nicht mitmacht!

#BILD not welcome!

#FC St. Pauli hat sich schon für Flüchtlinge engagiert als BILD nicht einmal wusste was refugeeswelcome heißt!

Auf Twitter fliegt mir das Blei um die Ohren.

Gerade dem Kiezklub aus Hamburg vorzuwerfen, sie würden Flüchtlinge nicht willkommen heißen, ist selbst für Diekmann-Verhältnisse ausgesprochen dreist, kommentiert BILDs Intimgegner BILDblog.

Was ich stärker im Blick hätte haben müssen: Der FC St. Pauli engagiert sich von allen Bundesligavereinen traditionell am stärksten in der Flüchtlingshilfe, veranstaltet Benefizspiele, Fans und Spieler arbeiten ehrenamtlich in Flüchtlingsheimen. Wie dämlich also von mir, diesem Verein mangelndes Engagement vorzuwerfen. Und dann, ebenso traditionell, hat der Verein, insbesondere die Hardcore-Fans, ein schwieriges Verhältnis zu BILD.

War ich zu naiv gewesen zu glauben, der Einsatz für die gute Sache überwinde alle Grabenkämpfe? Oder fehlte den anderen schlicht die Größe? Völlig egal.

Mit meinen Wut-Tweets hatte ich mich selbst ins Aus geschossen. Und wie es dann in den Bundesliga-Stadien weiterging, wissen Sie ja schon:

DIEKMANN HALT'S MAUL …

Sei's drum. Außer einer Handvoll Zweitliga-Vereine beteiligt sich letztlich die komplette Bundesliga an der BILD-Solidaritätsaktion. Und auch mit St. Pauli schließe ich wieder Frieden: Ein gutes Jahr später reiche ich St.-Pauli-Geschäftsführer Andreas Rettig die Hand, entschuldige mich für meine ungerechtfertigte Kritik. Und bekomme bei der Gelegenheit ein Glas St.-Pauli-Bienenhonig und das Kiezküche-Kochbuch *Refugees Welcome.*

Zu Hause landet mittlerweile ein weiterer Behördenbescheid in unserem Briefkasten: *Gewährung von laufenden Leistungen nach dem Asylbewerbergesetz (AsylbLG).*

Sehr geehrter Herr Omar,

unter Berücksichtigung Ihrer wirtschaftlichen und persönlichen Verhältnisse erhalten Sie für die nachfolgend aufgeführten Personen:

Omar Tarek

Zum Interviewtermin bei Angela Merkel auf der Terrasse des Bundeskanzleramts 2006

Omar Djamal
Omar Adil
Leistungen nach § 3 Asylbewerberleistungsgesetz
für den Monat Oktober 2015: 668,83 Euro.

Tarek macht sich sofort auf den Weg zum Sozialamt in Potsdam, um sich seine 668,83 Euro abzuholen. Er bekommt das Geld bar auf die Hand: »Das können Sie sich jetzt alle vier Wochen abholen«, wird ihm verkündet. Verbunden mit der freundlichen Frage, ob weitere finanzielle Unterstützung gewünscht sei, zum Beispiel für die Anschaffung einer Waschmaschine. Sollte er bei uns aus- und in eine Sozialwohnung einziehen wollen, gäbe es noch monatlich 600 Euro Mietzuschuss on top.

Mich macht dieser Geldregen ein wenig sprachlos. Knapp 700 Euro Unterstützung im Monat, obwohl für Tarek so gut wie keinerlei Kosten anfallen. Er wohnt umsonst, isst umsonst, hat von der Stadt ein kostenloses Ticket für den öffentlichen Verkehr. Dazu kaufen wir sämtliche Kleidung für ihn und die Kinder, außerdem bekommt er von uns 250 Euro in bar. Ich möchte mir nicht vorstellen, was Tarek seinen daheim in Syrien gebliebenen Freunden und Verwandten so alles erzählt.

Ich kenne einen Hausmeister, der hat am Ende des Monats nach Abzug aller Steuern und Sozialbeiträge gerade mal 1000 Euro netto in der Tasche. Für dieses Netto muss er aber 40 Stunden die Woche arbeiten – im Gegensatz zu Tarek und allen anderen Asylbewerbern, denen jedwede Erwerbstätigkeit strengstens verboten ist. Was für ein Irrsinn. Manche Asylbewerber müssen Jahre auf ihre Anerkennung warten und dürfen in dieser Zeit keinen einzigen Cent verdienen. Da ist doch etwas falsch. Verdammtsein zum Nichtstun.

»Wer weiß, vielleicht empfinden sie es ja auch als Schande, sich so nutzlos zu fühlen«, bringt es ein Freund auf den Punkt.

Schon längst ist nicht mehr alles Friede, Freude, Flüchtlinge. Die Stimmung in Deutschland ist am Kippen. Wo eben noch Teddybären am Münchner Hauptbahnhof verteilt wurden, werden jetzt zunehmend kritische Fragen gestellt:

Wie viele kommen denn noch? Kein Geld für Kitas, aber für Flüchtlinge – wie kann das sein? Warum dürfen die schmarotzen und ich muss malochen?

Schon im August haben gewaltbereite Rechtsradikale vor einer Notunterkunft im sächsischen Heidenau randaliert und Feuer gelegt. Bei Auftritten wird Angela Merkel immer öfter als Volksverräterin bepöbelt.

Nach oben oder nach unten? Im berühmten Fahrstuhl des Axel Springer Verlags mit Bundeskanzlerin Angela Merkel und Regierungssprecher Ulrich Wilhelm

Wir schaffen das, hat die Kanzlerin gesagt.

Aber wie?

In der Schule geht nicht alles glatt bei Djamal. Er stört zuweilen den Unterricht, hat seine Arbeitsmaterialien nicht immer dabei, kommt schon mal morgens zu spät.

Die Klassenlehrerin bestellt Katja und Tarek zum Gespräch.

Ohne wirkliches Ergebnis. Tarek interessiert das Thema nicht sonderlich. Und alle anderen im Raum sind gehemmt: Wie sehr darf man mit einem Menschen ins Gericht gehen, der Witwer ist, Flüchtling – und vermutlich traumatisiert, was kein Wunder wäre nach allem, was er hinter sich hat.

Gut gemeint und doch nicht gut: Am Ende sind wir vielleicht doch nur die Amateure, die geglaubt haben, wir tun unseren Flüchtlingen besser als jedes Lager. Aber im Lager, das dämmert uns langsam, da sind die Profis.

Das alltägliche Zusammenleben stellt uns zunehmend vor neue Herausforderungen: Ella, unsere Zugehfrau, Nina, die bei uns babysittet, selbst Katja wird von Tarek von oben herab behandelt.

»Kennst du eigentlich das deutsche Grundgesetz?«, frage ich ihn eines Abends.

»Nein«, antwortet er.

Okay, wie sollte er auch? Gibt es ja nicht auf Arabisch. Woher soll er also wissen, dass Männer und Frauen selbstverständlich gleichberechtigt sind? Vielleicht haben wir ja einen Fehler gemacht, als wir nicht von Anfang an klare Regeln definiert, immer nur seine Rechte formuliert, aber niemals etwas gefordert haben von Tarek?

»Ich fände es übrigens nicht gut«, beginne ich vorsichtig ein Gespräch mit unserem Gast, »wenn du vom Sozialamt Leistungen in Anspruch nimmst, zum Beispiel Geld für eine Waschmaschine, die du gar nicht brauchst und auch nicht kaufen wirst. Wir waschen doch hier alles für dich. Das fällt auf uns zurück. Wir haben uns verpflichtet, uns um euch zu kümmern und der Stadt nicht zur Last zu fallen.«

Doch Tarek ist ganz klar. »But it's by law«, erklärt er mir nüchtern. *So will es das Gesetz.* Da kennt sich Tarek mit dem deutschen Rechtsstaat überraschenderweise dann doch ganz gut aus.

SCHAFFEN WIR DAS, FRAU MERKEL?

Wie gesagt: Wenn es einen Namen gibt, der wie kein anderer im Zentrum der Flüchtlingsdebatte steht, dann ist es der von Angela Merkel. Erst wurde die deutsche Bundeskanzlerin für ihre noble Haltung und ihre Entschlossenheit, den Flüchtlingen zu helfen, beinahe heiliggesprochen, gingen die Selfies von ihr mit jubelnden Flüchtlingen um die ganze Welt. Aber mittlerweile ist sie in den Augen vieler die Böse, die Hauptschuldige an dem kaum mehr zu bewältigenden Flüchtlingsansturm.

Aus meiner Sicht eine sehr deutsche Reaktion: Eben noch himmelhochjauchzend, im nächsten Moment zu Tode betrübt. Es fällt uns schwer, das Mittelmaß zu finden.

Ich bin in vielen politischen Fragen ganz anderer Meinung als Angela Merkel, aber: Mit ihrer Entscheidung, Menschen zu Hunderttausenden Schutz zu gewähren, die sogar das Leben ihrer Kinder aufs Spiel setzen, um Krieg, Terror und Tod zu entkommen, hat Angela Merkel gehandelt, wie eine deutsche Bundeskanzlerin handeln muss. Das verlangt unsere Geschichte, das verlangt unser Grundgesetz: *Die Würde des Menschen ist unantastbar.* Das gilt ja nicht nur für Deutsche. Richtig ist aber auch: Nicht alles, was wünschbar ist, ist auch machbar. Das deutsche Grund-

»Für Kai Diekmann. Angela Merkel«, schrieb mir die frischgekürte Bundeskanzlerin bei unserem ersten Interview auf die »Miss Germany«-Ausgabe.

recht auf Asyl mag keine Obergrenze kennen, aber am Ende werden wir nicht die ganze Welt retten können. Diesen Widerspruch kommunikativ aufzulösen, ist Merkel bislang nicht gelungen.

Anfang Oktober empfängt mich die Kanzlerin zum Interview.[16] Ich habe Paul Ronzheimer dabei, der sich jeden Tag von Flüchtlingen ihre Geschichten erzählen lässt, unterwegs ist in den Lagern, die lebensgefährliche Überfahrt in einem Schlauchboot am eigenen Leib erlebt hat.

Wie immer greift die Kanzlerin selbst zur Thermoskanne und schenkt Kaffee ein. In einer Silberschale auf dem Tisch liegt noch immer der kleine Würfel, den ich ihr bei unserem allerersten Interview vor zehn Jahren zu ihrem Amtsantritt geschenkt habe. Auf jeder der sechs Seiten eingraviert ein Wort: IN.DER.RUHE.LIEGT.DIE.KRAFT.

Ich erinnere mich noch gut an dieses erste Interview mit ihr als Bundeskanzlerin in dem noch recht kahlen Büro im siebten Stock des Bundeskanzleramts. Das war gerade mal 48 Stunden nach ihrer Vereidigung im Bundestag. Überall standen die Umzugskartons – Schreibtisch und Ledersofas hatte sie einfach von Vorgänger Gerhard Schröder übernommen. An den Wänden keine Bilder, dafür überall Blumensträuße von Gratu-

Leidenschaftliche Diskussion mit Angela Merkel beim BILD-Sommerfest 2016. Mit dabei: Mat

)öpfner, Jan Bayer – und »Das Denkmal« an der Wand

lanten aus aller Welt. Auf dem Schreibtisch ihre Ernennungsurkunde zur Kanzlerin. Auch das neue Briefpapier war bereits gedruckt: *Bundesrepublik Deutschland – Die Bundeskanzlerin.*

Bestens gelaunt signierte sie mir damals die BILD-Ausgabe mit der Schlagzeile *MISS GERMANY,* die wir zu ihrer Wahl gemacht hatten. Keine unserer Fragen war ihr zu privat oder zu doof: »Glauben Sie an die Kraft der Sterne?«, improvisierten wir, weil sie bei ihrer Vereidigung einen Steinanhänger an der Kette getragen hatte.

»Ich mag Natursteine einfach sehr gerne. Ich hatte jetzt eher farblich entschieden«, gab sie damals bereitwillig Auskunft. »Ich lese manchmal mit Interesse Horoskope, aber füge mich nicht darein.«

Auf dem Fußboden neben der Tür lag Merkels Handy und lud. Damals, 2005, suchte Merkel noch regelmäßig den SMS-Kontakt und direkten Austausch mit mir. Das ist jetzt, im Jahre 2015, schon lange nicht mehr der Fall. Nicht weil wir uns zwischenzeitlich zerstritten hätten – die Merkel 2015 ist als Kanzlerin angekommen und hält zu Journalisten eine gesunde Distanz. Das hätte sie ihrem Lieblings-Bundespräsidenten vielleicht auch ans Herz legen sollen.

Die Flüchtlingskrise ist für Angela Merkel die größte Herausforderung ihrer bisherigen Amtszeit.

»Warum trifft uns dieser Exodus – aus dem Nahen Osten, aus Afrika und den vielen anderen Krisenländern – so unvorbereitet?«, will Paul als Erstes wissen: »War das nicht alles absehbar, wenn man den Syrienkonflikt sieht und wenn man sieht, wie viele Flüchtlinge bereits in der Türkei waren und gewartet haben?«

Angela Merkel schaut, wie Angela Merkel immer schaut: unaufgeregt, voller Langmut, nachsichtig.

»Wenn man Geschichte im Rückblick betrachtet, scheint sie vorhersehbarer, als sie ist«, antwortet sie salomonisch. »Manche haben auch nach 1989 gefragt, warum einen eigentlich der Fall der Mauer so überraschend traf. Warum hatte eigentlich keiner einen Masterplan in der Schublade, wo man doch schon 40 Jahre darauf gewartet hatte, dass die deutsche Einheit endlich kommt, und wo doch der RIAS jeden Morgen deutlich gemacht hat, dass die DDR nicht ewig bestehen werde.«

»Aber Millionen Flüchtlinge waren bereits seit Jahren in der Türkei«, insistiere ich. »Und der Syrienkonflikt hat sich immer weiter verschärft.«

»Das ist richtig, und doch war ein solcher Exodus nach Europa, wie wir ihn jetzt erleben, auch für mich wie für meine europäischen Kollegen nicht absehbar«, verteidigt sich die Kanzlerin. »Noch im Frühjahr haben wir uns auf die überfüllten Boote konzentriert, die von Libyen nach Italien unterwegs waren. Dann wurde die Verzweiflung der Menschen in Syrien durch das Vorrücken des IS und Assads Bomben immer größer, die Lage in den Flüchtlingslagern um Syrien herum verschlechterte sich immer mehr, und Zigtausende verließen die Türkei in Richtung Europa. Parallel dazu setzten sich auch Tausende von Flüchtlingen aus dem Irak in Bewegung.«

»Nicht nur Horst Seehofer, sondern auch Bundespräsident Gauck hat sich von Ihnen abgesetzt mit dem Satz: ›Unser Herz ist weit, doch unsere Möglichkeiten sind endlich.‹ Die Aufnahmekapazität Deutschlands sei begrenzt. Das hat gar nichts mit Ihrer Haltung *Das Grundrecht auf Asyl kennt keine Obergrenze* zu tun. Fühlen Sie sich vom Bundespräsidenten im Stich gelassen?«

Die Bundeskanzlerin gibt sich gelassen: »Ich kommentiere die Reden des Bundespräsidenten grundsätzlich nicht – das ist guter Brauch zwischen den Verfassungsorganen. Der Bundespräsident hat die Macht des Wortes, meine Funktion ist operativ, also handelnd. Das heißt, dass ich die Probleme lösen muss. Meine Herangehensweise lautet: Wir schaffen das, weil wir ein starkes Land sind und weil wir gleichzeitig in Europa und außerhalb Europas Lösungen suchen, die die Zahl der zu uns kommenden Flüchtlinge abnehmen lassen, weil sie an den Ursachen ansetzen.«

Wenn man bedenkt, mit welcher Wucht sie derzeit angegangen und unter Druck gesetzt wird, eben nicht nur auf der Straße, sondern auch in der eigenen Partei, finde ICH beeindruckend, wie wenig beeindruckt SIE ist.

IN.DER.RUHE.LIEGT.DIE.KRAFT.

»Wie fühlt es sich an, von Flüchtlingen auf der ganzen Welt als *Angel* Merkel, also *Engel* Merkel, gefeiert zu werden?«, fragt Paul, der das in Lagern immer wieder gehört hat. »Damit beschäftige ich mich ehrlich gesagt nicht«, antwortet die Kanzlerin nüchtern.

Und ich bin überzeugt: Sie meint es genau so, wie sie es sagt.

Ich kenne Angela Merkel schon seit ihren Tagen als stellvertretende DDR-Regierungssprecherin nach dem Fall der Mauer – das ist jetzt, im Oktober 2015, fast ein Vierteljahrhundert her. Und ich muss sagen: In dieser Zeit habe ich vor allem eine Facette an ihr immer wieder erlebt: Sie ist bis an die Schmerzgrenze unprätentiös, uneitel, fällt auf keine Schmeichelei rein. Sie setzt sich nicht in Szene. Und lässt sich auch nicht in Szene setzen. Das habe ich auf die harte Tour lernen müssen. Ich erinnere mich sehr gut an einen Fototermin mit Konrad R. Müller, dem berühmten Porträtisten aller Kanzler der Republik. Seine beeindruckenden Schwarz-Weiß-Porträts von Adenauer bis Schröder hängen als Ahnengalerie auf dem Flur vorm Kanzlerbüro. Nur Angela Merkel fehlte ihm damals noch in seiner Juwelensammlung. Die Gelegenheit ergab sich, als Angela Merkel zum 60. Geburtstag der Bundesrepublik Deutschland für BILD einen Gastbeitrag über den ehemaligen Kanzler Ludwig Erhard schrieb. Dazu wünschte ich mir ein Foto von Merkel vor dem berühmten Müller'schen Erhard-Porträt im Kanzleramt. Fotografiert natürlich von: Konrad R. Müller.

»Sie müssen sofort kommen!«, erwischte es mich kalt am Tag des geplanten Fototermins, als ich einen Alarmanruf aus Merkels Büro erhielt: »Die Bundeskanzlerin und Herr Müller haben sich gestritten. Jetzt will Frau Merkel das Foto nicht mehr!«

Was für ein Mist, dachte ich, und ärgerte mich – am meisten über mich selbst: Normalerweise war ich bei solch wichtigen Fototerminen persönlich vor Ort. Doch in diesem Falle schien alles so kristallklar vereinbart, dass ich das für überflüssig gehalten hatte. Sofort machte ich mich auf den Weg. Vom Springer-Verlag in Kreuzberg zum Bundeskanzleramt in Mitte sind es zum Glück nur zehn Minuten. Ich fand Konrad R. Müller im kleinen Kabinettssaal im sechsten Stock des Kanzleramts: »Ich habe hier extra was aufgebaut, habe ein Bild von Erhard mitgebracht, damit ich sie bei Tageslicht fotografieren kann«, maulte er schwer beleidigt und grantig.

»Und?«, hakte ich nach.

»Das mache ich nicht, hat sie gesagt«, empörte sich Müller: »Und dann habe ich gesagt: Ich mach es aber nicht anders! Ich kann mir nicht erlauben, ein schlechtes Bild von Ihnen zu veröffentlichen.«

»Gehen Sie mal rein«, winkte mich die Sekretärin durch, als ich angespannt einen Stock höher Angela Merkels Vorzimmer betrat. Kaum war ich durch die Tür der Kanzlerin, kam sie mir auch schon entgegen. Und dann ging es rund.

»Inszenierung …! … nicht verabredet! … ich mache so was nicht! … ich gehe da nicht wieder runter! … was denkt der sich?! …«

Laut, energisch, angefasst. Ich kam erst mal gar nicht zu Wort. Es ist schon eine besondere Erfahrung, von der Bundeskanzlerin der Bundesre-

Signatur der Kanzlerin zur Erinnerung an einen denkwürdigen Fototermin

publik Deutschland eine solche Standpauke zu erhalten. »Es tut mir leid! Vollstes Verständnis!«, lenkte ich erst mal ein, wäre aber nicht der Bohrer, der ich bin, hätte ich an dieser Stelle keinen Rettungsversuch gestartet: »Sie könnten ja wie zufällig aus Ihrem Büro treten, Frau Merkel«, rege ich an. »Stehen dann zufällig neben dem dort hängenden Porträt. Und rein zufällig ist dort Herr Müller mit seiner Kamera.« Ende vom Lied: Kanzlerin einverstanden, Müller auch. Und so mutete die Szene fast skurril an, als die Kanzlerin schließlich mit eingefrorenem Lächeln vor ihr Büro trat und Müller blasiert, wie beiläufig, zweimal auf den Auslöser drückte – so als wäre nichts gewesen.

Diese skurrile Fotogeschichte treibt noch eine weitere Blüte. Wir halten kurz fest: Zu Beginn gab es ein Foto – nämlich das von Erhard. Dann gab es ein Foto vom Foto von Erhard – mit Angela Merkel. Und dann – so nebenbei – entstand damals noch ein weiteres Foto: nämlich ein Foto vom Foto von Erhard – mit Angela Merkel und MIR. Dieses Foto vom Foto von Erhard, Merkel und mir signiert sie mir Monate später bei einem weiteren Interview – und so gibt es dann auch noch ein Foto im Foto im Foto. Die perfekte Foto-Matrjoschka.

»Warum kriegen Flüchtlinge denn so viel Geld bezahlt?«, frage ich die Frage, die mich auch privat umtreibt.

»Das Bundesverfassungsgericht hat uns in einem Urteil zu realitätsgerecht ermittelten Zahlungen verpflichtet«, referiert die Kanzlerin stoisch die Gesetzeslage. Ich kann mich nicht daran erinnern, dass es mir in einem meiner zahlreichen Interviews mit Angela Merkel jemals gelungen wäre, sie aus der Reserve zu locken. Niemals erliegt sie der Versuchung, etwas zu sagen, was sie nicht zu 100 Prozent sagen will. »Die Leistungen für Asylbewerber liegen unter dem Hartz-IV-Satz, aber nahe dran«, fährt sie trocken fort, »dieses Urteil haben wir als Bundesregierung zu respektieren. In unserem neuen Gesetz, das im November in Kraft treten soll, setzen wir auf Sachleistungen für die, die in einer Erstaufnahmeeinrichtung sind und nur eine geringe Bleibeperspektive haben.«

»Eine Flüchtlingsfamilie mit zwei Kindern, die im Flüchtlingsheim Kost und Logis erhält, bekommt bis zu 1000 Euro finanzielle Unterstützung vom Sozialamt«, lasse ich nicht locker. »Wie soll das der deutsche Arbeitnehmer verstehen, der für das gleiche Geld 40 Stunden arbeiten muss?«

»Ich weiß, dass das Taschengeld, das wir Flüchtlingen zahlen, im europäischen Maßstab hoch ist«, erklärt Merkel. »Länder wie die Niederlande oder Luxemburg zahlen deutlich weniger. Und genau weil wir mögliche Fehlanreize abbauen wollen, wollen wir dazu zurückkehren, in den Erstaufnahmeeinrichtungen wieder überwiegend Sachleistungen zu verteilen und nicht Bargeld auszuzahlen.«

»Dem Rentner, der sein Leben lang gearbeitet hat, zahlt die Krankenkasse keine Physiotherapie. Wie erklären Sie ihm, dass Sie für alle Flüchtlinge die Gesundheitskarte wollen?«

Auf Angela Merkel ruhen die Hoffnungen zigtausender Flüchtlinge. Bei einem Empfang des Axel Springer Verlags nimmt mich die Kanzlerin ins Gebet.

»Ich sage ihm, dass kein Beitragszahler Angst zu haben braucht, dass ihm Flüchtlinge bei den Leistungen etwas wegnehmen«, antwortet Merkel. »Mit der Gesundheitskarte schaffen wir eine Möglichkeit, Ärzte, Krankenhäuser und Ämter von unnötigem Verwaltungsaufwand bei der Krankenbehandlung von Asylbewerbern zu entlasten. An den eingeschränkten Gesundheitsleistungen selbst ändert sich dadurch nichts. Ein Asylbewerber darf in den ersten 15 Monaten grundsätzlich nur bei akuten Erkrankungen behandelt werden. Eine Sanierung der Zähne ist zum Beispiel nicht enthalten.«

»Eine letzte Frage, Frau Bundeskanzlerin«, beschließe ich das Interview, »wären Sie persönlich bereit, bei sich zu Hause Flüchtlinge aufzunehmen?«

Sie schaut mich an. Sie weiß, dass wir zu Hause Flüchtlinge beherbergen, ich habe es ihr erzählt. »Auch wenn ich großen Respekt für die Menschen habe, die das tun, könnte ich mir das für mich derzeit nicht vorstellen«, erliegt sie nicht eine Sekunde der Versuchung, in den Schuh zu schlüpfen, den ich ihr hingestellt habe: »Ich sehe es als meine Aufgabe an, alles zu tun, dass der Staat dieser Aufgabe so vernünftig wie möglich nachkommen kann.«

Als wir uns verabschieden, fällt mir auf: Bei früheren Interviews haben wir zwischendurch auch einmal herzlich gelacht. Heute ist dafür kein Raum gewesen, das Thema ist einfach viel zu ernst. Dabei hat die Kanzlerin einen wirklich großartigen Humor. Ich erinnere mich an ein wunderbares Abendessen, das sie zu Ehren von Deutsche-Bank-Chef Josef Ackermann im Kanzleramt gab, als der seinen 60. Geburtstag feierte. Wir waren vielleicht 30 Gäste am Tisch.

»Lieber Herr Dr. Ackermann, liebe Gäste«, ergriff Angela Merkel das Wort: »Ich möchte jetzt gar keine lange Rede halten, sondern habe einen ganz anderen Vorschlag. Jeder am Tisch sagt jetzt einmal ganz kurz, warum er glaubt, heute Abend hier eingeladen zu sein.« Dann drehte sie sich zur Dame an ihrer linken Seite und sagte: »Frau Ackermann, wollen Sie vielleicht mal beginnen?«

HASS VON RECHTS

Einen Tag vor der Oberbürgermeister-Wahl in Köln attackiert ein 44-jähriger Mann die Kandidatin Henriette Reker während einer Wahlkampfveranstaltung mit einem langen Jagdmesser und verletzt sie schwer an der Luftröhre. Begründung des Angreifers für seine irre Tat: Fremdenhass.

Die Hetze gegen die Flüchtlingspolitik der Bundesregierung wird vor allem in den sozialen Netzwerken immer schlimmer. Insbesondere auf Facebook ereifern sich die User, posten ihre rassistischen, hasserfüllten Kommentare. Und das nicht etwa anonym, sondern völlig ungeniert unter echtem Namen.

Dieser Dreck hat nix anderes verdient! Eine Kugel für jeden Musel und ihre Unterstützer

Der Bimbo soll zurück in den Busch Bananen pflücken.

Die sollen sich untereinander totschlagen. Dann haben wir wieder Ruhe vor dem Pack.

Ab nach Auschwitz und Buchenwald, da ist genügend Platz. Die Öfen müssen nur angeheizt werden.

Mir wird kotzübel. Raus aus Deutschland mit der Brut. Die Grünen können gleich mitverschwinden.

An die Wand mit dem Dreckspack.

So geht das endlos. Und Facebook? Schaut tatenlos zu.

Ich bin empört. Das kann doch nicht sein! Der digitale Raum ist öffentlicher Raum. Also müssen auch dort Volksverhetzung, Androhung von Gewalt, Antisemitismus und Fremdenfeindlichkeit strafbar sein und strafrechtlich verfolgt werden. Warum sollten für Facebook, Twitter und Co. andere Regeln gelten als anderswo im öffentlichen Leben? In der Redaktionskonferenz beschließen wir: BILD muss etwas tun.

Hass auf Flüchtlinge? Bild stellt die Facebook-Hetzer an den Pranger

So lautet unsere Schlagzeile am 20. Oktober.

Über zwei ganze Seiten präsentieren wir knapp 40 Screenshots mit den hässlichsten und brutalsten Kommentaren der Internet-Hetzer. Dazu ihre Gesichter und Namen. Und einen Aufruf:

So viel offener Hass war nie in unserem Land! Und wer Hass sät, wird Gewalt ernten. Längst ist die Grenze überschritten von freier Meinungsäußerung oder Satire zum Aufruf zu schwersten Straftaten bis zum Mord. BILD reicht es jetzt: Wir stellen die Hetzer an den Pranger! Herr Staatsanwalt, übernehmen Sie!

Und der Staatsanwalt übernimmt. Bereits am nächsten Tag gibt es erste Strafanzeigen und Ermittlungen.

Gleichzeitig machen sich BILD-Reporter auf den Weg, um persönlich an der Haustür der Hetzer zu klingeln und sie mit ihren Kommentaren zu konfrontieren.

Die Reaktionen sind zum großen Teil erbärmlich. Unsere Reporter werden bepöbelt, bedroht, andere wieder sind auf einmal ganz kleinlaut. Nur die wenigsten entschuldigen sich geradeheraus.

Die Aktion hat allerdings auch Konsequenzen für BILD. Eine Betroffene klagt gegen die Veröffentlichung ihres Facebook-Posts. Und bekommt recht. Die Gerichte sehen eine Verletzung ihrer Persönlichkeitsrechte.[17]

Aus Sicht des Ausschusses war die Veröffentlichung der Äußerungen mit Namen und Profilbild in beiden Berichterstattungen zulässig, da es sich hier nicht um private, sondern erkennbar um politische Äußerungen der User in öffentlich einsehbaren Foren handelte.

So lautet hingegen die Entscheidung des Presserats, bei dem es wegen des BILD-Prangers ebenfalls Beschwerden hagelt. Unterstützung von einer Seite, von der ich es am allerwenigsten erwartet hätte.

KÖNIGIN MERKEL

Das Zusammenleben mit Tarek stellt uns vor immer größere Herausforderungen.

Katja nimmt mich zur Seite: »Es läuft unrund.«

»Was genau?«, frage ich.

»Er hat Chelsea so zusammengefaltet, dass sie geweint hat.« Chelsea ist unsere sehr gutmütige Austauschschülerin aus den USA. »Er ist gegenüber den Frauen hier im Haus nach wie vor echt überheblich oder ignoriert uns gleich ganz. Und jetzt habe ich von einer Mutter in der Schule erfahren, dass sich Djamal nicht mit anderen Kindern zum Spielen verabreden darf. Tarek schlägt jede Einladung zum Kindergeburtstag aus.«

Mir ist natürlich auch schon aufgefallen, dass er sich mit seinen beiden Kindern zunehmend zurückzieht. Aber ich gebe zu: Die Dimension der aufziehenden Probleme hat Katja schneller und klarer erkannt als ich.

»Bei uns in der Küche essen dürfen die Jungs auch nicht mehr. Wir kochen ja nicht halal«, berichtet Katja weiter. »Die dürfen noch nicht mal die Hustenbonbons annehmen, die ich ihnen gebe.«

Lade ihn zum Gespräch in Eure Küche. So dass Ihr zu zweit seid, er vor niemandem das Gesicht verliert. Er ist ohnehin Euer Gast, aber in der Küche ist er noch mehr Gast. Das ist wichtig. Biete ihm irgendwas an, Tee etc. Dann sagst Du ihm, dass Du ihn sehr dafür respektierst, wie er seine Familie vor dem Krieg in Sicherheit gebracht hat und dass Du genauso handeln würdest. Du sagst, dass es ihm sicher noch schwerfällt, das zu glauben, aber dass er nun sicher ist, dass er nichts mehr zu befürchten hat usw. Dann sprich offen an, was Dich stört. Fang mit Mann/Frau an.

Sag ihm, Du verstehst, dass ein solches Gespräch in Syrien undenkbar wäre, aber dass Du die Hälfte des Hauses, in dem er Schutz genießt, verdient hast und Du deswegen natürlich jedes Recht hast, auf Augenhöhe mit ihm zu sprechen. Sag ihm, dass Du/Ihr seine Chance seid, seinen Kindern ein besseres Leben zu ermöglichen und dass Ihr alles dafür tun werdet, aber dass Ihr dafür auch seinen Respekt verdient. Dann sag ihm alles, was Dich stört, was Deine Grenzen sind, genauso wie Du es mir gesagt hast. Erklär ihm, dass Du seine Religion achtest und erwartest, dass er Deine genauso achtet usw.

So schreibt uns ein Freund, der sich in der arabischen Kultur allerbestens auskennt und den Katja um Rat gefragt hat.

Ein paar Tage später besuche ich Tarek in seiner Gästewohnung: »Was ist los, Tarek?«, rede ich nicht lange um den heißen Brei herum. »Warum ziehst du dich zurück? Lässt deine Jungs nicht mehr mit unseren Kindern essen und spielen? Behandelst die Frauen im Haus schlecht?«

»Ich behandele die Frauen nicht schlecht«, widerspricht Tarek und schüttelt den Kopf. »Und was die Kinder angeht, die bekommen kein Halal zu essen, das will ich nicht.«

Ich bin irritiert: »Halal für die Kinder war bisher nie ein Thema – weder wenn wir gemeinsam bei uns in der Küche aßen, noch wenn wir zusammen ins Restaurant gehen.«

Tarek schweigt und wirkt wütend. Dann bricht es plötzlich aus ihm heraus: »Ich wollte doch nie nach Europa. Ich wollte nie Flüchtling sein!«

»Aber wir behandeln dich nicht als Flüchtling.«

»Aber ich bin trotzdem ein Nichts hier. Zu Hause war ich wer. Ich war der Chef!«

Tarek erhält Post vom Bundesamt für Migration und Flüchtlinge:

In dem Asylverfahren des/der

OMAR, Tarek, geb. am 10.09.1979 in Damaskus/Syrien, Arabische Republik
OMAR, Djamal, geb. am 10.09.2007 in Damaskus/Syrien, Arabische Republik
OMAR, Adil, geb. am 26.03.2011 in Damaskus/Syrien, Arabische Republik

wohnhaft: Wohnung für Asylbewerber, Potsdam

ergeht folgende Entscheidung: Die Flüchtlingseigenschaft wird zuerkannt.

Die Antragsteller, syrische Staatsangehörige, reisten am 9.09.2015 in die Bundesrepublik Deutschland ein und stellten am 16.10.2015 Asylanträge.

Ein Ausländer ist Flüchtling, wenn er sich aus begründeter Furcht vor Verfolgung wegen seiner Rasse, Religion, Nationalität, seiner Zugehörigkeit zu einer bestimmten sozialen Gruppe oder wegen seiner politischen Überzeugung außerhalb des Landes befindet, dessen Staatsangehörigkeit er besitzt oder in dem er als Staatenloser seinen vorherigen gewöhnlichen Aufenthalt hatte und dessen Schutz er nicht in Anspruch nehmen kann oder wegen dieser Furcht nicht in Anspruch nehmen will (§ 3 AsylG).

Aufgrund des ermittelten Sachverhaltes ist davon auszugehen, dass die Furcht der Antragsteller begründet ist.

Der Bescheid wird mit der Bekanntgabe der Entscheidung bestandskräftig.

Im Auftrag

Gassen

Das Schreiben ist auf Deutsch und Arabisch verfasst.

Beim Interview mit Angela Merkel im Bundeskanzleramt im Herbst 2009 filme ich für BILD

hmsweise selbst.

Tarek ist happy. »Ich möchte euch eine Geschichte erzählen«, verkündet er strahlend: »Im Jahr 615 wurden Muslime in Mekka verfolgt und gedemütigt. Deshalb riet ihnen Mohammed, für einige Zeit in das christliche Äthiopien auszuwandern. In Äthiopien herrschte der christliche König Negus, der die Auswanderer freundlich aufnahm und ihnen auch erlaubte, ihre Religion frei auszuüben. Die Herrscher von Mekka waren erbost, dass die Abtrünnigen vom christlichen König aufgenommen worden waren. Und sie versuchten, ihn und seine Geistlichen mit allerlei Kostbarem zu bestechen, dass er sie ihnen ausliefere. Aber der christliche Kaiser sagte zu den Muslimen: ›Selbst für einen Berg Gold würde ich euch nicht hintergehen.‹ Und heute«, beendet Tarek seine Erzählung, »ist unser König Negus Angela Merkel!«

NACHLESE

»Willst du wieder heiraten?«

»Nein«, entrüstet sich Tarek. »Ich will nicht wieder heiraten!«

»Merkwürdig«, hakt Katja nach. »Mir hat nämlich jemand erzählt, dass du deine Hochzeit planst mit einem jungen Mädchen aus der syrischen Gemeinde in Potsdam.«

»Wer sagt das?«

Tarek verbringt mittlerweile sehr viel Zeit in der Moschee in Potsdam und hat sich auch einen beeindruckenden schwarzen Bart stehen lassen. Ich versuche noch einige Male, mit Tarek zu reden, aber er ist immer weniger zugänglich. Entweder hat er keine Zeit, will nicht oder ist gar nicht da.

Und dann, an einem Tag im Juni, findet sich auf unserem Esstisch ein kleiner Kuchen, an dem eine handschriftliche Karte lehnt:

Good bye

Mit diesen zwei Worten verabschiedet sich Tarek nach zehn Monaten aus unserem Leben.

Später hören wir, dass er noch mal geheiratet und Djamal von der Schule genommen hat. Auch den Kontakt zur Familie seiner toten Frau, die ebenfalls in Potsdam Aufnahme gefunden und sich sehr erfolgreich eingelebt hat, bricht er ab. In der Lokalzeitung lesen wir ein paar Jahre danach, dass Tarek inzwischen Karriere in der Moschee macht.

Eine Erfahrung ist nur so viel wert, wie man daraus lernt.

Ich bin kein Psychologe. Es steht mir nicht zu, Tareks Entscheidungen zu interpretieren oder gar zu bewerten. Jeder ist Herr seiner eigenen Biografie und darf nach eigener Fasson glücklich werden. Sicherlich kann man den Eindruck gewinnen, dass Tarek zwar nach Deutschland gekommen ist, aber mit dem Herzen ist er hier nie angekommen. Das kann man ihm auch nicht zum Vorwurf machen: Wenn du alles verlierst, dann hängst du umso mehr an dem, was du hattest.

Meine Familie und ich haben Verständnis für Tareks Weg. Wie gesagt: Wenn du hilfst, dann solltest du das tun, weil du helfen willst, nicht weil du Dankbarkeit erwartest.

Noch mal: Die Entscheidung Angela Merkels, im Herbst 2015 Hunderttausende Flüchtlinge ins Land zu lassen und ihnen Schutz zu gewähren, ist aus meiner Sicht völlig alternativlos gewesen. Wir schulden das nicht nur unserer Geschichte, es ist auch ein Gebot der Menschlichkeit. Dass die große Mehrheit der Deutschen eine derart überwältigende Hilfsbereitschaft gezeigt hat, muss uns stolz machen.

Aber: Kann das wirklich funktionieren, jemanden, der eigentlich gar nicht hier sein möchte, dazu zu bringen, hier sein zu wollen? Wahrscheinlich müssen wir akzeptieren, dass dem Helfen Grenzen gesetzt sind – dass viele Flüchtlinge, die aus blanker Angst um ihr Leben zu uns kommen, sich hier nur bedingt integrieren lassen.

Aber vielleicht sollte uns diese Erfahrung den Blick öffnen für die sogenannten Wirtschaftsflüchtlinge, die wir immer noch als Flüchtlinge zweiter Klasse behandeln. Vielleicht schaffen wir es ja, sie nicht als Bedrohung für unser Sozialsystem zu sehen, sondern als Chance für unsere schrumpfende Gesellschaft. Das sind die Menschen, die unbedingt in diesem Land leben und es unter allen Umständen hier schaffen wollen. Denen es nicht reicht, »Gast von Angela Merkel« zu sein.

Wir stehen erst am Anfang einer Entwicklung.

Das wird mit Sicherheit nicht die letzte Flüchtlingswelle gewesen sein, wie der Blick in die Nachrichten jeden Tag zeigt.

Aber wenn wir jetzt unsere Hausaufgaben machen, aus den Erfahrungen die richtigen Schlüsse ziehen, dann heißt es beim nächsten Mal nicht nur: Wir schaffen das.

Dann heißt es vielleicht: Geschafft!

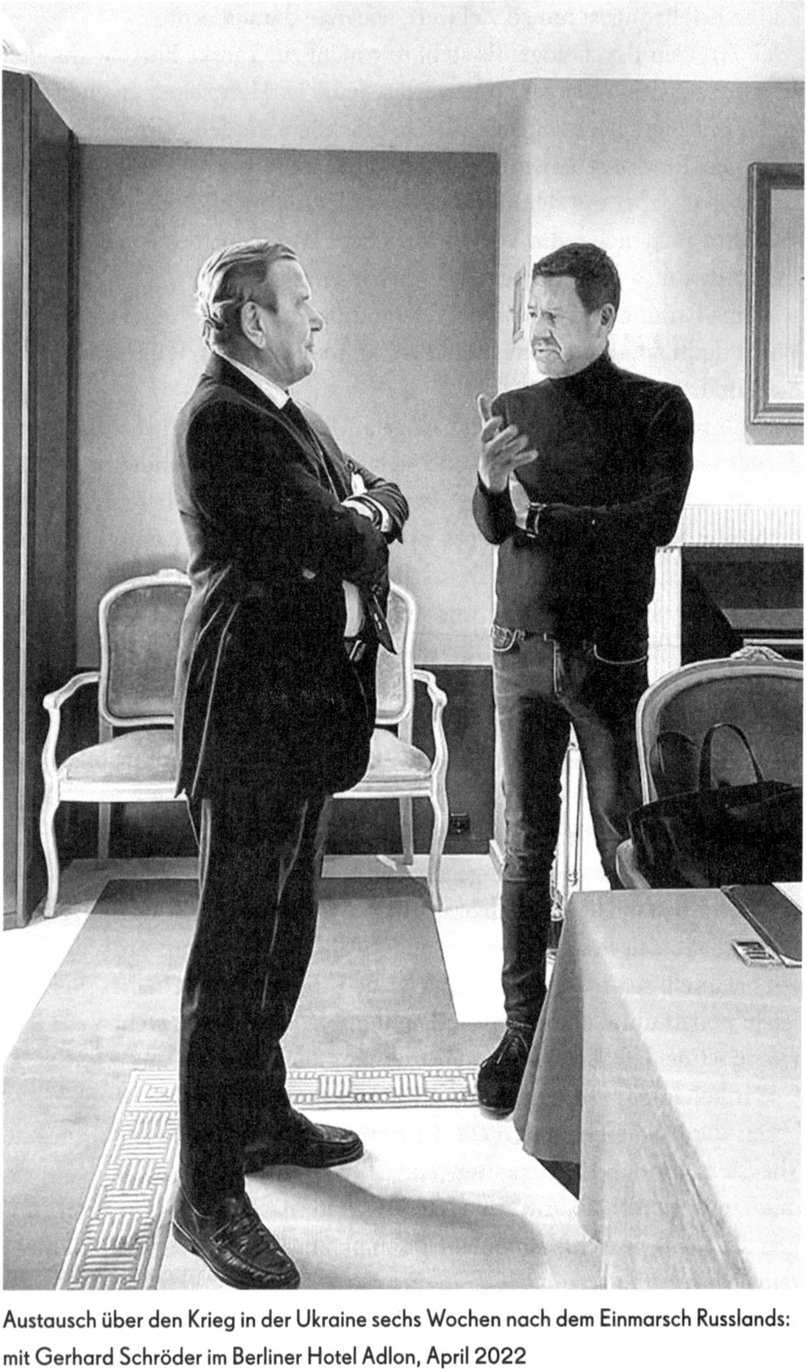

Austausch über den Krieg in der Ukraine sechs Wochen nach dem Einmarsch Russlands: mit Gerhard Schröder im Berliner Hotel Adlon, April 2022

NEUN

»ZUM REGIEREN BRAUCHE ICH BILD, BAMS UND GLOTZE«

Krieg und Frieden mit Gerhard Schröder

ALTKANZLER AUF EXTRATOUR

Wir sind verabredet im Hotel Adlon in Berlin. Es ist später Nachmittag, draußen wird es langsam dämmrig. Die Hände auf dem Rücken verschränkt, steht er am bodentiefen Fenster in einer Suite im ersten Stock und schaut über den Pariser Platz Richtung Brandenburger Tor. Er trägt einen schwarzen Anzug, dazu ein weißes Hemd und eine dunkle Krawatte. Noch immer diese straffe, gespannte Kanzlerhaltung. Noch immer volles Haar, nur von wenigen grauen Strähnen durchzogen. Allerdings scheint es ein wenig länger zu sein als sonst.

»Jetzt hat mir auch noch der Friseur angekündigt, mir nicht mehr die Haare schneiden zu wollen«, sagt Gerhard Schröder, als könne er meine Gedanken lesen, während er weiter aus dem Fenster schaut. Ein kurzes, bitter klingendes Lachen. Dann zitiert der Altkanzler den Schriftsteller Theodor Storm: »Der eine fragt: Was kommt danach? Der andre fragt nur: Ist es recht? Und also unterscheidet sich der Freie von dem Knecht.«

Es ist der 1. April 2022, Tag 37 nach der russischen Invasion in die Ukraine. Seitdem Russland am 24. Februar sein Nachbarland brutal überfallen hat, ist es einsam um Gerhard Schröder geworden. In drei Tagen wird er 78 Jahre alt. Groß feiern will er nicht. Mit wem auch.

Im Kriegsjahr 2022 mit Gerhard Schröder gesehen zu werden, kann einen Haus und Hof kosten. Ich treffe ihn trotzdem – oder auch gerade deshalb; übrigens in diesen Wochen nicht nur einmal. Weil ich in meinem Herzen natürlich für immer Journalist bin. Weil ich wissen will, was vor sich geht, was nicht in den Zeitungen steht. Weil ich wissen will, was Menschen bewegt und warum sie tun, was sie tun. Und natürlich habe ich mit kaum einem Politiker so viel zu tun gehabt, ja auch gestritten, wie mit diesem Mann.

Ein paar Wochen zuvor hatte bei mir am späten Abend das Telefon geklingelt: »Hast du das gesehen? Bei BILD TV?« Ich erkannte die Stimme Gerhard Schröders natürlich sofort. »Der ukrainische Botschafter hat den Vorschlag gemacht, dass ich zwischen Russland und der Ukraine vermitteln soll.«

Ich hatte das mitbekommen. Andrij Melnyk, der wegen seiner demagogischen Art heftig umstrittene Botschafter Kiews in Berlin, hatte Schröder allen Ernstes als Vermittler zwischen den Kriegsparteien vorgeschlagen: »Er ist einer der wenigen, die noch einen direkten Draht zu Putin haben. Es gibt keinen, der so etwas hat in Deutschland oder den anderen europäischen Ländern. Er könnte das vielleicht versuchen.« Wenn Schröder das gelingen würde, so Melnyk weiter, »dann würde er doch in die Geschichte eingehen – nicht als Putin-Lobbyist und jemand, der diesen Krieg vielleicht auch herbeigeführt hat«.

Die Geschichte, die dann folgte, ist hinlänglich bekannt: Der Ex-Kanzler flog mit seiner Frau nach Istanbul, mit einem russischen Privatjet ging es weiter nach Moskau. Vier Tage blieben die Schröders in der russischen Hauptstadt – eine Stunde redete der Altkanzler mit seinem Freund Putin im Kreml. Was er allerdings mit Putin besprochen, ob er etwas erreicht hatte, behielt er danach für sich. Gab keine Pressekonferenz, erklärte sich nicht. Die Öffentlichkeit schäumte. Die Mission sei »ein Trauerspiel«[1], »absolut nutzlos«[2] und »nicht auf Bitte der Ukraine«[3] zustande gekommen«, kritisierte – ausgerechnet – der ukrainische Botschafter nun. Andere spotteten, »Gas-Gerd« habe wohl nur sein Gehalt abgeholt.[4]

»Der Melnyk war nur sauer, weil er nicht über die Reise informiert und außen vor war«, winkt Schröder nun, an diesem Abend im Berliner Hotel Adlon, ab. »Deshalb hat der so kritisch reagiert. In der Ukraine scheint niemand wirklich zu wissen, wer im Umfeld des Präsidenten das Sagen hat.«

Es ist eine ganze Weile her, dass ich Gerhard Schröder das letzte Mal getroffen habe. Da war er noch der kraftstrotzende Ex-Kanzler; so angeschlagen und angefasst wie jetzt habe ich ihn noch nie erlebt. 1000 Fragen schwirren mir in diesem Moment durch den Kopf – auch im Hinblick auf die kommende Woche, in der ich den österreichischen Kanzler Nehammer als Berater auf seiner Reise nach Kiew und Moskau begleiten werde. Ich möchte wissen, worauf wir uns in Russland einstellen müssen. Wie Putin tickt, wer ihn umgibt, auf wen er hört. Und ich möchte verstehen, was in Schröders Kopf vorgeht, warum ihm die Freundschaft zu Wladimir Putin wichtiger zu sein scheint als alles andere.

Natürlich, so Schröder, habe es erst ein Treffen und dann einen offiziellen Auftrag der ukrainischen Seite gegeben, mit dem russischen Präsidenten zu sprechen: »Ich mache keine privaten Geschichten, wie komme ich denn dazu?«

»Wie ist denn das Gespräch mit Putin nun gelaufen?«, frage ich ihn.

»Ich habe ihn erlebt, wie ich ihn immer erlebe. Er weiß Bescheid und ist auch derjenige, der das Heft des Handelns in der Hand hat. Gerüchte, er sei nicht mehr Herr seiner Sinne oder isoliert, sind völliger Quatsch«, erzählt Schröder. »Diesen Krieg kann keiner gewinnen, habe ich zu Wladimir gesagt. Du nicht und wir auch nicht, damit das völlig klar ist. Ich glaube, dass Putin die militärische Stärke Russlands überschätzt hat. Die Russen haben jetzt eingesehen, dass sie militärisch nicht so stark sind, wie sie glaubten. Die Ukrainer waren nicht so stark, sondern die Russen so schwach.« Der Altkanzler hält einen Moment inne und nimmt einen großen Schluck Wasser. Dann fährt er fort: »Gerhard«, habe Putin zu ihm gesagt, »du bist auch nicht anders als die anderen. In deiner Zeit als Bundeskanzler ist Polen in die NATO, Tschechien in die NATO, Rumänien in die NATO, die Slowakei in die NATO, also im Grunde alle Warschauer-Pakt-Staaten.« Man muss wissen, wo für Putin der strategische Unterschied liegt: Schluss ist, wenn ein ehemaliger Staat der Sowjetunion Mitglied der NATO wird.

Schröder redet viel über die Schuld Deutschlands und Europas, die nach dem Zerfall des russischen Reiches ihr Versprechen gebrochen hätten, die NATO nicht weiter gen Osten auszubreiten. Dass Russland – Putin – sich in die Enge gedrängt gefühlt habe. Natürlich sei der Angriffskrieg ein Fehler, »das habe ich Putin auch gesagt«, aber was Putin darauf geantwortet hat, das sagt er nicht.

Ich denke: Dieser Krieg hat nicht nur Gerhard Schröders Reputation, sondern im Grunde sein Lebenswerk zerstört.

All die Jahre, Jahrzehnte deutsch-russischer Annäherungsbemühungen, strategischer Partnerschaften, Konferenzen, von Austausch- und Wirtschaftsprogrammen, billiger Energie für Deutschland aus Russland, von Großaufträgen für deutsche Unternehmen in Russland, der Illusion einer immerwährenden, stabilen deutsch-russischen Freundschaft – dahin. Für Schröder waren die deutsch-russischen Beziehungen ein zentraler Punkt seiner Politik. Es sollte sein Vermächtnis sein. Nun scheint es zu seinem Untergang zu werden. Tragisch.

Warum falle es ihm so schwer, sich einfach und eindeutig von Putin zu distanzieren?, frage ich ihn.

»Meine Möglichkeit, überhaupt noch einmal hilfreich zu sein, hat mit Vertrauen zu tun. In der internationalen Politik ist Vertrauen die eigentliche Währung – Macht ist keine Währung«, antwortet der Bundeskanzler a.D. »Wenn ich mich distanziert hätte, würde mir Putin nicht mehr vertrauen. Dann hätte ich diesen Zugang nicht mehr zu ihm. Ich weiß nicht, ob es klug ist, jede Gesprächsmöglichkeit zu kappen.«

Genau diese Haltung ist es, weshalb sich mittlerweile fast alle von ihm abgewandt haben; nur wenige Freunde halten noch zu ihm. Die Stadt Hannover hat ihm die Ehrenbürgerschaft entzogen, mehrere SPD-Verbände wollen ihn aus der Partei werfen, aus der Ehrengalerie der »Großen Sozialdemokraten« wurde er bereits entfernt, und alle vier Mitarbeiter seines Büros im Berliner Bundestag haben ihn verlassen. Ich möchte nicht in Gerhard Schröders Haut stecken.

Wahr ist aber auch: Polarisiert hat Gerhard Schröder schon immer. Hat sich mit seiner Basta-Mentalität viele Feinde gemacht, auch in der eigenen Partei. Aber was jetzt passiert, hat eine andere Qualität: Für viele ist er zum Ausgestoßenen, zum Paria geworden.

Im Laufe meines Lebens habe ich schlimme Despoten und Autokraten interviewt. Ich war bei Baschar al-Assad in Damaskus, mehrfach bei Erdoğan in Istanbul und Ankara, habe die Kaczyński-Brüder in Warschau getroffen, oft auch Ungarns Ministerpräsidenten Viktor Orbán. Keinen Staatschef habe ich vermutlich so häufig getroffen wie Wladimir Putin. Doch in unserer ständig am Limit hyperventilierenden Empörungsgesellschaft scheint Gerhard Schröder sie nun alle zu toppen. Um das klarzustellen: In den letzten Wochen und Monaten hat er, finde ich, viele Fehler gemacht und sich auch immer wieder falsch verhalten. Aber: Der Furor, mit dem auf ihn eingeschlagen wird, hat mich dann doch überrascht. Und dann auch wieder nicht: Viele Deutsche gibt es ja häufig nur in zwei Aggregatzuständen – entweder auf den Knien oder an der Kehle. Ein Rudelverhalten, das mich abstößt.

»Vor meinem Haus lagern ja jetzt Tag und Nacht Reporter«, sagt Schröder in seinem typischen, etwas schweren ostwestfälischen Zungenschlag. »Ich kann kaum noch unbemerkt rausgehen. Ich spiele ja gern Golf. Früher Fußball, jetzt Golf. Aber das geht jetzt nicht mehr. Ich sehe schon die Schlagzeilen: Schröder spielt Golf, und in der Ukraine sterben Menschen.« Seit Kriegsbeginn habe er kaum eine Nacht durchgeschlafen, erzählt er, während wir uns an den Tisch setzen. »Ich habe noch nie Schlafprobleme gehabt, egal, wie groß der Druck war. Aber dieser Krieg treibt mich um.«

REGIEREN MIT BILD

Gerhard Schröder war mehr BILD-Kanzler als jeder seiner Vorgänger, nicht zuletzt, weil wir ihn ununterbrochen mit Personal versorgt haben. Sowohl seine vierte Ehefrau Doris als auch sein Regierungssprecher Béla Anda haben vorher bei BILD gearbeitet. Berühmt-berüchtigt geworden ist sein angebliches Motto, zum Regieren brauche er nur »BILD, BamS und Glotze«. Ein Satz, der zum ersten Mal an einem Stehtisch im ganz kleinen Kreis in einem Luxushotel in, ja wirklich, Moskau gefallen sein soll. Zum Regieren gehört natürlich viel mehr, das wusste auch Gerhard Schröder. Und doch drückt der Satz aus, wie besonders sein Verhältnis zu den Medien war. Vor allem zu BILD.

Schon sein Aufstieg war einer, von dem viele träumten: Aus einfachsten Verhältnissen kommend, der Vater im Krieg gefallen, in einer Baracke neben dem Bolzplatz aufgewachsen, auf dem er als durchsetzungsstarker Mittelstürmer auffiel (Spitzname »Acker«), zweiter Bildungsweg, immer nach vorn getreu der Losung: Durch Kampf zum Sieg! Viele BILD-Leser seiner Generation hatten das Ziel, eines Tages ihre Mütter im Mercedes abzuholen. Wenige erreichten das. Gerhard Schröder schon. Er faszinierte. Er eckte gern an. Er traf gelegentlich granatenmäßig daneben. Wie BILD eben auch.

Gerhard Schröder zu Besuch bei BILD: mit Friede Springer in der Bibliothek des Axel Springer

Verlags 2012

Dennoch: Als ich 2001 im Alter von 36 Jahren BILD-Chefredakteur wurde, lieferten wir uns von Anfang an schwerste Auseinandersetzungen. Ich glaube, ich übertreibe nicht, wenn ich sage: Wir bekämpften uns über Jahre bis aufs Messer. Zeitweise herrschte zwischen uns absolute Funkstille. Als Kanzler verweigerte er BILD Interviews und verbannte BILD-Journalisten von Kanzlerreisen. Immer wieder zog er gegen uns vor Gericht. Wir waren gnadenlose Gegner, über viele Jahre lang. Es war allerdings von Anfang an auch ein Paartanz, wenn auch ein unfreiwilliger. Wer hätte damals gedacht, dass ausgerechnet wir einmal eine solche Nähe finden würden. Ich sicher nicht.

»Ich bin privat sehr glücklich«, sagt Gerhard Schröder jetzt. »Ich kann auch so überleben, ohne Parteimitglied zu sein und ohne Mandate in Russland. Meine Frau ist ja zum Glück sehr erfolgreich.«

Keine vier Jahre ist es her, dass er hier im Adlon, nur eine Etage tiefer, im Palais-Saal, mit seiner fünften Frau Soyeon Schröder-Kim, einer südkoreanischen Wirtschaftsmanagerin und Dolmetscherin, Hochzeit gefeiert hat. Ein großes, illustres Fest. Auch meine Frau Katja und ich waren unter den Gästen. Vor dem Hotel: Trauben von Fotografen und Schaulustigen, die die Hochzeitsgäste erwarteten: Bundespräsident Steinmeier, Otto Schily, Ex-Wirtschaftsminister Werner Müller, Ex-Außenminister Sigmar Gabriel, Hannover-96-Präsident Martin Kind, Veronica Ferres und Carsten Maschmeyer, Drogerieketten-Chef Dirk Rossmann, Alfons Schuhbeck, der Starkoch, Ex-SPIEGEL-Chef Aust, Malergenie Markus Lüpertz und Scorpions-Sänger Klaus Meine. Die pralle, volle Gesellschaft. Wer fehlte, war Wladimir Putin. Seine Anwesenheit hätte »viel zu viel Buhei« bedeutet, hatte Schröder dem Stern gesagt[5]. Ich denke mal, vor allem für das Sicherheitspersonal.

KEIN BEGINN EINER WUNDERBAREN FREUNDSCHAFT

Ich war Politikchef von BILD, als es Mitte der 1990er Jahre das Gerücht gab, Gerhard Schröder, damals Ministerpräsident von Niedersachsen und in dritter Ehe verheiratet, habe angeblich eine neue Freundin. Eine junge Frau, die ich zufällig gut kannte. Es handelte sich nämlich um Doris Köpf, Journalistin, ein Jahr älter als ich. Wir hatten vor Jahren in der Bonner BILD-Redaktion Tür an Tür gearbeitet. Sie war eine hartnäckige, mitunter bissige Reporterin und ging ziemlich vielen Politikern mit ihrer Beharrlichkeit gehörig auf den Keks. Unser Verhältnis war gerade noch kollegial zu nennen. Für ein freundschaftliches Verhältnis hat es nicht gereicht. Dafür waren wir einfach viel zu sehr Konkurrenten um Geschichten und Schlagzeilen.

Jahre später sollte sie immer wieder genüsslich verbreiten, sie habe damals meine am Anfang immer sehr holperigen Texte redigieren müssen. Das muss wirklich hart für sie gewesen sein.

Nun tauchte Doris, die inzwischen in die Parlamentsredaktion des Magazins Focus gewechselt war, verdächtig häufig an der Seite Gerhard Schröders auf. Ich bat meinen Kollegen Béla Anda, mit ihr Kontakt aufzunehmen, die Sachlage zu klären und, falls die Gerüchte über die neue Beziehung stimmen sollten, einen Weg zu finden, darüber in BILD zu berichten. Am besten wäre es, mit ihr einen sogenannten »kontrollierten Abschuss« zu vereinbaren: einen inszenierten Spaziergang am Flussufer, ein scheinbares Paparazzi-Foto ohne Zutun der Betroffenen, dazu die Schlagzeile **Gerhard Schröder und seine Doris: Schaut her, sie sind glücklich.** Doris – und natürlich auch Gerhard Schröder – war einverstanden, die Story erschien im März 1996.[6] Wenn Sie, liebe Leserinnen und Leser, dieses inszenierte Liebes-Outing nun an Ex-Bundespräsident Christian Wulff und seine Bettina erinnert, dann haben Sie recht.

Egal wie – das hätte der Beginn einer wunderbaren Freundschaft zwischen BILD und den Schröders sein können.

Wurde es aber nicht.

Das lag sicher nicht daran, dass Gerhard Schröder nicht geschaffen für die Medien war, im Gegenteil. Er war ein Mann der großen Gesten und eigentlich die Idealbesetzung eines Spitzenpolitikers für BILD. Als er im Herbst 1998 Helmut Kohl als Bundeskanzler ablöste, posierte er am Wahlabend mit Victory-Zeichen und breitem Grinsen auf der Bühne, ein anderes Mal glänzte er mit Cohiba-Zigarre als Genosse der Bosse. Bei der Verleihung des *Goldenen Lenkrads* war er der Auto-Kanzler und räsonierte mit Blick auf die vier Kühlerringe von Audi über seine vier Ehen.

»Acker« schien an keinem Ball vorbeigehen zu können, ohne Anlauf zu nehmen, draufzuhalten – und machte dabei immer eine überzeugende Figur. Selbst die Tagesschau konnte solchen Bildern nicht widerstehen. Es half natürlich, dass Gerhard Schröder mit einer Stimme gesegnet ist, die jeden Bariton vor Neid erblassen lässt. Da ist ganz viel Alpha und Zwölfender drin.

Mit dieser Stimme eroberte er sogar die Musikcharts mit dem in einer Laubenkolonie gefallenen Zitat »Hol mir mal 'ne Flasche Bier, sonst streik ich hier«.

Schröders Kunst war, selbst seine Posen nicht aufgesetzt wirken zu lassen. Er wusste, was er tat. Und weil Journalisten weitertrugen, was er tat, mochte er sie. Und sie mochten ihn. Zumindest eine Zeit lang. Mit einigen war er richtig befreundet. Wenige Monate vor seiner Kanzlerkandidatur war ein großer Tross Medienmenschen zu Schröders Hochzeit mit Doris nach Hannover gereist. Im Grünen Pelikan sang die Runde auf der Bühne ein Hochzeitslied: Tagesthemen-Moderator Ulrich Wickert und Focus-Gründer und Chefredakteur Helmut Markwort zählten dazu, ebenso Michael Spreng, damals BILD-am-SONNTAG-Chef, der, genau wie BILD-Chefredakteur Udo Röbel, die spätere rot-grüne Regierung sehr freundlich begleitete.

Ich war nicht dabei. Ich galt ja als Kohlianer und hatte in diesem Chor nichts zu suchen.

Die ersten zwei Jahre von Schröders Kanzlerschaft erlebte ich als Chefredakteur der WELT am SONNTAG, die sich an der neuen Regierung von Anfang an heftig abarbeitete. Höhepunkt war der Abdruck der Memoiren von Oskar Lafontaine, *Das Herz schlägt links*, eine spektakuläre Abrechnung des abtrünnigen SPD-Chefs und ehemaligen Finanzministers mit Gerhard Schröder und seiner Politik.

Als ich 2001 Chefredakteur von BILD wurde, schwante Schröder und seiner Entourage wenig überraschend, dass es trotz meiner gemeinsamen beruflichen Vergangenheit mit Kanzlergattin Doris ungemütlich mit mir werden würde.

»Sagt BILD bald basta? Bedeutet Diekmann das Ende der Schonzeit für Rot-Grün?«, unkte die taz, noch bevor ich überhaupt angefangen hatte, und schrieb: »Das Schröder-Lager fürchtet sich schon.«

»Die Vergangenheit von Diekmann ist uns klar«, wurde der Sprecher der SPD-Fraktion Michael Donnermeyer vielsagend zitiert. Und der Medienberater Klaus-Peter Schmidt-Deguelle war überzeugt: »Die haben den Diekmann nicht aus Versehen dahin gesetzt.«[7] Da half es auch nichts, dass ich mich wenige Wochen vor meinem offiziellen Amtsantritt mit dem Kanzler diskret getroffen und ihm versichert hatte: »Ich will als BILD-Chef Auflage machen – und keine Politik.«

In dem Moment glaubte ich das wirklich.

Es sollte anders kommen.

Das Drehbuch stand also schon fest.

Als Kai Diekmann zum 1. Januar BILD übernimmt, »ist er einer der gefährlichsten Gegner des Kanzlers«, urteilt der Historiker Gregor Schöllgen später in seiner Schröder-Biografie. Dass mein ehemaliger Redaktionskollege und Freund Béla Anda inzwischen als Sprecher in Schröders Diensten stand, gebe diesem Konflikt »eine zusätzlich pikante Note«[8]: »Man ahnt, dass sich zwischen Gerhard Schröder und Kai Diekmann eine Beziehung anbahnt, die es in sich hat.«[9]

Ich wusste damals nicht so recht, wie mir geschah. Natürlich eilte mir ein Ruf voraus: »Kohl-Mündel«, »Kampagnero«, »Jungbulle mit Kampfauftrag« waren noch die nettesten Beschreibungen, die ich über mich las. Ich sei alles andere als ein »Schöngeist«, und mir gehe es bei meinen Attacken gegen Rot-Grün nur darum, »Karriere-Kredite« an den Springer-Großaktionär und Kohl-Freund Leo Kirch zurückzuzahlen.

Mir war schon klar, dass ein neuer BILD-Chefredakteur nicht mit Rosen und Girlanden empfangen wird. Aber mit der Wucht, mit der vom ersten Tag an auf mich eingeprügelt wurde, hatte ich nicht gerechnet.

Die berühmte dicke Haut war mir zu diesem frühen Zeitpunkt noch nicht gewachsen – ich war getroffen. Zumal ich ja auch nicht mit der Ansage angetreten war, die BILD-Zeitung jetzt zum Sturmgeschütz der Konservativen zu machen. BILD ist Boulevard, und der Boulevard ist bunt: Boris Becker und seine Babs, Blitzscheidung und Samenraub, das waren die Themen und Schlagzeilen, mit denen ich in den ersten Wochen voll und ganz beschäftigt war. Das wollten die chronischen BILD-Kritiker aber natürlich nicht wahrhaben. Hier wurden jetzt unverdrossen die Fronten gezogen, mit Verve stürzten sie sich auf den neuen alten Feind BILD.

»Springer will Rot-Grün stürzen«, hieß es keine drei Wochen nach meinem Amtsantritt in der ZEIT:

Gibt es einen neuen Ton in den Springer-Medien? Zumindest im Berliner Kanzleramt sieht man das so. Auch einen Urheber haben Schröder-Vertraute bereits ausgemacht: Kai Diekmann, seit Anfang des Jahres Chefredakteur von BILD und BILD am SONNTAG. So viele Schreckensmeldungen über das rot-grüne Regierungsgeschäft wie in den ersten Tagen von Diekmanns Amtszeit hatte es tatsächlich lange nicht mehr gegeben.[10]

»Kanzler Schröder und der Springer-Verlag attackieren sich öffentlich«,

Das erste Print-Duell in der Geschichte der Bundestagswahlkämpfe: mit Gerhard Schröder, de
Wahl 2002 im Journalistenclub des Axel Springer Verlags

:lerkandidaten der CDU/CSU Edmund Stoiber und meinem Kollegen Claus Strunz vor der jubelte die Berliner Zeitung.[11] »Schröder streitet mit BILD«, analysierte die Hannoversche Allgemeine.[12]

Mehr als einmal rieb ich mir in diesen Tagen die Augen, wenn ich morgens auf dem Weg in die Hamburger Redaktion die Zeitungen aufschlug. Ich hatte wahrscheinlich zu Recht das Gefühl, als würden hier eine Menge alter Rechnungen beglichen. Mit meinen erst 36 Jahren, das wurde mir da klar, war ich offensichtlich schon sehr vielen Leuten auf die Füße getreten.

Trotz des Theaterdonners zu meinem Amtsantritt sind wir ein Jahr später vergleichsweise harmonisch in den Wahlkampf gezogen – also BILD, die SPD, Schröder und ich.

Zum 50. Geburtstag der Zeitung im Jahr 2002 hatte der Kanzler sogar höflich gratuliert:

BILD ist inzwischen erwachsen geworden wie unsere Bundesrepublik. Vielleicht ein nicht immer getreues Ab-BILD unserer Gesellschaft, aber immer doch nahe genug an dem, was viele Menschen denken und fühlen. Vielleicht nicht immer dem eigenen Slogan gemäß: BILD Dir Deine Meinung! Aber immer ohne Furcht vor Fürstenthronen. Und das ist auch gut so.[13]

Am 4. Juli 2002, einem Donnerstag, erwarteten wir Kanzler Gerhard Schröder und seinen Herausforderer von der Union, den bayerischen Ministerpräsidenten Edmund Stoiber, zum ersten Kandidatenduell der deutschen Geschichte. Es waren noch 80 Tage bis zur Bundestagswahl.

Tiefe Regenwolken hingen über dem Berliner Axel-Springer-Hochhaus, als Stoiber pünktlich um 15.50 Uhr eintraf, nur wenige Minuten später hielt die Panzerlimousine des Kanzlers vor dem Haupteingang des Verlags. Jede Menge Fotografen warteten, kurzes Händeschütteln, dann ging es in die holzgetäfelte Bibliothek im 19. Stock des Verlagshauses. Zu viert – dabei war noch Claus Strunz, der neue Chefredakteur der BILD am SONNTAG – nahmen wir Platz auf den historischen Louis-XV-Stühlen der Bibliothek. Schröder trank Wasser, Stoiber bestellte schwarzen Tee.

»Los, Leute, lasst uns anfangen«, sagte der Kanzler ungeduldig. Verabredungsgemäß stellte ich die erste Frage: »Herr Bundeskanzler, was sind eigentlich die Eigenschaften, um die Sie Edmund Stoiber beneiden?«

»Ich beneide ihn um nichts«, antwortete Schröder und lachte sein Gerhard-Schröder-Lachen: »Ich bin zum Neid völlig unfähig.«

Nun wollte mein Kollege Strunz von Herausforderer Stoiber wissen, was umgekehrt Gerhard Schröder ihm denn vorausḧatte. Bissig antwortete der: »Er ist vielleicht ein bisschen ein Schauspieler.«

Schröder retournierte trocken: »Immerhin, ich bin Kanzler.« Basta!

Wenn ich nicht so angespannt gewesen wäre, hätte ich spätestens an dieser Stelle laut lachen müssen. Gerhard Schröder war im Streitgespräch einfach brillant. Es folgten 90 Minuten Schlagabtausch zu den Sorgen der Wähler: Arbeitslosigkeit, Zuwanderung, Renten. Dann ein prophetisches Schlusswort von Gerhard Schröder: »Ich bin ja mal gespannt, wie ihr das redaktionell bearbeiten wollt ...«

Wo er recht hatte, hatte er recht. Mit den Verabredungen zu diesem Streitgespräch waren wir ein echtes Experiment eingegangen. Denn bisher hatten sich noch alle Bundeskanzler im Wahlkampf standhaft geweigert, ihre jeweiligen Herausforderer durch gemeinsame Auftritte aufzuwerten. Mit diesem Print-Duell schrieben wir also ein Stück Pressegeschichte.

Wie war's dazu gekommen? Ganz einfach: Mir hatten sich bei dem Gedanken, im Wahlkampf das zu machen, was wir sonst immer machten, nämlich mehr oder weniger langweilige Interviews mit dem Amtsinhaber und seinem Herausforderer, alle Haare gesträubt. Der klassische Satz »Das haben wir schon immer so gemacht« war noch nie mein Ding. Ich bin der Typ Chefredakteur, der immer noch einen draufsetzen will – und das auch wie ein Mantra seinen Kollegen einhämmert: Lasst uns nach den Sternen greifen! Wir werden immer wieder ins Leere fassen, aber ab und zu funkelt es dann umso mehr.

Und so war bereits Anfang des Jahres die Idee entstanden, Gerhard Schröder und Edmund Stoiber zu einem Rededuell einzuladen, das im Wortlaut in BILD und BILD am SONNTAG veröffentlicht werden würde.[14]

Der Plan war schnell gemacht, die Umsetzung brauchte Wochen: Die Akteure beider Seiten – der Kanzler und sein Herausforderer, der ganze Klüngel aus Beratern und Sprechern – mussten erst mit vielen Anrufen, Gesprächen und Nachfragen überzeugt werden. Es dauerte bis Anfang Juni, ehe ich von SPD-Bundesgeschäftsführer Matthias Machnig, dem vielgerühmten Wahlkampfchef Schröders, die Zusage für das Kandidatenduell erhielt. Am Ende waren BILD und BILD am SONNTAG eben eine Bühne mit 12 Millionen Zuschauern – das hatten die wenigsten TV-Sender zu bieten.

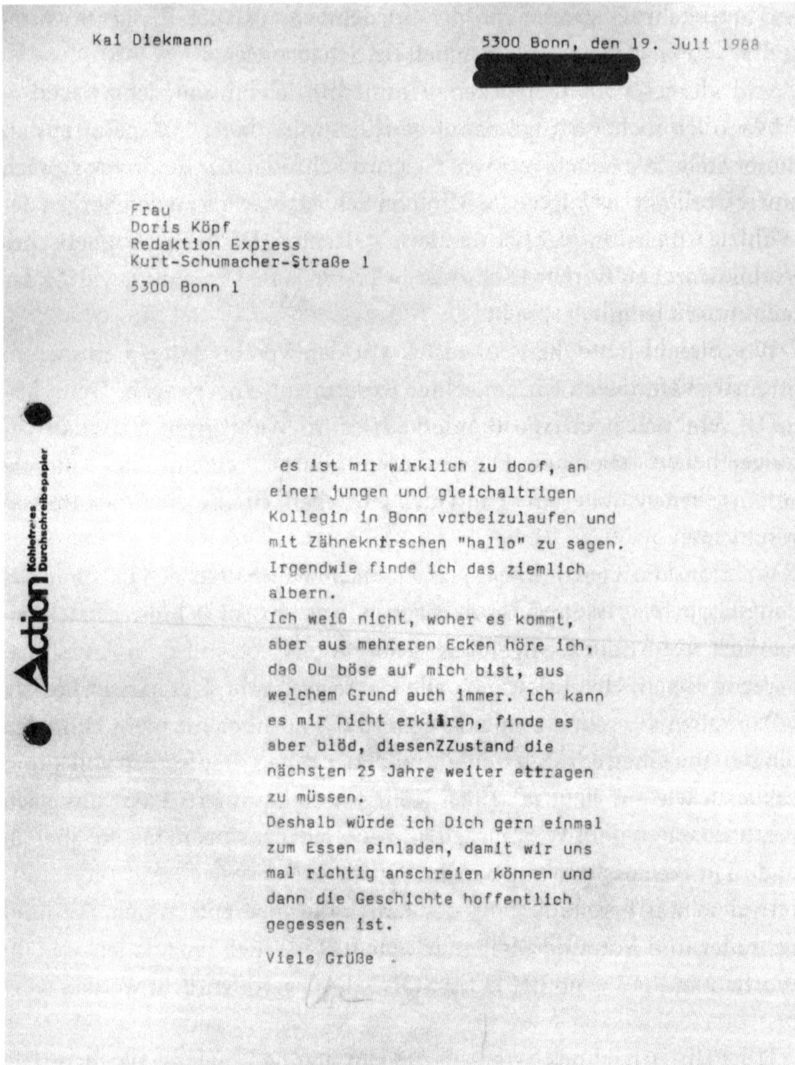

Kai Diekmann

5300 Bonn, den 19. Juli 1988

[redacted]

Frau
Doris Köpf
Redaktion Express
Kurt-Schumacher-Straße 1

5300 Bonn 1

es ist mir wirklich zu doof, an einer jungen und gleichaltrigen Kollegin in Bonn vorbeizulaufen und mit Zähneknirschen "hallo" zu sagen. Irgendwie finde ich das ziemlich albern.
Ich weiß nicht, woher es kommt, aber aus mehreren Ecken höre ich, daß Du böse auf mich bist, aus welchem Grund auch immer. Ich kann es mir nicht erklären, finde es aber blöd, diesenZZustand die nächsten 25 Jahre weiter ertragen zu müssen.
Deshalb würde ich Dich gern einmal zum Essen einladen, damit wir uns mal richtig anschreien können und dann die Geschichte hoffentlich gegessen ist.

Viele Grüße .

»Ich höre, dass Du böse auf mich bist.« Brief an Doris Köpf im Juli 1988, als wir Kollegen in der damaligen Bundeshauptstadt Bonn waren

Vereinbart wurde zunächst ein Treffen beider Seiten, um die Details des sogenannten Print-Gipfels festzulegen:

Wer fährt als Erster vor? (Stoiber)

Wie sitzen Kandidaten und Interviewer? (Im Halbkreis nebeneinander)

Wer stellt die erste Frage an wen? (Ich an den Kanzler)

Wie lang dürfen die Antworten sein? (60 Sekunden)

Auf der einen Seite des Verhandlungstisches saßen Wahlkampfmanager Machnig und der Sprecher des Kanzlers, Ex-BILD-Redakteur Béla Anda. Auf der anderen Seite Michael Spreng, der mittlerweile vom BILD-am-SONNTAG-Chefredakteur zu Stoibers Medienberater avanciert war, sowie der bayerische Regierungssprecher Ulrich Wilhelm.

Einzigartig war die Entscheidung, das Duell nach angelsächsischem Vorbild durchzuführen: ohne anschließende Autorisierung der Zitate. Erlaubt waren lediglich sprachliche Korrekturen. Üblicherweise werden in Deutschland Interviews vor dem Druck von den jeweiligen Presseteams intensiv überarbeitet.

Die verabredete Umsetzung sollte sich jedoch als kompliziertes Unterfangen herausstellen und der Kanzler mit seinem prophetischen Schlusswort recht behalten: Die Bandabschrift ergab 3087 Druckzeilen – das wären zehn Seiten in BILD gewesen. Zwölfeinhalb Stunden dauerte die Redaktionskonferenz, in der wir mit Schröders und Stoibers Beratern die endgültige Textfassung aushandelten. Wie gesagt: Es galt das gesprochene Wort, nur Ähs und Öhs durften gestrichen werden.

Wenn ich mir heute die Fotos vom Print-Gipfel anschaue, kriege ich noch immer eine Gänsehaut: Vier schlecht gelaunte, alte weiße Männer, die steif in Anzug und Krawatte vor einer altertümlichen, etwas spießigen Bibliothekswand sitzen. Dass Claus Strunz und ich damals noch keine 40 Jahre alt waren, würden mir nicht einmal meine eigenen Kinder abnehmen. Clever nutzte der damalige FDP-Bundesvorsitzende Guido Westerwelle die Chance und machte aus einem der Fotos ein Wahlplakat mit dem Slogan »Wenn Deutschlands Zukunft so aussieht, wird in zehn Jahren der Minirock erfunden.« Elfmeter versenkt. Mir blieb das Lachen ein bisschen im Hals stecken.

Journalistisch konnten wir mit dem Interview zufrieden sein, alle Medien berichteten über diesen Scoop, die Beteiligten waren happy, und selbst der hartgesottene Schröder-Buddy Manfred Bissinger, als Chefredakteur des linken Magazins Konkret ein journalistischer Vollprofi, schrieb mir: »Chapeau, Chapeau, da haben Sie wirklich beste journalistische Arbeit abgeliefert.« Mit der trauten Eintracht sollte es jedoch noch im selben Monat wieder vorbei sein.

ABGEHOBEN

Eine Mitarbeiterin der Lufthansa war an BILD herangetreten und hatte uns streng vertrauliche Daten über die Flugkonten-Bewegungen von rund 100 Abgeordneten zur Verfügung gestellt. Etliche Bundestagsabgeordnete nutzten, obwohl laut Geschäftsordnung des Bundestages streng verboten, ihre beruflich erflogenen Bonusmeilen für private Freiflüge. Gemäß einer Anweisung des Deutschen Bundestages, die jeder Abgeordnete bei jedem Flugantrag unterschreiben muss, sind dienstlich nicht genutzte Bonusmeilen an die Bundestagsverwaltung zu übertragen. Die Mitarbeiterin klagte, sie habe die Abgeordneten immer wieder erfolglos darauf hingewiesen und sei immer wieder dafür beschimpft worden. Jetzt hatte sie die Nase voll. Geld wollte sie für die brisanten Informationen nicht, es ging ihr ausschließlich um das in ihren Augen rechtswidrige Verhalten der Politiker. Sie übergab uns die komplette Liste. Wir schrieben die Genannten an und baten um Stellungnahme. Diejenigen, die den Verdacht entkräften konnten, blieben ungenannt. Alle anderen Namen wurden ab August nach und nach veröffentlicht, darunter auch neun Abgeordnete der CDU/CSU.

Vor allem aber waren prominente Politiker von SPD, Grünen und Die Linke in die Affäre verwickelt: Gregor Gysi, damals Berliner Wirtschaftssenator, der Grünen-Bundestagsabgeordnete Cem Özdemir, Grünen-Fraktionschef Rezzo Schlauch. Gysi trat sofort zurück, Özdemir kündigte an, sich aus der Bundespolitik zurückzuziehen. Schlauch, der sich einen Erste-Klasse-Flug nach Bangkok geleistet hatte, überwies den durch die Bonusmeilen eingesparten Betrag von 7000 Euro an den Bundestag, entschuldigte sich bei seinen Parteifreunden und erklärte die Sache damit für sich als erledigt.

Anders Bundeskanzler Schröder. Seine Frau Doris und er witterten auf der Stelle eine BILD-Kampagne mit dem Ziel, der SPD die Bundestagswahl zu verhageln: Angeblich hätten wir bewusst vorrangig Koalitionspolitiker aus den Listen herausgepickt und betroffene Unions-Politiker verschwiegen.

»Die Art und Weise, wie das gespielt wird, legt den Verdacht nahe, dass dahinter gezieltes politisches Wollen steht« mit dem Ziel, die Opposition »davon profitieren lassen zu wollen«, erklärte der Kanzler.[15] Das sei ja nichts Neues. Auch die Kanzlergattin mischte ordentlich mit und beschwerte sich über die angebliche »parteipolitische Kampagne der neuen BILD-Macher« durch das »Weglassen von Geschichten, die dem Kanzlerkandidaten Edmund Stoiber schaden könnten«. Doris Schröder-Köpf griff mich persönlich an:

Für die neue, junge BILD-Führung ist das eine weltanschauliche Frage. Die rechnen mit den Lehrern ab und manchmal auch mit den Vätern, die zur Generation der 68er gehörten.[16]

Mir war nicht so recht klar, was da in meine ehemalige Kollegin gefahren war. Wir hatten sauber recherchiert und alle betroffenen Politiker mit den Vorwürfen und mit konkreten Fragen konfrontiert, wobei Politiker aller Bundestagsparteien betroffen waren, übrigens auch die Abgeordnete Angela Merkel. In den meisten Fällen konnten die Genannten, auch Merkel, den Verdacht ausräumen. Ein SPD-Abgeordneter hatte die Bonusmeilen im Zusammenhang mit vertraulichen Ermittlungen des Parteispenden-Untersuchungsausschusses des Bundestages verflogen – später hat er sich bei BILD ausdrücklich für die saubere Recherche bedankt. In diesen Fällen gab es natürlich keine Veröffentlichung. Dass ausgerechnet Politiker der Grünen offenbar besonders häufig Bonusmeilen missbraucht hatten, hatte nicht BILD zu verantworten. Hätten sich die ertappten Politiker an die selbst aufgestellten Regeln gehalten, wäre es zu keiner Berichterstattung gekommen. Und auch der Zeitpunkt der Veröffentlichung, der angeblich »häppchenweise« und willkürlich erfolgt sei, war nicht parteipolitisch motiviert, sondern hatte schlicht mit dem jeweiligen Stand der Recherchen zu tun, zum Beispiel damit, wie schnell oder langsam Betroffene auf unsere Anfragen reagierten.

Was ich denn von den Vorwürfen der Kanzlergattin hielte, wurde ich schließlich von Reportern anderer Zeitungen gefragt. Ich will ehrlich sein: Wie du mir, so ich dir, dachte ich in diesem Moment und gab Doris einen mit: »Die Äußerungen unserer früheren BILD-Kollegin Doris Schröder-Köpf sind in der Sache völlig abwegig«, erklärte ich öffentlich. »Ich nehme sie mit Verwunderung und Befremden zur Kenntnis – auch vor dem Hintergrund, dass Frau Schröder-Köpf in der Vergangenheit mehrfach erklärt hat, sie wolle sich als Gattin des Bundeskanzlers nicht in tagespolitische Auseinandersetzungen einmischen.«[17]

Es war mir wirklich ein Herzensanliegen, immer wieder daran zu erinnern, dass Doris einst für BILD gearbeitet hatte und ich ihr diese Vom-Saulus-zum-Paulus-Wandlung einfach nicht abnahm.

EINE STRAFANZEIGE UND IHRE FOLGEN

In diesen Tagen war ich gerade mit meiner Frau Katja und unserer erst wenige Monate alten Tochter im Sommerurlaub in den Schweizer Bergen. Als wir gerade den Kinderwagen durch dichte Wälder schoben und über Weidezäune hoben, klingelte mein Handy, mit dem man damals nur telefonieren und SMS verschicken konnte. Am anderen Ende BILD-Politikchef Sven Gösmann: »Da kommt gerade ein ganz dickes Ding …«

Denn einer wollte es nicht bei verbaler Kritik belassen, sondern ging zum juristischen Gegenangriff über: Unter dem Aktenzeichen 7101 Js 479/02 hatte der damalige SPD-Generalsekretär Franz Müntefering bei der Generalstaatsanwaltschaft Hamburg Strafanzeige gegen die gesamte Chefredaktion der BILD-Zeitung erstattet – und zwar »wegen des Verdachts des Ausspähens von Daten, Verstoßes gegen das Datenschutzgesetz und aller weiteren in Betracht kommenden Delikte«[18].

In der Anzeige hieß es, Müntefering fühle sich im Zusammenhang mit der Bonusmeilen-Affäre »als Abgeordneter des Deutschen Bundestages persönlich betroffen«. BILD habe die Informationen ganz offensichtlich auf illegalem Wege erhalten.

Die häppchenweise Veröffentlichung dieser Daten trifft die Persönlichkeitsrechte der Abgeordneten und schadet dem Ansehen des Parlaments.

Rumms!

Eine Strafanzeige!

Hier stand ich nun auf dieser sattgrünen Alm, *in the middle of nowhere,* zwischen weidenden Kühen, und nicht an meinem Schreibtisch in der Chefredaktion, und für einen Moment fühlte es sich so an, als ob der Boden unter meinen Füßen nachgeben würde. Ich versuchte mich zu sortieren.

Offenbar wollte Müntefering den Spieß umdrehen und statt der Bonusmeilen-Sünder BILD an den Pranger stellen. Ich entschied als Erstes, die Strafanzeige am nächsten Tag komplett in BILD zu veröffentlichen, und zwar im vollen Wortlaut und auch als Faksimile. Ich rief in der Redaktion an und hing ab sofort nur noch am Handy.

Mir war klar, dass die Veröffentlichung der Strafanzeige automatisch weiteren schweren Ärger auslösen würde. Es gibt nämlich einen Paragrafen im Strafgesetzbuch, der es ausdrücklich verbietet, wörtlich aus Ermittlungsakten zu zitieren oder Schriftstücke daraus als Faksimile zu veröffentlichen – eine aus meiner Sicht komplett veraltete Vorschrift. For-

Mit Franz Müntefering hatte ich schwerste Auseinandersetzungen – und natürlich haben wir uns später auch wieder versöhnt: BILD-Sommerfest 2007.

mal war Münteferings Anzeige zu diesem Zeitpunkt Teil einer solchen Ermittlungsakte. Verstöße gegen dieses Veröffentlichungsverbot wurden mit einer Geldstrafe oder Freiheitsstrafe bis zu einem Jahr geahndet. Natürlich rechnete ich nicht damit, ins Gefängnis zu wandern, aber es gab da ein unkalkulierbares Restrisiko.

Dennoch: Für mich war die Strafanzeige des SPD-Generalsekretärs ein Dokument der Zeitgeschichte: Das war der glasklare Versuch eines Spitzenpolitikers, die Presse mithilfe der Staatsanwaltschaft zu gängeln, das Redaktionsgeheimnis auszuhöhlen und künftige Informanten einzuschüchtern. Insofern bestand nach meiner Auffassung an der Dokumentation der Strafanzeige in BILD ein überragendes öffentliches Interesse.

Also blieb ich bei meiner Entscheidung. Für die zu erwartenden Folgen übernahm ich die alleinige, volle Verantwortung, auch juristisch, um damit die übrigen Kollegen der Chefredaktion vor rechtlichen Folgen zu schützen. Unter meiner Entscheidung sollte kein anderer leiden müssen.

Es kam allerdings anders als erwartet: Die Strafanzeige des SPD-Ge-

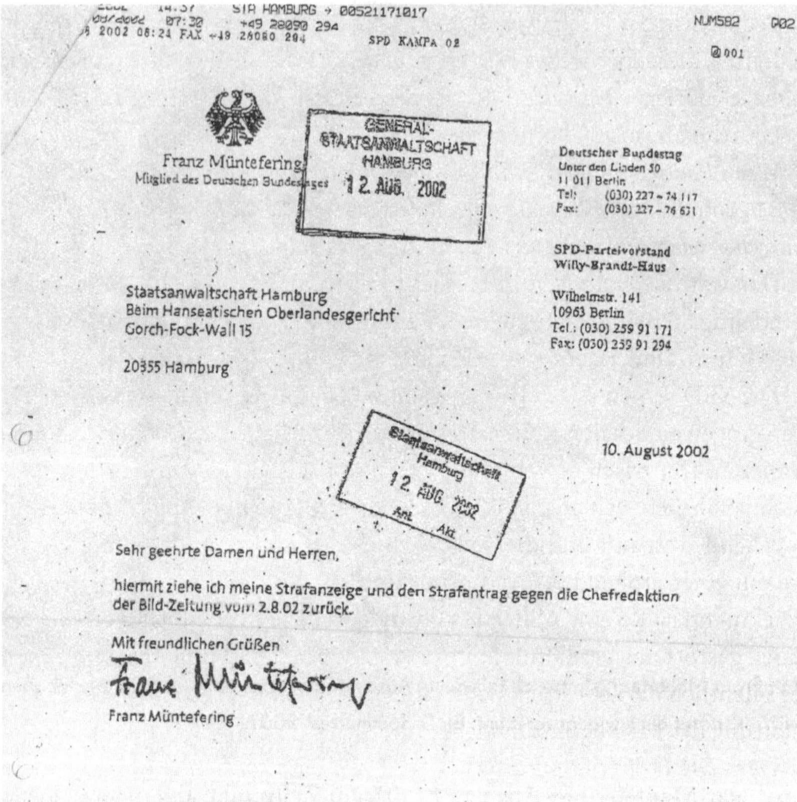

STA HAMBURG → 00521171017
07:30 +49 28090 294 NUM582 002
2002 08:24 FAX +49 28080 284 SPD KAMPA 02
@001

Franz Müntefering
Mitglied des Deutschen Bundestages

GENERAL-
STAATSANWALTSCHAFT
HAMBURG
12. AUG. 2002

Deutscher Bundestag
Unter den Linden 50
11 011 Berlin
Tel: (030) 227 - 74 117
Fax: (030) 227 - 76 631

SPD-Parteivorstand
Willy-Brandt-Haus

Wilhelmstr. 141
10963 Berlin
Tel.: (030) 259 91 171
Fax: (030) 259 91 294

Staatsanwaltschaft Hamburg
Beim Hanseatischen Oberlandesgericht
Gorch-Fock-Wall 15

20355 Hamburg

Staatsanwaltschaft
Hamburg
12. AUG. 2002
Anl. Akt.

10. August 2002

Sehr geehrte Damen und Herren,

hiermit ziehe ich meine Strafanzeige und den Strafantrag gegen die Chefredaktion der Bild-Zeitung vom 2.8.02 zurück.

Mit freundlichen Grüßen

Franz Müntefering

Franz Müntefering

Rückzieher! Franz Müntefering verzichtet bei der Staatsanwaltschaft auf seine Strafanzeige gegen mich.

neralsekretärs gegen BILD schlug ein wie eine Bombe – jedoch nicht im Hamburger Springer-Hochhaus in der Caffamacherreihe, sondern in der Berliner SPD-Parteizentrale. Denn jetzt gingen die Chefredakteure anderer Medien auf die Barrikaden. In seltener Eintracht protestierten elf der wichtigsten Chefredakteure und Herausgeber Deutschlands gegen die Anzeige des SPD-Generalsekretärs:

Statt sich mit diesen Vorgängen zu befassen, klagt Müntefering die Presse an. Das ist das Prinzip von Wilden: Nach dem Erdbeben schlägt man auf den Seismographen ein, kommentierte FAZ-Herausgeber Frank Schirrmacher.

Wenn die Berichterstattung über Missstände in der Politik von Politikern unterdrückt werden soll, zeigt das ein merkwürdiges Demokratie-Verständnis, erklärten Thomas Osterkorn und Andreas Petzold, Chefredakteure des Stern.

Focus-Gründer Helmut Markwort bezeichnete die Strafanzeige als »dreist«, die jedoch weder *BILD noch andere Medien einschüchtern oder davon abhalten* dürfe, *weiter heikle Themen zu recherchieren und darüber zu berichten.*

Und Stefan Aust, Chefredakteur des SPIEGEL, schrieb:

Wenn Politiker in ihrer Wahlkampf-Panik jetzt zum juristischen Amoklauf ansetzen oder gar mit neuen Gesetzen gegen die Unabhängigkeit der Presse vorgehen wollen, wird aus der Posse ein ernstes politisches Problem.

Das war das erste Mal in meinem Leben, dass sich BILD-Kritiker so eindeutig an meine Seite stellten – ein für mich ganz und gar ungewohntes Gefühl. Und, ja, ein gutes Gefühl.

Die SPD schien das zunächst nicht zu beeindrucken. Die Partei-Oberen gingen auf totalen Konfrontationskurs und ließen den Streit weiter eskalieren. Der frisch gewählte SPD-Fraktionschef Ludwig Stiegler lehnte sich gefährlich weit aus dem Fenster, als er BILD unterstellte, die Daten »gekauft, verkauft und illegal erworben« zu haben, und die Strafanzeige mit einer drohenden Gefahr für sämtliche Bürger rechtfertigte: »Herr Diekmann sollte einen Blick ins Grundgesetz werfen.« Er offenbarte ein noch gestörteres Verhältnis zur Pressefreiheit als sein Generalsekretär, als er öffentlich darüber nachdachte, wegen unserer Bonusmeilen-Berichterstattung das Medienrecht ändern zu wollen.[19]

Dem BILD-Pressesprecher diktierte ich eine weitere Erklärung, wies alle Unterstellungen zurück und forderte Müntefering auf, seine Anzeige zurückzuziehen. An Kanzler Schröder appellierte ich:

Wenn es dem Bundeskanzler mit seinem Bekenntnis zur Pressefreiheit ernst ist, dann muss er dafür sorgen, dass die Anzeige zurückgezogen wird – zumal er mit einer Journalistin verheiratet ist, die um den Wert der Pressefreiheit weiß.

Müntefering verschärfte seinen Ton: Er warf uns »arrogante Heuchelei« vor und behauptete, wir hätten die des Freiflugmissbrauchs beschuldigten Bundestagsabgeordneten seit 2001 »sehr präzise ausspioniert«.[20]

Das war ja schlimmer als Grimms Märchenstunde. Es wurde immer absurder. Die taz brachte es auf den Punkt: »Müntefering ist ein außergewöhnlicher Coup gelungen. Er hat durch seine Strafanzeige eine Art Zwangssolidarisierung mit der BILD-Zeitung bewirkt. Das muss ihm erstmal einer nachmachen.«[21]

Stimmte genau. Das war auch mein Gefühl.

Dumm für Müntefering war zudem, dass er seine Strafanzeige offenbar nicht mit seinem Bundeskanzler und Parteivorsitzenden Gerhard

Schröder abgestimmt hatte. Für den war nicht nur die Solidarisierung der anderen Medien mit BILD mitten im Wahlkampf ein Desaster. Viel schlimmer für ihn war, dass sich alles nur noch um den Streit zwischen BILD und SPD drehte und sich niemand mehr um die politischen Inhalte scherte. Dabei ging es nur wenige Wochen vor der Wahl um nichts Geringeres als um Schröders große Arbeitsmarktreform, in der er »Arbeit statt Arbeitslosigkeit finanzieren« wollte und die Maxime »fördern und fordern« ausbrachte. Nun verdrängte Münteferings unbedachte Strafanzeige Schröders Agenda von den Titelseiten.

Alsbald sickerten Gerüchte aus dem Kanzleramt zu uns durch, dass Schröder Druck auf seinen glücklosen Oberbefehlshaber machte, den juristischen Krieg gegen BILD einzustellen: Politisch streiten ja – aber nicht mit dem Strafrecht drohen.

Ich war ein Stück weit erleichtert, als mich schließlich eine vertrauliche Anfrage aus der SPD-Parteizentrale erreichte, ob ich mich mit Müntefering zu einem Vieraugengespräch treffen könnte. Offenbar suchte der Generalsekretär nach einem Weg, möglichst ohne Gesichtsverlust aus dem Schlamassel herauszukommen, den er mit seiner Anzeige gegen uns angerichtet hatte. Natürlich war ich einverstanden.

Am Mittwoch, den 7. August, war für Müntefering und mich im Restaurant Da Capo des Maritim-Hotels in Magdeburg um 20 Uhr ein Tisch reserviert. Zwei Stunden zuvor hatte er als oberster Wahlkampfmanager der SPD noch einen Termin in der sachsen-anhaltinischen Landeshauptstadt absolviert, während ich mich mit dem Auto von Hamburg aus auf den Weg gemacht hatte. Journalisten, die sich bei der SPD-Pressestelle nach Münteferings weiterem Aufenthalt erkundigten, wurde erklärt, der Generalsekretär habe noch einen privaten Termin. Auch im Terminplan seines Büros wurde das streng geheime Treffen nicht vermerkt.

Als ich nach gut zweieinhalb Stunden Fahrt im Maritim eintraf, saß Franz Müntefering Don-Quijote-gleich im leeren Restaurant an einem der Tische und blies, vor sich einen Aschenbecher, den Rauch einer seiner unvermeidlichen Zigarillos in die Luft. In der dünnen Mappe, die ich mit zu unserem Treffen brachte, befanden sich lediglich zwei Blatt Papier: eines mit präzisen Recherchedetails unserer Redakteure zur Bonusmeilen-Affäre – und die Kopie eines Artikels aus der FAZ vom Vortag:

Was umfasst die Pressefreiheit? Datenschutz und öffentliches Interesse.[22]

Es gab Mineralwasser, ich bestellte mir noch einen Kaffee dazu. Franz

Sigmar Gabriel
Ministerpräsident des Landes Niedersachsen

Ojen, 29.12.2002

BILD – Chefredaktion Hamburg
z.Hd. Herrn Kai Diekmann
- Persönlich -

FAX: 0049 – 40 – 34722 - 134

Sehr geehrter Herr Diekmann,

da ich Sie trotz einiger Versuche leider telefonisch nicht erreichen konnte und mich nicht in Deutschland aufhalte, möchte ich Ihnen auf diesem Wege mitteilen, dass ich von einem unter meinem Namen am 20.12.2002 von der Niedersachsen KAMPA der SPD versandten Schreiben mit Vorwürfen gegenüber der BILD weder Kenntnis hatte noch Inhalt und Wortwahl billige.

Ich bedaure diese unberechtigten Vorwürfe außerordentlich. Eine kritische Würdigung der Berichterstattung und Kommentierung der BILD muss anderen Ansprüchen genügen und vor allem einer näheren Überprüfung der darin aufgestellten Behauptungen standhalten. Das vorliegende Schreiben ist davon sehr weit entfernt.

Auch wenn das Schreiben ohne mein Wissen mit meinem Briefkopf und meinem Faksimile versehen wurde, entschuldige ich mich ausdrücklich im Namen der Wahlkampfleitung der niedersächsischen SPD für diesen Vorgang. Ich gehe davon aus, dass dies auch noch direkt durch die verantwortlichen Mitarbeiter der KAMPA geschieht.

In der Hoffnung, dass wir auch weiterhin einen offenen und kritischen Umgang miteinander pflegen können, verbleibe ich mit freundlichen Grüßen

Allerbeste Brieffreunde: SPD-Ministerpräsident Sigmar Gabriel entschuldigt sich für ein Wahlkampf-Foul.

Müntefering – Jahrgang 1940, drahtig und knittrig, ein bodenständiger Sauerländer mit rabenflügelartigen Augenbrauen, der am liebsten in kurzen Hauptsätzen sprach – machte keinen besonders fröhlichen Eindruck; wir kamen schnell zur Sache.

»Wie groß ist denn das Triumphgeheul von BILD, wenn ich die Strafanzeige zurückziehe?«, fragte er scheinbar desinteressiert und blies einen Zigarillo-Kringel in die Luft.

»Über die Einstellung des Verfahrens müssen wir natürlich berichten«, antwortete ich sachlich. »Aber die Lautstärke meines Triumphgeheuls habe ich durchaus unter Kontrolle.«

Ausführlich schilderte ich Müntefering den zeitlichen Ablauf unserer Recherche: »Sobald erste Informationen zu konkreten Politikern vorlagen, haben wir die Betroffenen mit dem Vorwurf konfrontiert. Im Fall Özdemir geschah dies zum Beispiel am Donnerstag, den 25. Juli. Wir haben ihm mitgeteilt, dass in der BILD am SONNTAG vom 28. Juli eine Berichterstattung geplant sei. Ohne die an ihn gerichteten Fragen jemals konkret beantwortet zu haben, ist Cem Özdemir, den ich übrigens seit Jahren sehr schätze, schon am nächsten Tag zurückgetreten.« Der »häppchenweise-Vorwurf« sei also Unsinn, der Zeitpunkt der Veröffentlichung sei uns von den äußeren Umständen diktiert worden. Ich wollte mich nicht streiten mit Müntefering, trotzdem sprach ich den Kampagnenvorwurf gegen Rot-Grün an: »Was würden Sie, lieber Herr Müntefering, eigentlich sagen, wenn zum Beispiel die Süddeutsche Zeitung Einblick in Akten bekäme, die die CDU/CSU belasten würde? Ich vermute mal, Sie würden nicht den Datenschutz und das Persönlichkeitsrecht bemühen, sondern den hervorragenden Enthüllungsjournalismus loben.« Was erlaubt sei, dürfe ja nicht vom politischen Standort abhängen.

Müntefering ließ das so stehen.

Er schlug vor, am nächsten Tag eine Erklärung zu veröffentlichen, in der er unser Treffen bekannt geben und die Strafanzeige wegen Ausspähung der Abgeordneten zurückziehen wollte. Wir verabredeten, den genauen Wortlaut seiner Erklärung, in der es auch um meine Position gehen sollte, miteinander abzustimmen.

Keine 24 Stunden später spuckte das Fax in meinem Büro Münteferings Entwurf aus.

Ich las überrascht, bei unserem Treffen hätte ich zugestimmt, den Ablauf unserer Recherchen nicht nur dem Presserat, sondern auch dem Präsidium des Bundestages zur Verfügung zu stellen. Außerdem hätte ich verbindlich erklärt, dass über die Veröffentlichungen dieser Woche hinaus keine weiteren Erkenntnisse vorliegen. Das war natürlich Quatsch. Ersteres hatte ich nicht vor, Letzteres ihm niemals zugesichert. Das käme ja einem journalistischen Offenbarungseid gleich – wie käme ich dazu, den zu leisten?

Da musste gestern ein anderer Müntefering im Maritim in Magdeburg am Tisch gesessen haben. Das hatten wir doch alles so nicht besprochen!

Weiter schrieb Müntefering in seinem Entwurf:

Nicht ausgeräumt werden konnte der Streit um die Art und Weise der Ver-

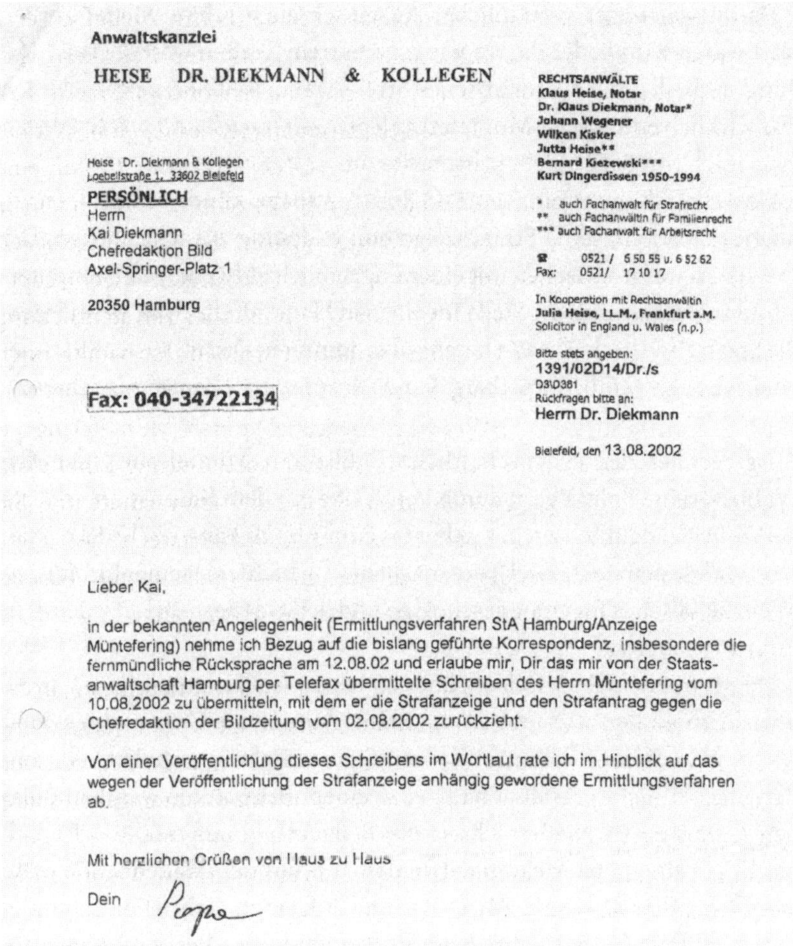

Anwaltskanzlei

HEISE DR. DIEKMANN & KOLLEGEN

RECHTSANWÄLTE
Klaus Heise, Notar
Dr. Klaus Diekmann, Notar*
Johann Wegener
Wilken Kisker
Jutta Heise**
Bernard Kiezewski***
Kurt Dingerdissen 1950-1994

* auch Fachanwalt für Strafrecht
** auch Fachanwältin für Familienrecht
*** auch Fachanwalt für Arbeitsrecht

☎ 0521 / 6 50 55 u. 6 52 62
Fax: 0521/ 17 10 17

In Kooperation mit Rechtsanwältin
Julia Heise, LL.M., Frankfurt a.M.
Solicitor in England u. Wales (n.p.)

Heise Dr. Diekmann & Kollegen
Loebellstraße 1, 33602 Bielefeld

PERSÖNLICH
Herrn
Kai Diekmann
Chefredaktion Bild
Axel-Springer-Platz 1

20350 Hamburg

Fax: 040-34722134

Bitte stets angeben:
1391/02D14/Dr./s
D3\D381
Rückfragen bitte an:
Herrn Dr. Diekmann

Bielefeld, den 13.08.2002

Lieber Kai,

in der bekannten Angelegenheit (Ermittlungsverfahren StA Hamburg/Anzeige Müntefering) nehme ich Bezug auf die bislang geführte Korrespondenz, insbesondere die fernmündliche Rücksprache am 12.08.02 und erlaube mir, Dir das mir von der Staatsanwaltschaft Hamburg per Telefax übermittelte Schreiben des Herrn Müntefering vom 10.08.2002 zu übermitteln, mit dem er die Strafanzeige und den Strafantrag gegen die Chefredaktion der Bildzeitung vom 02.08.2002 zurückzieht.

Von einer Veröffentlichung dieses Schreibens im Wortlaut rate ich im Hinblick auf das wegen der Veröffentlichung der Strafanzeige anhängig gewordene Ermittlungsverfahren ab.

Mit herzlichen Grüßen von Haus zu Haus

Dein

Wer mich als Anwalt gegen die SPD vertritt? Mein Vater!

öffentlichung des Vorgangs in BILD in den vergangenen Tagen. Ich bin empört über den kampagnenmäßigen, auf den Wahlkampf gerichteten Umgang von BILD mit dem Thema.

Das Ganze unter der Überschrift: »Franz Müntefering: Ziel von Meilenanzeige erreicht«.

Was sollte das denn jetzt? Den Schlamassel, in den er sich selbst gebracht hatte, wollte der SPD-Generalsekretär in einen Sieg über BILD ummünzen. Für wie doof hielt er mich eigentlich? Keine Sekunde dachte ich daran, dem zuzustimmen.

Damit war unser vertraulicher Austausch auch schon wieder vorbei. Jetzt waren wir wieder da, wo wir vor unserem Treffen waren. Eine Einigung auf Beilegung des juristischen Streits war in weite Ferne gerückt. Ich war wirklich enttäuscht. Müntefering legte weiter nach und polterte: »Ich lasse mich von BILD nicht plattmachen!«

Unverhofft kommt oft: Keine 48 Stunden später kündigte Müntefering überraschend an, seine Strafanzeige nun endgültig zurückzuziehen. Die Lufthansa war inzwischen mit einer unglaublich aufwendigen Computerfahndung der undichten Stelle im eigenen Haus auf die Spur gekommen, die Staatsanwaltschaft hatte bereits übernommen. Damit, so der SPD-Generalsekretär ziemlich wortkarg, könne er auf seine Anzeige verzichten.

Ausgerechnet der leidenschaftliche Fußballfan Müntefering, der den Wählern seine Politik gern durch Vergleiche mit dem Rasensport erklärte (»Wir liegen deutlich zurück. Aber bis zum Abpfiff kann noch viel passieren, wir können noch zwei Tore machen!«[23]), hatte mit seiner Strafanzeige ein klassisches Eigentor geschossen und den Gegner – BILD – damit in Führung gebracht.

Heute, mit dem Abstand von über 20 Jahren weiß ich natürlich: Für die Sozialdemokraten war und ist die BILD-Zeitung als Gegner ungeheuer wichtig. Zu dieser Erkenntnis hat mir Sigmar Gabriel verholfen. Als amtierender Ministerpräsident hatte er in einem Brief an die wahlkämpfenden Genossen in Niedersachsen die Behauptung aufgestellt: »Täglich hat BILD eine neue Meldung erfunden, um uns zu schaden.« Ich hatte mich furchtbar über sein BILD-Bashing aufgeregt, Gabriel entschuldigte sich bei mir für das Schreiben mit dem Hinweis, dieses sei ohne sein Wissen versandt und seine Unterschrift automatisch hinzugefügt worden. Auf meine Forderung, sich öffentlich zu entschuldigen und den Vorwurf zurückzunehmen, reagierte Gabriel prompt – allerdings auf Gabriel-Art. In einer spontan einberufenen Pressekonferenz erklärte er: »Es ist falsch, wenn man in einem Schreiben schreibt, dass die BILD-Zeitung jeden Tag Meldungen erfindet. Das ist schon deshalb falsch, weil die BILD-Zeitung nicht jeden Tag erscheint.«

Heute würde ich sagen: Sieger nach Punkten. Auf diese Formulierung muss man erst einmal kommen.

So kam ich denn endlich auf den Trichter: Tatsächlich war es bei den Genossen in Wahlkämpfen üblich, Briefe an die Parteimitglieder mit dem

P.S. zu versehen: »BILD lügt.« Einfach so. BILD funktionierte für viele Alt-Linke offensichtlich wie das berühmte rote Tuch in der Stierkampfarena. Beim Anblick wurde der Bulle erst richtig lebendig. Heißt: Die SPD brauchte den Gegner BILD, um die eigene Anhängerschaft emotional zu mobilisieren, auf Trab zu bringen und die Reihen fest zu schließen.

Natürlich wäre Gerhard Schröder nie auf die platte Idee verfallen, einfach nur »BILD lügt« zu behaupten. Er benutzte in seinen Wahlkämpfen – zum ersten Mal ausgerechnet in meiner Heimatstadt Bielefeld – eine feinere Formulierung: »BILD lügt nie, und die Erde ist eine Scheibe.«

Per Fax leitete mir mein Rechtsanwalt die Mitteilung der Hamburger Staatsanwaltschaft weiter, dass Müntefering seine Anzeige tatsächlich zurückgezogen hatte. Dazu schrieb er:

Von einer Veröffentlichung dieses Schreibens im Wortlaut rate ich im Hinblick auf das wegen der Veröffentlichung der Strafanzeige anhängig gewordene Ermittlungsverfahren ab.

Mit herzlichen Grüßen von Haus zu Haus

Dein Papa

Mein Rechtsanwalt war in der Tat mein Vater: Dr. Klaus Diekmann, Strafverteidiger aus Bielefeld, der mir bis dahin vor allem wertvolle juristische Dienste im Zusammenhang mit der Straßenverkehrsordnung geleistet hatte – und dem es eine Herzensangelegenheit gewesen war, mich gegen die SPD zu vertreten.

Ich bedankte mich höflich:

Sehr geehrter Herr Diekmann,

haben Sie recht herzlichen Dank für Ihren Einsatz in meiner Strafsache betreffend Bonusmeilen und Strafanzeige.

Ihre Bemühungen waren von Erfolg gekrönt und Sie haben Ihrem Ruf als erfolgreicher Verteidiger wieder alle Ehre gemacht!

Mit besten Grüßen

Ihr

Kai Diekmann[24]

Die Strafanzeige wegen Ausspähung war damit vom Tisch. Die Ermittlungen der Staatsanwaltschaft Hamburg wegen der Veröffentlichung der Strafanzeige im Wortlaut hatte ich jedoch noch an der Backe:

Der Beschuldigte Diekmann hat sich über seinen Verteidiger zum Tatvorwurf eingelassen. Nachdem er seine alleinige Verantwortung für die hier in

Rede stehenden Veröffentlichungen eingeräumt hat, wurde davon abgesehen, den weiteren Beschuldigten rechtliches Gehör zum Tatvorwurf anzubieten, da auf Grund der Angaben des Beschuldigten Diekmann den übrigen Beschuldigten eine Tatbeteiligung nicht nachzuweisen sein wird, stellte die Staatsanwaltschaft unter dem Aktenzeichen 7101 Js 480/02 fest.

Gleichsam halte es die Staatsanwaltschaft für vertretbar, »hinsichtlich des Beschuldigten Diekmann vorläufig von der Strafverfolgung abzusehen und ihm die Zahlung einer Geldbuße in Höhe von 14 000 Euro aufzuerlegen«. Verdammt viel Geld.

Und was passierte mit unserer Whistleblowerin von der Lufthansa? Nachdem ihre Identität ermittelt worden war und kurze Zeit später die Polizei an der Tür der armen Frau klingelte, die das alles aus tiefster innerer Überzeugung heraus getan hatte, standen in ihrem Wohnzimmer bereits vom Axel Springer Verlag beauftragte Anwälte bereit. Die Frau wurde von der Lufthansa fristlos entlassen. Als Gegenleistung für die Einstellung des Ermittlungsverfahrens forderte die zuständige Staatsanwaltschaft von unserer Informantin ein umfassendes Geständnis. Offenbar ging es der ermittelnden Staatsanwaltschaft darum, belastendes Material gegen unsere Reporter zu sammeln, mit dem Ziel, doch noch Strafantrag gegen sie zu erstatten und ein Verfahren gegen BILD einzuleiten. Erst als unsere Anwälte der Behörde signalisierten, sie dann mit umfassenden Beweisanträgen zu quälen, in denen es unter anderem um Klärung der Fragen gehen werde, welche Abgeordneten wann und wie häufig auf Kosten der Steuerzahler verreist waren und welche Kosten dem Gemeinwesen dadurch entstanden waren, drehte die Staatsanwaltschaft bei. Das Ermittlungsverfahren gegen unsere Quelle wurde rasch »wegen geringer Schuld« gegen Zahlung einer überschaubaren Summe an »Ärzte ohne Grenzen« eingestellt.

ENTTÄUSCHTE LIEBE

Bei Schröders lagen die Nerven mittlerweile derart blank, dass Doris bei jedem Anlass wie eine Löwin aus dem Käfig sprang, um ihren Göttergatten zu verteidigen, der ja nicht nur ihr Ehemann, sondern auch ihr Parteivorsitzender und Kanzler war.

Höhepunkt war nur zehn Tage später ein offener Brief an Friede Springer, in dem sie sich über eine der berüchtigten »Post von Wagner«-Kolumnen beschwerte. Der hatte sich in seinem jüngsten Werk ausgerechnet Bundespräsident Johannes Rau, den Säulenheiligen der SPD, vorgeknöpft. Doris Schröder-Köpf sah darin eine Diffamierung aller Politiker, vor allem ihres Mannes, weshalb sie sich nun an die »Liebe Frau Verlegerin Springer« wandte:

Ihr Wirken findet selten im grellen Scheinwerferlicht statt. Sie bevorzugen es, dezent im Hintergrund zu bleiben. Mit öffentlichen Äußerungen halten Sie sich zurück. Wenn ich aber an so manche Berichte Ihrer Zeitungen denke, frage ich mich, ob Ihr Schweigen ein stilles Einverständnis mit allem ist, was dort veröffentlicht wird. Wie vertragen sich Ihre eigenen Ansprüche an Stil, Anstand und Würde mit den Beleidigungen und Entgleisungen, die ich immer wieder in einer Briefkolumne in der BILD-Zeitung lesen kann? Spricht ihr Autor Wagner Ihnen aus dem Herzen, wenn er den Bundespräsidenten und mit ihm gleich alle Politiker diffamiert? Ich mag's nicht glauben. Entspricht es dem Geist des Konzerngründers Axel Springer, wenn Politiker verächtlich gemacht werden und ihnen vorgeworfen wird, sie führten das Volk »ins Elend«? Ist diese Form von Schmutz-Journalismus und Demokratieverachtung in Ihrem Sinne, fragt Sie Ihre Doris Schröder-Köpf.

Und sie legte in diesem Zusammenhang Wert auf die Feststellung: »Meine protokollarische Ebene ist Frau Springer.«[25]

Ich hatte Franz Josef Wagner, einst Chefredakteur der Zeitschrift Bunte und in dieser Position eine Zeit lang mein Chef, 2001 für BILD gewinnen können und eigens für ihn diese Kolumne erfunden: ein täglicher, sehr persönlicher Brief an überwiegend prominente Empfänger, auf den er keine Antwort erwartet. Seine tägliche Kolumne war und ist, wie es einmal zutreffend beschrieben wurde, ein »Monolog in Korrespondenzform«. Mit seiner zwischen Genie und Wahnsinn mäandernden Kurzprosa polarisierte Wagner genauso schön wie BILD: Die einen hassten, die anderen liebten ihn. Die allererste »Post von Wagner« überhaupt ging übrigens, *believe it or not*, an Gerhard Schröder: »Mein lieber Kanzler – 365 Tage Glück wünscht Ihnen Ihr Franz Josef Wagner«.

Auf den offenen Brief von Doris Schröder-Köpf reagierte Friede Springer natürlich nicht. Das tat sie in solchen Fällen nie. Kein einziges Mal habe ich in den 16 Jahren an der Spitze von BILD erlebt, dass sie nach einer Beschwerde oder Klage von draußen Druck nach innen weitergegeben hätte. Schon gar nicht, wenn sie als »Verlegerin« angesprochen wurde: »Von wegen Verlegerin, ich verlege allerhöchstens mal meine Brille«, pflegte sie zu sagen. Gleichwohl verging kaum ein Tag, an dem die erste Dame des Hauses nicht preußisch-pünktlich um 9 Uhr früh in ihrem holzgetäfelten Büro am Schreibtisch ihres verstorbenen Mannes, des Gründers des Verlagshauses Axel Springer, saß. An den Räumlichkeiten hatte sie nach seinem Tod im Jahr 1985 nichts, aber auch gar nichts verändert. Auch wir bei BILD hielten uns mit Kommentaren zur Attacke von Doris zurück: »Offenbar hat die SPD die Pleite von Franz Müntefering mit der zurückgenommenen Strafanzeige gegen BILD noch immer nicht verwunden«[26], antwortete ich lapidar auf Anfragen.

Exklusiv meldete die Presseagentur AP einen Tag später, Franz Josef Wagner persönlich habe im Auftrag von Friede Springer den offenen Brief von Doris Schröder-Köpf beantwortet: »Frau Friede Springer hat mich gebeten, auf Ihren offenen Brief zu antworten«, schrieb Wagner laut Agenturbericht.

Wie Sie wissen, bin ich bei Springer für die Postbearbeitung zuständig. Sie haben sich in einem Brief an meine Verlegerin darüber mokiert, dass ich in meiner BILD-Kolumne am Montag nicht nett über Politiker geschrieben habe. Das dürfen Sie, denn Sie sind die Frau eines Politikers. Sie haben darin Sätze geschrieben, die unsinnig sind. Das dürfen Sie nicht, denn Sie sind eine Journalistin. Ich sehe Sie vor mir, wie Sie die Zeitung lesen und dann zu Ihrem Mann rufen, der sich gerade im Bad vor dem Spiegel die Krawatte bindet: Gerd, das können die nicht mit dir machen! Als Gerd dann ins Büro gegangen war, haben Sie sich hingesetzt, so denke ich mal, und haben versucht, von Frau zu Frau, einen mahnenden Brief an meine Verlegerin zu schreiben. Leider ist dann wohl Franz Müntefering auf einen Kaffee bei Ihnen vorbeigekommen, hat gesehen, an wen Sie schreiben, und laut gerufen »Keine Briefe! Besser gleich verklagen!« Darauf Sie: Aber wegen des Hochwassers sind doch alle Verbindungen nach Magdeburg unterbrochen, wo soll ich mich denn dann mit Kai Diekmann zu vergeblichen Vermittlungsgesprächen treffen? Da hat dann Müntefering nachgedacht. Er zwirbelt lange mit der linken Hand seine rechte Augenbraue. Plötzlich springt er auf und ruft: »Ich hab's! Das ist ›Schmutzjournalismus‹! Verstehst du, Doris? Wegen des Schlamms, das ist ein subtiler Vergleich, der zieht.« Und schon schrieb Müntefering Ihren Brief zu Ende, in gewagter Ausdeutung seines Amtes als Generalsekretär. Ich kann mir vorstellen, dass Ihnen die ganze Sache jetzt schon peinlich ist. Friede Springer, so schreiben Sie in Ih-

Sie verteidigte ihren Mann stets wie eine Löwin: mit Doris Schröder-Köpf im Herbst 2014 in Berlin

rem offenen Brief, »bevorzuge es, dezent im Hintergrund zu bleiben«. Wollen Sie es nicht auch einmal damit versuchen?

Herzlichst

Ihr Franz Josef Wagner[27]

Reingefallen – es gab in BILD keine Abrechnung von Franz Josef Wagner mit der Kanzlergattin. Tatsächlich hatte sich der Autor Florian Illies für die FAZ einfühlsam in Wagner hineinversetzt. Eine grandiose Satire, der AP auf den Leim gegangen war.

Wenn ich das heute alles lese, weiß ich: Wir Medien waren damals wirklich nicht nett zu den Schröders. Allerdings waren die daran nicht ganz unschuldig. Insbesondere Doris müsste das wissen. Lange Zeit hatte sie Kolumnen für BILD geschrieben, sich dabei weit aus dem Fenster gelehnt, wenn es um das Verbot von Kampfhunden ging oder die strenge Erziehung von Kindern. Als Kanzlergattin, wohlgemerkt, nicht als Journalistin oder einfache Bürgerin.

Nun ist das mit der »Kanzlergattin« so eine Sache: Im Grundgesetz ist dieses Amt nicht vorgesehen. Doris Schröder-Köpf nutzte ihren Status gleichwohl mit so großer Leidenschaft aus, dass sie schließlich als die »schnelle Eingreif-Puppe des Kanzlers« verspottet wurde. Weder eine Loki Schmidt noch eine Hannelore Kohl hatten sich jemals und so offiziell in die Tagespolitik eingemischt, wie Doris Schröder-Köpf das für sich in Anspruch nahm. Wie ich ja gerne sage: Wer die Hitze nicht verträgt, gehört nicht in die Küche.

Das galt dann auch für sie.

Basta!

DER BRUCH

Wer glaubt, damit sei der Gipfel der Streitereien zwischen BILD und Kanzleramt erreicht gewesen, der irrt. Es ging munter weiter. Egal, wie viel Mühe sich Münte und Doris gegeben hatten, den Wahlkampf der SPD zu versauen, reichte es am Ende erneut für einen knappen Wahlsieg von Rot-Grün. Noch in der Wahlnacht hatte der Kanzler angekündigt, Rache an den Springer-Medien nehmen zu wollen. Und so kam es dann auch:

Schröder wurde schließlich so sauer auf uns, dass das Bundespresseamt einen Interview-Boykott gegen uns verhängte und BILD-Korrespondenten bei Auslandsreisen aus dem Kanzlerflugzeug verbannt wurden.

Was war passiert? BILD hatte die vielen negativen Schlagzeilen über Gerhard Schröder thematisiert und die Frage gestellt: »Wie hält die Kanzlergattin das nur aus?« BILD-Kolumnist Mainhardt Graf von Nayhauß, dessen letztes Buch vom Kanzler noch persönlich vorgestellt worden war, hatte munter drauflos spekuliert, was das Ehepaar Schröder wohl machen würde, wenn der Kanzler nach dem SPD-Vorsitz auch noch das Kanzleramt verlöre: Wanderten die Schröders dann nach Amerika aus? »Immerhin besitzt ihre in den USA geborene, inzwischen 13-jährige Tochter einen amerikanischen Pass.«

Daraufhin war Schröder in der SPD-Bundestagsfraktion explodiert und knöpfte sich BILD vor. Er sei nicht bereit hinzunehmen, dass seine Familie hineingezogen werde: *Ich lasse mich nicht kaputtmachen! Das muss jeder wissen, wenn er mit denen redet und sich zum Stichwortgeber macht.*[28]

Seine Frau Doris ließ sich passend dazu von einem NDR-Reporter die Frage stellen, ob die BILD-Zeitung denn wieder Kanzlerinterviews bekäme, wenn »Herr Diekmann, der Chefredakteur der BILD-Zeitung, geht«.

Die gönnerhafte Antwort der Kanzlergattin: »Ja, das käme dann immer darauf an, wer nachfolgt. Da kann man sich so nicht festlegen. Ich kenne Herrn Diekmann als Kollegen, und ich habe ihn immer auch als lernfähig eingeschätzt.«[29]

Das war wirklich lächerlich. Vor der Bundestagswahl hatte sich Doris Schröder-Köpf noch auf einem Stern-Titel mit der Schlagzeile »Die Kanzlerin« abbilden lassen und für ihren Mann die Werbetrommel gerührt. Und die SPD machte mit Buttons Wahlkampf, auf denen stand: »Ich wähle Doris ihren Mann seine Partei«[30].

Ich wiederhole mich: Wer im Wahlkampf sein Privatleben so in die Öffentlichkeit trägt, muss sich nach der Wahl dann auch entsprechende Fragen gefallen lassen. Zudem hatte die Kanzlergattin wohl verabsäumt, ihren Mann davon zu unterrichten, dass sie in den vergangenen Tagen gleich mehrfach mit BILD-Redakteuren telefoniert hatte, um ihre Seelenlage nach dem überraschenden Rücktritt Schröders als SPD-Chef zu schildern.

Grundsätzlich wunderte ich mich, dass Doris als ehemalige BILD-Journalistin so empfindlich war und offensichtlich nicht in der Lage, mit Kritik umzugehen. Was den Boykottaufruf ihres Ehemannes, des Bundeskanzlers, anging: Es war Joschka Fischer, der sich einst als hessischer Fraktionsvorsitzender mit über 70 Journalisten solidarisch erklärt und den Boykott und geplanten Ausschluss einer BILD-Journalistin vom Parteitag der Grünen verhindert hat. Die BILD-Journalistin hieß übrigens: Doris Köpf.[31]

Noch am selben Tag trudelten aus dem Bundespresseamt die Absagen für die geplante Teilnahme an Kanzlerreisen in die USA und die Türkei ein. Angeblich wegen Platzproblemen. Erst erwischte es meinen Kollegen Rolf Kleine. Dann unseren Kolumnisten Mainhardt Graf von Nayhauß. Empört setzte ich mich hin und diktierte einen Brief an Regierungssprecher Béla Anda.

BÉLA

Mit Béla verband mich bis zu diesem Zeitpunkt eine langjährige Freundschaft. Wir hatten uns in den 1980er Jahren bei Axel Springer kennengelernt: Ich war Volontär bei BILD am SONNTAG, er bei der WELT am SONNTAG. Und genauso unterschiedlich wie die beiden Zeitungen waren auch wir beide: Ich aus Bielefeld-Brackwede, er aus der Bundeshauptstadt Bonn. Ich mit wilden Locken und Zopf, er der deutsche Tom Cruise mit perfektem Scheitel und 1000-Watt-Lächeln. Ich, der Obergefreite, er Offizier der Reserve. Ich, der abgebrochene Student, der sich zwar eingeschrieben, aber nie die Uni von innen gesehen hatte, er mit Abschluss an der London School of Economics. Kurzum: Obwohl es aussah, als trennten uns Welten, verstanden wir uns auf Anhieb. Und Party konnten und mochten wir beide auch.

Als ich 1991 stellvertretender Chefredakteur der B.Z. in Berlin wurde, gewann ich Béla als freien Mitarbeiter für die letzte Seite unserer Sonntagsausgabe – ich bewunderte nämlich seit jeher seine ungewöhnliche Erzählsprache. Seine Texte schrieb er in seinem ganz eigenen, etwas durchgeknallten Béla-Stil, Kollegen verehrten ihn dafür und nannten ihn »Wagner auf Ecstasy« – eine Hommage an unser aller Sprachidol Franz Josef Wagner, von dem ich Ihnen ja eben schon vorgeschwärmt habe. So eng war unser Verhältnis in dieser Zeit, dass ich Patenonkel seines ersten Sohnes wurde.

Deswegen war ich wirklich happy, als ich ein Jahr später als BILD-Politikchef nach Hamburg ging und Béla mir sagte: »Ich komme mit!«

Im Sommer 1994 begann ich mit Ralf Georg Reuth, Historiker und zuvor von der FAZ zu BILD gekommen, mit der Arbeit am Helmut-Kohl-Buch *Ich wollte Deutschlands Einheit*. Irgendwann abends saß ich mit Béla beim Italiener und erzählte aufgekratzt von der Arbeit mit dem Kanzler. Mehr aus einer Laune heraus meinte ich: »Mensch, schreib doch mal eine Biografie über Gerhard Schröder!« Der war zu dem Zeitpunkt niedersächsischer Ministerpräsident und ein kommender Mann. Was Béla dann mit Rolf Kleine, damals BILD-Korrespondent in Bonn, auch tatsächlich tat. Schröder schien das Ergebnis gefallen zu haben, denn nachdem er Kanzler geworden war, holte er Béla Anda als Stellvertretenden Regierungssprecher unter Uwe-Karsten Heye in seine Regierung.

Für Béla war es sicher nicht leicht, ständig zwischen neuem und altem

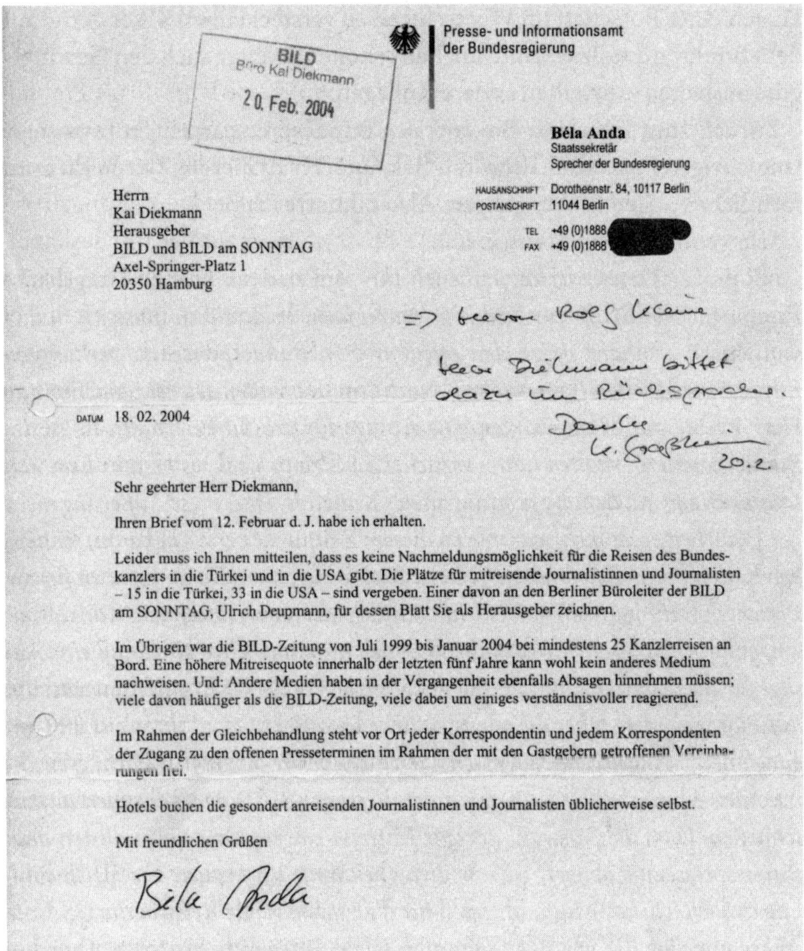

BILD
Büro Kai Diekmann
20. Feb. 2004

Presse- und Informationsamt
der Bundesregierung

Béla Anda
Staatssekretär
Sprecher der Bundesregierung

HAUSANSCHRIFT Dorotheenstr. 84, 10117 Berlin
POSTANSCHRIFT 11044 Berlin

TEL +49 (0)1888 [redacted]
FAX +49 (0)1888 [redacted]

Herrn
Kai Diekmann
Herausgeber
BILD und BILD am SONNTAG
Axel-Springer-Platz 1
20350 Hamburg

=> Herrn von Rolf Kleine

Herr Diekmann bittet dazu um Rücksprache.
Danke
K. Großklein
20.2.

DATUM 18. 02. 2004

Sehr geehrter Herr Diekmann,

Ihren Brief vom 12. Februar d. J. habe ich erhalten.

Leider muss ich Ihnen mitteilen, dass es keine Nachmeldungsmöglichkeit für die Reisen des Bundeskanzlers in die Türkei und in die USA gibt. Die Plätze für mitreisende Journalistinnen und Journalisten – 15 in die Türkei, 33 in die USA – sind vergeben. Einer davon an den Berliner Büroleiter der BILD am SONNTAG, Ulrich Deupmann, für dessen Blatt Sie als Herausgeber zeichnen.

Im Übrigen war die BILD-Zeitung von Juli 1999 bis Januar 2004 bei mindestens 25 Kanzlerreisen an Bord. Eine höhere Mitreisequote innerhalb der letzten fünf Jahre kann wohl kein anderes Medium nachweisen. Und: Andere Medien haben in der Vergangenheit ebenfalls Absagen hinnehmen müssen; viele davon häufiger als die BILD-Zeitung, viele dabei um einiges verständnisvoller reagierend.

Im Rahmen der Gleichbehandlung steht vor Ort jeder Korrespondentin und jedem Korrespondenten der Zugang zu den offenen Presseterminen im Rahmen der mit den Gastgebern getroffenen Vereinbarungen frei.

Hotels buchen die gesondert anreisenden Journalistinnen und Journalisten üblicherweise selbst.

Mit freundlichen Grüßen

Béla Anda

Kein Platz für BILD im Kanzlerflieger: Brief von Regierungssprecher und Ex-BILD-Kollege Béla Anda vom Februar 2004

Arbeitgeber vermitteln zu müssen, vor allem, nachdem ich als neuer Chefredakteur von Schröders Motto »Zum Regieren brauche ich BILD, BamS und Glotze« nichts mehr wissen wollte. Und auch sein neuer Arbeitgeber, das Kanzleramt, hatte sicherlich ganz andere Erwartungen daran geknüpft, in Béla einen ehemaligen BILD-Redakteur als Regierungssprecher zu verpflichten.

Anda sei »ein begabter Sagenichts«, lästerte mal der Stern. »Locker und leise redet er eine Viertelstunde über die Regierungspolitik, ohne den

Hauch einer Botschaft im Wortschwall zu verstecken.«[32] »Wer gerne auf dem Boulevard stolziert, muss neben schönem Wetter auch den Gewitterguss aushalten«, urteilten andere Kollegen.[33]

Zurück zum Interview-Boykott des Bundespresseamts. Trotz unserer langjährigen Freundschaft waren Béla und ich zu diesem Zeitpunkt zum förmlichen »Sie« übergegangen. Also diktierte ich:

Sehr geehrter Herr Staatssekretär,

mit großer Verwunderung habe ich Ihre Äußerungen über eine angebliche Kampagne von BILD zur Kenntnis genommen. Protestieren muss ich in diesem Zusammenhang gegen den offenbar vom Bundespresseamt verhängten Boykott gegen BILD-Journalisten. Nachdem am späten Dienstagnachmittag Herr Kleine aus Platzgründen eine Absage für die Türkei/Malta-Reise des Bundeskanzlers erhalten hatte, versicherten Sie mir noch, es bestehe kein Zusammenhang mit dem Boykottaufruf des Kanzlers. Dass diese Äußerung nicht der Wahrheit entsprach, war mir zu diesem Zeitpunkt bereits bekannt, schließlich hatten Sie im Telefonat mit Herrn Kleine zuvor von Konsequenzen für die Berichterstattung, insbesondere hinsichtlich der bevorstehenden Kanzlerreisen, gesprochen. Am Mittwochabend erhielt nun auch Graf Nayhauß eine Absage für die beantragte Begleitung des Kanzlers in die USA, offiziell wiederum aus Platzgründen. Über die offensichtliche Unaufrichtigkeit Ihrerseits im Umgang mit der Angelegenheit will ich mich nicht beklagen. In aller Form verwahren muss ich mich allerdings gegen den Versuch, BILD von Terminen auszuschließen. Dass die Auswahl der zur Mitreise eingeladenen Journalisten dem Bundespresseamt obliegt, ist mir zwar bekannt, ich ersuche Sie gleichwohl, hinsichtlich Türkei/Malta als auch für die nachfolgende Reise in die USA die Akkreditierung der von uns genannten Journalisten sicherzustellen. Darüber hinaus erwarte ich vor Ort die vollständige Gleichbehandlung unserer Korrespondenten inklusive Unterbringung in den Delegationshotels.

Mit freundlichen Grüßen

Kai Diekmann.[34]

Wie es der Zufall wollte, sah ich am selben Tag noch ein Interview von Béla im WDR-Magazin Monitor: »Der Bundeskanzler selbst hat seine Schlüsse daraus gezogen, aus der Art und Weise, wie er und seine Politik dargestellt wird, nämlich, dass es mit der BILD-Zeitung keine Interviews mehr geben wird.«[35]

Ich hustete in meinen Kaffee.

Wie bitte?

Das war genau das Gegenteil vom dem, was er mir gegenüber behauptet hatte – nämlich, dass es keinen Zusammenhang gäbe zwischen unserer Berichterstattung und den Ausladungen unserer Journalisten von Kanzlerreisen. Sofort setzte ich mich hin und diktierte den nächsten Brief:

Sehr geehrter Herr Staatssekretär,

anlässlich der Reiseabsage für Graf Nayhauß und Herrn Kleine hatten Sie mir mündlich wie auch schriftlich versichert, es gäbe keinen Zusammenhang zwischen den Absagen und einem Boykott der BILD-Zeitung. Heute lese ich bezüglich künftiger Mitreisemöglichkeiten, es sei eine »offene Frage, ob man da mitreisen wird können«. Ich darf Sie daran erinnern, dass das Presse- und Informationsamt der Bundesregierung eine steuerfinanzierte Behörde ist, dessen Aufgabe unter anderem darin besteht, Journalisten zu informieren. Eine Auswahl der Medien nach Wohlverhalten ist dabei wohl nicht vorgesehen. Mit kollegialen Grüßen,

Kai Diekmann[36]

Mit seiner Antwort ließ sich Béla ein paar Tage Zeit:

Sehr geehrter Herr Diekmann, leider muss ich Ihnen mitteilen, dass es keine Nachmeldungsmöglichkeiten für die Reisen des Bundeskanzlers in die Türkei und in die USA gibt.

Die Plätze seien bereits vergeben. Im Übrigen, so Béla weiter, sei die BILD-Zeitung »von Juli 1999 bis Januar 2004 bei mindestens 25 Kanzlerreisen an Bord gewesen. Eine höhere Mitreisequote innerhalb der letzten fünf Jahre kann wohl kein anderes Medium nachweisen.« Andere Medien hätten in der Vergangenheit ebenfalls Absagen hinnehmen müssen, viel häufiger als BILD, »viele dabei um einiges verständnisvoller reagierend«.[37]

Was für ein blödes Kleinklein: Wie andere Medien mit Absagen umgingen, ob verständnisvoll oder nicht, war erstens nicht mein Problem, und zweitens ging es hier um Politik und nicht um Platzprobleme.

Mit dem Versuch, BILD zu disziplinieren, war doch gerade erst Müntefering gescheitert. Hatte Béla das denn nicht mitgekriegt?

Jetzt wiederholte sich die Chose. Wie bereits bei der Anzeige des SPD-Generalsekretärs protestierten erneut die Chefredakteure anderer Medien. Empört schrieben die Chefs von Stern, Tagesspiegel, Berliner Zeitung, Financial Times Deutschland und taz an die Bundespressekonferenz:

Nach unserer Ansicht hat Herr Staatssekretär Anda damit nicht nur seine Kompetenzen als Beamter überschritten, sondern zugleich die Freiheit der Be-

richterstattung in Frage gestellt. Wir sehen im Vorgehen von Herrn Anda ein nicht ungefährliches Präjudiz: Was in diesen Tagen Reportern von »Stern« und BILD im Umgang mit der Bundespressebehörde Presse- und Informationsamt passiert, kann jedem anderen Journalisten im Falle missliebiger Berichterstattung ebenfalls passieren.[38]

Die Bundespressekonferenz, der Zusammenschluss aller politischen Korrespondenten in Berlin, sah das genauso und intervenierte offiziell gegen den Interviewboykott.

Doch Schröder? Der blieb bei seiner Haltung: »Was in Deutschland politisch geschieht, bestimmen aus Wahlen hervorgegangene Mehrheiten und keine Boulevardzeitungen.«[39] Keine Interviews mehr für BILD!

WIR SIND JETZT MAL BELEIDIGT

So richtig klug war die Haltung des Kanzleramts – »wir sind jetzt mal beleidigt« – eher nicht. Mit der Meinung stand ich nicht allein. Ein Medienforscher diagnostizierte bei Schröder einen »Fall von enttäuschter Liebe«. Sein Verhalten sei »sehr typisch« für Politiker, die denken, mit Kontrolle und Pressionen Einfluss auf Berichterstattung nehmen zu können – womit sie sich »nicht anders verhielten als Diktatoren«.[40]

Auch der ehemalige SPD-Generalsekretär Peter Glotz – zugegeben einer, der Gerhard Schröder immer äußerst kritisch begleitet hat – sprang uns bei: »Eine große politische Partei oder gar eine Regierung kann die größte Zeitung des Landes nicht einfach links liegen lassen. Solche Boykotte sind Formen kommunikativer Verweigerung. Und sie schaden dem, der sich verweigert.«[41]

Ich muss auch sagen: Es zeugte nicht gerade von der hohen Kunst der Politikvermittlung, in der entscheidenden Phase der Agenda-2010-Politik, für die der Kanzler BILD mit ihren über 12 Millionen Lesern und damit über 12 Millionen potenziellen Wählern wie kein anderes Massenmedium gebraucht hätte, uns von der Berichterstattung auszuschließen. Es war das Widersinnigste, was Schröder machen konnte. Auf der einen Seite beklagte seine Regierung Kommunikationsprobleme bei der Vermittlung ihrer Reformpolitik. Auf der anderen Seite sollten diese Kommunikationsprobleme jetzt dadurch gelöst werden, dass man die Kommunikation ganz einstellte. Was sollte das für eine Logik sein?

Regieren gehe nicht gegen die Medien und auch nicht ohne sie, hatte Schröder doch selbst einmal so gesagt: Den Titel »Medienkanzler« betrachte er als »Verpflichtung, offen mit Informationen umzugehen und Kritik hinzunehmen«.[42]

Auch wenn das jetzt arrogant klingt: Der Schröder'sche Bann interessierte uns ohnehin herzlich wenig. Die BILD-Reporter reisten dem Kanzler einfach hinterher – mit der Linienmaschine. Wer braucht schon den Kanzlerflieger?

»Mit der BILD-Zeitung gibt es keine Interviews. Man muss den Kakao, durch den man gezogen wird, ja nicht auch noch trinken«, hatte Regierungssprecher Anda den Schriftsteller Erich Kästner zur Begründung des Boykotts bemüht.[43]

Doch. Manchmal schon.

Mit der Einschränkung von Informationsfreiheit und -zugang hätten SPD und SPD-geführte Regierungen »in den siebziger Jahren schon einmal schlechte Erfahrungen gemacht, als sie gezielt Journalisten von Informationsmöglichkeiten ausgeschlossen haben«, hatte die Stuttgarter Zeitung kommentiert.[44]

An dieser Stelle, liebe Leserinnen und Leser, muss ich etwas klarstellen: Keineswegs war es ausschließlich die SPD, die gegen BILD zu Felde zog. Das taten die Konservativen selbstverständlich auch. Im Frühjahr 1989 – ich spielte als blutjunger Bonner Korrespondent noch gar keine Rolle – hagelte es bei der Verlagsführung Beschwerden: In letzter Zeit hätten sich hämische, von Halbwahrheiten strotzende Artikel in BILD und BILD am SONNTAG über Bundestagsabgeordnete und ihre angeblichen Privilegien gehäuft. Beschwerdeführerin: Bundestagspräsidentin Rita Süssmuth, CDU. Sie drohte sogar mit der Einschaltung des Presserates.

Ein Abgeordneter kündigte an, wegen der Berichterstattung über Freiflüge für Abgeordnete, Freifahrtscheine der Bundesbahn und steuerfreie Kostenpauschalen der BILD-Zeitung für Interviews, Auskünfte und Nachfragen nicht mehr zur Verfügung zu stehen: Den Mitarbeitern seiner Fraktionsarbeitsgruppe habe er entsprechende Weisung gegeben. Beschwerdeführer: der Bundestagsabgeordnete Johannnes Gerster, CDU. Natürlich vergaß er nicht, seinen Beschwerdebrief in Kopie an seinen Parteivorsitzenden weiterzuleiten. Und stieß bei dem auf offene Ohren:

»Lieber Herr Tamm«, schrieb der umgehend an den damaligen Vorstandsvorsitzenden des Axel Springer Verlags:

Johannes Gerster ist ein kluger und besonnener Mann. Was er schreibt, entspricht der allgemeinen Meinung und das gilt auch für mich.

Mit freundlichen Grüßen

Absender: Der CDU-Parteivorsitzende und Bundeskanzler Helmut Kohl.

Sie sehen, die Sache mit dem Kakao, den man nicht mehr schlürfen möchte, nachdem man durchgezogen worden ist, scheint in der Politik auf allen Seiten weit verbreitet.

KURZ VOR DER NOTLANDUNG

Ich gebe zu: Was die Agenda-Politik von Gerhard Schröder angeht, hat BILD unter meiner Führung manches falsch bewertet.

Wegen Hartz IV! Regierung will an Sparbücher der Kinder!

Rentenkürzungen wegen Hartz?

Wegen Wintereinbruch und Hartz IV: Millionen Arbeitslose!

Mehr ausgesetzte Tiere – wegen Hartz IV!

Renten-Klau! Renten-Loch!

Renten-Schock!

Das waren die Schlagzeilen, mit denen wir gnadenlos draufhauten. Heute weiß ich: Das war eine brutale Kampagne, die in der Sache falsch war. Wir hatten die Agenda einfach nicht verstanden. Später entschuldigte ich mich mehrfach für meine Fehleinschätzung bei Gerhard Schröder: Das erste Mal bei einem Versöhnungstreffen vor dem Kamin in der Bibliothek des Verlags im Beisein von etlichen Kollegen aus der BILD-Redaktion, ein paar weitere Male, wenn wir gemeinsam bei Veranstaltungen auf der Bühne diskutierten. Denn wenn man jemanden zu Unrecht öffentlich beschimpft, sollte man sich auch ebenso öffentlich entschuldigen.

So viel kann ich hier vorwegnehmen: Schröder ist nicht nachtragend.

Ich war immer erklärter politischer Gegner der ersten rot-grünen Koalition auf Bundesebene – die falsche Energiepolitik, die doch nicht so ganz »uneingeschränkte Solidarität« mit dem Bündnispartner USA, die fatale Erweiterung der Eurozone um Griechenland – doch es ist unstrittig, dass Schröders Agenda-Politik unser Land für kommende Krisen gewappnet hat. Nur: Dies auch zu vermitteln, gelang nicht. Als Schröder die Medien wirklich brauchte, bekam er sie nicht in den Griff.[45] Dabei ist es vorwärts

Berliner vorwärts Verlagsgesellschaft mbH · Postfach 610322 · 10925 Berlin

BILD
Büro Kai Diekmann
16. FEB. 2014

Herr Kai Diekmann
Axel Springer SE
Axel-Springer-Straße 65
10888 Berlin

Berlin, 13. Februar 2014

Festschrift für den 70. Geburtstag von Gerd Schröder

Lieber Herr Diekmann,

am 07. April 2014 feiert Gerhard Schröder seinen 70. Geburtstag. Diesen Anlass wollen wir mit einer Festschrift würdigen.

Da uns sehr an Ihrem Beitrag zu dieser Festschrift gelegen ist, wollte ich auf diesem Wege noch einmal nachhaken, ob Sie bereit wären, ob Sie einen Beitrag zu *„Gerhard Schröder und die Medien"* schreiben würden?

Falls Sie sich beteiligen wollen, schicken Sie bitte Ihre Textdatei mit max. 2-5 DIN A4 – Seiten bis zum 20. Februar 2014 an Ines Klughardt (klughardt@vorwaerts.de). Die Festschrift wird dann zu April 2014 erscheinen.

→ Bela sagt Abgabefrist ist verlängert

Ich danke Ihnen herzlich im Voraus für Ihren Beitrag und freue mich, von Ihnen zu lesen.

Guido Schmitz, Geschäftsführer

Berliner vorwärts
Verlagsgesellschaft mbH
Stresemannstraße 30 | 10963 Berlin
Postfach 610322 | 10925 Berlin
Telefon +49 (030) 255 94-100
Telefax +49 (030) 25594-190/192
www.vorwaerts.de

Bankverbindung SEB AG
BLZ 100 101 11
Konto-Nr. 1748 136 900
USt.ID-Nr. DE 185 527 047
BIC ESSEDE5F100
IBAN DE85 1001 0111 1748 1369 00
Steuernr. 29 032 08758
FA für Körperschaften Berlin

Handelsregister
HRB 62522 Berlin-Charlottenburg
Geschäftsführer Guido Schmitz

Zu seinem 70. Geburtstag würdigt die SPD Gerhard Schröder mit einer Festschrift. Da soll ein Beitrag von mir natürlich nicht fehlen.

doch eigentlich ganz einfach: Vor der Behandlung muss der Patient Zahnschmerzen haben und den Arztbesuch mit der Hoffnung auf Linderung verbinden. Gerhard Schröder war der Zahnarzt, der seinem Patienten ohne Betäubung und Vorrede den Bohrer in den Mund schob, sich in den Backenzähnen bis in die Wurzel durchschraubte und dabei einen maroden Schneidezahn gleich mitentsorgte. Kein Wunder, dass der Patient bei einem solchen Blutbad dann schreit und weint und nur noch aus dem Stuhl will.

Die Wahrheit ist: Im Nachhinein betrachtet, ist BILD Gerhard Schröder sogar zu größter Dankbarkeit verpflichtet. Denn kein anderer Kanzler produzierte so viele irre und bunte Schlagzeilen wie er. Wann immer mir eine Idee für einen großen Aufmacher fehlte, konnte ich sicher sein, dass mir die rot-grüne Regierung aushalf:

Kriminelle Ausländer raus, aber schnell!

Lehrer sind faule Säcke!

Es gibt kein Recht auf Faulheit!

Langweilig wurde es mit Schröder nie: Auf Wunsch seiner Tochter begnadigte er die Weihnachtsgans »Loretta«. Als erster Bundeskanzler prozessierte er um seine angeblich gefärbten Haare. Kein BILD-Chefredakteur hätte sich so etwas ausdenken können.

Nach Pöbeleien eines italienischen Tourismus-Staatssekretärs gegen deutsche Urlauber rief Schröder seinen persönlichen Urlaubsboykott aus – BILD schlagzeilte:

Ciao bella Italia: Basta! Kanzler pfeift auf Pasta.

Der Medienkanzler ließ sich nicht so einfach abstellen.[46]

An seinem 60. Geburtstag liefen wir zu besonders großer Form auf. Da widmeten wir ihm eine – natürlich nicht ganz ernst gemeinte – Sonderseite voller Schlagzeilen:

Schröder: Kanzler auf Lebenszeit.

Wir vermeldeten die Auflösung der CDU und ließen Angela Merkel sagen: »Schröder kann es einfach besser.« Gewinnerin des Tages war Doris Schröder-Köpf, die mit sofortiger Wirkung zur neuen BILD-Chefredakteurin ernannt wurde. In der Rubrik »Verlierer des Tages« wurde mitgeteilt, dass ich meinen Job abgegeben hatte und auf Lebenszeit nicht mehr in der Kanzlermaschine mitfliegen durfte.[47]

Nicht zum Scherzen aufgelegt zeigte sich Gabor Steingart, damals noch

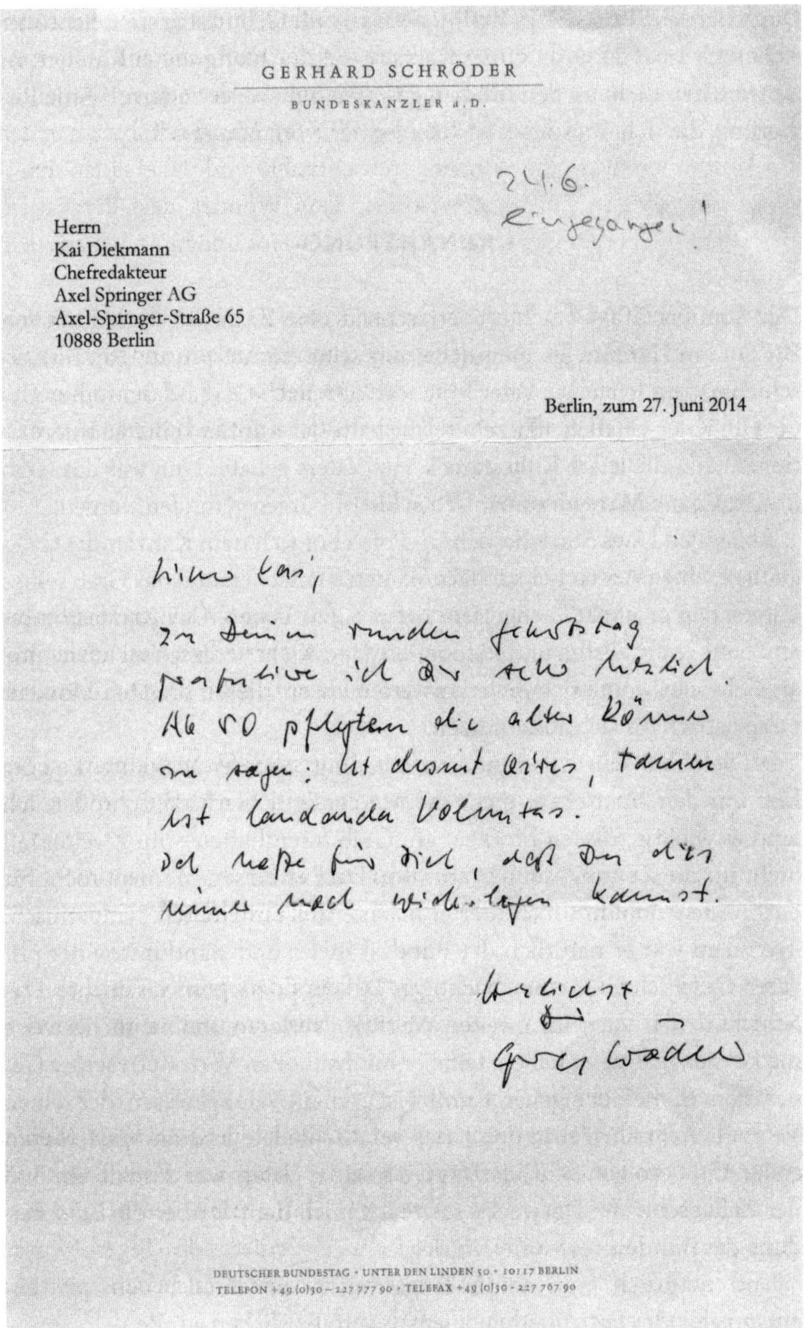

GERHARD SCHRÖDER

BUNDESKANZLER a.D.

24.6.
Eingegangen!

Herrn
Kai Diekmann
Chefredakteur
Axel Springer AG
Axel-Springer-Straße 65
10888 Berlin

Berlin, zum 27. Juni 2014

Lieber Kai,

zu Deinem runden Geburtstag
gratuliere ich Dir sehr herzlich.
Ab 50 pflegten die alten Römer
zu sagen: Ut desint vires, tamen
est laudanda voluntas.
Ich hoffe für Dich, daß Du dies
immer noch widerlegen kannst.

Herzlichst
Dein
Gerhard Schröder

DEUTSCHER BUNDESTAG · UNTER DEN LINDEN 50 · 10117 BERLIN
TELEFON +49 (0)30 – 227 777 90 · TELEFAX +49 (0)30 – 227 767 90

Glückwunsch zu meinem 50. Geburtstag von Bundeskanzler a.D. Schröder im Juni 2014

Bürochef des SPIEGEL in Berlin: »An seinem Geburtstag steht Schröder sicherlich am Tiefpunkt seiner Karriere.« Am Anfang seiner Karriere sei Schröder zu dicht an den Medien gewesen, nun sei er zu fern. »Eine Regierung, die sich wegsperrt, ist kurz vor der Notlandung.«[48]

ANNÄHERUNG

Der Sommer 2004 brachte überraschend eine Zäsur im Verhältnis von BILD zum Kanzler. Es ging dabei um seine höchst private Familiengeschichte. Sein leiblicher Vater Fritz war kurz nach Gerhard Schröders Geburt im Krieg gefallen. Jahrzehntelang hatte der Kanzler keinerlei Informationen über die letzte Ruhestätte seines Vaters gehabt. Nun war das Grab im Ort Ceanu Mare im rumänischen Siebenbürgen gefunden worden.

Anlässlich eines Staatsbesuchs in Polen bot sich dem Kanzler die Gelegenheit, einen Abstecher nach Rumänien zu machen und das Grab seines Vaters, den er nie kennengelernt hatte, aufzusuchen. Das Bundespresseamt hatte Journalisten und Fotografen dabei nicht vorgesehen. Ich nehme an, Schröder wollte sich nicht vorwerfen lassen, diesen privaten Moment publizistisch für sich auszunutzen.

Ich verstand sein Dilemma, war allerdings anderer Meinung: Es ging hier um den Menschen, nicht die Medienfigur Gerhard Schröder. Ich fand es wichtig, diesen Moment am Grab festzuhalten – im Zweifelsfall nicht für die Zeitung, sondern für ihn. Dass er diesen Moment nicht für das große Publikum inszenierte, machte ihn unheimlich sympathisch. Trotzdem war er natürlich der Bundeskanzler und stand mit seiner privaten Geschichte für einen wichtigen Teil der deutschen Geschichte. Das Schicksal, den Vater im Zweiten Weltkrieg verloren und möglicherweise nie kennengelernt zu haben, teilte er mit Millionen Vertretern seiner Generation. In meiner eigenen Familie ist es mein Vater gewesen, der seinen Vater als Achtjähriger in den Krieg verabschiedete und nie wiedersehen sollte. Ein Foto von Schröder am Grab seines Vaters war deshalb ein Bild der Zeitgeschichte. Deswegen setzte ich mich damals über die Entscheidung des Bundespresseamts hinweg.

Und natürlich war damit längst nicht entschieden, ob wir ein entsprechendes Foto überhaupt jemals veröffentlichen würden.

Zwei BILD-Reporter machten sich auf den Weg in die 3000-Seelen-

Gemeinde, wo sie sich bei einem Bauern einmieteten. Es sollte zwei Tage dauern, bis Gerhard Schröder auf dem kleinen Friedhof erschien. Er legte einen Strauß aus weißen Rosen und blauen Freesien vor das massive Holzkreuz. Auf dem Grabstein werden später die Namen von neun Gefallenen stehen. Einer davon lautete: Fritz Schröder.

Obwohl das Gelände weiträumig von rumänischen Sicherheitskräften abgesperrt worden war, gelang es dem Fotografen, einige Fotos zu machen. Es waren zutiefst berührende Bilder, die dann auf meinem Schreibtisch lagen. Sie zeigten den sichtlich bewegten Kanzler, wie er allein am Kreuz seines Vaters stand, die Hände gefaltet, den Blick geneigt.

Ja, obgleich Dokumente der Zeitgeschichte – gegen den Willen des Kanzlers wollte und konnte ich diese Bilder nicht veröffentlichen. Also ließen wir Bundespresse- und Kanzleramt über unsere Kanäle wissen, dass es Bilder vom Besuch am Grab gab, und stellten diese gleich mit zur Verfügung. Es gab keine Reaktion – vor allem aber keinerlei Protest oder Beschwerde. Das müssen Sie so verstehen: Selbstverständlich konnte das Amt den Abdruck der Bilder nicht offiziell absegnen, nachdem man zuvor keine Fotografen am Grab gewollt hatte. Das Schweigen des Amtes deutete ich als stille Zustimmung.

Offensichtlich hatte man auch dort den hohen symbolischen Wert dieses einmaligen Fotodokuments erkannt.

Das Foto von Gerhard Schröder am Grab seines Vaters, das BILD am Freitag auf der ersten Seite brachte, ist eines der stärksten Bilder seiner Kanzlerschaft. Man kann vermuten, dass – sollten sich nicht noch dramatische Ereignisse dazwischendrängen – es dieses Foto sein wird, mit dem das Kapitel Schröder in den Geschichtsbüchern illustriert werden wird. Dieser einen Aufnahme gelingt alles: eine über die Grenzen politischer Präferenzen, in alle Milieus und Generationen reichende intime Verbindung zu stiften zu den Schicksalen von Millionen deutscher Familien, das Thema Krieg und Frieden als das große bundesrepublikanische Thema mit seiner Person zu verbinden und schließlich zu einer Ebene wahren Pathos vorzudringen, vor der Schröder stets zurückgescheut war. Wo er sich bloß als Sohn, als Waise zeigt, wirkt er zum ersten Mal als Staatsmann,[49] schrieb am Tag nach der Veröffentlichung die FAS.

Nein, es wurde nicht dieses Foto, mit dem Gerhard Schröder in die Geschichtsbücher einging. Aber: Seinerzeit hat diese Geschichte unmerklich etwas zwischen uns verändert. Vielleicht bekam ich einen anderen Blick auf ihn.

Er hatte etwas in mir angerührt.

MARKIGE WORTE UND EIN NEUER ANFANG

Wir machen jetzt mal einen Zeitsprung. Im Juli 2005 stimmte Bundespräsident Horst Köhler Schröders Antrag auf Neuwahlen zu. Genau zwei Monate später fand die vorgezogene Bundestagswahl statt. Herausforderin war Angela Merkel.

Gespannt verfolgten wir im Newsroom von BILD erste Trends und Hochrechnungen. Dazu muss man wissen: Was im TV um 18 Uhr als Trend verkündet wird, steht in der Regel schon gegen 16 Uhr fest, ist Journalisten und Politikern also längst bekannt. Wir wussten daher schon, dass sich die Meinungsforscher geirrt hatten und der knappe Wahlsieg für die CDU/CSU viel enger ausgefallen war als vorhergesagt. Und so herrschte an diesem Abend verkehrte Welt: Schröder bester Laune, Merkel bedrückt.

Als der Kanzler am Abend im ZDF-Hauptstadtstudio in Berlin zur berühmt-berüchtigten »Elefantenrunde« erschien, war er voller Adrenalin: »Glauben Sie im Ernst«, blaffte er in die Runde, »dass meine Partei auf ein Gesprächsangebot von Frau Merkel bei dieser Sachlage einginge, indem sie sagt, sie möchte Bundeskanzlerin werden? Ich meine, wir müssen die Kirche doch mal im Dorf lassen. Die Deutschen haben doch in der Kandidatenfrage eindeutig votiert, das kann man doch nicht ernsthaft bestreiten.« Merkel, so verkündete Schröder lautstark, »wird keine Koalition unter ihrer Führung mit meiner sozialdemokratischen Partei hinkriegen, das ist eindeutig. Machen Sie sich da gar nichts vor.«

Das war ein Auftritt, der sich gewaschen hatte:

Kanzler-Krieg!, lautete am nächsten Tag unsere Schlagzeile. Ich gebe zu: eine etwas rat- und hilflose Schlagzeile. Nach Schröders markigem Auftritt hatten wir keinen Schimmer, wie es mit der neuen Regierung weitergehen sollte. Aber der Ex-Kanzler hatte zu laut getrötet.

Am 12. November stellte die als *Helmut Kohls Mädchen* verspottete, diplomierte Physikerin Angela Merkel zusammen mit der SPD den neuen

Koalitionsvertrag vor. Damit begann ihr Aufstieg zur bald mächtigsten Frau der Welt. Schröder hingegen trat ab.

Nur wenige Monate nach Schröders Auszug aus dem Kanzleramt landete überraschend ein Manuskript auf meinem Schreibtisch:

Gerhard Schröder.

Entscheidungen. Mein Leben in der Politik.

Wow!

Das waren wahrscheinlich die schnellsten Kanzlermemoiren aller Zeiten. Der SPIEGEL wollte die Exklusivrechte für den Vorabdruck, wir auch. Schließlich verständigte ich mich mit Chefredakteur Stefan Aust auf die ungewöhnliche Lösung, dass beide Blätter parallel Auszüge veröffentlichen würden – ausgerechnet BILD und SPIEGEL, mit denen sich Schröder in seiner Kanzlerschaft die meisten Auseinandersetzungen geliefert und denen er ständig Kampagnen gegen seine Person vorgeworfen hatte. Schröder wäre nicht Schröder gewesen, also der ausgebuffte Medienprofi, wenn ihm das an der Stelle nicht egal gewesen wäre. Er wusste, mit einem Vorabdruck in SPIEGEL und BILD besetzte er nicht nur raumfüllend die mediale Agenda, sondern landete auch auf Platz 1 der Bestsellerlisten. Rechnen konnte er nämlich auch.

Für seinen Pakt mit SPIEGEL und BILD gab's für Schröder gleich die Quittung:

»Schröder kassiert bei seinen Feinden. SPIEGEL & BILD zahlen irre Summen für Buch-Auszüge«[50], behauptete der Berliner Kurier. Und war damit nicht allein.

Was soll ich sagen?

Lag sicherlich nahe, war aber trotzdem falsch.

Zumindest BILD hatte für den Scoop keinen Cent gezahlt.

Es war, wie gesagt, ein Scoop – und das sollte auch jeder mitkriegen. Also wollte ich auch unbedingt einen TV-Spot dafür. Jetzt raten Sie mal, wer darin die Hauptrolle übernahm? Gerhard Schröder.

Das Drehbuch:

Schröder sitzt am Tisch und liest BILD.

Er blättert und blättert.

Und sagt dann wie zu sich selbst: »Hier steht ja nichts Ordentliches mehr drin! Das muss ich ändern!«

Einblendung:

»Schröders Memoiren – jetzt in BILD«.

»Wohl das richtige Maß an Lesestoff«: Persönliche Widmung von Gerhard Schröder im Blindband seiner Memoiren 2006

Gedreht wurde der TV-Spot in Schröders neuem Berliner Büro im Gebäude des Bundestages Unter den Linden.

Ich war persönlich vor Ort. Selbstverständlich wurden auch Fotos gemacht vom Bundeskanzler a.D. mit seinen Memoiren in der Hand. Zum Abschied überreichte er mir das Buch als Geschenk. Jetzt muss man wissen: Zu diesem Zeitpunkt war es noch gar nicht gedruckt. Es war nur ein sogenannter Blindband – außen mit dem richtigen Umschlag, aber innen 540 leere weiße Seiten. Neugierig schlug ich die erste Seite auf, um Schröders Widmung für mich zu lesen:

Für Kai Diekmann, wohl das richtige Maß an Lesestoff. Gerhard Schröder.

Der Altkanzler lachte sich schlapp.

Wir waren ein bisschen wie Rhett Butler und Scarlett O'Hara im Filmklassiker *Vom Winde verweht*: Wir konnten nicht ohne und auch nicht miteinander. Keiner von uns beiden traute so recht dem Frieden und zog jede gewonnene Schlacht einem friedlichen, aber womöglich faulen Kompromiss vor.

DER GOLDENE GERD

Ein Abend im Januar 2007. Draußen war es schon lange dunkel, hier drinnen, im Düsseldorfer Hinterhof-Atelier des berühmten Malers Jörg Immendorff, herrschte ein heilloses, aber kreatives Durcheinander. Überall Staffeleien, Skulpturen, Farben und Bilder, Bilder, Bilder.

Wir saßen im Halbkreis zusammen: Jörg Immendorff im Rollstuhl, in eine dicke Daunenweste gehüllt, die ihn vor der Kälte schützte, seine linke Hand geschwollen von der tückischen Krankheit Amyotrophe Lateralsklerose, kurz ALS, an der er vor neun Jahren erkrankt war. Er konnte sich kaum noch bewegen und nur mühsam sprechen. Die Wahrheit war: Er war zu diesem Zeitpunkt bereits dem Tod geweiht. Neben ihm saß seine junge Frau Oda Jaune, mit der er seit 2000 verheiratet war und eine kleine Tochter hatte. Außerdem die Schauspielerin Veronica Ferres, eine enge Freundin des Künstlers, ihr damaliger Ehemann Martin Krug, der Autor und Kulturkritiker Tilman Spengler und ich.

Und: Gerhard Schröder, der mit dem Zug aus Berlin nach Düsseldorf angereist war und jetzt mit einem: »Ich war noch nie hier, schön, dich wiederzusehen, Jörg!« den Künstler im Rollstuhl begrüßte.

An diesem Abend stellte Jörg Immendorff dem Bundeskanzler a.D. sein Porträt für die Galerie im Kanzleramt vor. Der Weg bis hierhin war nicht ganz einfach gewesen. Schon vor Jahren hatte Gerhard Schröder dem Maler versprochen, sich von ihm für die Kanzlergalerie malen zu lassen. Nach einer ungeschriebenen Regel dürfen sich Regierungschefs aussuchen, von wem sie sich porträtieren lassen möchten. Nach einer weiteren ungeschriebenen Regel passiert das aber erst nach ihrer Amtszeit. Die Sache kam dann aber nicht so recht in Gang.

Damals hatten Jörg Immendorff und ich bereits näher miteinander zu tun gehabt: Das erste Mal, als ihn Polizisten 2003 in einem Düsseldorfer Nobelhotel auf frischer Tat mit Prostituierten und Kokain ertappt hatten. Ein Riesenskandal – und natürlich hatte auch BILD mit großer Schlagzeile berichtet: **9 Huren und Kokain! Schlimmste Sexorgie des Jahres!**

Immendorff nahm die Schlagzeile ungerührt zur Kenntnis.

Stattdessen machte er sich im kleinen Kreis lustig über die »Dienstleistungswüste Deutschland«. Er habe elf Huren erwartet, lediglich neun seien gekommen. Was für eine Chuzpe. Künstler halt.

Im Düsseldorfer Atelier von Jörg Immendorff: mit Gerhard Schröder bei der Präsentation seine

Kanzlerporträts im Januar 2007

2006 organisierte BILD mit ihm, der natürlich einer der bedeutendsten zeitgenössischen Künstler Deutschlands war, ein ganz besonderes Projekt: eine Bibel-Edition. Die sogenannte Immendorff-Bibel, illustriert mit 25 seiner Werke aus den Jahren 1967 bis 1998, wurde ein Riesenerfolg. Aus unserem anfänglichen Arbeitsverhältnis wurde Stück für Stück ein Vertrauensverhältnis.

Bei einem meiner Atelierbesuche erzählte er mir von seiner Verabredung mit Gerhard Schröder, dessen Porträt zu malen. Seitdem hatte er nichts mehr gehört. »Wenn ich ihn noch malen soll, müssen wir uns beeilen«, sagte er. Und ich wusste, was er meinte. Immendorff war inzwischen auf die Hilfe seiner Assistenten angewiesen, um überhaupt noch Werke von eigener Hand schaffen zu können.

Ich nahm Kontakt zu Ulrich Wilhelm auf, Merkels Regierungssprecher. Für die Beauftragung der Kanzlerporträts ist nämlich der aktuelle Bundeskanzler zuständig. Wilhelm, der mit seinem Weitblick und seiner Souveränität allseits als einer der besten Regierungssprecher geschätzt wurde, antwortete: »Ich fürchte, dass wir dafür maximal 50 000 Euro ausgeben können – mehr ist im Etat für zeitgenössische Kunst nicht vorgesehen.«

Eine ernüchternde Auskunft.

Immendorffs Galerist Michael Werner hatte nämlich weit mehr als das Doppelte für das Kanzlerporträt verlangt. Immendorff selbst war nun in der Bredouille. Es ging ihm ja nicht ums Geld, es ging ihm um Gerhard Schröder und die Kunst, deshalb hätte er das Porträt natürlich auch für 50 000 Euro gefertigt. Er wollte aber auch seinen Galeristen nicht düpieren – der hatte trotz Drogenskandal immer zu ihm gestanden und ihn über die Jahre international groß gemacht.

Das Projekt drohte zu scheitern.

»Wir müssen einen anderen Weg gehen, Jörg, wir brauchen eine Umleitung!«, sagte ich ihm. Ich hatte lange auf dem Problem herumgekaut, jetzt machte ich ihm einen Vorschlag: »Deine Arbeit ist doch so wertvoll, dass sie eigentlich unbezahlbar ist. Und da brauchen wir doch gar nicht über den Preis reden. Du verkaufst es nicht, du *schenkst* Gerhard Schröder sein Porträt.«

Immendorff verstand sehr schnell, worauf ich hinauswollte. Ich fuhr fort: »Und Gerhard Schröder stellt es dann dem Kanzleramt auf Lebenszeit zur Verfügung. Punkt.« Nach kurzer Überlegung stimmte Immendorff zu.

Sein Galerist nahm mir meinen Regie-Einfall übel und sprach sehr lange nicht mehr mit mir. Jahre später erklärte er mir, warum er diesen hohen Preis angesetzt hatte: »Ich wollte verhindern, dass ein Werk von Jörg Immendorff im Kanzleramt zwischen lauter anderen Kanzlerporträts hängt, deren künstlerische Qualität ich für unzureichend halte.«

Ich hielt dagegen: »Aus künstlerischer Sicht mögen Sie recht haben. Aber solange diese Republik existiert, wird dieses Porträt von Jörg Immendorff dort hängen. Deshalb ist es egal, wie es um die künstlerische Qualität einiger anderer Porträts bestellt ist; dort im Kanzleramt vertreten zu sein und in alle Ewigkeit zu hängen, hat einen besonderen Wert.« [51]

»Du bist der erste Kanzler, der sich um die Künstler gekümmert hat«, sagte Immendorff mit schleppender, kaum verständlicher Stimme zu Schröder, als wir an diesem Januarabend in seinem Düsseldorfer Atelier zusammensaßen: »Dafür hast du meinen Respekt.«

Die Verabredung zum Kanzlerporträt sei schon sieben Jahre her, erzählte Immendorff. Damals war Schröder zum georgischen Staatspräsidenten Eduard Schewardnadse nach Tiflis geflogen und hatte einige Künstler, darunter Immendorff, mitgenommen. »Du warst überhaupt der erste Kanzler, der Künstler auf Staatsbesuche mitgenommen hat.«

»Von mir aus hätte das Porträt erst viel später entstehen können, aber das hat die BILD-Zeitung ja verhindert!«, kommentierte Schröder bissig.

Ich tat so, als hätte ich die Bemerkung nicht gehört. Wahr ist: Was ich besonders an Gerhard Schröder mag, ist sein Humor. Auch wenn das wieder mal auf meine Kosten ging.

Der Moment war gekommen.

Die Stimmung fast andächtig, als seien wir auf dem Weg zum Heiligen Gral, bewegten wir uns durch das Atelier. Und plötzlich standen wir davor: Ganz in Gold getaucht, ernst, fast ein bisschen grimmig, blickte uns der Kanzler entgegen. Das Abbild eines Macht- und Kraftmenschen in Öl auf Leinwand, groß wie ein Kühlschrank, gemalt im Stil alter russischer Ikonen. Links unten der Bundesadler, verfremdet und in Rot zerfließend.

»Das ist ja ein Ding!«, entfuhr es dem Porträtierten überrascht. Er trat ein paar Schritte an das Gemälde heran, schaute prüfend und lachte laut: »Das Bild ist großartig! Eine ganz eigene Arbeit, ganz anders als die anderen Porträts im Bundeskanzleramt.« Besonders berühre und freue ihn, dass dieses Werk ausgerechnet jetzt entstanden sei, in einer für Immendorff so schwierigen Zeit.

»Ich schenke es dir«, erklärte Immendorff dem Altkanzler. »Der gebrochene Affe am unteren Bildrand, das bin ich selbst, das ist mein persönliches Signum.« Der gebrochene Immendorff.

Keine acht Wochen später, am 1. März, überreichte der mittlerweile fast vollständig bewegungsunfähige und auf eine Sauerstoffflasche angewiesene Immendorff sein Werk im Rahmen einer Art Vernissage offiziell an Gerhard Schröder. Fast 100 Gäste hatten sich an diesem kühlen, regnerischen Tag in Immendorffs Atelier eingefunden.

Es sollte meine letzte Begegnung mit ihm an diesem Ort werden. Gabriele Henkel, die Kunstmäzenin, war gekommen, ebenso Air-Berlin-Chef Achim Hunold, Helge Achenbach, der Kunstberater, der später wegen Kunstbetrugs im Knast landen sollte, Fußballtrainer Christoph Daum, Sven Gösmann, mittlerweile Chefredakteur der Rheinischen Post, Veronica Ferres, ihr Mann Martin Krug sowie Immendorffs großer Kollege und Freund Markus Lüpertz.

»Und *Sie* müssen jetzt was sagen«, erklärte Schröder und guckte mich streng an.

Ich? Ausgerechnet ich sollte jetzt sein Porträt offiziell vorstellen?

Mal abgesehen davon, was alles zwischen uns vorgefallen war:

In diesem Kreis von Kennern war ich so berufen, über zeitgenössische Kunst zu sprechen, wie ich auch ein Fußballspiel in der 1. Bundesliga hätte kommentieren können.

Die Süddeutsche Zeitung – ich nehme das hier jetzt mal vorweg – machte sich am nächsten Tag prompt lustig über den »Kunstexperten von der BILD-Zeitung«, dessen Krawatte in den gleichen rosigen Farben leuchte wie das Gesicht des Kanzlers a.D.[52] Da hatte mir Schröder mal wieder einen mitgegeben auf seine trockene Art.

Ich wollte weder Spielverderber sein noch klein beigeben. »Kein Problem«, behauptete ich tapfer. Ich holte tief Luft, setzte mich in eine Ecke und schrieb hastig ein paar Stichworte auf ein Blatt Papier.

Und dann stand ich auch schon neben Schröder und Immendorff, das Publikum schaute mich erwartungsvoll an.

»Heute geht es um einen ganz besonderen Anlass, die Übergabe eines Geschenks an einen Freund«, begann ich nervös. »Es ist das Privileg eines deutschen Bundeskanzlers, einen Maler für das offizielle Kanzlerporträt auszusuchen. Mein Privileg ist, heute Abend Professor Immendorff

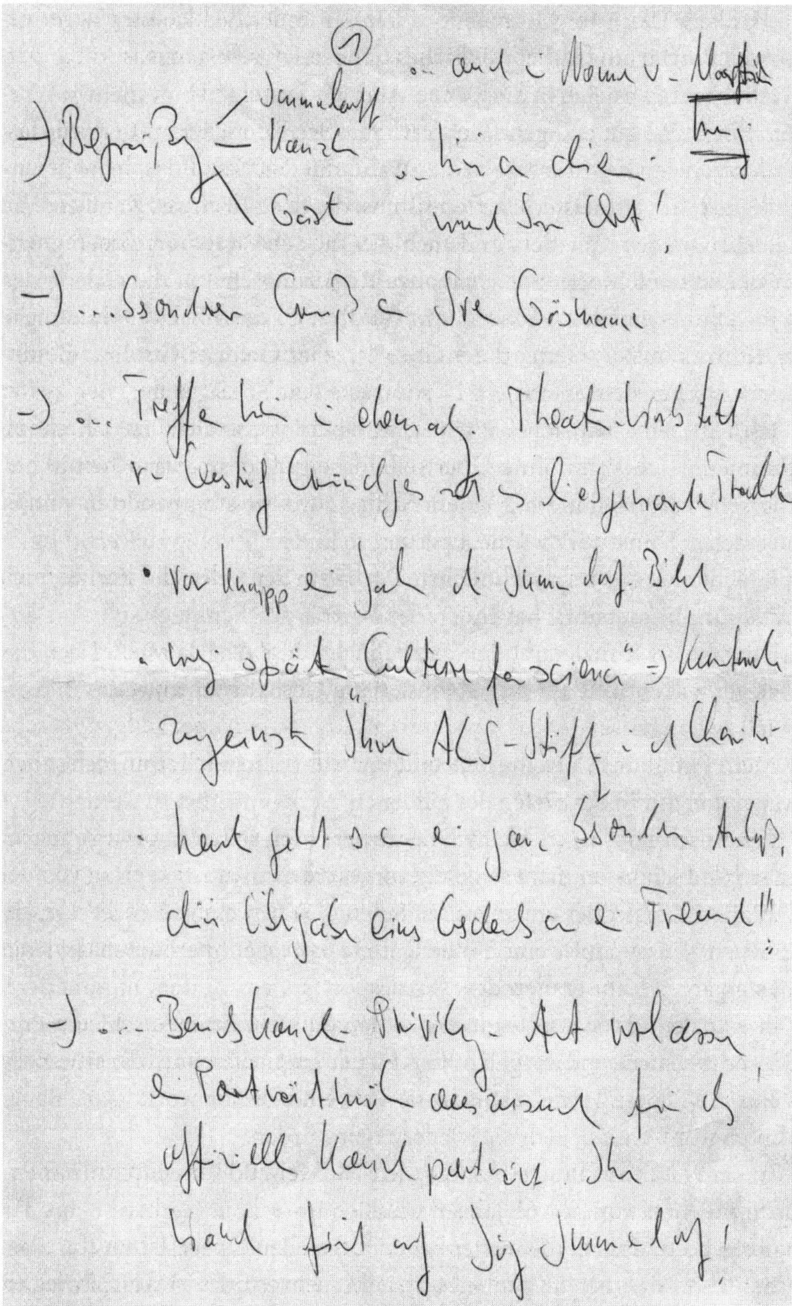

Stichworte für meine Rede aus dem Stegreif in Immendorffs Atelier, März 2007

zu danken. Denn Jörg Immendorff hat der deutschen Zeitungswelt mit diesem Porträt ein feuilletonistisches Großereignis beschert.«

Ich schaute unsicher in die Runde. Aber alle lauschten brav meinen Worten. Eben eine gut erzogene Gesellschaft. Also fuhr ich fort: »Gewürdigt wurde von den Kunstkritikern die Strahlkraft des Gemäldes, seine Eigenwilligkeit, der altmeisterliche Realismus, der feste Blick des Kanzlers, die Selbstironie des Künstlers und auch die Tatsache, dass mit diesem Porträt der erste nicht sitzende ehemalige Regierungschef in die Galerie des Kanzleramts einzieht. ›Schröder in Gold!‹, ›Cäsars Blick!‹, ›Goldfinger im Kanzleramt!‹, ›Gerhard der Große!‹, ›Der Goldene Gerd!‹, ›Goldener Herrscher, demokratisiert!‹ – so lauteten die Schlagzeilen ...«

Ich legte eine Kunstpause ein. Und beschloss, zeitnah zum Ende zu kommen: »Ich kann ohne Übertreibung sagen, dass dieses Porträt am Tag seiner Vorstellung mit einem Schlag zum meistrezensierten zeitgenössischen Kunstwerk wurde. Und das, so finde ich, völlig zu Recht! Es ist mit Sicherheit das ungewöhnlichste Porträt in der Reihe der Kanzlerporträts. Jörg Immendorff hat Ihnen das Porträt geschenkt, es soll als Dauerleihgabe ins Kanzleramt. Ich glaube nicht, dass Angela Merkel sich die Gelegenheit entgehen lässt, gemeinsam mit Gerhard Schröder das Bild offiziell zu hängen.«

Mein Publikum klatschte brav und war wahrscheinlich froh, nicht noch weiter von mir in die Tiefen des güldenen Werks entführt zu werden.

Lakonisch kommentierte der Altkanzler: »Ich selber bin mir selten so ehern und schon gar nicht so goldig vorgekommen.«

Während Schröder einen großen Schluck Weißwein nahm, steckte ein Assistent Immendorff eine Filterzigarette zwischen die Lippen. Für die Gäste gab es Lithografien des Kanzlerporträts auf Bütten, nummeriert. Der Kanzler a.D. signierte eine nach der anderen. Zum Abschied nahm Schröder schweigend die gelähmten Hände Immendorffs in die seinen.

Für eine lange Weile schauten sie sich einfach nur wortlos an. Beide ahnten wohl, dass sie sich nie wiedersehen würden.

In der Nacht auf Pfingstmontag, den 28. Mai 2007, starb Jörg Immendorff im Alter von nur 61 Jahren friedlich im Schlaf. Gerhard Schröder hatte gehofft, dass der Künstler bei der offiziellen Übergabe im Kanzleramt, die für den 10. Juli geplant war, dabei sein würde. »Das ist ihm und uns nun leider nicht mehr vergönnt«[53], schrieb er in seinem Nachruf in BILD, um den ich ihn gebeten hatte.

SCHRÖDER WIRD GEHÄNGT

In einer Ecke im ersten Stock des Bundeskanzleramts, dem sogenannten Pressesaalfoyer, standen ratlos zwei Dutzend Sektgläser bereit. Man ließ es also mal so richtig krachen. Der Kanzler a.D. hatte den Wunsch geäußert, ein paar Gäste mitbringen zu dürfen: Oda Jaune, die Witwe von Immendorff, dessen Galeristen Michael Werner, seinen Freund Martin Krug und Ex-Regierungssprecher Béla Anda. Vonseiten der Bundesregierung natürlich anwesend: Gastgeberin Angela Merkel, zudem geladen Außenminister Frank-Walter Steinmeier, Franz Müntefering und Merkels Kanzleramtschef Thomas de Maizière. Und der Diekmann Kai war natürlich auch wieder dabei. Dazu etwa 100 Korrespondenten.

Das politische Berlin befand sich mitten im tiefsten Sommerloch, deswegen waren alle höchst dankbar für diese Veranstaltung, obgleich es ja nur um ein Bild ging. Aber Nachrichten waren in dieser Zeit rar – genau wie gemeinsame Auftritte von Gerhard Schröder und Angela Merkel nach dem spektakulären Aufeinanderprallen in der Wahlnacht knapp zwei Jahre zuvor.

Konrad Adenauer, Ludwig Erhard, Georg Kiesinger, Willy Brandt, Helmut Schmidt, Helmut Kohl – bedächtig schritt Angela Merkel die Galerie ihrer Vorgänger ab. Wenn es stimmte, was so erzählt wurde, dass nämlich viele Herren hier unglücklich gewesen sein sollen mit ihren Porträts, konnte ich das sehr gut verstehen. Kohl zum Beispiel sah aus, fand ich, wie ein unglücklicher Dorflehrer, und Erhards Konterfei erinnerte mich an Malen nach Zahlen. Wie hatte es mir Immendorffs Galerist Michael Werner noch gleich erläutert? In der Kanzlergalerie hängt einfach eine Menge Schrott.

Am goldenen Bildnis ihres Vorgängers blieb Merkel stehen und betrachtete es lange.

Der Altkanzler trat ans Rednerpult: »Sehr verehrte Frau Bundeskanzlerin«, begrüßte er artig seine Nachfolgerin, zeigte dann auf die weiße Wand neben seinem goldenen Porträt und sagte listig: »Da ist noch ein bisschen Platz. Diese Tatsache weist darauf hin, dass Sie – wann auch immer – irgendwann einmal neben mir hängen werden.«

Die Hausherrin verzog keine Miene und trat nun ihrerseits ans Rednerpult: »Das Schöne an der großen Koalition ist doch, dass Sie auch ein paar Kameraden mitbringen konnten und sich hier nicht ganz so fremd fühlen müssen«, sagte Merkel und schaute dabei Steinmeier und Müntefering an. »Und überhaupt, jetzt müssen Schulklassen nicht mehr fragen: ›Wann hängt ihr endlich den Schröder auf?‹«

Der Altkanzler lachte schallend, die Kameras der Fotografen klickten minutenlang. »Nun reicht es, ihr kennt doch meine Publicity-Scheu«, rief er ihnen schließlich zu.

Es war ein entspannter und launiger Auftritt, und ich finde bis heute, dass Schröder und Merkel den demokratischen Kreis, der am Wahlabend einen Knacks bekommen hatte, damit wieder schlossen.

Immer wieder sahen Gerhard Schröder und ich uns in den Jahren danach. Meist bei Treffen mit gemeinsamen Freunden wie Markus Lüpertz oder Anselm Kiefer. Er war nun mal der Kanzler der Künstler. Und ich seit vielen Jahren Vorstandsmitglied der Stiftung Kunst und Kultur. Die Zeit heilt bekanntlich eine Menge Wunden.

Irgendwann war der Altkanzler sogar Gast bei mir zu Hause in Potsdam. Und er brachte bei dieser Gelegenheit seine Frau Doris mit. Mit ziemlicher Sicherheit war es für sie ein ebenso großer Schritt wie für mich.

»Warum«, wollte ich von Schröder nach zwei Glas Wein wissen, »haben Sie eigentlich nie versucht, mich persönlich anzurufen, um sich zu beschweren – so wie Wulff auf meiner Mailbox?«

»Das Bedürfnis hatte ich nie, Chefredakteure ruft man nicht an«, antwortete der Altkanzler, ohne eine Sekunde nachzudenken. »Und wenn, dann hätte ich höchstens gesagt: Sie Armleuchter. Das hätte ich aber auch nicht selbst gesagt, ich hätte es sagen lassen.«

Wie schon gesagt: Den Medienkanzler konntest du nicht einfach abstellen. Chuzpe, Schlagfertigkeit – da machte Schröder keiner was vor.

»Neulich habe ich allerdings eine Ausnahme gemacht«, nahm er den Faden wieder auf: »Da habe ich beim Chefredakteur der ZEIT angerufen und mich beschwert. Wissen Sie, worüber?« Er schaute mich an.

Ich machte ein ratloses Gesicht.

»Na, dass ich gelobt worden bin! ›Was ist denn bei euch los?‹, habe ich gefragt, ›das muss ein Redaktionsfehler sein. Ist vermutlich ein anderer gemeint.‹«

Solche Anekdoten machten ihm Spaß. Dann wurde er wieder ernst:

»Eine der wichtigsten Voraussetzungen im Job als Bundeskanzler ist es, verdrängen zu können. Dass man am nächsten Tag vergisst, was am Vortag in der Zeitung stand, da gilt der schöne alte Satz: Nichts ist so alt

Einladungskarte für die offizielle Vorstellung des Kanzlerporträts von Jörg Immendorff in Düsseldorf im März 2007

wie die Zeitung von gestern. Ohne die Fähigkeit, Dinge, die einen auch ärgern, zu verdrängen, überlebt man das nicht.«

Was ich schon immer von Gerhard Schröder wissen wollte: »Warum haben ausgerechnet wir Ihre Memoiren bekommen, ausgerechnet BILD, die Zeitung, der Sie nie wieder ein Interview geben wollten? Ist da am

Ende zusammengewachsen, was zusammengehört hat – der BILD-Kanzler und die BILD-Zeitung?«

»Nein!«, antwortete Gerhard Schröder bestimmt. »Gegensätze ziehen sich an. Wenn man streiten kann, ohne in Feindschaft zu verfallen, finde ich das angenehmer, als wenn ein Verhältnis so dahinplätschert. Das finde ich schlimm. Deswegen war mein Verhältnis zu BILD immer ambivalent. Mal war die Abneigung stärker, mal war sie weniger stark.«

»Was haben Sie von Ihrem Vorgänger Helmut Kohl für Ihren Umgang mit BILD gelernt?«

»Nichts.«

»Was hätten Sie Ihrer Nachfolgerin Angela Merkel zum Umgang mit uns raten können?«

»Erst recht nichts.«

SCHRÖDER VERSTEHEN?

Bin ich zum Schröder-Versteher geworden? Ich sagte es bereits ganz am Anfang: Ich halte es nicht für richtig, wie schnell er in die Dienste des Kreml trat; und vieles, was er danach zu Putin, Russland und zur Ukraine sagte, halte ich für komplett falsch. So, wie er den Kreml-Chef immer wieder vor Kritik in Schutz nahm. Auf die Frage, ob Putin ein lupenreiner Demokrat sei, hatte er geantwortet: »Ja, ich bin überzeugt, dass er das ist.« Diese zwei Wörter – *lupenreiner Demokrat* – sind das, was bis heute an Schröder klebt wie Kaugummi im Haar.

Aber auch das gehört zur Wahrheit: Als Schröder in einer Fernsehsendung diese Frage nach Putin gestellt wurde, geschah das im Jahr 2004 (!). Was wäre gewesen, wenn er damals als amtierender Bundeskanzler dem russischen Präsidenten bescheinigt hätte, kein Demokrat zu sein?

Hinzu kommt, dass seit Schröders Nein zum Irak-Krieg im Jahr 2002 sein Verhältnis zu den USA nicht nur kompliziert, sondern schwierig geworden war. Von den amerikanischen Präsidenten Clinton und Bush fühlte er sich als deutscher Bundeskanzler schlecht behandelt – Putin jedoch gab ihm das Gefühl von Augenhöhe.

Nicht alles ist falsch, nur weil es von Gerhard Schröder kommt.

Wenn er davon sprach, dass sich Putin durch das Heranrücken der NATO an die Grenzen Russlands bedrängt gefühlt habe, wurde es ihm übelgenommen. Wenn der Gottvater der westlichen Außenpolitik, Henry Kissinger, das Gleiche sagt, dann lauschen alle andächtig.[54]

Ich mag Schröders Widerwillen, über jedes Stöckchen springen zu sollen, das ihm hingehalten wird. »›Hosianna‹ und ›kreuzigt ihn!‹ liegen nirgendwo so nahe wie in der Politik«, hat Helmut Kohl einmal gesagt. Und sein Nachfolger hatte das mindestens so schmerzhaft erfahren müssen wie der Kanzler der Einheit selbst.

Bin ich also ein Schröder-Versteher?

»Wer die Vergangenheit nicht kennt, kann die Gegenwart nicht verstehen und die Zukunft nicht gestalten.« Auch dieser Satz stammt von Helmut Kohl. Wie wahr. Der Nichtversteher ist verloren in Nichtwissen und Ignoranz, er ist ein Geisterfahrer auf dem Weg in die Zukunft. Absurd, dass »Versteher« zum Schimpfwort werden konnte. Man will doch verstehen, warum jemand ist, wie er ist, warum er tut, was er tut. Und wer versteht, kann erklären. Das ist das, was Journalismus ist in seinem Kern. Und so hoffe ich, wenigstens ein bisschen ein Schröder-Versteher zu sein.

Selfie vor dem Merkel-Porträt: mit Gerhard Schröder in der Kunstausstellung »Foto. Kunst.Boulevard« im Berliner Martin-Gropius Bau 2017

Leidenschaftlich, chronisch neugierig, notorischer Optimist: mit Pepe Boenisch im Axel Springer Journalistenclub – außerdem in der Runde dabei: Arthur Cohn, Helmut Kohl und Mathias Döpfner

ZEHN

SCHATTEN UND LICHT

Der einsame Tod der BILD-Legende Peter Boenisch

Die Ärzte kämpfen um Julias Leben.

Sag nichts, aber ruf mich mal an.

Pepe

Es ist 21.53 Uhr, ein Samstag im April 2004. Ich liege auf meiner Wohnzimmercouch und schaue etwas Belangloses im TV, als auf dem Display meines Handys diese SMS aufploppt.

Julia, die Frau von Peter »Pepe« Boenisch?!

Aber die ist doch erst 41! Die beiden Kinder sind noch so klein!

Um Himmels willen! Das darf doch nicht wahr sein! Was ist da los?

Ich wähle sofort Pepes Nummer: »Pepe, hier ist Kai«, sage ich bestürzt und hilflos.

»Hallo«, höre ich Pepes Bass. Er klingt müde, unglaublich erschöpft: »Julia ist ins Krankenhaus gegangen wegen einer Mandel-OP, ganz harmlos eigentlich. Und da hat sie sich mit Streptokokken infiziert, und jetzt haben die Ärzte eine Blutvergiftung diagnostiziert. Es sieht nicht gut aus.«

Ich bin sprachlos und weiß nicht, was ich sagen soll. In meinem Kopf fliegen die Gedanken durcheinander: So lange ist es doch noch nicht her, dass wir die Taufe von Nika, Julias und Pepes jüngster Tochter, in der Peter-und-Paul-Kirche am Berliner Wannsee gefeiert haben! Nika ist noch keine vier Jahre alt – und ihre Schwester Nanja sieben. Ich bin schockiert.

»Pepe, wie kann ich helfen?«

Die Beziehung zwischen Pepe und Julia ist keine alltägliche. Er ist 35 Jahre älter, schon weit über 70 – und trotzdem haben sie erst vor ein paar Jahren geheiratet und sind noch mal Eltern geworden. Was hier gerade zu passieren droht, ist eine Tragödie. Julia war meine Kolumnistin bei WELT am SONNTAG, Pepe ist mein Mentor, eine Art Beschützer und väterlicher Ratgeber, der mich durch manch schwierige berufliche Zeit begleitet hat.

Der Kampf der Ärzte soll vergebens sein: Erst wochenlang im Koma, stirbt Julia im Mai 2004 – drei Tage nach Pepes 77. Geburtstag.

An einem strahlend schönen Frühsommertag, die Vögel zwitschern, tragen wir Julia auf dem Bergfriedhof hoch über dem Tegernseer Tal im bayerischen Gmund zu Grabe.

Der riesige Pepe, den Kopf gesenkt, Nanja im hellblauen Dirndl links, Nika im rosa Dirndl rechts – so stehen die drei vor der Grube und nehmen Abschied von der Ehefrau und Mutter. Es ist kaum auszuhalten. Mir drückt es den Brustkorb zusammen. Jedes Mädchen hält eine weiße Rose in der Hand, die sie als letzten Gruß ins Grab werfen.

Es fällt schwer, nicht in Tränen auszubrechen. In diesem Moment stehen hier drei Kai Diekmanns: Der BILD-Chefredakteur, der Vertraute von Pepe und der junge Vater von zwei Kindern. Dieses Bild der zwei kleinen Mädchen an der Hand ihres Papas, diese Idylle, die so gar nicht zur Tragödie passen will – das alles werde ich nicht mehr aus meinem Kopf bekommen.

Aber das Schicksal ist noch nicht fertig mit Pepe. Nicht einmal ein Jahr später erhält er völlig überraschend eine furchtbare Diagnose: Krebs. Unheilbar.

SCHUTZENGEL

Peter Boenisch, den alle immer nur Pepe nannten, ist eine Legende. Er wird 1927 in Berlin geboren, ist mit 17 Jahren Reporter und mit 22 bereits Chefredakteur der Rendsburger Tagespost. Mit 24 Träger des Bundesverdienstkreuzes. Mit 26 erfindet er die Bravo – für Generationen junger Deutscher damals so wichtig wie TikTok heute. Mit 34 wird er Chefredakteur von BILD, puscht die Auflage auf sagenhafte vier Millionen Exemplare. Er textet die Kultschlagzeile **Der Mond ist jetzt ein Ami** – ein begnadeter Blattmacher, ein Meister des Wortes. Aber: Er ist nicht nur brillant und beliebt, er wird auch angefeindet wie kein anderer. Als während der Studentenunruhen in den späten 1960er Jahren Zeitungslieferwagen angezündet werden und bei gewalttätigen Demos Schüsse fallen, beschimpft Pepe Teile der Demonstranten in BILD als »Links-Faschisten«. Er geht keinem Konflikt aus dem Weg. Welches Risiko er mit seiner eindeutigen Haltung auch für sich persönlich eingeht, lässt sich ermessen, wenn man weiß, dass Anfang der 1970er Jahre Terroristen in BILD-Redaktionen Bomben legten und das Privathaus von Axel Springer auf Sylt abgefackelt wurde.

Zeit seines Lebens ist Pepe die Galionsfigur eines konservativen Journalismus und als Frontkämpfer des Verlegers Axel Springer einer der meistgehassten Journalisten des Landes. Der Literatur-Nobelpreisträger Heinrich Böll widmet ihm die Schmähschrift *BILD Bonn Boenisch.*[1] Als Regierungssprecher wechselt Boenisch schließlich aus dem journalistischen ins politische Lager zu Helmut Kohl.

Ich habe das Glück, Pepe Ende der 1980er Jahre kennenlernen zu dürfen, da bin ich junger Reporter bei Bunte, und er ist dann und wann zu Besuch in der Redaktion. Ich erlebe ihn als einen dieser besonderen Menschen, die einen Raum komplett ausfüllen, wenn sie ihn betreten. Sein dröhnender Bass, die große Statur, der damals schon schlohweiße Haarschopf, die dichten dunklen Brauen.

Mich, den jungen Mann, fasziniert, wie leidenschaftlich er ist, chronisch neugierig, ein notorischer Optimist. Er ist für mich die Inkarnation all dessen, wovon ich träume. Denn wenn du wie ich aufgewachsen bist in einem Reihenhaus in Bielefeld-Brackwede und den größten Teil deines jungen Lebens mit dem Bus und der Straßenbahn unterwegs warst, dann brichst du nicht mit einem Riesen-Ego in die Welt auf – im Gegenteil: Ich fühlte mich häufig unsicher, auf der Habenseite war da ja nicht viel außer zwei Jahre als Obergefreiter bei der Bundeswehr.

Von der ersten Sekunde an bewundere ich diesen Pepe Boenisch, nein, ich himmele ihn regelrecht an. Als ich später BILD-Politikchef werde, ist Pepe längst zurück aus der Politik und schreibt legendäre Kommentare für die Seite zwei. Seine politischen Analysen sind einmalig auf den Punkt. Das kann in Deutschland kein Zweiter wie er.

Wir telefonieren fast täglich, treffen uns häufig. Er ist mir ein wunderbarer und kluger Ratgeber und wird im Laufe der Jahre mein väterlicher Freund und Mentor. In seiner Gegenwart fühle ich mich wohl, verstanden, aufgehoben, ja, an die Hand genommen.

Er schreibt nicht nur großartige Kommentare für BILD, er greift auch für mich zum Telefonhörer, um meine damalige Freundin zu besänftigen, als ich in deren Augen mal wieder richtig blöd bin.

Und er wird mein Schutzengel, als es plötzlich so aussieht, als sei meine Karriere, kaum dass ich stellvertretender BILD-Chefredakteur geworden bin, schon wieder zu Ende. 1997 gerate ich nämlich in eine heftige Auseinandersetzung mit Jürgen Richter, dem damaligen Springer-Chef. Der hat zu diesem Zeitpunkt Krach mit Springer-Großaktionär Leo Kirch und befindet, ich hätte eine zu große Nähe zu Kirch und im Übrigen auch zu Helmut Kohl. Erst versucht er es mit einer absurden Versetzung zum Springer-Auslandsdienst, dann feuert er mich am Ende fristlos gegen den Willen des damaligen BILD-Chefredakteurs Claus Larass. Richters krude Begründung: Meine Nähe zum Kanzler gefährde die Pressefreiheit.

Das alles ein Jahr nachdem Richter mir persönlich zu meinem Kohl-Bestseller *Ich wollte Deutschlands Einheit* gratuliert hat, dessen Entstehen er eng begleitet hat und der im Springer-eigenen Buchverlag Propyläen erschienen ist.

Um nun angeblich »die Pressefreiheit zu schützen«, bringt Richter mit seinem massiven Eingriff in die Redaktion hinter dem Rücken des Chefredakteurs die Pressefreiheit lieber um. Das ist auch der Eindruck, der in der Öffentlichkeit entsteht. Und so warten die Medienredakteure anderer Zeitungen jeden Tag gierig auf die neuen Wasserstandsmeldungen aus dem Hause Springer.

In dieser Situation, in der inzwischen nur noch die Anwälte verhandeln, gibt Peter Boenisch dem SPIEGEL ein Interview:

»Man darf nie Journalisten wie Seitenvollschreiber behandeln und in die innere Pressefreiheit eingreifen. Das geht schief. Politische Unabhängigkeit erreicht man nicht, indem man den für Politik verantwortlichen Mann hinter dem Rücken des Chefredakteurs und Herausgebers Larass aushebelt. Die Krise ist überflüssig wie ein Kropf.«[2]

Mit seiner Intervention, mit der er sich klar gegen den Vorstandsvorsitzenden stellt, riskiert Pepe sehr viel: seinen gut dotierten Vertrag als Kolumnist, seinen eigenen Rauswurf. Doch das ist ihm egal. Diese klaren Worte entsprechen seinem Verständnis von Journalismus – und von

Loyalität. Das Ende vom Lied: Richter muss gehen. Und ich bin ausgerechnet in Panama, wohin ich seit Monaten abgetaucht bin und mit einem alten Ford Bronco schon Tausende Kilometer zurückgelegt habe, als ich einen Anruf aus Deutschland erhalte: »Du musst zurückkommen und wieder arbeiten!«

DER LETZTE WILLE

Es ist im Hochsommer 2005 und brütend heiß, als Pepe mich bittet, ihn in der Klinik Agatharied in der Nähe des Tegernsees zu besuchen. Sein Zimmer mit der Nummer 212 ist groß und hell, der einst so starke Mann liegt in seinem Bett, schmal geworden, das Gesicht müde und bleich. Ich bin zutiefst erschrocken, ihn so zu sehen. Aber Pepe wäre nicht Pepe, wenn er mit sich selbst Mitleid hätte. Nicht eine Sekunde kommt er auf seine Krankheit zu sprechen, sondern fragt nach der politischen Lage in der Hauptstadt, wo es nach der krachenden Niederlage der Sozialdemokraten in Nordrhein-Westfalen für die erste rot-grüne Bundesregierung um alles oder nichts geht.

Und natürlich denkt Pepe selbst hier an nichts anderes als an den BILD-Kommentar für morgen, den er unbedingt schreiben möchte: »Danke, Kanzler«.

Während also Bundeskanzler Gerhard Schröder in Berlin ankündigt, die Vertrauensfrage zu stellen und den Weg für Neuwahlen freimachen zu wollen, kritzelt Pepe seinen Kommentartext mit dem Kugelschreiber auf zwei Blatt Papier:

Die Wähler wollen den Neuanfang. Zu Recht kann man deshalb wie BILD dem Kanzler dankbar sein. Auch wer ihn und seine Leute für schuldig oder für mitschuldig an der nationalen Misere hält, sollte anerkennen, dass nun der Kanzler den Weg freimacht für das schnelle Votum des Volkes. »Wir sind das Volk.« Es ist eine gute patriotische Tat, jetzt vor aller Welt zu zeigen, dass das in Deutschland wirklich so ist.[3]

Pepe legt den Stift beiseite, drückt mir die beschriebenen Seiten in die Hand. Dann sagt er: »Ich will dich noch um zwei Gefallen bitten, Kai.«

Ich muss mich zu ihm hinunterbeugen, um ihn besser zu verstehen: »Natürlich, Pepe, was immer du willst.«

»Erstens: Du musst meine Beerdigung organisieren.«

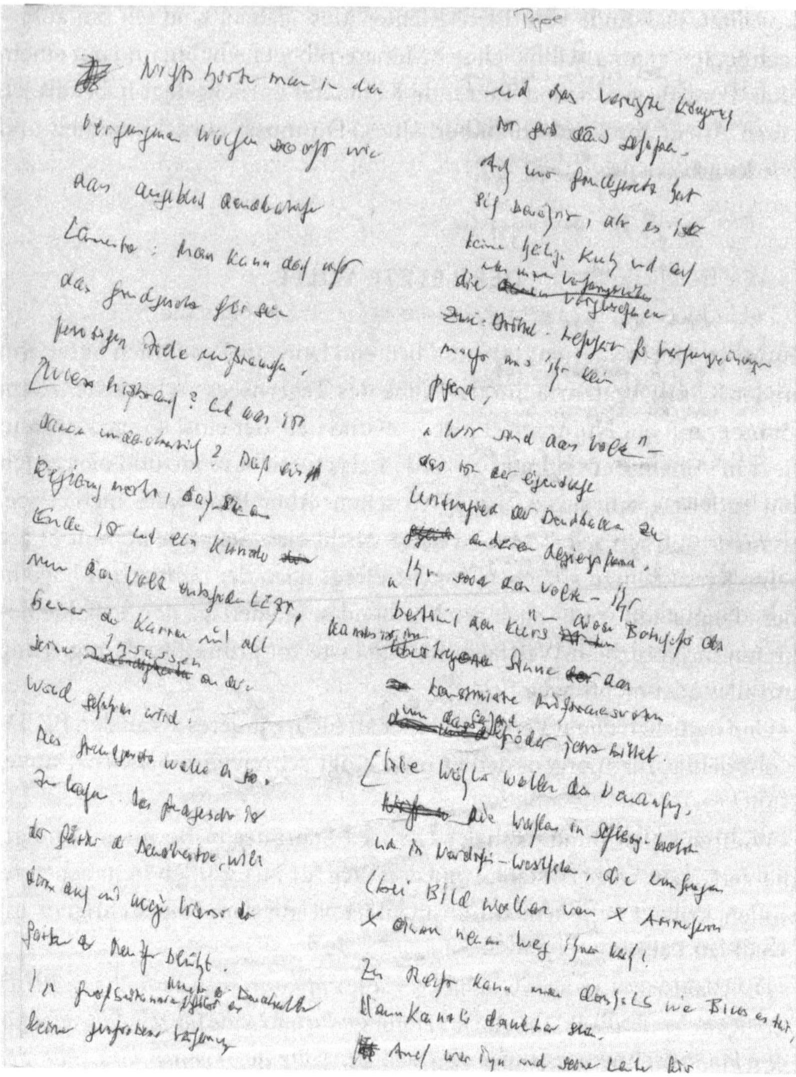

Mit der Hand auf dem Totenbett geschrieben: Pepe Boenischs letzter Kommentar für BILD

Mir bleibt die Luft weg. Ich weiß nicht, was ich erwartet habe. Aber das sicherlich nicht. Auch wenn der Tod schon sichtbar seine Hand nach ihm ausstreckt, möchte ich um jeden Preis daran glauben, dass noch Hoffnung ist, die Ärzte ihm helfen können, er noch ein paar Jahre für seine kleinen Töchter da sein wird.

»Pepe, du kommst hier wieder raus«, sage ich hilflos.

»Nein«, er schaut mich an: »Jedenfalls nicht lebend.«

Ich verliere die Beherrschung, muss das Zimmer verlassen. Draußen auf dem Flur heule ich wie ein Kind. Zurück am Krankenbett, erwartet mich ein unglaublich gefasster Pepe. Statt ihm Trost zu spenden, werde ich jetzt von ihm getröstet – und zwar auf seine Pepe-Art: »Am Ende sind wir alle tot, gewöhn dich schon mal an den Gedanken, Kai.«

Wie tröstlich.

»Und jetzt mein zweiter Wunsch, Kai«, fährt Pepe sachlich fort: »Ich möchte dich bitten, den Vorsitz eines Vormundschaftsrats für meine Kinder zu übernehmen. Ich hab das alles schon schriftlich beim Notar aufgesetzt.«

Sieben weitere Vertraute hat er für diese Aufgabe, die Kinder in Zukunft zu begleiten, bereits gewonnen: unter anderem Susanne Porsche, Gabriele Quandt und Coordt von Mannstein, Letzterer einer seiner besten und ältesten Freunde.[4] Ich weiß, wie gern Pepe noch die Einschulung seiner älteren Tochter Nanja aufs Gymnasium erlebt hätte.

»Selbstverständlich, Pepe«, verspreche ich ihm.

Er nickt, dann sagt er: »Hol noch mal Stift und Zettel« und gibt mir auf, wie er sich seine Beerdigung vorstellt.

Ich kann Ihnen nicht sagen, was ich in diesem Moment denke, ich funktioniere nur, als Pepe diktiert: »Einen schlichten Holzsarg, viele rote Rosen, in der Kirche unbedingt *Großer Gott, wir loben dich* und Alphörner auf dem Friedhof.« Er macht eine kleine Pause: »Auf dem Grabstein die Lebensdaten von Julia und meine. Und ganz wichtig, Kai: Ihr müsst Michail Gorbatschow einladen.«

Sogar um den Wein nach der Beerdigung hat er sich bereits Gedanken gemacht: »Der Rotwein im Gut Kaltenbrunn ist saumäßig – lass dich von den Halsabschneidern nicht über den Tisch ziehen, Kai.«

Es soll nur wenige Tage dauern, bis mich die Nachricht von seinem Tod erreicht. Ich bin gerade mit meiner kleinen Familie an der Jütlandküste und breche sofort nach Hause auf.

Für mich ist es keine Frage, dass die Trauerredner aus den Reihen seiner politischen Weggefährten kommen müssen, also der CDU/CSU. Das war immer Pepes politische Heimat.

Doch wen immer ich anrufe – und Sie verstehen, dass ich hier keine Namen nenne –, ich erhalte nur Absagen. Wie kann das sein? Ich bin gleichermaßen frustriert und empört. Ist das alles, was übrig bleibt nach so einem Leben? Nach all dem, was dieser Mann für so viele Politiker in Deutschland getan hat? Immer haben sie alle seine Nähe gesucht, in seinem Tod bleibt er allein.

Ich kann mir das nur so zusammenreimen, dass sich Pepe, der konservative Hardliner, in den letzten Lebensjahren sehr versöhnlich gegeben hat, insbesondere was die Grünen angeht. Diese Altersmilde scheinen ihm viele konservative Bürgerliche nicht verzeihen zu können. Auslöser: ein BILD-Kommentar, den er mitten hinein in die hitzige Debatte um die Vergangenheit von Außenminister Joschka Fischer als Straßenkämpfer geworfen hat:

Heute entscheiden allein seine diplomatischen Ergebnisse und nicht die Bilder aus einer beiderseits gewalttätigen und hasserfüllten Vergangenheit. Und ich weiß, worüber ich rede: BILD und ich standen in jener Zeit auf der anderen Seite der Barrikade.[5]

Ein vernünftiger, versöhnlicher und zutiefst kluger Kommentar, der nichts entschuldigte, lediglich aus der historischen Distanz gelassener beurteilte. Ein Kommentar, der dennoch für nachhaltige Verstimmung sorgte. Übrigens auch bei Springer selbst. Wenige Monate nach seinen bemerkenswerten Zeilen in BILD verlor Pepe sein Aufsichtsratsmandat bei Axel Springer – vorgeblich wegen eines Textbeitrages für die Süddeutsche Zeitung, mit dessen Veröffentlichung er gegen seinen Exklusiv-Arbeitsvertrag verstoßen habe. Pepe wehrte sich juristisch. Bis zuletzt war er davon überzeugt, in Wahrheit Opfer seiner versöhnlichen Haltung gegenüber Joschka Fischer geworden zu sein.

Ich verfalle auf einen verwegenen Gedanken: Gerhard Schröder als Trauerredner? Gibt es eine Chance, dass der Kanzler, trotz aller Animositäten und Auseinandersetzungen, bei Pepes Beerdigung reden würde? Schröder müsste dafür, so könnte man annehmen, gleich zweimal über seinen Schatten springen: einmal als SPD-Kanzler ausgerechnet Helmut Kohls Regierungssprecher ehren – und dann noch mir eine Bitte erfüllen, dem BILD-Chefredakteur, mit dem er schon seit langer Zeit kein Wort mehr wechselt.

Tatsächlich kannten sich Schröder und Boenisch wirklich gut und respektierten sich. Mehr noch – heute weiß ich, wie sehr Schröder Boenisch schätzte: »Peter Boenisch hatte verstanden, dass die EU – und speziell auch Deutschland – Russland mehr braucht als umgekehrt«, sagte er mir später einmal in vertraulicher Runde. Um die deutsch-russischen Beziehungen zu festigen und zu vertiefen, hat Schröder mit dem russischen Präsidenten Putin 2001 den sogenannten *Petersburger Dialog* gegründet – ein Gesprächsforum, das die Verständigung zwischen den Zivilgesellschaften beider Länder fördern will. Dafür gab es mehrere Gesprächskreise. In einem redeten deutsche und russische Journalisten miteinander, in einem anderen Wirtschaftsvertreter beider Länder; es gab auch Gesprächskreise zu Politik, Kultur, Kirche, Bildung und Wissenschaft und vieles mehr. Auf russischer Seite wurde Michail Gorbatschow, Wegbereiter der deutschen Wiedervereinigung, mit der Leitung beauftragt, auf deutscher Seite Peter Boenisch. Das war kein Zufall. Pepe hatte russische Wurzeln: Seine Mutter stammte aus Odessa. Dennoch mache ich mir wenig Hoffnung, dass Schröder meiner Bitte folgt.

Und dann meldet sich Béla Anda bei mir, sein Regierungssprecher: »Der Kanzler kommt.«

DANKE, KANZLER

Und wieder ist es ein strahlend schöner und heißer Sommertag, wie schon ein Jahr zuvor bei der Beerdigung von Julia, Pepes Frau. Der Zwiebelturm der kleinen Kirche St. Ägidius in Gmund leuchtet im Sonnenlicht, etwa 400 Trauergäste steigen den steilen Hang hinauf. Allen voran Michail Gorbatschow, wie sich das Pepe auf seinem Sterbebett gewünscht hat, außerdem Wolfgang Schäuble, Franz Beckenbauer, Theo Waigel und Irene Epple, Gabriele Henkel, Vicky Leandros und Otto Beisheim. Und natürlich auch Friede Springer und Mathias Döpfner. Ich stehe vor der Kirche und warte auf den Kanzler und seine Frau. Ich bin extremst angespannt und hoffe, alles wirklich im Sinne von Pepe zu machen. Dass es so wird, wie er es sich für diesen letzten Tag gewünscht hat.

Ein knapper Händedruck, dann nehmen Gerhard Schröder und seine Frau Doris neben Michail Gorbatschow in der ersten Bankreihe Platz. Auf der anderen Seite des Gangs sitzen meine Frau Katja und ich. Pepe lacht uns von einem Schwarz-Weiß-Porträt entgegen, das auf einem Stativ vor dem Sarg steht. Ein Meer von Kränzen.

Nach Lesung und Evangelium tritt der Kanzler ans Rednerpult, setzt seine Lesebrille auf und beginnt zu sprechen: »Er war ein begnadeter Kommunikator und ein Meister des Boulevards. Er war ein profilierter Journalist, ein Mann mit den sprichwörtlichen Ecken und Kanten. Ein Mann der kurzen, knappen, prägnanten Sätze. Schnörkellos im Stil, klar in der Aussage. … Er konnte hart austeilen, aber ebenso einstecken. Er konnte polarisieren, aber ebenso integrieren. Er konnte unversöhnlich urteilen, aber ebenso verständlich vermitteln. … Wir trauern um einen engagierten Demokraten. Wir trauern mit den Angehörigen. Wir trauern ganz besonders mit seinen beiden kleinen Töchtern. Ihnen gilt unser ganzes Mitgefühl. …

In den schweren Monaten seiner Krankheit haben die beiden ihm Hoffnung, Zuversicht und die Kraft zum Kämpfen gegeben. Und sie werden sich immer wieder daran erinnern, was für einen liebevollen, fürsorglichen und großartigen Vater sie hatten. Auch mir persönlich wird Peter Boenisch fehlen. Als kluger Ratgeber, als kritischer Gesprächspartner. Unsere Begegnungen, unsere Gespräche werden mir unvergessen bleiben.«[6]

Und schließlich stehen wir alle – wieder – auf dem Bergfriedhof. Und – wieder – dieser fantastische Blick über das friedliche Tegernseer Tal, den glitzernden See, diesen Inbegriff von Schöpfung. Als die Träger den Sarg von Pepe Boenisch neben seiner Frau Julia in die Erde lassen, verliere ich die Kontrolle über meine Gefühle. Tränen laufen mir in Strömen die Wangen hinunter. Wie bloß passt diese Tragödie, dass hier Mutter und Vater zweier kleiner Kinder in der Erde liegen, zu diesem wunderschönen Tag und diesem malerischen Bild?

Ich weiß, es wird Gerhard Schröder nicht gefallen, was ich jetzt mit Ihnen teilen werde. Aber ich muss es erzählen, weil es ganz wichtig ist für das Verständnis des Menschen Gerhard Schröder und weil es mich bis heute sehr berührt. Als wir damals im Vormundschaftsrat heftig darüber streiten, was für die Zukunft der kleinen Boenisch-Töchter das Beste sei, meldet sich ganz unerwartet jemand, mit dessen Unterstützung ich in diesem Zusammenhang so gar nicht gerechnet hätte – Gerhard Schröder und seine Frau: »Wenn Sie nicht wissen, was aus den Kindern werden soll, wir wären jederzeit bereit, sie zu nehmen.« Das war keine Inszenierung für das große Publikum, das war eine Ansage im Stillen. Ich habe keinen Zweifel daran, wäre es notwendig geworden, hätten Schröders ihr Angebot eingelöst. Es war nicht notwendig. Wir haben eine gute andere Lösung gefunden. Trotzdem – mit den Worten von Pepe Boenisch: Danke, Kanzler.

Abschied von Pepe Boenisch mit Doris Schöder-Köpf, Gerhard Schröder, Michail Gorbatschow am 15. Juli 2005

Jetski-Fahren mit Putin im Schwarzen Meer 2001: Heute betrachte ich das Foto mit gemischten Gefühlen.

ELF

DER GROSSE DIKTATOR

Wie ich versuchte (und immer noch versuche), Putin zu verstehen

PUTIN 1

Über zwei Stunden hat das Interview nun gedauert.

Wir sitzen an einer langen Tafel unter Bäumen im Park der Präsidentendatscha im tropisch heißen Sotschi. Der massive Bau aus den 1980er Jahren mit weitem Blick über das Schwarze Meer ist die offizielle Urlaubsresidenz des russischen Staatsoberhauptes. Vögel zwitschern, Zikaden zirpen, es duftet nach Oleander und Pinien, durch das Grün der Palmen glitzert das Wasser. Die Sonne strahlt mit sich selbst um die Wette – Sotschi liegt auf dem gleichen Breitengrad wie Nizza. Doch die Postkartenidylle trügt: Versteckte Kameras an allen Ecken, Elitesoldaten in Tarnanzügen, hinter Büschen gepanzerte Mannschaftswagen – wir sind hier nicht zum Kaffeekränzchen verabredet.

Ich drücke den Stopp-Schalter meines Aufnahmegerätes und lehne mich erleichtert zurück. Es ist geschafft! Das erste Interview mit dem russischen Präsidenten nur wenige Tage nach den furchtbaren Anschlägen auf das World Trade Center in New York.

Wie gesagt, die Sonne brennt, mir ist verdammt heiß. Ich merke, wie Wladimir Putin mich fixiert, seine ohnehin schmalen Augen werden noch einen Hauch schmaler: »Hätten Sie noch Zeit und Lust, mit mir schwimmen zu gehen?«, fragt er mich in perfektem Deutsch, seine Stimme wie immer ausgesucht höflich und sanft.

Ich denke, ich habe mich verhört. Hat mich der russische Präsident, hat mich Wladimir Putin gerade wirklich gefragt, ob ich mit ihm schwimmen gehen möchte? Ich werfe meinem Stellvertreter Jörg Quoos, der mich nach Sotschi begleitet hat, einen irritierten Blick zu. Der scheint es genauso wenig glauben zu können wie ich.

»Äh, Herr Präsident, äh, es tut mir leid«, krame ich meine Gedanken zusammen, »üblicherweise nehme ich zu Interviews mit Staatsoberhäuptern keine Badehose mit.«

Über Putins Gesicht huscht ein Lächeln. »Kein Problem«, antwortet er mit gleichbleibend sanfter Stimme, »Sie können eine von mir haben.«

Keine zwei Minuten später geht es auch schon durch den weitläufigen Park hinab zum Ufer. Im Wasser dümpeln Jetskis, am Horizont ankert ein riesiges Kriegsschiff. Schnellboote kreuzen. Der Schutz des Präsidenten ist lückenlos.

Putin führt Jörg Quoos und mich in ein historisches und wunderschönes Badehaus aus Holz.

»Hier«, unser Gastgeber deutet auf eine Bank, auf der ordentlich mehrere Mini-Badehosen der Marke Speedo liegen. In der Schule nannten wir die Eierkneifer.

Und dann schält sich der Kreml-Herrscher auch schon aus seiner schwarzen Jeans und seinem eng sitzenden T-Shirt.

Im nächsten Moment steht er nackt vor uns, als sei es das Selbstverständlichste von der ganzen Welt. Immerhin: Das kleine silberne Kreuz, das er an einem dünnen Lederriemen um den Hals trägt, hat er angelassen.

So richtig wohl fühle ich mich nicht in meiner Haut. Putin ist unfassbar durchtrainiert, an seinem Körper ist kaum ein Gramm Fett zu viel. Und dann ist der Mann auch noch zwölf Jahre älter als ich. Ich muss gar nicht in den Spiegel gucken, um zu wissen, wie ich neben ihm aussehe: Sport treibe ich eher dann als wann. Und außerdem werde ich gerade zum ersten Mal Vater und habe mir aus Solidarität mit meiner Frau Katja ein wenig Bauch angefuttert, nun ja, eher ein wenig viel. Der Präsident schlüpft in ein enzianblaues Speedo-Modell, ich greife nach der schwarzen Variante – und folge Putin Richtung Meer, während Jörg Quoos es vorzieht, mit Katharina Großheim und dem Fotografen am Strand auf uns zu warten.

Gar nicht so einfach, mit Putin Schritt zu halten. Nicht nur ist der Präsident ausgesprochen zügig unterwegs, er scheint auch völlig immun gegen jede Art von Schmerz: Der Strand ist kein Traum aus weißem Sand, sondern ein Albtraum aus scharfkantigem Geröll. Während sich Putin unbeeindruckt gibt, muss ich aufpassen, dass mir nicht die Gesichtszüge entgleisen, ich will ja keine Memme sein. Denn was alles noch schlimmer macht: Da steht mein Fotograf und macht fröhlich Bilder.

Lässig schwingt sich der russische Präsident auf einen der Jetskis, ich greife dankbar nach der angebotenen Rettungsweste und klettere auf die Maschine daneben, so brausen wir übers Meer.

Diese Geschichte liegt über 20 Jahre zurück. Ich habe sie lange Zeit gerne und gut gelaunt erzählt. Heute erzähle ich sie nur noch mit sehr gemischten Gefühlen. Nie zuvor und auch nie wieder danach bin ich mit einem Staatsoberhaupt baden gegangen. Und das kann man durchaus zweideutig verstehen.

Natürlich stelle ich mir heute die Frage: War ich blind? War Putin schon damals der brutale Nationalist und skrupellose KGB-Agent, der von der Wiederauferstehung der Sowjetunion träumte? Hätte ich das sehen müssen? Ich habe Putin über viele Jahre immer wieder zu Interviews getroffen. Niemals hätte ich mir vorstellen können, dass er Europa in den schlimmsten Krieg seit 1945 stürzen und zum Kriegsverbrecher werden würde.

In diesem Kapitel, liebe Leserinnen und Leser, nehme ich Sie mit in die Welt des Wladimir Putin, so wie ich sie erlebt habe. Dazu gehören natürlich auch die Gespräche mit Putins Vorgängern Boris Jelzin und Michail Gorbatschow über den Nachfolger im Kreml.

Urteilen Sie selbst, und finden Sie Antworten auf die Flut von Fragen: Ist der russische Präsident schon immer ein eiskalter Lügner gewesen? Oder hat Putin über 20 Jahre lang gar keinen Hehl aus seinen Ambitionen gemacht, und wir haben bloß nicht richtig hingehört?

Gibt es vielleicht zwei Putins?

Einmal – Putin 1 – den jungen Präsidenten, der wirklich an das *gemeinsame europäische Haus* glaubte, das nach Ende des Kalten Krieges den gesamten europäischen Kontinent vereinen sollte? Der annahm, der Westen habe Russland Versprechen gemacht, was die Teilhabe an politischen Entscheidungen und Wohlstand angeht? Und dann – Putin 2 – der enttäuschte Präsident, der sich vom Westen verraten und ignoriert fühlte und sich mit den Macht- und Kriegsinstrumenten des 20. Jahrhunderts aus der Bedeutungslosigkeit auf die politische Landkarte zurückbombte?

Ich bin gespannt auf Ihr Urteil.

Rückblende. Es ist Montag, der 17. September 2001.

Die Bitte um ein Interview ist nicht von BILD ausgegangen – wir haben vom Kreml eine Einladung erhalten. Nur sechs Tage zuvor haben Mitglieder des Terrornetzwerks Al-Qaida in den USA vier Passagierflugzeuge entführt und gezielt in die Zwillingstürme des World Trade Center in New York und in das Pentagon bei Washington gesteuert. Über 3000 Menschen sterben, viele Tausend werden verletzt. Es ist der schwerste und schlimmste Terroranschlag der Geschichte. Außerdem besucht Wladimir Putin in der kommenden Woche Deutschland und wird als erster russischer Präsident im Bundestag eine Rede halten. Er hat ganz offenbar eine Botschaft an den Westen, die er schon jetzt, vorab, vermitteln will.

An dieser Stelle, liebe Leserinnen und Leser, könnte man den Eindruck haben, dass ich bei Staatsoberhäuptern und Regierungschefs vorfahre wie andere bei der Tankstelle. Und wenn ich diese Besuche hier so lapidar runtererzähle, stellen Sie sich vielleicht die Frage: Was denkt der Diekmann eigentlich, wer er ist?

Und ja. Was denke ich eigentlich, wer ich bin?

Ich sag es Ihnen: Ich bin Theaterdirektor. Als Chefredakteur der größten Tageszeitung Europas entscheide ich, wer auf die XXL-Bühne mit verdammt viel Publikum darf. Und natürlich empfängt ein Wladimir Putin nicht Kai Diekmann, sondern den BILD-Chef mit seinen zig Millionen Lesern.

Das ist das eine.

Und das andere ist: Ich bin ein Terrier. Wenn ich mich in eine Idee verbissen habe, lasse ich nicht mehr los. Wenn es um Interviews geht, nerve ich wie Hölle und definitiv mehr als andere. An meinem Interview mit George W. Bush im Weißen Haus arbeitete ich seinerzeit fünf Jahre, verschliss zwei US-Botschafter, traf persönlich die Außenministerin und Bushs Stabschef – am Ende füllte die Korrespondenz sieben Leitz-Ordner, bevor ich endlich im Oval Office stand.

Schon als Kind zu Hause in Bielefeld nannte mich meine Mutter *Bohrer*.

Und was jetzt speziell Putin angeht, so habe ich schon als Teenager in mir eine heimliche Liebe für Russland entdeckt.

1981, gerade mal 16 Jahre alt, nervte ich meine Eltern so lange, bis sie mir – mitten im Kalten Krieg – eine Reise in die damalige Sowjetunion erlaubten. Eine Reise mit dem Zug durch die DDR nach Ostberlin, mit Interflug weiter nach Moskau, von dort mit dem Nachtzug nach Leningrad. Das Ganze in einer Reisegruppe mit Genossen der Sozialistischen Deutschen Arbeiterjugend, nur ein Jahr nach dem Einmarsch der Sowjets in Afghanistan.

Nach dem Abzug der Russen aus Afghanistan zehn Jahre später war ich dann wieder in Moskau: Diesmal als junger Bunte-Reporter, um ein Interview zu führen, und zwar mit dem stellvertretenden Außenminister Viktor Karpow. Von diesen stellvertretenden Außenministern gab es in Moskau gleich mehrere, entsprechend unwichtig war unser Interview. Ehrlich gesagt ging es mir auch gar nicht um das Interview – ich hatte mir in den Kopf gesetzt, wieder dringend nach Russland zu müssen.

Es sollte ein denkwürdiger Trip werden: Als ich einen Tag nach dem Interview abends in Moskau eine überfüllte Devisenbar besuchte, lief auf dem TV-Gerät hinter dem Tresen der US-Sender CNN ohne Ton. Mir fielen fast die Augen aus dem Kopf: Menschen, die auf der Berliner Mauer tanzten, Trabbi-Kolonnen unterwegs von Ost nach West, NVA-Soldaten vor geöffneten Schlagbäumen.

Ich hatte den Mauerfall am Tag zuvor nicht mitbekommen!

Sofern es dafür eine Entschuldigung geben kann: Telefonate ins nichtsozialistische Ausland mussten damals angemeldet werden, Handys waren noch nicht erfunden – ich hatte seit meiner Ankunft in Russland keinen Kontakt mehr nach Deutschland gehabt. Ich war in einem Nachrichtenvakuum. Da stand ich nun also in dieser Devisenbar in der Nähe des Kreml und hatte das wichtigste Datum der jüngeren deutschen Geschichte verpasst – den 9. November 1989. Was für eine Reporterleistung.

»Bitte keine Anzüge und keine Krawatten«, heißt es aus dem Kreml, bevor wir in Hamburg in den Flieger nach Moskau steigen. Das ist mehr als ungewöhnlich. Ich habe noch nie ein Staatsoberhaupt nicht im Anzug interviewt – was ist da geplant? Mit an Bord: neben Jörg Quoos auch meine Büroleiterin Katharina Großheim, die als studierte Slawistin hervorragend Russisch spricht, und ein Fotograf. Das Interview ist für den nächsten Tag im Kreml geplant.

Entspannte Atmosphäre: Mein erstes Interview mit Putin im Jahr 2000 im Moskauer Kreml. Er is

it sechs Monaten Präsident.

Kaum haben wir in unserem Hotel in der Nähe des Roten Platzes eingecheckt, klingelt mein Telefon:

»Ihr Treffen mit dem Präsidenten findet nicht im Kreml statt, sondern in der Residenz in Sotschi«, heißt es aus dem Büro des Staatspräsidenten. Wir schauen uns entgeistert an: Sotschi liegt nicht um die Ecke, sondern 1600 Kilometer weiter südlich am Schwarzen Meer. »Ist das ein Scherz, Jörg? Wie stellen die sich das vor?«

1600 Kilometer sind das eine. Der enorme Zeitdruck, unter dem wir stehen, das andere: Nach uns sind Focus und ARD zur Audienz bei Putin geladen. Die Abschrift des Interviews, die Übersetzung, die Korrespondenz per Fax zwischen Kreml und Hamburg, die Freigabe durch den russischen Präsidenten, die Fotos – unsere Zeitplanung ist auf Kante genäht.

»Das kriegen wir hin«, sagt Jörg in seiner üblichen gelassenen Art. Ich habe selten erlebt, dass ihn etwas schnell aus der Fassung bringt.

Früh am nächsten Morgen steigen wir in die allererste Maschine nach Sotschi, wo wir wie durch ein Wunder noch vier Plätze ergattern konnten. Auf dem gesamten zweieinhalbstündigen Flug stehen die meisten unserer russischen Mitpassagiere laut telefonierend im Gang. Das gilt auch für Start und Landung. Niemand achtet auf die Anschnallzeichen, dafür fließt reichlich Wodka, und es wird viel geraucht. Ich habe das Gefühl, wir vier sind die Einzigen, die brav angeschnallt auf ihren Plätzen sitzen. Eine beeindruckende Lektion entspannter russischer Lebensart.

Während ich durch das Flugzeugfenster am Horizont die schneebedeckten Gipfel des Kaukasusgebirges sehe, denke ich an meinen ersten Besuch bei Wladimir Putin, der gerade mal ein Jahr zurückliegt.

Es war das erste Interview, das der frisch gewählte russische Präsident einer deutschen Zeitung gab. Ich war damals noch Chefredakteur der WELT am SONNTAG. Putin empfing mich in seinem Arbeitszimmer im Kreml, einem holzgetäfelten Raum mit hohen, verzierten Decken und dicken Teppichen, in dem auch schon sein Vorgänger Boris Jelzin regiert hatte. Ich kannte dieses Büro bislang nur von Fotos. Putin hatte kaum etwas verändert. Auf dem Schreibtisch stand neuerdings ein topmoderner IBM-Computer, den der Präsident vor allem für seine Terminplanung nutzte, außerdem ein kleines Heiligenbild in einem goldenen Rahmen.

»Das ist ein Geschenk von Patriarch Alexej II.«, erklärte mir Putin in geschliffenem Deutsch. Natürlich wusste ich um seine auffallend guten

Sprachkenntnisse aus seiner Zeit in Dresden, wo er fünf Jahre lang als KGB-Agent tätig gewesen war.

»Darf ich ein paar Porträts von Ihnen machen?«, fragte mein Fotograf eifrig.

Putin guckte spöttisch: »Ist es für Sie in Ordnung, wenn ich mich dafür lang auf meinen Schreibtisch lege?«

Wow. Das hatte er ganz trocken einfach mal rausgehauen. Ich musste mir ein Grinsen verkneifen. Es ist ja das eine, eine fremde Sprache flüssig zu beherrschen – das andere, sich in dieser fremden Sprache so zu Hause zu fühlen, dass man sich Ironie zutraut.

»In der Schule habe ich Deutsch ab der 5. Klasse gewählt. Aus dieser Zeit kann ich mich an viele deutsche Geschichten erinnern«, erzählte Putin damals leutselig. Überhaupt gab er sich bei diesem Treffen überaus nahbar und plauderte über sein Privatleben: »Obwohl mir meine Amtsgeschäfte nur noch wenig Zeit lassen, gehe ich jeden Tag schwimmen und stemme Gewichte. Manchmal ist noch Zeit für einen Konzertbesuch, im Moment lese ich ein Buch von Vladimir Nabokov. Für meine Familie bleibt in der Woche meist nicht mehr als ein halber Tag. Die Probleme kommen und gehen. Und die Lebensjahre ziehen vorüber«, philosophierte er weiter, wohlgemerkt alles auf Deutsch.

Schon bei diesem ersten Gespräch im Kreml war die NATO-Osterweiterung Putins wichtigstes Thema. Nach Polen, Tschechien und Ungarn wollten nämlich nun auch die ehemals zur UdSSR gehörenden Länder Estland, Lettland und Litauen dem Militärbündnis beitreten.

»Wird Russland den baltischen Staaten dieses Recht zuerkennen?«, fragte ich ihn damals.

»Ich bin überzeugt, dass kein Staat in der Welt der Erweiterung eines militärischen Blocks, dem er nicht angehört, warme Gefühle entgegenbringen würde«, antwortete Putin dezidiert: »Besonders wenn dies bedeutet, dass sich die Zone der unmittelbaren Berührung mit diesem Bündnis vergrößert. Es ist natürlich, dass Russland die Pläne einer weiteren Vergrößerung der NATO als feindlich, seiner Sicherheit entgegenstehend ansieht.«

Ich spürte, wie ihn das Thema umtrieb, die Antworten auf meine Fragen besonders ausführlich ausfielen. »Schauen Sie sich doch nur die wiedererwachte Aggressivität einiger Neulinge in ihrer Beziehung zu Russland an«, ließ Putin nicht locker. »Was Gespräche über eine Aufnahme von Lettland,

Litauen und Estland in die NATO angeht, so betone ich noch einmal: Das Heraustreten der NATO hinter die Grenzen der ehemaligen UdSSR würde eine qualitativ neue Situation für Russland und Europa schaffen. Es hätte höchst ernste Folgen für das gesamte Sicherheitssystem auf dem Kontinent. Übrigens zeigen die Äußerungen einiger baltischer Führungspersönlichkeiten über die angebliche Gefahr einer Aggression Russlands erneut, mit welchem Gepäck sie an die Tür der NATO klopfen!«[1]

Auch wenn ich damals beeindruckt war von dem jungen sympathischen Präsidenten, der sich so unkompliziert und nahbar gab und dem ehrlich am Verhältnis zum Westen gelegen schien – an dieser Stelle stellte sich die Situation für mich diametral anders dar: Die Balten wollten natürlich schnell weg von Russland, ehe Moskau sie wieder unter ihre Knute zwingen und die Tür zum Westen zuschlagen würde. Und dass Putin ganz offensichtlich die Hoffnung hegte, dass der Westen den baltischen Ländern den Weg in die NATO versperren und die Aufnahme verweigern würde, schien mir absurd.

Allerdings, weder seinerzeit im Kreml noch auf dem Weg nach Sotschi zum nächsten Interview mit Putin hätte ich mir vorstellen können, welche furchtbaren Konsequenzen Putin eines Tages ziehen würde, nachdem diese Illusionen zerplatzten wie Seifenblasen. Nie wäre ich auf den Gedanken gekommen, dass eines Tages so viel Blut an seinen Händen kleben würde.

ORTSTERMIN IN SOTSCHI

Als wir am späten Vormittag in Sotschi landen, erwartet uns vor dem Flughafengebäude eine beeindruckende Kolonne aus schwarzen Staatskarossen der Marke ZIL, mit der wir zur Residenz des Präsidenten chauffiert werden. Wir fühlen uns ein bisschen wie in einem James-Bond-Film, in dem der entführte 007 zum geheimen Refugium des Bösewichts gebracht wird.

Mit Blaulicht und wildem Hupen wird der restliche Verkehr rücksichtslos in den Straßengraben abgedrängt, es grenzt an ein Wunder, dass es nicht knallt. Unversehrt an der Residenz angekommen, werden wir von Sicherheitspersonal gründlichst durchsucht. Mehrfach muss ich mein Diktiergerät ein- und ausschalten. In einem Bus geht es weiter über das weitläufige, hermetisch gesicherte Gelände bis zur Uferpromenade. Endstation. Wir steigen aus.

»Und nun?«, fragt Jörg Quoos in unsere kleine Runde, nachdem wir schon eine Weile ratlos herumstehen und auf weitere Anweisungen warten.

»Vielleicht müssen wir ja jetzt nach St. Petersburg«, sage ich, während mir bereits das Hemd am Leib klebt, weil es so schwül und warm ist. Jetzt weiß ich auch, warum Anzug und Krawatte fehl am Platz gewesen wären.

Plötzlich, wie aus dem Nichts, steigt Putin mit bedächtigen Schritten die lange Steintreppe seiner Residenz hinab.

»Guten Tag, ich freue mich, Sie zu sehen«, schüttelt er jedem von uns freundlich die Hand. Seine Armbanduhr, fällt mir auf, trägt er rechts. Stimmt. Jemand hat mir erzählt, dass Putin es nicht mag, wenn sich die Krone in seinen Handrücken bohrt – was unweigerlich passiert, wenn man die Uhr locker und links trägt. Also trägt er rechts. Irgendwie tröstlich, dass dieser Super-Macho auch seine kleinen Empfindlichkeiten hat.

»Ich war gerade beim Judotraining und habe noch schnell geduscht«, lächelt Putin bescheiden, fast schüchtern, als müsse er sich bei uns für die Verspätung entschuldigen. »Egal, wo ich bin, versuche ich jeden Tag rund 1000 Meter zu schwimmen und 40 Minuten im Fitnessraum zu trainieren.«

Erst wenn man so vor ihm steht, fällt einem auf, dass Putin mit seinen gerade mal ein Meter siebzig alles andere als ein Riese ist.

Hinter einer Biegung wartet die nächste Überraschung: Auf einer kleinen Lichtung steht eine lange, eingedeckte Tafel, die sich förmlich biegt unter den Schalen und Schüsseln voller russischer Spezialitäten aus Fleisch und Gemüse. Kellner servieren georgischen Rotwein, ein grandioser Tropfen, von dem ich in Anbetracht der Tageszeit, Hitze und dem, was wir noch vor uns haben, nur nippe. Ich beobachte, wie Putin das Weinglas kein einziges Mal berührt, ausschließlich Mineralwasser trinkt. Er sieht meinen fragenden Blick:

»Ich rauche nicht und trinke fast nichts«, klärt er uns auf, »ich verzichte auch möglichst auf Zucker, auf Teigwaren und setze auf Trennkost.« Wieder fällt mir seine auffallend leise Stimme auf, die so gar nicht zu seiner Macho-Attitüde passt.

»Wie sieht denn Ihr Alltag in Sotschi aus?«, will Jörg Quoos wissen.

»Eigentlich sieht jeder Tag aus wie im Kreml«, antwortet Putin. »Gestern habe ich zum Beispiel fünf Stunden lang mit allen Führern der GUS-Staaten telefoniert. Am späten Abend sprach ich noch mit dem französischen Präsidenten Chirac, außerdem noch mit dem Verteidigungsminister, dem Chef des Sicherheitsdienstes, dem Generalstabschef, dem Finanzminister und mit dem Parlamentspräsidenten. Der Tag war ausgefüllt.«

»Was schätzen Sie an Deutschland besonders, Herr Präsident?«, frage ich mit Blick auf den anstehenden Staatsbesuch in Berlin.

»Ich möchte diese Frage mit einer Geschichte beantworten.« Putin lächelt. »Ich habe einmal einen Freund in Deutschland besucht. Als ich in seine Wohnung kam, habe ich mich umgeschaut und gesagt: ›Das sieht bei dir ja aus wie in einem Krankenhaus!‹ Alles absolut steril und streng geordnet. Ich will damit sagen: Diese Ordnung und Präzision ist einerseits eine Schwäche und andererseits eine besondere Stärke der Deutschen.«

Man muss es so sagen: Putin ist ein kluger und wacher Beobachter – vor allem, wenn es um uns Deutsche geht.

Jörg Quoos treibt noch ein anderes Thema um: »Was macht das Amt des Präsidenten mit dem Menschen Wladimir Putin?«

»Es war mir nicht in die Wiege gelegt, Präsident der Russischen Föderation zu werden«, gibt sich Putin nachdenklich. »Niemand hat mich darauf vorbereitet, ich habe mir dieses Ziel auch nie gesetzt. Vieles ist neu und unerwartet. Ich muss mit einer Reihe von Beschränkungen leben, zum Beispiel in meiner Bewegungsfreiheit und den Kontakten zu meinen Freunden. Ich kann auch nicht immer sagen, was ich möchte. Und manchmal möchte man sehr vieles sagen …«[2]

Und zum zweiten Mal erlebe ich ihn als diesen jungen, bescheidenen und zurückhaltenden Präsidenten, dem niemand etwas Böses unterstellen würde.

Was für ein Irrtum.

BORIS JELZIN: DER PUTIN-ERFINDER

Putin ist noch kein Jahr Präsident, als ich im Oktober 2000 seinen Vorgänger Boris Jelzin in seiner Privatresidenz in Moskau besuche. Jelzin hat gerade seine Memoiren veröffentlicht, sucht Publicity, deswegen bittet er zur Interview-Audienz. Um ganz ehrlich zu sein: Natürlich interessiere ich mich für Jelzins Lebenserinnerungen – aber noch ein bisschen mehr

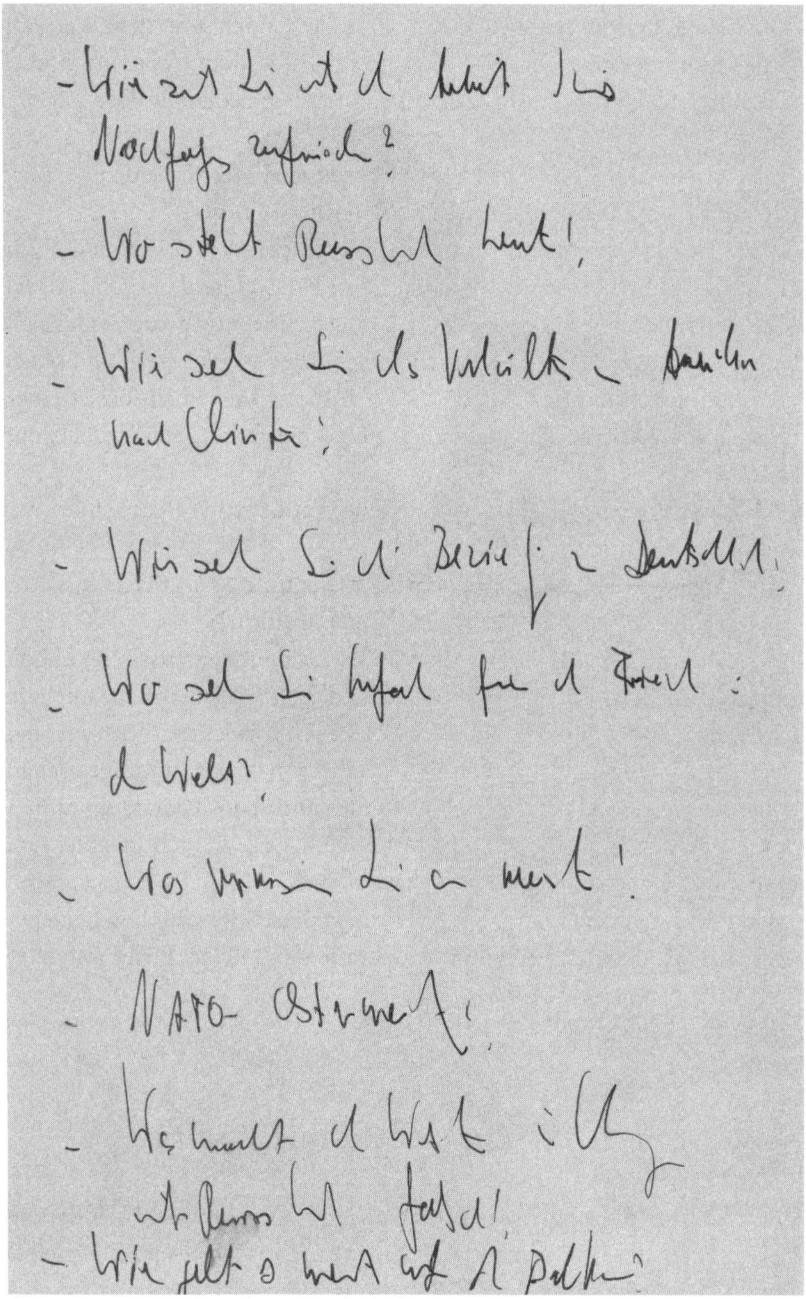

Meine Fragen für Interviews notiere ich meistens handschriftlich – hier für das Interview mit Boris Jelzin.

»Sind Sie mit Ihrem Nachfolger zufrieden?« Treffen mit Boris Jelzin in seiner Datscha in Moskau

Jahr 2000

für seinen Blick auf Wladimir Putin, seinen Nachfolger. Immerhin ist es Jelzin, der Putin erfunden hat.

Zur Erinnerung: Jelzin ist 1991 zum russischen Präsidenten gewählt worden – als Nachfolger des abgesetzten Michail Gorbatschow. Damit ist Jelzin das erste demokratisch gewählte Staatsoberhaupt in der russischen Geschichte. Einen Tag vor der Jahrtausendwende, am 31. Dezember 1999, ist er überraschend zurückgetreten und hat alle Staatsgeschäfte an den jungen Ministerpräsidenten Wladimir Putin übergeben.

Als ich an jenem strahlend schönen Herbsttag vor Jelzins Jugendstilvilla in der noblen Rubljowo-Uspenskoje-Chaussee aus dem Auto steige, zeigt das Thermometer neben dem Haupteingang 20 Grad. Das gesamte Areal ist von einer drei Meter hohen Betonmauer samt Stacheldraht und Scheinwerfern geschützt.

Jelzin, fast 70 Jahre alt, empfängt uns im Foyer in einer blauen Strickjacke, hellblauem Hemd und dunkelblauer Hose, die er auf allen Privatfotos zu tragen scheint. Sein Händedruck ist kräftig, seine Stimme hart und laut, der Gang sicher. Nur sein Gesicht wirkt wächsern und blass wie eh und je – nicht nur Folge der schweren physischen und psychischen Belastungen durch das Amt, sondern auch des jahrelangen Alkoholmissbrauchs. Seine Suff-Geschichten sind Legende, wie zum Beispiel die nur schwer zu ertragenden Fernsehbilder von der Verabschiedung der russischen Truppen in Berlin, als Jelzin nach ein paar Gläsern zu viel entfesselt ein deutsches Polizeiorchester dirigierte.

Wir gehen in den Salon, seine Frau Naina serviert Tee und selbst gebackene Plinsen.

»Wladimir Putin ist ein reifer und energischer Politiker«, lobt Jelzin überschwänglich, als ich ihn auf seinen Nachfolger anspreche. »Ich will nicht verschweigen, dass mir damals sein kämpferischer Charakter am wichtigsten war. Schließlich ist er zu einer Zeit Ministerpräsident geworden, die für das Land äußerst schwierig war – innenpolitische Krise, die Aggressionen der Tschetschenen, die Attentate in Moskau, die das Land fast in Panik versetzt haben. In gewissem Sinne hat Putin das Land vor dieser Panik gerettet, vor dem drohenden Zerfall der Föderation und vor dem Chaos in der Staatsführung.«

Putin also als der starke Mann, der nach den schwierigen Jelzin-Jahren aufräumen soll? Und es dabei mit der Demokratie auch nicht mehr so genau nehmen muss?

»Ich habe immer gesagt, dass Russland ohne starken Staat nicht wiederaufleben, zu Kräften kommen kann!«, donnert Jelzin. »Die heutige Politik Putins ist weder eine Laune von ihm noch seine eigene Erfindung. Russland hat immer eine starke Macht gebraucht, zu allen Zeiten. Das sind die Besonderheiten unserer Geschichte. So ist unser Nationalcharakter beschaffen. In Russland wurden immer Führer geschätzt, die in der Lage waren, schwierige Entscheidungen auf sich zu nehmen, willensstarke, selbstständige Menschen. Wladimir Wladimirowitsch ist konzentriert, arbeitsam, energiegeladen. Wenn Sie so wollen, mutig. Ich persönlich denke, dass dies für einen Präsidenten in einem Land wie Russland besonders wichtig ist. Er ist, wie ich schon sagte, ein ehrlicher, hartnäckiger und bescheidener Mensch, mit einem wirklich starken, inneren Kern. Ein Mann, der sich sehr großen Anforderungen stellen kann.«

Was für eine Eloge.

Und wenn ich Jelzins damalige Worte mit dem Abstand von zwei Jahrzehnten heute lese, dann denke ich: Hier hat jemand Putins Weg und Rolle als Russlands neuer Zar nahezu prophetisch beschrieben. Allerdings ganz anders, als er, als Jelzin es gemeint hat. Wahrscheinlich würde er im Grabe rotieren, wenn er wüsste, wie sein Zar im Machtrausch Russlands Ansehen in der Welt zerstört.

»Grüßen Sie Helmut Kohl«, sagt er zum Abschied. Und nach einer kurzen Pause: »Natürlich auch Gerhard Schröder.«[3]

EIN MEISTER DER INSZENIERUNG

Und damit sind wir wieder in Sotschi. Mit uns am Tisch sitzen Putins Pressesprecher Dimitri Peskow, außerdem ein Dolmetscher sowie ein Berater, der durch konsequente Schweigsamkeit auffällt. Natürlich plaudern wir mit dem russischen Präsidenten nicht nur über sein Faible für Deutschland oder seine Diätgewohnheiten – schnell kommt das Thema auf die Terroranschläge in den USA.

»Ich erhielt einen Anruf von der Leitung unseres Nachrichtendienstes«, erzählt Putin. »Ich war zu der Zeit in meinem Arbeitszimmer im Kreml, habe sofort den Fernseher eingeschaltet. Ich habe alle Termine abgesagt und den ganzen Tag die Bilder im Fernsehen geschaut. Abends habe ich die Chefs aller sicherheitsrelevanten Ministerien und Behörden zu einer Krisensitzung einberufen.«

»Was haben Sie beim Anblick der Fernsehbilder empfunden?«, will ich wissen.

Für einen Moment zögert Putin: »Ich wollte weinen ...«

Nehme ich ihm das ab? Er, der Ex-KGB-Mann, wollte weinen? Ich versuche in Putins Gesicht zu lesen – vergeblich.

»Welchen Rat geben Sie dem amerikanischen Präsidenten in dieser Situation?«, hakt Jörg nach.

»Präsident Bush ist erfahren genug. Er braucht keine Ratschläge von mir. Was heute nicht mehr geht, ist, diejenigen, die in Moskau Wohnhäuser in die Luft sprengen und unschuldige Menschen töten, als Freiheitskämpfer zu feiern und alle anderen als Terroristen zu verurteilen. Da brauchen wir ein gemeinsames Verständnis: Das sind alles Verbrecher. Sie finanzieren sich aus den gleichen dunklen Quellen, sie werden in den gleichen Lagern ausgebildet.«

»Wie kann Russland den Amerikanern helfen?«, fragen wir.

»Vor allem dürfen wir den Amerikanern in dieser Situation jetzt nicht in den Arm fallen und sie an einer Reaktion hindern«, antwortet er.

Ich traue meinen Ohren nicht. Eine solche Aussage aus dem Mund eines russischen Präsidenten? Mehr Unterstützung aus Moskau für die USA ist kaum denkbar.

»Herr Präsident, was sagen Sie Ihren Töchtern Maria und Katharina, wenn sie fragen: ›Vater, wird das 21. Jahrhundert ein unfriedliches Jahrhundert?‹«

»Ich sage meinen Töchtern, dass ich keinen Zweifel habe, dass alle zivilisierten Länder ihre Kräfte vereinigen. Das ist die beste Garantie für eine friedliche Entwicklung«, antwortet Putin.

An dieser Stelle dreht er sich zu mir und fragt unvermittelt in perfektem Deutsch: »Sind Sie die größte Zeitung in Deutschland?«

So habe ich es übrigens bei allen unseren Begegnungen erlebt: Im offiziellen Interview spricht Putin selbstverständlich russisch. Ein Staatsoberhaupt gibt Interviews grundsätzlich in der eigenen Sprache, das ist so üblich. Er hat aber kein Problem damit, mal kurz ins Deutsche zu wechseln, wann immer er Lust darauf hat. Das ist eine Masche von ihm.

Und dann gibt es noch diese Momente, in denen er nicht nur ins Deutsche verfällt, sondern seinen Dolmetscher korrigiert, nein, überfährt. So fragte ich ihn zum Beispiel bei einem Interview während des Syrienkrieges: »Warum bombardieren die russischen Truppen zivile Krankenhäuser und nicht stattdessen ISIS-Terroristen?«

»Ihre Informationen sind nicht korrekt«, übersetzte der offizielle Kreml-Dolmetscher Putins Antwort aus dem Russischen.

»Das habe ich so nicht gesagt!«, grätschte Putin ungnädig auf Deutsch dazwischen: »Ich habe gesagt: Das ist eine verdammte Lüge!«

Putin liebt es, seine Überlegenheit zu demonstrieren. Und wenn dafür ein armer Übersetzer herhalten muss. Der Kellner serviert Kaffee in goldgeränderten Tassen, an denen meine Großmutter ihre helle Freude gehabt hätte. Wir haben die aktuellen BILD-Ausgaben zu den Anschlägen von New York dabei, Putin blättert aufmerksam durch die Zeitung, deutet auf eine Schlagzeile: **Sie suchen ihre Liebsten.**

»Fürchterlich«, murmelt er ein paarmal auf Deutsch und ist überrascht, als er im Sportteil die Berichte von der Formel 1 sieht: »Das Rennen hat trotz der Anschläge stattgefunden?«

»Schumi ist ohne Werbung auf dem Wagen gefahren – die Nasen der Ferraris waren schwarz lackiert«, antworte ich.

»In Ihrer Zeitung«, sagt der Präsident, zeigt auf eine Reihe von Anzeigen, »ist aber noch Werbung.« Der Spott in seiner Stimme ist unüberhörbar. Und ich denke: Wer interviewt hier eigentlich wen?

Schließlich kommen wir zum Ende. Putin bedankt sich für das Gespräch, erhebt sich vom Tisch und deutet dorthin, wo in den Wellen die Jetskis schaukeln.

Sein Schuljungen-Charme, seine ausgesuchte Höflichkeit, sein Interesse an Deutschland – das sind die Impressionen, die Jörg Quoos und ich mit nach Deutschland nehmen.

Hat er schon damals gelogen?

Oder hat Putin zu diesem Zeitpunkt wirklich geglaubt, Russland könne als Großmacht respektiert und als Partner vom Westen anerkannt werden? Und ja, er ist natürlich der ausgebildete KGB-Mann, ein Meister der Inszenierung und der Überraschungen, der nichts dem Zufall überlässt und stets weiß, wen er vor sich hat. Aber nichts, absolut gar nichts deutet bei diesem Treffen darauf hin, dass dieser kultivierte und zurückhaltende Mann mit seinem Kriegsterror einmal die ganze Welt in Angst und Schrecken versetzen wird.

Als Putin wenige Tage später, am 25. September 2001, als erster russischer Präsident im Bundestag spricht, kennt die Begeisterung in Deutschland keine Grenzen.

»Heute erlaube ich mir die Kühnheit, einen großen Teil meiner Ansprache in der Sprache von Goethe, Schiller und Kant, in der deutschen Sprache, zu halten«, beginnt Putin seine Rede, in der es um Freiheit, Demokratie und die Überwindung der totalitären stalinistischen Ideologie geht. Einige Abgeordnete sind von seinem Auftritt so gerührt, dass es ihnen die Tränen in die Augen treibt.

»Russland ist ein freundlich gesinntes europäisches Land. Für unser Land, das ein Jahrhundert der Kriegskatastrophen durchgemacht hat, ist der stabile Frieden auf dem Kontinent das Hauptziel«, ruft Putin unter dem enthusiastischen Applaus der Anwesenden im Bundestag aus. »Niemand wird Russland jemals wieder in die Vergangenheit zurückführen.«

Wahnsinn ...

Auch mich berührt der Auftritt des russischen Präsidenten im Bundestag. So schreibe ich Wladimir Putin einen Brief:

Sehr verehrter Herr Präsident,

es war für uns eine große Ehre, von Ihnen in Sotschi empfangen zu werden.

Ich möchte mich bei Ihnen noch einmal ganz herzlich für das interessante Gespräch in dieser schönen Atmosphäre bedanken.

Vielleicht können wir Ihnen mit diesem Exemplar von Goethes Faust, *ein seltener Nachdruck der Erstausgabe, der noch zu Lebzeiten des großen Dichters erschienen ist, eine kleine Freude machen.*

Hochachtungsvoll

Kai Diekmann[4]

Goethes *Faust,* die berühmte Tragödie um einen Mann, der seine Seele dem Teufel verkauft, damit er ihn von seinen Zweifeln, Depressionen und Alterserscheinungen befreit. Als hätte man es damals schon geahnt ...

Ein paar Wochen später erreicht mich ein weißer DIN-A4-Umschlag, auf dem das leuchtend rote Wappen der Russischen Föderation mit dem goldenen züngelnden Doppeladler prangt. Dazu ein Begleitschreiben des russischen Botschafters in Berlin, Sergej Krylow:

Sehr geehrter Herr Diekmann,

anbei darf ich Ihnen das Original des an Sie gerichteten Schreibens des Präsidenten der Russischen Föderation, Herrn Wladimir Putin, zukommen lassen.

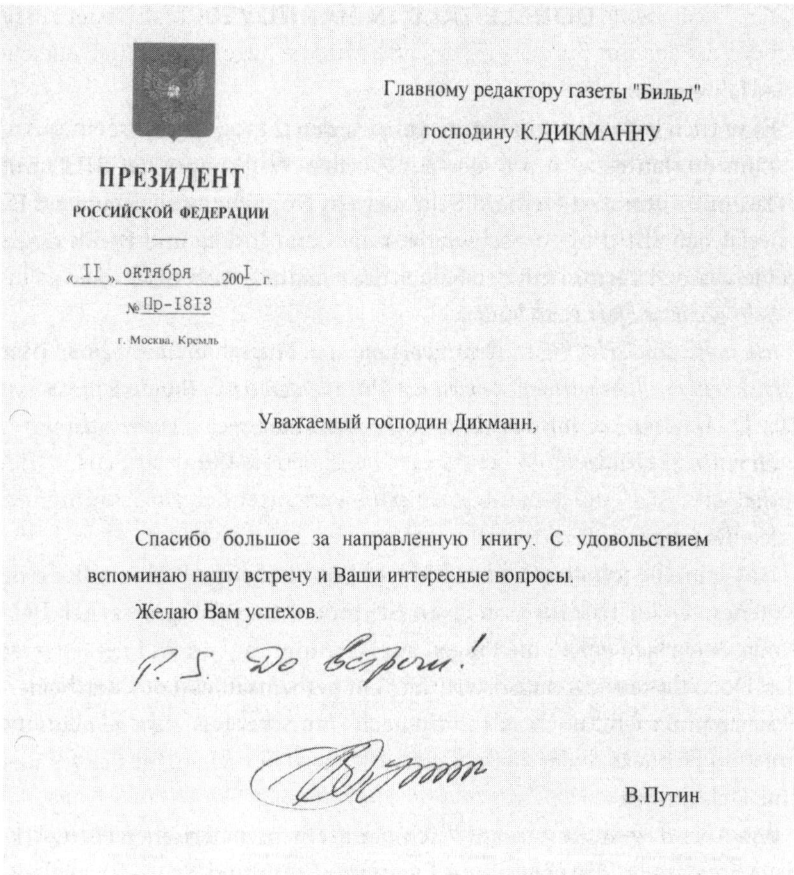

Главному редактору газеты "Бильд"

господину К.ДИКМАННУ

ПРЕЗИДЕНТ

РОССИЙСКОЙ ФЕДЕРАЦИИ

«11» октября 2001 г.

№ Пр-1813

г. Москва, Кремль

Уважаемый господин Дикманн,

Спасибо большое за направленную книгу. С удовольствием вспоминаю нашу встречу и Ваши интересные вопросы.

Желаю Вам успехов.

P.S. До встречи!

В.Путин

»Bis bald!« Dankesbrief von Wladimir Putin im Herbst 2001

Ich wünsche Ihnen alles Gute und viel Erfolg in Ihrer Tätigkeit.

Mit freundlichen Grüßen[5]

Ungeduldig öffne ich den großen weißen Umschlag.

Sehr geehrter Herr Diekmann,

vielen Dank für das Buch, das Sie mir geschickt haben. Ich erinnere mich sehr gerne an unser Treffen und Ihre interessanten Fragen.

Ich wünsche Ihnen Erfolg.

Und handschriftlich ergänzt:

PS: Bis bald! Wladimir Putin[6]

DOUBLE TAKE IN HANNOVER

Vier Jahre später.

Eigentlich soll es nur ein Fototermin werden ...

Zum 60. Jahrestag des Endes des Zweiten Weltkrieges hat BILD mit Wladimir Putin und Gerhard Schröder ein Doppelinterview geplant. Es erweist sich allerdings als schwierig, zwischen Moskau und Berlin einen gemeinsamen Termin mit den beiden Staatsmännern abzustimmen.

Sehr geehrter Herr Botschafter,

ich halte eine schriftliche Beantwortung der Fragen für den besten Weg. Gleichzeitig sollten wir den Besuch des Präsidenten beim Bundeskanzler am 10./11. April nutzen, um einen entsprechenden Fototermin zu arrangieren.

Herzlichste Grüße

Ihr

Kai Diekmann[7]

Das schreibe ich erst dem russischen Botschafter in Berlin, Wladimir Kotenev. Dann natürlich auch an Schröders Regierungssprecher Béla Anda. Mehrfach gehen die Fragen zur Abstimmung hin und her. Jetzt ist das Doppelinterview autorisiert, nur ein gemeinsames Foto der beiden Staatsmänner fehlt noch. Als Putin nach Hannover reist, um gemeinsam mit dem Bundeskanzler die Industrie-Messe zu besuchen, tut sich für uns eine Gelegenheit auf.

Am Abend ist im Restaurant Wichmann, einem malerischen Fachwerkhaus am Rande Hannovers, ein Essen mit Putin und Schröder geplant. Ein paar Chefredakteure sind ebenfalls geladen: Berthold Kohler von der FAZ, Giovanni di Lorenzo von der ZEIT, Hans-Werner Kilz von der Süddeutschen Zeitung, Steffen Klusmann von der Financial Times.

Das Dinner in großer Runde zieht sich hin. Es ist schließlich schon nach Mitternacht, als wir in einem Nebenzimmer Putin und Schröder zum verabredeten Fototermin treffen.

»Darf ich noch mal einen Blick auf das fertige Interview werfen?«, fragt mich völlig überraschend Wladimir Putin. Perplex reiche ich dem russischen Präsidenten die sechs oder sieben Seiten Papier und frage mich: Was kommt jetzt?

Putin liest, hebt die Augenbrauen, presst die Lippen leicht aufeinander – und legt das Manuskript beiseite. »Ich möchte die Fragen gerne noch einmal beantworten – und zwar hier und jetzt«, erklärt er unvermittelt.

Ich versuche, mir meine Verblüffung nicht anmerken zu lassen. Aus den Augenwinkeln sehe ich, wie Gerhard Schröder die Gesichtszüge entgleiten. Sein genervter Blick ist nicht mit Geld zu bezahlen. Zum einen ist es schon verdammt spät. Zum anderen ist das Verhältnis zwischen der Rot-Grünen-Bundesregierung und BILD mehr als nur angespannt, die Stimmung zwischen dem Kanzler und mir auf einem Tiefpunkt. Schröder würde mich am liebsten auf den Mond schießen – stattdessen muss er jetzt hier in trauter Runde in einem spießigen Hinterzimmer auf floralen Oma-Sesseln Interview-Harmonie simulieren. Ausgerechnet mit mir. Er tut mir in dieser Sekunde fast leid. Auf der anderen Seite ist mir das natürlich komplett egal. Was für eine Chance: keine vorgestanzten Antworten auf schriftliche Fragen! Sondern ein Interview in live!

»Herr Präsident, Herr Bundeskanzler«, improvisiere ich direkt meine erste Frage, »vor 60 Jahren ging der Zweite Weltkrieg zu Ende. Ihr Vater, Herr Bundeskanzler, fiel. Ihr Vater, Herr Präsident, wurde schwer verwundet. Was empfinden Sie ganz persönlich, wenn Sie heute als Repräsentanten der einst verfeindeten Nationen auf diese dunkle Zeit zurückblicken?«

Putin antwortet als Erster: »Ich persönlich habe die Deutschen nie als feindliche Nation gesehen. Überhaupt denke ich, dass die Russen meiner Generation, die die Tragödie des Krieges nicht persönlich erleben mussten, eine andere Wahrnehmung im Verhältnis zu Deutschland haben als die Generation unserer Eltern und Großeltern. Deshalb müssen wir alles in unserer Macht Stehende tun, damit so etwas in der Geschichte unserer beiden Völker, in der Geschichte Europas und in der Geschichte der ganzen Welt nie wieder passiert.«

»Für mich ist es immer noch wie ein Wunder, dass erbitterte Feinde und Kriegsgegner von einst heute als Freunde und Partner in guter Nachbarschaft leben«, ergänzt Schröder.

»Herr Präsident, Ihr Bruder ist während der Belagerung Leningrads ums Leben gekommen. Haben Sie die Deutschen dafür gehasst?«

Putin fixiert mich: »Meine Eltern haben mir nie erzählt, wie sie das Kriegsende, den 8. und 9. Mai 1945, erlebt haben. Sie hatten damals unendlich schwere Zeiten hinter sich. Mein Vater war verwundet worden, lag in einem Hospital in Leningrad, als die Stadt noch von den Nazi-Truppen eingekesselt war. Er kam dann nach Hause, um die Mutter zu suchen. Ein sogenanntes Bestattungskommando war gerade dabei, sie zu den Leichen

Mitternachtstreffen: mit Präsident Putin und Bundeskanzler Schröder im Gasthaus Wichmann

zu legen und zum Friedhof zu bringen. Sie lebte noch, und er musste sie aus diesem Berg von Leichen rausziehen. Meine Mutter überlebte nur deshalb, weil er ihr seine Verpflegung gab, die ihm als Verwundeten im Hospital zustand.«

Hannover 2005

Was für eine unglaubliche, furchtbare Geschichte.

»Sind die Russen als Befreier nach Deutschland gekommen?«, will ich wissen.

»Selbstverständlich haben die sowjetischen Truppen Deutschland vom

Nationalsozialismus befreit. Das ist eine historische Tatsache. Natürlich hat die deutsche Zivilbevölkerung während des Krieges auch gelitten, aber das war nicht die Schuld der Sowjetunion oder der Roten Armee. Und im Übrigen haben sich auch unsere westlichen Alliierten damals nicht durch besondere Menschlichkeit hervorgetan. Mir ist bis heute völlig unbegreiflich, warum Dresden vernichtet werden musste. Aus Sicht der Kriegsführung bestand damals dafür überhaupt gar keine Notwendigkeit.«

Dresden, die Stadt, in der er fünf Jahre als KGB-Agent gearbeitet hat, in der seine Tochter geboren wurde. Und natürlich hat Putin recht. Die Vernichtung Dresdens war grausam und durch nichts zu rechtfertigen.

»Wie denken Sie über Stalin, Herr Präsident?«

»Eine Diktatur, Unterdrückung der Freiheit, führt den Staat und die Gesellschaft in die Sackgasse!«, formuliert Putin überzeugend: »Unkontrollierte Macht einer Person führt zu deren Missbrauch, was dann in Verbrechen ausartet. In den Zeiten von Stalin gab es jede Menge davon – politische Repressionen, Deportationen von ganzen Völkern. Dies verdient eine grundsätzliche Verurteilung.«

Ich wüsste zu gerne, was Putin zu seinen Sätzen von damals heute sagen würde. Und man fragt sich fassungslos, wie er zu dem werden konnte, der er heute ist: Ein lupenreiner Stalinist.

Aber: Alles, was der russische Präsident und der deutsche Bundeskanzler in dieser Nacht zu Protokoll geben, klingt gut: Dass »gerade Russland und Deutschland bei der Europäischen Einigung die entscheidende Rolle zu spielen haben«, dass sich »Russland und Deutschland heute einander wie nie zuvor nahestehen«, dass sich Russland »als ein Land fast ohne eigene demokratische Tradition aus eigenem Entschluss auf den Weg zur Demokratie begeben hat«.

Mit Blick auf die absurde Debatte von heute, ob sich deutsche Politiker für ihre – gescheiterten – Bemühungen um Russlands Einbindung entschuldigen müssten: Nichts ist zu diesem Zeitpunkt daran auszusetzen, dass Deutschland und Russland nach einem grausamen Krieg, der Millionen Menschenleben gekostet hat, nach jahrzehntelanger Teilung durch den Eisernen Vorhang, nun die Waffen niedergelegt haben und Seite an Seite ein gemeinsames europäisches Haus aufbauen wollen. Freundschaft, Frieden, Freiheit Hand in Hand mit Wohlstand, Sicherheit und Stabilität.

Sehr geehrter Herr Diekmann,

hiermit darf ich Ihnen mitteilen, dass die Administration des Präsidenten der Russischen Föderation ihrerseits die Zustimmung für die Veröffentlichung des Doppelinterviews vom Präsidenten Putin und Bundeskanzler Schöder für die Bild-Zeitung erteilt hat.

Ich danke Ihnen, auch im Namen des Pressedienstes des Präsidenten, für das Zustandekommen dieses epochalen Vorhabens und verbleibe

Mit freundlichen Grüßen

Swjatoslaw Kutschko[8]

Die E-Mail aus der russischen Botschaft erreicht mich ein paar Tage nach unserem nächtlichen Treffen in Hannover.

Nie wieder Krieg! lautet die BILD-Schlagzeile am nächsten Tag:

Wir sind uns nahe wie nie zuvor. 60 Jahre nach Kriegsende blicken Russlands Präsident Putin und Bundeskanzler Schröder voller Hoffnung in die Zukunft.[9]

Übrigens: Als Putin beim Besuch der Hannover Messe eine Erklärung über strategische Partnerschaften unterzeichnet, ist damit der Grundstein für die spätere Gasabhängigkeit der Bundesrepublik gelegt. Mit BASF wird erstmalig ein ausländisches Unternehmen an der russischen Erdgaserschließung beteiligt; auch der deutsche Energieversorger Eon sichert sich einen 25-prozentigen Anteil an einem russischen Gasfeld. Ironie der Geschichte.

PUTIN VERSTEHEN

Was ist anschließend eigentlich schiefgelaufen?

Am 11. September 2001 wird – aus meiner Sicht – nicht nur das World Trade Center in Schutt und Asche gelegt, sondern auch unser Verhältnis zu Russland. Die Bedeutungsachsen verschieben sich. Der Westen konzentriert sich fortan auf den Nahen Osten, der neue Eiserne Vorhang verläuft zwischen westlicher und arabischer Welt.

Russland, das sich seit Nikita Chruschtschow abmüht, von den USA als gleichwertige Großmacht anerkannt zu werden, wird uninteressant. Die USA führen Krieg gegen Afghanistan und den Irak, wollen Saddam Hussein und Osama bin Laden ausschalten, das nimmt ihre gesamte Aufmerksamkeit in Beschlag.

Russland, das über Jahrhunderte zu den europäischen Mächten gehörte, die das Schicksal des Kontinents bestimmt und definiert haben, dem nach der Wiedervereinigung politische Teilhabe und Investitionen versprochen worden sind, muss nun erleben, dass es auf dem Spielfeld der Weltpolitik nur noch von der Seitenlinie zuschaut. NATO und EU rücken immer näher an die Grenze der Russischen Föderation heran, ohne dass Putin gefragt wird. Formal muss das auch keiner tun. Beitrittskandidaten wie zum Beispiel die baltischen Staaten gehören nicht mehr zur Russischen Föderation, können selbst entscheiden, welches Gesellschaftsmodell sie präferieren, welchem Bündnis sie angehören wollen. Doch Putin passt das nicht. Er, der Präsident des stolzen russischen Reiches, das noch nie eine dauerhafte Demokratie erlebt hat, muss das als Kränkung und Herabsetzung empfinden.

Die Begegnungen im Jahr 2000 im Kreml, im Jahr 2001 in Sotschi nach den Terroranschlägen von New York, im Jahr 2005 zum 60-jährigen Kriegsende sind natürlich alles nur Stationen und Momentaufnahmen. Und natürlich mischen sich über die Zeit immer mehr Störgeräusche in meine Wahrnehmung von Wladimir Putin. Und natürlich sehe ich, dass die Schere zwischen dem, was der russische Präsident von sich gibt, und der Wirklichkeit immer weiter auseinanderklafft. Dass Putin vielleicht nicht so demokratisch, europafreundlich und weltoffen ist, wie er tut: Die Opposition in Russland beklagt massive Beschränkungen, die Pressefreiheit gerät immer mehr unter Druck. In Zeitungen, die den Krieg in Tschetschenien thematisieren, schaltet der Kreml keine Anzeigen mehr, was einer Erpressung gleichkommt. Unabhängige Journalisten, die Putin vorwerfen, die Demokratie zu zertreten und Russland zu einem autoritär-oligarchischen Staat zu machen, werden bedroht und müssen um ihr Leben bangen. Seit Putins Amtsübernahme sind bereits 14 Journalisten ermordet worden

Und dann kommt das Jahr 2007.

Auf der Münchner Sicherheitskonferenz hält Putin eine brutale Brandrede und stellt um auf offene Konfrontation. Alles, was er gestern noch über Europa und die Gemeinsamkeiten gesagt hat, gilt nicht mehr. Den USA unterstellt er das Streben nach monopolarer Weltherrschaft, wirft EU und NATO eine fast ungezügelte Anwendung von Gewalt vor.[10]

Kurz zuvor hat er zu einer Pressekonferenz mit Bundeskanzlerin Angela

Merkel in Sotschi seine schwarze Labradorhündin Konni mitgebracht[11]. Die lässt er während des offiziellen Fototermins im Raum frei herumlaufen, wohl wissend, dass es nur eines im Leben der Angela Merkel gibt, das ihr panische Angst macht: Hunde. Fotos, die anschließend um die Welt gehen, zeigen eine blasse deutsche Kanzlerin, die tapfer versucht, Fassung zu bewahren, während ihr Putins Labradorhündin die Schnauze aufs Knie legt – und einen russischen Präsidenten, der sich das Feixen kaum verkneifen kann.

Eine kühl geplante Inszenierung, die demonstriert, was er mittlerweile vom Westen und vor allem von Deutschland hält.

»Wussten Sie denn nicht, dass die Kanzlerin Angst vor Hunden hat?«, frage ich Putin Jahre später.[12]

»Nein, das wusste ich nicht. Ich wollte ihr eine Freude machen. Als ich erfuhr, dass sie Hunde nicht mag, habe ich mich natürlich entschuldigt«, gab er sich harmlos, ohne eine Miene zu verziehen. Was für eine schamlose Lüge.

Natürlich wusste er, dass Angela Merkel Angst vor Hunden hat. Vor Staatsbesuchen wird nämlich jedes noch so kleine Detail von den beteiligten Regierungsstäben besprochen und annonciert, sei es Gluten-Intoleranz, eine Vorliebe für Gummibärchen oder eben Angst vor Hunden. Zudem haben Hunde bei Pressekonferenzen nichts zu suchen, es sei denn, es handelt sich um einen Hundezuchtverein. Putin wollte Angela Merkel damals schlicht vorführen.

Und dann das: Als Georgien und der Ukraine auf dem NATO-Gipfel in Bukarest die Mitgliedschaft angeboten wird, ist es ausgerechnet die deutsche Bundeskanzlerin Angela Merkel, die das im Schulterschluss mit Frankreich verhindert. Sie will Putin nicht provozieren.

Als Dank überfällt er vier Monate später Georgien.

Wie heißt es so schön?

Wird schon schiefgehen.

Und es geht schief.

Mit Putin.

MICHAIL GORBATSCHOW: HELD WIDER WILLEN

Jetzt ist es an der Zeit, über ein kapitales Missverständnis im Verhältnis zwischen Deutschland und Russland zu sprechen.

Während für uns das Kriegsende 1945 der Tiefpunkt ist und die friedliche Wiedervereinigung 1989 der Höhepunkt der jüngeren deutschen Geschichte, ist es für viele Russen genau umgekehrt: Der Große Vaterländische Krieg mit dem Sieg über Nazi-Deutschland im Mai 1945 ist der Höhepunkt, der Zerfall der Sowjetunion nach dem Fall der Mauer 1989 der absolute Tiefpunkt der russischen Geschichte. Für einen Russen gilt diese Sichtweise ganz besonders: für Wladimir Putin.

An dieser Stelle möchte ich jetzt allerdings über einen ganz anderen Russen sprechen – nämlich über Michail Gorbatschow.

Friedensnobelpreisträger und Zerstörer der Sowjetunion. Held wider Willen und Hassfigur für Millionen Russen. Im Westen gefeiert, in seiner Heimat aus dem Kreml gejagt. Als er im Sommer 2022 stirbt, ist das in Moskau nicht viel mehr als eine Randnotiz.

Mit Perestrojka und Glasnost wollte Gorbatschow Russland modernisieren – am Ende stand der Zerfall und Zusammenbruch der UdSSR. Das war natürlich nie seine Absicht. Für uns Deutsche war »Gorbi« eine Symbolfigur, die für den Fall der Berliner Mauer und das Ende des Kalten Krieges stand. Das Versprechen der neuen Zeit: Nach Jahrzehnten der gegenseitigen nuklearen Bedrohung wird alles anders – freier, friedlicher, schöner.

Die Euphorie über das Ende des Eisernen Vorhangs war so gewaltig, dass der berühmte amerikanische Politikwissenschaftler Francis Fukuyama das *Ende der Geschichte* prognostizierte. Damit meinte er, dass sich mit dem Ende der unversöhnlichen Systemgegnerschaft auf der ganzen Welt Freiheit, Demokratie und Frieden durchsetzen würden.

Fukuyamas *Ende der Geschichte* wurde zum geflügelten Wort und beschreibt treffend eine Aufbruchstimmung, in der Russland für viele im Westen zum Hoffnungsträger wurde. Mit dem Wissen von 2022 ist es natürlich einfach, diese damalige Aufbruchstimmung als naiv und gutgläubig zu verurteilen.

Im März 2006 schrieb Helmut Kohl an seinen Freund Michail Gorbatschow:

Michail Gorbatschow zu Besuch in der Hamburger BILD-Redaktion Anfang der 2000er Jahre

Lieber Michail Sergejewitsch,

heute wirst Du 75 Jahre alt. Zu diesem Ehrentag möchte ich Dir von ganzem Herzen gratulieren.

An diesem besonderen Tag, lieber Michail Sergejewitsch, erinnere ich mich gern an das gemeinsame Wegstück, das wir an verantwortlicher Stelle für unsere Völker zurückgelegt haben. Unvergessen ist mir dabei unsere Bonner Be-

gegnung vom Juni 1989 ... Einen Steinwurf vom Rhein entfernt, an dem in der späten Stunde die Liebespaare flanierten, unterhielten wir uns über unsere frühen Jahre. Du erzähltest von dem kleinen Dorf in der Nähe von Stawropol, in dem Du aufgewachsen bist, von Deinen Anfängen in der Partei. Du erzähltest von Deinen Eltern, von deren bescheidenem Glück und vom Zweiten Weltkrieg, der dieses Glück jäh beendete.

Wir, als Kinder des schrecklichsten aller Kriege, begriffen in jener Nacht, dass uns etwas miteinander verbindet, das stärker ist als weltanschauliche Gegensätze: nämlich unsere Verpflichtung zum Frieden und zur Aussöhnung unserer Völker ... Lieber Michail Sergejewitsch, Du hast mit Glasnost und Perestroika die politische Erstarrung aufgebrochen und zusammen mit Ronald Reagan den Rüstungswettlauf und letztlich auch den Ost-West-Gegensatz beendet. Besonders wir Deutsche verdanken Dir viel. Denn ohne das Vertrauen, das Du mir entgegenbrachtest, hätte es sicher keine friedliche Revolution in der DDR gegeben. ... Damit hast Du einen entscheidenden Beitrag geleistet, dass uns nach fast einem halben Jahrhundert der schmerzlichen Teilung die Wiedervereinigung ermöglicht wurde. Auch am heutigen Tag danke ich Dir ganz besonders herzlich dafür! Möge der Herrgott Dir, lieber Michail Sergejewitsch, noch viele erfüllte Jahre, Gesundheit und Glück schenken!

Mit herzlichen Grüßen
Dein Helmut Kohl[13]

Für mich ist dieser Brief – dieses private Dokument einer berührenden Freundschaft zwischen zwei Staatsmännern – ein wunderbarer Schlüssel. Ein Schlüssel, um den Erdrutsch zu verstehen, den es in der Gefühlswelt von Deutschen und Russen nach Ende des Kalten Kriegs gegeben hat. Und vielleicht hat man nach Lektüre dieses Briefes mehr Verständnis dafür, wie es zur Freundschaft zwischen Gerhard Schröder und Wladimir Putin kam: Was Helmut Kohl und Michail Gorbatschow begonnen hatten, fand nun seine Fortsetzung – auch Schröder und Putin folgten einem politischen Weg und einer Kultur, die auf Freundschaft und Handreichen basierten. Wie gesagt: *Das Ende der Geschichte* – Deutschland und Russland in Zukunft nur noch Hand in Hand.

Ich hatte das Glück, Michail Gorbatschow im Laufe der Jahre mindestens ein Dutzend Mal zu treffen – zu langen Abendessen beim Italiener im Berliner Grunewald, zu Gesprächen in seiner Stiftung in Moskau, zum

Ankunft mit Privatjet auf dem Flughafen Berlin-Schönefeld: Michail Gorbatschow und seine Tochter Irina Virganskaya im Herbst 2009

Geburtstag in der Royal Albert Hall in London. Und natürlich immer wieder zu Interviews.

Für dieses Buch bin ich meine Gesprächsnotizen zu Gorbatschow aus über 20 Jahren durchgegangen – auf Spurensuche: Wäre das Verhältnis Deutschland-Russland ein Patient, wo zeigt dieser Patient die ersten Symptome? Was verrät die Krankenakte?

Aufgefallen ist mir ein BILD-Gespräch aus dem Jahr 2009[14], als ich gemeinsam mit meiner Kollegin Tanit Koch Gorbatschow in Moskau besuchte. Sein Büro liegt an der Leningradskij Avenue, einer der größten Hauptverkehrsadern der russischen Hauptstadt. An den Wänden gerahmte Erinnerungen: Gorbi mit Fidel Castro, Gorbi mit Jimmy Carter, mit Ronald Reagan, Richard von Weizsäcker, George Bush.

»Ich mag Deutschland, ich bin gern bei euch – und bei meinem Freund Helmut ...«

Obwohl er weder Deutsch noch Englisch spricht und wir immer auf einen Übersetzer angewiesen sind, gelingt ihm das Kunststück, Herzenswärme und Verbindlichkeit auszustrahlen. Seine Fröhlichkeit ist ansteckend. Wir reden über seine Familie, seine Tochter, die Enkelinnen. Gorbi strahlt, wenn er von ihnen spricht. Als wir im Gespräch zu den politischen Themen kommen, verdüstert sich sein Gesicht auf einmal.

»Herr Präsident, sind aus Ihrer Sicht eigentlich die Versprechen erfüllt worden, die Deutschland Russland seinerzeit gegeben hat?«, fragen wir. »Sind Deutschland und Russland heute Partner?«

»Es gibt noch eine offene Rechnung«, antwortet er sehr ernst. »Kohl, Außenminister James Baker und andere sicherten mir zu, dass sich die NATO keinen Zentimeter nach Osten bewegen würde. Daran haben sich die Amerikaner nicht gehalten, und den Deutschen war es gleichgültig. Vielleicht haben sie sich sogar die Hände gerieben, wie toll man die Russen über den Tisch gezogen hat. Was hat das gebracht? Nur, dass die Russen westlichen Versprechungen nun nicht mehr trauen.«

Was für eine harsche Kritik.

Warum haben wir damals eigentlich nicht nachgefragt?

Wer genau hat was zugesichert, als es um die NATO ging?

Was ist mit der NATO-Russland-Grundakte, in der Moskau allen ehemaligen Ostblockstaaten das Recht auf NATO-Mitgliedschaft zugesteht? Gorbi muss doch wissen, dass sein Nachfolger Boris Jelzin diesen Vertrag seinerzeit unterschrieben hat – die Bilder vom fröhlichen russischen Präsidenten mit NATO-Generalsekretär Javier Solana im Pariser Élysée-Palast gingen um die Welt.

Ich kann mir hier leider als Journalist nur eine Sechs geben. Offensichtlich habe ich da nicht richtig hingehört. Es ist nicht nur der böse Putin, der sich über die NATO beklagt – das hat vor ihm auch der deutsche Lieblingsrusse Michail Gorbatschow getan. Wir wollten bei Gorbatschow immer etwas Bestimmtes sehen und hören, das in unser Bild von ihm gepasst hat.

Wenn ich mir heute die vielen Gesprächsnotizen anschaue, egal ob aus Unterhaltungen mit Putin oder mit Gorbatschow, fällt mir ein Schlüsselbegriff auf, der wirklich in jedem Interview fällt und offensichtlich zentral ist für das Verständnis der russischen Perspektive:

Vertrauen.

Vertrauen, ohne das es nie zur Einigung und Einheit gekommen wäre.

Vertrauen, das wichtig ist für die Zusammenarbeit.

Vertrauen, das gebrochen wurde.

Vertrauen, Vertrauen, Vertrauen.

Sieht sich Putin allen Ernstes als Opfer? Fühlt er sich hintergangen, nicht ernst genommen?

Unsinn.

Putin ist niemand, den wir bedauern müssten. Er ist für unendliches Leid und Blutvergießen verantwortlich, für Verhaftung und Ermordung zahlloser Oppositioneller, Abtrünniger, Journalisten.

Ich sehe in Putin heute einen gekränkten Mann, krank in seiner Wut. Einen paranoiden Mann.

»Wie ist Ihr Verhältnis zu Putin?«, wollen wir damals im Büro an der Leningradskij Avenue noch von Gorbatschow wissen. Der schaut leicht amüsiert:

»Nun, wir liegen uns nicht in inniger Bruderliebe in den Armen. Aber unser Verhältnis ist gut, wir stehen in Verbindung.«

MIT DR. EISENFAUST AUF DEM MAIDAN

Februar 2014.

Absperrgitter, Sandsäcke, Berge von Schutt und Gehwegplatten türmen sich vor uns auf. LKW-Reifen zu Barrikaden zusammengeschoben. Dazwischen ausgebrannte Militärlastwagen, zerstörte Räumpanzer der Sonderpolizei, der beißende Geruch von Feuer in der Luft: der Maidan, das Herz der ukrainischen Hauptstadt Kiew, ist ein Schlachtfeld. Obwohl er kaum größer ist als der Pariser Platz am Brandenburger Tor in Berlin, fällt es uns schwer, uns in diesem Labyrinth zurechtzufinden. Vor einer Stunde bin ich mit meinem Fotografen Daniel Biskup auf dem Flughafen Kiew-Boryspil gelandet.

Seit Tagen harren hier auf dem Platz vermummte Freiheitskämpfer aus, bewaffnet mit Knüppeln und Pflastersteinen. Ganz in schwarz gekleidete Frauen, die Gesichter rot gefroren vor beißender Kälte, halten Mahnwache. Manche singen, manche beten. In ihren Händen halten sie Bilder ihrer getöteten Männer, Söhne, Brüder, Väter, die Porträts versehen mit

Blutige Revolution in der Ukraine: als Reporter unterwegs auf dem Maidan in Kiew im Februar 2014

Dornenkronen. Es sind die zum Teil blutjungen Gesichter der über 100 Demonstranten, die in den letzten Tagen von der Miliz erschossen worden sind.

Seit über zwei Monaten tobt die blutige Revolution gegen das autokratische Regime. Der Putin-Freund Wiktor Janukowytsch, bis vor 48 Stunden noch Präsident der Ukraine, ist in einer Nacht-und-Nebel-Aktion nach Russland geflohen.

Es ist längst dunkel. In einem offenen Sarg wird ein Toter durch die Menge getragen, Tausende haben sich versammelt.

»Die Toten werden in Flaggen gehüllt«, erklärt mir Paul Ronzheimer, BILDs großartiger Kriegsreporter, der uns im Gewirr wie auch immer gefunden hat: »Meistens ist es die ukrainische Flagge, aber auch ganz oft die europäische.«

Mitten in dieser Apokalypse erklingt auf einmal diese wunderschöne

Filmmelodie aus *Die fabelhafte Welt der Amelie*. Da sitzt ein Mann in kugelsicherer Weste, das Gesicht bis auf die Augen vermummt, und spielt auf einem Klavier, das irgendwer hier auf den Platz geschoben hat.

Die Musik in diesem Moment, die so gar nicht zur Verzweiflung und Trauer des Augenblicks passt. Die Gesichter der Menschen, ihre tränennassen Augen. Dieses blau-gelbe Meer von Ukraineflaggen, es schnürt mir die Kehle zu. Auf Leid war ich vorbereitet, aber diese Klavierklänge bringen mich aus der Fassung.

»Das ist Bogdan, der Piano-Extremist«, erklärt mir Daniel. »Jeden Tag kommt er auf den Platz und spielt.«

Was für ein bizarrer, dabei wunderschöner Moment. Hier wird gerade Geschichte geschrieben, europäische Geschichte, denke ich. Ein Land an der Schwelle zwischen Vergangenheit und Zukunft. Kommt für die Ukraine eine neue, bessere Zeit? Oder wird das Land in den Abgrund gerissen?

»Es ist für mich noch alles sehr schwer zu begreifen«, erklärt mir Vitali Klitschko, mit dem wir in einem Hotel ganz in der Nähe des Maidan zum Interview verabredet sind. Er, der Ex-Boxweltmeister im Schwergewicht, ein Riese von über zwei Metern, Kampfname Dr. Eisenfaust, hat erst heute Nachmittag im Parlament in Kiew angekündigt, nächster Präsident der Ukraine werden zu wollen und das Land in die EU zu führen. Er ist eines der bekanntesten Gesichter des Widerstands auf dem Maidan. Obwohl er sich ein luxuriöses Leben wo auch immer leisten könnte, hat sich der erst 42-Jährige für einen steinigen und harten Weg entschieden – als Politiker in seiner Heimat.

»In den vergangenen Monaten ist so viel passiert, und dann ging alles wahnsinnig schnell, innerhalb von Tagen war Wiktor Janukowytsch plötzlich weg, das könnt ihr euch nicht vorstellen«, beginnt Vitali seinen Bericht. Er duzt uns, wir kennen uns alle seit Jahren. »Wenn ich angerufen werde, kann ich endlich wieder frei sprechen. Als Janukowytsch noch die Macht hatte, musste ich immer geheime Treffpunkte ausmachen, um offen zu reden. Janukowytschs Leute haben alles aufzeichnen lassen, ich wurde deshalb schon langsam paranoid. Die Menschen im Land haben jetzt das Gefühl: Die Unterdrückung durch den Staat und die Polizei ist endgültig vorbei!«

Wir haben an einem kleinen Tisch im Restaurant Platz genommen. Vitali ist enorm angespannt. Selbst während er spricht, checkt er in einem fort die Nachrichten auf seinem Handy.

Für mich ein Held: Kiews Bürgermeister Vitali Klitschko treffe ich häufig, hier im März 2015 mit P

onzheimer in einem Kiewer Restaurant

»Ich war nur noch in einem gepanzerten Wagen unterwegs, immer mit Bodyguards an meiner Seite«, erzählt Vitali vom Albtraum der letzten vier Wochen. »Einmal fuhr ich um zwei Uhr morgens im Auto Richtung Maidan, als uns Provokateure der Regierung aufhalten wollten. Ich habe zu meinem Fahrer gesagt, dass er schnell weiterfahren soll, aber plötzlich wurde geschossen, ein Wagen hinter uns getroffen.«

»Macht es dir Angst, dass Russland seine Armee an der ukrainischen Grenze in Alarmbereitschaft versetzt hat?«, will ich wissen.

»Wir blicken mit Sorge auf die Reaktion aus Russland«, antwortet Klitschko, »denn dort wurde von einigen Medien versucht, das Bild von einem Putsch von radikalen Demonstranten zu zeichnen. Das ist einfach falsch. Im Osten unseres Landes versucht Russland derzeit, starken Einfluss zu nehmen, da müssen wir besonders aufpassen.«

Hier einmal Schnitt, liebe Leserinnen und Leser: Haben Sie auch das Gefühl, dass Ihnen diese Worte, Ihnen diese Erzählung bekannt vorkommt? Das ist doch exakt das Narrativ, das Wladimir Putin benutzt hat, um im Jahr 2022 die Ukraine zu überfallen. *Putsch von radikalen Demonstranten* – daraus sollen acht Jahre später die *Nazis* werden, die Putin mit einer *militärischen Spezial-Operation* aus Kiew vertreiben will.

»Rechnest du mit einem militärischen Eingreifen Russlands in der Ukraine?«, fragt Paul.

Vitali wägt seine Antwort sorgfältig ab. »Ich kann mir das nicht vorstellen, denn eine solche Eskalation der Situation wollen beide Seiten nicht. Jede Truppenbewegung außerhalb der russischen Stützpunkte auf der Krim wäre ein Akt der Aggression. Ich bin froh, dass sich die NATO dazu eindeutig geäußert hat.«

»Sag mal, fühlst du dich eigentlich als Held?«, frage ich zum Schluss.

»Nein, ich selbst habe ganz sicher keine Geschichte geschrieben«, winkt Vitali müde und erschöpft ab. »Es sind die Menschen vom Maidan, die Geschichte geschrieben haben, die trotz blutiger Gewalt der Polizei am Maidan geblieben sind. Menschen haben ihr Leben verloren, weil sie für die Freiheit gekämpft haben. Ich hätte mir das in unserem Land, das eigentlich so friedlich ist, nie vorstellen können.«[15]

22 Tage nach diesem Gespräch bei Wasser und Kaffee im Hotelrestaurant annektiert Russland die Krim.

DIE ROTE LINIE

»Nice to meet you, thank you very much for your time, it's my pleasure.«

Nur ein Jahr später bin ich in nahezu derselben Besetzung – diesmal ist auch noch mein Stellvertreter Julian Reichelt mit dabei – erneut in Kiew, zum Interview mit Petro Poroschenko, seit neun Monaten neuer ukrainischer Präsident, ein Schokoladen-Millionär. Seit dem Überfall Russlands auf die Krim und der Unterstützung von prorussischen Separatisten in Donezk und Luhansk ist die Ukraine ständig in den Schlagzeilen. Mehrere Tausend Opfer sind schon zu beklagen. Auch der furchtbare Abschuss einer Passagiermaschine mit 298 Insassen auf dem Weg von Amsterdam nach Kuala Lumpur durch eine russische Luftabwehrrakete im ukrainischen Luftraum wird Moskau angelastet. Aber noch immer fällt es vielen im Westen schwer, den blutigen Ernst Putins zu erkennen. Die Osteuropäer sind da viel weiter.

»Ich bin mir nicht sicher, ob Paul mehr Ukrainer oder mehr Deutscher ist«, witzelt der Präsident auf Englisch und begrüßt unseren Kriegsreporter wie einen alten Freund.

»Wir sind uns auch nicht sicher«, gebe ich grinsend zurück.

Unsere Reise in den Präsidentenpalast, ein Gebäude im sozialistischen Barock aus den 1930er Jahren in der Prachtstraße Wulyzja Banko, hat sich zuvor etwas ruckelig gestaltet. Vor fünf Stunden schon sind wir vom Hotel aufgebrochen – lediglich zehn Minuten Fußweg, auf denen zu meiner Überraschung kaum etwas an die heftigen Kämpfe vor einem Jahr erinnerte. Das Leben in Kiew schien so ruhig und normal zu verlaufen wie in jeder anderen europäischen Großstadt. Als wir Punkt 15 Uhr wie vereinbart am Empfang des Präsidentenpalasts standen, wurden wir auf 17 Uhr vertröstet. Als wir um 17 Uhr aufkreuzten, hieß es: »Sorry, 19 Uhr.«

»Ich musste mal zehn Stunden auf ihn warten«, nahm uns Paul alle Hoffnungen, während wir in der feuchten Kiewer Kälte ergeben vor uns hin warteten. »Ich war so müde, dass ich eingeschlafen bin – und bin erst wieder aufgewacht, als Poroschenko den Raum betrat.« Es war schon dunkel, als man uns schließlich in den Präsidentenpalast ließ. Dann eine weitere Stunde, bis Poroschenko lächelnd den Raum betrat. Auf der nach oben offenen Warteskala kam er damit gleich hinter dem israelischen Präsidenten Netanjahu. Der hatte mich über drei Tage immer wieder vertröstet.

Aber das Warten auf Poroschenko sollte sich lohnen.

»Die ganze Welt muss verstehen, dass Russland Krieg gegen die Ukraine führt«, kommt der ukrainische Präsident gleich zur Sache: »Es begann mit russischen Separatisten, die im Frühjahr 2014 mit russischen Waffen unterstützt wurden. Und seit dem Sommer befinden sich reguläre Truppen in der Ukraine. Zehntausende Soldaten. Der einzige Weg, um diesen Krieg zu stoppen, ist der komplette Abzug russischer Soldaten.«

»Ist der Wunsch der Ukraine, aufgrund der russischen Bedrohung NATO-Mitglied zu werden, noch aktuell?«, frage ich nach.

»Ganz klar, wir lassen uns von Russland nicht vorschreiben, in welchem Bündnis wir sein dürfen und in welchem nicht«, gibt sich Poroschenko sehr dezidiert. »Und klar ist auch: Seit 2008 gibt es eine Zusage, dass die Tür zur NATO für uns offen steht.«

»Viele Menschen in Deutschland fürchten, dass aus dem Konflikt in der Ukraine ein ganz großer Krieg werden könnte«, sage ich.

»Ich bin ein Präsident des Friedens und nicht des Krieges. Ich hasse es, das Wort von einem Dritten Weltkrieg in den Mund nehmen zu müssen. Aber unabhängig von diesem Horrorszenario müssen wir unsere rosarote Brille abnehmen und erkennen, dass die Sicherheitsstruktur, die uns 70 Jahre Frieden in Europa garantiert hat, nicht mehr funktioniert«, belehrt mich Poroschenko. »Deshalb sollten die Europäer nicht denken, es sei etwas, was nur die Ukraine angeht. Das ist ein globaler Krieg, in dem Russland keine roten Linien mehr kennt.«

»Was glauben Sie denn, was will Putin wirklich?«, frage ich alarmiert.

»Er will die Ukraine kontrollieren«, antwortet Poroschenko, »aber das wird er selbst dann nicht schaffen, wenn er Kiew angreift. Die Ukraine war nie so vereint wie jetzt in dem Willen, ein freies und demokratisches Land zu sein. Putin hat unser Land durch die russischen Aggressionen so proeuropäisch gemacht, wie es sich kaum jemand hätte vorstellen können.«

»Trauen Sie Putin zu, im Extremfall sogar Nuklearwaffen einzusetzen?«, will Julian Reichelt wissen.

Poroschenko zögert einen Moment mit der Antwort. »Wenn Sie mich das heute fragen: Nein, ich halte das nicht für wahrscheinlich. Aber wenn Sie mich vor 18 Monaten gefragt hätten, ob ich es für wahrscheinlich halte, dass Russland die Krim annektiert, hätte ich auch Nein gesagt. Und

АДМИНИСТРАЦИЯ
ПРЕЗИДЕНТА
РОССИЙСКОЙ ФЕДЕРАЦИИ
Москва

«04» июня 2014 г.

№ ______

Главному редактору
журнала «Bild»
К.ДИКМАНУ

Выпускающему редактору
группы «Welt»
Ш.АУСТУ

Уважаемый г-н Дикман,
Уважаемый г-н Ауст,

Благодарим за постоянный интерес, проявляемый изданиями группы «Axel Springer» к деятельности главы российского государства. В то же время, к сожалению, вынуждены сообщить, что плотный график Президента России В.Путина не позволяет в настоящий момент организовать предложенную Вами беседу.

С уважением,

Заместитель Руководителя
Администрации Президента
Российской Федерации –
Пресс секретарь Президента
Российской Федерации

Д.Песков

»Der volle Terminkalender des russischen Präsidenten lässt das von Ihnen vorgeschlagene Gespräch im Moment nicht zu.« Brief von Putins Sprecher Dmitri Peskow vom Juni 2014

wenn Sie mich gefragt hätten, ob ich es für wahrscheinlich halte, dass Putin reguläre russische Truppen in die Ostukraine schicken würde, um dort ukrainische Bürger zu töten, hätte ich wieder Nein gesagt. Es ist eben so: Russland kennt keine rote Linie mehr.«[16]

PUTIN 2

Dezember 2015.

Lieber Herr Peskow,

bitte erlauben Sie mir in meiner Funktion als BILD-Chefredakteur eine Bitte an Sie heranzutragen.

Es ist jetzt zehn Jahre her, dass unsere Zeitung ein Interview mit Wladimir Putin veröffentlicht hat – den wir zusammen mit Bundeskanzler Gerhard Schröder getroffen haben, um über den 60. Jahrestag des Endes des Zweiten Weltkriegs zu sprechen. Ich erinnere mich auch noch lebhaft an ein anderes Interview mit Präsident Putin, als ich kurz nach 9/11 die Gelegenheit hatte, ihn in Sotschi zu treffen.

Wir erleben gerade ein neues Zeitalter von Instabilität, Krieg und Terror, das nicht an den europäischen Grenzen Halt macht. Wir würden uns sehr über die Möglichkeit freuen, mit Präsident Putin in einem Interview für BILD diese Themen zu erörtern, die Frage der Zukunft der Russisch-Deutschen Beziehungen und seine Sicht auf die internationale Politik.

Wir würden selbstverständlich Ihren Zeitplan und die Genehmigung der endgültigen Interviewangebote vollständig einhalten.

Vielen Dank im Voraus für Ihre Bemühungen und bitte zögern Sie nicht, mich für weitere Informationen zu kontaktieren.

Mit freundlichen Grüßen

Kai Diekmann[17]

Als ich diese Zeilen an Putins Sprecher Dmitri Peskow richte, hat Russland mittlerweile nicht nur die Krim besetzt, sondern sich auch in den Syrien-Krieg eingemischt.

Noch am gleichen Tag meldet sich Svetlana Lykowa, enge Mitarbeiterin von Dmitri Peskow, und bittet um meine Mobilfunk-Nummer. Und dann geht alles ganz schnell:

»Kommen Sie nach Sotschi«, erreicht mich ein Anruf Peskows am Wochenende zu Hause in Potsdam. Schneeflocken wehen über die Startbahn, als wir – Nikolaus Blome, der immer noch besser aussieht als ich, der unvermeidliche und für mich unersetzliche Fotograf Daniel Biskup und ich, mittlerweile Ex-Chefredakteur und neuerdings Herausgeber von BILD – mit einer Privatmaschine vom Flughafen Schönefeld Richtung Sotschi abheben.

Kai Diekmann
Chefredakteur

Mr.
Dmitry Peskov
pr_peskova@aprf.gov.ru
peskov@gov.ru

Berlin, 9th December 2015

Dear Mr. Peskov,

please allow me to address a request to you in my function as editor-in-chief of BILD.

It has been ten years since our paper published an interview with President Vladimir Putin – whom we met together with the then Chancellor Gerhard Schröder to talk about the 60th anniversary of the end of World War II. I also remember very vividly another interview with President Putin when I had the chance to meet him in Sotchi shortly after 9/11.

We currently witness a new era of instability, war and terror that does not stop at the European borders. We would very much like to receive the opportunity to discuss these matters, the question of the future of the Russo-German relations and his views on international politics with President Putin in an interview for BILD.

We would of course fully comply with your time schedule and the approval of the final interview quotes.

Thank you very much in advance for your efforts and please do not hesitate to contact me for further information.

Sincere regards,

Kai Diekmann

Ich lasse nicht locker: erneute Interviewanfrage an Putins Sprecher Dmitri Peskow 2015.

Wir treffen den Präsidenten diesmal nicht in seiner Residenz am Meer, sondern in Krasnaja Poljana, hoch oben in den Bergen, wo sich Putin ein Jahr zuvor als Gastgeber der Olympischen Winterspiele feiern ließ. Das Treffen findet in einem Restaurant einer Ferienanlage des russischen Gaskonzerns Gazprom statt: schwere braune Ledersessel, schwere braune Tische, die Raffrollos heruntergelassen, keine Gäste weit und breit. Eine bedrückende, künstliche Atmosphäre – das genaue Gegenteil unseres lichten, sonnenbeschienenen Treffens 15 Jahre zuvor. Nur die bunten Macarons auf dem Tisch sorgen für etwas Farbe. Putin lässt – wie üblich – auf sich warten.

Der Tee in den Tassen ist schon mehrfach kalt geworden, als sich nach drei Stunden endlich so etwas wie Hektik unter den schon anwesenden Putin-Mitarbeitern breitmacht.

»Der Präsident ist unterwegs«, heißt es.

Zunächst Auftritt Dmitri Peskow, der mit uns eine Runde auf Englisch plaudert. Wenige Minuten darauf folgt Wladimir Putin, offenes weißes Hemd, Lächeln im Gesicht.

»Wie geht es Ihnen?«, begrüßt er uns wie immer auf Deutsch und wie immer sehr freundlich.

»Und was machen Sie jetzt? Herausgeber? Was hat der zu tun?«, fragt mich Putin. Wie immer ist er bestens informiert, weiß, dass ich zum Jahreswechsel die Chefredaktion an Tanit Koch und Julian Reichelt übergeben habe.

Wir nehmen Platz, und plötzlich fühle ich Putins Blick auf mich gerichtet: »Ich weiß, dass BILD mich immer als den Teufel darstellt. Umso glaubwürdiger bin ich, wenn ich mit Ihnen spreche.«

Rumms.

Klare Haltung und ziemlich abgebrüht.

Aber kommt mir bekannt vor.

Tatsächlich sind Despoten, wann immer ich mit ihnen in der Vergangenheit zu tun hatte, einfacher und unkomplizierter als viele demokratisch gewählte Regierungschefs. Mein Treffen mit Syriens Staatschef Assad in Damaskus zum Beispiel fand ohne Dolmetscher und ohne jeden Mitarbeiter statt. Das ganze Gespräch wurde nicht auf Arabisch, sondern auf Englisch geführt; am Wortlaut des fertigen Interviews wurde so gut wie nichts geändert.

Auch Autokraten und Populisten wie den ungarischen Ministerpräsident Viktor Orbán oder den türkischen Präsidenten Recep Tayyip Erdoğan habe ich im Umgang mit mir als Journalist erstaunlich entspannt erlebt. Weder der eine noch der andere kam je auf die Idee, sich vorab die Interviewfragen zuschicken zu lassen. Und als ich mich um ein Interview mit US-Präsident Trump bemühte, erhielt ich eine kurze SMS: »We have President Trump for you!!! 13 Jan in New York at 12:30.« Das war alles. Und auch nach den Interviews gab es keine einzige Nachfrage, wie ich mit dem Interviewmanuskript umgehe.

Das ist bei vielen demokratisch gewählten Staatschefs oft anders, weil diese viel mehr zu verlieren haben, Netze und doppelte Böden einziehen und sich nach allen Seiten hin absichern. Um ein Interview mit Frankreichs Präsidenten François Hollande musste ich mich wochenlang bemühen, war schließlich über viele Umwege erfolgreich und bekam drei Wochen vor dem vereinbarten Termin die erste Anfrage aus dem Élysée: »Könnten Sie uns mögliche Fragen schicken?«

Zwei Wochen vor dem Interview in Paris die nächste Anfrage:

»Ändert sich an der Reihenfolge der Fragen noch etwas?«

Eine Woche vor dem Gespräch schließlich: »Bitte an den Fragen und auch der Reihenfolge nichts mehr ändern – der Präsident ist vorbereitet.«

Als ich Hollande schließlich im Élysée-Palast gegenübersaß, lagen vor ihm auf dem Tisch nicht nur unsere Interviewfragen, sondern fertig formulierte Antworten.

Nun schaue ich Putin erwartungsvoll an. Der weist mit dem Finger auf mich: »In Deutschland kritisieren mich viele für meinen Auftritt damals bei der Münchner Sicherheitskonferenz im Jahr 2007. Aber was habe ich da gesagt? Ich habe nur darauf hingewiesen, dass der ehemalige NATO-Generalsekretär Manfred Wörner zugesagt hatte, die NATO werde sich nach dem Fall der Mauer nicht nach Osten erweitern. Viele deutsche Politiker haben auch davor gewarnt, zum Beispiel Egon Bahr.«

An dieser Stelle reicht ihm sein Sprecher Peskow eine dünne Akte. Putin schlägt sie auf und zeigt uns Mitschriften von Gesprächen, die vor vielen Jahren mit deutschen Politikern in Moskau geführt worden sein sollen, darunter auch mit Egon Bahr von der SPD. »Das wurde noch nie veröffentlicht«, behauptet Putin. Sein Zeigefinger fährt Zeile um Zeile über das Papier. Auf Russisch liest er laut aus der Mitschrift eines angeblichen Gesprächs mit Egon Bahr vor: »Das hier zum Beispiel hat Egon Bahr am 26. Juni 1990 gesagt: ›Wenn jetzt nicht entschlossene Schritte unternommen werden, eine Spaltung Europas in neue Blöcke zu verhindern, wird das in die Isolation Russlands münden.‹« Putin legt eine Kunstpause ein: »Um diese Gefahr zu bannen, hatte Bahr, ein weiser Mann, deshalb einen ganz konkreten Vorschlag: Die USA, die damalige Sowjetunion und die betroffenen Staaten selbst sollten in Zentraleuropa eine Zone

Bringt zu Interviews gerne angebliche Beweismittel mit: mein letztes Gespräch mit Wladimir Puti

im Januar 2016 in Sotschi

neu definieren, in die die NATO mit ihren militärischen Strukturen nicht vordringen sollte. Bahr sagte sogar: Wenn Russland der Ausdehnung der NATO zustimmt, werde er nie mehr nach Moskau kommen.« An dieser Stelle lacht er leise.

»Ist er jemals wieder nach Moskau gekommen?«, frage ich.

Putin lacht erneut: »Ich weiß es ehrlich gesagt nicht.«

»Was sind die anderen Gespräche, die da protokolliert sind?«, hake ich nach.

»Das waren viele Gespräche, die auch der damalige Bundeskanzler Helmut Kohl, Außenminister Hans-Dietrich Genscher mit Präsident Gorbatschow und anderen sowjetischen Offiziellen im Laufe des Jahres 1990 geführt haben.«

»Im Ernst – die Staaten in Zentraleuropa wollten doch aus freiem Willen in der NATO Mitglied werden«, unterbricht uns Nikolaus Blome. »Sie versprachen sich Sicherheit davon ...«

»Das habe ich schon tausendmal gehört«, wischt Putin den Einwand von Nikolaus vom Tisch. »Natürlich hat jeder Staat das Recht, seine Sicherheit so organisieren zu wollen, wie er das für richtig hält. Aber die Staaten, die schon in der NATO waren, die Mitgliedsstaaten, hätten doch auch ihren eigenen Interessen folgen können – und auf eine Expansion nach Osten verzichten können.«

»Hätte die NATO einfach Nein sagen sollen?« Nikolaus gibt nicht nach. Ich mag seine Hartnäckigkeit. »Das hätte sie doch nicht überlebt ...«

»... warum nicht?«, fällt ihm Putin ins Wort – und zwar auf Deutsch, an seinem Übersetzer vorbei.

»Weil es zu den Statuten und dem Selbstverständnis der NATO gehört, freie Länder als Mitglieder aufzunehmen, wenn sie wollen und bestimmte Bedingungen erfüllen«, erklärt Nikolaus unbeeindruckt.

Und wieder wartet Putin nicht auf seinen Übersetzer, sondern fragt auf Deutsch: »Wer hat diese Statuten geschrieben? Die Politiker, oder?« Dann wechselt er nahtlos zurück ins Russische: »Es stand nirgendwo geschrieben, dass die NATO bestimmte Länder aufnehmen muss. Es hätte nur den entsprechenden politischen Willen gebraucht, um das zu unterlassen. Aber man wollte nicht.«

»Warum, glauben Sie, war das so?« Fasziniert lausche ich dem Wortduell zwischen Nikolaus und Putin.

»Die NATO und die USA wollten den vollen Sieg über die Sowjetunion«, erklärt der russische Präsident. »Sie wollten allein auf dem Thron in Europa sitzen – aber da sitzen sie nun, und wir reden über die ganzen Krisen, die wir sonst nicht hätten. Dieses Streben nach absolutem Triumph sehen Sie auch an den amerikanischen Plänen zur Raketenabwehr.«

Jetzt ist mein Einsatz: »Herr Präsident, im letzten Interview mit BILD vor zehn Jahren haben Sie gesagt, dass sich Deutschland und Russland noch nie so nahe gewesen seien wie im Jahr 2005. Was ist von diesem besonderen Verhältnis heute noch übrig?«

»Die gegenseitige Sympathie unserer Völker ist und bleibt die Grundlage unserer Beziehungen«, erklärt Putin elegant. Dann lächelt er sehr spöttisch: »Auch mit antirussischer Propaganda ist es den Massenmedien in Deutschland nicht geglückt, diese Sympathie zu beschädigen ...«

»Meinen Sie BILD?«, unterbreche ich ihn.

»Ich meine nicht Sie persönlich. Aber natürlich stehen die Medien in Deutschland unter erheblichem Einfluss aus dem Land auf der anderen Seite des Atlantiks.«

Ich kann mir beim besten Willen nicht vorstellen, dass er wirklich glaubt, was er da sagt.

»Was halten Sie eigentlich von der Theorie, dass es zwei Wladimir Putins gibt?«, fordere ich ihn heraus: »Einen bis 2007, den Freund des Westens, eng verbunden mit Gerhard Schröder. Und danach den anderen, den Kalten Krieger.«

Putin verzieht keine Miene: »Ich habe mich nie verändert, fühle mich so jung wie früher und bleibe Gerhard Schröders enger Freund. Aber in den internationalen Beziehungen zwischen Staaten geht es anders zu: Da bin ich weder Freund noch Braut noch Bräutigam. Ich bin der Präsident von 146 Millionen Russen. Für ihre Interessen muss ich einstehen.«

Eine unbefriedigende Antwort. Ich will es genauer wissen: »Ist es die Krim wirklich wert, Russlands Verhältnis zum Westen derart zu beschädigen?«

»Was verstehen Sie unter *Krim*?«, weicht Putin aus.

»Die einseitige Verschiebung von Grenzen in einem Europa, das ganz besonders auf dem Respekt vor Staatsgrenzen fußt ...«, bringt es Nikolaus Blome wie immer präzise auf den Punkt.

»Und ich verstehe darunter ...«, Putin macht eine Pause: »... Menschen!«

Menschen?

Was meint er mit Menschen?

»Der Staatsstreich der Nationalisten in der ukrainischen Hauptstadt Kiew hat im Februar 2014 2,5 Millionen russischen Menschen auf der Krim große Angst eingejagt. Was haben wir also gemacht? Wir haben keinen Krieg geführt, nicht geschossen, es wurde kein einziger Mensch getötet. Unsere Soldaten haben lediglich die ukrainischen Truppen auf der Krim daran gehindert, die freie Meinungsäußerung der Menschen dort zu behindern. Bei der Volksabstimmung, die noch vom alten Parlament der Krim beschlossen wurde, stimmte die Mehrheit der Bürger dann dafür, zu Russland zu gehören. Das ist Demokratie, der Volkswille.«

»Aber man kann doch nicht europäische Staatsgrenzen kurzerhand infrage stellen«, insistiert Nikolaus Blome. Wir brauchen uns nicht anzuschauen, um zu wissen, was der andere denkt: nämlich, dass uns Putin hier gerade kalt anlügt.

»Für mich sind nicht Grenzen und Staatsterritorien wichtig, sondern das Schicksal der Menschen«, erklärt dieser abschließend kühl.[18]

Was für eine Verhöhnung. Mit der gleichen Argumentation könnte der türkische Präsident Erdoğan den Berliner Bezirk Neukölln der Türkei zuschlagen.

Putins letzte Antwort hat der Dolmetscher reichlich umständlich und langatmig übersetzt. Nach zwei Stunden Interview scheint er erschöpft. Im Gegensatz zu Putin.

»Ist Russisch eigentlich komplizierter als Deutsch?«, frage ich den russischen Präsidenten.

»Die deutsche Sprache ist präziser«, antwortet er mir – natürlich auf Deutsch. »Dafür ist das Russische vielseitiger, farbenreicher. Diesen Reichtum gibt es bei den großen deutschen Dichtern aber natürlich auch. ›Ich weiß nicht, was soll es bedeuten, warum ich so traurig bin. Ein Märchen aus alten Zeiten, das kommt mir nicht aus dem Sinn‹«, rezitiert er, nahezu wortgetreu, aus dem Stegreif. »Lied von der Loreley«, 1824 verfasst von Heinrich Heine, ein deutscher Klassiker.

»Darf ich Sie noch auf eine Runde Eishockey einladen?«, schlägt Putin unvermittelt vor. Okay, gemeinsam schwimmen waren wir ja schon. Immerhin geht es jetzt nicht in die Sauna, wie es in Russland nicht unüblich ist. Zumal ich es nicht mehr mit dem Putin von 2001 zu tun habe, dem vermeintlichen Partner des Westens – sondern mit dem brutalen Kriegspräsidenten, der Tausende von Toten auf dem Gewissen hat.

»Danke, Herr Präsident, aber ich kann nicht Eishockey spielen«, winke ich ab. »Aber wir schauen Ihnen gern zu.«

Wir folgen Wladimir Putin in eine nahe gelegene Eishalle, wo er in ein Trikot mit der roten Rückennummer 11 schlüpft. Dürfen zuschauen, wie er sehr dynamisch seine Pucks über das Eis schlenzt. Und natürlich gewinnt mit seinem Team.

Noch am selben Tag erscheint auf der Website des Kreml unser Interview auf Russisch. Wie wir später erfahren, allerdings deutlich weichgespülter, als wir es geführt haben. Bereits unsere Einstiegsfrage »Was ist so fürchterlich schiefgelaufen im Verhältnis zwischen Russland und dem Westen?« wird dort mit »Was haben wir falsch gemacht?« übersetzt. Einige kritische Fragen und Kommentare fehlen ganz. Dafür werden uns an anderer Stelle Sätze in den Mund gelegt, die wir nie gesagt haben. Dieses Despoten-Interview war also doch nicht ganz so unkompliziert.

ABSCHIED

Kurz vor seinem 86. Geburtstag am 2. März 2017 fliege ich zu Michail Gorbatschow nach Moskau. Wenige Wochen vorher habe ich einen Brief von ihm erhalten.

Lieber Kai,

ich habe erfahren, dass Du nach 30 Jahren das Verlagshaus Axel Springer verlässt. Diese Nachricht ist für mich der Anlass, an unsere gemeinsame Arbeit zurückzudenken, die immer dazu diente, die Beziehungen zwischen Russland und Deutschland zu festigen und auszubauen. Dieses bleibt für mich auch heute eines der wichtigsten Anliegen.

Ich schätzte und schätze Dich als einen hochprofessionellen Journalisten und einen Menschen, dem Respekt gebührt. Ich wünsche Dir und Deiner Familie Gesundheit und Glück. Ich wünsche Dir ein gutes Gelingen und neue Erfolge.

Michail Gorbatschow[19]

Als wir uns im hell erleuchteten Konferenzzimmer an den großen langen Tisch setzen wollen, merke ich, wie alt er geworden ist. Mühsam schleppt er sich, auf seinen Stock gestützt, zu seinem Stuhl. An seiner Leidenschaft für die großen Fragen der Geschichte hat sich aber nichts geändert.

»Präsident Gorbatschow«, beginne ich das Gespräch, »heute stehen russische Panzer im Osten der Ukraine, die Krim ist von Moskau annektiert. Verstehen Sie, dass Europa heute wieder in Angst vor Russland lebt?« Nie hätte ich mir vorstellen können, einmal ihm, »unserem Gorbi«, solche Fragen stellen zu müssen.

»Ich sitze da vor Ihnen und denke bei dieser Frage an meine Mutter«, antwortet Gorbatschow mit betrübter Stimme. »Meine Mutter war Ukrainerin. Und die zweite Frau in meinem Leben, die ich ebenfalls verloren habe, Raissa, war auch Ukrainerin. Man darf nicht alles in einen Topf werfen und Propaganda betreiben. Offenbar gibt es Kräfte, die daran Interesse haben, Feindseligkeiten zwischen den Russen und Ukrainern zu säen und Spannungen zwischen unseren beiden Ländern zu erzeugen.«

»Was ist denn bloß seit dem Mauerfall, seit dem Abzug der letzten russischen Soldaten aus Deutschland 1994 so dramatisch falsch gelaufen im Verhältnis Russlands zum Westen?«, will ich von ihm wissen.

»Das Verhältnis zwischen den Russen und den Deutschen war großartig!«, antwortet Gorbatschow. »Das kann man gar nicht hoch genug schätzen: Zwei Nationen, die vom Faschismus in einen schrecklichen blutigen Krieg hineingezogen wurden und sich als Feinde einander gegenüberstanden! Wir dürfen nicht zulassen, dass das, was unsere beiden Nationen gemeinsam aufgebaut haben, zerstört wird.«

»Sind Sie persönlich enttäuscht von Freunden wie Helmut Kohl oder George Bush, was ihr Engagement für Russland angeht?«, frage ich ihn.

»Ich glaube schon, dass sie wohl doch hätten mehr tun können«, bestätigt Gorbatschow. »Den Zerfall der Sowjetunion können wir niemandem zum Vorwurf machen. Doch viele im Westen haben sich damals heimlich die Hände gerieben und waren wie im Siegesrausch. Auch diejenigen, die uns versprochen hatten: ›Wir rücken keinen Zentimeter mehr weiter nach Osten.‹«

»Fühlt sich Russland vom Westen betrogen?«, hake ich nach. Diese und auch die vorherige Frage habe ich ihm vor Jahren schon einmal gestellt. Doch seine Antworten fallen diesmal wesentlich härter aus.

»Ich würde es so sagen«, antwortet Gorbatschow – ganz offensichtlich desillusioniert: »Der Westen – und allen voran die USA – sind von zentralen gemeinsamen Vereinbarungen abgerückt. Der Grundsatz der Gleichberechtigung in den internationalen Beziehungen geriet in Vergessenheit, sodass alle dort landeten, wo wir heute sind. Nach Europa werden Truppen verlegt, auch schweres Gerät – Panzer und Panzerwagen. Es

Das war ein Abschied für immer: mein letztes Treffen mit Michail Gorbatschow in Moskau im Februar 2017.

ist noch gar nicht lange her, dass die NATO und russische Truppen recht weit voneinander entfernt stationiert waren. Nun stehen sie Nase an Nase einander gegenüber.«

Wie muss sich Gorbatschow, der Mann, der den Kalten Krieg beendet hat, bloß fühlen?

»Fürchten Sie um Ihr Lebenswerk?«, will ich wissen.

»Die Sprache der Politiker und hohen Militärs wird immer militanter, die Militärdoktrinen werden immer härter formuliert«, analysiert der Friedensnobelpreisträger, der die Wiedervereinigung möglich gemacht hat. »Das Verhältnis zwischen den Großmächten verschlechtert sich immer weiter. Es entsteht der Eindruck, die Welt stelle sich auf einen Krieg ein. Es sind also alle Anzeichen eines Kalten Kriegs festzustellen.«

Das muss ich erst mal verdauen.

Alle Anzeichen eines Kalten Kriegs?

Was sieht Gorbatschow, was wir alle nicht sehen?

»Könnte aus dem Kalten Krieg ein heißer werden?«, frage ich betroffen.

»Nun, wenn wir einfach nur weiter zuschauen und die Hände in den Schoß legen, ist alles möglich.« Gorbatschow guckt mich an, verzieht den Mund skeptisch.

Aber ich will mir meine Hoffnung nicht nehmen lassen. »Wie lange kann Putin seine Politik der Konfrontation mit Europa und dem Westen noch durchhalten, wenn es mit der Wirtschaft in Russland weiter bergab geht?«

»Hegen Sie da keine falschen Hoffnungen!«, ruft Gorbatschow energisch aus und hebt theatralisch den Arm: »Wir Russen sind ein Volk, das zu allen Opfern bereit ist – mir fällt kein anderes Volk ein, das ähnlich bereit wäre, so viele Opfer zu bringen. Allein im Krieg sind 30 Millionen gefallen.«[20]

Als ich zwei Stunden später im Flugzeug Richtung Berlin sitze, fühle ich eine seltsame Niedergeschlagenheit, habe ich ein schweres Gefühl in der Magengrube, was ich so nicht von mir kenne.

Das war doch Michail Gorbatschow, mit dem ich da geredet habe!

Unser Gorbi!

Nicht Putin!

Aber er klang wie Putin!

Dabei ist Gorbatschow doch kein russischer Nationalist oder gar Stalinist. Er ist ein gefeierter Held der Deutschen. Hat am Ende etwa nicht nur Putin, sondern auch Gorbatschow eine Metamorphose durchgemacht? Oder, ganz verwegener Gedanke, ist an der russischen Perspektive vielleicht doch etwas dran?

Im August 2022 stirbt Michail Gorbatschow im Alter von 91 Jahren – ein halbes Jahr nach dem Überfall Russlands auf die Ukraine. Die letzten Monate bis zu seinem Tod bleibt er stumm.

DIE HOFFNUNG STIRBT ZULETZT

Februar 2022.

Mein Telefon klingelt, es ist Wladimir Klitschko. Ich sitze gerade in einem Zoom-Call. Jetzt klicke bei meinem iPad auf *Mute,* um den Anruf anzunehmen.

»Hallo Wladimir, wie geht es dir?«

»Einigermaßen gut«, sagt Wladimir. »Aber ich glaube, es wäre besser, wenn ihr morgen nicht nach Kiew kommt. Es ist zu gefährlich.«

Schon lange will ich meiner Frau Katja die ukrainische Hauptstadt zeigen, die ich in ihren schwierigsten Momenten kennengelernt habe, aber die gleichzeitig so faszinierend ist, so modern, so jung, so alt – und vor allem so unbekannt. Mein Herz schlägt für Kiew. Bei dieser Gelegenheit wollen wir auch die Klitschko-Brüder treffen, die ich Freunde nenne. Wir kennen uns seit über 20 Jahren.

Unser Flug nach Kiew mit Wizz Air ist für den 24. Februar abends fix gebucht. Eine solche Reise zu mitunter schwierigen Touristenzielen machen wir nicht zum ersten Mal: Gemeinsam waren wir auch schon in Kabul in Afghanistan, in Äthiopien, in Nicaragua, in Beirut. Natürlich waren alle diese Reisen präzise vorbereitet.

»Glaubst du, es gibt Krieg?«, frage ich Wladimir bestürzt.

»Ich glaube, ja«, lautet die Antwort. »Du solltest deine Flüge stornieren, Kai.«

Seit Wochen schon bin ich mit den Klitschkos in ständigem Kontakt, verfolge in den Medien die militärischen Aktionen Russlands an der ukrainischen Grenze, die Truppenbewegungen. Trotzdem ist für mich unvorstellbar, dass Putin wirklich die Ukraine überfallen will. Warum sollte er? Das wäre ja Wahnsinn. Einen dritten Weltkrieg riskieren, auch noch mit Atomwaffen? Nein, darin sind sich die meisten Experten einig: Putin bläht sich nur auf, lässt seine Muskeln spielen, um mal wieder den Westen zu erpressen. Daran glaube ich, das ist meine Einschätzung.

Erst vor fünf Tagen, am Freitag, den 18. Februar, habe ich Vitali auf der Münchner Sicherheitskonferenz im Hotel Bayerischer Hof getroffen. Am frühen Nachmittag hören wir uns gemeinsam im großen Konferenzsaal eine Diskussion zur Ukraine an. Auf der Bühne: die deutsche Außenministerin Annalena Baerbock und US-Außenminister Antony Blinken. Mal wieder Ironie der Geschichte: Es ist genau der Saal, in dem vor

15 Jahren Putin seine Brandrede gegen den Westen gehalten hat. Nun steht neben mir Vitali Klitschko auf – und hält ebenfalls eine Brandrede: »Wir sind bereit zu kämpfen. Wir sind bereit, unsere Familien, unser Land, unsere Städte, unsere Bevölkerung zu verteidigen«, wendet er sich im perfekten Englisch an die im Raum versammelten Spitzenpolitiker, Militärs und Diplomaten. »Aber wir brauchen Unterstützung. 1996 hat die Ukraine ihre Nuklearwaffen abgegeben, mit einer Garantie: dass die USA, Frankreich, Großbritannien und Russland unsere Unabhängigkeit garantieren. Wir brauchen jetzt Verteidigungswaffen«, appelliert er an die Einigkeit der westlichen Welt. »Wir stehen vor einer der größten Armeen der Welt. Und jeder Aggressor, der die Ukraine angreifen will, muss verstehen, dass er einen sehr schmerzhaften Preis dafür bezahlen muss.«

Vier Tage später dann, am 19. Februar, ruft die Bundesregierung alle deutschen Bürger auf, die Ukraine sofort zu verlassen: *Eine militärische Zuspitzung ist jederzeit möglich.* Die Lufthansa setzt sämtliche Flüge in die Ukraine mit sofortiger Wirkung aus.

Am 21. Februar erklärt Putin die ukrainischen Oblate Donezk und Luhansk zu *unabhängigen Staaten* und spricht von Frieden, den er mit seinen Soldaten sichern müsse, dass die Ukraine ein *gefährlicher Marionettenstaat der USA* sei und an Atomwaffen arbeite.

Sicherheitshalber schreibe ich Wladimir Klitschko eine Nachricht:

Guten Abend, lieber Wladimir,

ich hoffe, es geht Euch trotz allem persönlich gut! Ich habe mich sehr gefreut, Vitali in München getroffen zu haben. Tatsächlich bräuchte ich jetzt einmal Deinen Rat. Wir würden am Donnerstagabend nach Kiew kommen (vorausgesetzt der Flieger geht) – es sei denn, Du rätst von der Reise ab, weil eh keiner Zeit hat oder warum auch immer. Was meinst Du: Sollen wir kommen – oder verschieben? Beste Grüße! Dein Kai

Hallo lieber Kai, antwortet Wladimir, *die Situation ändert sich stündlich, und ich glaube, das Beste wäre, es morgen Abend zu entscheiden.*

Liebe Grüße, Wladimir

Morgen Abend, das ist der 23. Februar ... jener besagte Abend, als Wladimir anruft und mich warnt: »Du solltest deine Flüge stornieren, Kai.«

Ich bin fassungslos. Obwohl ich ausgiebig und oft mit Putin, Jelzin, Gorbatschow gesprochen habe, habe ich diesen Krieg nicht kommen sehen, habe die Wahrscheinlichkeit eines Krieges erfolgreich ausgeblendet. Noch mal: *Krieg* – mitten in Europa, nach fast 80 Jahren Frieden? Niemals!

Doch nun ist es so weit.

Am nächsten Morgen ist der Luftraum über der Ukraine bereits geschlossen, alle Flüge sind abgesagt.

Es ist Anfang April, knapp sechs Wochen nach dem russischen Überfall auf die Ukraine. Der österreichische Bundeskanzler Karl Nehammer hat mich gebeten, ihn auf seiner Reise nach Kiew zu unterstützen. Er will Präsident Wolodymyr Selenskyj und die Klitschkos treffen. So soll ich Vitali und Wladimir dann doch noch sehen.

Mit einem ukrainischen Staatszug geht es aus Prömsel, einem Ort in den polnischen Vorkarpaten, zwölf Stunden lang durch die Nacht. Alle Abteile sind abgedunkelt. Beamte der österreichischen Antiterror-Einheit Cobra begleiten uns, ebenso schwer bewaffnete ukrainische Soldaten. Handys dürfen nicht eingeschaltet werden. Ich bekomme ein Notfallverpflegungspaket in die Hand gedrückt, darin ein Kocher, pulverisiertes Nudelrisotto und Vollkornbrot in Dosen.

Zuvor haben wir alle ein Dokument unterschreiben müssen:

Mir ist bewusst, dass ich freiwillig eine Reise in ein Kriegsgebiet antrete und die Republik Österreich daher keinerlei Haftung übernimmt. Vor diesem Hintergrund verzichte ich auf allfällige Ansprüche gegenüber der Republik Österreich, die aus dieser Reise und den damit verbundenen Umständen entstehen.

Kiew ist wie ausgestorben. Eine Stadt mit viereinhalb Millionen Einwohnern – doch die Straßen menschenleer. Überall Panzersperren, Checkpoints, Sandsäcke. Mit Kleinbussen fahren wir weiter nach Butscha, eine junge, moderne Vorstadt von Kiew, wo russische Soldaten furchtbare Massaker angerichtet haben. Wir kommen durch Straßen, in denen kein Haus mehr steht. Alles zerschossen, der Boden bedeckt mit einer dicken Schicht aus Schlamm, Asche, Öl. Ausgebrannte Panzerwracks. Eine Katze läuft durch den Schlamm, nass und verdreckt, ich frage mich, was wohl aus den Menschen geworden ist, zu denen sie gehört. Neben einer kleinen orthodoxen Kirche mit goldenen Kuppeln schließlich ein Massengrab. Hände von Toten ragen aus der Erde.

Ich habe noch nie so etwas Erschütterndes und Grauenhaftes gesehen.

Eine Stunde später stehen wir im Innenhof des Rathauses von Kiew. Im Halbdunkel erkenne ich Batterien aufgestapelter Flaschen: Molotow-Cocktails. Im Amtszimmer des Bürgermeisters begrüßen uns die Klitschkos. Vitali trägt eine khakifarbene Kampfuniform, Wladimir Jeans. Beide sehen müde und erschöpft aus, sie scheinen mir in den letzten Wochen deutlich ergraut zu sein, ihre Augen liegen tief in den Höhlen.

»Es ist sehr mutig, dass ihr gekommen seid«, begrüßt uns Vitali.

»Jederzeit können wieder Raketen in der Stadt einschlagen. Niemand kann sich sicher fühlen.« Dann wendet er sich direkt an die etwa 20 Journalisten, die den österreichischen Kanzler begleiten: »Die wichtigste Waffe sind die Medien. Putin versteht das. Russland betreibt Propaganda und verbreitet Unwahrheiten – über den Krieg, über die Ukraine, über Butscha. Es ist das Ziel eines kranken, psychopathischen Mannes, das russische Imperium wieder aufzubauen und das ukrainische Volk zu vernichten. Nur gemeinsam können wir diesen Krieg stoppen. Wenn jemand denkt, der Krieg ist weit weg und berührt ihn persönlich nicht, ist das falsch. Das ist der größte Krieg seit dem Zweiten Weltkrieg auf dem europäischen Kontinent, und er kann jeden Europäer betreffen.«

Wir hören ihm schweigend und betroffen zu.

»Die Menschen in Butscha sind nicht gestorben, die Menschen sind ermordet worden«, donnert Wladimir mit lauter Stimme in den Raum. »Kinder sind gequält worden, Frauen vergewaltigt. Wir zahlen hier mit Blut und nicht mit Geld. Das Blut ist unsere Investition in die Freiheit Europas. Wir haben die gleichen demokratischen Werte und Prinzipien wie andere europäische Länder. Das verbindet uns. Diese europäische Verbundenheit darf nicht zerstört werden. Es ist wichtig, dass die Ukraine nicht fällt. Denn wenn wir fallen, dann fallt ihr auch.«

Tief aufgewühlt verlasse ich die Ukraine und die Klitschkos. Und ich hoffe, dass es nicht das letzte Mal ist, dass ich sie lebend sehe.

Seit fünf Wochen ist Krieg: meine Reise nach Kiew zu den Klitschkos im April 2022

Ein Stück Berliner Mauer mit den Unterschriften von Bush, Kohl und Gorbatschow aus Deutschland für den neugewählten US-Präsidenten Donald Trump

ZWÖLF

TRUMP UND TSCHÜSS

Mein Abschied von BILD

Wann soll man gehen?

Wenn es am schönsten ist?

Auf dem Höhepunkt des Erfolgs?

Aber wann ist dieser Höhepunkt?

Sportler stellen sich diese Frage. Politiker, Bundesliga-Trainer, TV-Prominenz: Wann von der großen Bühne abtreten?

»Wahrscheinlich ist es immer zu spät, aber nie zu früh«, wie meine Frau Katja glaubt.

Ich bin jetzt 16 Jahre an der Spitze von BILD. Kann ich noch höher fliegen? Reicht dafür meine Kraft?

Es hat in diesen 16 Jahren immer Momente gegeben, in denen ich todmüde war. 16 Jahre BILD heißt 16 Jahre Krisenmanagement. Ausnahmezustand. Im Feuer stehen.

Aber hatte ich je den Wunsch aufzuhören?

Nein. Niemals.

Ich brauchte nur einen ordentlichen Nachtschlaf – und war wieder am Start. Und dann wartete auch schon die nächste Story, das nächste Projekt, die nächste verrückte Idee, die mich trieb: BILD-Sonderausgaben in einer Auflage von jeweils 40 Millionen Exemplaren, Literatur- und Bibel-Editionen, ausgerechnet von BILD. Kunstaktionen mit Stars wie Anselm Kiefer oder Christo. Mit BILD den Lotto-Jackpot knacken und 15 Millionen Euro für einen Leser gewinnen. Justin Bieber ein Exklusivkonzert für BILD-Leser geben lassen. Den Dalai Lama nach Leipzig bringen. Elon Musk und Mark Zuckerberg in die Redaktion einladen. Alles passiert.

Nein. Ein ganzes Jahrzehnt lang war Aufhören niemals ein Thema für mich, auch wenn ich da schon längst dienstältester BILD-Chefredakteur aller Zeiten war und auch einen Gang hätte runterschalten können. »Wir gehen zusammen in Rente.« So scherzten Mathias Döpfner und ich immer voller Zuversicht.

Doch von einem Tag auf den anderen explodierte da etwas in meinem Kopf. Und ich weiß auch noch genau, wann das war: im September 2012 bei 80 km/h auf dem Highway 101 zwischen San Francisco und Palo Alto. Wind wehte durchs offene Autofenster, das Radio war voll aufgedreht. Kein Fahrer, kein Handy, das laufend klingelt. Ich war ganz allein mit mir. Unbeobachtet, ein No-Name. Und in mir ein unglaubliches Glücksgefühl.

Und ich dachte: Das fehlt mir in Deutschland. Das Leben geht ein Stück weit an mir vorbei in meinem vollklimatisierten Büro im 16. Stock, wo jede Minute durchgetaktet ist.

Nun könnte man denken, das ist dieser typische Urlaubseffekt: Wenn du keine Schuhe anhast, eine tropische Brise weht, die Sonne so schön scheint und alles *easy* und *happy-go-lucky* ist. Plötzlich kommt dir dein Alltag im fernen grauen Deutschland so bleischwer und öde vor.

Aber das war es nicht.

Ich hatte sehr wohl Schuhe an. Und war im Auftrag des Verlags zusammen mit zwei Kollegen für ein knappes Jahr ins kalifornische Silicon Valley gezogen – ein knallharter Arbeitseinsatz mit hohen Erwartungen: »Schaut euch um, knüpft Kontakte, baut ein Netzwerk auf, bekommt eine Vorstellung davon, was die Nerds mit der Medienbranche vorhaben, bringt neue Ideen und Geschäftsmodelle mit.« So lautete Döpfners klarer Auftrag.

Und jetzt saß ich da in meinem Auto und fragte mich das erste Mal in meinem Leben als BILD-Chefredakteur: Gibt es ein Leben ohne BILD? Wann ist es Zeit, etwas anderes zu machen? Wieder *normal* zu leben? In einen Starbucks in Berlin-Mitte gehen können, ohne sich beobachtet zu fühlen? Im Restaurant einen Tisch bekommen, weil der Wirt mich und meine Familie mag, nicht, weil ich der BILD-Chef bin? S-Bahn fahren, Zug? »Chefredakteure gehören nicht in die S-Klasse, sondern in die S-

Urkunde

Hiermit bestätigt
das Unternehmensarchiv der Axel Springer AG
feierlich, dass

Kai Diekmann

heutigentags mit 3.542 Tagen Verweildauer
der dienstälteste BILD-Chefredakteur
aller Zeiten ist.

Berlin-Kreuzberg,
d. 13. September 2010

Rainer Laabs
Der Archivar

Dienstältester BILD-Chefredakteur aller Zeiten: Urkunde von Springer-Archivar Rainer Laabs zu 3542 Tagen Amtszeit. Es sollten noch sechseinhalb Jahre folgen.

Bahn«, pflegt Gabor Steingart immer zu sagen. Doch da würde die Springer-Sicherheitsabteilung im Dreieck springen. Und im Zug zwischen Berlin und Hamburg? Da konnte ich von zehn runterzählen – spätestens bei fünf wurde ich angesprochen: »Sie sind doch Herr Diekmann? Wissen Sie, *darüber* müssten Sie mal schreiben …«

Aber es ist nicht zuallererst der Druck von außen, es ist mein ganz eigener innerer Druck: In mir tickt ständig eine Uhr, ich kann nicht abschalten, bin 24 Stunden am Tag in Alarmbereitschaft. Wenn ich für eine Stunde im Flieger das Telefon ausschalte, fürchte ich mich vor dem Moment nach der Landung, wenn ich es wieder einschalte und es im Sekundentakt *bss, bss, bss* macht, weil unendlich viele neue Nachrichten eingegangen sind und die jüngsten Katastrophenmeldungen als Alert aufploppen.

Ja. Das war der Moment. Auf dem Highway.

Wie das erste Saatkorn in der Erde.

Nun bin ich aber auch ein pflichtbewusster Mensch. Und ein Junkie. BILD ist meine Droge. So schnell kann ich also nicht loslassen. Immerhin: Vor dem Silicon Valley war ich Anzug, Krawatte, zurückgekämmtes Haar. Zurück kehrte ich in Jeans, Turnschuhen, Bart, die Haare raspelkurz.

Am auffälligsten war sicher das äußerliche Umstyling vom Lackaffen zum Zottelbart-Hipster während seines Fortbildungsjahrs im Silicon Valley 2012, in dem er sich als Digitalversteher neu erfunden hat, beschied mir die Süddeutsche Zeitung.[1]

Es braucht noch weitere vier Jahre, bis ich für mich die Entscheidung treffe: Jetzt ist es so weit.

ES WAR MIR EINE EHRE

Am letzten Arbeitstag im Dezember 2016 betrete ich um Punkt 11 Uhr den Newsroom im 16. Stock, wie ich es schon über tausend Mal getan habe, doch diesmal ist alles anders.

Es ist rappelvoll, über 100 Kollegen drängeln sich im Raum. Eine Stunde zuvor habe ich per Rundmail eine Einladung verschickt.

Liebe Kolleginnen und Kollegen, am Ende eines bewegten und für uns alle herausfordernden Jahres erlaube ich mir, mich heute persönlich an Sie zu wenden. Ich lade Sie dazu sehr herzlich zur heutigen 11-Uhr-Konferenz ein. Herzlichste Grüße und bis gleich! Ihr Kai Diekmann.

Ich blicke durch den weiten Raum und fühle mich, als wäre ich Gast in meinem eigenen Film. Mit Sicherheit waren das nicht nur glückliche Stunden hier im Newsroom – in diesem Raum wurde auch geschrien, geschimpft, geflucht, hier flossen Tränen. Aber viel öfter noch wurde in diesem Raum gelacht, wurden großartige Ideen und Schlagzeilen geboren. Hier haben wir gemeinsam Geschichte hautnah erlebt: Besuche von Mi-

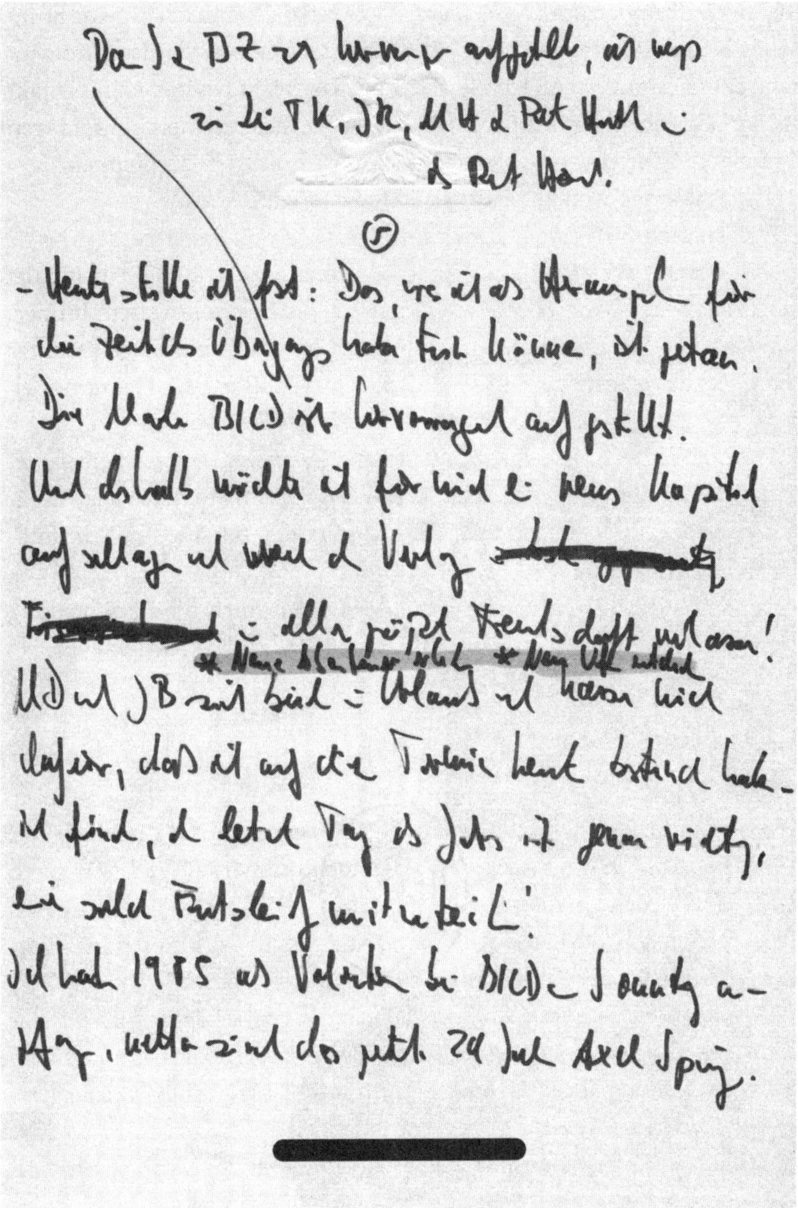

»… ich möchte noch einmal zu neuen Ufern aufbrechen.« Manuskript für meine Abschiedsrede am 30. Dezember 2016

»Es war mir eine Ehre«: Abschied von der BILD-Redaktion im Dezember 2016

chail Gorbatschow und Helmut Kohl oder die Nacht der Anschläge von Paris im November 2015, als Steven Spielberg gerade zufällig in der Redaktion war und über Stunden mit seinem Handy die Abläufe im Newsroom filmte.

Eine Woge von Wehmut überkommt mich. Meine Beklemmung scheint sich in Windeseile bis in die letzte Ecke des Newsrooms zu übertragen, denn als ich aufschaue, blicke ich in lauter betroffene Gesichter. Sie alle sind wie Familie für mich, jeder Einzelne.

Es ist dieser Moment, in dem mir erst richtig und mit aller Härte bewusst wird, was ich gleich verkünden will: meinen Abschied nach 16 Jahren.

Ich setze mich – wenn auch mit weichen Knien – auf meinen gewohnten Platz am Ring, so nennt sich der riesengroße runde Schreibtisch in der Mitte des Raums. Ich suche den Blick von Havva, Christian, Tanit, Julian – meinen engsten Mitarbeitern. Nur sie habe ich zuvor eingeweiht. Und natürlich auch René und Ofek, meine Fahrer, die in den letzten Jahren auch zu bewaffneten Begleitern wurden.

Die Außenredaktionen sind, wie bei unseren Konferenzen üblich, per Video zugeschaltet.

Es ist absolut still im Raum.

In meinen Händen halte ich mehrere DIN-A4-Seiten mit handgeschriebenen Notizen. Etwas zum Festhalten, ein Gerüst zum Entlanghangeln. Denn was ich jetzt sagen will, fällt mir unheimlich schwer.

»Ich möchte für mich ein neues Kapitel aufschlagen …«, wende ich mich an die große Runde und merke, dass ich aufpassen muss, dass mir nicht die Stimme wegbricht. Sie, liebe Leserinnen und Leser, haben mich jetzt über einige hundert Seiten vor allem als harten Knochen erlebt, aber es gibt da noch diese tief verbuddelte Schwäche in mir, wo sich all das, was ich tunlichst nach außen unter Kontrolle halten will, Bahn bricht. Und mir dann von der einen auf die andere Sekunde Tränen über die Wangen laufen.

Ich hole tief Luft und setze neu an: »… ich werde den Verlag verlassen! Ich tue dies in allergrößter Freundschaft und mit den allerbesten Gefühlen. Aber ich möchte noch einmal neue Abenteuer erleben, und ich möchte noch einmal zu neuen Ufern aufbrechen …« Die Sätze kosten mich Kraft, ich höre, wie meine Stimme zittert, muss mich schwer zusammenreißen. »… und selbstverständlich danke ich Ihnen allen für die fantastische Zeit, die ich mit Ihnen bei BILD haben durfte. Ich entschuldige mich ausdrücklich für alle Ungerechtigkeiten, die ich Ihnen sicherlich irgendwann einmal zugemutet habe.«

An dieser Stelle lachen etliche Kollegen versöhnlich. Das macht es mir leichter. Was für eine coole Truppe ich habe, denke ich. *Hatte,* korrigiere ich mich im Stillen. Doch ich sehe auch Tränen fließen. Darauf bin ich überhaupt nicht vorbereitet. Ich lege meine Brille ab, mein Manuskript brauche ich nicht mehr:

»BILD ist mehr als eine einzelne Person. BILD ist das fantastischste Team auf der ganzen Welt. BILD ist Familie …«

Mein Blick wandert erneut durch den Raum. Ich sehe all diese Menschen, mit denen ich so viel Zeit verbracht habe, mit denen mich so viel verbindet. Ich stehe auf, hole ein letztes Mal tief Luft und beende meine Rede mit einem tief empfundenen Gefühl von Demut. »In diesem Sinne darf ich mich vor Ihnen verneigen und sagen: Es war mir eine Ehre.«

Später wird im Kressreport stehen: *Für fast alle im Raum war die Nachricht, dass er Springer verlässt, ein Schock. Viele bei BILD sagen, sie hätten von niemandem so viel gelernt wie von Kai Diekmann. Sie achten und respektieren ihn, sie mögen ihn als charismatischen und menschlichen Chef.*

Diekmann (…) verlässt Axel Springer aus einer Position der Stärke. Diekmann hat bei BILD alles erreicht, er hat BILD noch viel mehr Kraft gegeben, das Image gedreht. (…) In Europa gilt BILD als Leitmedium, auf dem ganzen Kontinent gibt es kein Medium, das Online so massiv gestärkt und zeitgleich Print so gepflegt hat. Diekmann ist ein Visionär, für manche bei Axel Springer sogar fast eine Ikone.

Bin ich das? Visionär? Ikone?

Zurück in meinem Büro, schaue ich das letzte Mal auf meine umfangreiche Devotionaliensammlung: Gipsbüsten von Bush, Gorbatschow, Kohl. Leslie Mandokis E-Gitarre. Eine Kuckucksuhr von Arthur Cohn. Es wird Zeit, mein kleines Museum zu verlassen.

ONE LAST SCOOP

Nun hätte das ein wunderschöner Abgang sein können – mit Lob und Anerkennung, wie es einem sonst nur bei der eigenen Grabrede vergönnt ist. Doch das Drehbuch hat noch ein Ass im Ärmel:

We have President Trump for you!!!

Donald Trump liebt Ordnung, aber auf seinem Schreibtisch sieht es aus wie auf einem Grabbeltis

it dem designierten US-Präsidenten führe ich mein letztes Interview für BILD.

13 Jan in New York, 12.30.

Das ist die SMS, die ich in diesen Tagen des Abschieds bekomme. Es ist, als ob mich mein Beruf, der auch immer Berufung war, noch einmal ganz fest an seine Brust drückt.

Als ob mich BILD nicht gehen lassen will.

Und natürlich sage ich nicht Nein.

Eine letzte scharfe Currywurst auf dem Weg in mein neues vorbildlich veganes Leben, wenn Sie mir diesen etwas schiefen Vergleich verzeihen mögen.

Und so sitze ich an diesem Freitag, dem 13., mit Donald Trump in dessen Büro im 26. Stock des berühmten Trump Tower in Manhattan. Bis heute Morgen wusste ich nicht, ob das Interview wirklich stattfindet. Außer der SMS hat es kein Telefonat, keine einzige E-Mail, keine weitere SMS oder irgendeine Vorabsprache mit dem Trump-Office gegeben.

Als in meinem Hotel in der 59. Straße das Telefon ganz früh klingelte, war ich mir sicher: Das ist jetzt die Absage. Doch dann war der Secret Service am Apparat: »May we have your passport numbers?« Können wir bitte Ihre Passnummern haben, damit es nachher an den Checkpoints vor dem Tower keine Probleme gibt?

Bislang ist eigentlich alles wie immer: Wie immer habe ich Daniel Biskup im Gepäck, der mit seiner Kamera ununterbrochen zugange ist. Wie immer habe ich meine Fragen handschriftlich auf Zetteln notiert, wie immer das iPhone dabei, um das Gespräch aufzuzeichnen.

Und doch ist nichts wie immer: Das Büro ist auffallend klein. Und ein solches Durcheinander im Büro eines Staatschefs habe ich noch nie gesehen. Trumps Schreibtisch gleicht einem Grabbeltisch: Akten, Mappen, Bücher, Zeitschriften, drei Handys. Die Wände eine *Hall of Fame* in eigener Sache, zugepflastert mit Zeitschriftentiteln, die ihn als jungen Immobilienmogul zeigen.

»Hi, wie geht es Angela Möörkel?«, fragt Donald Trump und streckt mir seine Hand entgegen. »Kommt sie mit dieser Horrorshow, die sich in Deutschland abspielt, zurecht?«

Wow, was für eine Begrüßung. Schon in der ersten Sekunde langt der Mann ja richtig zu. Ich habe erwartet, dass er ruppig ist, aber mit dieser Attacke gleich im ersten Satz habe ich nicht gerechnet.

»Ist das wirklich so schlimm bei euch in Deutschland?«, setzt Trump nach und bleckt seine schneeweißen Zähne. Für einen Moment weiß ich nicht, ob er lächelt oder gleich zubeißt.

»I don't get it«, fährt Trump fort; so unverdrossen, wie er spricht, so unverdrossen ist auch seine hindrapierte, buttergelbe Betonfrisur: »Ich hatte das Gefühl, sie ist großartig, eine großartige Anführerin. Aber ich finde, sie hat einen äußerst katastrophalen Fehler gemacht, und zwar, all diese Illegalen ins Land zu lassen. Wissen Sie, all die Leute reinzulassen, wo auch immer sie herkommen. Und niemand weiß, wo sie überhaupt herkommen.« Er ist total in Fahrt. Als ob man einen Becher in den Getränkeautomaten stellt, auf Start drückt – und es hört überhaupt nicht auf zu laufen.

»Ich bin also der Meinung, sie hat einen katastrophalen Fehler gemacht, einen sehr schlimmen Fehler«, wiederholt sich Trump. »Ich denke, es war ein großer Fehler für Deutschland. Ausgerechnet Deutschland, dabei war Deutschland bei Einreisebestimmungen eines der strengsten Länder der Welt«, ledert er weiter und scheint dabei bester Dinge. Es ist einfach nur großartig. Üblicherweise muss ich als Journalist bei Interviews mit Staatsmännern meinem Gegenüber mühsam irgendeine Nachricht aus der Nase ziehen. Donald Trump liefert eine Schlagzeile nach der anderen frei Haus:

»Sehen Sie sich Großbritannien an! Und sehen Sie sich die Europäische Union an, die ist Deutschland! Im Grunde genommen ist die Europäische Union ein Mittel zum Zweck für Deutschland. Deswegen fand ich, dass es so klug von Großbritannien war auszutreten.«

Die Tür geht auf, und Jared Kushner, Trumps Schwiegersohn, schaut auf ein entspanntes Hallo vorbei. Alles sehr familiär.

Noch mal fürs Protokoll: Der designierte US-Präsident ist für seine Abneigung gegen Journalisten bekannt. Daher habe ich einen schlecht gelaunten, misstrauischen Donald Trump erwartet. Das komplette Gegenteil ist der Fall. Es fühlt sich an, als säßen wir gemeinsam am Stammtisch beim Bier und nicht in einem politischen Interview. Da sieht man mal: Du bist 30 Jahre lang Journalist und lernst nicht aus. Es kommt erstens immer anders, und zweitens als man denkt. So viel ist jetzt schon klar: Das ist das ungewöhnlichste Interview, das ich je geführt habe.

»Ich bin sehr stolz auf Deutschland, und Deutschland ist etwas ganz Besonderes«, bekomme ich nach der ganzen Schelte ein Zuckerli: »Ich mag Ordnung. Ich mag es, wenn Dinge ordentlich erledigt werden. Dafür sind die Deutschen ziemlich bekannt. Aber ich auch – ich mag auch Ordnung, und ich mag Stärke.«

Nach einer Stunde ist das Interview zu Ende. Zwischendurch hat Trump im Vorbeigehen die NATO noch für *obsolet* erklärt. Und den deutschen Autobauern den Krieg: »Wenn man durch die 5th Avenue geht, hat jeder einen Mercedes Benz vor seinem Haus stehen. Wie viele Chevrolets sehen Sie in Deutschland? Nicht allzu viele, vielleicht gar keine. Man sieht da drüben gar nichts, es ist eine Einbahnstraße!«[2]

Das Interview schlägt ein wie eine Bombe, macht Schlagzeilen auf der ganzen Welt. Die Washington Post[3] und die New York Times[4] berichten auf Seite eins, CNN und der Guardian wollen Interviews mit mir. Auf Sonderseiten beschäftigen sich die deutschen Zeitungen mit der Analyse des Gesprächs: von Trumps Rundumschlag bis zu den Details seines Büros:

In der Geschichte der Staatschef-Interviews ist das eines der verrücktesten. In einem ausführlichen, unredigierten und phasenweise kuriosen Gespräch hat der designierte US-Präsident Donald Trump Einblick in seine Ziele und sein Leben gegeben.[5]

So kommentiert der Münchner Merkur.

Die dpa frotzelt:

Die Bundesregierung hat sich in den vergangenen Wochen alle Mühe gegeben, der Politik des künftigen US-Präsidenten Donald Trump auf die Spur zu kommen. (…) Jetzt gibt es immerhin zwei dicht bedruckte BILD-Seiten mit Trumps ersten Botschaften an Deutschland und Europa.[6]

Der Kölner Stadtanzeiger bringt es auf den Punkt:

Diplomatische Floskeln? Zeitverschwendung. Freundliche Gesprächsangebote an die künftigen Partner? Fehlanzeige. Stattdessen: Jede Menge Superlative. Sprunghafte Gedanken. Sätze unter Dauerstrom.[7]

Und der WELT bleibt beim Lesen des Interviews schlicht »die Spucke weg«.[8]

Es ist und bleibt das einzige Interview, das Donald Trump bis heute einer deutschen Zeitung gegeben hat.

Ich habe geschrieben, dass BILD meine Droge ist. Das Trump-Interview ist die Superdröhnung. Ich habe das Gefühl, ich könnte fliegen, so viel Adrenalin ist in meinem Blut. In diesem Moment wäre ich am liebsten noch weitere 16 Jahre BILD-Chef. Der Tagesspiegel fasst es so zusammen:

Man kann sich so oder so verabschieden. Kai Diekmann, der Ende Januar als »Bild«-Herausgeber beim Medienhaus Axel Springer ausscheidet, will mit dem größtmöglichen Auftritt gehen. Er hat es geschafft, dank seines Interviews mit Donald Trump, dem designierten Präsidenten der Vereinigten Staaten. Es ist sein Interview und seine Inszenierung, es ist sein Scoop. (…) Sollte es auch Diekmanns Absicht gewesen, seinem baldigen Ex-Arbeitgeber zu zeigen, was für ein Scoop-Master da geht, dann ist ihm das eindrucksvoll gelungen. Allen in der »Bild«-Gruppe (…) wird vor Augen geführt, wie hoch die Latte für alle Diekmann-Nachfolger hängt.[9]

Wann ist der richtige Zeitpunkt abzutreten?
Jetzt.

Auf dem Weg in ein neues Leben: Autofahrt nach Hause nach meinem Abschied als BILD-Chef am letzten Arbeitstag des Jahres 2016

EPILOG

»Worüber schreibst du?« Das war immer die erste Frage, wenn ich in der Vergangenheit Freunden erzählte, dass ich an einem Buch sitze.

»Über meine Zeit bei BILD«, war meine schnelle, simple Antwort.

Meine Zeit bei BILD?

Bald merkte ich, dass diese Antwort zu kurz ausfiel.

Ja, am Anfang ging es mir darum, in diesem Buch die Wahrheit über Geschichten zu erzählen, die das Land bewegt haben. Davon habe ich viele. Aber sehr schnell holte mich ein, was ich vorher schon wusste:

Es gibt nicht nur eine Wahrheit. Verschiedene Wahrheiten können sich diametral gegenüberstehen. Man kennt das Beispiel von der 6 und der 9: Je nach Perspektive ist dieselbe Zahl für den einen eine 6 und für den anderen eine 9. Wenn also ein Christian Wulff bis heute felsenfest davon überzeugt ist, ich hätte es seinerzeit wegen seiner Äußerung »Der Islam gehört zu Deutschland« auf ihn abgesehen, dann ist das seine persönliche, subjektive Wahrheit, an der meine Perspektive und meine gefühlt objektive Wahrheit nichts ändern werden – egal, wie gut ich sie mit Argumenten und Dokumenten belegen kann. Und wenn ein Jürgen Trittin nach über 20 Jahren immer noch überzeugt ist, dass BILD damals ein Foto gefälscht hat, um ihm zu schaden, dann werde ich ihn auch in den nächsten 20 Jahren nicht vom Gegenteil überzeugen können – egal, wie nett und entspannt wir mittlerweile miteinander plaudern, wenn wir uns über den Weg laufen.

Was ich damit sagen will: Ich als Journalist bin auch nur ein Mensch. Ab dem Moment, in dem ich auf einen Sachverhalt schaue, nehme ich automatisch eine subjektive Perspektive ein. Einen objektiven Journalismus, der für sich in Anspruch nimmt, nichts als die Wahrheit zu erzählen, gibt es nicht. Das ist Wunschdenken.

Und dann tauchte beim Schreiben immer öfter die Frage in meinem Kopf auf: Was ist eigentlich die tiefere Essenz dieser Geschichten, die ich erzähle?

Dieses Buch sollte keine belanglose Anekdotensammlung aus dem Büro des BILD-Chefredakteurs werden. Mit Putin im Schwarzen Meer schwimmen gehen? Schön und gut. Aber was sagt diese Episode über den Kreml-Herrscher aus? Was lässt sich daraus ableiten? Welche Erkenntnisse ergeben sich aus meinem Protokoll dieser ungewöhnlichen und – retrospektiv betrachtet – sicherlich auch schrägen Begegnung? Ist da etwas für den Leser dabei, damit er Putin heute besser verorten kann? Oder mein launiges Tischtennisspiel mit Günter Wallraff? Ganz nett. Klar. Aber was ist dem nicht alles vorausgegangen? Nicht nur eine jahrzehntelange, allseits bekannte Feindschaft, sondern auch ein behutsamer Annäherungsprozess, der für BILD und für mich als BILD-Chefredakteur zu einer schmerzhaften Reise in die Vergangenheit wurde. Und mein Bild von BILD an dieser Stelle ein Stück weit erschüttert hat.

Das sind dann Geschichten, die *Geschichte* erzählen.

Zeitgeschichte.

Für mich wurde das Schreiben dieses Buches zu einer unerwarteten Seelenreise, denn ich habe es nicht dabei belassen wollen, meine Geschichten nur aus der Sicht des unbeteiligten Beobachters zu erzählen, des Chronisten. Eine Rolle, in der ich mich jahrzehntelang am wohlsten gefühlt habe. Ich habe den Geschichten *Kai Diekmann* hinzugefügt. Was ich gedacht, was ich gefühlt habe, was mich bewegt hat, wenn wir uns für Schlagzeilen entschieden, die das Leben anderer Menschen auf den Kopf stellten – oder ich selbst unfreiwillig in die Schlagzeilen geriet. Denn: Häufig war ich ja nicht nur als BILD-Chefredakteur unterwegs, sondern auch als persönlich Betroffener: Ganz gleich, ob es um den Anschlag auf unser Familienauto ging, die spektakuläre Strafanzeige der SPD-Spitze gegen mich oder um Helmut Kohl, dessen Trauzeuge ich war. Meine Gefühle in diesen Momenten zu beschreiben, fiel mir unglaublich schwer – 16 Jahre an der Spitze von BILD machen aus deinem Herzen so etwas wie eine emotionale Verschlusssache.

Gestatten Sie mir einen letzten Gedanken: Was ist eigentlich die Macht eines Chefredakteurs? Was war meine Macht als BILD-Chefredakteur?

Die Antwort ist relativ einfach: 16 Jahre habe am Ende ich darüber entschieden, wer die große Bühne und die hellen Scheinwerfer bekommt, um mit seinen Botschaften ein Massenpublikum zu erreichen. Der Politiker seine Wähler, der Popstar seine Fans, der Konzernchef seine Kunden. Ich war Gatekeeper und Agenda-Setter – unsere Schlagzeilen haben die Themen gesetzt, über die Deutschland sprach. Oder wie wir Journalisten es gern feierlich ausdrücken:

Es ist die Aufgabe der Medien, das Gespräch der Gesellschaft über sich selbst in Hinblick darauf zu organisieren, wie wir miteinander leben wollen.

Heute, im Zeitalter von Social Media, ist auch das nur noch Wunschdenken.

Mittlerweile kann jeder sein eigener Publisher sein. Die digitalen Plattformen machen es möglich, das Massenpublikum an den klassischen Medienmarken vorbei direkt zu erreichen. Was früher die Zeitung war, ist heute Twitter. Was früher das Fernsehen war, ist YouTube. Heute bist du als Star, Fußballspieler, Politiker nicht mehr darauf angewiesen, dass dich eine Zeitung, eine Fernsehstation interviewt, dir die Bühne gibt, die richtigen Fragen stellt. Stars wie Taylor Swift, Ronaldo, Kim Kardashian mit ihren Hunderten Millionen Followern auf Instagram, TikTok und Facebook sind völlig unabhängig von jedem Fernsehsender oder jeder Zeitung. Donald Trump konnte es völlig egal sein, was New York Times oder CNN über ihn berichtet oder nicht berichtet haben – er kommunizierte über Twitter direkt mit seinen Wählern und hatte auf diesem Kanal zum Ende seiner Amtszeit mehr Follower als New York Times und CNN, also die größte Zeitung und der größte Fernsehsender, zusammen.

Genau das macht Journalismus im 21. Jahrhundert wichtiger denn je: Weil es eben darum geht, diese massenhaften Selbstinszenierungen auf Social Media auf ihren Gehalt und ihre Wahrhaftigkeit hin zu überprüfen, Relevanz herzustellen, Fakten einzusortieren, eine Nachrichtenhierarchie zu definieren:

Was ist wichtig? Was ist weniger wichtig? *Need to know* oder *nice to know*?

Es ist übrigens ein gefährliches Missverständnis zu glauben, dass jeder Blog, jede Internetveröffentlichung Journalismus sei und jeder Blogger ein Journalist. Journalismus ist ein Handwerk, das man lernen muss, nicht einfach nur irgendwas mit Medien.

Mit meinem Buch habe ich versucht, Journalismus zu erklären, wie er in der wirklichen Welt passiert – und nebenbei auch versucht, mit Klischees über unseren Berufsstand aufzuräumen. Es ist eben nicht wie im Fernsehen, wo der Chefredakteur in den Raum brüllt: »Räumt mir die Seite eins frei!« Kettenrauchende, morgens schon Whiskey trinkende Zyniker gehören in das Reich der Fantasie. Ich habe sie in keiner Redaktion erlebt. Dafür unglaublich viele gestandene, leidenschaftliche Journalisten, die selbst nach vielen Jahren und Erlebnissen wie am ersten Tag für ihren Beruf brannten.

Ich habe *meine* BILD beschrieben, wie ich sie 16 Jahre als Chef erlebt und gemacht habe. Wenn es um die Zeit nach mir bei BILD geht, dann halte ich es wie in der Politik: Über Nachfolger wird öffentlich nicht geredet. Auch wenn ich mir ohne Frage eine glücklichere Entwicklung gewünscht hätte. Das alles – und noch viel mehr – ist Stoff für ein nächstes Buch. Warten Sie es ab.

Das war es jetzt also.

Mein Blick auf die Mechanismen der Macht.

Meine Erlebnisse mit den Protagonisten der Macht.

Meine Wahrnehmung.

Sollten sich meine Erinnerungen an der einen oder anderen Stelle nicht mit den Erinnerungen anderer decken, bitte ich um Nachsicht. Wie gesagt: Alles ganz und gar subjektiv.

Eben: *Ich* war BILD.

POST VON DIEKMANN

Zur Routine meiner 16 Jahre als BILD-Chef gehörte die morgendliche Lektüre von Briefen: Beschwerde-Briefe, Lob-Briefe, Entschuldigungs-Briefe, Briefebriefe. Die Absender erwarteten eine Antwort von mir – und haben sie natürlich auch bekommen. Dabei war ich vielleicht nicht immer nett, aber immer ehrlich. Briefeschreiben ist wie Fechten auf Papier. Der Stich muss sitzen.

Kai Diekmann
Herausgeber

Bild Bild am Sonntag

An die Bundeskanzlerin
Frau Dr. Angela Merkel
Willy-Brandt-Straße 1
10557 Berlin

Hamburg, 22. Januar 2008

Verehrte Frau Bundeskanzlerin,
liebe Angela Merkel,

der Anruf von Ulrich Wilhelm versetzte mich gerade in Schockstarre – das ist die einzige tröstliche Nachricht, die ich Ihnen übermitteln kann.

Es tut mir unendlich leid, den Termin mit Ihnen heute versäumt zu haben. Ich würde Ihnen zu gern eine triftige Begründung dafür geben, habe aber leider keine. Sie sehen mich, falls die Schockstarre irgendwann einmal nachlässt, in Sack und Asche. Bitte lassen Sie mich wissen, was ich tun kann, um diesen ziemlich unverzeihlichen Lapsus wieder gut zumachen. Nur zu gern hätte ich mit Ihnen zu Mittag gegessen.

Falls Sie das Wagnis noch einmal eingehen möchten, mit mir einen solchen Termin zu vereinbaren, wäre ich Ihnen ausgesprochen dankbar. Ich würde dafür selbstverständlich auch mein bald beginnendes Fasten brechen.

Mit nochmaliger Entschuldigung verbleibe ich sehr zerknirscht

K. Diekmann

Kai Diekmann

Kopie: Ulrich Wilhelm

Axel Springer AG Axel-Springer-Platz 1, 20350 Hamburg
Telefon: +49 (0) 40 3 47 00, Fax: +49 (0) 40 3 47-2 21 34

Kai Diekmann
Herausgeber

Bild Bild am Sonntag

Frau
Alice Schwarzer
EMMA
Alteburger Straße 2
50678 Köln

Fax: 0211/606060-20

Hamburg, den 28. November 2006

Liebe Frau Schwarzer,

herzlichen Glückwunsch zum 30. Geburtstag. Ich hatte schon befürchtet, EMMA zähle zu denen, die für immer 29 bleiben wollen. Zu Ihren Fragen:

1. Was freut Sie an EMMA?
Die Fußballberichterstattung. Sie macht uns keine Konkurrenz.

2. Was ärgert Sie an EMMA?
Daß ich es erst einmal zum „Pascha des Monats" gebracht habe. Und natürlich, daß EMMA in Stellenanzeigen nach einer „erfahrenen Redakteurin" für das „Frauenteam" sucht. Ich persönlich empfinde das als verletzende, ja sogar demütigende Einschränkung meiner weiteren Berufsplanung und erwäge eine Klage nach dem Anti-Diskriminierungs-Gesetz.

Ich wäre Ihnen sehr verbunden, wenn Sie in der EMMA-Jubiläumsausgabe hinter meinem Namen den Titel „Pascha des Monats Februar 2003" nicht unerwähnt ließen – ich trage diesen feministischen Grad mit Würde.

Mit herzlichen Grüßen

Kai Diekmann
Pascha des Monats Februar 2003

Axel Springer AG Axel-Springer-Platz 1, 20350 Hamburg
Telefon: +49 (0) 40 3 47 00, Fax: +49 (0) 40 3 47-2 21 34

Kai Diekmann
Chefredakteur

Herrn
Emanuel Walter
Bundesanstalt für Immobilienaufgaben
Bundesforstbetrieb "Nördliches Sachsen-Anhalt"
Steinberge 2
39517 Dolle

Berlin, 4. Juni 2014

Sehr geehrter Herr Walter,

in unserer Berichterstattung vom 30. Mai 2014 ist uns bedauerlicherweise ein Fehler unterlaufen, für den ich mich hiermit aufrichtig bei Ihnen entschuldigen möchte.

Ihr Betriebsleiter Rainer Aumann hat uns darauf aufmerksam gemacht, dass wir die Zubereitung Ihrer Maikäfer-Suppe falsch dargestellt haben. Kurzum: Die Behauptung, dass sie den Käfern bei lebendigem Leibe die Beine und Flügel ausreißen, ist nicht korrekt.

Für unser Missgeschick und die Unannehmlichkeiten, die Ihnen dadurch entstanden sind, gibt es keine Rechtfertigung. Dennoch gestatten Sie mir bitte die folgende Anmerkung: Wo Menschen arbeiten, passieren Fehler und davor ist leider auch BILD nicht gefeit. Alle Redakteure arbeiten mit Hochdruck und Leidenschaft an jeder Ausgabe der Zeitung – und dennoch läuft im Eifer des Gefechts manchmal etwas schief.

In Ihrem Fall wollte der verantwortliche Blattmacher den Text am späten Abend präzisieren. Und so hat sich leider die falsche Formulierung ins Blatt geschlichen.

Ich kann Ihnen jedoch versichern: Es gibt keinen, der sich darüber mehr ärgert als ich! Und deshalb verspreche ich Ihnen, dass wir zukünftig noch mehr Acht geben werden, Fehler in unserem Blatt zu vermeiden.

Mit herzlichen Grüßen

Kai Diekmann

Axel Springer SE Axel-Springer-Straße 65, 10888 Berlin
Telefon: +49 (0) 30 25 91-0, Fax: +49 (0) 30 25 91-7 60 09

Herrn
Christoph Keese
Chefredaktion WamS

- im Hause -

Hamburg, 9 Mai 2007

Lieber Christoph,

Kollegen haben mich auf eine Veröffentlichung Deines Kommentarchefs Alan Posener in seinem Blog aufmerksam gemacht, zu der ich Dir von Herzen gratulieren möchte!

BILD ist also eine „Wichsvorlage", bedient „die niedrigsten Instinkte", und „scheinheilig" sind wir auch noch. Holla! Das sind wirklich ganz neue Gedanken, obendrein blendend formuliert – da merkt man gleich den Kommentar-Chef.

Und Helmut Kohl ist der Kanzler der „haltlosen Versprechen". Auch das ist klug und historisch gerecht. Denn die Städte in den neuen Bundesländern sahen bekanntlich vor 1989 viel besser aus. Damals blühten nicht nur die Landschaften, sondern auch die Birken in den fensterlosen Gemäuern. Erst die Billionen aus dem Westen haben alles kaputt gemacht.

Ich empfehle, diesen Grundton zur Neupositionierung der WamS zu nutzen. Deutschland braucht eine progressive Sonntagszeitung links von taz und FR, die das ultraspießige Milieu der Alt-SDSler bedient. Und die endlich mal ausspricht, was richtig und was falsch ist und wie „man sich ehrlicher macht".

Anfangen könntet Ihr mit Euren Auflagenzahlen. Schon die IVW-Sparten Sonderverkäufe und Bordexemplare sind ein lohnendes Thema, doch vor allem nach Wahrheit schreit der Bereich der Gutscheine und Promotion-Aktionen – ob für Top-Hotel, Lexus oder Queen Mary. Kann Dein Kommentar-Chef nicht mal verraten, was ohne all diese Vertriebs-Krücken vom Einzelverkauf übrig bliebe? Schließlich wäre es nur gerecht, wenn Posener für Deine Leistung als Chefredakteur der WamS ebenso klare Worte findet wie für meine bei BILD!

Also, nur zu! Viel schlechter kann die WamS nicht werden, und mangels Bedeutung wird die Neupositionierung auch kaum auffallen. Dringend ans Herz legen möchte ich Dir zudem eine enge Kooperation mit BILDBlog, wie Du es schon auf WELT.de vorgemacht hast. Und dann sollten Du und Herr Posener sich auch Gedanken darüber machen, ob die WELT-Gruppe, die über Jahre die größten „wirtschaftliche Vorteile aus Persönlichkeitsrechtsverletzungen" gezogen hat, dies auch weiterhin tun will. Auch in dieser Frage sollte ihr euch „ehrlich machen".

Mit freundlichen Grüßen

Kai Diekmann

Kai Diekmann
Chefredakteur

Bild

Herrn
Prof. Dr. Bernd Lucke
Bundesvorsitzender
Alternative für Deutschland
Bundesgeschäftsstelle
Schillstraße 9
10785 Berlin

Berlin, 8. September 2014

Sehr geehrter Herr Professor Lucke,

unter dem offiziellen Account @AfDPresse wurde gestern auf Twitter unter Bezug auf meine Frau und mich die Frage gestellt:

„Wann befreit man uns von Diekmann und Kessler? Schlimmer gehts nimmer!"

1. Ist das die offizielle Haltung der AfD gegenüber dem Chefredakteur der Bildzeitung?

2. Was genau ist mit „befreit" gemeint?

3. Ist das die Alternative für Pressearbeit, wie sie Journalisten künftig von der AfD zu erwarten haben?

Mit freundlichen Grüßen

K. Diekmann

Kai Diekmann

Axel Springer SE Axel-Springer-Straße 65, 10888 Berlin
Telefon: +49 (0) 30 25 91-0, Fax: +49 (0) 30 25 91-7 60 09

Kai Diekmann
Herausgeber

BILD BILD am Sonntag

Herrn
Michael Jürgs
[redacted]

[redacted]

Hamburg, 23. November 2006

Sehr geehrter Herr Jürgs,

vielen Dank für Ihren Brief.

In der taz haben Sie zurecht einmal Herbert Riehl-Heyse zitiert. Zu den Wesensmerkmalen eines Journalisten gehöre demnach nicht nur „Handwerk", sondern auch „so etwas Altmodisches wie Anstand".

Handwerk heißt, auch mal Primärquellen zur Recherche heranzuziehen. Und anständig wäre es, wenn Sie die Erkenntnis, etwas Falsches über BILD verbreitet zu haben, nicht nur mir, sondern bei geeigneter Gelegenheit auch einmal der Öffentlichkeit mitteilten. Dieser Wunsch steht in guter Tradition, wie folgende Anekdote illustriert: Eines Tages begegneten sich Winston Churchill und der Chefredakteur der London Times zufällig auf einem Pissoir. Da raunte der Chefredakteur dem Premier zu: „Ich möchte mich bei dieser Gelegenheit bei Ihnen für meinen letzten Kommentar entschuldigen, er war falsch und beleidigend." Churchill antwortete: „Das nächste Mal wäre es mir lieber, wenn Sie mich auf der Toilette beschimpften und sich öffentlich dafür entschuldigen würden."

In diesem Sinne verbleibe ich

Ihr

Kai Diekmann

Axel Springer AG Axel-Springer-Platz 1, 20350 Hamburg
Telefon: +49 (0) 40 3 47 00, Fax: +49 (0) 40 3 47-2 21 34

Kai Diekmann
Herausgeber

Bild Bild am Sonntag

Originale

Herrn
Günter Grass
[redacted]

[redacted]

g, 29. Januar 2007

Sehr geehrter Herr Grass,

Ihr Sekretariat bat mich, zu der Zwiebel Stellung zu nehmen, die BILD Ihnen zu Weihnachten geschenkt hat. Diesem Anliegen komme ich gern nach.

Insbesondere sollte ich erklären, ob dieser „Vorgang" mit meinem Wissen und meiner Billigung erfolgte.
Die Antwort lautet ja. Schlimmer noch – ich habe die Zwiebelübergabe nicht nur gebilligt, sondern sogar unterstützt. Wie auch die BILD-Geschenke an zahlreiche andere Persönlichkeiten aus Wirtschaft, Politik, Kultur und Gesellschaft, die im Jahr 2006 freiwillig oder unfreiwillig im Rampenlicht standen. Einige Prominente haben unsere Geschenke entgegengenommen, andere haben die Annahme verweigert und ein paar haben die Präsente an uns zurückgeschickt.

Da bei der BILD-Redaktion bislang keine Zwiebel eingetroffen ist, gehe ich davon aus, dass sie – gehäutet – eine wie auch immer geartete Verwendung in Ihrem Haushalt gefunden hat. Das Gesamtergebnis der BILD-Bescherung habe ich diesem Schreiben beigelegt und verbleibe

mit freundlichen Grüßen

Kai Diekmann

Axel Springer AG Axel-Springer-Platz 1, 20350 Hamburg
Telefon: +49 (0) 40 3 47 00, Fax: +49 (0) 40 3 47-2 21 34

Kai Diekmann
Chefredakteur

Bild

Herrn
René Obermann
Vorstandsvorsitzender
Deutsche Telekom AG
Friedrich-Ebert-Allee 140
53113 Bonn

Berlin, 22. Juni 2010

Lieber René Obermann,

zunächst muss ich mich dafür entschuldigen, dass ich Sie auf der Axel-Springer-Management-Tagung, zu der Sie ja freundlicherweise einen so wichtigen Teil beigetragen haben, überfallartig und coram publico mit meinen Telefonsorgen belästigt habe. Aber in den vielen Jahren meines Journalistenlebens habe ich gelernt, dass man Wichtiges am besten direkt und ganz oben anspricht – und da wir ja hier offenbar von einem potenziellen Rekord bezüglich der Höhe meiner Handy-Rechnung sprechen, maße ich mir einfach einmal an, diese Sache für wichtig zu erklären. Ich hoffe, Sie sehen mir sowohl dies als auch meinen kleinen Auftritt nach.

In den vergangenen Tagen haben meine Erfahrungen mit Ihren Dienstleistungen ja schon für ein erhebliches Medienecho gesorgt. Trotzdem will ich mich natürlich an das halten, was ich auf der Tagung versprach. Hier kommen also, ohne Umschweife, die Hintergründe der höchsten Telefon-Rechnung meines Lebens:

Vom 4. bis zum 8. Januar dieses Jahres weilte ich im marokkanischen Marrakesch. Eigentlich war dieser Abstecher nur als Geburtstagsgeschenk an meine Frau gedacht. Da während dieser Zeit aber auch mein Blog kaidiekmann.de lief, beschloss ich, den lieben Lesern keine Zwangspause zuzumuten, sondern sie zumindest ab und an über das Geschehen zwischen Souk und Hammam auf dem Laufenden zu halten. Hierfür wählte ich – und jetzt fangen die Probleme an – das Mittel des Videoblogeintrags.

Insgesamt fünf Filmchen drehte ich (zugegebenermaßen technisch up-to-date in HD), die ich anschließend über meinen Laptop nach Deutschland schickte (per UMTS-Modem; eine vernünftige WLAN-Abdeckung hat sich in Marrakesch offenbar noch nicht durchgesetzt).

Um Ihre Werbeaussage aufzunehmen: Mein persönliches „Erleben-Experiment" war dann die wahnsinnige Rechnung, die Sie im Anhang finden. Eine sehr harte Konfrontation mit der viel beschworenen „connected reality"...

Axel Springer AG Axel-Springer-Straße 65, 10888 Berlin
Telefon: +49 (0) 30 25 91-0, Fax: +49 (0) 30 25 91-7 60 09

-2-

Die Rechnung wurde über unserem Key-Account der Telekom angemahnt. Wir baten dort um eine schriftliche Erklärung, eine nachvollziehbare Darstellung der Kosten-Zusammensetzung und idealerweise auch um ein Kompromiss-Angebot. Leider bisher ohne Wirkung oder auch nur Rückmeldung.

Natürlich erwarte ich nicht von Ihnen, dass Sie die Rechnung im Nachhinein verringern – sie ist ja auch bereits bezahlt. Aber wenn Sie vielleicht einen Blick darauf werfen könnten, ob hier wirklich alles mit rechten Dingen zugegangen ist, wäre ich Ihnen doch sehr dankbar. Für Ihre Unterstützung und die Gelegenheit, Ihnen meine Sorgen vorzutragen, danke ich Ihnen in jedem Fall jetzt schon einmal ganz herzlich.

Mit freundlichen Grüßen

Kai Diekmann

[redacted] [redacted] [redacted] S.01/03

[redacted]

Anhang

T-Mobile Deutschland GmbH

AXEL SPRINGER AG
RECHNUNGSPRUFUNG
89 51
10867
BERLIN
DE

Bitte bei Rückfragen unbedingt angeben

Rahmenvertragsnummer	
Kundennummer	[redacted]
Kundenkonto Kennung	[redacted]
Rechnungsnummer	[redacted]
Datum	[redacted]
Rechnungsmonat	[redacted]

Bitte Verwendungszweck bei Zahlung angeben

Abrechnungszeitraum von	01.01.2010
bis	31.01.2010
Bei Rückfragen Telefon	0180 3 302828
Telefax	0180 5 212211

Vertragspartner 158855
AXEL SPRINGER AG
AXEL-SPRINGER-PLATZ
1
20355

Die Leistungen im Überblick (Summen)	**Beträge (EUR)**
Summe der Positionsbeträge	**46128,63**

Bitte überweisen Sie den Rechnungsbetrag auf unser Konto 667302269 BLZ 70020270.

AUFSICHTSRAT TIMOTHEUS HOTTGES (VORSITZENDER)
GESCHAFTSFUHRUNG NIEK JAN VAN DAMME (SPRECHER)- THOMAS BERLEMANN- THOMAS DANNENFELDT- ALBERT HENN- DR CHRISTIAN P ILLEK- DR BRUNO JACOBFEUERBORN- DR DIRK ROHWEDER
HINWEISTEXT ZUR RECHNUNG
SIE HABEN DAS RECHT EINWENDUNGEN GEGEN DIESE RECHNUNG BEZIEHUNGSWEISE EINZELNE IN DER RECHNUNG ERHOBENEN FORDERUNGEN ZU ERHEBEN. FUR DIESE EINWENDUNGEN HABEN SIE ACHT WOCHEN NACH RECHNUNGSZUGANG ZEIT. IM ANDEREN FALL GELTEN DIE RECHNUNGSBETRAGE ALS GENEHMI

Anschrift T-MOBILE DEUTSCHLAND GMBH, LANDGRABENWEG, 151, 53227, BONN, DE, 205/5777/0518, DE 122265872
Bankverbindung HYPOVEREINSBANK MUENCHEN, BLZ 70020270, Konto 667302269 IBAN DE66700202700667302269 BIC HYVE/DE/MM

Fax S von ID: +49 40 34722000 an: 13847 01.03.2010 16:09:53 Uhr [00:00:50] OK S.001/003

Kai Diekmann
Herausgeber

Bild Bild am Sonntag

An den
Präsidenten des Deutschen Bundestages
Herrn Norbert Lammert (MdB)
Platz der Republik 1

11011 Berlin

Hamburg, 28. März 2006

Sehr geehrter Herr Bundestagspräsident,

ich habe mit einiger Verwunderung Ihr heutiges Interview mit dem „Deutschlandfunk" zur Neuregelung der Abgeordnetenbezüge zur Kenntnis genommen.

Den darin erhobenen Vorwurf, die BILD-Zeitung betreibe eine „Kampagne" gegen Sie wegen Ihrer Nebentätigkeit als Aufsichtsratsmitglied bei der Ruhrkohle AG, kann ich nicht nachvollziehen.

Wie Sie wissen, hat das Thema „Nebentätigkeiten der Abgeordneten" vor noch nicht einmal einem Jahr die Gemüter erregt. Mehrere Abgeordnete haben finanzielle Leistungen von Unternehmen bezogen, ohne dafür Leistungen zu erbringen. In einem Fall hat ein Abgeordneter deshalb sogar sein Mandat niedergelegt. Es war der Bundestag selbst, der deshalb die dringende Notwendigkeit gesehen hat, die Frage der Nebentätigkeiten neu zu regeln.

Mir ist schleierhaft, warum Sie vor diesem Hintergrund Recherchen der BILD-Zeitung zu einer Nebentätigkeit des Parlamentspräsidenten und der Verwendung der dafür erhaltenen Entschädigung für eine Kampagne halten.

Ich möchte Sie in diesem Zusammenhang an Ihre eigenen Worte erinnern. In einer zu Protokoll gegebenen Rede in der Bundestagsdebatte am 17. Juni 2005 haben Sie nachdrücklich die Kontrollfunktion der Öffentlichkeit und der Presse unterstützt. Sie erklärten damals: „Selbstverständlich muß sich ein Mitglied des Bundestages andere Ansprüche auf Offenlegung von beruflichen und nebenberuflichen Tätigkeiten und damit verbundenen Einkünften zumuten lassen als andere Bürgerinnen und Bürger ohne öffentliche Ämter und Mandate." Wenn das schon für den „normalen" Abgeordneten gilt, muß es für den Präsidenten des Bundestages erst recht in besonderem Maße gelten.

Axel Springer AG Axel-Springer-Platz 1, 20350 Hamburg
Telefon: +49 (0) 40 3 47 00, Fax: +49 (0) 40 3 47-2 21 34

- 2 -

An anderer Stelle der Rede haben Sie darauf hingewiesen, daß eine mögliche Abhängigkeit des Abgeordneten nicht von der Höhe der für die Nebentätigkeit erhaltenen Entschädigung abhängig ist: „Die weit verbreitete Vermutung, mögliche Abhängigkeiten seien an der Höhe der Einkünfte zu erkennen, die sich aus beruflichen oder nebenberuflichen Tätigkeiten ergeben, teile ich persönlich nicht: Weder muß ein hohes Einkommen hohe Abhängigkeit bedeuten, noch schließen niedrige Bezüge hohe Abhängigkeiten aus." Insofern sind auch Nachfragen nach einer Nebentätigkeit erlaubt, die „nur" mit 25.000 Euro dotiert ist.

Das muß erst recht gelten, wenn die Bezüge für eine eigene Stiftung verwendet werden. Bei dieser Gelegenheit weise ich auch Ihre Kritik an der Berichterstattung der BILD-Zeitung zur Neuregelung der Diäten und Pensionen der Abgeordneten zurück. Das Hauptstadtbüro hat Ihnen mehrfach Gelegenheit gegeben, ausführlich zu dem Thema Stellung zu nehmen. Nur weil Sie dieses Angebot nicht angenommen haben, sahen wir uns gezwungen, die Fragen an Sie öffentlich zu stellen.

Mit freundlichen Grüßen

Kai Diekmann

PS: Selbstverständlich stehe ich Ihnen für ein persönliches Gespräch jederzeit zur Verfügung.

Kai Diekmann
Chefredakteur

BILD

Herrn
Hans Leyendecker
[redacted]

Berlin, 21. November 2011

Lieber Herr Leyendecker,

Ihr jüngstes Interview im "Deutschlandradio Kultur" hat mich enttäuscht. Nicht, weil Sie BILD dort als „Drecksblatt" bezeichnet haben und als „Lügenblatt". Die Wortwahl ist zwar mäßig originell, aber Meinungsfreiheit ist ein hohes Gut.

Mich treibt etwas anderes um: Warum sind Sie im Radio so freimütig, aber nicht mir gegenüber? „Drecks- und Lügenblatt" wären interessante Stichworte für unser langes Interview im vergangenen Jahr gewesen. Sie haben sie mir leider vorenthalten. Und nicht nur mir: Auch Ihre Leser hätten, finde ich, ein Recht darauf gehabt zu erfahren, mit welcher Haltung Redakteure der „Süddeutschen Zeitung" den Objekten ihrer Recherche begegnen.

Was mich gleich zur nächsten Frage führt: Wie wollen Sie, wenn BILD für Sie „immer" ein „Drecksblatt" war, künftig bei Recherchen über BILD die journalistische Distanz wahren, die der „Süddeutschen Zeitung" doch gewiss nicht unwichtig ist? Oder erklären Sie sich, wenn es um BILD-Berichterstattung geht, künftig für befangen?

Über eine Antwort würde ich mich sehr freuen und verbleibe bis dahin,

Kai Diekmann

Kopie: Kurt Kister, Chefredakteur, Süddeutsche Zeitung

Axel Springer AG Axel-Springer-Straße 65, 10888 Berlin
Telefon: +49 (0) 30 25 91-0, Fax: +49 (0) 30 25 91-7 60 09

Bild | Bild am Sonntag

DER HERAUSGEBER

Frau
Ute-Henriette Ohoven
[redacted]

Ⓟ zur Info
Hr. Dr. Döpfner

Hamburg, 28. Februar 2003

Sehr geehrte Frau Ohoven,

vielen Dank für Ihr Schreiben, auch wenn ich Ihre Kritik nicht teilen kann.

Daniel Küblböck ist durch die TV-Sendung „Deutschland sucht den Superstar" vor allem bei jüngeren Zuschauern außerordentlich populär geworden. Der Grund für diese Popularität ist dabei schwer nachzuvollziehen, da sein Erfolg weder auf stimmlichen noch tänzerischen Fähigkeiten gründet.

Diesem Phänomen sind wir nachgegangen, wie übrigens auch der STERN, FAZ, SÜDDEUTSCHE und zahlreiche andere Zeitungen. Dass Sie dabei, verehrte Frau Ohoven, mit Daniels Antworten nicht zufrieden sind und er seiner „fragwürdigen Sexualpräferenz" mehr Bedeutung zumisst als den Hochkulturen der Sumerer, Assyrer und Babylonier, stimmt auch mich sehr traurig.

Noch trauriger allerdings werde ich, wenn ich Ihren Brief lese. Wie eine UNESCO-Botschafterin von Jugendlichen als „Nullen" reden kann, ist mir unbegreiflich. Und dass Sie Daniel Küblböck als „Kriminellen" bezeichnen, obwohl das Verfahren gegen den damals 10-jährigen mangels Strafmündigkeit gar nicht eröffnet wurde, ist weder mit den Grundsätzen unserer Rechtspraxis noch mit denen des zivilisierten Umgangs zu vereinbaren.

Im übrigen liegen Sie wohl auch mit der Einschätzung von Axel Springer daneben. Für ihren Gründer war die BILD-Zeitung zuallererst ein Organ der kleinen Leute. Deren „unwichtiges Dasein", wie Sie so treffend von oben herab schreiben, mag Sie nicht interessieren – aber die Einstellung Axel Springers treffen Sie damit sicherlich nicht.

Mit freundlichen Grüßen

Kai Diekmann

Axel Springer Verlag AG
Postanschrift: Brieffach 3410, 20350 Hamburg
Hausanschrift: Axel-Springer-Platz 1, 20350 Hamburg
Telefon: (040) 347-00, Telefax (040) 34 72 21 34

Deutsche Bank AG, Hamburg 07 02 407
(BLZ 200 700 00)
Sitz Berlin, Amtsgericht Charlottenburg HR B 4998
USt-IdNr. DE 136 627 286

Gegründet von Axel Springer (1912-1985)
Vorsitzender des Aufsichtsrats: Dr. Giuseppe Vita
Vorstand: Dr. Mathias Döpfner (Vorsitzender), Rudolf Knepper (stellv. Vorsitzender), Hubertus Meyer-Burckhardt, Steffen Naumann, Dr. Andreas Wiele

Kai Diekmann
Herausgeber

Bild Bild am Sonntag

Herrn
Rudolf Scharping
[redacted]

Hamburg, zum 2. Dezember 2007

Lieber Rudolf Scharping,

meinen allerherzlichsten Glückwunsch zu Ihrem 60. Geburtstag! Ich bin sicher, dass Sie, Ihre Familie und Ihre Freunde ihn gebührend feiern und es freut mich, zu diesem Ereignis ein wenig Medienpräsenz beisteuern zu dürfen. Nicht in Form von 1414-Leserreportern, sondern anhand der Schilderung einer sehr intensiven Erfahrung, die ich mit Ihnen verbinde.

Im Herbst des Wahljahres 1994, ich hatte gerade die traditionelle BILD-Party auf dem Oktoberfest besucht, saß ich an einem Montag morgen im Flugzeug von München nach Hamburg. Verkatert, übermüdet, von Flugangst geplagt, in miesem Allgemeinzustand – und mit dem Wissen, am folgenden Tag gemeinsam mit Helmut Markwort ein Interview-Duell mit Ihnen für Sat.1 aufzeichnen zu müssen. Zur Ablenkung las ich alles, was mir in die Finger kam. Im *Spiegel* stolperte ich über folgenden Absatz:

> „... Für den Sozialdemokraten ersann Mertes [*damals Programmdirektor von Sat.1*] ein Fragen-Sperrfeuer, produziert von *Bild*-Politikchef Kai Diekmann, 30, einem glühenden Kohl-Bewunderer, sowie von *Focus*-Chefredakteur Helmut Markwort, 57. Scharping bat vergebens, das Duo auszuwechseln. ..."

Mich auswechseln? Mich? Unfassbar!

Die Sat.1-Aufzeichnung verlief entsprechend lebhaft.

Im Anschluss saßen wir nebeneinander im Bonner Restaurant „Sassella" und fanden uns herzlich unsympathisch. Mit zunehmendem Konsum von Rosé-Champagner schlug dieses beiderseitige Unbehagen jedoch ins Gegenteil um – und so ist es seither geblieben.

Axel Springer AG Axel-Springer-Platz 1, 20350 Hamburg
Telefon: +49 (0) 40 3 47 00, Fax: +49 (0) 40 3 47-2 21 34

-2-

Was Sie nie erfuhren, war der Ausgang der Geschichte: Früh am nächsten Morgen saß ich erneut im Flugzeug, diesmal von Köln-Bonn nach Hamburg. Verkatert, übermüdet, von Flugangst geplagt, in miesem Allgemeinzustand. Zur Ablenkung nahm ich diesmal einen Krimi. Ich las den ersten Satz und erschauderte: „Der Tag, der mein letzter sein sollte, begann ganz normal..." Auf einmal raste mein Herz, ich brach in Schweiß aus, bekam Atemnot und wusste mit dem mir ureigenen journalistischen Instinkt: Das ist ein Herzinfarkt! Nach der Landung ließ ich mich in die Notaufnahme bringen, regelte unterwegs die letzten Angelegenheiten und sah mein Leben schon an mir vorüberziehen. Im Krankenhaus untersuchte der Oberarzt mich eingehend, machte ein EKG und stellte lapidar fest: „Das war ein Herzinfarkt, ein eingebildeter. Sie sind kerngesund. Wenn Sie aber so weitermachen wie bisher, haben Sie bald einen richtigen." Damit entließ er mich.

Seither bemühe ich mich, mir ein Beispiel an Ihnen zu nehmen. An Ihnen und der Ruhe, die Sie ausstrahlen, an Ihrem umsichtigen Umgang mit den Dingen, den Menschen und mit sich selber. Ein eingebildeter Herzinfarkt hat sich nie wieder eingestellt...

Dafür und noch viel mehr für Ihre Freundschaft möchte ich Ihnen danken. Wie schön, dass es runde Gelegenheiten gibt, die mich das einmal aussprechen lassen. Für Ihre Zukunft wünsche ich Ihnen alles, alles Gute und verbleibe

herzlichst

Kai Diekmann

Kai Diekmann
Herausgeber

BILD BILD am Sonntag

Herrn
Hans-Olaf Henkel
[redacted]

[redacted]

Hamburg, 25. Oktober 2007

Lieber Herr Henkel,

haben Sie vielen Dank für Ihren Brief, dessen Inhalt mich ein wenig verblüfft. Ihr Urteil, BILD befördere den Linksruck in der Gesellschaft, kann ich mir nicht recht erklären. Im Gegenteil werde ich eher der neo-liberalen Berichterstattung „bezichtigt" – und das nicht nur von Norbert Blüm.

BILD muss nicht, wie Sie schreiben, bringen „was ankommt". Wäre dies so, würden Sie in BILD nicht nur regelmäßig großformatige Tabellen über Manager-Gehälter lesen (wie das *Manager-Magazin*, die *FAZ*, der *stern* aber auch der *Berliner Kurier* sie veröffentlichen), sondern nach jedem Kindermord auch ein Plädoyer für die Todesstrafe. Wir schreiben unseren Lesern aber gerade nicht nach dem Mund. BILD hält oft genug dagegen – gegen die Mehrheitsmeinung der Leser also –, und das nicht erst seit der Mindestlohn-Debatte. Sie können mir glauben, dass es sehr viel leichter und auflagenträchtiger wäre, anders zu verfahren – aber eben auch verantwortungsloser. Sei es bei den Bahnstreiks, sei es bei der Agenda 2010, sei es bei der Rente mit 67. Es gibt kaum eine wichtige sozialpolitische Entscheidung der letzten Jahre, bei der BILD in der von Ihnen geschilderten Weise den Linksruck befördert hätte.

Gleichzeitig, und das bitte ich Sie zu berücksichtigen, darf BILD niemals vergessen, für wen sie schreibt: Mehr als die Hälfte unserer Leser haben nach Abzug aller Kosten einen frei verfügbaren Monatsbetrag, von dem Sie und ich schwerlich ein gemeinsames Abendessen bezahlen könnten. Ungerechtigkeiten anzuprangern, die gerade diese Leser besonders treffen,

1/2

Axel Springer AG Axel-Springer-Platz 1, 20350 Hamburg
Telefon: +49 (0) 40 3 47 00, Fax: +49 (0) 40 3 47-2 21 34

heißt jedoch nicht, „linkes Gedankengut" zu verbreiten. Denn wir plädieren schließlich nicht für die große Umverteilung, sondern für weniger Staatsquote.

Es würde mich freuen, wenn Sie anhand dieser Erläuterungen Ihre Einschätzung unserer Berichterstattung noch einmal überdenken könnten. So weit, glaube ich, sind wir nicht von einander entfernt.

In diesem Sinne verbleibe ich mit besten Grüßen aus Hamburg

Kai Diekmann

2/2

axel springer

Intern

An / To	Von / From
Dr. Mathias Döpfner Kostenstelle: 0012	Kai Diekmann Kostenstelle: 3410
Datum / Date: 31. Mai 2006	**Tel / Phone:** 22092

Lieber Mathias,

anbei die erbetenen Informationen zu meiner Dienstreise zum Reitturnier.

1. Das Aachener Reitturnier CHIO ist die größte Reitsportveranstaltung Deutschlands (in diesem Jahr Weltmeisterschaft ab August).

2. Gemeinsam mit den Kollegen Stefan Aust (SPIEGEL), Nikolaus Brender (Chefredakteur ZDF), Fritz Pleitgen (WDR Intendant) und ARD-Chefredakteur Hartmann von der Tann bin ich als Laudator (siehe Anlage A) zur Verleihung entsprechender Medienpreise eingeladen worden.

3. Ich hatte das Vergnügen, in der Kategorie Print eine Kollegin von der WELT am SONNTAG auszuzeichnen (siehe Anlage B).

4. Organisiert wird die Veranstaltung von Michael Mronz, dem Lebensgefährten von Guido Westerwelle, den ich in dieser Sache bereits zwei Jahre vertröstet hatte und diesmal keine Ausrede mehr zur Verfügung stand.

5. Bei der Veranstaltung selbst saß ich mit Guido Westerwelle und Wirtschaftsminister Glos zusammen, im Gespräch ergaben sich interessante Hinweise auf mögliche BILD-Berichterstattungen abseits des Pferdeturniers (siehe Anlage C)

6. Ich hasse Pferde! Meine Eltern sind leidenschaftliche Dressurfans und haben mich schon im zarten Knabenalter zu jedem Dressurturnier in und um Münster, Warendorf, etc. geschleppt. Kannst Du Dir für einen zehnjährigen etwas langweiligeres als ein Dressurturnier vorstellen?

7. Seitdem bin ich Fan von Pferde-Bratwurst, die es jedes Jahr auf dem Bielefelder Weihnachtsmarkt an einem versteckten Stand gibt.

8. Anbei meine Reisedaten Hamburg-Aachen-Hamburg: Hinreise am 17. Mai, 17.25 Uhr ab Hamburg, 18.20 Uhr an Köln. Rückreise am 18. Mai, 9.45 Uhr ab Köln (Abfahrt Aachen 7.30 Uhr). Das war echt Vergnügungssteuerpflichtig.

Beste Grüße

PS: Only by the way: Selbstverständlich war meine Frau bei einem solchen Termin nicht dabei. Wenn sie das allerdings ist, wie z. B. am darauffolgenden Wochenende im Atelier von Jörg Immendorff, wo es nun tatsächlich um eine für BILD relevante Veranstaltung ging, zahle ich die Flugtickets für Katja privat.

2/2

DANK

Noch während ich diese Zeilen formuliere, überkommen mich Schuldgefühle. Denn mit Sicherheit werde ich wunderbare Menschen vergessen, denen ich eigentlich zu tiefster Dankbarkeit verpflichtet bin. Ich bitte schon jetzt um Vergebung.

Mein erster Dank gilt meinen Freunden, Vertrauten und Kollegen, Ex-Kollegen und Wegbegleitern, Verbündeten, Mitstreitern, Protagonisten, auch Kritikern, die mich beim Abfassen dieses Buches unglaublich unterstützt haben: Ulrich Becker, Sissi Benner, Daniel Biskup, Manfred Bissinger, Nikolaus Blome, Daniel Böcking, Lars Broder-Keil, Silke Brüggemeier, Havva Cam, Dr. Mathias Döpfner, Tom Drechsler, Edda Fels, Leonhard Fischer, Thorsten Fleischhauer, Dr. Frank Freiling, Andreas Fritzenkötter, Georg Friedrich Prinz von Preußen, Sven Gösmann, Maren Grahnert, Katharina Großheim, Lars Hampe, Nikolaus Harbusch, Martin Heidemanns, Karina Hesse, Dr. Stephan Holthoff-Pförtner, Marion Horn, David Imberman, Philipp Jessen, Jens Keßler, Tanit Koch, Dr. Maike Kohl-Richter, Norbert Körzdörfer, Ertuğrul Özkök, Dr. Melanie Piepenschneider, Jörg Quoos, Paul Ronzheimer, Dagmar Rosenfeld, Oliver Santen, Mucki Saure, Chris Simon, Gabor Steingart, Christian Stenzel, Willem Tell, Dora Varro, Günter Wallraff, Dr. Tina Wiedemeyer, Karsten Witzmann, Ulrike Zeitlinger. Sie alle haben mir ihre Zeit und/oder ihre Erinnerungen geschenkt, manches korrigiert oder ergänzt. Sie haben mich vor Fehlern gewarnt, an anderen

Stellen ermuntert, mutiger zu sein. Sie haben Texte gelesen, für gut befunden oder verworfen, gestrichen oder gelobt. Gemeinsam in Erinnerungen zu schwelgen, war für mich immer wieder besonders schön und berührend.

Eine tief empfundene Dankbarkeit verspüre ich natürlich auch gegenüber jenen, die mir in den über 30 Jahren bei Axel Springer starke Vorbilder oder beschützende Mentoren waren – sei es als Herausgeber, Chefredakteure, stellvertretende Chefredakteure, Büro- oder Ressortleiter. Allen voran Claus Larass, Willi Schmitt, Bärbel Körzdörfer, Claus Jacobi, John Jahr und Hans-Erich Bilges, die mich an entscheidenden Weggabelungen, an denen ich ganz sicher falsch abgebogen wäre, in die richtige Richtung geschubst haben.

Ich danke auch sehr der Journalistin Sabine Sasse. Als ich sie vor zwei Jahren fragte, ob sie sich vorstellen könnte, mich bei diesem Abenteuer zu begleiten, zögerte sie keine Sekunde. Mit enormer Akribie und Beharrlichkeit arbeitete sie sich durch Berge von Ordnern, Dokumenten, Artikeln, SMS, Briefen und Fotos, interviewte mich stundenlang. Daraus entstand für jedes Kapitel ein strukturiertes, penibel recherchiertes Fundament. Ohne ihre Arbeit hätte ich mich sicherlich das eine oder andere Mal in meinen Erinnerungen verlaufen.

»Ich kann Zeitung!«, sage ich immer. Mit Dr. Annette Anton hatte ich eine großartige und leidenschaftliche Lektorin, Projektleiterin und vor allem Mitstreiterin, die mit Fug und Recht von sich sagen darf: Ich kann Buch! Gemeinsam mit Britta Egetemeier, Karen Guddas, Bele Engels, Rainer Dresen von der Penguin Random House Verlagsgruppe, dem Fotografen Peter Rigaud und Marie Kaufmann vom DAV waren wir alle eine ganz wunderbare Taskforce. Ich bin dankbar für ein so großartiges Team, das seit nunmehr 18 Monaten an meiner Seite ist.

16 Jahre war Veronika Illmer meine Art-Direktorin bei BILD, auch dieses Buch hat sie mit ihrem Auge für Motive und Formen zu dem gemacht, was es jetzt ist: Danke!

Ohne meine Eltern, Brigitte und Dr. Klaus Diekmann, wäre ich nicht Journalist geworden. Sie haben mich von Anbeginn an meinen eigenen beruflichen Weg gehen, meinen Träumen folgen lassen, auch wenn das aus Elternperspektive sicherlich nicht immer leicht gewesen sein dürfte. Gleiches gilt für meine Tante Ingrid Sluyter, die mich über Jahre in ihrem

Keller Fotos entwickeln ließ und mir den Raum gab, meine Spinnereien auszuleben. Meinem Vater und ihr sende ich Grüße in den Himmel.

Doch am allerwichtigsten in den letzten 18 Monaten war Dr. Katja Keßler für mich. Ohne meine Frau würde es dieses Buch nicht geben. Würde man sie fragen nach ihrem Beitrag, würde sie sagen: »Ich habe das Manuskript ins Deutsche übersetzt.« Tatsächlich hat sie mein Polit-Kauderwelsch gnadenlos zusammengestrichen und für Nicht-Insider lesbar gemacht. Sie war meine schärfste Lieblingskritikerin, hat sich auch von meinem unwilligen Gebrummel nicht beeindrucken lassen. Sie ließ nie locker: »Warum muss man das jetzt lesen? Was erfahre ich hier, was nicht auch bei Google stehen würde?«, waren ihre Lieblingsfragen, wenn ich es mir in der Rolle des unbeteiligten Chronisten wieder mal allzu gemütlich gemacht hatte. Gern wollte sie auch wissen: »Was ist dir dabei durch den Kopf gegangen? Was hast du gefühlt?« Das zu erinnern fiel mir übrigens deutlich schwerer als die Farbe von Putins Badehose. Für diese Unterstützung und dass sie in 16 Jahren BILD, auch in dunklen Stunden, immer an meiner Seite war, möchte ich ihr mehr danken, als Worte hier ausdrücken können.

Kai Diekmann im April 2023

LITERATURVERZEICHNIS

Den Recherchen lagen alle 16 BILD-Jahrbücher der Jahrgänge 2001 bis 2016 zugrunde.

Heinrich Böll, Bild Bonn Boenisch. Bornheim-Merten 1985
Kai Diekmann, Der große Selbstbetrug. Wie wir um unsere Zukunft gebracht werden. München 2007
Kai Diekmann, Ertugrul Özkök (Hrsg), Süper Freunde. München 2008
Kai Diekmann (Hrsg): Das BILD Buch. Köln 2012
Kai Diekmann, Helmut Kohl 1930 – 2017. Sein Leben in BILD. München 2017
Kai Diekmann, Walter Smerling (Hrsg.): FOTO.KUNST.BOULEVARD. München 2017
Michael Eltchaninoff, In Putins Kopf. Logik und Willkür eines Autokraten. Berlin 2022
Lutz Hachmeister Hannover. Ein deutsches Machtzentrum. München 2016
Lutz Hachmeister Nervöse Zone. Politik und Journalismus in der Berliner Republik. München 2007
Martin Heidemanns, Nikolaus Harbusch, Die Affäre Wulff. Berlin 2012
Gerhard Henschel, Gossenreport: Betriebsgeheimnisse der BILD-Zeitung. Berlin 2008
Helmut Kohl, Ich wollte Deutschlands Einheit. Berlin 1996
Peter Kohl, Dona Kujacinski, Hannelore Kohl. Ihr Leben. München 2013
Walter Kohl, Leben oder gelebt werden. München 2011
Gregor Schöllgen, Gerhard Schröder. Die Biographie. München 2015
Gerhard Schröder, Entscheidungen. Mein Leben in der Politik. München 2006
Günter Wallraff, Der Aufmacher. Der Mann, der bei BILD Hans Esser war. Köln 2012
Günter Wallraff, Zeugen der Anklage. Die BILD-Beschreibung setzt sich fort. Köln 2008
Günter Wallraff, BILD-Störung! Das BILD-Handbuch zum Bildausfall. Hamburg 1981
Stephan Weichert, Christian Zabel, Die @-Journalisten. Deutschlands Wortführer im Porträt. Köln 2007
Bettina Wulff und Nicole Maibaum, Jenseits des Protokolls. München 2012
Christian Wulff, Ganz oben. Ganz unten. München 2014
Berliner vorwärts Verlagsgesellschaft (Hrsg.), Siebzig. Berlin 2014

BILDNACHWEIS

Daniel Biskup: S. 28/29; S. 53; S. 74/75; S. 83; S. 116/117; S. 129; S. 149; S. 156/157; S. 159; S. 165; S. 166/167; S. 170/171; S. 177; S. 178; S. 180; S. 183; S. 196; S. 206; S. 212; S. 215; S. 221; S. 226/227; S. 235; S. 246/247; S. 278/279; S. 306; S. 332/333; S. 335; S. 338/339; S. 345; S. 350/351; S. 360/361; S. 366/367; S. 375; S. 404; S. 406/407; S. 418; S. 429; S. 436/437; S. 444/445; S. 454/455; S. 461; S. 463; S. 466; S. 468/469; S. 478/479; S. 485; S. 492; S. 498/499; S. 502/503
Kai Diekmann/Privatarchiv: S. 43; S. 84; S. 119; S. 120; S. 131; S. 141; S. 151; S. 211; S. 221; S. 243; S. 255 (Özcan Mutlu); S. 258; S. 286; S. 290/291; S. 294 (2); S. 305; S. 308/309 (Photomafia Bochum); S. 337; S. 354 (Soyeon Schröder-Kim); S. 491; S. 507 (Christian Stenzel)
Bernd-Jürgen Fischer: S. 115 / Rainer Henkel: S. 137 / BILD-Zeitung: S. 145; S. 430 / Kittihawk: S. 320 / Alamy: S. 387 / people-image/Michael Tinnefeld: S. 417 / Ullstein Bild: S. 146 / Konrad R. Müller (Bild im Bild): S. 343 / Martin Schoeller (Bild im Bild): S. 417 / Markus Lüpertz, Zeichnung Helmut Kohl, VG Bildkunst Bonn 2023: S. 211
Farbbildteil: alle Motive von Daniel Biskup
Vor- und Nachsatz: alle Motive von BILD-Zeitung

ANMERKUNGEN

PROLOG

1 Süddeutsche Zeitung, 31.1.2001, S. 23
2 taz, 31.1.2001, https://taz.de/BILD-luegt-wieder/!1909597/
3 dpa, 31.1.2001
4 »Ich bin verantwortlich«, in: Der Spiegel, 6/2001, 4.2.2001

EINS
ZIEMLICH BESTE FEINDE

1 »Wirbel um Privat-Kredit über 500 000 Euro: Hat Wulff das Parlament getäuscht?«, BILD.de, 12.12.2011, https://www.bild.de/politik/inland/christian-wulff/wirbel-um-privat-kredit-ueber-halbe-million-euro-21531308.bild.html
2 Rolf Kleine: »Der Präsident hat ein Problem«, BILD.de, 12.12.2011, https://www.bild.de/news/standards/bild-kommentar/praesident-wulff-hat-ein-problem-21531446.bild.html
3 Johannes Steinkühler/Thomas van Zütphen: »Die Luft wird dünn«, in: Focus 5/2000, 31.1.2000
4 »Moralapostel Christian Wulff: Die schönsten Zeigefinger«, Spiegel.de, 20.12.2012, https://www.spiegel.de/politik/deutschland/moralapostel-christian-wulff-die-schoensten-zeigefinger-a-804812.html
5 Martin Heidemanns/Nikolaus Harbusch: Affäre Wulff: Bundespräsident für 598 Tage, Schwarzkopf & Schwarzkopf Berlin 2012, S. 126
6 »Als moralische Instanz versagt«, Sueddeutsche.de, 13.12.2011, https://www.sueddeutsche.de/politik/kreditaffaere-um-bundespraesident-wulff-als-moralische-instanz-versagt-1.1233535
7 Kai Diekmann in: Stephan Weichert (Hg.), Christian Zabel (Hg): Die Alpha-Journalisten, Köln, 2007, S. 151
8 Exclusiv im Ersten: »Der Fall des Präsidenten: Das System Wulff«, Film von Jochen Becker, Grit Fischer, Johannes Jolmes, Christina Hofmeier, 18.2.2012, https://www.youtube.com/watch?v=0tlkoWvsRc0
9 Bettina Wulff: Jenseits des Protokolls, riva Verlag München 2012, S. 180
10 Ebenda, S. 181
11 Christian Wulff: Ganz oben Ganz unten, C.H. Beck München 2014, S. 116
12 Herfried Münkler: »Wulff muss sich neu erfinden«, in: Frankfurter Rundschau, 21.7.2010
13 Ertuğrul Özkök: »Das erwarten wir Türken vom deutschen Präsidenten«, BILD.de, 19.10.2010, https://www.bild.de/politik/2010/das-erwarten-wir-tuerken-vom-deutschen-praesidenten-14348112.bild.html
14 Seit Sommer 2022 Medienverband der freien Presse MVFP
15 Quelle: https://www.otto-brenner-stiftung.de/wissenschaftsportal/publikationen/titel/bild-und-wulff-ziemlich-beste-partner/aktion/show/
16 Christian Wulff, S. 170
17 Frank Schirrmacher: »Der Kredit des Präsidenten«, in: FAZ, 14.12.2011
18 Nils Minkmar: »Kommt noch was von Wulff?«, in: FAZ, 19.12.2011
19 Am 22.12.2011
20 SMS von Mathias Döpfner an Kai Diekmann, 28.12.2011, 23.54 Uhr
21 SMS von Nikolaus Blome an Kai Diekmann, 31.12.2011, 18.48 Uhr
22 E-Mail von Nikolaus Blome, 2.2. 2012, 11.45 Uhr
23 SMS von Jan-Eric Peters an Kai Diekmann, 2.1.2012, 16.39 Uhr
24 SMS von Peter Bartels an Kai Diekmann, 2.1.2012, 15.06 Uhr
25 SMS von Elmar Brok an Kai Diekmann, 3.1.2012, 10.51 Uhr
26 SMS von Kai Diekmann an Elmar Brok, 3.1.2012, 12.05 Uhr
27 SMS von Mathias Döpfner an Kai Diekmann, 3.1.2012, 14.57 Uhr
28 E-Mail von Stefan Aust, 4.1.2012, 12.30 Uhr
29 Bundespräsident Wulff im Interview mit Bettina Schausten (ZDF) und Ulrich Deppendorf (ARD), 4.1.2012, 20.15 Uhr
30 SMS von Mathias Döpfner an Kai Diekmann, 4.1.2012, 15.44 Uhr

31 SMS von Mathias Döpfner an Kai Diekmann, 5.1.2012, 9.49 Uhr
32 »Jauch beugt sich Bettina Wulff, Google nicht«, in: Die Zeit, 8.9.2012
33 E-Mail von Mathias Döpfner, 4. Januar 2012, 16.41 Uhr
34 »Die Woche: Wie geht es uns, Herr Küppersbusch?«, in: taz, 8.1.2012
35 »Wallraff kritisiert Diekmann«, in: taz, 13.1.2012
36 »Unheimliche Verfolger«, in: Der SPIEGEL, 9.1.2012, https://www.spiegel.de/politik/deutschland/s-p-o-n-der-schwarze-kanal-unheimliche-verfolger-a-807969.html
37 Quelle: https://www.liste2004.de/press/hans-olaf-henkel-schreibt/
38 »Diekmanns Anmaßung«, in: taz, 7.1.2012, https://taz.de/Debatte-Taktik-der-Bild-Zeitung/!5103716/
39 Stefan Niggemeier: »Der ›Spiegel‹ wird Qualitätsansprüchen gerecht«, 23.7.2014, http://www.stefan-niggemeier.de/blog/tag/christian-wulff/
40 SMS von Mathias Döpfner an Kai Diekmann, 9.1.2022, 19.26 Uhr
41 Phoenix vor Ort, 3.1.2012
42 »Dieses Land wird weiter mit diesem Bundespräsidenten leben«, Friedrich Nowottny im Gespräch mit Gerd Breker, Deutschlandfunk, 5.1.2012, https://www.deutschlandfunk.de/dieses-land-wird-weiter-mit-diesem-bundespraesidenten-leben-100.html
43 Jakob Augstein: »Der böse Wulff«, Freitag.de, 6.1.2012, https://www.freitag.de/autoren/jaugstein/der-bose-wulff
44 »Wulff schickte Weihnachtspost«, taz.de, 25.1.2012, https://taz.de/!5102256/
45 Der kleine Lese-Mann, 5.1.2012, http://literaturarchiv.blogspot.com/2012/01/
46 Stern, 12.2.2012
47 Kai Diekmann: »Bestraft genug!«, in: BILD, 14.11.2013, https://www.bild.de/news/standards/christian-wulff/bestraft-genug-33386904.bild.html
48 Christian Wulff, S. 13

ZWEI
DER MANN, DER BEI BILD HANS ESSER WAR

1 »Ich hoffe, dass in den Verlusten auch ein Zeichen von Abwendung steckt«. Interview mit Günter Wallraff, Otto-Brenner-Stiftung 2011, https://www.otto-brenner-stiftung.de/fileadmin/user_data/stiftung/02_Wissenschaftsportal/02_Infoseiten/Bild_Studien/01_Drucksache_Bild/AH_Bild_TeilIV_punkt1.pdf
2 »Bild noch immer Vernichtungsmaschine«, fr.de, 15.10.2008, https://www.fr.de/politik/bild-noch-immer-vernichtungsmaschine-11589047.html
3 15.10.2008
4 Siehe auch: Günter Wallraff: BILD-Störung. Das BILD-Handbuch bis zum Bildausfall, Konkret Literatur Verlag Hamburg 1981
5 E-Mail von Kai Diekmann an Gerd Graf, 22.11.2011
6 Brief von Kai Diekmann an Günter Prinz, 22.11.2011
7 Hr3-Sendung Bärbel Schäfer, 23.6.2012
8 Augsburger Allgemeine, 24.6.2012
9 Ebd.

DREI
GENOSSE DIEKMANN

1 taz, 8.5.2002
2 taz, 3.2.2001
3 Bascha Mika an Kai Diekmann, 31.7.2003
4 taz.de, 17.11.2009, https://taz.de/Pro-und-Contra-Diekmann-Plastik/!5152463/
5 Zitiert aus taz-Blog, 25.11.2009
6 Südkurier, 24.11.2009
7 Michael Hanfeld, »Wir sind Schwanz«, FAZ.net, 28.11.2009, https://www.faz.net/aktuell/feuilleton/medien/kai-diekmann-der-glueckliche-1884117.html
8 Thomas Hüetlin, »Tanz den Axel Springer«, in: Der SPIEGEL, 29.11.2009

VIER
KIND IM HAUSE KOHL

1 Kai Diekmann: »Mein Freund Helmut Kohl«, in: BILD, 17.06.2017, siehe auch kress.de, 30.06.2017
2 Brief von Walter Kohl an Helmut Kohl, 30.5.2008
3 Peter Kohl, Dona Kujacinski: Hannelore

Kohl. Ihr Leben, Droemer München 2002, S. 28
4 »Bundeskanzler a.D. Dr. Helmut Kohl erklärt«, 28.6.2011
5 E-Mail von Peter Kohl an Helmut Kohl, 10.8.2011.
6 Ähnlich hier: https://www.spiegel.de/politik/der-gefangene-a-5ee9feee-0002-0001-0000-000088754325
7 Dr. Helmut Kohl an Peter Kohl, per Fax, 10.8.2011
8 Kai Diekmann: »Mein Freund Helmut Kohl«, kress.de, 30.6.2017, https://kress.de/news/detail/beitrag/138008-kai-diekmann-mein-freund-helmut-kohl.html
9 Dr. Helmut Kohl: »Ergänzung zum gemeinsamen Testament vom 25. Juni 2009, Ludwigshafen, im Herbst 2016
10 Brief von Dr. Michael Hollmann, Präsident des Bundesarchivs, an Maike Kohl-Richter, 21.6.2017
11 Insgesamt reden Antonio Tajani, Jean-Claude Juncker, Donald Tusk, Felipe Gónzales Marquez, Bill Clinton, Dmitri Medwedew, Emmanuel Macron, Angela Merkel.
12 Kai Diekmann: Helmut Kohl 1930 – 2017. Sein Leben in BILD, Piper 2017

FÜNF

TÜRKISCH FÜR ANFÄNGER

1 »Sind Sie Europäer, Erdoğan Efendi?«, in: BILD, 2.8.2004, S. 2, und »Ich liebe Goethe und Beckenbauer«, in: BILD, 3.8.2004, S. 2
2 Ebd.
3 »Wir sind Freunde«, in: BILD, 9.2.2006
4 Am 10.2.2006
5 »Männer wie wir«, in: taz, 10.2.2006
6 »Die besten Journalisten 2009«, in: BILD, 19.1.2009
7 BILD, 29.1.2009
8 BILD, 30.1.2009
9 30.1.2009
10 U.a. »Tausende Türken feiern Erdogan nach Eklat in Davos«, SPIEGEL online, 30.1.2009
11 »Warum findet der Nahe Osten keinen Frieden, Herr Assad?«, in: BILD, 20. und 21.12.2010
12 »Wir fühlen uns von Deutschland im Stich gelassen« in: BILD, 2.11.2011
13 Am 22.3.2014
14 BILD.de, 24.5.2014
15 »Muss Dogan-Holding für kritischen BILD-Brief bluten?«, 28.5.2014
16 »Offener Brief an meinen Freund Kai«, in: Hürriyet, 29.5.2014
17 Seyran Ateş: »Freunde sagen sich die Wahrheit«, in: Kai Diekmann / Ertuğrul Özkök (Hg.): Süper Freunde. Was Deutsche und Türken sich wirklich zu sagen haben, Piper München 2008, S. 24
18 Ertuğrul Özkök: »Was die Deutschen über Erdoğan wissen müssen«, in: BILD, 12.8.2014
19 Sabah, 15.6.2016

SECHS

WIR HABEN DEN MERCEDES VON KAI DIEKMANN ANGEZÜNDET«

1 Gerhard Henschel: Gossenreport: Betriebsgeheimnisse der BILD-Zeitung, edition TIAMAT 2008
2 »Morddrohungen gegen BILD-Chef. Irak-Berichterstattung brachte Islamisten auf«, in: Hamburger Morgenpost, 24.5.2003

SIEBEN

ICH BIN EIN STAR, LASST MICH HIER REIN

1 Brief des Deutschen Presserats an Kai Diekmann, 31.7.2009
2 Brief des Deutschen Presserats an Kai Diekmann, 8.9.2009
3 Brief von Nina van Bellhuis an Kai Diekmann, 20.9.2009
4 Rechtsanwaltschreiben an BILD, 6.4.2006
5 Rechtsanwaltschreiben an BILD; 10.4.2006
6 Rechtsanwaltschreiben an BILD, 11.4.2006
7 E-Mail an BILD, 5.4.2006
8 Schreiben des Landesgerichts Berlin an Kai Diekmann, 23.5.2006

ACHT

SCHAFFEN WIR DAS?

1 Siehe Foto auf S. 308
2 Namen der syrischen Flüchtlingsfamilie geändert
3 »Das Foto der Schande«, BILD.de,

28.8.2015, https://www.bild.de/news/inland/fluechtling/das-foto-der-schande-42368726.bild.html | »Vier Kinder starben im Todeslastwagen«, BILD.de, 28.8.2015, https://www.bild.de/news/ausland/fluechtling/mehr-als-70-tote-im-schlepper-lkw-42359230.bild.html

4 »So funktioniert die große Hilfs-Aktion von BILD«, BILD.de, 29.8.2015, https://www.bild.de/news/inland/fluechtlingshilfe/so-funktioniert-die-grosse-hilfs-aktion-von-bild-42369204.bild.html

5 »Live-Übertragung einer Flucht aus der Hölle«, BILD.de, 28.8.2015, https://www.bild.de/politik/ausland/zuwanderung/flucht-aus-der-hoelle-das-video-42352374.bild.html

6 »So funktioniert die große Hilfs-Aktion von BILD«, BILD.de, 29.8.2015, https://www.bild.de/news/inland/fluechtlingshilfe/so-funktioniert-die-grosse-hilfs-aktion-von-bild-42369204.bild.html

7 Ebd.

8 Ebd.

9 »Der kurze Sommer der Flüchtlingsliebe«, in: taz, 15.9.2015

10 Scans aller Tweets vorhanden

11 Schreiben der Zentralen Ausländerbehörde Brandenburg an Tarek Omar, 14.9.2015

12 turi2, 31.8.2015, https://www.turi2.de/?s=Tobias+Eberwein

13 »Wir helfen-Logo am kommenden Wochenende auf allen Trikots der Bundesligisten«, in: BILD, 14.9.2015

14 Brief des Vorstands des FC St. Pauli an BILD, 15.9.2015

15 Am 16.9.2015

16 »Wie schaffen wir das bloß, Frau Merkel?«, in: BILD, 12.10.2015, S. 2 und 3

17 »BILD unterliegt im Pranger-Rechtsstreit«, in: Süddeutsche Zeitung, 1.3.2018, https://www.sueddeutsche.de/medien/presserecht-bild-unterliegt-im-pranger-rechtsstreit-1.3888228

NEUN

»ZUM REGIEREN BRAUCHE ICH BILD, BAMS UND GLOTZE«

1 »Ukraine nennt Schröders Vermittlungsversuch ein ›Trauerspiel‹«, ZEIT online, 16.3.2022, https://www.zeit.de/politik/deutschland/2022-03/gerhard-schroeder-vermittlung-ukraine-putin-russland

2 »Ukraine-Botschafter zu Schröder-Reise: ›Absolut nutzlos‹«, sueddeutsche.de, 16.3.2022, https://www.sueddeutsche.de/politik/konflikte-ukraine-botschafter-zu-schroeder-reise-absolut-nutzlos-dpa.urn-newsml-dpa-com-20090101-220316-99-548551

3 »Schröder-Putin-Treffen ›keine Bitte der Ukraine‹«, BILD.de, 11.3.2022, https://www.bild.de/politik/ausland/politik-ausland/botschafter-melnyk-schroeder-putin-treffen-war-keine-bitte-der-ukraine-79427200.bild.html

4 Tweet von Twitter-Account extra3, 10.3.2022, https://twitter.com/extra3/status/1501924601705775109

5 »Putin kommt nicht zur Hochzeitsfeier«, Stern.de, 11.7.2018, https://www.stern.de/lifestyle/leute/gerhard-schroeder--putin-kommt-nicht-zur-hochzeitsfeier-8165214.html

6 Am 26.3.1996

7 taz, 28.12.2000

8 Gregor Schöllgen: Gerhard Schröder. Die Biographie, München 2015, S. 413

9 A.a.O., S. 311

10 Ullrich Fichtner: »Springer will Rot-Grün stürzen«, ZEIT online, 1.2.2001, https://www.zeit.de/2001/06/Springer_will_Rot-Gruen_stuerzen

11 Berliner Zeitung, 27.1.2001

12 »Schröder streitet mit BILD«, in: Hannoversche Allgemeine Zeitung, 27.1.2001

13 BILD, 22.6.2002

14 Das Rededuell fand am 4. Juli 2002 um 15 Uhr statt.

15 »Schröder wirft BILD Kampagne vor«, in: Der Tagesspiegel, 2.8.2002

16 »Flug-Manöver«, in: Süddeutsche Zeitung, 1.8.2002

17 Am 1.8.2002

18 Am 2.8.2002

19 NDR Info, 3.8.2002, 7.11 Uhr
20 »Arrogante Heuchelei. Krach mit der BILD-Zeitung«, ntv, 5.8.2002, https://www.n-tv.de/politik/Krach-mit-der-Bild-Zeitung-article123880.html
21 Jens König: »Ein außergewöhnlicher Coup«, in: taz, 6.8.2002
22 Reinhard Müller in: FAZ, 6.8.2002
23 »Müntefering: Zwei Tore Rückstand«, in: 11 Freunde, 4.5.2005, https://11freunde.de/artikel/m%C3%B Cntefering-zwei-tore-im-r%C3%BCckstand/343332
24 Am 9.9.2002
25 ots, »Offener Brief von Doris Schröder-Köpf an Friede Springer«, 19.8.2002
26 AP, »Beschwerde an Friede Springer – Diekmann: SPD hat Müntefering-Pleite nicht verwunden«, 20.8.2002
27 FAZ, 21.8.2002, gezeichnet mit flo = Florian Illies
28 »Bild dir deinen Kanzler«, in: Der Tagesspiegel, 12.2.2004
29 ZAPP, NDR, 21.3.2013, Zitate aus Panorama-Sendung am 18.3.2013
30 »Ich wähle Doris ihren Mann seine Partei – Die Geschichte eines Wahlkampfhits«, SPD Nordrhein-Westfalen, 12.9.2002, https://www.nrwspd.de/2002/09/12/ich-waehle-doris-ihren-mann-seine-partei-die-geschichte-eines-wahlkampfhits/
31 Z.B. ddp-Meldung »Gespanntes Verhältnis – BILD-Chefredakteur wehrt sich gegen Kanzler-Schelte«, 12.2.2004
32 »Béla Anda: Der Sagenichts«, in: Stern, 19.2.2004, https://www.stern.de/politik/deutschland/b%C3%A9la-anda-der-sagenichts-3075626.html
33 »Dresdner Neueste Nachrichten zu Schröders Pressearbeit«, dpa, 8.3.2004
34 Brief von Kai Diekmann an Béla Anda, 12.2.2004
35 Monitor, 4.3.2004, ARD, 20.15 Uhr
36 Brief von Kai Diekmann an Béla Anda, 12.2.2004
37 Brief von Béla Anda an Kai Diekmann, 18.2.2004
38 Brief von Thomas Osterkorn, Andreas Petzold, Giovanni di Lorenzo, Christoph Keese, Bascha Mika, Uwe Vorkötter, Kai Diekmann an den Vorsitzenden der BPK Werner Gößling, 4.3.2004
39 Berliner Zeitung, 12.5.2004
40 »Medienforscher Weischenberg: Der Lack vom Medienkanzler blättert ab«, dpa, 4.3.2004
41 »Mist kann man entsorgen, sagt Peter Glotz«, Interview: Steffen Grimberg, taz.de, 11.3.2004, https://taz.de/Mist-kann-man-entsorgen-sagt-Peter-Glotz/!777640/
42 »Eine stürmische Beziehung, die immer wieder scheitert«, in: Stuttgarter Zeitung, 13.2.2004
43 »Der Kanzler will keinen Kakao trinken«, in: Der Tagesspiegel, 9.3.2004, S. 26
44 Stuttgarter Zeitung, 9.3.2004
45 Kai Diekmann »Gerhard Schröder und BILD«, in: »Siebzig«, Berliner vorwärts Verlagsgesellschaft 2014, S. 59 – 62
46 Ebd.
47 BILD, 7.4.2004
48 dpa, 4.4.2004
49 »Der Medienflüsterer«, FAS ,15.8.2004
50 Berliner Kurier, 22.10.2006
51 Maler: Hans Jürgen Kallmann (Konrad Adenauer), Günter Rittner (Ludwig Erhard und Georg Kiesinger), Oswald Petersen (Willy Brandt), Bernhard Heisig (Helmut Schmidt, hatte die Idee zur Ahnengalerie), Albrecht Gehse (Schüler von Heisig, malte Helmut Kohl 2002), Jörg Immendorff (Gerhard Schröder).
52 Süddeutsche Zeitung, 2.3.2007
53 BILD, 29.5.2007, S. 15
54 z.B. Interview in Der SPIEGEL: »Hilft jetzt nur noch Realpolitik, Herr Kissinger?«, 17.7.2022, Spiegel.de, https://www.spiegel.de/ausland/henry-kissinger-ueber-den-russland-ukraine-krieg-hilft-jetzt-nur-realpolitik-a-0ce8514f-8a1b-420d-9810-15bb6082e8e5

ZEHN
SCHATTEN UND LICHT

1 Heinrich Böll: Bild Bonn Boenisch, Lamuv Verlag 1985
2 »Das geht schief«, in: Der SPIEGEL, 33/97, 10.8.1997
3 »Danke, Kanzler«, in: BILD, 1.7.2005, S. 2
4 S.a.: »Sie sorgen für Nanja und Nika«, in: Abendblatt, 16.7.2005, https://

www.abendblatt.de/kultur-live/article107017729/Sie-sorgen-fuer-Nanja-und-Nika.html
5 BILD, Januar 2001, zitiert aus »Springer will Rot-Grün stürzen«, ZEIT online, 1.2.2001, https://www.zeit.de/2001/06/Springer_will_Rot-Gruen_stuerzen/komplettansicht
6 S.a.: https://www.bundesregierung.de/breg-de/service/bulletin/ansprache-von-bundeskanzler-gerhard-schroeder-796028

ELF

DER GROSSE DIKTATOR

1 »Russland ist immer noch eine Weltmacht«, in: WELT am SONNTAG, 11.6.2000, S. 2 und 3
2 »Ich wollte weinen…« in BILD, 22.9.2001, S. 4 und 5, und »Herr Putin, mögen Sie uns Deutsche?«, BILD, 25.9.2001, S. 3
3 Interview erschienen in WELT am SONNTAG, 8.10.2000, S. 6
4 Brief von Kai Diekmann an Wladimir Putin, 25.9.2001
5 Brief von Sergej Krylov an Kai Diekmann, 22.10.2001
6 Brief von Wladimir Putin an Kai Diekmann,11.10.2001
7 Brief von Kai Diekmann an Wladimir Kotenev, 29.3.2005
8 E-Mail von Swjatoslaw Kutschko an Kai Diekmann, 5.5.2005
9 »Nie wieder Krieg«, in: BILD, 6.5.2005, S. 2 und 3, und 7. Mai 2005, S. 10 und 11
10 Die Rede fand am 10.2.2007 statt. Quellen u.a.: Der SPIEGEL, 10.2.2007, https://www.spiegel.de/politik/ausland/sicherheitskonferenz-in-muenchen-putin-schockt-die-europaeer-a-465634.html, Die ZEIT, 12.2.2007, https://www.zeit.de/online/2007/07/Putin-Sicherheitskonferenz?utm_referrer=https%3A%2F%2Fwww.startpage.com%2F
11 Der Termin fand am 21.1.2007 statt, https://www.imago-images.de/fotos-bilder/putin-dog-angela-merkel
12 Beim BILD-Interview am 5.1.2016 in Sotschi
13 Brief von Helmut Kohl an Michail Gorbatschow, 2.3.2006
14 »Die Deutschen waren nicht aufzuhalten«, in: BILD, 2.4.2009, S. 11
15 »Ich warne Putin, den Diktator aufzunehmen«, in: BILD, 27.2.2014
16 »Russland kennt keine rote Linie mehr«, in: BILD, 16.3.2015
17 Brief von Kai Diekmann an Dmitri Peskow, 9.12.2015, Originalbrief auf Englisch
18 Interview erschienen in BILD am 11. und 12.1.2016
19 Brief von Michail Gorbatschow an Kai Diekmann, Januar 2017
20 »Droht uns ein neuer Kalter Krieg, Herr Gorbatschow?«, in: BILD, S. 2 und 3

ZWÖLF

TRUMP UND TSCHÜSS

1 »Ende einer Charmeoffensive«, in: Süddeutsche Zeitung, 31.12.2016/1.1.2017
2 »Trump spricht in BILD«, in: BILD, 16.1.2017
3 »Trump stirs fear of break with Europe«, in: Washington Post, 17.1.2017
4 »For wary world, true Trump aims remain unknown«, in: The New York Times, 17.1.2017
5 »Trump: Merkels Flüchtlings-Fehler«, in: Münchner Merkur, 16.1.2017
6 »Trump verwirrt die Welt«, in: Pforzheimer Zeitung, 17.1.2017
7 »Sätze unter Dauerstrom«, in: Kölner Stadtanzeiger, 17.1.2017
8 »Trumps Wirrnis hat Methode«, in: WELT, 17.1.2017
9 »Kai Diekmann interviewt Donald Trump: Sein letzter großer Coup bei ›Bild‹«, in: Tagesspiegel.de, 16.1.2017, https://www.tagesspiegel.de/gesellschaft/medien/sein-letzter-grosser-coup-bei-bild-4912093.html

DIE MAUER
THE WALL